K-IFRS

중급재무회계

황준성

Korean
International
Financial
Reporting
Standards

도서출판 청람

| 머리말 |

본서는 모든 기업에 필수적인 직무인 회계관리직무를 수행하는데 필요한 회계이론과 실무능력을 갖추기 위해 필요한 내용을 정리할 수 있도록 저술되었다. 사회환경의 변화에 따라 개정 및 제정되고 있는 한국채택국제회계기준(K-IFRS)의 최신 내용을 반영하였으며 실무적용도가 떨어지는 내용은 제외하거나 이해하기 쉽도록 기본 내용으로 설명하였다.

본서의 특징은 다음과 같다.

첫째, 중급회계의 본문에서 설명하기에 기초적이거나 심화된 주제 및 중요도가 떨어지는 내용은 보론 또는 기타 회계로 편성하였다.

둘째, 회계실무가 ① 재무제표를 작성하고, ② 재무제표가 작성기준에 맞추어 적절히 작성되었는지를 확인함으로써 신뢰성을 부여하고, ③ 공시된 재무제표를 분석하여 의사결정에 이용하는 과정임에 근거하여 중급회계의 기본 목적인 재무제표 작성(제1장~제21장)에 중점을 두어 기술하였지만 작성된 재무제표를 감사함으로써 신뢰성을 부여하는 과정인 회계감사(제22장)의 내용을 추가하였고, 작성된 재무제표를 이용하기 위해 재무제표를 분석(제23장)하는 방법을 기술하였다.

본서를 통해 회계원리에서 학습한 내용으로부터 심화된 K-IFRS의 계정과목별 회계처리방법과 재무회계의 각 주제들을 학습함으로써 회계관리업무에 필요한 종합적인 지식과 실무능력을 갖출 수 있으며, 국가공인 회계관리자격제도인 재경관리사 시험에도 대비할 수 있도록 내용을 구성하고 각 주제의 신속한 정리와 연습을 위한 객관식문제를 재경관리사 기출문제를 포함하여 충분히 구성하였다.

저자는 회계학습자들이 중급회계를 쉽게 이해할 수 있도록 하는 것을 목표로 본서를 저술하면서도 회계관리업무를 위한 내용을 빠짐없이 담도록 노력했다. 본서가 회계학습자의 이론과 실무능력 향상에 도움이 되기를 희망한다.

2023년 1월

저자 씀

| 차 례 |

Chapter 03

재무제표 표시

Chapter 08

유형자산

Chapter 09 무형자산

Chapter 10 투자부동산 및 기타 유동자산

Chapter 11 유동부채 및 금융부채

Chapter 12 충당부채

Chapter 13 자본(주주지분)

Chapter 14 고객과의 계약에서 생기는 수익

Chapter 15

건설계약

Chapter 16

종업원급여

Chapter 20

현금흐름표

Chapter 21

기타 회계

Chapter 22

회계감사

Chapter 23 재무제표분석

K-IFRS *Intermediate Financial Accounting*

Chapter 01

회계의 의의 및 국제회계기준

단원정리 회계의 의의 및 국제회계기준

• 회계의 정의

"Accounting is the process of identifying, measuring, and communicating economic information to permit informed judgements and decisions by users of the information."

"정보이용자가 합리적인 판단과 의사결정을 할 수 있도록 경제적 정보를 식별·측정·전달하는 과정"

• 회계의 분류

- 재무회계: 외부정보이용자의 합리적 의사결정에 유용한 정보의 제공
- 관리회계: 내부정보이용자의 관리의사결정에 유용한 정보의 제공
- 원가회계: 제품의 원가 계산
- 세무회계: 세법에 따라 납부할 세금을 계산
- 회계감사: 재무제표의 신뢰성을 확보

• 회계의 사회적 기능

- 자원의 효율적 배분기능
- 수탁책임의 보고기능

• 국제회계기준

- 국제회계기준의 필요성
- 국제회계기준의 특징
- 우리나라 회계기준의 체계

제1절 회계의 정의

회계란 정보이용자가 합리적인 판단과 의사결정을 할 수 있도록 경제적 정보를 식별·측정·전달하는 과정이다.

"Accounting is the process of identifying, measuring, and communicating economic information to permit informed judgements and decisions by users of the information." (미국회계학회, American Accounting Association)

1.1 정보이용자

정보이용자란 그 기업의 정보를 이용하고자 하는 투자자, 채권자, 종업원 및 정부기관 등 광범위한 정보이용자를 의미한다. 이러한 정보이용자를 정보에 대한 접근가능성에 따라 분류하면 다음과 같다.

① 외부정보이용자: 주주(투자자), 채권자(대여자), 공급자, 정부당국 ⇒ 재무회계

② 내부정보이용자: 경영자, 관리자 ⇒ 관리회계

1.2 합리적인 판단과 의사결정

합리적인 판단과 의사결정이란 경제적 의사결정, 즉 동일한 효익을 얻기 위해 최소한의 원가를 발생시키는 의사결정을 말한다.

1.3 경제적 정보

경제적 정보란 재무적 정보를 말하는 것으로, 화폐액으로 측정가능한 정보를 의미한다.

1.4 식별·측정·전달

① 식별: 발생한 사건이 회계기록의 대상이 되는 사건인지를 구분하는 것

② 측정: 그 사건에 대해 화폐금액을 부여하는 것
③ 전달: 경제적 정보를 보고하는 것(주로 재무제표를 통해 보고)

한 회계기간에 걸쳐 회계정보를 식별·측정·전달하는 하나의 순환과정을 회계순환과정이라고 한다.

제2절 회계의 분류

여러 가지 기준에 따라 회계를 분류할 수 있으나 일반적인 분류방법은 다음과 같다.

2.1 재무회계

재무회계는 기업의 외부정보이용자가 합리적인 의사결정을 하는 데 유용한 정보를 제공하는 것을 목적으로 한다. 기업의 외부정보이용자를 대상으로 하기 때문에 외부정보이용자 중 어느 한쪽의 이익에 치우치는 정보를 작성하여 보고하는 것을 지양하고 정보에 대한 공통의 욕구를 충족시키기 위해 일정한 객관적인 기준을 설정하여 그 기준에 따라 정보를 작성하는데 이 공통된 기준을 '일반적으로 인정된 회계원칙(Generally Accepted Accounting Principles: GAAP)'이라고 하며, 재무보고의 수단으로 GAAP에 따라 일반목적 재무제표를 작성한다. 또한 정보의 객관성과 신뢰성을 확보하기 위해 정보작성자의 판단이나 예측이 포함되는 미래 예측정보의 작성을 지양하고 과거의 객관적인 정보를 정보제공의 대상으로 한다.

2.2 관리회계

관리회계는 기업의 내부정보이용자가 기업에 대한 관리의사결정을 하는 데 유용한 정보를 제공하는 것을 목적으로 한다. 기업의 내부정보이용자를 대상으로 하기 때문에 각 상황별로 특정 내부정보이용자에게 필요한 정보를 적합한 양식에 따라 작성하여 보고한다. 따라서 신뢰성보다는 각 상황에 맞는 목적적합성의 충족이 더 중요하며, 이를 위해 미래 예측정보를 포함할 수도 있다.

2.3 원가회계

원가회계는 제조기업이 제조하여 판매하는 제품의 원가를 계산하는 것이다. 제품의 원가정보는 기업의 내부정보이용자의 관리의사결정에도 사용되고, 그 제품의 매출에 대응되는 매출원가를 계산하여 이익을 보고한다는 재무회계 관점에서 외부정보이용자를 위한 정보로도 제공이 되지만, 관리의사결정을 위한 기초자료로 원가정보가 사용된다는 점에서 관리회계의 영역에 포함시키기도 한다.

2.4 세무회계

기업은 과세관청에 각 회계기간(과세기간)에 대해 법인세 등 세금을 납부해야 하는데 이때는 회계적 관점에서의 이익을 계산하는 것이 아니라 세법상의 관점에서의 이익을 계산하여 이에 대한 세금을 계산하고 납부해야 한다. 이렇게 세법에 따라 납부할 세금을 계산하는 것을 세무회계라 한다. 기업은 외부보고를 위한 회계적 관점에서의 이익을 계산하여 보고하고, 또한 세법상의 관점에서의 이익을 계산하여 세금을 납부하여야 하는 이중작업을 수행하는 데 시간과 비용이 소요되게 된다. 따라서 기업은 외부에 보고하기 위한 재무회계 자료에서 세법과의 차이를 조정하는 작업(세무조정)을 거쳐 세무보고 자료를 만드는 간접법을 사용하고 있다.

2.5 회계감사

기업은 재무제표를 작성하여 외부정보이용자에게 정보를 제공하는데, 이러한 재무제표 작성은 기업의 경영자에 의해 수행되게 된다. 따라서 경영자는 특정한 상황에서 기업에 유리한 방향으로 재무제표를 작성하여 공시할 유인이 생길 수도 있다. 이러한 위험이 있는 재무제표에 객관성과 신뢰성을 부여하기 위해 독립적인 외부감사인으로부터 재무제표 감사를 받아 신뢰성을 확보하는 것을 회계감사라 하며, 이는 공인회계사에 의한 감사의견표명으로 수행된다.

이 중에서 재무회계와 관리회계의 특징을 비교하면 다음과 같다.

재무회계와 관리회계의 비교

구분	재무회계	관리회계
정보이용자	외부정보이용자	내부정보이용자
목적	외부정보이용자의 경제적 의사결정에 유용한 정보 제공	내부정보이용자의 관리적 의사결정에 유용한 정보의 제공
작성기준	일반적으로 인정된 회계원칙(GAAP)	특정한 기준이 없음
작성보고서	일반목적 재무제표	특수목적용 보고서(목적에 따라)
정보의 특성	주로 과거의 재무적 정보(신뢰성)	재무적 · 비재무적 정보(목적적합성)
보고주기	보통 1년, 6개월(반기), 3개월(분기)	필요할 때마다 수시로 보고가능

제3절 회계의 사회적 기능

3.1 회계의 사회적 기능

회계가 사회적으로 필요한 이유는 무엇인가?

(1) 대리인이론

회계는 정보이용자의 경제적 의사결정에 유용한 정보를 재무제표를 통해 제공하는 것이 목적인데, 주식회사 제도를 기반으로 하는 경제상황에서 투자자로부터 자금을 위탁받아 경영을 수행한 경영자(대리인)는 수탁받은 자원의 효율적 · 효과적 운영에 따른 성과를 보고하는 데 회계를 이용한다.

(2) 자원의 효율적 배분

경제적으로 유한한 자원의 효율적 배분, 즉 한정된 자원이 보다 효율성이 높은 기업으로 집중되도록 하려면 어느 기업이 효율적인 기업인지를 회계보고(공시)를 통해 알려주어야 한다.

3.2 일반적으로 인정된 회계원칙

다양한 이해관계자들이 기업의 회계정보를 이용하는 상황에서 정보제공자인 기업이 회계처리방법을 임의로 선택하여 재무제표를 작성하여 보고한다면 정보이용자의 입장에서 그 회계정보를 해석하기 위한 기준을 설정하기 어려울 뿐 아니라 기업이 자신에게 유리한 방법을 선택하여 회계처리할 가능성이 있다. 또한 다양한 이해관계자가 존재하는 상황에서 어느 한쪽의 이해관계자만을 위한 회계정보를 작성・공시한다고 해도 회계정보의 유용성은 감소할 것이다. 따라서 다양한 이해관계자들이 공통으로 이용할 수 있는 보편타당적이고 각 이해관계자들의 이해조정적인 원칙에 따라 회계정보가 작성・공시되어야 한다.

이러한 일반원칙의 필요성에 따라 다수의 전문가들에 의해 지지되고, 실무에서 널리 사용될 수 있는 일반적으로 인정된 회계원칙(Generally Accepted Accounting Principle)을 제정하였다. 이러한 일반적으로 인정된 회계원칙은 정치적・경제적 환경이 변화함에 따라 변화할 수 있는 가변성을 가진다.

제4절 국제회계기준

4.1 국제회계기준의 필요성

각 국가마다 자국의 경제환경에 적합한 회계기준을 제정하여 적용하여 왔으나 국제화된 경제환경에서 자국 내에서만 경영활동을 수행하는 데는 한계가 있고, 따라서 타국에서 자금을 조달하거나 해외증권시장에 상장을 하는 등 자국의 재무제표를 다른 국가에서도 이용가능하게 해야 하는 상황이 되었다. 그러나 자국의 회계기준에 따라 작성된 재무제표를 타국에 제시하기 위해서는 타국의 기준에 따라 재작성하지 않으면 적절한 해석이 어렵고 비교가능성이 저하되는 문제가 있다. 따라서 국제적으로 공통된 회계기준을 적용해야 할 필요성이 대두되었고, 따라서 국제회계기준위원회가 설립되어 국제재무보고기준(International Financial Reporting Standards: IFRS)을 제정하였다.

4.2 국제회계기준의 특징

(1) 원칙중심의 회계기준

각국마다 처한 경제적·사회적 환경이 다르므로 세부항목에 대한 인식방법이나 공시방법을 국제회계기준에서 세부적으로 규정하는 데는 한계가 있다. 따라서 국제회계기준은 기존의 규칙중심의 회계기준(Rule-based accounting standards)이 아닌 원칙중심의 회계기준(Principle-based accounting standards)으로 제정되었다. 즉, 세부적인 인식 및 측정방법을 정해 놓은 것이 아니므로 규정된 원칙을 준수하는 범위에서 구체적인 인식 및 측정방법을 합리적으로 선택할 수 있도록 제정되었다.

(2) 포괄손익계산방식

국제회계기준은 손익의 개념으로 실현손익뿐만 아니라 자산·부채의 공정가치 변동에 따른 평가손익까지도 손익의 구성요소로 포함하는 포괄손익계산방식에 의한다. 다만 포괄손익계산서에는 실현손익과 자산·부채의 공정가치 변동에 따른 평가손익을 구분하여 표시한다.

(3) 공정가치 측정

종전의 회계기준은 자산과 부채의 측정방법으로 신뢰성을 중시하는 역사적원가를 원칙으로 채택하였으나 국제회계기준에서는 정보이용자의 경제적 의사결정에 목적적합하다고 할 수 있는 공정가치로 측정하는 것을 기본원칙으로 채택하였다.

(4) 연결재무제표 중심

국제회계기준에서의 기본재무제표는 개별기업의 재무제표가 아니라 연결재무제표이다. 즉 다수의 기업이라도 하나의 경제적 실체를 구성하고 있다면 이를 통합하여 작성된 연결재무제표가 공시대상인 기본재무제표이다.

4.3 우리나라 회계기준의 체계

우리나라는 상장기업에 대해 2011년부터 국제회계기준을 한국어로 번역한 한국채택국제회계기준을 적용하는 것을 의무화하였다. 따라서 2009년 12월에 제정된 일반기업회계기준은 공인회계사에 의한 외부감사대상인 비상장기업에 적용되는 회계기준이며 이에 해당하지 않는 중소기업의 경우에는 중소기업회계기준을 적용하게 된다.

연습문제

| 주관식문제 |

01. 재무회계와 관리회계를 비교하여 설명하시오.

02. 대표적 외부정보이용자 두 가지를 들고 그들이 어떠한 정보를 필요로 하는지에 대해 설명하시오.

03. 국제회계기준을 도입한 이유와 국제회계기준의 특징을 설명하시오.

| 객관식문제 |

01. 재무회계와 관리회계에 대한 설명 중 옳은 것은?

	재무회계	관리회계
① 목적:	관리의사결정에 유용한 정보제공	외부정보이용자에게 유용한 정보제공
② 보고수단:	일반목적 재무제표	특정한 양식이 없다.
③ 작성원칙:	특정한 기준이 없다.	일반적으로 인정된 회계원칙
④ 정보의 성격:	목적적합성 강조	신뢰성 강조

02. 다음 중 재무회계와 관리회계에 관한 설명으로 가장 올바르지 않은 것은?
(2017년 재경관리사 기출문제)

① 관리회계의 주된 목적은 경영자의 관리적 의사결정에 유용한 정보를 제공하는 것이다.
② 관리회계는 일반적으로 인정된 회계원칙에 따라 정해진 양식으로 보고해야 한다.
③ 재무회계는 법적 강제력이 있는 반면 관리회계는 내부보고 목적이므로 법적 강제력이 없다.
④ 재무회계의 주된 목적은 정보이용자의 경제적 의사결정에 유용한 정보를 제공하는 것이다.

03. 다음 보기 중 국제회계기준의 특징으로 적합한 것은?

① 공시하는 재무제표에 대한 기간별 비교가능성을 높이기 위해 제정되었다.
② 세부적인 인식 및 측정방법을 정해 놓은 것이 아닌 규칙중심의 회계기준(Rule-based accounting standards)이다.
③ 실현손익뿐만 아니라 자산·부채의 공정가치 변동에 따른 평가손익까지도 손익의 구성요소로 포함하는 포괄손익계산방식이다.
④ 자산·부채의 측정방법으로 역사적원가를 기본원칙으로 한다.

04. 다음 중 국제회계기준의 특징에 대한 설명으로 가장 옳은 것은?
(2018년 재경관리사 기출문제)

① 국제회계기준은 규정중심이 회계기준으로 상세하고 구체적인 회계처리방법을 제시한다.
② 국제회계기준은 원칙적으로 자산·부채에 대해 공정가치 측정을 할 수 없다.
③ 국제회계기준은 연결재무제표를 기본 재무제표로 제시하고 있다.
④ 국제회계기준을 적용한 후 주석공시 양이 줄어들었다.

05. 다음은 K-IFRS의 특징에 대한 설명이다. 빈칸에 가장 알맞은 말을 고르면?
(2016년 재경관리사 기출문제)

연결실체가 재무제표를 작성하는 것을 전제로 제정된 K-IFRS는 (㉠) 중심의 회계기준으로서 회사 경영자가 경제적 실질에 기초하여 합리적으로 회계처리할 수 있도록 유도하고 있다. 또한 국제자본시장의 정보이용자들에게 보다 목적적합한 정보를 제공하기 위해 자산과 부채를 원칙적으로 (㉡)로 측정하여 공시할 것을 요구하고 있다.

	㉠	㉡
①	원칙	공정가치
②	원칙	역사적원가
③	규칙	공정가치
④	규칙	역사적원가

06. 우리나라는 2011년부터 모든 상장사에 대하여 국제회계기준을 전면 도입하였다. 다음 중 이에 따른 효과에 대한 설명으로 가장 올바르지 않은 것은?
(2021년도 재경관리사 기출문제)

① 각국의 회계기준이 별도로 운영됨에 따라 발생했던 비용이 절감되었다.
② 회계정보의 국제적 비교가능성이 제고된 반면 재무제표에 대한 신뢰성은 낮아졌다.
③ 국제적 합작계약 등에서 상호이해가능성이 증가되었다.
④ 해외사업 확장을 촉진하여 자본시장의 활성화에 기여할 수 있었다.

정답 및 해설

| 주관식문제 |

01. 재무회계는 기업의 외부정보이용자가 합리적인 의사결정을 하는 데 유용한 정보를 제공하는 것을 목적으로 한다. 따라서 객관적인 기준인 '일반적으로 인정된 회계원칙(Generally Accepted Accounting Principles: GAAP)'에 따라 일반목적 재무제표를 작성한다. 또한 정보의 객관성과 신뢰성을 확보하기 위해 정보작성자의 판단이나 예측이 포함되는 미래 예측정보의 작성을 지양하고 과거의 객관적인 정보를 정보제공의 대상으로 한다.

관리회계는 기업의 내부정보이용자가 기업에 대한 관리의사결정을 하는 데 유용한 정보를 제공하는 것을 목적으로 한다. 따라서 상황에 따라 특정 내부정보이용자에게 필요한 정보를 필요한 양식에 따라 작성하여 보고한다. 즉, 신뢰성보다는 각 상황에 맞는 목적적합성의 충족이 더 중요하며, 이를 위해 미래 예측정보를 포함할 수도 있다.

02.
- 주주(투자자): 주식투자로 인해 배당금수익이나 주가상승으로 인한 자본이득을 실현할 수 있는지에 대한 정보. 예를 들어 투자대상기업의 배당가능이익의 실현가능성에 대한 정보 또는 미래 기업가치상승가능성에 대한 정보
- 채권자(대여자): 대여금에 대한 이자와 원금 회수가능성에 대한 정보. 즉, 대상기업의 채무이행을 위한 이익의 실현가능성과 자본구조의 안정성에 대한 정보
- 공급자: 대상기업에 대한 원재료 공급의 안정성 및 공급된 원재료로 인한 채권회수가능성에 대한 정보
- 정부당국: 정부정책 실현을 위한 기업의 정보 및 새로운 정책개발을 위한 기업정보
- 종업원: 안정적인 근무환경을 위한 소속기업의 재무안정성 및 수익성에 대한 정보

03. (1) 국제회계기준의 도입이유

기존에는 자국의 경제환경에 적합한 회계기준을 제정하여 적용하여 왔으나 국제화된 경제환경에서 자국 내에서만 경영활동을 수행하는 데는 한계가 있고, 따라서 타국에서 자금을 조달하는 등 자국의 재무제표를 세계적으로 이용가능하게 해야 하는 상황이 되었다. 그러나 자국의 회계기준에 따라 작성된 재무제표를 타국에 제시하기 위해서는 타국의 기준에 따라 재작성하지 않으면 적절한 해석이 어렵고 비교가능성이 저하되는 문제가 있다. 따라서 국제적으로 공통된 회계기준을 적용해야 할 필요성이 대두되었고, 따라서 국제회계기준위원회가 설립되어 국제재무보고기준(International Financial

Reporting Standards: IFRS)을 제정하였다.

(2) 국제회계기준의 특징

① 원칙중심의 회계기준(Principle-based accounting standards)

② 포괄손익계산방식

③ 공정가치 측정

④ 연결재무제표 중심

| 객관식문제 |

01. ②

재무회계는 다양한 외부정보자가 이용하므로 어느 한쪽의 이해관계에 치우치지 않는 객관적인 기준에 따라 신뢰성 있는 정보가 일반목적 재무제표를 통해 제공되어야 한다.

02. ②

관리회계는 공통된 기준이나 정해진 보고형식이 없으나 재무회계는 일반적으로 인정된 회계처리 기준에 따라 작성된다.

03. ③

국가 간 재무제표의 비교가능성을 높이기 위해 제정된 국제회계기준의 특징은 ① 원칙중심의 회계기준(Principle-based accounting standards), ② 포괄손익계산방식, ③ 공정가치 측정원칙 및 ④ 연결재무제표 중심이다.

04. ③

국제회계기준은 연결재무제표를 기본 재무제표로 제시하고 있다.

05. ①

문제 3의 해설 참고

06. ②

K-IFRS *Intermediate Financial Accounting*

Chapter 02

재무보고를 위한 개념체계

단원정리 재무보고를 위한 개념체계

- **재무보고를 위한 개념체계의 목적**

- **일반목적 재무보고의 목적:** 정보이용자의 의사결정에 유용한 정보제공

- **유용한 재무정보의 질적특성**

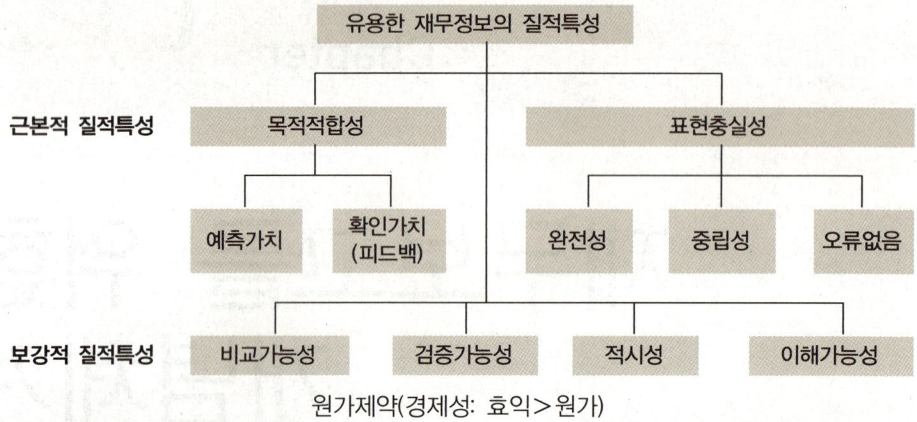

- **재무제표와 보고기업**
  - 계속기업 가정
  - 연결재무제표

- **재무제표 요소**
  - 자산
  - 부채
  - 자본
  - 수익
  - 비용

- **인식과 제거**

- **측정**
  - 역사적원가
  - 현행가치
  - 공정가치
  - 사용가치/이행가치
  - 현행원가

- **자본 및 자본유지개념**
  - 재무자본유지개념
  - 실물자본유지개념
  - 자본유지조정

제1절 재무보고를 위한 개념체계의 목적

재무보고를 위한 개념체계는 일반목적 재무보고의 목적과 개념을 서술하며 개념체계의 목적은 다음과 같다.

① 한국회계기준위원회가 일관된 개념에 기반하여 한국채택국제회계기준을 제·개정하는 데 도움을 준다.

② 특정 거래나 다른 사건에 적용할 회계기준이 없거나 회계기준에서 회계정책 선택이 허용되는 경우에 재무제표 작성자가 일관된 회계정책을 개발하는 데 도움을 준다.

③ 모든 이해관계자가 회계기준을 이해하고 해석하는 데 도움을 준다.

제2절 일반목적 재무보고의 목적

2.1 일반목적 재무보고의 목적

재무정보에 관심을 가지는 이용자가 방대하기 때문에 주요 이용자를 한정하여 이들이 공통적으로 필요로 하는 재무정보를 일반화시켜서 그 재무정보를 작성하여 공시할 필요가 있다. 이를 일반목적 재무보고라고 하며, 일반목적 재무보고의 목적은 현재 및 잠재적 투자자, 대여자와 그 밖의 채권자가 기업에 자원을 제공하는 것과 관련된 의사결정을 할 때 유용한 보고기업 재무정보를 제공하는 것이다. 그 의사결정은 다음을 포함한다.

① 지분상품 및 채무상품의 매수, 매도 또는 보유

② 대여 및 기타 형태의 신용제공 또는 결제

③ 기업의 경제적자원 사용에 영향을 미치는 경영진의 행위에 대한 의결권 또는 영향을 미치는 권리행사

2.2 일반목적 재무보고에서 제공하는 정보

(1) 경제적자원 및 청구권

보고기업의 경제적자원 및 청구권의 성격 및 금액에 대한 정보는 이용자들에게 다음과 같은 도움을 줄 수 있다.

① 보고기업의 재무적 강점과 약점 식별

② 보고기업의 유동성과 지급능력, 추가적인 자금조달의 필요성 및 그 자금조달이 얼마나 성공적일지 평가

③ 기업의 경제적자원에 대한 경영진의 수탁책임 평가

④ 현재 청구권에 대한 우선순위와 지급 요구사항에 대한 정보를 제공하여 기업에 대한 청구권이 있는 자들에게 미래현금흐름이 어떻게 분배될 것인지를 예측

(2) 경제적자원 및 청구권의 변동

보고기업의 경제적자원 및 청구권의 변동은 그 기업의 재무성과, 그리고 채무상품이나 지분상품의 발행과 같은 그 밖의 사건이나 거래에서 발생한다. 보고기업의 미래 순현금유입액에 대한 전망과 기업의 경제적자원에 대한 경영진의 수탁책임을 올바르게 평가하기 위하여 정보이용자는 이 두 가지 변동을 구별할 수 있는 능력이 필요하다.

보고기업의 재무성과에 대한 정보는 그 기업의 경제적자원에서 해당 기업이 창출한 수익을 이용자들이 이해하는 데 도움을 준다. 기업이 창출한 수익에 대한 정보는 이용자들이 기업의 경제적자원에 대한 경영진의 수탁책임을 평가하는 데 도움을 줄 수 있다. 특히 미래현금흐름의 불확실성을 평가하는 데 있어서는 그 수익의 변동성 및 구성요소에 대한 정보도 역시 중요하다. 보고기업의 과거 재무성과와 그 경영진이 수탁책임을 어떻게 이행했는지에 대한 정보는 기업의 경제적자원에서 발생하는 미래수익을 예측하는 데 일반적으로 도움이 된다.

(3) 발생기준 회계가 반영된 재무성과

발생기준 회계는 실제 현금의 수취와 지급이 언제 이루어지는지에 관계없이 거래와 그 밖의 사건 및 상황이 보고기업의 경제적자원 및 청구권에 미치는 영향을

발생한 기간에 보여준다. 이것이 중요한 이유는 보고기업의 경제적자원과 청구권 그리고 기간 중 변동에 관한 정보는 그 기간의 현금수취와 지급만의 정보보다 기업의 과거 및 미래성과를 평가하는 데 더 나은 근거를 제공하기 때문이다.

(4) 과거 현금흐름이 반영된 재무성과

한 기간의 보고기업의 현금흐름에 대한 정보는 이용자들이 기업의 미래 순현금유입 창출 능력을 평가하고 기업의 경제적자원에 대한 경영진의 수탁책임을 평가하는 데에도 도움이 된다. 이 정보는 채무의 차입과 상환, 현금배당 등 투자자에 대한 현금 분배 그리고 기업의 유동성이나 지급능력에 영향을 미치는 그 밖의 요인에 대한 정보를 포함하여, 보고기업이 어떻게 현금을 획득하고 사용하는지 보여준다. 현금흐름에 대한 정보는 이용자들이 보고기업의 영업을 이해하고, 재무활동과 투자활동을 평가하며, 유동성이나 지급능력을 평가하고, 재무성과에 대한 그 밖의 정보를 해석하는 데 도움이 된다.

(5) 재무성과에 기인하지 않은 경제적자원 및 청구권의 변동

보고기업의 경제적자원 및 청구권은 채무상품이나 지분상품의 발행과 같이 재무성과 외의 사유로도 변동될 수 있다. 이러한 유형의 변동에 관한 정보는 보고기업의 경제적자원 및 청구권이 변동된 이유와 그 변동이 미래 재무성과에 주는 의미를 이용자들이 완전히 이해하는 데 필요하다.

제3절 유용한 재무정보의 질적특성

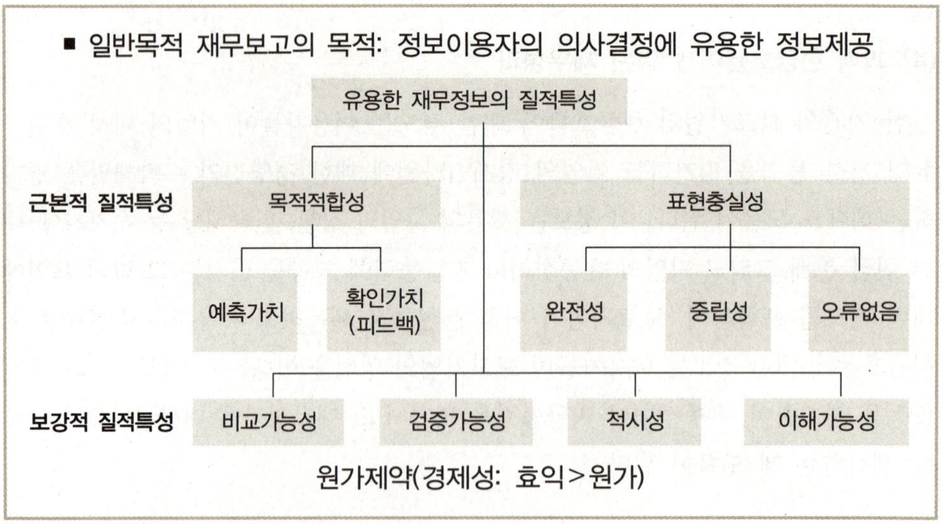

현재 및 잠재적 투자자, 대여자 및 기타 채권자가 재무보고서에 포함된 정보(재무정보)에 근거하여 보고기업에 대한 의사결정을 하므로 어떠한 특성을 가진 정보가 유용한 재무정보인지를 정의하여 재무보고서에 포함할 만한 재무정보인지를 결정해야 한다.

3.1 근본적 질적특성

재무정보가 유용하기 위해서는 목적적합해야 하고 나타내고자 하는 바를 충실하게 표현해야 한다. 따라서 목적적합성과 표현충실성은 유용한 재무정보가 되기 위한 근본적 질적특성이다.

(1) 목적적합성

목적적합한 재무정보란 그 정보를 이용함으로써 정보이용자의 의사결정에 차이가 나도록 할 수 있는 정보이다.

1) 예측가치와 확인가치

재무정보에 예측가치·확인가치 또는 이 둘 모두가 있다면 그 재무정보는 의사결정에 차이가 나도록 할 수 있다.

정보이용자들이 미래 결과를 예측하기 위해 사용하는 절차의 투입요소로 재무정보가 사용될 수 있다면 그 재무정보는 예측가치를 갖는다. 재무정보가 예측가치를 갖기 위해서 그 자체가 예측치 또는 예상치일 필요는 없다. 예측가치를 갖는 재무정보는 정보이용자 자신이 예측하는 데 그 재무정보를 사용된다.

재무정보가 과거평가에 대해 피드백을 제공한다면(과거평가를 확인하거나 변경시킨다면) 확인가치를 갖는다.

재무정보의 예측가치와 확인가치는 상호 연관되어 있다. 예측가치를 갖는 정보는 확인가치도 갖는 경우가 많다. 예를 들어, 미래연도 수익의 예측 근거로 사용될 수 있는 당해연도 수익 정보를 과거연도에 행한 당해연도 수익 예측치와 비교할 수 있다. 그 비교결과는 이용자가 그 과거 예측에 사용한 절차를 수정하고 개선하는 데 도움을 줄 수 있다.

2) 중요성

특정 보고기업에 대한 재무정보를 제공하는 일반목적 재무보고서에 정보를 누락하거나 잘못 기재하거나 불분명하게 하여, 이를 기초로 내리는 주요 이용자들의 의사결정에 영향을 줄 것으로 합리적으로 예상할 수 있다면 그 정보는 중요한 것이다. 즉, 중요성은 개별기업 재무보고서 관점에서 해당 정보와 관련된 항목의 성격이나 규모에 근거하여 해당 기업에 특유한 측면의 목적적합성을 의미한다. 따라서 회계기준위원회는 중요성에 대한 획일적인 계량 임계치를 정하거나 특정한 상황에서 무엇이 중요한 것인지를 미리 결정할 수 없다.

(2) 표현충실성

재무정보가 유용하기 위해서는 목적적합한 현상을 표현하는 것뿐만 아니라 나타내고자 하는 현상을 충실하게 표현해야 한다. 일반적으로 경제적 현상의 실질과 그 법적 형식은 같은 경우가 많지만 만약 같지 않다면 법적 형식에 따른 정보만 제공해서는 경제적 현상을 충실하게 표현할 수 없을 것이다.

완벽한 표현충실을 위해서는 서술에 세 가지의 특성이 있어야 한다. 즉 서술은 완전하고, 중립적이며, 오류가 없어야 한다.

완전한 서술은 필요한 기술과 설명을 포함하여 이용자가 서술되는 현상을 이해하는 데 필요한 모든 정보를 포함하는 것이다.

중립적 서술은 재무정보의 선택이나 표시에 편의(bias, 偏倚)가 없는 것이다. 중립적 서술은 이용자들이 재무정보를 유리하게 또는 불리하게 받아들일 가능성을 높이기 위해 편파적이 되거나, 편중되거나, 강조되거나, 경시되거나 그 밖의 방식으로 조작되지 않는 것이다.

오류가 없다는 것은 현상의 기술에 오류나 누락이 없고, 보고정보를 생산하는 데 사용되는 절차의 선택과 적용 시 절차상 오류가 없음을 의미한다. 여기서 오류가 없다는 것은 모든 면에서 완벽하게 정확하다는 것을 의미하지는 않는다. 예를 들어 관측가능하지 않은 가격이나 가치의 추정치는 정확한지 또는 부정확한지 결정할 수 없다. 그러나 추정치로서 금액을 명확하고 정확하게 기술하고, 추정절차의 성격과 한계를 설명하며, 그 추정치를 도출하기 위한 적절한 절차를 선택하고 적용하는 데 오류가 없다면 그 추정치의 표현은 충실하다고 할 수 있다.

(3) 근본적 질적특성의 적용

근본적 질적특성을 적용하기 위한 가장 효율적이고 효과적인 절차는 일반적으로 다음과 같다.

① 보고기업의 재무정보 이용자들에게 유용할 수 있는 정보의 대상이 되는 경제적 현상을 식별한다.

② 그 현상에 대한 가장 목적적합한 정보의 유형을 식별한다.

③ 그 정보가 이용가능한지, 그리고 경제적 현상을 충실하게 표현할 수 있는지 결정한다.

경우에 따라 경제적 현상에 대한 유용한 정보를 제공한다는 재무보고의 목적을 달성하기 위해 근본적 질적특성 간 절충(trade-off)이 필요할 수도 있다. 예를 들어, 어떤 현상에 대한 가장 목적적합한 정보가 매우 불확실한 추정치일 수 있다. 어떤 경우에는 추정치 산출에 포함된 측정 불확실성의 수준이 너무 높아 그 추정치가 현상을 충분히 충실하게 표현할 수 있을지 의심스러울 수 있다. 그러한 경우에는 추정치에 대한 기술과 추정치에 영향을 미치는 불확실성에 대한 설명이 부연된다면 매우 불확실한 추정치도 가장 유용한 정보가 될 수 있다.

3.2 보강적 질적특성

재무정보가 유용하기 위해서는 목적적합성과 충실한 표현이라는 근본적 질적특성을 갖추어야 하며, 유용한 재무정보가 되기 위한 근본적 질적특성을 보강시키는 질적특성으로 비교가능성, 검증가능성, 적시성 및 이해가능성을 들 수 있다.

(1) 비교가능성

비교가능성이란 정보이용자가 항목 간의 유사점과 차이점을 식별하고 이해할 수 있게 하는 질적특성이다. 따라서 다른 질적특성과 달리 비교가능성은 단 하나의 항목에 관련된 것이 아니다. 비교하려면 최소한 두 항목이 필요하다. 정보이용자의 의사결정은 투자자산을 매도할지 또는 보유할지, 어느 보고기업에 투자할지를 선택하는 것과 같이 대안들 중에서 선택을 하는 것이다.

사례 2-1 비교가능성

수익성이 좋은 기업에 투자하기로 결정한 투자자는 당기순이익을 수익성의 판단지표로 이용하기로 하였다. 투자를 고려하고 있는 A기업이 20×2년 당기순이익으로 100억원을 보고했다면 이 기업은 수익성이 좋은 기업인가? 단순히 A기업의 당기순이익 정보만 가지고 수익성의 좋고 나쁨을 판단하기는 어려울 것이다. 이때 동종업종이면서 유사한 규모를 갖는 B기업은 같은 기간의 당기순이익이 500억원이었다면 A기업에 대하여 수익성이 비교적 좋은 기업이라고 판단하기 어려울 것이다. 이 기업이 수익성이 좋은 기업인지를 판단하기 위해서는 동종업종이면서 비슷한 규모의 다른 회사와 비교해보아야 할 것이다. 그렇다면 B기업은 수익성이 좋은 기업이라고 판단할 수 있을까? 만일 B기업이 20×0년, 20×1년에는 각각 1,000억원의 당기순이익을 보고했었다면 20×2년 현재는 수익성이 심하게 안 좋아진 상황이라고 볼 수 있다. 따라서 보고기업에 대한 정보는 절대적으로 그 정보만으로 판단하기보다는 다른 기업에 대한 유사한 정보 및 해당 기업에 대한 다른 기간이나 다른 일자의 유사한 정보와 비교할 수 있다면 더욱 유용하다. 이때 다른 기업과 비교하는 것을 기업 간 비교가능성이라고 하고, 동일기업의 다른 기간의 정보와 비교하는 것을 기간별 비교가능성이라고 한다.

(2) 검증가능성

검증가능성은 합리적인 판단력이 있고 독립적인 서로 다른 관찰자가 어떤 서술이 충실한 표현이라는 데 비록 반드시 완전히 일치하지는 못하더라도 합의에 이를 수 있다는 것을 의미한다. 계량화된 정보가 검증가능하기 위해서 단일 점추정치이어야 할 필요는 없다. 가능한 금액의 범위 및 관련된 확률도 검증될 수 있다.

(3) 적시성

적시성은 의사결정에 영향을 미칠 수 있도록 의사결정자가 정보를 제때에 이용가능하게 하는 것을 의미한다. 당장 의사결정을 내려야 하는 상황에서 필요로 하는 정보가 뒤늦게 제공된다면 정보로서의 유용성이 현저히 떨어질 것이다. 일반적으로 정보는 오래될수록 유용성이 낮아지지만 일부 정보는 보고기간 후에도 오랫동안 적시성이 있을 수 있다. 예를 들어, 일부 정보이용자는 추세를 식별하고 평가할 필요가 있을 수 있기 때문이다.

사례 2-2 적시성

A기업과 B기업이 합병하여 주가가 상승할 것이라는 정보를 제공받으면 투자수익을 실현할 수 있을 것이다. 그런데 그 정보를 이미 합병한 이후에 제공받는다면 정보로서의 가치가 없을 것이다. 따라서 유용한 정보가 되기 위해서는 정보력을 잃기 전에 제때에 제공되어야 한다.

(4) 이해가능성

정보가 유용하기 위해서는 이용자가 정보를 쉽게 이해할 수 있어야 한다. 정보를 명확하고 간결하게 분류하고, 특징지으며, 표시하는 것은 정보를 이해가능하게 한다. 또한 본질적으로 복잡한 정보에 대하여 이해가능성이 낮다는 이유로 재무보고서에서 제외하면 불완전한 보고서가 되므로 오히려 정보이용자를 잠재적으로 오도할 수 있다.

(5) 보강적 질적특성의 적용

보강적 질적특성은 가능한 한 극대화되어야 한다. 그러나 보강적 질적특성은 정보가 목적적합하지 않거나 나타내고자 하는 바를 충실하게 표현하지 않으면 개별적으로든 집단적으로든 그 정보를 유용하게 할 수 없다.

보강적 질적특성을 적용하는 것은 어떤 규정된 순서를 따르지 않는 반복적인 과정이다. 때로는 하나의 보강적 질적특성이 다른 질적특성의 극대화를 위해 감소되어야 할 수도 있다. 예를 들어, 새로운 회계기준의 전진 적용으로 인한 비교가능성의 일시적 감소는 장기적으로 목적적합성이나 표현충실성을 향상시키기 위해 감수될 수도 있다.

3.3 유용한 재무보고에 대한 원가제약(경제성: 효익 > 원가)

원가는 재무보고로 제공될 수 있는 정보에 대한 포괄적 제약요인이다. 재무정보의 보고에는 원가가 소요되고, 해당 정보보고의 효익이 그 원가를 정당화한다는 것이 중요하다. 즉, 아무리 유용한 정보라고 하더라도 재무보고에 따른 원가가 그 정보에서 기대되는 효익을 초과한다면 재무보고에 대한 경제적인 정당성이 없을 것이다.

제4절 재무제표와 보고기업

4.1 재무제표

(1) 재무제표의 목적

재무제표의 목적은 보고기업에 유입될 미래순현금흐름에 대한 전망과 보고기업의 경제적자원에 대한 경영진의 수탁책임을 평가하는 데 유용한 보고기업의 자산, 부채, 자본, 수익 및 비용에 대한 재무정보를 재무제표이용자들에게 제공하는 것이다. 또한 재무제표이용자들이 변화와 추세를 식별하고 평가하는 것을 돕기 위해 재무제표는 최소한 직전 연도에 대한 비교정보를 제공하고, 재무제표의 목적을 달성하기 위해 보고기간 후 발생한 거래 및 그 밖의 사건에 대한 정보를 제공할 필요가 있다면 재무제표에 그에 대한 정보를 포함한다.

(2) 계속기업가정: 기본가정

재무제표는 일반적으로 보고기업이 계속기업이며 예측가능한 미래에 영업을 계속할 것이라는 가정하에 작성된다. 따라서 기업이 청산을 하거나 거래를 중단하려는 의도가 없으며, 그럴 필요도 없다고 가정한다. 만약 그러한 의도나 필요가 있다면 재무제표는 계속기업과는 다른 기준에 따라 작성되어야 한다. 그러한 경우라면 사용된 기준을 재무제표에 기술한다.

4.2 보고기업

보고기업은 재무제표를 작성해야 하거나 작성하기로 선택한 기업이다. 보고기업은 단일의 실체이거나 어떤 실체의 일부일 수 있으며, 둘 이상의 실체로 구성될 수도 있다. 보고기업이 반드시 법적 실체일 필요는 없다.

한 기업(지배기업)이 다른 기업(종속기업)을 지배하는 경우가 있다. 보고기업이 지배기업과 종속기업으로 구성된다면 그 보고기업의 재무제표를 '연결재무제표'라고 부른다. 보고기업이 지배기업 단독인 경우 그 보고기업의 재무제표를 '비연결재무제표'라고 부른다.

연결재무제표는 단일의 보고기업으로서의 지배기업과 종속기업의 자산, 부채, 자본, 수익 및 비용에 대한 정보를 제공한다. 이 정보는 지배기업의 현재 및 잠재적 투자자, 대여자와 그 밖의 채권자가 지배기업에 유입될 미래현금흐름에 대한 전망을 평가하는 데 유용하다. 앞에서 설명한 바와 같이 한국채택국제회계기준에서는 연결재무제표를 기본재무제표로 하고 있다.

제5절 재무제표 요소

5.1 재무제표의 요소

재무제표는 거래나 그 밖의 사건의 재무적 영향을 경제적 특성에 따라 대분류하여 나타낸다. 이러한 대분류를 재무제표의 요소라고 한다. 재무상태표에서 재무상태와 관련된 요소는 자산, 부채 및 자본이다. 그리고 포괄손익계산서에서 재무성과와 관련된 요소는 수익과 비용이다.

(1) 재무상태와 관련된 요소

1) 자산

자산은 과거사건의 결과로 기업이 통제하는 현재의 경제적자원이다.

용어정의

경제적자원	경제적효익을 창출할 잠재력을 지닌 권리

2) 부채

부채는 과거사건의 결과로 기업이 경제적자원을 이전해야 하는 현재의무이다. 부채가 존재하기 위해서는 다음의 세 가지 조건을 모두 충족하여야 한다.

① 기업에게 의무가 있다.
② 의무는 경제적자원을 이전하는 것이다.
③ 의무는 과거사건의 결과로 존재하는 현재의무이다.

3) 자본

자본은 기업의 자산에서 모든 부채를 차감한 후의 잔여지분이다.

(2) 재무성과와 관련된 요소

1) 수익

수익은 자산의 증가 또는 부채의 감소로서 자본의 증가를 가져오며, 자본청구권 보유자의 출자와 관련된 것을 제외한다.

2) 비용

비용은 자산의 감소 또는 부채의 증가로서 자본의 감소를 가져오며, 자본청구권 보유자에 대한 분배와 관련된 것을 제외한다.

제2절에서 설명한 경제적자원, 청구권 및 경제적자원과 청구권의 변동과 재무제표의 요소를 연계한 표는 다음과 같다.

제2절의 항목	재무제표 요소	설명
경제적자원	자산	과거사건의 결과로 기업이 통제하는 현재의 경제적자원
청구권	부채	과거사건의 결과로 기업의 경제적자원을 이전해야 하는 현재의무
	자본	기업의 자산에서 모든 부채를 차감한 후의 잔여지분
재무성과를 반영하는 경제적자원 및 청구권의 변동	수익	자본의 증가를 가져오는 자산의 증가나 부채의 감소로서 자본청구권 보유자의 출자와 관련된 것은 제외
	비용	자본의 감소를 가져오는 자산의 감소나 부채의 증가로서 자본청구권 보유자에 대한 분배와 관련된 것은 제외
그 밖의 경제적자원 및 청구권의 변동	–	자본청구권 보유자에 의한 출자와 그들에 대한 분배
	–	자본의 증가나 감소를 초래하지 않는 자산이나 부채의 교환

제6절 재무제표 요소의 인식과 제거

6.1 재무제표 요소의 인식

인식은 자산, 부채, 자본, 수익 또는 비용과 같은 재무제표 요소 중 하나의 정의를 충족하는 항목을 재무상태표나 재무성과표에 포함하기 위하여 포착하는 과정이다. 인식은 그러한 재무제표 중 하나에 어떤 항목을 명칭과 화폐금액으로 나타내고, 그 항목을 해당 재무제표의 하나 이상의 합계에 포함시키는 것을 의미한다. 자산, 부채 또는 자본이 재무상태표에 인식되는 금액을 장부금액이라고 한다. 자산이나 부채를 인식하고 이에 따른 결과로 수익, 비용 또는 자본변동을 인식하는 것이 재무제표이용자들에게 다음과 같이 유용한 정보를 모두 제공하는 경우에만 자산이나 부채를 인식한다.

① 자산이나 부채에 대한 그리고 이에 따른 결과로 발생하는 수익, 비용 또는 자본변동에 대한 목적적합한 정보: 목적적합성

② 자산이나 부채 그리고 이에 따른 결과로 발생하는 수익, 비용 또는 자본변동의 충실한 표현: 표현충실성

6.2 제거

제거는 기업의 재무상태표에서 인식된 자산이나 부채의 전부 또는 일부를 삭제하는 것이다. 제거는 일반적으로 해당 항목이 더 이상 자산 또는 부채의 정의를 충족하지 못할 때 발생한다.

① 자산은 일반적으로 기업이 인식한 자산의 전부 또는 일부에 대한 통제를 상실하였을 때 제거한다.

② 부채는 일반적으로 기업이 인식한 부채의 전부 또는 일부에 대한 현재의무를 더 이상 부담하지 않을 때 제거한다.

제7절 재무제표 요소의 측정

재무제표에 인식된 요소들은 화폐단위로 수량화되어 있다. 측정은 재무상태표와 포괄손익계산서에 인식되고 평가되어야 할 재무제표 요소의 화폐금액을 결정하는 과정이다. 이를 위해 측정기준을 선택해야 한다. 측정기준은 측정대상 항목에 대해 식별된 속성(예: 역사적원가, 공정가치 또는 이행가치)이다. 자산이나 부채에 측정기준을 적용하면 해당 자산이나 부채, 관련 수익과 비용의 측정치가 산출된다.

7.1 측정기준

(1) 역사적원가

역사적원가 측정치는 적어도 부분적으로 자산, 부채 및 관련 수익과 비용을 발생시키는 거래나 그 밖의 사건의 가격에서 도출된 정보를 사용하여 자산, 부채 및 관련 수익과 비용에 관한 화폐적 정보를 제공한다. 즉, 자산을 취득하거나 창출할 때의 역사적원가는 자산의 취득 또는 창출에 발생한 원가의 가치로서, 자산을 취득 또는 창출하기 위하여 지급한 대가와 거래원가를 포함한다. 부채가 발생하거나 인수할 때의 역사적원가는 발생시키거나 인수하면서 수취한 대가에서 거래원가를 차감한 가치이다. 현행가치와 달리 역사적원가는 자산의 손상이나 손실부담에 따른 부채와 관련되는 변동을 제외하고는 가치의 변동을 반영하지 않는다. 이는 신뢰성을 강조하는 방법이다.

(2) 현행가치

현행가치 측정치는 측정일의 조건을 반영하기 위해 갱신된 정보를 사용하여 자산, 부채 및 관련 수익과 비용의 화폐적 정보를 제공한다. 이러한 갱신에 따라 자산과 부채의 현행가치는 이전 측정일 이후의 변동, 즉 현행가치에 반영되는 현금흐름과 그 밖의 요소의 추정치의 변동을 반영한다.

① 공정가치: 측정일에 시장참여자 사이의 정상거래에서 자산을 매도할 때 받거나 부채를 이전할 때 지급하게 될 가격

② 자산의 사용가치 및 부채의 이행가치

- 사용가치: 기업이 자산의 사용과 궁극적인 처분으로 얻을 것으로 기대하는 현금흐름 또는 그 밖의 경제적효익의 현재가치
- 이행가치: 기업이 부채를 이행할 때 이전해야 하는 현금이나 그 밖의 경제적자원의 현재가치

③ 현행원가

- 자산: 측정일 현재 동등한 자산의 원가로서 측정일에 지급할 대가와 그 날에 발생할 거래원가를 포함
- 부채: 측정일 현재 동등한 부채에 대해 수취할 수 있는 대가에서 그 날에 발생할 거래원가를 차감

7.2 자본의 측정

자본의 총장부금액(총자본)은 직접 측정하지 않고, 인식된 모든 자산의 장부금액에서 인식된 모든 부채의 장부금액을 차감한 금액으로 한다.

제8절 자본 및 자본유지개념

8.1 자본의 개념

기업은 재무제표이용자들의 정보요구에 기초하여 적절한 자본개념을 선택하여야 한다. 따라서 재무제표이용자들이 주로 명목상의 투하자본이나 투하자본의 구매력 유지에 관심이 있다면 재무적 개념의 자본을 채택하여야 한다. 그러나 이용자들의 주된 관심이 기업의 조업능력 유지에 있다면 실물적 개념의 자본을 사용하여야 한다.

8.2 자본유지개념

(1) 재무자본유지개념

자본을 투자된 화폐액 또는 투자된 구매력으로 보는 재무적 개념하에서 자본은 기업의 순자산이나 지분과 동의어로 사용된다. 재무자본유지개념하에서 이익은 해당 기간 동안 소유주에게 배분하거나 소유주가 출연한 부분을 제외하고 기말 순자산의 재무적 측정금액(화폐금액)이 기초 순자산의 재무적 측정금액(화폐금액)을 초과하는 경우에만 발생한다. 재무자본유지는 명목화폐단위 또는 불변구매력단위를 이용하여 측정할 수 있다.

(2) 실물자본유지개념

자본을 조업능력으로 보는 자본의 실물적 개념하에서는 자본은 예를 들어, 1일 생산수량과 같은 기업의 생산능력으로 간주된다. 실물자본유지개념하에서 이익은 해당 기간 동안 소유주에게 배분하거나 소유주가 출연한 부분을 제외하고 기업의 기말 실물생산능력이나 조업능력(또는 그러한 생산능력을 갖추기 위해 필요한 자원이나 기금)이 기초 실물생산능력을 초과하는 경우에만 발생한다.

8.3 자본유지조정

자산과 부채에 대한 재평가 또는 재작성은 자본의 증가나 감소를 초래한다. 이와 같은 자본의 증가 또는 감소는 수익과 비용의 정의에는 부합하지만 이 항목들은 특정 자본유지개념에 따라 포괄손익계산서에는 포함하지 아니하고, 자본유지조정 또는 재평가적립금으로 자본에 포함한다.

보론 화폐의 시간가치

화폐의 시간가치란 동일한 화폐금액이라도 측정하는 시점에 따라 가치가 다르다는 것이다. 현재 ₩100,000을 받을 수 있는 선택안과 1년 후 동일한 ₩100,000을 받을 수 있는 선택안이 있다면 둘 중 어느 선택안을 택할 것인가? 물론 합리적인 사람이라면 현재의 ₩100,000을 선호할 것이다. 그 이유는 현재 ₩100,000을 받음으로써 1년 후에 혹시라도 받지 못할 가능성인 불확실성을 해소할 수 있으며 인플레이션의 경우 미래의 ₩100,000으로 구매할 수 있는 물건은 현재의 ₩100,000으로 구매할 수 있는 물건보다 가치가 작을 것이기 때문이다. 또한 현재 ₩100,000을 받아서 금융상품에 투자할 경우 1년 후의 금액은 ₩100,000보다 큰 금액이 될 것이다. 따라서 현재 ₩100,000을 받지 않고 미래에 받기로 한다면 현재 ₩100,000을 받아서 소비함으로써 누릴 수 있는 효익에 대한 포기와 현재 ₩100,000을 투자하였다면 받을 수 있을 수익 및 미래 ₩100,000을 지급받지 못할 위험에 대한 대가 등으로 현재 ₩100,000보다 높은 금액을 받아야 하는 것이다. 그렇게 추가로 지급되는 금액을 이자라고 한다. 예를 들어, 현재의 ₩100,000을 받는 것과 1년 후에 ₩110,000을 받는 것이 동일하다고 느낀다면 이자로 ₩10,000을 지급받는 것이며, 이자율이 연 10%라고 해석할 수 있다.

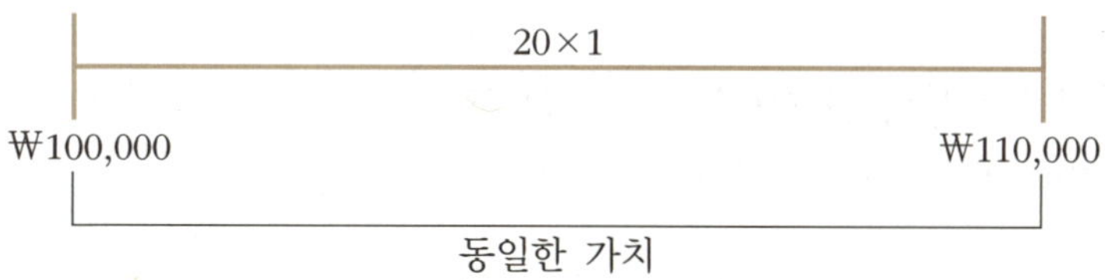

즉, 현재 ₩100,000과 1년 후의 ₩110,000은 동일한 가치라는 것이다. 다시 말해 1년 후의 ₩110,000을 현재가치로 환산하려면 불확실성, 인플레이션 등에 대한 대가인 이자요소를 빼주면 되는 것이다. 현재 ₩100,000에 이자요소 ₩100,000×10%를 합한 것이 1년 후 가치인 ₩110,000이므로,

현재 ₩100,000＋₩100,000×10%＝현재 ₩100,000(1＋0.1)＝1년 후의 ₩110,000

따라서 현재 $₩100{,}000 = \dfrac{\text{1년 후의 ₩110,000}}{(1+0.1)}$

이렇게 미래가치를 현재가치로 환산하는 것을 현금흐름을 할인한다고 하며, 이때 적용되는 이자율을 할인율이라고 한다.

위 식에서 반대로 현재가치를 미래가치로 환산할 수도 있다.

1년 후의 ₩110,000 = 현재 ₩100,000 × (1 + 0.1)

일반화하면 다음과 같다.

1기간 후 미래가치를 현재가치로 환산하는 식: 현재가치 $= \dfrac{\text{1기간 후의 가치}}{(1+\text{할인율})}$

현재가치를 1기간 후 미래가치로 환산하는 식: 미래가치 = 현재가치 × (1 + 할인율)

만일 할인율이 10%인 상황에서 2기간으로 확장시켜서 화폐의 시간가치 개념을 정리하면 다음과 같다.

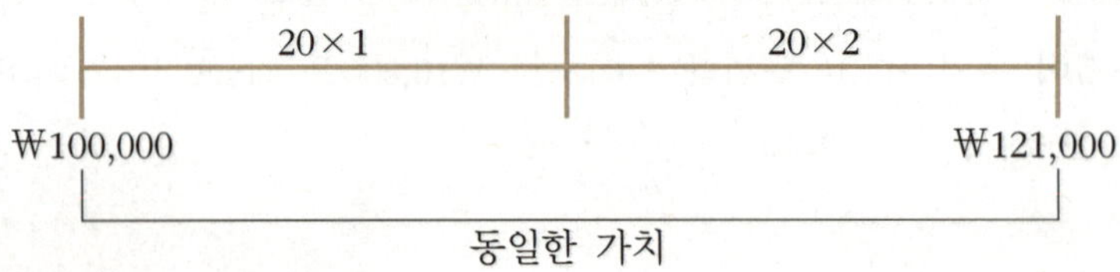

왜냐하면 20×2년말의 ₩121,000을 20×2년초(20×1년말) 시점으로 환산하면 다음 식에 따라 ₩110,000일 것이다.

20×2년초(20×1년말) $₩110{,}000 = \dfrac{\text{20×2년말 ₩121,000}}{(1+0.1)}$

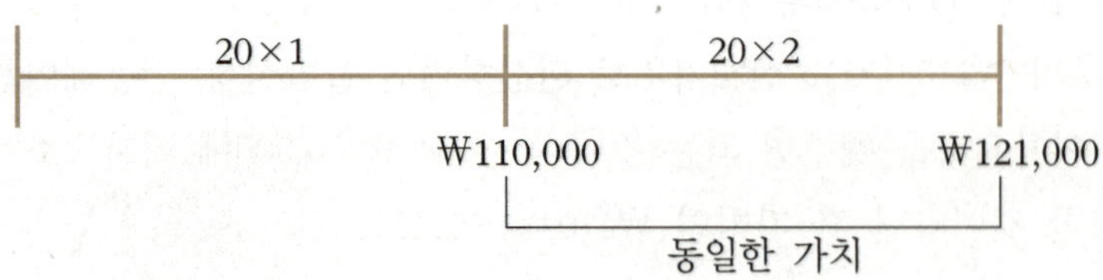

그 다음 20×2년초의 가치로 환산된 ₩110,000을 다시 20×1년초의 가치로 환산하면 다음과 같다.

$$20\times1\text{년초 ₩}100{,}000=\frac{20\times2\text{년초}(20\times1\text{년말})\ \text{₩}121{,}000}{(1+0.1)}$$

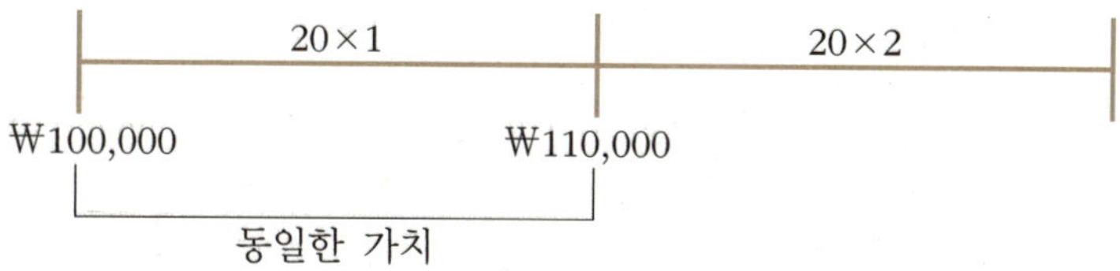

따라서 2기간 후인 20×2년말의 ₩121,000은 두 번 현재가치 환산을 한 것이고 다음 식으로 표현될 수 있다.

$$20\times1\text{년초 ₩}100{,}000=\frac{20\times2\text{년말 ₩}121{,}000}{(1+0.1)^2}$$

할인율이 r인 상황에서 n기간 후의 미래가치에 대한 현재가치를 계산하는 식을 일반화하면 다음과 같다.

$$\text{현재가치}=\frac{n\text{기간 후의 미래가치}}{(1+r)^n}$$

$$=n\text{기간 후의 미래가치}\times\frac{1}{(1+r)^n}$$

여기서 $\frac{1}{(1+r)^n}$을 미리 계산하여 표로 작성한 것이 현재가치계수표이고, 본서 뒷부분에 수록하였다. 현재가치계수표는 세로열의 기간과 가로열의 이자율을 조합하여 해당하는 현재가치계수를 산출하여 적용하는 것이다.

[표 1] **1원의 현재가치**

기간수 n	이자율														
	1	2	3	4	5	6	7	8	9	10	11	12	13	14	15
1	0.99010	0.98039	0.97087	0.96154	0.95238	0.94340	0.93458	0.92593	0.91743	0.90909	0.90090	0.89286	0.88496	0.87719	0.86957
2	0.98030	0.96117	0.94260	0.92456	0.90703	0.89000	0.87344	0.85734	0.84168	0.82645	0.81162	0.79719	0.78315	0.76947	0.75614
3	0.97059	0.94232	0.91514	0.88900	0.86384	0.83962	0.81630	0.79383	0.77218	0.75131	0.73119	0.71178	0.69305	0.67497	0.65752
4	0.96098	0.92385	0.88849	0.85480	0.82270	0.79209	0.76290	0.73503	0.70843	0.68301	0.65873	0.63552	0.61332	0.59208	0.57175
5	0.95147	0.90573	0.86261	0.82193	0.78353	0.74726	0.71299	0.68058	0.64993	0.62092	0.59345	0.56743	0.54276	0.51937	0.49718

현재가치계수를 이용한 현재가치계산식은 다음과 같다,

현재가치 = n기간 후의 미래가치 × 현재가치계수

예제 2-1 | 단일금액의 현재가치계산

㈜인덕은 3년 후에 ₩2,662,000을 받기로 하고 상품을 매출하였다. 할인율이 연 10%일 때 이 매출에 대한 대가의 현재가치는 얼마인가?

| 해답 |

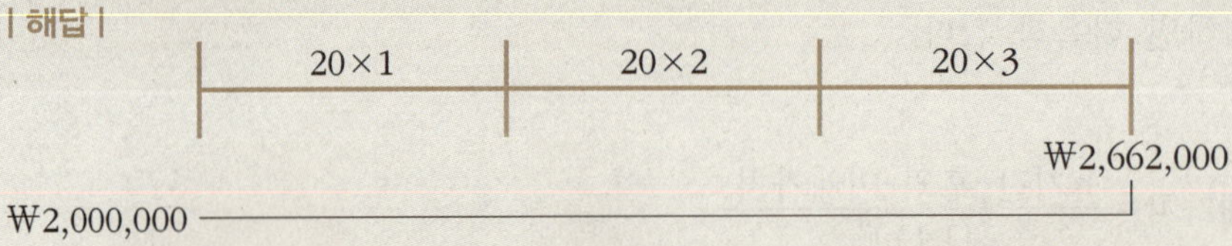

즉, $₩2,662,000 \times \dfrac{1}{(1+0.1)^3} = ₩2,000,000$

따라서 매출과 매출채권으로 인식할 금액은 ₩2,000,000이고 기간의 경과에 따라 ₩662,000을 이자수익으로 인식해야 한다.

또한 일정기간 일정금액의 현금흐름이 정기적으로 발생하는 것을 연금이라고 하는데 연금의 현재가치는 연금의 현금흐름을 현재가치로 각각 환산하여 합한 것과 같다. 예를 들어, 할인율이 10%인 상황에서 다음과 같은 연금이 있다고 하면 이 연금의 현재가치는 ₩24,868이다.

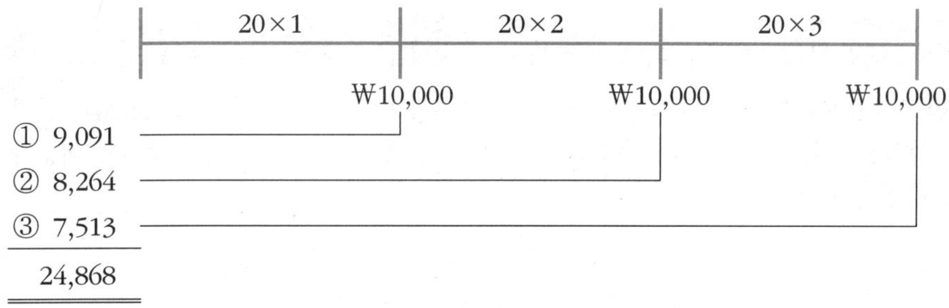

① ₩10,000× $\frac{1}{(1+0.1)}$ =9,091

② ₩10,000× $\frac{1}{(1+0.1)^2}$ =8,264

③ ₩10,000× $\frac{1}{(1+0.1)^3}$ =7,513

즉, ₩10,000×($\frac{1}{(1+0.1)}$ + $\frac{1}{(1+0.1)^2}$ + $\frac{1}{(1+0.1)^3}$)

할인율이 r인 상황에서 n기간 동안의 연금에 대한 현재가치를 계산하는 식을 일반화하면 다음과 같다.

$$연금의 현재가치 = n기간 동안의 연금 \times \frac{1-(1+r)^{-n}}{r}$$

여기서 $\frac{1-(1+r)^{-n}}{r}$을 미리 계산하여 표로 작성한 것이 연금의 현재가치계수표이다.

연금의 현재가치계수를 이용한 현재가치계산식은 다음과 같다,

연금의 현재가치=n기간 동안의 연금×연금의 현재가치계수

예제 2-2 | 연금의 현재가치계산

㈜인덕은 20×1년초에 토지를 처분하고 처분대가를 3년 동안 매년말 ₩200,000씩 받기로 하였다. 할인율이 12%일 때 3년간 수취하게 될 처분대금의 현재가치(토지의 처분가격)는 얼마인가?

| 해답 |

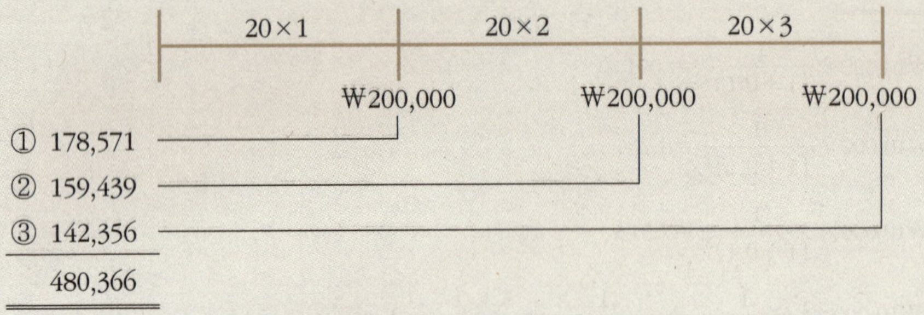

① $₩200,000 \times \dfrac{1}{(1+0.12)} = 178,571$

② $₩200,000 \times \dfrac{1}{(1+0.12)^2} = 159,439$

③ $₩200,000 \times \dfrac{1}{(1+0.12)^3} = 142,356$

또는 $₩200,000 \times \dfrac{1-(1+0.12)^{-3}}{0.12} = 480,366$

따라서 ㈜인덕은 토지의 처분대가로 ₩480,366을 장기미수금으로 기록하고 장부가액과 비교하여 처분손익을 인식해야 한다. 처분대가로 받을 총 ₩600,000과 현재가치 ₩480,366와의 차이는 기간의 경과에 따라 이자수익으로 인식해야 한다.

연습문제

| 주관식문제 |

01. 재무제표를 통해 제공되는 정보가 이용자에게 유용하기 위해서 갖추어야 할 속성을 재무제표의 질적특성이라고 한다. 이러한 재무제표의 질적특성은 각 특성 간의 성격에 따라 상충(trade-off)되는 관계를 갖기도 하는데 그러한 예를 들고 설명하시오.

02. 계속기업의 개념에 대하여 설명하시오.

| 객관식문제 |

01. 재무보고의 목적에 관한 설명으로 가장 올바르지 않은 것은?
(2015년 재경관리사 기출문제)

① 채권자에게는 회사의 상환능력을 평가하는 데 유용한 정보를 제공한다.
② 주주에게는 회사에 대한 투자 여부를 결정하는 데 유용한 정보를 제공한다.
③ 종업원은 내부이용자이므로 재무적 정보를 필요로 하지 않는다.
④ 경영자가 올바른 경영을 하기 위해서 회사가 필요로 하는 자금이 얼마인지 등을 예측하는 데 필요한 정보를 제공한다.

02. 다음 중 일반목적재무보고서가 제공하는 정보에 포함되지 않는 것은?
(2020년 재경관리사 기출문제)

① 기업의 경제적자원과 청구권의 성격 및 금액에 대한 정보
② 발생주의 회계가 반영된 기업의 재무성과
③ 과거 현금흐름이 반영된 재무성과
④ 미래의 현금흐름에 대한 예측이 반영된 재무성과

03. 다음 중 재무제표의 근본적인 질적특성에 관한 설명으로 가장 올바르지 않은 것은? (2018년 재경관리사 기출문제)

① 재무정보가 이용자에게 유용하기 위해서는 목적적합성과 충실한 표현의 두 가지 요건을 모두 충족하여야 한다.
② 재무정보가 예측가치를 가지기 위해서는 반드시 그 자체에 예측치 또는 측정치를 포함할 필요는 없다.
③ 거래성격별 정보의 중요성 기준은 산업의 특유한 측면을 반영하여 회계기준상에 명시되어 있다.
④ 충실한 표현을 위해서는 서술이 완전하고, 중립적이며, 오류가 없어야 한다.

04. 유용한 재무정보가 되기 위한 질적특성 중 근본적 질적특성에서 다음 설명의 속성은 어느 것인가?

정보이용자가 과거, 현재 또는 미래의 사건을 평가하거나 과거의 평가를 확인 또는 수정하도록 도와주어 경제적 의사결정에 영향을 미치는 정보로 예측가치와 피드백가치(확인가치)로 구성된다.

① 목적적합성 ② 중요성 ③ 비교가능성 ④ 검증가능성

05. 다음 중 재무정보의 근본적 질적특성인 충실한 표현과 관련된 설명으로 가장 올바르지 않은 것은? (2017년 재경관리사 기출문제)

① 충실히 표현된 자산이라도 목적적합성이 충족되지 않을 수 있다.
② 완전한 서술은 필요한 기술과 설명을 포함하여 정보이용자가 서술되는 현상을 이해하는 데 필요한 모든 정보를 포함하는 것이다.
③ 중립적 서술은 재무정보의 선택이나 표시에 편의가 없는 것을 말한다.
④ 충실한 표현 그 자체가 반드시 유용한 정보를 만들어낸다.

06. 다음 중 정보이용자의 의사결정에 차이가 나도록 하는 목적적합한 재무정보에 대한 설명으로 가장 올바르지 않은 것은?

① 재무정보에 예측가치와 확인가치 또는 둘 모두가 있다면 의사결정에 차이가 나도록 할 수 있다.
② 미래 결과를 예측하기 위해 사용하는 절차의 투입요소로 사용될 수 있다면 그 정보는 예측가치를 갖는다.
③ 재무정보가 과거 평가에 대해 피드백을 제공, 즉 확인하거나 변경시킨다면 예측가치를 가진다.
④ 재무정보가 예측가치를 가지기 위해서는 그 자체로 예측치가 될 필요는 없다.

07. 재무제표 정보의 근본적 질적특성으로 목적적합성과 충실한 표현이 있다. 다음 중 목적적합성과 충실한 표현에 대한 설명으로 가장 올바르지 않은 것은?
(2016년 재경관리사 기출문제)

① 재무정보가 예측가치를 지니기 위해서는 그 자체가 예측치이어야 한다.
② 정보가 정보이용자들이 미래 결과를 예측하기 위해 사용하는 절차의 투입요소로 사용될 수 있다면 그 재무정보는 예측가치를 가진다.
③ 정보가 누락되거나 잘못 기재된 경우 특정 보고기업의 재무정보에 근거한 정보이용자의 의사결정에 영향을 줄 수 있다면 그 정보는 중요한 것이다.
④ 완벽하게 충실한 표현을 하기 위해서는 서술이 완전하고 중립적이며 오류가 없어야 할 것이다.

08. 재무회계의 개념체계에 대한 다음 보기 중 검증가능성을 설명하고 있는 것은?

① 필요한 기술과 설명을 포함하여 정보이용자가 서술되는 현상을 이해하는 데 필요한 모든 정보를 포함하는 것이다.
② 재무정보의 선택이나 표시에 편의가 없는 것이다.
③ 회계정보 간의 상호 유사점과 차이점을 확인할 수 있는 정보속성을 말한다.
④ 합리적인 판단력이 있고 독립적인 서로 다른 관찰자가 어떤 서술이 충실한 표현이라는 데 의견이 일치할 수 있다는 것을 의미한다.

09. 다음 중 질적특성의 포괄적인 제약요인인 것은?

① 검증가능성 ② 적시성
③ 원가(효익 > 원가) ④ 이해가능성

10. 재무제표 요소에 대한 다음 설명 중 자산에 관한 설명인 것은?

① 과거사건의 결과로 기업의 경제적자원을 이전해야 하는 현재의무이다.
② 기업의 자산에서 모든 부채를 차감한 잔여지분이다.
③ 과거사건의 결과로 기업이 통제하는 현재의 경제적자원이다.
④ 자본의 증가를 가져오는 자산의 증가나 부채의 감소이다.

11. 재무제표 요소에 대한 다음 보기 중 자본에 관한 설명이 아닌 것은?

① 기업의 자산에서 모든 부채를 차감한 잔여지분이다.
② 과거사건의 결과로 기업의 경제적자원을 이전해야 하는 현재의무이다.
③ 순자산, 주주지분, 소유주지분, 잔여지분 또는 자기자본이라고도 한다.
④ 소유주가 출연한 자본, 이익잉여금, 적립금 등으로 구분하여 표시할 수 있다.

12. 다음 중 재무제표 요소의 인식에 관한 설명으로 가장 올바르지 않은 것은?
(2018년 재경관리사 기출문제)

① 미래경제적효익의 유입(유출)가능성이 높고 이를 금액적으로 신뢰성 있게 측정할 수 있다면 재무제표에 인식되어야 한다.
② 인식요건을 충족하는 항목을 재무상태표나 손익계산서상에 누락하였다면 관련된 내용을 주석에 상세히 공시하는 것으로 대체할 수 있다.
③ 주문 후 아직 인도되지 않은 재고자산 매입대금에 대한 부채는 일반적으로 재무상태표에 부채로 인식되지 않는다.
④ 비용의 인식은 부채의 증가나 자산의 감소에 대한 인식과 동시에 이루어진다.

13. 다음 중 자산의 측정방법에 대한 설명으로 가장 타당한 것은?

① 역사적원가: 자산의 취득 또는 창출에 발생한 원가의 가치로서, 자산을 취득 또는 창출하기 위하여 지급한 대가와 거래원가를 포함한다.
② 공정가치: 기업이 자산의 사용과 궁극적인 처분으로 얻을 것으로 기대하는 현금흐름 또는 그 밖의 경제적효익의 현재가치이다.
③ 사용가치: 측정일 현재 동등한 자산의 원가로서 측정일에 지급할 대가와 그 날에 발생할 거래원가를 포함한다.
④ 현행원가: 측정일에 시장참여자 사이의 정상거래에서 자산을 매도할 때 받게 될 가격이다.

정답 및 해설

| 주관식문제 |

01. 재무제표의 질적특성 중 상충관계를 갖는 속성으로 목적적합성과 표현충실성(신뢰성)을 들 수 있다. 예를 들어, 자산의 평가기준으로 현행가치와 역사적원가가 있을 때 그 자산으로 현재 실현할 수 있는 가치인 현행가치는 목적적합한 정보이나 신뢰성에는 한계가 있을 수 있고, 역사적원가는 자산의 장부가액을 이미 지불한 가격으로 유지하는 것이므로 신뢰성은 높으나 그 자산으로 인한 현재 실현가능가치를 알 수 없으므로 목적적합성은 부족하다고 할 수 있다. 이러한 예로, 발생주의와 현금주의, 진행기준과 완성기준 및 반기 또는 분기보고와 연차보고 등을 들 수 있다.

02. 재무제표는 일반적으로 기업이 계속기업이며 예상가능한 기간 동안 영업을 계속할 것이라는 가정하에 작성된다. 따라서 기업은 그 경영활동을 청산하거나 중요하게 축소할 의도나 필요성을 갖고 있지 않다면 기업은 영속적으로 존재하며 경영활동을 수행할 것이라고 가정하는 것이다.

| 객관식문제 |

01. ③

종업원도 기업의 재무적 정보를 자신의 승진가능성 · 이직 여부 또는 임금협상 등에 이용하고자 하는 정보이용자이다.

02. ④

다수의 정보이용자에게 제공될 재무정보는 신뢰성을 중시하여 미래 예측정보와 같은 정보의 제공을 하지 않는다.

03. ③

회계기준위원회는 중요성에 대한 획일적인 계량 임계치를 정하거나 특정한 상황에서 무엇이 중요한 것인지를 미리 결정할 수 없다.

04. ①

목적적합한 재무정보란 그 정보를 이용함으로써 정보이용자의 의사결정에 차이가 나도록 할 수 있는 정보이다. 의사결정의 상황에서 재무정보에 예측가치·확인가치 또는 이 둘 모두가 있다면 그 재무정보는 의사결정에 차이가 나도록 할 수 있다.

05. ④

충실한 표현이 되기 위해서 서술은 완전하고, 중립적이며, 오류가 없어야 한다.

06. ③

확인가치에 대한 설명이다.

07. ①

정보이용자들이 미래 결과를 예측하기 위해 사용하는 절차의 투입요소로 재무정보가 사용될 수 있다면 그 정보는 예측가치를 갖는다. 재무정보가 예측가치를 갖기 위해서 그 자체가 예측치 또는 예상치일 필요는 없다.

08. ④

① 완전성, ② 중립성, ③ 비교가능성

09. ③

원가는 재무보고로 제공될 수 있는 정보에 대한 포괄적 제약요인이므로 보고하는 효익이 그 정보를 제공하고 사용하는 데 발생한 원가를 정당화할 수 있을 것인지 평가해야 한다.

10. ③

- 자산: 과거사건의 결과로 기업이 통제하는 현재의 경제적자원
- 부채: 과거사건의 결과로 기업의 경제적자원을 이전해야 하는 현재의무
- 자본: 기업의 자산에서 모든 부채를 차감한 후의 잔여지분
- 수익: 자본의 증가를 가져오는 자산의 증가나 부채의 감소로서 자본청구권 보유자의 출자와 관련된 것은 제외
- 비용: 자본의 감소를 가져오는 자산의 감소나 부채의 증가로서 자본청구권 보유자에 대한 분배와 관련된 것은 제외

11. ②

부채에 관한 설명이다.

12. ②

인식기준을 충족하는 항목은 재무상태표나 포괄손익계산서에 인식되어야 한다. 관련된 회계정책의 공시, 주석 또는 설명 자료만으로는 그러한 항목의 인식누락을 정당화할 수 없다.

13. ①

② 공정가치: 측정일에 시장참여자 사이의 정상거래에서 자산을 매도할 때 받거나 부채를 이전할 때 지급하게 될 가격

③ 사용가치: 기업이 자산의 사용과 궁극적인 처분으로 얻을 것으로 기대하는 현금흐름 또는 그 밖의 경제적효익의 현재가치이다.

④ 현행원가: 측정일 현재 동등한 자산의 원가로서 측정일에 지급할 대가와 그 날에 발생할 거래원가를 포함한다.

K-IFRS *Intermediate Financial Accounting*

Chapter 03

재무제표 표시

제1절 재무제표의 의의
제2절 재무제표의 일반사항
제3절 재무제표의 종류
제4절 보고기간후 사건

단원정리 재무제표 표시

• 재무제표

기업의 재무상태와 재무성과를 체계적으로 표현한 것
(자산, 부채, 자본, 수익과 비용, 출자와 배분, 현금흐름)

• 재무제표의 일반사항

- 공정한 표시와 한국채택국제회계기준의 준수
- 계속기업: 기업은 예상가능한 기간 동안 영업을 계속적으로 수행
- 발생기준 회계(↔현금주의 회계)
- 중요성과 통합표시
- 상계: 총액표시원칙
- 보고빈도: 계속기업 가정에 따라 인위적으로 회계기간을 설정하여 보고
  (최소 1년마다 보고)
- 비교정보: 전기 비교정보를 표시
- 표시의 계속성: 표시와 분류는 매기 동일하여야 함(일관성)

• 재무제표의 종류

- 재무상태표: 자산, 부채, 자본
- 포괄손익계산서(성격별 분류법, 기능별 분류법): 수익과 비용
- 자본변동표
- 현금흐름표: 영업활동, 투자활동, 재무활동
- 주석: 유의적인 회계정책의 요약 및 그 밖의 설명

• 보고기간후 사건

- 수정을 요하는 보고기간후 사건
- 수정을 요하지 않는 보고기간후 사건

제1절 재무제표의 의의

재무제표는 기업의 재무상태와 재무성과를 체계적으로 표현한 것이다. 재무제표의 목적은 광범위한 정보이용자의 경제적 의사결정에 유용한 기업의 재무상태, 재무성과와 재무상태변동에 관한 정보를 제공하는 것이다. 또한 재무제표는 위탁받은 자원에 대한 경영진의 수탁책임 결과도 보여준다. 이러한 목적을 충족하기 위하여 재무제표는 다음과 같은 기업정보를 제공한다.

① 자산
② 부채
③ 자본
④ 차익과 차손을 포함한 광의의 수익과 비용
⑤ 소유주로서의 자격을 행사하는 소유주에 의한 출자와 소유주에 대한 배분
⑥ 현금흐름

이러한 정보는 주석에서 제공되는 정보와 함께 재무제표이용자가 기업의 미래현금흐름, 특히 그 시기와 확실성을 예측하는 데 도움을 준다.

제2절 재무제표의 일반사항

2.1 공정한 표시와 한국채택국제회계기준의 준수

재무제표는 기업의 재무상태, 재무성과 및 현금흐름을 공정하게 표시해야 한다. 공정한 표시를 위해서는 '개념체계'에서 정한 자산, 부채, 수익 및 비용에 대한 정의와 인식요건에 따라 거래, 그 밖의 사건과 상황의 효과를 충실하게 표현해야 한다. 공정하게 표시한다는 것은 추상적일 수도 있기 때문에 한국채택국제회계기준에 따라 작성된 재무제표는 공정하게 표시된 재무제표로 본다.

한국채택국제회계기준을 준수하여 재무제표를 작성하는 기업은 그러한 준수 사

실을 주석에 명시적이고 제한없이 기재한다. 따라서 재무제표가 한국채택국제회계기준의 요구사항을 모두 충족한 경우가 아니라면 한국채택국제회계기준을 준수하여 작성되었다고 기재하여서는 아니 된다.

2.2 계속기업

재무제표는 일반적으로 기업이 계속기업이며 예상가능한 기간 동안 영업을 계속할 것이라는 가정, 즉 계속기업 가정하에 작성된다. 이에 대하여 경영진은 재무제표를 작성할 때 계속기업으로서의 존속가능성을 적어도 보고기간말로부터 향후 12개월 기간에 대하여 이용가능한 모든 정보를 고려하여 평가해야 한다. 경영진이 기업을 청산하거나 경영활동을 중단할 의도를 가지고 있지 않거나, 청산 또는 경영활동의 중단 외에 다른 현실적 대안이 없는 경우가 아니면 계속기업을 전제로 재무제표를 작성한다. 계속기업으로서의 존속능력에 유의적인 의문이 제기될 수 있는 사건이나 상황과 관련된 중요한 불확실성을 알게 된 경우 경영진은 그러한 불확실성을 공시하여야 한다. 재무제표가 계속기업의 기준하에 작성되지 않는 경우에는 그 사실과 함께 재무제표가 작성된 기준 및 그 기업을 계속기업으로 보지 않는 이유를 공시하여야 한다.

2.3 발생기준 회계

현금기준이란 현금을 수취하거나 지급하는 시점에서 거래를 인식하고 장부에 기록하는 것이고, 발생기준이란 현금의 유입과 유출에 관계없이 거래나 그 밖의 사건의 영향을 발생한 기간에 인식하고 장부에 기록하는 것이다. 매출이라는 수익활동이 일어났으나 외상거래로 현금을 수취하지 않은 경우라도 매출이라는 수익활동이 발생했을 때에 수익을 인식하는 것이 발생기준에 따라 수익을 인식하는 것이고, 매출이 일어나도 현금이 들어오지 않았으므로 실제 현금이 들어올 때까지 수익을 인식하지 않았다가 현금이 들어오는 시점에 수익을 인식하는 것이 현금기준에 따른 수익인식방법이다. 기업은 현금흐름정보를 제외하고는 발생기준 회계를 사용하여 재무제표를 작성한다. 발생기준 회계를 사용하는 경우, 각 항목이 '개념체계'의 정의와 인식요건을 충족할 때 자산, 부채, 자본, 광의의 수익 및 비용(재무제표의 요소)으로 인식한다.

2.4 중요성과 통합표시

유사한 항목은 중요성 분류에 따라 재무제표에 구분하여 표시한다. 상이한 성격이나 기능을 가진 항목은 구분하여 표시한다. 다만 중요하지 않은 항목은 성격이나 기능이 유사한 항목과 통합하여 표시할 수 있다. 이때 재무제표와 주석에 적용하는 중요성의 기준은 다를 수 있다.

2.5 상계

한국채택국제회계기준에서 요구하거나 허용하지 않는 한 자산과 부채 그리고 수익과 비용은 상계하지 아니한다. 상계표시로 거래나 그 밖의 사건의 실질이 반영되는 경우를 제외하고는 포괄손익계산서, 재무상태표, 별개의 손익계산서(표시하는 경우)에서의 상계표시는 발생한 거래, 그 밖의 사건과 상황을 이해하고 기업의 미래현금흐름을 분석할 수 있는 재무제표이용자의 능력을 저해한다. 다만, 재고자산에 대한 재고자산평가충당금과 매출채권에 대한 대손충당금과 같은 평가충당금을 차감하여 관련 자산을 순액으로 측정하는 것은 상계표시에 해당하지 아니한다.

2.6 보고빈도

계속기업의 가정에 따라 기업은 연속선상에서 영업을 수행하기 때문에 기업은 인위적으로 회계기간을 설정하여 재무상태와 경영성과를 보고해야 한다. 전체 재무제표(비교정보를 포함)는 적어도 1년마다 작성한다. 즉 회계기간은 인위적으로 자유롭게 설정하되 1년을 초과할 수는 없다.

2.7 비교정보

한국채택국제회계기준이 달리 허용하거나 요구하는 경우를 제외하고는 당기 재무제표에 보고되는 모든 금액에 대해 전기 비교정보를 공시한다. 즉, 최소한 두 개의 재무상태표와 두 개의 포괄손익계산서, 두 개의 현금흐름표, 두 개의 자본변동표 그리고 관련 주석을 표시하여 기간별 비교가능성을 높여주도록 한다.

2.8 표시의 계속성

재무제표 항목의 표시와 분류는 다음의 경우를 제외하고는 매기 동일하여야 한다.

① 사업내용의 유의적인 변화나 재무제표를 검토한 결과 다른 표시나 분류방법이 더 적절한 것이 명백한 경우

② 한국채택국제회계기준에서 표시방법의 변경을 요구하는 경우

예를 들어, 유의적인 인수나 매각 또는 재무제표의 표시에 대해 검토한 결과 재무제표를 다른 방법으로 표시할 필요가 있을 수 있다. 기업은 변경된 표시방법이 재무제표이용자에게 신뢰성 있고 더욱 목적적합한 정보를 제공하며, 변경된 구조가 지속적으로 유지될 가능성이 높아 비교가능성을 저해하지 않을 것으로 판단할 때에만 재무제표의 표시방법을 변경한다.

제3절 재무제표의 종류

한국채택국제회계기준에서 요구하는 전체 재무제표는 다음을 모두 포함하여야 한다.

① 기말 재무상태표

② 기간 포괄손익계산서

③ 기간 자본변동표

④ 기간 현금흐름표

⑤ 주석(유의적인 회계정책의 요약 및 그 밖의 설명으로 구성)

⑥ 회계정책을 소급하여 적용하거나, 재무제표의 항목을 소급하여 재작성 또는 재분류하는 경우 가장 이른 비교기간의 기초 재무상태표

3.1 재무상태표

재무상태표는 기업이 보유하고 있는 경제적자원과 청구권에 대한 정보를 보고하는 재무제표이다. 즉, 특정 시점 현재 기업의 자산, 부채 및 자본을 보고하는 재무제표이다.

(1) 재무상태표 항목

재무상태표에는 적어도 다음에 해당하는 금액을 나타내는 항목을 표시한다.

① 유형자산
② 투자부동산
③ 무형자산
④ 금융자산(단, ⑤, ⑧ 및 ⑨는 제외)
⑤ 지분법에 따라 회계처리하는 투자자산
⑥ 생물자산
⑦ 재고자산
⑧ 매출채권 및 기타 채권
⑨ 현금및현금성자산
⑩ 매각예정으로 분류된 자산과 매각예정으로 분류된 처분자산집단에 포함된 자산의 총계
⑪ 매입채무 및 기타 채무
⑫ 충당부채
⑬ 금융부채(단, ⑪과 ⑫는 제외)
⑭ 당기 법인세와 관련한 부채와 자산
⑮ 이연법인세부채 및 이연법인세자산
⑯ 매각예정으로 분류된 처분자산집단에 포함된 부채
⑰ 자본에 표시된 비지배지분
⑱ 지배기업의 소유주에게 귀속되는 납입자본과 적립금

기업의 재무상태를 이해하는 데 목적적합한 경우 재무상태표에 항목, 제목 및 중간합계를 추가하여 표시한다.

(2) 유동과 비유동의 구분

유동성 순서에 따른 표시방법이 신뢰성 있고 더욱 목적적합한 정보를 제공하는 경우를 제외하고는 유동자산과 비유동자산, 유동부채와 비유동부채로 재무상태표에 구분하여 표시한다.

1) 자산

자산은 다음의 경우에 유동자산으로 분류한다.

① 기업의 정상영업주기 내에 실현될 것으로 예상하거나 정상영업주기 내에 판매하거나 소비할 의도가 있다.

② 주로 단기매매목적으로 보유하고 있다.

③ 보고기간후 12개월 이내에 실현될 것으로 예상한다.

④ 현금이나 현금성자산으로서 교환이나 부채상환 목적으로의 사용에 대한 제한기간이 보고기간후 12개월 이상이 아니다.

그 밖의 모든 자산은 비유동자산으로 분류한다.

2) 부채

부채는 다음의 경우에 유동부채로 분류한다.

① 정상영업주기 내에 결제될 것으로 예상하고 있다.

② 주로 단기매매목적으로 보유하고 있다.

③ 보고기간후 12개월 이내에 결제하기로 되어 있다.

④ 보고기간후 12개월 이상 부채의 결제를 연기할 수 있는 무조건의 권리를 가지고 있지 않다.

그 밖의 모든 부채는 비유동부채로 분류한다.

(3) 재무상태표 또는 주석에 표시되는 정보

기업은 재무제표에 표시된 개별항목을 기업의 영업활동을 나타내기에 적절한 방법으로 세분류하고, 그 추가적인 분류 내용을 재무상태표 또는 주석에 공시한다. 세분류의 예는 다음과 같다.

① 유형자산: 토지, 토지와 건물, 기계장치, 선박, 항공기, 차량운반구, 집기, 사무

용비품 등

② 채권: 일반상거래 채권, 특수관계자 채권, 선급금과 기타 금액

③ 재고자산: 상품, 소모품, 원재료, 재공품 및 제품 등

④ 충당부채: 종업원급여 충당부채와 기타 항목 충당부채

⑤ 납입자본과 적립금: 자본금, 주식발행초과금, 적립금 등

재무상태표, 자본변동표 또는 주석에 다음 항목을 공시한다.

① 주식의 종류별로 다음의 사항

(가) 수권주식수

(나) 발행되어 납입완료된 주식수와 발행되었으나 부분납입된 주식수

(다) 주당 액면가액 또는 무액면주식이라는 사실

(라) 유통주식수의 기초 수량으로부터 기말 수량으로의 조정내역

(마) 배당의 지급 및 자본의 환급에 대한 제한을 포함하여 각 종류별 주식에 부여된 권리, 우선권 및 제한사항

(바) 발행주식 중 당해 기업, 종속기업 또는 관계기업이 소유하고 있는 주식

(사) 옵션과 주식 매도 계약에 따라 발행 예정된 주식(조건과 금액 포함)

② 자본을 구성하는 각 적립금의 성격과 목적에 대한 설명

재무상태표

20×7년 12월 31일 현재

20×6년 12월 31일 현재

XYZ그룹 (단위: 천원)

	20×7년 12월 31일	20×6년 12월 31일
자산		
유동자산		
현금및현금성자산	312,400	322,900
기타유동자산	25,650	12,540
매출채권	91,600	110,800
재고자산	135,230	132,500
유동자산합계	564,880	578,740
비유동자산		
매도가능금융자산	142,500	156,000

관계기업투자	100,150	110,770
기타무형자산	227,470	227,470
영업권	80,800	91,200
유형자산	350,700	360,020
비유동자산합계	901,620	945,460
자산총계	1,466,500	1,524,200
부채및자본		
유동부채		
매입채무와 기타미지급금	115,100	187,620
단기차입금	150,000	200,000
유동성장기차입금	10,000	20,000
당기법인세부채	35,000	42,000
단기충당부채	5,000	4,800
유동부채합계	315,100	454,420
비유동부채		
장기차입금	120,000	160,000
이연법인세	28,800	26,040
장기충당부채	28,850	52,240
비유동부채합계	177,650	238,280
부채총계	492,750	692,700
지배기업의 소유주에게 귀속되는 자본		
납입자본	650,000	600,000
이익잉여금	243,500	161,700
기타자본구성요소	10,200	21,200
	903,700	782,900
비지배지분	70,050	48,600
자본총계	973,750	831,500
부채및자본총계	1,466,500	1,524,200

3.2 포괄손익계산서

포괄손익계산서는 일정 기간 동안 발생한 모든 수익과 비용을 보고하는 재무제표이다. 포괄손익 개념에 따라 손일을 인식하기 때문에 포괄손익계산서의 손익은 당기손익과 기타포괄손익으로 구분하여 볼 수 있으며, 당기손익 부분에는 다음 금액을 표시하는 항목을 포함한다.

① 수익
② 금융원가
③ 지분법 적용대상인 관계기업과 조인트벤처의 당기순손익에 대한 지분
④ 법인세비용
⑤ 중단영업의 합계를 표시하는 단일금액

기타포괄손익 부분에는 당해기간의 기타포괄손익의 금액을 표시하는 항목을 성격별로 분류하여 표시하며, 후속적으로 당기손익으로 재분류되지 않는 항목과 후속적으로 당기손익으로 재분류되는 항목으로 구분하여 표시한다.

당기손익의 결과인 당기순손익은 재무상태표 자본의 이익잉여금으로 집계되고 기타포괄손익은 재무상태표 자본의 기타포괄손익누계액으로 집계된다.

기업은 비용의 성격별 또는 기능별 분류방법 중에서 신뢰성 있고 더욱 목적적합한 정보를 제공할 수 있는 방법을 적용하여 당기손익으로 인식한 비용의 분석내용을 표시한다. 또한, 단일의 포괄손익계산서를 작성할 수도 있고 당기순손익 부분과 기타포괄손익 부분을 나누어 두 개의 보고서로 작성하여 보고할 수도 있다.

(1) 성격별 분류

당기손익에 포함된 비용은 그 성격(예: 감가상각비, 원재료의 구입, 운송비, 종업원급여와 광고비)별로 통합하며, 기능별로 재배분하지 않는다. 당기순손익 부분과 기타포괄손익부분을 두 개의 보고서로 작성하는 비용의 성격별 분류의 예는 다음과 같다.

포괄손익계산서

20×7년 1월 1일 ~ 20×7년 12월 31일

20×6년 1월 1일 ~ 20×6년 12월 31일

XYZ그룹 (단위: 천원)

	20×7년	20×6년
수익	390,000	355,000
기타수익	20,667	11,300
제품과 재공품의 변동	(115,100)	(107,900)
기업이 수행한 용역으로서 자본화되어 있는 부분	16,000	15,000
원재료와 소모품의 사용액	(96,000)	(92,000)
종업원급여비용	(45,000)	(43,000)
감가상각비와 기타 상각비	(19,000)	(17,000)
유형자산손상차손	(4,000)	–
기타비용	(6,000)	(5,500)
금융원가	(15,000)	(18,000)
관계기업의 이익에 대한 지분	35,100	30,100
법인세비용차감전순이익	161,667	128,000
법인세비용	(40,417)	(32,000)
계속영업이익	121,250	96,000
중단영업손실	–	(30,500)
당기순이익	121,250	65,500
당기순이익의 귀속		
지배기업의 소유주	97,000	52,400
비지배지분	24,250	13,100
	121,250	65,500
주당이익(단위: 원)	0.46	0.30
기본 및 희석		

당기순이익	121,250	65,500
기타포괄손익 :		
당기손익으로 재분류되지 않는 항목		
자산재평가차익	933	3,367
확정급여제도의 재측정요소	(667)	1,333
관계기업의 자산재평가차익(차손)에 대한 지분	400	(700)
재분류되지 않는 항목과 관련된 법인세	(166)	(1,000)
	500	3,000
후속적으로 당기손익으로 재분류될 수 있는 항목		
해외사업장환산외환차이	5,334	10,667
매도가능금융자산	(24,000)	26,667
현금흐름위험회피	(667)	(4,000)
당기손익으로 재분류될 수 있는 항목과 관련된 법인세	4,833	(8,334)
	(14,500)	25,000
법인세비용차감후기타포괄손익	(14,000)	28,000
총포괄이익	107,250	93,500
총포괄이익의 귀속		
지배기업의 소유주	85,800	74,800
비지배지분	21,450	18,700
	107,250	93,500

* 대체적인 방법으로 기타포괄손익의 항목은 세후금액으로 표시하여 작성할 수도 있다.

(2) 기능별 분류법 또는 매출원가법

기능별 분류법에서는 비용을 매출원가, 그리고 물류원가와 관리활동원가 등과 같이 기능별로 분류한다. 이 방법에서는 적어도 매출원가를 다른 비용과 분리하여 공시한다. 이 방법은 성격별 분류보다 재무제표이용자에게 더욱 목적적합한 정보를 제공할 수 있지만 비용을 기능별로 배분하는데 자의적인 배분과 상당한 정도의 판단이 개입될 수 있다.

비용을 기능별로 분류하는 기업은 감가상각비, 기타 상각비와 종업원급여비용을 포함하여 비용의 성격별 분류에 대한 추가정보를 주석에 공시한다.

단일의 보고서로 작성하는 비용의 기능별 분류의 예는 다음과 같다.

포괄손익계산서
20×7년 1월 1일 ~ 20×7년 12월 31일
20×6년 1월 1일 ~ 20×6년 12월 31일

XYZ그룹 (단위: 천원)

	20×7년	20×6년
수익	390,000	355,000
매출원가	(245,000)	(230,000)
매출총이익	145,000	125,000
기타수익	20,667	11,300
물류원가	(9,000)	(8,700)
관리비	(20,000)	(21,000)
기타비용	(2,100)	(1,200)
금융원가	(8,000)	(7,500)
관계기업의 이익에 대한 지분	35,100	30,100
법인세비용차감전순이익	161,667	128,000
법인세비용	(40,417)	(32,000)
계속영업이익	121,250	96,000
중단영업손실	-	(30,500)
당기순이익	121,250	65,500
기타포괄손익		
당기손익으로 재분류되지 않는 항목		
자산재평가차익	933	3,367
지분상품 투자자산	(24,000)	26,667
확정급여제도의 재측정요소	(667)	1,333
관계기업의 자산재평가차익(차손)에 대한 지분	400	(700)
당기손익으로 재분류되지 않는 항목과 관련된 법인세	5,840	(7,667)
	(17,500)	23,000
후속적으로 당기손익으로 재분류될 수 있는 항목		
해외사업장환산외환차이	5,334	10,667
현금흐름위험회피	(667)	(4,000)
당기손익으로 재분류될 수 있는 항목과 관련된 법인세	(1,167)	(1,667)
	3,500	5,000
법인세비용차감후기타포괄손익	(14,000)	28,000
총포괄이익	107,250	93,500

당기순이익의 귀속		
지배기업의 소유주	97,000	52,400
비지배지분	24,250	13,100
	121,250	65,500
총포괄손익의 귀속:		
지배기업의 소유주	85,800	74,800
비지배지분	21,450	18,700
	107,250	93,500
주당이익(단위: 원)		
기본 및 희석	0.46	0.30

* 대체적인 방법으로 기타포괄손익 항목은 세후금액으로 표시하여 작성할 수도 있다.

3.3 자본변동표

자본변동표는 회계기간 동안 자본의 변동에 관한 정보를 표시하기 위한 재무제표로서 다음의 정보를 포함한다.

① 지배기업의 소유주와 비지배지분에게 각각 귀속되는 금액으로 구분하여 표시한 해당 기간의 총포괄손익

② 자본의 각 구성요소별로 기업회계기준서 제1008호(회계정책, 회계추정의 변경 및 오류)에 따라 인식된 소급적용이나 소급재작성의 영향

③ 자본의 각 구성요소별로 다음의 각 항목에 따른 변동액을 구분하여 표시한 기초시점과 기말시점의 장부금액 조정내역

㈎ 당기순손익

㈏ 기타포괄손익

㈐ 소유주로서의 자격을 행사하는 소유주와의 거래

자본변동표

20×6년 1월 1일 ~ 20×6년 12월 31일

20×7년 1월 1일 ~ 20×7년 12월 31일

XYZ그룹 (단위: 원)

	납입자본	이익잉여금	해외사업장환산	매도가능금융자산	현금흐름위험회피	재평가잉여금	총계	비지배지분	총자본
20×6년 1월 1일 현재 잔액	600,000	118,100	(4,000)	1,600	2,000	-	717,700	29,800	747,500
회계정책의 변경	-	400	-	-	-	-	400	100	500
재작성된 금액	600,000	118,500	(4,000)	1,600	2,000	-	718,100	29,900	748,000
20×6년 자본의 변동									
배당	-	(10,000)	-	-	-	-	(10,000)	-	(10,000)
총포괄손익	-	53,200	6,400	16,000	(2,400)	1,600	74,800	18,700	93,500
20×6년 12월 31일 현재 잔액	600,000	161,700	2,400	17,600	(400)	1,600	782,900	48,600	831,500
20×7년 자본의 변동									
유상증자	50,000	-	-	-	-	-	50,000	-	50,000
배당	-	(15,000)	-	-	-	-	(15,000)	-	(15,000)
총포괄손익	-	96,600	3,200	(14,400)	(400)	800	85,800	21,450	107,250
이익잉여금으로 대체	-	200	-	-	-	(200)	-	-	-
20×7년 12월 31일 현재 잔액	650,000	243,500	5,600	3,200	(800)	2,200	903,700	70,050	973,750

3.4 현금흐름표

현금흐름정보는 기업의 현금및현금성자산 창출능력과 기업의 현금흐름 사용 필요성에 대한 평가의 기초를 재무제표이용자에게 제공한다. 현금흐름표는 직접법 또는 간접법에 따라 영업활동으로 인한 현금흐름, 투자활동으로 인한 현금흐름 및 재무활동으로 인한 현금흐름으로 구분하여 작성한다.

현금흐름표의 내용은 제20장에서 자세히 설명하기로 하며, 아래에서는 양식확인을 위한 간단한 예시만 제시한다. 실제로는 전년도와 비교형식의 현금흐름표를 작성하여야 한다.

<u>직접법에 의한 현금흐름표</u>

20×7년 1월 1일 ~ 20×7년 12월 31일

XYZ그룹		(단위: 원)
영업활동현금흐름		
고객으로부터의 유입된 현금	30,150	
공급자와 종업원에 대한 현금유출	(27,600)	
영업으로부터 창출된 현금	2,550	
이자지급	(270)	
법인세의 납부	(900)	
영업활동순현금흐름		1,380
투자활동현금흐름		
종속기업 X의 취득에 따른 순현금흐름	(550)	
유형자산의 취득	(350)	
설비의 처분	20	
이자수취	200	
배당금수취	200	
투자활동순현금흐름		(480)
재무활동현금흐름		
유상증자	250	
장기차입금	250	
금융리스부채의 지급	(90)	
배당금지급*	(1,200)	
재무활동순현금흐름		(790)
현금및현금성자산의 순증가		110
기초 현금및현금성자산		120
기말 현금및현금성자산		230

* 영업활동현금흐름으로 분류도 가능

간접법에 의한 현금흐름표

20×7년 1월 1일 ~ 20×7년 12월 31일

XYZ그룹		(단위: 원)
영업활동현금흐름		
법인세비용차감전순이익	3,350	
가감		
감가상각비	450	
외화환산손실	40	
투자수익	(500)	
이자비용	400	
	3,740	
매출채권 및 기타채권의 증가	(500)	
재고자산의 감소	1,050	
매입채무의 감소	(1,740)	
영업에서 창출된 현금	2,550	
이자지급	(270)	
법인세의 납부	(900)	
영업활동순현금흐름		1,380
투자활동현금흐름		
종속기업 X의 취득에 따른 순현금흐름	(550)	
유형자산의 취득	(350)	
설비의 처분	20	
이자수취	200	
배당금수취	200	
투자활동순현금흐름		(480)
재무활동현금흐름		
유상증자	250	
장기차입금	250	
금융리스부채의 상환	(90)	
배당금지급*	(1,200)	
재무활동순현금흐름		(790)
현금및현금성자산의 순증가		110
기초 현금및현금성자산		120
기말 현금및현금성자산		230

* 영업활동현금흐름으로 분류도 가능

3.5 주석

주석은 다음과 같이 공시가 필요한 정보이지만 재무제표 어느 곳에도 표시되지 않은 정보를 별도로 보고하는 것이다.

① 재무제표 작성근거와 사용한 구체적인 회계정책에 대한 정보

② 한국채택국제회계기준에서 요구하는 정보이지만 재무제표 어느 곳에도 표시되지 않는 정보

③ 재무제표 어느 곳에도 표시되지 않지만 재무제표를 이해하는 데 목적적합한 정보

주석은 실무적으로 적용가능한 한 체계적인 방법으로 표시한다. 재무상태표, 포괄손익계산서, 자본변동표 및 현금흐름표에 표시된 개별 항목은 주석의 관련 정보와 상호 연결시켜 표시한다.

주석은 재무제표이용자가 재무제표를 이해하고 다른 기업의 재무제표와 비교하는 데 도움을 줄 수 있도록 일반적으로 다음 순서로 표시한다.

① 한국채택국제회계기준을 준수하였다는 사실

② 적용한 유의적인 회계정책의 요약

③ 재무상태표, 포괄손익계산서, 자본변동표 및 현금흐름표에 표시된 항목에 대한 보충정보를 재무제표의 배열 및 각 재무제표에 표시된 개별 항목의 순서에 따라 표시한다.

④ 기타 공시(예: 우발부채, 기업의 재무위험관리 목적과 정책 등 비재무적 공시항목 등)

제4절 보고기간후 사건

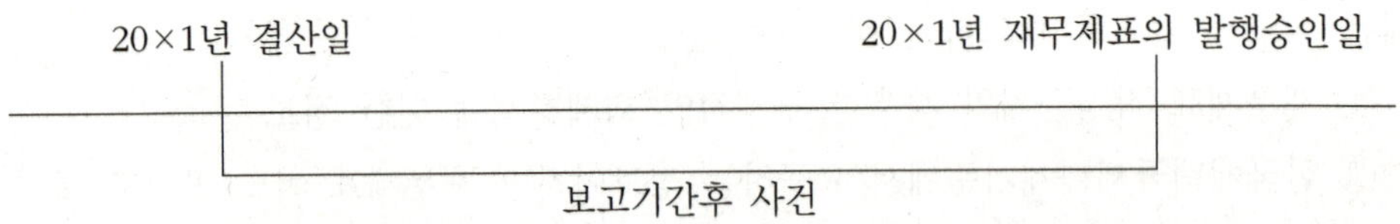

보고기간후 사건이란 보고기간말과 재무제표 발행승인일 사이에 발생한 유리하거나 불리한 사건으로 보고기간후 사건은 두 가지 유형으로 구분한다.

① 수정을 요하는 보고기간후 사건: 보고기간말에 존재하였던 상황에 대해 증거를 제공하는 사건

② 수정을 요하지 않는 보고기간후 사건: 보고기간후에 발생한 상황을 나타내는 사건

재무제표를 발행하기 위한 승인과정은 경영조직, 법적 요구사항, 재무제표를 작성하고 완성하기 위한 절차 등 여러 가지 요건에 따라 다르며, 재무제표를 발행한 이후에 주주에게 승인을 받기 위하여 제출하는 경우가 있다. 이 경우 재무제표 발행승인일은 주주가 재무제표를 승인한 날이 아니라 주주총회에 제출하기 위한 재무제표를 이사회가 발행승인한 날을 의미한다.

예제 3-1 | 재무제표의 발행승인일

A사의 경영진은 20×2년 2월 15일에 20×1년 12월 31일로 종료되는 회계연도의 재무제표의 초안을 완성하였다. A사의 이사회는 20×2년 3월 11일에 재무제표의 초안을 검토하고 발행하도록 승인하였다. A사는 20×2년 3월 20일에 기업의 이익과 선별된 다른 재무정보를 발표하였다. 주주와 그 밖의 이용자는 20×2년 4월 1일부터 재무제표를 이용할 수 있게 되었다. 20×2년 5월 10일에 정기 주주총회에서 해당 재무제표를 최종승인하였고 20×2년 5월 17일에 감독기관에 최종 재무제표를 제출하였다. 이러한 상황에서 재무제표의 발행승인일은 언제인가?

| 해답 |

재무제표 발행승인일은 20×2년 3월 11일(이사회의 발행승인일)이다.

4.1 수정을 요하는 보고기간후 사건

수정을 요하는 보고기간후 사건이란 보고기간말 현재 존재하였던 상황에 대한 추가적인 증거를 제공하는 사건으로 수정을 요하는 보고기간후 사건의 예는 다음과 같다. 이러한 사건의 영향으로 재무제표에 이미 인식한 금액은 수정하고, 재무제표에 인식하지 아니한 항목은 새로 인식하여야 한다.

① 보고기간말에 존재하였던 현재의무가 보고기간후에 소송사건의 확정에 의해 확인되는 경우(소송사건과 관련하여 이전에 인식하였던 충당부채를 수정하거나 새로운 충당부채를 인식)

② 보고기간말에 이미 자산손상이 발생되었음을 나타내는 정보를 보고기간후에 입수하는 경우나 이미 손상차손을 인식한 자산에 대하여 손상차손금액의 수정이 필요한 정보를 보고기간후에 입수하는 경우

㈎ 보고기간후의 매출처 파산은 일반적으로 보고기간말의 매출채권에 손실이 발생하였음을 확인하는 추가적인 정보이므로 매출채권의 장부금액을 수정할 필요가 있다.

㈏ 보고기간후의 재고자산 판매는 보고기간말의 순실현가능가치에 대한 증거를 제공할 수 있다.

③ 보고기간말 이전에 구입한 자산의 취득원가나 매각한 자산의 대가를 보고기간후에 결정하는 경우

④ 보고기간말 이전 사건의 결과로서 보고기간말에 종업원에게 지급하여야 할 법적 의무나 의제의무가 있는 이익분배나 상여금지급 금액을 보고기간후에 확정하는 경우

⑤ 재무제표가 부정확하다는 것을 보여주는 부정이나 오류를 발견한 경우

4.2 수정을 요하지 않는 보고기간후 사건

수정을 요하지 않는 보고기간후 사건이란 단순히 보고기간후에 발생한 상황을 나타내는 사건으로 수정을 요하지 않는 보고기간후 사건의 예로는 보고기간말과 재무제표 발행승인일 사이에 투자자산의 공정가치 하락을 들 수 있다. 공정가치의 하락은 일반적으로 보고기간말의 상황과 관련된 것이 아니라 보고기간후에 발생한

상황이 반영된 것이다. 따라서 그 투자자산에 대해서 재무제표에 인식된 금액을 수정하지 아니한다.

또한 수정을 요하지 않는 보고기간후 사건이지만 주석으로 공시하는 예는 다음과 같다. 물론 추가로 공시해야 할 필요성이 있더라도 보고기간말의 투자자산에 대한 공시 금액을 수정하지는 아니한다.

① 보고기간후에 발생한 주요 사업결합 또는 주요 종속기업의 처분
② 영업중단계획의 발표
③ 자산의 주요 구입, 자산을 매각예정으로 분류, 자산의 기타 처분, 정부에 의한 주요 자산의 수용
④ 보고기간후에 발생한 화재로 인한 주요 생산설비의 파손
⑤ 주요한 구조조정계획의 공표나 이행착수
⑥ 보고기간후에 발생한 주요한 보통주 거래와 잠재적보통주 거래
⑦ 보고기간후에 발생한 자산가격이나 환율의 비정상적 변동
⑧ 당기법인세 자산과 부채 및 이연법인세 자산과 부채에 유의적인 영향을 미치는 세법이나 세율에 대한 보고기간후의 변경 또는 변경 예고
⑨ 유의적인 지급보증 등에 의한 우발부채의 발생이나 유의적인 약정의 체결
⑩ 보고기간후에 발생한 사건에만 관련되어 제기된 주요한 소송의 개시

4.3 기타사항

(1) 배당금

지분상품 보유자에 대해 해당 보고기간의 이익에 대한 배당을 보고기간 후 재무제표 발행승인일 전 사이에 선언한 경우 보고기간말에는 어떠한 의무도 존재하지 않으므로 보고기간말에 부채로 인식하지 아니한다.

(2) 계속기업

경영진이 보고기간 후에 기업을 청산하거나 경영활동을 중단할 의도를 가지고 있거나, 청산 또는 경영활동의 중단 외에 다른 현실적 대안이 없다고 판단하는 경우에는 계속기업의 기준에 따라 재무제표를 작성해서는 아니된다. 즉, 계속기업의

가정이 더 이상 적절하지 않다면 그 효과가 광범위하게 미치므로 단순히 원래의 회계처리방법 내에서 이미 인식한 금액을 조정하는 정도가 아니라 회계처리방법을 근본적으로 변경해야 한다.

연습문제

| 주관식문제 |

01. 일정기간 동안 기업의 경영성과를 나타내는 재무보고서를 (   )라 한다.

02. 특정 시점의 기업의 재무상태를 표시해주는 재무보고서를 (   )라 한다.

| 객관식문제 |

01. 한국채택국제회계기준에서 규정하고 있는 기본 재무제표가 아닌 것은?

① 재무상태표
② 포괄손익계산서
③ 현금흐름표
④ 이익잉여금처분계산서

02. 다음 중 재무제표의 일반사항에 대한 설명으로 잘못된 것은?

① 중요성과 통합표시: 유사한 항목은 중요성에 따라 통합하여 표시하거나 구분하여 표시할 수 있다.
② 발생기준 회계: 기업은 모든 재무제표를 발생기준 회계를 사용하여 작성한다.
③ 비교정보: K-IFRS가 허용하거나 달리 요구하는 경우를 제외하고 당기 재무제표에 보고되는 모든 금액에 대해 전기 비교정보를 공시한다.
④ 상계(총액표시): K-IFRS에서 요구하거나 허용하지 않는 한 자산과 부채 그리고 수익과 비용은 상계하지 않는다.

03. 다음 중 재무제표의 작성기준으로 가장 올바르지 않은 것은?
(2015년 재경관리사 기출문제)

① 한국채택국제회계기준에서 요구하거나 허용하지 않는 한 자산과 부채는 상계하지 않는다.
② 모든 재무제표는 발생기준 회계를 사용하여 작성한다.

③ 유사한 항목은 중요성 분류에 따라 재무제표에 구분하여 표시한다.
④ 한국채택국제회계기준이 달리 허용하거나 요구하는 경우를 제외하고는 당기 재무제표에 보고되는 모든 금액에 대해 전기 비교정보를 공시한다.

04. 다음 중 재무제표의 기본가정에 대한 설명으로 가장 올바르지 않은 것은? (2021년 재경관리사 기출문제)

① 기본가정이란 회계이론 전개의 기초가 되는 사실들을 의미한다.
② 기업에 경영활동을 청산할 의도나 필요성이 있더라도 계속기업의 가정에 따라 재무제표를 작성한다.
③ 목적적합성은 재무제표를 통해 제공되는 정보가 갖추어야 할 근본적인 질적특성이지만 개념체계에서 규정하는 기본가정에 해당하지는 않는다.
④ 재무회계개념체계에서는 계속기업을 기본가정으로 규정한다.

05. 다음 중 재무제표의 작성 및 표시에 관한 설명으로 가장 올바르지 않은 것은? (2021년 재경관리사 기출문제)

① 경영진은 재무제표를 작성할 때 계속기업으로서의 존속가능성을 평가해야 한다.
② 매출채권에 대해 대손충당금을 차감하여 순액으로 측정하는 것은 상계표시에 해당한다.
③ 기업은 현금흐름 정보를 제외하고는 발생기준 회계를 사용하여 재무제표를 작성한다.
④ 중요하지 않은 항목은 성격이나 기능이 유사한 항목과 통합하여 표시할 수 있다.

06. 다음 중 재무제표에 관한 설명으로 가장 올바르지 않은 것은? (2018년 재경관리사 기출문제)

① 재고자산, 매출채권 등의 운전자본에 대해서는 보고기간후 12개월 이내 또는 1년을 초과하더라도 정상적인 영업주기 내에 판매 또는 실현되리라 예상되는 경우에는 유동자산으로 분류한다.
② 포괄손익계산서에 비용을 표시할 때 반드시 기능별로 분류하여 표시한다.
③ 연결자본변동표는 지배기업의 소유주와 비지배지분에게 각각 귀속되는 금액으로 구분하여 표시한 해당 기간의 총포괄손익 정보를 포함한다.
④ 현금흐름표는 기업의 현금및현금성자산에 관한 창출능력과 기업의 현금흐름 사용 필요성에 관한 평가의 기초 정보를 정보이용자에게 제공한다.

07. 다음 중 재무상태표상 유동항목으로 분류될 항목으로 가장 올바르지 않은 것은?
(2017년 재경관리사 기출문제 수정)

① 정상영업주기 내에 판매될 것으로 예상되는 재고자산
② 보고기간후 12개월 이내에 결제일이 도래하는 차입금으로서 보고기간후 12개월 이상 만기를 연장할 것으로 기대하고 있고, 그런 재량권이 있는 차입금
③ 사용에 제한이 없는 보통예금
④ 당기손익-공정가치측정 금융자산

08. 다음 중 포괄손익계산서의 작성과 관련된 설명으로 가장 올바르지 않은 것은?
(2017년 재경관리사 기출문제 수정)

① 단일포괄손익계산서 또는 별개의 손익계산서와 포괄손익계산서 중 하나의 양식을 선택할 수 있다.
② 포괄손익은 크게 당기손익과 기타포괄손익으로 구성된다.
③ 영업이익은 수익에서 매출원가 및 판매비와관리비에 해당하는 비용을 차감하여 산출한 금액이다.
④ 비용을 성격별로 분류하여 손익계산서를 작성한 기업은 비용의 기능별 배부에 대한 내용을 주석에 추가적으로 공시하여야 한다.

09. 다음 중 포괄손익계산서의 기본요소에 대한 설명으로 가장 올바르지 않은 것은?
(2021년 재경관리사 기출문제)

① 경영성과의 측정을 위해 기록되는 포괄손익계산서의 기본요소에는 수익, 비용이 있다.
② 광의의 수익의 정의에는 수익뿐만 아니라 차익이 포함된다.
③ 비용에는 아직 실현되지 않은 손실은 포함하지 않는다.
④ 수익의 발생은 자산의 증가 또는 부채의 감소를 수반한다.

10. 다음 중 재무상태표의 작성기준에 관한 설명으로 가장 올바르지 않은 것은?
(2018년 재경관리사 기출문제 수정)

① 자산 · 부채 및 자본은 총액에 의하여 기재함을 원칙으로 한다.
② 재무상태표에는 가지급금이나 가수금 등 미결산항목이 표시될 수 있으나, 이러한 임시계정은 주석으로 공시해야 한다.
③ 재무상태표에 자산 · 부채 및 자본을 기재하는 경우에도 종류와 성격별로 적정하게 구분 표시해야 한다.
④ 재무상태표상에 자본거래에서 발생한 잉여금과 손익거래에서 발생한 잉여금을 구분하여 표시해야 한다.

11. 다음 중 포괄손익계산서에 대한 설명으로 가장 올바르지 않은 것은?
(2016년 재경관리사 기출문제 수정)

㈜삼일 20×1년 1월 1일부터 20×1년 12월 31일까지	
매출	×××
매출원가	(×××)
매출총이익	×××
판매관리비	(×××)
영업이익	×××
법인세비용	(×××)
당기순이익	×××
기타포괄이익	×××
총포괄이익	×××

① 기타포괄손익-공정가치측정 금융자산의 평가손익은 기타포괄손익 항목이다.
② 포괄손익계산서를 작성할 때 '단일 포괄손익계산서' 또는 '별개의 손익계산서와 포괄손익계산서' 중 하나의 양식을 선택하여 표시할 수 있다.
③ 상기 포괄손익계산서는 비용을 성격별로 분류하고 있다.
④ 기업은 비용의 성격별 또는 기능별 분류방법 중 신뢰성 있고 더욱 목적적합한 정보를 제공할 수 있는 방법을 적용하여 당기손익으로 인식한 비용의 분석내용을 표시한다.

12. 다음 중 재무제표에 관한 설명으로 가장 올바르지 않은 것은?
(2020년 재경관리사 기출문제)

① 재무상태표는 일정시점의 기업 재무상태를 보여주는 보고서이다.
② 포괄손익계산서는 기업의 경영성과를 보고하기 위하여 일정기간 동안에 일어난 거래나 사건을 통해 발생한 수익과 비용을 나타내는 보고서이다.
③ 자본변동표는 자본의 크기와 그 변동에 관한 정보를 제공하는 재무보고서이다.
④ 현금흐름표는 영업활동현금흐름, 투자활동현금흐름, 잉여현금흐름 및 재무활동현금흐름으로 구분하여 표시한다.

13. 다음 중 수정을 요하는 보고기간후 사건에 해당하는 것을 모두 고른다면?
(2016년 재경관리사 기출문제 수정)

ㄱ. 보고기간말 기준으로 보고되었던 매출채권 평가금액 중 일부가 보고기간후 매출처의 파산으로 인하여 수정을 요하게 된 경우
ㄴ. 보고기간말 이전에 자산손상이 발생되었음을 나타내는 정보를 보고기간후에 입수한 경우
ㄷ. 보고기간말에 존재하였던 소송사건에 대한 현재의무가 보고기간후의 재판 결과에 의해 확정된 경우
ㄹ. 재무제표가 부정확하다는 것을 보여주는 부정이나 오류에 대한 증거를 보고기간후에 발견한 경우

① ㄱ, ㄴ, ㄷ ② ㄱ, ㄷ, ㄹ
③ ㄴ, ㄷ, ㄹ ④ ㄱ, ㄴ, ㄷ, ㄹ

14. 보고기간후 사건에 대한 설명으로 잘못된 것은?

① 보고기간후 사건이란 보고기간말과 재무제표 발행승인일 사이에 발생한 사건을 의미한다.
② 재무제표 발행승인일이란 재무제표가 공시되어 정보이용자가 이용할 수 있게 되는 시점이다.
③ 보고기간말 현재 존재하였던 상황에 대한 추가적인 증거를 제공하는 사건은 수정을 필요로 하는 보고기간후 사건이다.
④ 보고기간말 현재 존재하지 않았으나 보고기간말 이후에 발생한 상황에 대한 증거를 제공하는 사건은 수정을 필요로 하지 않는 보고기간후사건이다.

정답 및 해설

| 주관식문제 |

01. 포괄손익계산서

02. 재무상태표

| 객관식문제 |

01. ④

기본재무제표는 재무상태표, 포괄손익계산서, 현금흐름표, 자본변동표 및 주석이다.

02. ②

현금흐름표는 발생주의 재무제표의 보완을 위해 현금주의에 따라 작성하는 재무제표이다.

03. ②

현금흐름표는 현금주의에 따라 작성되는 재무제표이다.

04. ②

기업에 경영활동을 청산할 의도나 필요성이 있다면 그러한 불확실성을 공시하고, 계속기업의 기준이 아닌 다른 기준에 따라 재무제표를 작성하여야 한다.

05. ②

한국채택국제회계기준에서 요구하거나 허용하지 않는 한 자산과 부채 그리고 수익과 비용은 상계하지 아니한다. 다만, 재고자산에 대한 재고자산평가충당금과 매출채권에 대한 대손충당금과 같은 평가충당금을 차감하여 관련 자산을 순액으로 측정하는 것은 상계표시에 해당하지 아니한다.

06. ②

포괄손익계산서를 작성할 때는 비용의 성격별 또는 기능별 분류방법 중에서 신뢰성 있고 더욱 목적적합한 정보를 제공할 수 있는 방법을 적용하여야 한다.

07. ②

기업이 기존의 대출계약조건에 따라 보고기간후 적어도 12개월 이상 부채를 차환하거나 연장할 것으로 기대하고 있고, 그런 재량권이 있다면 보고기간후 12개월 이내에 만기가 도래한다 하더라도 비유동부채로 분류한다.

08. ④

비용을 기능별로 분류하는 기업은 감가상각비, 기타 상각비와 종업원급여비용을 포함하여 비용의 성격에 대한 추가정보를 공시한다.

09. ③

비용의 경우 보수주의에 따라 실현 전에 인식하여야 하는 경우가 있다.

10. ②

가지급금 · 가수금 등 임시계정은 내역을 확인하여 확정된 계정과목으로 대체하여 공시해야 한다.

11. ③

기능별 분류법에서는 비용을 매출원가, 그리고 물류원가와 관리활동원가 등과 같이 분류한다.

12. ④

13. ④

14. ②

재무제표 발행승인일이란 재무제표의 발행을 승인하는 날로 일반적으로 이사회승인일이고, 이사회에서 승인된 재무제표가 주주총회에서 수정되는 경우 주주총회일이다.

K-IFRS *Intermediate Financial Accounting*

Chapter 04

금융자산(Ⅰ)

단원정리 금융자산(Ⅰ)

• 금융자산의 분류
- 현금
- 다른 기업의 지분상품
- 금융자산의 수취 또는 유리한 조건으로 금융자산・금융부채를 교환할 계약상 권리
- 자기지분상품으로 결제될 수 있는 계약

• 현금및현금성자산: 최종결제수단으로 사용할 수 있는 자산
- 현금: 통화, 통화대용증권, 요구불예금
- 현금성자산: 지불수단으로 사용할 수 있을 만큼 유동성이 매우 큰 단기투자자산 (취득당시 만기 또는 상환기일 3개월 이내)

* 은행계정조정표: 회사와 은행의 잔액차이조정

• 대여금 및 수취채권
- 대여금: 타인에게 이자수익획득을 목적으로 자금을 빌려주어 발생하는 채권
- 수취채권: 미래에 화폐로 결제될 타인에 대한 청구권

① 매출채권
- 주된 영업활동과정에서 발생한 수취채권(외상매출금, 받을어음)
- 매출에누리・매출환입・매출할인: 회수불가능
- 손상: 수취채권을 현금 등으로 회수하지 못하게 되는 것(손실충당금설정)
- 제거(양도): 위험과 보상의 이전 여부 또는 통제 여부로 양도(팩토링, 어음할인)와 차입을 구분

② 기타의 수취채권: 일반적 상거래 이외의 활동에서 발생한 채권

금융상품이란 거래당사자 일방에게 금융자산을 발생시키고 동시에 다른 거래상대방에게 금융부채나 지분상품을 발생시키는 모든 계약을 말한다.

제1절 금융자산의 분류

금융자산은 다음의 자산을 말한다.

① 현금

② 다른 기업의 지분상품

③ 다음 중 하나에 해당하는 계약상 권리

㈎ 거래상대방에게서 현금 등 금융자산을 수취할 계약상 권리

㈏ 잠재적으로 유리한 조건으로 거래상대방과 금융자산이나 금융부채를 교환하기로 한 계약상 권리

④ 기업 자신의 지분상품으로 결제되거나 결제될 수 있는 다음 중 하나의 계약

㈎ 수취할 자기지분상품의 수량이 변동가능한 비파생상품

㈏ 확정 수량의 자기지분상품에 대하여 확정 금액의 현금 등 금융자산을 교환하여 결제하는 방법이 아닌 방법으로 결제되거나 결제될 수 있는 파생상품

용어정의

지분상품	기업의 자산에서 모든 부채를 차감한 후의 잔여지분을 나타내는 모든 계약
파생상품	다음의 세 가지 특성을 모두 가진 금융상품 또는 계약 ① 기초변수의 변동에 따라 가치가 변동 ② 최초 계약시 순투자금액이 필요하지 않거나 다른 유형의 계약보다 적은 순투자금액이 필요 ③ 미래에 결제

1.1 현금

화폐(현금)는 교환의 수단이므로 금융자산이며, 은행이나 이와 유사한 금융회사에 대한 예치금은 당해 금융회사에서 현금을 인출하거나 금융부채를 지급하기 위하여 예치된 잔액에 대하여 채권자를 수취인으로 하여 수표 등을 발행할 수 있는 계약상 권리를 나타내므로 금융자산이다.

1.2 다른 기업의 지분상품

다른 기업이 발행한 주식 등(보통주, 우선주 등)을 취득하여 보유하는 경우 금융자산으로 분류한다.

1.3 금융자산을 수취하거나 잠재적인 유리한 조건으로 금융자산 · 금융부채를 교환할 계약상 권리

미래에 현금을 수취할 계약상 권리에 해당하는 금융자산과 이에 대응하여 미래에 현금을 지급할 계약상 의무에 해당하는 금융부채의 일반적인 예는 다음과 같다.

① 매출채권과 매입채무
② 받을어음과 지급어음
③ 대여금과 차입금
④ 투자사채와 사채

각각의 사례에서 한 거래당사자가 현금을 수취할 계약상 권리는 다른 거래당사자가 지급할 계약상 의무에 대응한다.

1.4 자기지분상품으로 결제될 수 있는 계약

기업이 자기지분상품으로 결제되는 계약을 체결하는 경우 그 대가로 수취하는 자기지분상품(자기주식 등)은 금융자산으로 분류한다. 예를 들어, 기업이 보유하고 있는 유형자산을 처분하고 그 대가로 기업 자신의 주식을 수취하는 계약을 체결하는 것이 이 경우에 해당된다.

이하에서 각 분류에 따른 회계처리를 살펴보는데 파생상품과 관련한 내용은 고급회계의 영역이므로 본서에서는 제외하도록 한다. 또한 금융자산은 내용이 방대하여 제4장 금융자산(Ⅰ)에서는 현금, 매출채권(받을어음 포함) 및 대여금과 관련된 내용을 설명하고, 지분상품 및 투자사채(채무상품)에 대하여는 제5장 금융자산(Ⅱ)에서 설명하도록 한다.

제2절 현금및현금성자산

현금및현금성자산이란 기업이 최종결제수단으로 자유로이 사용할 수 있는 자산으로, 기업은 유동성을 적절하게 유지하여야 정상적인 영업의 흐름을 유지할 수 있다. 결제수단으로 사용할 수 있는 현금및현금성자산이란 현금뿐만 아니라 현금의 성격을 가진 자산(현금성자산)도 포함한다.

2.1 현금

화폐(현금)는 교환의 수단이므로 금융자산이며, 재무제표에 모든 거래를 인식하고 측정하는 기준이 된다. 은행이나 이와 유사한 금융회사에 대한 예치금은 당해 금융회사에서 현금을 인출하거나 금융부채를 지급하기 위하여 예치된 잔액에 대하여 채권자를 수취인으로 하여 수표 등을 발행할 수 있는 계약상 권리를 나타내므로 금융자산이다.

현금이란 통화, 통화대용증권 및 요구불예금으로 구성된다. 통화란 지폐와 주화를 의미하며, 통화대용증권이란 통화로 대신 사용할 수 있는 증권이라는 뜻으로 수표 등을 의미한다. 또한 요구불예금이란 사용이 필요할 때 요구하면 즉시 지불해주는 예금이라는 뜻으로 일반적인 보통예금이나 당좌예금 등을 의미한다.

2.2 현금성자산

현금성자산이란 현금의 성격을 가진 자산, 즉 지불수단으로 사용할 수 있을 만큼 유동성이 매우 큰 단기투자자산을 의미하는데, 지불수단으로 사용하기 위해서는 예상하는 실제 지불가능액과 큰 차이가 없어야 하며 현금화가 용이해야 한다. 즉, 확정된 금액의 현금으로 전환이 용이하고 가치변동의 위험이 경미해야 한다. 그러기 위해서는 만기가 얼마 남지 않아야 하는데, 이에 대한 기간기준은 취득시 만기 또는 상환기일이 3개월 이내이어야 한다.

예제 4-1 | 현금및현금성자산

다음 자료에 따라 재무상태표에 현금및현금성자산으로 보고될 금액은 얼마인가?

• 통화	₩1,000,000
• 타인발행 당좌수표	600,000
• 정기예금(만기가 3년 남았음)	2,000,000
• MMF*(취득당시 2개월 후 만기도래)	500,000
• 보통예금	400,000

* MMF(Money Market Fund): 단기금융상품에 집중 투자하여 단기 실세금리의 등락이 펀드 수익률에 신속히 반영될 수 있도록 한 초단기공사채형 상품

| 해답 |

• 통화	₩1,000,000
• 타인발행 당좌수표	600,000
• MMF(취득당시 2개월 후 만기도래)	500,000
• 보통예금	400,000
	₩2,500,000

2.3 은행계정조정표

일반적으로 기업에서는 거래처에 대금을 결제할 때 현금으로 지불하는 것이 아니라 지불결제수단으로 당좌수표를 발행한다. 이를 위해 은행에 당좌개설보증금을 납부하고 당좌거래약정을 체결해야 한다. 당좌거래를 한다는 것은 기업이 은행으로부터 금액이 기재되지 않은 당좌수표를 받아 당좌예금잔액 한도 내에서 기업이 필요

할 때마다 적절한 금액을 기재하여 내부결제로 발행하여 지급하는 것이다. 당좌수표를 지급받은 거래상대방은 그 당좌수표를 해당은행에 제시하고 그 금액을 지급받는 거래구조인데, 기업이 자유로이 당좌수표를 발행하다보면 당좌계좌잔액이 일시적으로 부족한 경우가 있을 수도 있으므로 이에 대비하여 당좌차월약정이라는 일시적인 (−)잔액의 허용 계약을 체결하기도 한다. 만일 회계기간말에 당좌계좌의 잔액이 (−)인 당좌차월 상태라면 이는 단기차입금으로 분류되어야 한다.

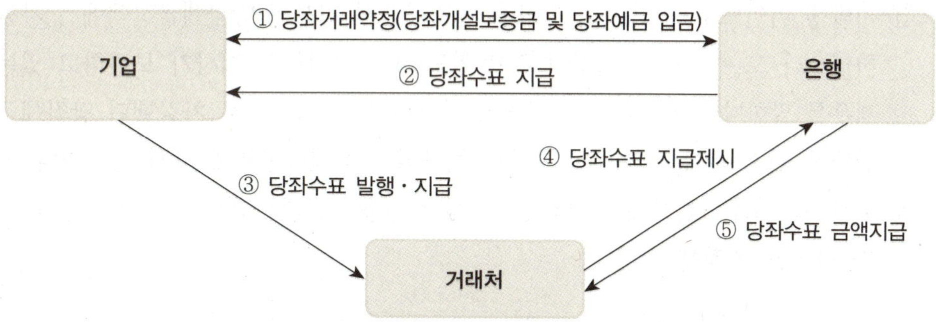

기업에서 당좌수표를 거래처에 발행하면 기업에서는 즉시 기업의 당좌예금잔액에서 차감하지만 은행에서는 당좌수표를 지급받은 거래상대방이 은행에 지급 제시할 때까지 기업에서 당좌수표를 발행하였는지 알 수가 없다. 따라서 은행에 지급제시될 때까지는 은행이 관리하고 있는 당좌예금잔액에서 차감하지 않을 것이다. 이렇듯 회사에서 발행한 당좌수표가 실제로 은행에 지급제시가 되는데까지 시차가 존재하는 등 여러 가지 이유로 회사에서 작성한 당좌예금잔액과 은행이 관리하고 있는 당좌예금의 잔액이 차이가 발생할 수 있다. 이러한 차이를 조정하는 데 은행계정조정표가 사용된다. 은행계정조정표는 회사측 잔액에 회사에서 조정할 사항들을 반영하여 정확한 잔액으로 수정하고, 은행측 잔액에 은행에서 조정할 사항들을 반영하여 정확한 잔액으로 수정하는데, 수정 후 두 잔액은 일치하여야 한다. 대표적인 조정사항을 살펴보면 다음과 같다.

(1) 회사측에서 조정할 사항

① 미통지예금: 회사의 통장에 입금되었으나 회사에서 통지를 받지 못해 모르는 경우 회사의 당좌예금잔액에 가산한다. 회사의 통장에 입금된 것이 사실이므

로 사실을 반영하지 않은 회사에서 조정하는 사항이다.

② 미통지출금: 회사의 통장에서 출금되었으나 회사에서 통지를 받지 못해 모르는 경우 회사의 당좌예금잔액에서 차감한다. 회사의 통장에서 출금된 것이 사실이므로 사실을 반영하지 않은 회사에서 조정하는 사항이다. 은행에서 기한이 도래하여 자동으로 이자를 인출하거나 수수료를 인출하는 경우 또는 회사에서 입금했던 수표에 부도가 발생하는 경우 은행에서 통지 없이 차감하는 경우가 이에 해당한다.

③ 기발행 미인도수표: 회사가 수표를 발행하면서 회사의 당좌예금잔액에서 차감하였으나 그 수표를 거래처에 교부(인도)하지 아니하고 회사가 보관하고 있는 경우를 말한다. 이는 아직 거래처에 지급된 것이 아니므로 차감했던 당좌예금잔액을 취소시키는 것이다. 따라서 회사의 당좌예금잔액에 다시 가산한다.

④ 회사측의 오류: 회사에서 당좌예금잔액을 잘못 기록한 경우 오류의 원인에 따라 적절한 조정을 한다.

(2) 은행측에서 조정할 사항

① 미기입예금: 회사가 은행에 입금하여 회사의 당좌예금잔액에는 가산된 상태이나 은행에서는 입금처리하지 아니하여 은행측 당좌예금잔액에 포함되지 않은 경우를 말한다. 회사에서 은행 전산마감 후 입금하여 은행에서는 다음날 전산개시 후 입금처리하기로 하였다면 당일에 회사에서는 입금하였다고 생각하여 당좌예금잔액에 가산할 것이고 은행으로 입금된 것이 사실이므로 사실을 반영하지 않은 은행측의 당좌예금잔액에 가산한다.

② 기발행 미인출(미지급)수표: 회사가 당좌수표를 발행하여 회사는 당좌예금잔액에서 차감하였는데 아직 거래처가 은행에 지급제시를 하지 않아 통장에서 출금되지 아니한 경우를 말한다. 이 경우 회사에서 지급한 것이 사실이므로 동 금액은 사실을 반영하지 않은 은행측 잔액에서 차감한다.

③ 은행측의 오류: 은행에서 당좌예금잔액을 잘못 기록한 경우 오류의 원인에 따라 적절한 조정을 한다.

예제 4-2 | 은행계정조정표

㈜인덕은 20×1년도 회계결산일인 20×1년 12월 31일 현재 당좌거래은행인 세무은행의 당좌계좌잔액을 조회하였더니 ₩3,683,000이었다. 당사 장부상의 당좌예금의 잔액은 ₩3,110,000이었다. 이러한 차이의 원인으로 다음과 같은 내용이 확인되었다.

(1) 미통지예금
거래처에서 외상매출금 ₩200,000을 무통장입금하였으나 ㈜인덕은 이를 통지받지 못했다.

(2) 미통지출금
세무은행은 대출에 대한 이자로 ₩150,000을 자동인출하였으나 ㈜인덕은 이를 반영하지 않았다.

(3) 기발행 미인도수표
㈜인덕은 거래처에 외상매입금을 지급할 목적으로 ₩300,000의 당좌수표를 발행하며 당좌예금에서 차감하였으나 아직 거래처에 인도하지 않고 사무실에 보관중이다.

(4) 회사측의 오류
㈜인덕은 ₩170,000의 당좌예금을 입금하면서 ₩17,000으로 회계처리하였다.

(5) 미기입예금
㈜인덕은 세무은행의 20×1년 12월 31일 영업시간이 종료되면서 ₩60,000의 입금을 요청하였으나 은행전산의 마감으로 인해 세무은행에서는 일단 입금액을 보관한 후 그 다음 영업일인 20×2년 1월 2일에 입금처리하였다.

(6) 기발행 미인출(미지급)수표
㈜인덕이 비품매입대금 지급을 위해 발행하여 지급한 ₩120,000의 당좌수표가 세무은행에 아직 지급제시되지 아니하였다.

(7) 은행측의 오류
세무은행은 ㈜인택스의 거래처로부터 입금된 ₩10,000을 ㈜인덕의 당좌예금계좌에 잘못 입금처리하였다.

위의 차이를 조정하기 위한 은행계정조정표를 작성하시오.

| 해답 |

은행계정조정표

	㈜인덕	세무은행
수정전 잔액	₩3,110,000	₩3,683,000
조정항목		
① 미통지예금	200,000	
② 미통지출금	(150,000)	
③ 기발행미인도수표	300,000	
④ 회사측 오류	153,000	
⑤ 미기입예금		60,000
⑥ 기발행 미인출수표		(120,000)
⑦ 은행측 오류		(10,000)
수정후 잔액	₩3,613,000	₩3,613,000

그런데 기업은 매번 모든 결제를 당좌수표를 발행할 수는 없을 것이다. 실제로 기업은 사무실 운영비 등 직접 지급에 사용하기 위해 현금을 사무실 등에 보유해야 한다. 현금은 많이 보유할수록 기업에 유익한가? 그렇지 않다. 현금은 그 자체로 수익을 창출할 수 없을 뿐만 아니라 도난 · 횡령 · 분실 등 위험에 노출이 쉽기 때문이다. 따라서 기업은 필요한 현금을 적절히 보유하는 것이 중요한데 얼마의 현금보유가 적절한가에 대해서는 각 기업이 처한 상황마다 다르다고 볼 수 있다. 기업의 영업활동에 사용할 소액지출에 대비하여 보유하는 현금을 소액현금(petty cash)이라고 한다. 일반적으로 매월 초에 일정액의 소액현금을 확보하여 한 달간 사용하다가 다음 월 초에 부족분을 보충하는 방식을 사용하고 있다.

제3절 대여금 및 수취채권

지급금액이 확정되었거나 결정가능하며 활성거래시장에서 가격이 공시되지 않는 비파생금융자산(예: 대출자산, 매출채권, 채무상품 및 은행예치금)을 대여금 및 수취채권이라고 한다.

3.1 대여금

대여금이란 타인에게 이자수익획득을 목적으로 자금을 빌려주어 발생하는 채권이다. 만기가 보고기간일로부터 1년 또는 정상영업주기이내이면 단기대여금으로 분류하고 그렇지 않은 경우에는 장기대여금으로 분류한다.

3.2 수취채권

수취채권이란 영업활동과정에서 발생하여 미래에 화폐로 결제될 타인에 대한 청구권을 의미하며, 이 중 매출활동이라는 주된 영업활동과정에서 발생한 수취채권을 매출채권이라고 하고, 일반적 상거래 이외의 활동, 예를 들어 건물·기계장치 등 유형자산의 처분으로부터 발생한 미수금과 같은 기타의 수취채권으로 구분할 수 있다.

3.2.1 매출채권

매출채권이란 주된 영업활동과정에서 발생한 수취채권으로 외상매출금과 받을어음으로 구성된다. 즉, 외상으로 거래를 한 경우 어음이라는 유가증권이 발행되어 금전의 지급을 약속하는 경우 받을어음으로 분류하고 어음이 발행되지 않은 매출에 대한 미수대금을 외상매출금이라고 한다. 어음의 유무에 따라 법적 채권확보의 상황이 다르므로 기업은 회계기간 중에는 외상매출금과 받을어음을 구분하여 거래처별로 관리하다가 공시하는 시점에서 외상매출금과 받을어음의 잔액을 합쳐 매출채권으로 공시한다.

이 매출채권의 금액은 실제로 받을 수 있는 금액이어야 하므로 회수 불가능한 부분은 제외하여야 한다. 따라서 매출에누리, 매출환입, 매출할인 및 대손으로 회수할 수 없는 금액은 매출채권의 잔액에서 차감하여야 한다.

(1) 매출에누리 · 매출환입 · 매출할인

1) 매출에누리

매출에누리란 제품 또는 상품에 결함 또는 하자가 있는데 그 결함 또는 하자가 중대하지 아니하여 대금을 감액해주는 것이다.

> **사례 4-1 매출에누리**
>
> 학생이 겨울코트를 구매하고자 매장에 갔는데 마음에 드는 겨울코트가 한 벌만 남아 있어 그 겨울코트를 외상으로 구입하여 집에 돌아갔다고 하자. 그런데 집에 가서 보니 그 겨울코트에 단추가 한 개 떨어진 상태라면 학생은 그 겨울코트가 마음에 들고 매장 직원은 판매를 하고 싶기 때문에 약간의 가격에누리에 합의하고 에누리받은 만큼 차감한 잔액만을 추후에 지급할 것이다.

이런 경우 매장측에서는 최초의 외상금액을 전액 상환받는 것이 아니라 에누리된 금액만큼을 차감한 것이 상환받을 수 있는 외상잔액일 것이므로 에누리 금액을 차감한 잔액을 외상매출잔액으로 인식하여야 한다.

매출에누리는 매출수익에서 차감하고 그만큼 받을 수 있는 권리가 사라지므로 매출채권에서도 차감해줘야 하므로 매출에누리가 발생하면 다음과 같이 기존에 매출수익을 인식했던 회계처리를 매출에누리만큼 취소하는 회계처리를 해야 한다.

(차) 매출	×××	(대) 매출채권	×××

그런데 매출에누리는 제품 또는 상품에 결함이나 하자가 있는 경우이므로 회사에서는 이러한 상황이 얼마나 발생하는지를 관리할 필요가 있다. 따라서 결과적으로는 위와 같은 회계처리 효과를 가져오면서도 각 상황을 관리하기 위해 관련 계정을 임시로 설정해 줄 필요가 있다. 따라서 다음과 같이 회계처리할 수도 있다.

따라서 대금감액 시점에서 다음과 같은 회계처리로 매출에누리계정을 관리하다가,

(차) 매출에누리	×××	(대) 매출채권	×××

기말에 매출에누리계정을 매출계정으로 상계시킨다.

(차) 매출	×××	(대) 매출에누리	×××

예제 4-3 | 매출에누리

12월 결산법인인 ㈜인덕은 20×1년 6월 10일에 상품 ₩1,000,000을 외상매출하였다. 그런데 20×1년 6월 15일에 이 상품의 하자가 발견되어 고객과의 협의를 통해 외상매출대금을 ₩50,000만큼 감액하기로 결정했다. 매출에누리계정을 설정하는 방법과 매출에서 직접 차감하는 방법에 따라 각 시점별 회계처리를 하시오.

| 해답 |

1. 매출에누리계정을 설정하는 방법

〈20×1년 6월 10일〉

(차) 매출채권	1,000,000	(대) 매출	1,000,000

〈20×1년 6월 15일〉

(차) 매출에누리	50,000	(대) 매출채권	50,000

〈20×1년 12월 31일〉

(차) 매출	50,000	(대) 매출에누리	50,000

2. 매출에서 직접 차감하는 방법

〈20×1년 6월 10일〉

(차) 매출채권	1,000,000	(대) 매출	1,000,000

〈20×1년 6월 15일〉

(차) 매출	50,000	(대) 매출채권	50,000

2) 매출환입

매출환입이란 제품 또는 상품에 중대한 결함 또는 하자가 있어 그 제품 또는 상품을 반품받는 것이다.

사례 4-2 매출환입

학생이 겨울코트를 구매하고자 매장에 갔는데 마음에 드는 겨울코트가 한 벌만 남아 있어 그 겨울코트를 외상으로 구입하여 집에 돌아갔다고 하자. 그런데 집에 가서 보니 그 겨울코트가 심하게 손상되어 도저히 입을 수 없는 상황이라면 반품하고 외상구매를 취소해야 할 것이다.

매출환입은 매출수익에서 차감하고 그만큼 받을 수 있는 권리가 사라지므로 매출채권에서도 차감해줘야 하므로 매출환입이 발생하면 다음과 같이 회계처리해야 한다.

(차) 매출	×××	(대) 매출채권	×××

그런데 매출환입은 제품 또는 상품에 결함이나 하자가 있는 경우이므로 회사에서는 이러한 상황이 얼마나 발생하는지를 관리할 필요가 있다. 따라서 결과적으로는 위와 같은 회계처리효과를 가져오면서도 각 상황을 관리하기 위해 관련 계정을 임시로 설정해줄 필요가 있다. 따라서 다음과 같이 회계처리할 수도 있다.

따라서 반품시점에서 다음과 같은 회계처리로 매출환입계정을 관리하다가,

(차) 매출환입	×××	(대) 매출채권	×××

기말에 매출환입계정을 매출계정으로 상계시킨다.

(차) 매출	×××	(대) 매출환입	×××

예제 4-4 | 매출환입

12월 결산법인인 ㈜인덕은 20×1년 6월 10일에 상품 ₩1,000,000을 외상매출하였다. 그런데 20×1년 6월 15일에 이 상품 중 ₩200,000에서 중대한 하자가 발견되어 반품처리하기로 결정했다. 매출환입계정을 설정하는 방법과 매출에서 직접 차감하는 방법에 따라 각 시점별 회계처리를 하시오.

| 해답 |

1. 매출환입계정을 설정하는 방법

〈20×1년 6월 10일〉

(차) 매출채권	1,000,000	(대) 매출	1,000,000

〈20×1년 6월 15일〉

(차) 매출환입	200,000	(대) 매출채권	200,000

〈20×1년 12월 31일〉

(차) 매출	200,000	(대) 매출환입	200,000

2. 매출에서 직접 차감하는 방법

〈20×1년 6월 10일〉

(차) 매출채권	1,000,000	(대) 매출	1,000,000

〈20×1년 6월 15일〉

(차) 매출	200,000	(대) 매출채권	200,000

또한 발생할 매출환입과 매출에누리에 대하여 합리적으로 예측할 수 있다면 변동대가에 대한 고려가 필요할 것이다. 이 부분은 본서 제14장 고객과의 계약에서 생기는 수익에서 다시 설명될 것이다.

3) 매출할인

매출할인이란 외상대금의 조기회수에 대한 대가로 금액을 일부 할인해주는 것이다.

사례 4-3 매출할인

학생이 겨울코트를 구매하고자 매장에 갔는데 마음에 드는 겨울코트가 한 벌만 남아있어 그 겨울코트를 외상으로 구입하여 집에 돌아갔다고 하자. 이때 한 달 이내에 외상대금을 상환하기로 약정하였는데 이 학생이 그보다 훨씬 이른 시점인 구매일로부터 3일 후에 외상대금을 상환하였다면 매장측에서는 외상에 대한 불확실성의 해소뿐만 아니라 현금 유동성의 조기 확보에 대한 이익이 있을 것이다. 이에 대한 대가로 학생에게 2%의 대금할인을 해주었다면 이것이 매출할인이다.

실무에서는 외상거래를 할 때 매출할인에 대한 조건을 합의하는데, '2/10, n/30'이라는 표현은 30일 외상거래조건이나 10일 이내에 상환할시 2%의 매출할인을 적용하겠다는 것이다.

매출할인은 대금회수시점에서 할인액만큼 대금이 감액되어 회수되므로 할인기간 내에 대금을 회수할 경우 다음과 같이 회계처리된다.

(차) 현금	×××	(대) 매출채권	×××
매출	×××		

다만, 다음과 같이 매출할인도 조기대금회수의 상황을 관리하기 위해 매출할인계정을 설정하여 관리할 수도 있다.

대금회수시 다음과 같은 회계처리로 매출할인계정을 관리하다가,

(차) 현금	×××	(대) 매출채권	×××
매출할인	×××		

기말에 매출할인계정을 매출계정으로 상계시킨다.

(차) 매출	×××	(대) 매출할인	×××

예제 4-5 | 매출할인

12월 결산법인인 ㈜인덕은 20×1년 6월 10일에 ₩1,000,000의 상품을 '2/10, n/30'의 외상조건으로 판매하였다. 매출채권은 6월 15일에 30%가 회수되었고 나머지는 6월 25일에 모두 회수되었다. 매출할인계정을 설정하는 방법과 매출에서 직접 차감하는 방법에 따라 각 시점별 회계처리를 하시오.

| 해답 |

1. 매출할인계정을 설정하는 방법

〈20×1년 6월 10일〉

(차) 매출채권	1,000,000	(대) 매출	1,000,000

〈20×1년 6월 15일〉

(차) 현금	294,000	(대) 매출채권	300,000
매출할인	6,000		

〈20×1년 6월 25일〉

(차) 현금	700,000	(대) 매출채권	700,000

〈20×1년 12월 31일〉

(차) 매출	6,000	(대) 매출할인	6,000

2. 매출에서 직접 차감하는 방법

〈20×1년 6월 10일〉

(차) 매출채권	1,000,000	(대) 매출	1,000,000

〈20×1년 6월 15일〉

(차) 현금	294,000	(대) 매출채권	300,000
매출	6,000		

〈20×1년 6월 25일〉

(차) 현금	700,000	(대) 매출채권	700,000

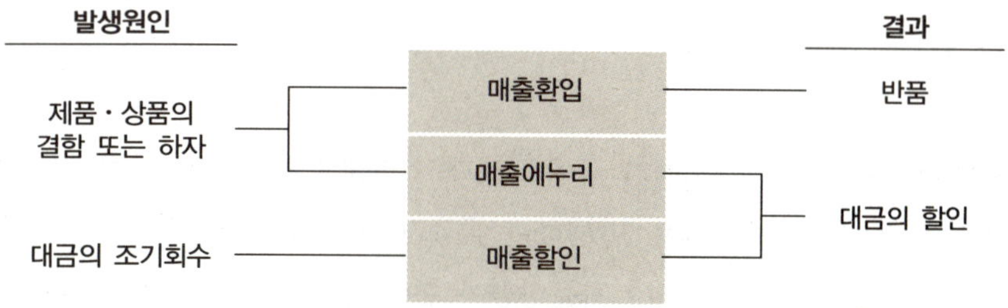

(2) 매출채권의 손상

상각후원가측정 금융자산, 기타포괄손익 공정가치측정 금융자산, 리스채권, 계약자산, 대출약정 및 금융보증계약 등의 금융상품을 최초 인식한 후 금융상품의 신용위험이 유의적으로 증가한 경우에는 매 보고기간말에 전체기간 기대신용손실에 해당하는 금액으로 손실충당금을 인식한다. 그러나 매출채권이나 계약자산의 경우 신용위험의 증가여부를 고려하지 않고 전체기간 기대신용손실에 해당하는 금액으로 손실충당금을 측정한다. 이는 기업이 못 받을 것으로 예상되는 금액을 매출채권에 대한 손실충당금으로 인식하여 채권의 순실현가치를 표시하기 위한 것이다.

용어정의

금융보증계약	채무상품의 최초 계약조건이나 변경된 계약조건에 따라 지급기일에 특정 채무자가 지급하지 못하여 보유자가 입은 손실을 보상하기 위해 발행자가 특정 금액을 지급하여야 하는 계약
기대신용손실	개별 채무불이행 발생 위험으로 가중평균한 신용손실

금융자산의 추정미래현금흐름에 악영향을 미치는 하나 이상의 사건이 생긴 경우에 해당 금융자산의 신용이 손상된 것이다. 금융자산의 신용이 손상된 증거는 다음의 사건에 대한 관측 가능한 정보를 포함한다.

① 발행자나 차입자의 유의적인 재무적 어려움
② 채무불이행이나 연체 같은 계약 위반
③ 차입자의 재무적 어려움에 관련된 경제적이나 계약상 이유로 당초 차입조건의 불가피한 완화
④ 차입자의 파산 가능성이 높아지거나 그 밖의 재무구조조정 가능성이 높아짐
⑤ 재무적 어려움으로 해당 금융자산에 대한 활성시장의 소멸
⑥ 이미 발생한 신용손실을 반영하여 크게 할인한 가격으로 금융자산을 매입하거나 창출하는 경우

이러한 손상차손은 상각후원가 금융자산과 기타포괄손익-공정가치 금융자산으로 분류되는 계약상 현금흐름이 발생하는 금융자산 등에 적용된다. 따라서 당기손익-공정가치(지정) 금융자산이나 지분상품은 손상차손규정의 대상이 아니다. 이러한 손상차손은 매출채권에서 설명하는 것이 이해가 용이하므로 매출채권의 사례로 이해하도록 한다.

만일 다음의 사례에서 20×1년에 외상으로 매출했다가 20×2년 자산손상 사유가 발생했을 때 매출채권을 감액시킨다면 다음과 같이 회계처리될 것이다.

20×1		20×2	
매출채권 1,000		현금 800	
	매출 1,000		매출채권 800
		손상차손 200	
			매출채권 200

	20×1	20×2
수익(매출):	1,000	
비용(손상차손):		(200)
자산 (매출채권):	1,000	
자산 (현금):		800

즉, 20×2년의 손상차손은 20×1년의 매출이라는 수익과 관련한 비용인 것이다.

따라서 20×1년의 수익(매출)에 대응시켜야 할 비용(손상차손)을 20×2년에 인식함으로써 수익비용의 대응관점에서 잘못 표시되어 있으며, 채권의 순실현가치 측면에서도 정보이용자는 20×1년에 ₩1,000을 회수할 수 있을 것으로 판단할 것이나 실제로는 ₩800의 순실현가능가치를 갖는 채권인 것이다. 따라서 다음과 같이 수익(매출)이 발생한 시점에 못 받을 것으로 예상되는 비용(손상차손)을 대응시켜 수익비용대응을 충족시키고, 못 받을 것으로 예상되는 금액을 채권에서 차감하는 형식으로 표시하여 채권을 순실현가치로 표시하여 자산의 과대계상을 예방할 수 있다.

	20×1		20×2	
	매출채권 1,000		현금 800	
		매출 1,000		매출채권 800
	손상차손 200		손실충당금 200	
		손실충당금 200		매출채권 200
수익(매출):		1,000		
비용(손상차손):		(200)		
자산 ┌(매출채권)	1,000			
└(손실충당금):	(200)			
└(현금):				800

기대신용손실은 다음 사항을 반영하도록 측정한다.

① 일정 범위의 발생가능한 결과를 평가하여 산정한 금액으로서 편의가 없고 확률로 가중한 금액

② 화폐의 시간가치

③ 보고기간말에 과거사건, 현재 상황과 미래경제적 상황의 예측에 대한 정보로서 합리적이고 뒷받침될 수 있으며 과도한 원가나 노력 없이 이용할 수 있는 정보

그러나 위의 원칙과 일관된다면 기대신용손실을 측정할 때 실무적 간편법을 사용할 수 있다. 실무적 간편법의 예로서 충당금 설정률표를 사용한 매출채권 기대신용손실의 계산을 들 수 있다. 예를 들면 충당금 설정률표는 다음과 같이 매출채권의 연체 일수에 따라 고정된 충당률을 설정할 수 있다.

구분	연체가 없는 경우	연체일수 (30일 미만)	연체일수 (30일 초과 90일 미만)	연체일수 (90일 이상)
충당금설정률	1%	2%	3%	20%

위 방법은 매출채권의 잔액을 기준으로 하여 손상추산액을 산정하는 방법으로 채권의 순실현가치 표시 측면에 초점을 맞춘 것이다. 또한, 회계기간말에 위 방법 등에 따라 손상추산액을 산정하고 나서 재무상태표의 손실충당금잔액을 비교하여 부족한 만큼만 추가로 설정하는 보충법을 적용한다. 즉, 위 방법에 따라 계산된 손상추산액이 ₩1,000인데 현재 손실충당금잔액이 ₩300이 남아 있다면 ₩700의 추가 설정으로 손실충당금 잔액은 ₩1,000이 된다.

예제 4-6 | 손실충당금

12월 결산법인인 ㈜인덕의 20×1년 12월 31일 현재 매출채권잔액은 ₩1,050,000이다. ㈜인덕은 매출채권의 기대신용손실을 측정하기 위해 연체일수에 따른 충당금 설정표를 이용한다. 충당금 설정표는 과거 신용손실 경험에 따라 작성하였다.
또한, 20×1년초 손실충당금잔액은 ₩17,000이었으나 6월 25일 거래처의 부도 확정으로 손상이 확정된 채권이 ₩13,000이었다.
다음 충당금설정표에 따라 손실충당금 설정에 관한 회계처리를 하시오.

충당금설정표

연체일수	금액	손상추정률
연체없음	₩500,000	0.5%
~30일	300,000	1%
~90일	200,000	2%
90일 이상	50,000	5%
	1,050,000	

| 해답 |

연체일수	금액		손상추정률		대손추산액
연체없음	₩500,000	×	0.5%	=	₩2,500
~30일	300,000	×	1%	=	3,000
~90일	200,000	×	2%	=	4,000
90일 이상	50,000	×	5%	=	2,500
	1,050,000				12,000

현재 손실충당금잔액이 ₩4,000(기초 ₩17,000 - 당기 손상확정액 ₩13,000)이므로 추가로 ₩8,000을 설정한다.

(차) 손상차손	8,000	(대) 손실충당금	8,000

(3) 매출채권의 제거

매출채권의 제거란 매출채권이 장부에서 없어지는 것을 의미하는데 손상, 채권의 회수 또는 양도의 경우에 장부에서 제거되는 것이다. 이 중 채권의 회수나 손상은 앞서 설명하였으므로 양도와 관련하여 설명하기로 한다.

회사가 매출채권을 보유하고 있으면 채권의 만기에 현금을 회수할 수 있는 권리를 보유하는 것인데 상황에 따라 만기 이전에 자금을 확보하기 위해서는 이 채권을 제3자에게 양도하고 현금을 수취해야 한다. 이때 실질적으로 양도했다면 유형자산 등을 처분하는 것처럼 처분금액과 장부금액을 비교하여 처분손익(매출채권처분손익)을 인식하면 된다. 그런데 양도하는 형식을 취했으나 실질적으로는 양도하는 것이 아니라 그 매출채권을 담보로 자금을 차입하는 경우라면 양도하는 형식에도 불구하고 경제적 실질을 파악하여 차입에 대한 회계처리를 해야 한다.

금융자산을 양도한 경우 양도자는 금융자산의 소유에 따른 위험과 보상의 보유 정도를 평가하여 다음과 같이 회계처리한다. 이때 위험이란 금융자산을 보유하면서 받을 수 있는 위험, 즉 상대방의 채무불이행에 대한 자산적 손실 등이고, 보상이란 그 채권을 보유함으로써 누리는 효익인 상환금액 수취 등일 것이다.

1) 위험과 보상기준

① 양도자가 금융자산의 소유에 따른 위험과 보상의 대부분을 이전하면 당해 금융자산을 제거하고 양도함으로써 발생하거나 보유하게 된 권리와 의무를 각각 자산과 부채로 인식한다. 즉, 위험과 보상의 대부분이 이전된 것은 양도로 본다는 것이다.

② 양도자가 금융자산의 소유에 따른 위험과 보상의 대부분을 보유하면 당해 금융자산을 계속하여 인식한다. 위험과 보상의 대부분을 보유하고 있으므로 양도로 보지 않는다.

2) 통제기준

양도자가 금융자산의 소유에 따른 위험과 보상의 대부분을 보유하지도 아니하고 이전하지도 아니하면 양도자가 당해 금융자산을 통제하는지를 결정하여 다음과 같이 회계처리한다.

① 양도자가 금융자산을 통제하고 있지 아니하면 당해 금융자산을 제거하고 양도함으로써 발생하거나 보유하게 된 권리와 의무를 각각 자산과 부채로 인식한다. 즉, 양도인의 통제권이 상실되면 양도로 본다는 것이다.

② 양도자가 금융자산을 통제하고 있다면 당해 금융자산에 대하여 지속적으로 관여하는 정도까지 당해 금융자산을 계속하여 인식한다.

양도자가 양도자산을 통제하고 있는지 여부는 양수자가 그 자산을 매도할 수 있는 능력을 가지고 있는지 여부에 따라 결정한다. 양수자가 자산 전체를 독립된 제3자에게 매도할 수 있는 실질적인 능력을 가지고 있으며, 양도에 대한 추가적인 제약 없이 그 능력을 일방적으로 행사할 수 있다면 양도자는 양도자산에 대한 통제를 상실한 것이다. 이 경우 이외에는 양도자가 양도자산을 통제하고 있는 것이다.

정리하면, 매출채권의 양도 여부의 결정은 위험과 보상의 이전 여부와 통제권에 따라 결정된다는 것이다. 그런데 앞서 설명했듯이 매출채권은 받을어음과 외상매출금으로 구성되는데, 받을어음을 양도하는 것을 어음할인이라고 하며 외상매출금을 양도하는 것을 팩토링(factoring)이라고 한다.

(4) 매출채권제거의 회계처리

1) 팩토링(factoring)

팩토링이란 보유하고 있는 외상매출금을 양도하는 것을 말한다. 외상매출금은 원인행위였던 매출과 계속 관련되어 있으므로 매출이 변동되면 당연히 그에 대한 받을 권리인 외상매출금의 금액도 변동된다.

사례 4-4 팩토링

기업 A가 기업 B에 대한 ₩1,000,000의 매출거래로 인해 외상매출금이 ₩1,000,000 발생했고, 기업 A는 이 외상매출금을 거래은행인 B은행에 양도했다고 하면 B은행은 만기가 되면 기업 A의 상대 거래처인 기업 B로부터 ₩1,000,000의 상환금액을 수취할 것으로 기대할 것이다. 물론 기업 A로부터 ₩1,000,000의 외상매출금을 매입할 때 ₩1,000,000 전액을 지급하는 것이 아니라 수수료를 차감하고 지급할 것이다. 그 수수료가 ₩10,000이라고 하면 수수료를 차감하고 ₩990,000을 외상매출금의 매입대가로 지급해야 하는데, 이 외상매출금의 원인행위였던 매출이 매출에누리·매출환입·매출할인 등으로 인해 변동이 될 경우 만기가 되어도 애초에 기대했던 ₩1,000,000 전액을 상환받지 못할 위험이 있다. 따라서 이러한 변동위험에 대비하여 매입가격 ₩990,000 중 일부를 지급하지 않고 보유하고 있다가 만기에 매출에누리·매출환입·매출할인 등 변동사항을 그 보유액에서 정리하고 잔액을 돌려주는 방식을 사용하는데, 이때 변동에 대비하여 지급시기를 늦추는 금액을 팩토링미수금이라고 한다.

위의 사례에 대한 양도시 회계처리 및 만기 상환시 회계처리는 다음과 같다. 만기까지 매출에누리가 ₩30,000 발생했고 은행은 이에 대비하여 팩토링미수금을 ₩100,000 보유하고 있었다고 가정하자.

〈양도시〉

(차) 현금	890,000	(대) 매출채권(외상매출금)	1,000,000
팩토링미수금	100,000		
매출채권처분손실	10,000		

〈만기시〉

(차) 현금	70,000	(대) 팩토링미수금	100,000
매출(에누리)	30,000		

그런데 양도하는 형식을 취했더라도 실질적으로 위험과 보상이 이전되지 않았거나 통제권이 상실되지 않았다면 실질적으로는 양도한 것이 아니라 그 외상매출금을 담보로 제공하고 자금을 차입한 것이다. 또한 위험과 보상이 이전되지 않았으므로 채무불이행에 대한 위험인 손상의 위험을 회사가 부담해야 한다. 이러한 위험에 대한 계약상 대표적인 사항이 상환청구권이다. 상환청구권이란 만기에 회사의 거래처가 채무를 상환하지 않았을 때 회사에게 대신 상환을 청구할 수 있는 권리이다. 이

러한 상환청구권이 부여된 경우는 손상의 위험을 회사가 부담해야 할 것이다. 따라서 만일 ₩20,000의 손상이 발생했다면 팩토링미수금에서 채무불이행에 대한 부분도 차감하는 위험을 회사가 부담하는 것이다. 이 경우 위 사례에 대한 회계처리는 다음과 같다.

〈양도시〉

(차) 현금	890,000	(대) 단기차입금	1,000,000
팩토링미수금	100,000		
이자비용	10,000		

〈만기시〉

(차) 현금	50,000	(대) 팩토링미수금	100,000
매출(에누리)	30,000		
손상차손	20,000		
(차) 단기차입금	1,000,000	(대) 매출채권(외상매출금)	1,000,000

2) 어음할인

어음할인이란 보유하고 있는 받을어음을 양도하는 것을 말한다. 받을어음은 원인행위인 매출과의 관련성이 단절되고 순수하게 그 채권만으로 받을 권리가 주장되는 유통성있는 유가증권이다. 따라서 원인행위였던 매출에 변동이 있어도 받을어음에 대해 주장되는 금액에는 영향을 미치지 아니한다. 따라서 상기 외상매출금에서 발생하는 팩토링미수금과 같은 정산액이 필요하지 아니하다.

사례 4-5 어음할인

기업 A가 기업 B에 대한 ₩1,000,000의 매출거래로 인해 받을어음을 ₩1,000,000 수취했고, 기업 A는 이 받을어음을 거래은행인 B은행에 양도했다고 하면 B은행은 만기가 되면 기업 A의 상대 거래처인 기업 B로부터 ₩1,000,000의 상환금액을 수취할 것으로 기대할 것이다. 물론 기업 A로부터 ₩1,000,000의 받을어음을 매입할 때 ₩1,000,000의 전액을 지급하는 것이 아니라 수수료를 차감하고 지급할 것이다. 그 수수료가 ₩10,000이라고 하면 수수료를 차감하고 ₩990,000을 받을어음의 매입대가로 지급해야 할 것이다.

위의 사례에서 양도시 회계처리는 다음과 같다.

〈양도시〉

(차) 현금	990,000	(대) 매출채권(받을어음)	1,000,000
매출채권처분손실	10,000		

그런데 양도하는 형식을 취했더라도 실질적으로 위험과 보상이 이전되지 않았거나 통제권이 상실되지 않았다면 실질적으로는 양도한 것이 아니라 그 받을어음을 담보로 제공하고 자금을 차입한 것이다. 위의 사례에서 상환청구권이 부여된 경우는 손상의 위험을 회사가 부담해야 할 것이다. 따라서 만일 ₩20,000의 손상이 발생했다면 회계처리는 다음과 같다.

〈양도시〉

(차) 현금	990,000	(대) 단기차입금	1,000,000
이자비용	10,000		

〈만기시〉

(차) 현금	980,000	(대) 매출채권(받을어음)	1,000,000
손상차손	20,000		
(차) 단기차입금	1,000,000	(대) 현금	1,000,000

3.2.2 기타의 수취채권

(1) 미수금

미수금이란 회사의 일반적 상거래 이외의 활동에서 발생한 채권을 발한다. 즉, 매출활동 이외의 활동으로부터 발생한 채권을 의미한다. 예를 들어, 유형자산을 처분하고 처분대금을 받지 못했다면 미수금이라는 수취채권으로 기록하는 것이다.

(2) 미수수익

미수수익이란 발생주의에 따라 시간의 경과로 실현되는 수익에 대한 채권을 말한다. 예를 들어, 20×1년 7월 1일에 ₩1,000,000의 자금을 대여해주고 20×2년 6월 30일에 10%의 이자를 수취하기로 하였다면 20×1년 12월 31일 회계기말 시점에 이자수취일이 도래하지는 않았지만 6개월간 자금대여에 대한 대가인 이자수익은 시간의 경과에 따라 실현된 것이므로 회계상 수익을 인식하되 현금의 수취가 아직 없었으므로 받을 권리인 미수수익이라는 수취채권으로 기록하는 것이다.

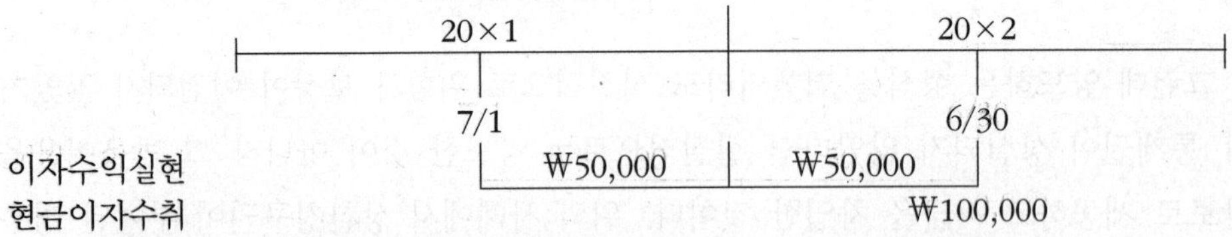

연습문제

| 주관식문제 |

01. 현금성자산이 되기 위한 요건을 설명하고 현금성자산의 예를 드시오.

02. 재무상태표에 표시할 현금및현금성자산을 계산하시오.

통화	₩600,000
우표	400,000
타인발행수표	1,000,000
타인발행 약속어음	2,000,000
직원의 급여가불증	500,000
만기가 도래한 국채이자표	200,000

03. 다음 자료에 의한 정확한 예금잔액은 얼마인가?

은행측 수정전 잔액	₩500,000
미기입예금	200,000
기발행미지급수표	300,000
은행측에서 타회사의 예금을 당해회사의 잔액에 포함시킨 금액	100,000

04. ㈜인덕은 20×1년 1월 1일 매출에 대한 대가로 액면금액 ₩500,000, 만기 20×1년 12월 31일, 표시이자율 연 5%인 약속어음을 받았다. ㈜인덕은 동 어음을 20×1년 7월 1일에 10%의 할인율을 적용하여 은행에 할인했다. 동 거래가 어음의 매각거래에 해당하는 경우와 차입거래에 해당하는 경우를 각각 구분하여 할인시점의 회계처리를 하시오.

05. 12월 31일 결산법인인 ㈜인덕은 연령분석법에 의해 손실충당금을 설정한다. 다음 자료에 따른 20×1년의 포괄손익계산서에 계상될 손상차손은 얼마인가?

손실충당금 기초잔액	₩100,000
매출채권 중 당기회수불능액	50,000
기말 매출채권잔액	5,000,000

〈매출채권의 연령자료〉

기간	손상추정률	매출채권잔액
1개월 미만	1%	2,000,000
3개월 미만	5%	1,000,000
6개월 미만	10%	500,000
6개월 초과	50%	1,500,000

06. 매출채권 등을 양도하는 경우 매각거래로 회계처리하기 위한 요건을 설명하시오.

07. 매출채권의 기대신용손실액을 손실충당금으로 회계처리하는 방법이 손상 발생시 직접 비용처리하는 방법보다 유용한 점을 설명하시오.

08. 20×1년말 ㈜인덕의 매출채권잔액 및 연령분석표는 다음과 같다.

연령	채권금액	회수가능률
1개월 이내	₩1,000,000	95%
1개월~6개월	500,000	90%
6개월~1년	300,000	60%
1년 초과	100,000	10%

(1) 연령분석법에 따라 손상추정액을 계산하시오.
(2) 기초 손실충당금잔액이 없는 경우 회계처리를 하시오.

09. ㈜인덕은 당좌거래를 개설하기 위하여 20×1년 3월 1일 당좌개설보증금으로 ₩3,000,000과 당좌예금으로 ₩20,000,000을 입금하였다. 이와 동시에 당좌차월계약을 체결하였다.

- 5월 10일: 미지급금 결제 목적으로 당좌수표 ₩5,000,000을 발행하여 지급하였다.
- 6월 20일: 차입금의 상환을 위하여 ₩20,000,000의 수표를 발행하여 지급하였다.

각 시점별 회계처리를 하고, 결산기말에 해야 할 회계처리를 하시오.

| 객관식문제 |

01. 다음 자료로 당해 기업의 현금및현금성자산의 금액을 산출하시오.

지폐	1,000,000	당좌예금	2,000,000
취득당시 만기가 2개월 이내인 MMF(단기투자자산)	3,000,000	매출채권	1,000,000
수입인지	500,000	120일 만기 양도성예금증서(CD)	2,000,000

① ₩1,000,000　② ₩3,000,000
③ ₩6,000,000　④ ₩8,000,000

02. 다음 중 현금성자산에 대한 설명으로 틀린 것은?

① 현금성자산으로 분류되는 단기의 개념은 1년 또는 정상영업주기 이내이다.
② 확정된 금액의 현금으로 전환이 용이해야 한다.
③ 가치변동의 위험이 중요하지 않아야 한다.
④ 현금성자산이란 유동성이 매우 높은 단기투자자산이다.

03. ㈜인덕은 20×1년 12월 31일 당좌거래은행인 세무은행에 당좌예금잔액을 조회한 결과 ₩2,525,000임을 확인하였다. 회사의 당좌예금잔액은 ₩851,000이며 그 차이의 원인을 조사한 결과 다음과 같다.

(1) 회사가 12월 31일 입금하였으나 은행거래원장상에 기입되지 아니한 것이 ₩2,615,000 있다.
(2) 회사가 12월중 발행한 수표 중 ₩3,210,000이 아직 인출되지 아니하였다.
(3) 은행측 거래내역을 조회한 결과 외상매출금이 직접 이체된 것이 ₩1,320,000이었으며, 차월이자가 ₩50,000, 부도수표 발생액이 ₩350,000이었으나 동 거래내역은 회사장부에 기입되지 아니하였다.
(4) 회사가 12월 31일 매입채무지급을 위하여 수표를 발행하면서 출금 기장하였으나 거래처에 지급하지 않고 보관중인 것이 ₩150,000 있다.
(5) 회사가 입금하면서 ₩465,000을 ₩456,000으로 잘못 기재하였음을 확인하였다. 동 금액은 매출채권의 회수액으로 매출처원장에도 잘못 기록되어 있었다.

이 자료를 근거로 정확한 당좌예금의 잔액은 얼마인가?

① ₩1,930,000　② ₩1,939,000
③ ₩2,089,000　④ ₩2,230,000

04. 매출과 관련된 다음 설명 중 적합하지 않은 것은?

① 주된 영업활동과정인 매출에서 발생한 수취채권을 매출채권이라고 한다.
② 매출에누리란 제품 또는 상품에 중대하지 않은 결함 또는 하자가 있을 때 대금을 감액해주거나 반품받는 것이다.
③ 매출환입이란 제품 또는 상품에 중대한 결함 또는 하자가 있어 그 제품 또는 상품을 반품받는 것이다.
④ 매출할인이란 외상대금의 조기회수에 대한 대가로 외상대금을 일부 할인해 주는 것이다.

05. 다음 중 금융자산의 손상발생에 대한 객관적인 증거로 보기에 가장 올바르지 않은 것은?

① 이자지급이나 원금상환의 불이행이나 지연과 같은 계약 위반
② 차입자의 재무적 어려움에 관련된 경제적 또는 법률적 이유로 인한 당초 차입조건의 불가피한 완화
③ 차입자의 파산이나 기타 재무구조조정의 가능성이 높은 상태가 된 경우
④ 유동부채가 유동자산을 초과하는 경우

06. 다음은 ㈜삼일의 20×1년 12월 31일 현재 매출채권잔액 및 회수가능가액에 관한 자료이다. 20×2년 중 손상이 확정되어 상계된 매출채권은 얼마인가?
(2015년 재경관리사 기출문제 수정)

〈매출채권 잔액 및 회수가능가액〉

구분	매출채권잔액	회수가능가액
20×2년 12월 31일	₩1,600,000	₩1,515,000

20×1년말 손실충당금잔액은 ₩42,500이고, 20×2년에 인식한 손상차손은 ₩72,500이다.

① ₩10,000 ② ₩15,000 ③ ₩27,000 ④ ₩30,000

07. 매출채권의 양도와 관련된 다음 설명 중 옳은 것은?

① 매출채권의 양도자가 금융자산의 소유에 따른 위험과 보상의 대부분을 이전하면 실질적인 양도로 보아 금융자산을 장부에서 제거하는 회계처리를 한다.
② 매출채권의 양도자가 금융자산의 소유에 따른 위험과 보상의 대부분을 이전하더라도 받을어음의 경우라면 장부에서 제거하지 않고 차입으로 회계처리한다.
③ 외상매출금을 실질적으로 양도하는 것을 매출할인이라고 한다.
④ 어음할인이란 매출채권 중 받을어음의 양도에 대한 수수료 비용을 의미한다.

08. 다음 중 양도자가 소유에 따른 위험과 보상의 대부분을 이전하는 경우에 해당하는 예로 가장 옳은 것은? (2021년 재경관리사 기출문제)

① 금융자산을 아무런 조건이 없이 매도한 경우
② 유가증권대여계약을 체결한 경우
③ 양도자가 매도 후에 미리 정한 가격 또는 매도가격에 양도자에게 금전을 대여하였더라면 그 대가로 받았을 이자수익을 더한 금액으로 양도자산을 재매입하는 거래의 경우
④ 양도자가 양수자에게 발생가능성이 높은 대손의 보상을 보증하면서 단기 수취채권을 매도한 경우

09. 다음 중 금융자산의 제거에 관한 설명으로 가장 올바르지 않은 것은? (2018년 재경관리사 기출문제)

① 금융자산의 현금흐름에 대한 계약상 권리가 소멸한 경우에는 당해 금융자산을 제거한다.
② 금융자산의 현금흐름에 대한 계약상 권리를 양도하고 양도자가 매도 후에 미리 정한 가격으로 당해 금융자산을 재매입하기로 한 경우에는 당해 금융자산을 제거한다.
③ 금융자산의 현금흐름에 대한 계약상 권리를 양도하고 위험과 보상의 대부분을 이전하면 당해 금융자산을 제거한다.
④ 금융자산의 현금흐름에 대한 계약상 권리를 양도하고, 양수자가 당해 금융자산을 제3자에게 매각할 수 있는 능력을 가지고 있다면 금융자산을 제거한다.

10. 12월 31일 결산법인인 ㈜인덕의 외상매출금과 손상에 관한 자료는 다음과 같다. 연령분석법으로 회계처리하는 경우 손실충당금 설정에 대한 회계처리로 옳은 것은?

(1) 1월 1일: 대손충당금 기초잔액은 ₩1,000이다.
(2) 5월 8일: ₩800의 외상매출금이 회수불가능하다고 판명되었다.
(3) 12월 31일: 기말수정분개 전 외상매출금 잔액에 대한 연령자료는 다음과 같다.

외상매출금의 연령	금액	추정대손율	손상예상액
16일 미만	₩15,000	5%	₩750
16일부터 30일까지	9,000	15%	1,350
31일부터 45일까지	7,000	20%	1,400
46일부터 90일까지	5,000	30%	1,500
91일부터 180일까지	3,000	40%	1,200
계	₩39,000		₩6,200

	(차변)		(대변)	
①	손상차손	800	손실충당금	800
②	손상차손	1,000	손실충당금	1,000
③	손상차손	5,200	손실충당금	5,200
④	손상차손	6,000	손실충당금	6,000

정답 및 해설

| 주관식문제 |

01. 현금성자산이란 지불수단으로 사용할 수 있을 만큼 유동성이 매우 큰 단기투자자산으로, 예상하는 실제 지불가능액과 큰 차이가 없어야 하며 현금화가 용이해야 한다. 실제 지불가능액과 큰 차이가 없고, 처분하여 현금화가 용이하려면 만기가 얼마 남지 않아야 하는데, 이에 대한 기간기준은 취득시 만기 또는 상환기일이 3개월 이내이어야 한다. 현금성자산의 예로는 만기가 3개월 이내인 단기투자자산(양도성예금증서, 정기예금, 상환우선주 등)이 있다.

02. 현금및현금성자산＝통화＋타인발행수표＋만기가 도래한 국채이자표
＝600,000＋1,000,000＋200,000＝₩1,800,000

03. 정확한 예금잔액＝은행측 수정전 잔액±수정사항
＝은행측 수정전 잔액＋미기입예금－기발행미지급수표±오류
＝500,000＋200,000－300,000－100,000＝₩300,000

04. 수수료(어음할인료)＝525,000×10%×6/12＝26,250

(1) 매각거래

(차) 현금	498,750*	(대) 매출채권	500,000
매출채권처분손실	13,750	이자수익	12,500**

* 현금수취액＝525,000－26,250＝₩498,750
** 이자수익＝500,000×5%×6/12＝₩12,500

(2) 차입거래

(차) 현금	498,750	(대) 단기차입금	525,000
이자비용	26,250*		

* 만기 현금수취총액(단기차입금)과 차입시의 현금수취액과의 차이인 선이자지급의 성격

05. 손상차손＝손상추정액*－손실충당금잔액
＝870,000－50,000＝₩820,000

*손상추정액

기간	① 손상추정률	② 매출채권잔액	손상추정액 = ①×②
1개월 미만	1%	2,000,000	20,000
3개월 미만	5%	1,000,000	50,000
6개월 미만	10%	500,000	50,000
6개월 초과	50%	1,500,000	750,000
합계			870,000

06. ① 양도자가 금융자산의 소유에 따른 위험과 보상의 대부분을 이전하면 당해 금융자산을 제거하고 양도함으로써 발생하거나 보유하게 된 권리와 의무를 각각 자산과 부채로 인식한다.

② 양도자가 금융자산의 소유에 따른 위험과 보상의 대부분을 보유하지도 아니하고 이전하지도 아니하면 양도자가 당해 금융자산을 통제하는지를 결정하여 양도자가 금융자산을 통제하고 있지 아니하는 경우 당해 금융자산을 제거하고 양도함으로써 발생하거나 보유하게 된 권리와 의무를 각각 자산과 부채로 인식한다.

07. 충당금설정법을 적용함으로써 채권을 순실현가치로 표시하고 수익비용 대응의 원칙을 실현할 수 있다.

08. (1) 손상추정액

연령	채권금액	손상추정률(1 - 회수가능률)	손상추정액
1개월 이내	₩1,000,000	5%	₩50,000
1개월~6개월	500,000	10%	50,000
6개월~1년	300,000	40%	120,000
1년 초과	100,000	90%	90,000
합계			310,000

(2)

(차) 손상차손	310,000	(대) 손실충당금	310,000

09. (1) 당좌거래약정시

(차) 당좌예금	20,000,000	(대) 현금	23,000,000
당좌개설보증금	3,000,000		

(2) 5월 20일

(차) 미지급금	5,000,000	(대) 당좌예금	5,000,000

(3) 6월 20일

(차) 차입금	20,000,000	(대) 당좌예금*	20,000,000

* 당좌예금잔액 (−)5,000,000

(4) 기말

(차) 당좌예금	5,000,000	(대) 단기차입금	5,000,000

* (−)의 당좌예금을 단기차입금으로 계정대체

| 객관식문제 |

01. ③

현금및현금성자산 = 지폐 + 당좌예금 + 만기 2개월 이내 MMF(단기투자자산)
= 1,000,000 + 2,000,000 + 3,000,000
= ₩6,000,000

02. ①

현금성자산으로 분류되는 것은 취득당시 만기 또는 상환기일이 3개월 이내인 단기투자자산이다.

03. ①

은행계정조정표

	㈜인덕	세무은행
수정전 잔액	₩851,000	₩2,525,000
조정항목		
① 미기입예금		2,615,000
② 기발행미인출수표		(3,210,000)
③ 미통지예금	1,320,000	
④ 미통지출금	(400,000)	
⑤ 기발행미인도수표	150,000	
⑥ 회사측 오류	9,000	
수정후 잔액	₩1,930,000	₩1,930,000

04. ②

매출에누리란 제품 또는 상품에 중대하지 않은 결함 또는 하자가 있을 때 대금을 감액해 주는 것이고, 반품받는 것은 매출환입이다.

05. ④

단순히 유동부채가 유동자산을 초과했다는 사실만으로 신용이 손상되었다고 보기는 어렵다.

06. ④

20×2년말 손실충당금=20×2년말 매출채권잔액−회수가능가액=₩85,000

손실충당금

손상발생액	30,000	기초	42,500
기말	85,000	손상차손	72,500

07. ①

08. ①

09. ②

금융자산의 현금흐름에 대한 계약상 권리는 양도하였으나 양도자가 매도후에 미리 정한 가격으로 당해 금융자산을 재매입하기로 하였다면 공정가치 변동에 대한 위험을 양도자가 보유하고 있는 상황이므로 위험과 보상의 대부분이 이전되었다고 볼 수 없다.

10. ④

손실충당금설정액=손상추정액−손실충당금잔액

=6,200−(1,000−800)=₩6,000

(차) 손상차손 6,000 (대) 손실충당금 6,000

K-IFRS *Intermediate Financial Accounting*

Chapter 05

금융자산(Ⅱ)

단원정리 금융자산(Ⅱ)

- **지분상품(주식):** 자산에서 부채를 차감한 후의 잔여지분을 나타내는 모든 계약
  - 당기손익-공정가치측정 금융자산: 일반적으로 단기간 내의 매매차익을 얻기 위해 취득한 금융상품
  - 기타포괄손익-공정가치측정선택 금융자산: 단기매매목적도 아니고 조건부 대가도 아닌 지분상품 중 기타포괄손익-공정가치측정선택 금융자산으로 선택한 금융자산

	당기손익-공정가치측정 금융자산	기타포괄손익-공정가치측정선택 금융자산
취득원가의 산정	공정가치	취득원가
후속측정 (기말평가)	공정가치평가 (당기손익)	공정가치평가 (기타포괄손익)
배당금수익의 인식	권리와 금액 확정시 (정기주주총회결의)	권리와 금액 확정시 (정기주주총회결의)
처분시점	처분가액 vs 장부가액 (처분손익)	처분가액 vs 장부가액* (처분손익 없음)

*처분전 공정가치평가 후의 금액

- **채무증권(사채)**
  - 상각후원가측정 금융자산: (사업모형) 금융자산 보유를 통해 이자와 원금회수
  - 기타포괄손익-공정가치측정 금융자산: (사업모형) 이자와 원금회수+매도
  - 당기손익-공정가치측정 금융자산: 회계불일치의 제거 또는 유의적 감소를 위해 지정하는 금융자산

	상각후원가측정 금융자산	기타포괄손익-공정가치측정 금융자산	당기손익-공정가치측정 금융자산
취득원가의 산정	취득원가	취득원가	공정가치
후속측정 (기말평가)	유효이자율법에 따른 상각후원가	공정가치평가 (기타포괄손익)	공정가치평가 (당기손익)
이자수익의 인식	유효이자율법에 따른 이자수익	유효이자율법에 따른 이자수익	현금이자
처분시점	처분가액 vs 장부가액 (처분손익)	처분가액 vs 장부가액 (처분손익)	처분가액 vs 장부가액 (처분손익)

■ 일반적인 금융자산의 분류기준
(1) 금융자산의 관리를 위한 사업모형
(2) 금융자산의 계약상 현금흐름의 특성

1. 상각후원가측정 금융자산
   ⑴ 사업모형: 계약상 현금흐름(이자+원금)을 수취하기 위해 보유
   ⑵ 현금흐름의 특성: 금융자산의 계약 조건에 따라 특정일에 원금과 원금잔액에 대한 이자지급만으로 구성(원리금 지급)
2. 기타포괄손익–공정가치측정 금융자산
   ⑴ 사업모형: 계약상 현금흐름(이자+원금)의 수취와 금융자산의 매도
   ⑵ 현금흐름의 특성: 금융자산의 계약조건에 따라 특정일에 원리금 지급만으로 구성되어 있는 현금흐름이 발생

   단, 위 1 또는 2 중 특정한 조건을 충족하는 경우에 이를 당기손익–공정가치측정 금융자산으로 지정하여 분류할 수 있음
3. 당기손익–공정가치측정 금융자산

   위 1 또는 2로 분류되지 않은 금융자산(지분상품)은 당기손익–공정가치측정 금융자산으로 분류. 단, 최초인식시점에 지분상품 중 단기매매항목이 아니고 조건부 대가도 아닌 지분상품을 기타포괄손익–공정가치측정선택 금융자산으로 분류되도록 선택 가능

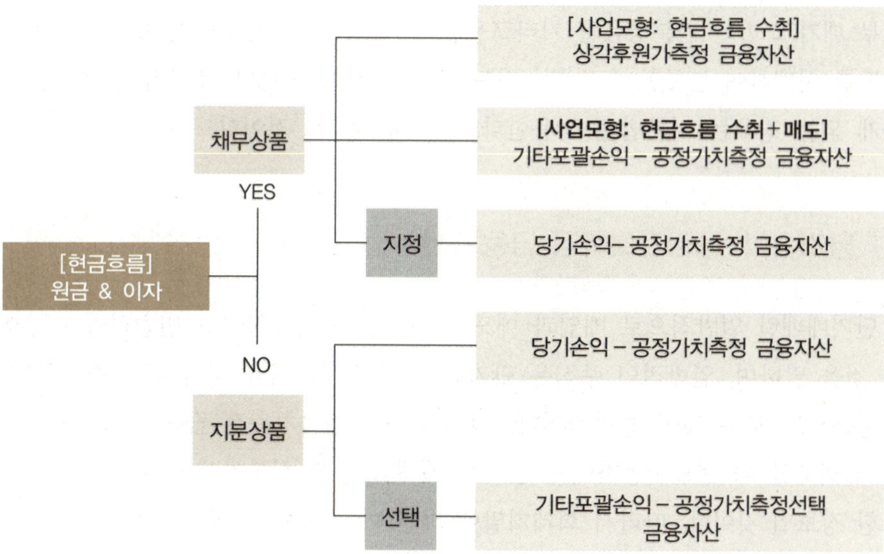

제1절 지분상품(주식)

지분상품이란 기업의 자산에서 모든 부채를 차감한 후의 잔여지분을 나타내는 모든 계약을 말하며, 대표적으로는 투자목적으로 취득하는 다른 기업의 주식을 말한다. 지분상품은 아래에 설명할 채무증권에 비해 의결권을 보유하고 있으며 만기가 없다는 특징이 있다.

현금흐름의 형태가 이자와 원금의 지급이 아니므로 상각후원가측정 금융자산으로 분류될 여지가 없으며, 의결권이 있으므로 일반적인 투자수익 획득목적 이외에도 의결권의 확보를 통해 상대기업의 의사결정에 영향을 미치기 위한 목적으로 보유하기도 한다. 이때 일정한 의결권 이상을 보유하게 되면 상대기업에 유의적인 영향력을 행사할 수 있게 되는데 이러한 목적으로 보유한다는 것은 일반적인 투자수익 획득목적과 차이가 있으므로 다른 회계처리기준(지분법)을 적용하도록 하고 있다. 따라서 지분상품의 경우 단기매매목적으로 보유한다면 당기손익-공정가치측정 금융자산으로 분류하고, 최초인식시점에 지분상품 중 단기매매항목이 아니고 조건부 대가도 아닌 지분상품을 기타포괄손익-공정가치측정선택 금융자산으로 분류되도록 선택하여 분류할 수 있다. 다만, 의결권 확보를 통해 유의적 영향력을 행사하게 되는 경우는 지분법을 적용한다고 정리하면 될 것이다.

1.1 당기손익-공정가치측정 금융자산

단기매매란 일반적으로 매입과 매도가 단기간에 적극적이고 빈번하게 이루어지는 것을 말하며, 일반적인 주식은 단기간 내의 매매차익을 얻기 위하여 취득한 금융상품으로 보는 것이 일반적이다. 당기손익-공정가치측정 금융자산의 보유목적을 고려해볼 때 정보이용자에게 단기에 매매를 통한 처분가액의 수취가능액이 중요한 정보일 것이다. 따라서 회계기말에 과연 이 당기손익-공정가치측정 금융자산으로부터 얼마의 현금흐름이 실현될 것인지가 공시되어야 하므로 당기손익-공정가치측정 금융자산은 공정가치로 공시해야 하는 것이다. 여기서 공정가치란 측정일에 시장참여자 사이의 정상거래에서 자산을 매도하면서 수취하거나 부채를 이전하면서 지급하게 될 가격을 의미한다.

각 시점별 회계처리를 살펴보면 다음과 같다.

(1) 취득시

당기손익-공정가치측정 금융자산의 취득시에는 취득시점의 공정가치를 장부가액으로 회계처리한다. 이때 취득과 직접 관련되는 거래비용이 발생하더라도 취득원가에 포함하지 않고 지출시점에 당기비용으로 처리한다.

(차) 당기손익-공정가치측정 금융자산	×××	(대) 현금	×××

(2) 회계기간말(후속측정: 기말평가)

위에서 설명한 것처럼 당기손익-공정가치측정 금융자산은 공정가치로 평가하는데 공정가치평가로 인한 평가손익은 실현된 손익이 아니다. 일반적으로 미실현손익을 당기손익으로 인식하면 현금배당 압력이 있을 수도 있고 정보이용자가 이익이 실현된 것으로 오인할 수도 있으므로 기타포괄손익누계액으로 처리하는 것이 일반적이다. 그러나 당기손익-공정가치측정 금융자산평가손익은 당기손익-공정가치측정 금융자산이 실제로 매입과 매도가 빈번하게 이루어지므로 회계기간말에 보유하고 있던 당기손익-공정가치측정 금융자산은 빠른 시일 내에 처분될 것이며 어떤 경우는 재무제표가 공시되기 전에 이미 처분되어 실현되기도 한다. 따라서 이런 경우 마치 실현된 손익처럼 공시하여도 문제가 없으므로 당기손익-공정가치측정 금융자산평가손익을 당기손익으로 처리하도록 하고 있다.

(차) 당기손익-공정가치측정 금융자산	×××	(대) 당기손익-공정가치측정 금융자산평가이익 (당기손익)	×××

또는

(차) 당기손익-공정가치측정 금융자산평가손실 (당기손익)	×××	(대) 당기손익-공정가치측정 금융자산	×××

(3) 배당금수익

배당금은 받을 권리가 확정되고 경제적효익의 유입가능성이 높으며 배당액을 신뢰성 있게 측정할 수 있을 때 수익으로 인식한다. 일반적으로 배당결의는 주주총회에서 결정되므로 정기주주총회에서 배당 결의시에 수익으로 인식한다.

〈주주총회 결의시〉

(차) 미수수익	×××	(대) 배당금수익	×××

〈배당금 수령시〉

(차) 현금	×××	(대) 미수수익	×××

(4) 처분시

일반적인 자산의 처분과 마찬가지로 처분가액과 장부가액을 비교하여 처분손익을 인식한다.

(차) 현금	×××	(대) 당기손익-공정가치측정 금융자산	×××
		당기손익-공정가치측정 금융자산처분이익	×××

예제 5-1 | 당기손익-공정가치측정 금융자산

12월 결산법인인 ㈜인덕은 20×1년 12월 23일에 단기투자수익 획득을 목적으로 ㈜세무의 주식을 주당 ₩1,000에 2,000주를 취득했다.

(1) 20×1년 12월 31일의 공정가치는 주당 ₩1,200이다.

(2) 20×2년 1월 24일의 주주총회에서 주당 ₩300의 배당금을 지급하기로 결의하고 즉시 현금으로 지급하였다.

(3) 20×2년 1월 27일 ㈜세무의 주식을 주당 ₩1,100에 전량 매도하였다.

㈜세무의 주식을 취득한 때부터 각 시점별로 필요한 회계처리를 하시오.

| 해답 |

〈20×1년 12월 23일〉

(차) 당기손익-공정가치측정 금융자산	2,000,000	(대) 현금	2,000,000

〈20×1년 12월 31일〉

(차) 당기손익-공정가치측정 금융자산	400,000	(대) 당기손익-공정가치측정 금융자산평가이익	400,000

〈20×2년 1월 24일〉

(차) 현금	600,000	(대) 배당금수익	600,000

〈20×2년 1월 27일〉

(차) 현금	2,200,000	(대) 당기손익-공정가치측정 금융자산	2,400,000
당기손익-공정가치측정 금융자산처분손실	200,000		

1.2 기타포괄손익-공정가치측정선택 금융자산

지분상품 중에서 최초인식시점에 지분상품 중 단기매매항목이 아니고 조건부 대가도 아닌 지분상품을 기타포괄손익-공정가치측정선택 금융자산으로 분류되도록 선택하였다면 기타포괄손익-공정가치측정선택 금융상품으로 분류한다. 이 금융자산 역시 매도할 가능성이 있으므로 정보이용자는 매도했을 경우 얼마의 현금유입이 실현될 것인가가 중요한 정보일 것이다. 따라서 당기손익-공정가치측정 금융자산에서처럼 회계기간말의 공정가치로 평가해서 공시하는 것이다. 다만, 일반적인 기타포괄손익-공정가치측정 금융자산과 다른 점은 처분시에 공정가치평가 수행 후 처분에 대한 회계처리를 함으로써 처분손익이 당기손익으로 인식되지 않는다는 것이다.

각 시점별 회계처리를 살펴보면 다음과 같다.

(1) 취득시

기타포괄손익-공정가치측정선택 금융자산의 취득시에는 일반적인 자산의 취득과 마찬가지로 취득원가를 장부가액으로 회계처리한다. 즉, 취득과 직접 관련되는 거래비용이 발생한다면 취득원가에 포함하여 측정한다.

(차) 기타포괄손익-공정가치측정선택 금융자산	×××	(대) 현금	×××

(2) 회계기간말(후속측정: 기말평가)

위에서 설명한 것처럼 기타포괄손익-공정가치측정선택 금융자산은 공정가치로 평가하는데 공정가치평가로 인한 평가손익은 실현된 손익이 아니다. 미실현손익을 당기손익으로 인식하면 현금배당 압력이 있을 수도 있고 정보이용자가 실현된 것으로 오인할 수도 있으므로 기타포괄손익으로 처리하여 미실현손익임을 명확히 표시한다.

(차) 기타포괄손익-공정가치측정선택 금융자산	×××	(대) 기타포괄손익-공정가치측정선택 금융자산평가이익 (기타포괄손익)	×××

또는

(차) 기타포괄손익-공정가치측정선택 금융자산평가손실 (기타포괄손익)	×××	(대) 기타포괄손익-공정가치측정선택 금융자산	×××

(3) 배당금수익

배당금은 받을 권리가 확정되고 경제적효익의 유입가능성이 높으며 배당액을 신뢰성 있게 측정할 수 있을 때 수익으로 인식한다. 일반적으로 배당결의는 주주총회에서 하므로 정기주주총회에서 배당 결의시에 수익으로 인식한다.

〈주주총회 결의시〉

(차) 미수수익	×××	(대) 배당금수익	×××

〈배당금 수령시〉

(차) 현금	×××	(대) 미수수익	×××

(4) 처분시

일반적인 자산의 처분과 마찬가지로 처분가액과 장부가액을 비교하여 처분손익을 인식하는데, 여기서 장부가액이란 처분전 공정가치평가를 수행한 후의 금액이다. 따라서 처분손익이 인식되지 아니한다.

(차) 기타포괄손익-공정가치측정선택 금융자산	×××	(대) 기타포괄손익-공정가치측정선택 금융자산평가이익	×××
(차) 현금	×××	(대) 기타포괄손익-공정가치측정선택 금융자산	×××

또한 기타포괄손익누계액에 남아있는 기타포괄손익-공정가치측정선택 금융자

산평가손익 잔액은 이익잉여금으로 직접 대체할 수도 있다.

(차) 기타포괄손익-공정가치측정선택 금융자산평가이익	×××	(대) 이익잉여금	×××

예제 5-2 | 기타포괄손익-공정가치측정선택 금융자산

12월 결산법인인 ㈜인덕은 20×1년 12월 23일에 여유자금을 운용할 목적으로 ㈜세무의 주식을 주당 ₩1,000에 2,000주를 취득하여 기타포괄손익-공정가치측정선택 금융자산으로 분류하였다.

(1) 20×1년 12월 31일의 공정가치는 주당 ₩1,200이다.

(2) 20×2년 1월 24일의 주주총회에서 주당 ₩300의 배당금을 지급하기로 결의하고 즉시 현금으로 지급하였다.

(3) 20×2년 1월 27일 ㈜세무의 주식을 주당 ₩1,100에 전량 매도하였다.

㈜세무의 주식을 취득한 때부터 각 시점별로 필요한 회계처리를 하시오.

| 해답 |

〈20×1년 12월 23일〉

(차) 기타포괄손익-공정가치측정선택 금융자산	2,000,000	(대) 현금	2,000,000

〈20×1년 12월 31일〉

(차) 기타포괄손익-공정가치측정선택 금융자산	400,000	(대) 기타포괄손익-공정가치측정선택 금융자산평가이익	400,000

〈20×2년 1월 24일〉

(차) 현금	600,000	(대) 배당금수익	600,000

〈20×2년 1월 27일〉

(차) 기타포괄손익-공정가치측정선택 금융자산평가이익	200,000	(대) 기타포괄손익-공정가치측정선택 금융자산	200,000
(차) 현금	2,200,000	(대) 기타포괄손익-공정가치측정선택 금융자산	2,200,000

기타포괄손익누계액에 남아있는 기타포괄손익-공정가치측정선택 금융자산평가이익의 잔액을 이익잉여금으로 대체하기로 결정하였다면 다음의 회계처리가 추가될 것이다.

(차) 기타포괄손익-공정가치측정선택 금융자산평가이익	200,000	(대) 이익잉여금	200,000

제2절 채무증권(사채)

채무증권이란 원금과 원금에 대한 이자의 지급청구권이 있는 유가증권으로 국공채, 지방채 또는 사채(회사채) 등을 말한다. 채무증권은 만기가 있고 확정된 이자수익이 있다는 점에서 지분상품과 구별된다. 채무증권의 경우 사업모형이 계약상 현금흐름을 수취하기 위해 보유한다면 상각후원가측정 금융자산으로 분류하고, 사업모형이 계약상 현금흐름의 수취와 금융자산의 매도 둘 다를 통해 목적을 이루고자 한다면 기타포괄손익-공정가치측정 금융자산으로 분류한다. 또한 회계불일치의 해소 등 특정한 조건을 충족하는 경우에 당기손익-공정가치측정 금융자산으로 지정하여 분류할 수 있다.

2.1 상각후원가측정 금융자산

계약조건에 따라 원금과 이자의 현금흐름이 생기는 금융자산에 투자하는 목적은 당해 금융자산을 중도에 매각하려 하기보다는 당해 금융자산의 보유를 통해 관련 이자와 원금을 회수하는 것을 사업목적으로 하는 경우가 일반적이다.

(1) 취득시

상각후원가측정 금융자산의 취득시에는 일반적인 자산의 취득과 마찬가지로 공정가치에 거래원가를 가산한 취득원가를 장부가액으로 회계처리한다.

(차) 상각후원가측정 금융자산	×××	(대) 현금	×××

(2) 회계기간말(후속측정: 기말평가)

상각후원가측정 금융자산의 보유목적을 고려해볼 때 정보이용자는 어떤 정보를 필요로 할 것인가? 상각후원가측정 금융자산은 처분하여 현금흐름의 유입을 가져오겠다는 목적이 아니므로 정보이용자는 공정가치정보를 필요로 하지 않을 것이다. 상각후원가측정 금융자산의 경우에는 취득시에 기대했던 유효이자를 매년 어떻게 수익으로 인식하는지가 중요한 정보이므로 유효이자율법에 따라서 유효이자를 이자수익으로 인식하며 그에 따른 상각후원가를 기말장부가액으로 표시한다.

(3) 이자수익

기업회계에서 이자수익은 유효이자율법에 따라 인식하는 것을 원칙으로 하고 있다. 유효이자율법에 따른 이자수익을 인식하기 위해서는 유효이자율법 상각표를 작성해야 한다. 이 부분은 금융부채에서 자세히 설명할 것이다.

(차) 현금	×××	(대) 이자수익	×××
상각후원가측정 금융자산	×××		

(4) 처분시

상각후원가측정 금융자산은 만기까지 보유하면서 이자와 원금을 회수하는 것이 목적이므로 처분이란 일반적으로 만기상환을 의미한다. 따라서 정상적인 만기상환이라면 처분손익이 발생하지 않을 것이다.

(차) 현금	×××	(대) 상각후원가측정 금융자산	×××

상각후원가측정 금융자산의 경우 만기까지 보유할 것이 일반적일 것이지만 중도에 현금화해야 하는 특수한 상황일 경우 이자지급일 사이에 처분한다면 발생이자를 이자수익으로 인식한 후 일반적인 자산의 처분과 마찬가지로 처분가액과 장부가액을 비교하여 처분손익을 인식한다.

〈이자수익 인식〉

(차) 현금	×××	(대) 이자수익	×××
상각후원가측정 금융자산	×××		

〈상각후원가측정 금융자산처분〉

(차) 현금	×××	(대) 상각후원가측정 금융자산	×××
		상각후원가측정 금융자산처분이익	×××

2.2 기타포괄손익-공정가치측정 금융자산

채무증권을 보유하면서 이자와 원금을 수취하고, 또한 상황에 따라 그 채무증권을 매도하여 투자목적을 이루려는 사업모형의 경우에는 상각후원가측정-금융자산에 비해 공정가치의 정보가 적합한 정보가 될 수 있다.

이 금융자산 역시 당기손익-공정가치측정 금융자산과 같이 매도할 가능성이 있으므로 정보이용자는 매도했을 경우 얼마의 현금유입이 실현될 것인가가 중요한 정보이다. 따라서 당기손익-공정가치측정 금융자산에서처럼 회계기간말의 공정가치로 평가해서 공시하는 것이다.

각 시점별 회계처리를 살펴보면 다음과 같다.

(1) 취득시

기타포괄손익-공정가치측정 금융자산의 취득시에는 일반적인 자산의 취득과 마찬가지로 공정가치에 거래원가를 포함한 취득원가를 장부가액으로 회계처리한다.

(차) 기타포괄손익-공정가치측정 금융자산	×××	(대) 현금	×××

(2) 회계기간말(후속측정: 기말평가)

위에서 설명한 것처럼 기타포괄손익-공정가치측정 금융자산은 공정가치로 평가하는데, 공정가치평가로 인한 평가손익은 실현된 손익이 아니다. 미실현손익을 당기손익으로 인식하면 현금배당 압력이 있을 수도 있고 정보이용자가 실현된 것으로 오인할 수도 있으므로 기타포괄손익누계액으로 처리하여 미실현손익임을 명확히 표시한다. 기타포괄손익-공정가치측정 금융자산의 이자수익도 역시 최초취득시 결정된 유효이자율을 적용한 유효이자율법에 따라 인식하므로 장부가액은 상각후원가로 조정되어 있을 것이다. 공정가치평가를 할 때는 상각후원가와 비교하여 기타포괄손익-공정가치측정 금융자산평가손익을 인식하는 것이다.

(차) 기타포괄손익-공정가치측정 금융자산	×××	(대) 기타포괄손익-공정가치측정 금융자산평가이익 (기타포괄손익)	×××

또는

(차) 기타포괄손익-공정가치측정 ××× (대) 기타포괄손익-공정가치측정 ×××
금융자산평가손실 금융자산
(기타포괄손익)

(3) 이자수익

기업회계에서 이자수익은 유효이자율법에 따라 인식하는 것을 원칙으로 하고 있다. 매도가능금융자산에서도 유효이자율법에 따른 이자수익을 인식하기 위해서는 유효이자율법 상각표를 작성해야 한다. 이 부분도 역시 금융부채에서 자세히 설명할 것이다.

(차) 현금 ××× (대) 이자수익 ×××
기타포괄손익-공정가치측정 ×××
금융자산

(4) 처분시

일반적인 자산의 처분과 마찬가지로 처분가액과 장부가액을 비교하여 처분손익을 인식하는데, 여기서 장부가액이란 기타포괄손익누계액으로 기록되어 있는 기타포괄손익-공정가치측정 금융자산평가손익을 반영한 후의 금액이다. 기타포괄손익-공정가치측정 금융자산평가손익을 반영한 장부가액은 결국 취득원가가 되므로 공정가치평가를 하면서 평가손익을 기타포괄손익누계액으로 처리한다는 것은 기타포괄손익-공정가치측정 금융자산의 공정가치 정보를 제공하면서 동시에 취득원가 정보를 함께 제공해 줄 수 있다는 장점이 있다.

물론 이자지급일 사이에 처분한다면 발생이자를 이자수익으로 인식한 후 일반적인 자산의 처분과 마찬가지로 처분가액과 장부가액을 비교하여 처분손익을 인식한다.

〈이자수익 인식〉

(차) 현금 ××× (대) 이자수익 ×××
기타포괄손익-공정가치측정 ×××
금융자산

〈기타포괄손익-공정가치측정 금융자산처분〉

(차)	현금	×××	(대) 기타포괄손익-공정가치측정 금융자산	×××
	기타포괄손익-공정가치측정 금융자산평가이익	×××	기타포괄손익-공정가치측정 금융자산처분이익	×××

2.3 당기손익-공정가치측정 금융자산

서로 다른 기준에 따라 자산이나 부채를 측정하거나 그에 따른 손익을 인식하는 경우에 측정이나 인식의 불일치(회계불일치)가 발생할 수 있다. 이때 금융자산을 당기손익-공정가치측정 금융자산으로 분류하여 이러한 불일치를 제거하거나 유의적으로 줄일 수 있다면 최초인식시점에 해당 금융자산을 당기손익-공정가치측정 금융자산으로 지정할 수 있다.

(1) 취득시

당기손익-공정가치측정 금융자산의 취득시에는 취득시점의 공정가치를 장부가액으로 회계처리한다.

(차) 당기손익-공정가치측정 금융자산	×××	(대) 현금	×××

(2) 회계기간말(후속측정: 기말평가)

위에서 설명한 것처럼 당기손익-공정가치측정 금융자산은 공정가치로 평가하는데 공정가치평가로 인한 평가손익은 실현된 손익이 아니다. 일반적으로 미실현손익을 당기손익으로 인식하면 현금배당 압력이 있을 수도 있고 정보이용자가 실현된 것으로 오인할 수도 있으므로 기타포괄손익누계액으로 처리하는 것이 일반적이다. 그러나 당기손익-공정가치측정 금융자산평가손익은 회계불일치를 제거하거나 유의적으로 감소시키기 위한 것이므로 당기손익으로 인식한다.

(차) 당기손익-공정가치측정 금융자산	×××	(대) 당기손익-공정가치측정 금융자산평가이익(당기손익)	×××

또는

(차) 당기손익-공정가치측정 금융자산평가손실(당기손익)	×××	(대) 당기손익-공정가치측정 금융자산	×××

(3) 이자수익

기업회계에서 이자수익은 유효이자율법에 따라 인식하는 것을 원칙으로 하고 있다. 그러나 당기손익-공정가치측정 금융자산의 경우에는 유효이자를 계산하는 것이 중요하지 않다. 따라서 표시이자율을 적용하여 현금으로 지급받은 현금이자를 이자수익으로 인식한다.

(차) 현금	×××	(대) 이자수익	×××

(4) 처분시

일반적인 자산의 처분과 마찬가지로 처분가액과 장부가액을 비교하여 처분손익을 인식한다.

(차) 현금	×××	(대) 당기손익-공정가치측정 금융자산	×××
		당기손익-공정가치측정 금융자산처분이익	×××

연습문제

| 주관식문제 |

01. 금융상품을 지분증권과 채무증권으로 분류하였을 때 지분증권과 채무증권의 특징에 대하여 차이점을 중심으로 설명하시오.

02. ㈜인덕이 20×1년중 취득하여 보유하고 있는 당기손익-공정가치측정 금융자산에 대한 자료는 다음과 같다.

종목	주당 취득원가	20×1년 12월 31일 주당 공정가치
A(100주)	₩1,000	₩1,500
B(200주)	500	400
C(50주)	1,200	1,000

20×2년 1월 10일에 이 중 B주식의 50%를 주당 ₩600에 처분하였다. 위 자료를 근거로 20×1년말의 후속측정과 20×2년 처분에 관한 회계처리를 하시오.

03. ㈜인덕의 기타포괄손익-공정가치측정선택 금융자산에 대한 자료는 다음과 같다. 이 주식은 20×1년에 주당 ₩400에 취득한 보통주 500주이며 상장되어 있다. 자료에 근거하여 취득시부터 일자별 회계처리를 하시오.

- 20×1년 12월 31일 공정가치: 주당 ₩600
- 20×2년 3월 31일 200주를 주당 ₩500에 처분

04. ㈜인덕은 20×1년초 ㈜세무가 발행한 보통주식 2,000주(액면가액: ₩1,000)를 1주당 ₩2,000에 취득하였다.

- 20×1년말 ㈜세무 주식의 1주당 공정가치는 ₩2,200이다.
- ㈜세무는 20×2년 3월초 5%의 현금배당을 결의 후 지급하였다.
- 20×2년말 ㈜세무 주식의 1주당 공정가치는 ₩1,800이다.
- ㈜인덕은 20×3년 5월 보유중인 ㈜세무의 주식을 1주당 ₩2,000에 전량 매각하였다.

㈜인덕이 위의 투자주식을 다음과 같이 분류할 경우 각 시점별 각각의 회계처리를 하시오.

(1) 기타포괄손익-공정가치측정선택 금융자산
(2) 당기손익-공정가치측정 금융자산

05. 사채의 투자자 입장에서 투자채권을 당기손익-공정가치측정 금융자산, 기타포괄손익-공정가치측정 금융자산, 상각후원가측정 금융자산으로 구분할 경우 각 시점별 인식금액이나 회계처리를 다음 표의 형식으로 간단히 비교 서술하시오.

	당기손익-공정가치측정 금융자산	기타포괄손익-공정가치측정 금융자산	상각후원가측정 금융자산
취득원가의 산정			
이자수익의 인식			
후속측정 (기말평가)			
처분시점			

06. 20×1년 1월 1일 ㈜인덕은 ㈜세무의 발행사채(액면 ₩1,000,000, 이자는 연 10%로 매년말 후급하며 20×2년말에 원금일시상환)를 12%의 시장수익률로 할인한 금액을 지급하고 취득하였다.
20×1년말에 현금이자를 수령하였으며 상기 채권의 시장가치를 조사하여 본 결과 공정가치는 확인이 되지 않으나 기말현재 상기 사채와 관련하여 형성되는 시장이자율은 15%임을 확인하였다.
㈜인덕은 20×2년 1월 1일 상기 사채 전액을 ₩1,030,000에 처분하였다.

(1) 상기의 사채가 기타포괄손익-공정가치측정 금융자산으로 분류되었을 경우의 각 시점별 회계처리를 하시오.
(2) 상기의 사채가 상각후원가측정 금융자산으로 분류되었을 경우의 각 시점별 회계처리를 하시오.

객관식문제

01. 다음 금융자산에 관련된 설명 중 잘못된 것은?

① 계약에 따라 거래당사자 일방에게 발생된 금융자산은 다른 거래상대방에게 금융부채나 지분상품을 발생시키게 된다.
② 당기손익-공정가치측정 금융자산: 계약상 현금흐름이 원금과 이자지급으로 이루어지지 않는 금융자산과 상각후원가측정 금융자산 또는 기타포괄손익-공정가치측정 금융자산으로 분류될 항목 중 당기손익-공정가치측정 금융자산으로 지정된 금융자산으로 구성된다.
③ 기타포괄손익-공정가치측정 금융자산: 주로 단기간 내에 매각하거나 재매입할 목적으로 취득한 금융자산
④ 상각후원가측정 금융자산: 사업모형이 계약상 현금흐름을 수취하기 위해 금융자산을 보유하는 것이 목적인 금융자산

02. 다음 중 금융자산의 취득과 직접 관련되는 거래원가를 당기비용으로 인식하는 것은? (2015년 재경관리사 기출문제 수정)

① 당기손익-공정가치측정 금융자산 ② 기타포괄손익-공정가치측정 금융자산
③ 상각후 원가측정 금융자산 ④ 대여금 및 수취채권

03. 다음 중 당기손익-공정가치측정 금융자산에 관한 설명으로 가장 올바르지 않은 것은? (2020년 재경관리사 기출문제)

① 단기매매목적의 금융자산은 당기손익-공정가치측정 금융자산으로 분류된다.
② 채무상품인 당기손익-공정가치측정 금융자산은 다른 금융상품으로 재분류할 수 없다.
③ 당기손익-공정가치측정 금융자산은 취득후 공정가치로 평가하여 당기손익에 반영한다.
④ 당기손익-공정가치측정 금융자산 취득시 지출된 거래원가는 당기비용으로 처리한다.

04. 다음 중 상각후원가측정 금융자산에 관한 설명으로 가장 옳은 것은? (2017년 재경관리사 기출문제 수정)

① 상각후원가측정 금융자산은 지급금액이 확정되지 않은 비파생금융상품을 말한다.
② 상각후원가측정 금융자산의 취득과 직접 관련되는 거래원가는 당기비용으로 인식한다.
③ 상각후원가측정 금융자산의 손상차손은 당기손익이 아닌 기타포괄손익으로 인식한다.
④ 상각후원가측정 금융자산은 최초인식시점에 공정가치로 측정하며, 최초인식후 유효이자율법을 적용하여 상각후원가로 측정한다.

05. 다음 중 상각후원가측정 금융자산에 관한 설명으로 가장 올바르지 않은 것은? (2019년 재경관리사 기출문제)

① 원칙적으로 지분상품은 상각후원가측정 금융자산으로 분류될 수 없다.
② 상각후원가측정 금융자산은 유효이자율법을 적용하여 상각후원가로 평가한다.
③ 원칙적으로 모든 채무증권은 상각후원가측정 금융자산으로 분류한다.
④ 상각후원가측정 금융자산 취득시 지출된 거래원가는 취득원가에 우선 가산한 후 유효이자율법에 의해 이자수익에 가감한다.

06. ㈜삼일은 20×1년 1월 1일에 다음과 같은 조건의 상각후원가측정 금융자산을 취득 당시의 공정가치로 취득하였다. 이 경우 ㈜삼일의 상각후원가측정 금융자산의 취득원가는 얼마인가? 단, 소수점은 반올림한다. (2020년 재경관리사 기출문제)

ㄱ. 액면금액: ₩100,000
ㄴ. 발행일: 20×1년 1월 1일
ㄷ. 만기일: 20×2년 12월 31일(2년)
ㄹ. 액면이자율: 10%, 매년말 지급조건
ㅁ. 시장이자율: 20×1년 1월 1일 현재 12%
ㅂ. 현가계수

이자율	현가계수		
	1년	2년	계
12%	0.89286	0.79719	1.69005

① ₩96,000 ② ₩96,620
③ ₩98,991 ④ ₩100,000

07. ㈜서울은 20×1년 초에 ㈜용산의 주식 1,000주를 기타포괄손익인식금융자산으로 분류하고 있다. ㈜서울이 20×1년과 20×2년 말의 재무상태표에 기타포괄손익누계액으로 계상할 평가손익은 각각 얼마인가? 단, 법인세 효과는 고려하지 않는다. (2021년 재경관리사 기출문제)

일자	구분	주당금액
20×1년 1월 3일	취득원가	₩5,000
20×1년 12월 31일	공정가치	₩6,500
20×2년 12월 31일	공정가치	₩4,900

	20×1년말	20×2년말
①	₩0	₩0
②	이익 ₩1,500,000	손실 ₩100,000
③	이익 ₩1,500,000	이익 ₩100,000
④	이익 ₩1,500,000	손실 ₩1,600,000

◉ 다음은 문제 08~10과 관련된 자료이다.

㈜인덕은 여유자금의 운용을 위하여 단기간 내에 매각할 목적으로 지분상품인 금융자산을 취득하였다(실제로 단기간 내에 매매가 이루어지고 있음).

(1) 20×1년 1월 1일 ㈜세무가 발행한 주당 액면금액 ₩5,000인 보통주식 1,000주를 주당 ₩2,000씩에 취득하였다.
(2) 동 주식의 20×1년말 주당 공정가치는 ₩2,300이다.
(3) ㈜세무는 20×2년 3월 15일에 10%의 현금배당을 결의하고 즉시 현금지급하였다.
(4) ㈜세무 주식의 20×2년말 주당 공정가치는 ₩1,800이다.
(5) ㈜인덕은 20×3년 5월 20일에 위의 주식 전부를 주당 ₩2,100씩에 매각하였다.

08. 20×1년 12월 31일에 필요한 회계처리로 옳은 것은?

	(차변)		(대변)	
①	당기손익-공정가치측정 금융자산	300,000	당기손익-공정가치측정 금융자산평가이익	300,000
②	당기손익-공정가치측정 금융자산	2,000,000	당기손익-공정가치측정 금융자산평가이익	2,000,000
③	당기손익-공정가치측정 금융자산	2,300,000	당기손익-공정가치측정 금융자산평가이익	2,300,000
④	기타포괄손익-공정가치측정선택 금융자산	2,000,000	기타포괄손익-공정가치측정선택 금융자산평가이익	2,000,000

09. 20×2년 3월 15일 배당에 관련된 회계처리로 옳은 것은?

	(차변)		(대변)	
①	현금	500,000	당기손익-공정가치측정 금융자산	500,000
②	현금	500,000	배당금수익	500,000
③	현금	500,000	기타포괄손익-공정가치측정선택 금융자산	500,000
④	현금	200,000	배당금수익	200,000

10. 20×3년 5월 20일 처분과 관련된 회계처리로 옳은 것은?

	(차변)		(대변)	
①	현금	2,100,000	당기손익-공정가치측정 금융자산	1,800,000
			당기손익-공정가치측정 금융자산처분이익	300,000
②	현금	2,100,000	기타포괄손익-공정가치측정선택 금융자산	1,800,000
			기타포괄손익-공정가치측정선택 금융자산 처분이익	300,000
③	현금	2,100,000	당기손익-공정가치측정 금융자산	2,100,000
④	현금	1,800,000	당기손익-공정가치측정 금융자산	1,800,000

11.

㈜인덕은 여유자금의 운용을 위하여 향후 시세차익 실현이 가능한 경우 매각하여 수익을 획득하려는 목적으로 금융자산을 취득하면서 기타포괄손익-공정가치측정 금융자산으로 분류하였다.

(1) 20×1년 1월 1일 ㈜세무가 발행한 채무증권을 공정가치 ₩7,000,000에 취득하였다.

(2) 동 채무증권의 20×1년말 공정가치는 ₩8,000,000이다.

위 채무증권에 대한 20×1년 12월 31일에 공정가치평가와 관련하여 필요한 회계처리로 옳은 것은?

	(차변)		(대변)	
①	기타포괄손익-공정가치측정 금융자산평가손실	1,000,000	기타포괄손익-공정가치측정 금융자산	1,000,000
②	기타포괄손익-공정가치측정 금융자산	1,000,000	기타포괄손익-공정가치측정 금융자산평가이익	1,000,000
③	기타포괄손익-공정가치측정 금융자산	8,000,000	당기손익-공정가치측정 금융자산평가이익	8,000,000
④	기타포괄손익-공정가치측정 금융자산	8,000,000	기타포괄손익-공정가치측정 금융자산처분이익	8,000,000

정답 및 해설

| 주관식문제 |

01. • 지분증권은 기업에 투자하고 주식을 취득하는 것으로 의결권이 있으나 만기가 없으며 확정수익이 보장되지 않는다.
• 채무증권은 이자수익 획득을 위해 기업이 발행한 사채 등을 취득하는 것으로 확정된 이자수익이 보장되고 원금상환일인 만기가 있으나 의결권이 포함되어 있지 않다.

02. (1) 20×1년말(후속측정)

종목	장부가액	공정가치
A(100주)	₩100,000	₩150,000
B(200주)	100,000	80,000
C(50주)	60,000	50,000

(차) 당기손익-공정가치측정 금융자산(A) 50,000 (대) 당기손익-공정가치측정 금융자산평가이익 50,000
(차) 당기손익-공정가치측정 금융자산평가손실 20,000 (대) 당기손익-공정가치측정 금융자산(B) 20,000
(차) 당기손익-공정가치측정 금융자산평가손실 10,000 (대) 당기손익-공정가치측정 금융자산(C) 10,000

(2) 처분시
(차) 현금 60,000 (대) 당기손익-공정가치측정 금융자산(B) 40,000
(대) 당기손익-공정가치측정 금융자산처분이익 20,000

03. (1) 취득시
(차) 기타포괄손익-공정가치 측정선택 금융자산 200,000 (대) 현금 200,000

(2) 20×1년 12월 31일
(차) 기타포괄손익-공정가치 측정선택 금융자산 100,000 (대) 기타포괄손익-공정가치측정선택 금융자산평가이익 100,000

(3) 20×2년 3월 31일

(차) 기타포괄손익-공정가치 측정선택 금융자산평가이익	20,000	(대) 기타포괄손익-공정가치 측정선택 금융자산	20,000
(차) 현금	100,000	(대) 기타포괄손익-공정가치 측정선택 금융자산	100,000

04. (1) 기타포괄손익-공정가치측정선택 금융자산으로 분류할 경우

① 20×1년초 취득시

(차) 기타포괄손익-공정가치 측정선택 금융자산	4,000,000	(대) 현금	4,000,000

② 20×1년말

(차) 기타포괄손익-공정가치 측정선택 금융자산	400,000	(대) 기타포괄손익-공정가치 측정선택 금융자산평가이익	400,000

③ 20×2년 3월초 배당

(차) 현금	100,000	(대) 배당금수익	100,000

④ 20×2년말

(차) 기타포괄손익-공정가치 측정선택 금융자산평가이익	400,000	(대) 기타포괄손익-공정가치 측정선택 금융자산	800,000
기타포괄손익-공정가치 측정선택 금융자산평가손실	400,000		

⑤ 20×3년 5월 처분시

(차) 기타포괄손익-공정가치 측정 금융자산	400,000	(대) 기타포괄손익-공정가치 측정 금융자산평가손실	400,000
(차) 현금	4,000,000	(대) 기타포괄손익-공정가치 측정 금융자산	4,000,000

(2) 당기손익-공정가치측정 금융자산으로 분류할 경우

① 20×1년초 취득시

(차) 당기손익-공정가치측정 금융자산	4,000,000	(대) 현금	4,000,000

② 20×1년말

(차) 당기손익-공정가치측정 금융자산	400,000	(대) 당기손익-공정가치측정 금융자산평가이익	400,000

③ 20×2년 3월초 배당

(차) 현금	100,000	(대) 배당금수익	100,000

④ 20×2년말

(차) 당기손익-공정가치측정 금융자산평가손실 800,000　(대) 당기손익-공정가치측정 금융자산 800,000

⑤ 20×3년 5월 처분시

(차) 현금 4,000,000　(대) 당기손익-공정가치측정 금융자산 3,600,000
　　　　　　　　　　　　　　당기손익-공정가치측정 금융자산처분이익 400,000

05.

	당기손익-공정가치측정 금융자산	기타포괄손익-공정가치측정 금융자산	상각후원가측정 금융자산
취득원가의 산정	공정가치 (취득부대비용 제외)	취득원가 (취득부대비용 포함)	취득원가 (취득부대비용 포함)
이자수익의 인식	현금이자	유효이자	유효이자
후속측정 (기말평가)	공정가치 평가	공정가치 평가	상각후 원가
처분시점	처분가액과 장부가액을 비교하여 처분손익 인식	처분가액과 장부가액을 비교하여 처분손익 인식	처분가액과 장부가액을 비교하여 처분손익 인식

06.

연도	이자비용	표시이자	사채할인발행차금 상각액	사채발행차금 잔액	장부금액
20×1년초					966,199
20×1년말	115,944	100,000	15,944	17,857	982,143
20×2년말	117,857	100,000	17,857	–	1,000,000

(1) 기타포괄손익-공정가치측정 금융자산으로 분류되었을 경우

① 20×1년초

(차) 기타포괄손익-공정가치측정 금융자산 966,199　(대) 현금 966,199

② 20×1년말

(차) 현금	100,000	(대) 이자수익	115,944
기타포괄손익-공정가치측정 금융자산	15,944		
(차) 기타포괄손익-공정가치측정 금융자산평가손실	25,621	(대) 기타포괄손익-공정가치측정 금융자산	25,621*

* 공정가치는 미래현금흐름의 현재가치이므로 (1,000,000+100,000)/1.15=₩956,522

③ 20×2년초

(차) 현금	1,030,000	(대) 기타포괄손익-공정가치측정 금융자산	956,522
		기타포괄손익-공정가치측정 금융자산평가손실	25,621
		기타포괄손익-공정가치측정 금융자산처분이익	47,857

(2) 상각후원가측정 금융자산으로 분류되었을 경우

① 20×1년초

(차) 상각후원가측정 금융자산	966,199	(대) 현금	966,199

② 20×1년말

(차) 현금	100,000	(대) 이자수익	115,944
상각후원가측정 금융자산	15,944		

③ 20×2년초

(차) 현금	1,030,000	(대) 상각후원가측정 금융자산	982,143
		상각후원가측정 금융자산 처분이익	47,857

| 객관식문제 |

01. ③

기타포괄손익-공정가치측정 금융자산

(1) 계약상 현금흐름의 특성이 원금과 이자지급만의 현금흐름이면서 사업모형이 계약상 현금흐름의 수취와 매도 둘 다인 경우

(2) 지분상품 중 기타포괄손익-공정가치측정 금융자산으로 분류되도록 선택한 경우

02. ①

당기손익-공정가치측정 금융자산은 공정가치변동을 당기손익으로 인식하므로 취득관련 거래원가를 당기손익으로 인식하더라도 최초 인식금액에 반영한 경우와 비교할 때 당기손익에 미치는 영향에 차이가 없다.

03. ②

채무증권에 해당하는 당기손익-공정가치측정 금융자산을 상각후원가측정 금융자산 또는 기타포괄손익-공정가치측정 금융자산으로 재분류하는 경우 재분류일의 공정가치로 취득원가를 대체한다.

04. ④

상각후원가측정 금융자산은 최초인식시점에 공정가치로 측정하고 유효이자율법을 적용하여 상각후원가로 측정한다.

05. ③

채무증권은 사업모형에 따라 상각후원가측정 금융자산 또는 기타포괄손익-공정가치측정 금융자산으로 분류한다.

06. ②

채무상품의 최초 측정은 당해 채무상품의 공정가치, 즉 발행 후 발생할 미래 현금유입액의 현재가치이다.

발행시 공정가치(발행가액) = 10,000 × 1.69005 + 100,000 × 0.79719 = ₩96,620

07. ②

기타포괄손익-공정가치측정 금융자산은 공정가치로 평가하여 기타포괄손익으로 처리한다.

20×1년말

(차) 기타포괄손익-공정가치측정 금융자산	1,500,000	(대) 기타포괄손익-공정가치측정 금융자산평가이익	1,500,000

20×2년말

(차) 기타포괄손익-공정가치측정 금융자산평가이익	1,500,000	(대) 기타포괄손익-공정가치측정 금융자산	1,600,000
기타포괄손익-공정가치측정 금융자산평가손실	100,000		

08. ①

당기손익-공정가치측정 금융자산은 회계기간말에 공정가치로 평가하며, 평가손익은 당기손익으로 인식한다.

09. ②

배당금은 받을 권리와 금액이 확정될 때 수익으로 인식하고, 액면가액을 기준으로 배당률을 적용한다.

10. ①

처분시 처분가액과 장부가액을 비교하여 처분손익을 인식한다.

11. ②

기타포괄손익-공정가치측정 금융자산은 회계기말에 공정가치로 평가하며, 평가손익은 기타포괄손익으로 처리한다.

K-IFRS *Intermediate Financial Accounting*

Chapter 06

관계기업(지분법)

단원정리 관계기업(지분법)

• 지분법의 의의

- 의결권 확보를 통해 관계기업의 의사결정에 영향을 미치기 위한 목적으로 지분율 확보
- 유의적 영향력 ① 의결권의 20% 이상 소유시
  ② 의사결정기구・정책결정과정에 참여, 중요한 거래, 경영진 교류, 필수적 기술정보 제공시

• 지분법의 회계처리

- 취득시: 취득원가를 장부가액으로 기록
- 당기순이익 보고: 당기순이익×지분율=지분법이익
  관계기업투자주식의 장부가액에 가산(관계기업 순자산 증가)
- 현금배당: 관계기업투자주식의 장부가액에서 차감(관계기업 순자산 감소)
- 기타 순자산변동: 이익잉여금변동, 기타자본변동의 지분율 해당액을 반영
- 투자제거차액: 주식의 취득원가－관계기업 순자산 장부금액×지분율
  장부금액과 공정가치의 차이가 있는 자산・부채를 확인하여 당기순이익에 미치는 영향을 반영
- 내부거래 미실현손익: 투자회사와 관계기업 간의 거래 중 지분율해당액은 내부거래이므로 제거

제1절 지분법의 의의

1.1 지분법의 의의

지분상품은 채무증권과는 달리 의결권이 있으므로 일반적인 투자수익 획득목적 이외에도 의결권의 확보를 통해 관계기업의 의사결정에 영향을 미치기 위한 목적으로 보유하기도 한다. 이때 의결권을 일정 이상 보유하게 되면 관계기업에 유의적인 영향력을 행사할 수 있게 되는데 이러한 목적으로 보유하는 것은 일반적인 투자목적과 차이가 있으므로 다른 회계처리기준(지분법)을 적용하도록 하고 있다. 지분법이란 유의적인 영향력이 있는 경우 투자자산을 최초에 원가로 인식하고, 취득시점 이후 발생한 피투자자의 순자산 변동액 중 투자자의 몫을 해당 투자자산에 가감하여 보고하는 회계처리방법이다. 즉 투자자의 당기순손익에는 피투자자의 당기순손익 중 투자자의 몫에 해당하는 금액을 포함하고, 투자자의 기타포괄손익에는 피투자자의 기타포괄손익 중 투자자의 몫에 해당하는 금액을 포함한다.

용어정의

관계기업	투자자가 유의적인 영향력을 보유하는 기업
유의적인 영향력	투자자가 피투자자의 재무정책과 영업정책에 관한 의사결정에 참여할 수 있는 능력

1.2 유의적 영향력

기업이 직접 또는 간접(예: 종속기업을 통하여)으로 피투자자에 대한 의결권의 20% 이상을 소유하고 있다면 유의적인 영향력을 보유하는 것으로 본다. 다만 유의적인 영향력이 없다는 사실을 명백하게 제시할 수 있는 경우는 그러하지 아니하다. 반대로 기업이 직접 또는 간접으로 피투자자에 대한 의결권의 20% 미만을 소유하고 있다면 유의적인 영향력이 없는 것으로 본다. 다만 유의적인 영향력을 보유하고 있다는 사실을 명백하게 제시할 수 있는 경우는 그러하지 아니하다. 다른 투자자가 해당 피투자자의 주식을 상당한 부분 또는 과반수 이상을 소유하고 있다고 하여도 기업이 피투자자에 대하여 유의적인 영향력을 보유하고 있다는 것을 반드시 배제하는 것은 아니다. 다음과 같은 경우에는 피투자자에 대한 의결권의 20% 미만을 소유하고 있더라도 유의적인 영향력을 행사할 수도 있다.

① 피투자자의 이사회나 이에 준하는 의사결정기구에 참여
② 배당이나 다른 분배에 관한 의사결정에 참여하는 것을 포함하여 정책결정과정에 참여
③ 기업과 피투자자 사이의 중요한 거래
④ 경영진의 상호 교류
⑤ 필수적 기술정보의 제공

제2절 지분법의 회계처리

2.1 지분법의 기본모형

지분법이란 피투자자의 순자산 변동액을 지분법주식에 직접 가감하는 회계처리를 의미한다. 피투자자(이하 관계기업이라 한다)의 지분을 20% 소유하고 있는 경우 관계기업의 재무상태표를 보면 다음과 같다.

(1) 주식의 취득

재무상태표(관계기업)

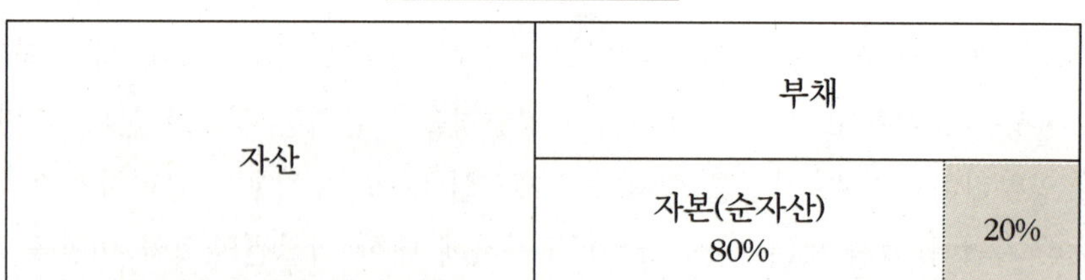

(음영처리된 부분이 투자회사의 몫)

주식을 취득한다는 것은 자본(순자산)을 소유한다는 의미이므로 관계기업의 순자산 20%를 취득한다는 것은 위와 같이 표현할 수 있을 것이다. 또한 취득시에 취득원가를 장부가액으로 하여 다음과 같이 회계처리하며, 투자회사의 재무상태표에는 다음과 같이 표현될 수 있다.

(차) 관계기업투자	×××	(대) 현금	×××

재무상태표(투자회사)

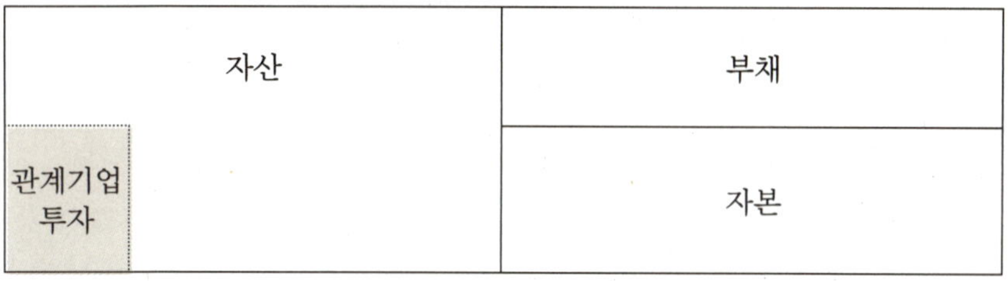

(음영처리된 부분이 관계기업투자 주식가액)

(2) 관계기업의 당기순이익 보고

재무상태표(관계기업)

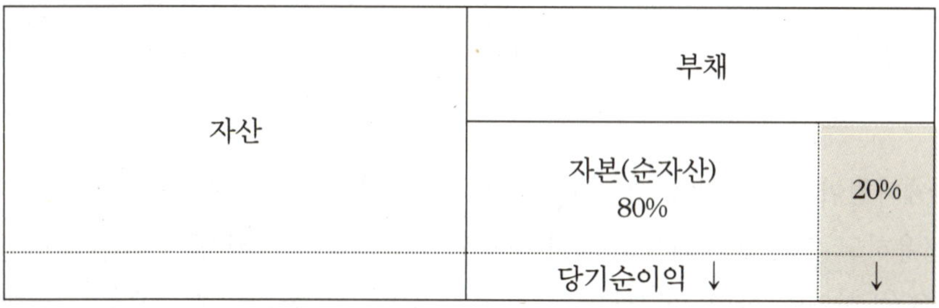

(투자회사몫의 증가)

관계기업이 당기순이익을 보고하여 순자산이 증가하면 투자회사는 그 증가된 순자산에 대하여도 지분을 20%만큼 소유하게 된다고 보는 것이 지분법이므로 증가된 당기순이익에 대하여 지분율만큼 지분법이익을 인식하면서 관계기업투자주식의 장부가액을 증가시킨다.

(차) 관계기업투자	×××	(대) 지분법이익*	×××

* 당기순이익×지분율

재무상태표(투자회사)

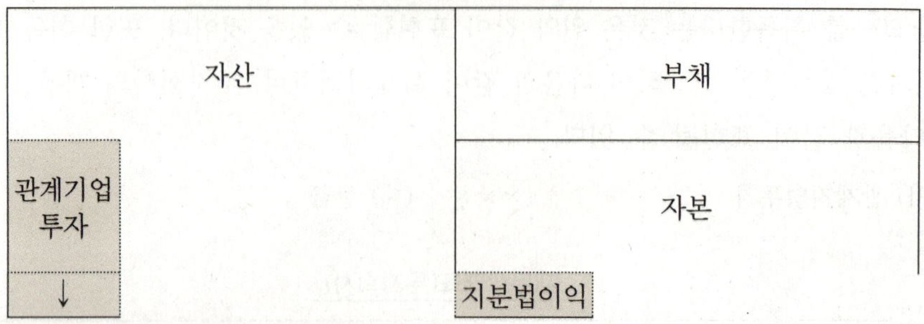

(관계기업투자 주식가액의 증가)

(3) 관계기업의 현금배당

재무상태표(관계기업)

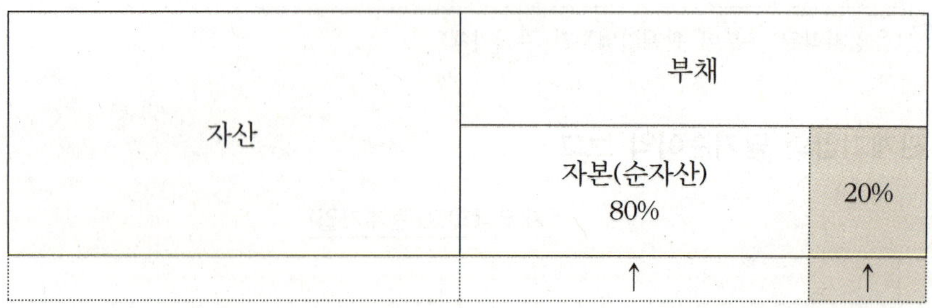

(투자회사몫의 감소)

관계기업이 현금배당을 결의하여 총현금배당액만큼 순자산이 감소하면 투자회사는 보유하고 있던 관계회사 주식가액에 그 감소되는 순자산 중 지분율 20%만큼 감소반영을 하여야 하며 현금배당 총액에 대하여 지분율만큼 현금으로 지급받게 되므로 보유하고 있던 관계회사주식을 현금으로 돌려받는 것으로 회계처리한다.

(차) 현금	×××	(대) 관계기업투자	×××

재무상태표(투자회사)

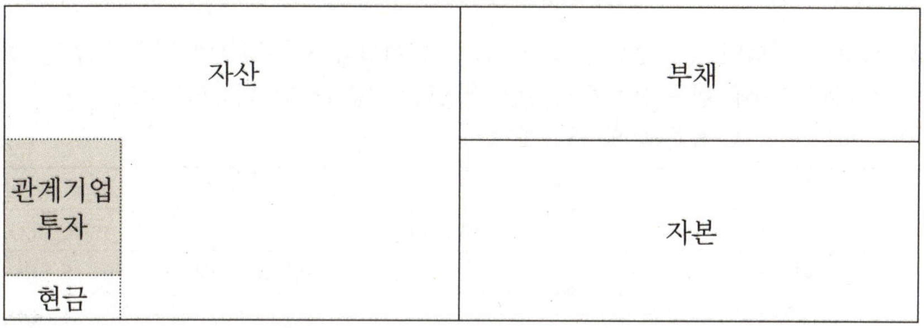

(관계기업투자 주식가액이 현금으로 전환)

(4) 기타 순자산변동

관계기업의 순자산이 변동하는 대표적인 경우가 위에서 설명한 당기순이익보고로 인한 순자산증가와 현금배당결의로 인한 순자산 감소이다. 이외의 변동은 각 상황에 맞추어 순자산 변동에 대해 지분율만큼 관계기업투자 주식가액을 조정한다.

1) 이익잉여금 변동

관계기업의 회계변경이나 중요한 오류수정은 이익잉여금의 직접적인 증가 또는 감소를 가져오므로 이에 대해 지분율만큼 투자회사도 이익잉여금에 반영하면서 관계기업투자 주식가액에 반영한다.

(차) 관계기업투자 ××× (대) 지분법이익잉여금변동 ×××

또는

(차) 지분법이익잉여금변동 ××× (대) 관계기업투자 ×××

2) 기타 자본변동

관계기업의 기타 자본이 변동한다면 그에 대한 지분율만큼을 지분법자본변동(기타포괄손익)으로 처리하며 관계기업투자 주식가액에 반영한다.

(차) 관계기업투자 ××× (대) 지분법자본변동 ×××

또는

(차) 부의지분법자본변동 ××× (대) 관계기업투자 ×××

예제 6-1 | 지분법 - 기본

(1) 12월 결산법인인 ㈜인덕은 20×1년초에 설립하는 ㈜세무의 발행주식 중 30%를 ₩3,000,000에 취득하여 유의적인 영향력을 행사하게 되었다.

(2) ㈜세무의 순자산(자본)은 다음과 같다.

	20×1년초	20×1년말	20×2년말
자본금	₩10,000,000	₩10,000,000	₩10,000,000
이익잉여금		3,000,000	5,500,000
기타포괄손익누계액			1,000,000
당기순이익		3,000,000	4,000,000

(3) ㈜세무는 20×2년 3월 11일 주주총회에서 총 ₩1,000,000의 현금배당을 결의하고 즉시 지급하였으며, 20×2년 기타포괄손익-공정가치측정 금융자산평가이익으로 ₩1,000,000을 인식하였다. 또한, 중요한 회계오류를 발견하여 이익잉여금 (−)₩500,000을 수정하였다.

지분법 회계처리를 적용하여 20×1년 주식취득시부터 20×2년말까지 필요한 회계처리를 하시오.

| 해답 |

1. 20×1년초 주식취득

(차) 관계기업투자 3,000,000 (대) 현금 3,000,000

20×1년말 당기순이익 보고

(차) 관계기업투자 900,000 (대) 지분법이익* 900,000

* ㈜세무의 당기순이익: 3,000,000×30%

- 관계기업투자 주식가액: 3,000,000+900,000=3,900,000
- 관계기업 순자산×지분율: 13,000,000×30%=3,900,000

2. 20×2년 3월 11일 배당금 지급

(차) 현금 300,000 (대) 관계기업투자 300,000

20×2년말 당기순이익 보고

(차) 관계기업투자 1,200,000 (대) 지분법이익* 1,200,000

* ㈜세무의 당기순이익: 4,000,000×30%

기타포괄손익누계액 변동

(차) 관계기업투자 300,000 (대) 지분법자본변동 300,000

이익잉여금 수정

(차) 지분법이익잉여금변동 150,000 (대) 관계기업투자 150,000

• 관계기업투자 주식가액: 3,900,000 − 300,000 + 1,200,000 + 300,000 − 150,000
= ₩4,950,000

• 관계기업 순자산 × 지분율: 16,500,000 × 30% = ₩4,950,000

2.2 투자제거차액

관계기업의 주식을 설립시점에 취득할 경우 주식의 취득원가와 관계기업 순자산 장부금액 중 투자지분 해당액이 일치할 수 있지만, 이미 설립되어 있는 상태에서 주식을 취득할 경우 일반적으로 주식의 취득원가와 관계기업 순자산 장부금액 중 투자지분 해당액은 일치하지 않는다. 왜냐하면 주식을 취득할 때는 그 주식의 공정가치로 취득하기 때문에 장부금액과는 차이가 발생하게 된다. 결론적으로 주식의 취득원가와 관계기업 순자산 장부금액 중 투자지분 해당액이 차이가 발생하는 이유는 관계기업 자산·부채의 장부금액과 공정가치의 차이라는 것이다. 이 차이를 투자제거차액이라고 한다.

투자제거차액 = 주식의 취득원가 − 관계기업 순자산 장부금액 × 지분율

따라서 이러한 투자제거차액이 발생할 경우 투자제거차액이 어떤 자산 또는 부채에서 발생한 장부금액과 공정가치의 차이인지를 추적하여 적절히 조정해야 한다. 즉, 앞에서 설명했듯이 관계기업이 당기순이익을 보고할 때 그 당기순이익에 대하여 지분율만큼을 투자회사가 지분법이익으로 인식하면서 관계기업투자 주식가액을 증가시키도록 회계처리한다. 그런데 이때 관계기업의 당기순이익은 장부금액을 기준으로 계산된 당기순이익이다. 투자회사는 공정가치를 기준으로 관계기업이 주식을 취득했으므로 앞으로의 회계처리도 공정가치를 기준으로 하여야 하는 것이다. 따라서 장부금액을 기준으로 보고된 관계기업의 당기순이익을 공정가치를 기준으로 수정한 후 지분율만큼을 지분법이익으로 인식하여야 한다.

사례 6-1 재고자산

㈜인덕은 당 회계기간초에 ㈜세무의 발행주식의 20%를 ₩2,100,000에 취득하였다. 취득당시 ㈜세무의 순자산 장부금액은 ₩10,000,000이었으며, 취득당시 장부금액과 공정가치가 다른 자산은 다음과 같다.

	장부금액	공정가치
재고자산	₩1,000,000	₩1,500,000

위 재고자산은 당 회계기간에 전액 매출되었다.
㈜세무는 당 회계기간의 당기순이익으로 ₩2,000,000을 보고하였다.

* 투자제거차액 = 2,100,000 − 10,000,000 × 20% = ₩100,000
즉, 재고자산의 장부금액과 공정가치와의 차이 × 지분율 = (1,500,000 − 1,000,000) × 20%

이 사례에서 ㈜세무가 보고한 당기순이익 ₩2,000,000은 장부금액을 기준으로 계산된 것이므로 주식을 공정가치를 기준으로 취득한 ㈜인덕은 이 당기순이익을 공정가치를 기준으로 수정해야 한다. 이 사례에서는 재고자산이 공정가치보다 ₩500,000 적은 장부금액으로 당기순이익이 계산된 것이다. 재고자산은 당기순이익 계산시 매출원가로 대체되므로 매출원가가 ₩500,000이 적게 계상되었다는 것이고, 매출원가의 과소계상은 그만큼 당기순이익의 과대계상으로 반영되었을 것이다.

재고자산 과소 → 매출원가 과소 → 당기순이익 과대

따라서 과대계상된 당기순이익을 ₩500,000만큼 차감조정한 후 지분율을 적용하여 지분법이익을 계산하여야 한다.

지분법이익 = ㈜세무의 조정된 당기순이익(₩2,000,000 − ₩500,000) × 20%
= ₩300,000

사례 6-2 유형자산

㈜인덕은 당 회계기간초에 ㈜세무의 발행주식의 20%를 ₩2,100,000에 취득하였다. 취득당시 ㈜세무의 순자산 장부금액은 ₩10,000,000이었으며, 취득당시 장부금액과 공정가치가 다른 자산은 다음과 같다.

	장부금액	공정가치
유형자산(건물)	₩1,000,000	₩1,500,000

정액법으로 감가상각하는 건물의 잔존내용연수는 5년이며 잔존가치는 없다.
㈜세무는 당 회계기간의 당기순이익으로 ₩2,000,000을 보고하였다.

* 투자제거차액 = 2,100,000 − 10,000,000 × 20% = ₩100,000
  즉, 유형자산의 장부금액과 공정가치와의 차이 × 지분율 = (1,500,000 − 1,000,000) × 20%

이 사례에서 ㈜세무가 보고한 당기순이익 ₩2,000,000은 장부금액을 기준으로 계산된 것이므로 주식을 공정가치를 기준으로 취득한 ㈜인덕은 이 당기순이익을 공정가치를 기준으로 수정해야 한다. 이 사례에서는 건물이 공정가치보다 ₩500,000 적은 장부금액을 기준으로 당기순이익이 계산된 것이다. 건물은 당기순이익 계산시 감가상각을 통해 당기순이익에 영향을 미치므로 장부금액과 공정가치의 차이로 인한 감가상각비의 차이를 계산해야 할 것이다.

건물 과소 → 감가상각비 과소 → 당기순이익 과대

따라서 과대계상된 당기순이익을 감가상각비 차이만큼 차감조정한 후 지분율을 적용하여 지분법이익을 계산하여야 한다.

감가상각비 차이 = 공정가치기준 감가상각비 − 장부금액기준 감가상각비
= (₩1,500,000 ÷ 5) − (₩1,000,000 ÷ 5)
= ₩100,000
지분법이익 = ㈜세무의 조정된 당기순이익(₩2,000,000 − ₩100,000) × 20%
= ₩380,000

사례 6-3 영업권

㈜인덕은 당 회계기간초에 ㈜세무의 발행주식의 20%를 ₩2,100,000에 취득하였다. 취득당시 ㈜세무의 순자산 장부금액은 ₩10,000,000이었으며, 취득당시 장부금액과 공정가치가 다른 자산에 대한 식별이 되지 않으므로 장부에 계상되지 않은 투자차액(영업권)이 있는 것으로 간주하였다.

	장부금액	공정가치
영업권	–	₩500,000

㈜세무는 당 회계기간의 당기순이익으로 ₩2,000,000을 보고하였다.

* 투자제거차액 = 2,100,000 − 10,000,000 × 20% = ₩100,000
  즉, 영업권 등 미인식액 × 지분율 = (500,000 × 20%)

이 사례에서는 ㈜세무의 특정 자산 부채의 공정가치 차이를 찾지 못하였다. 따라서 이 차이는 초과수익력에 대한 권리인 영업권 등으로 보아야 할 것이다. 영업권은 상각하지 않는 무형자산이므로 당기순이익에 영향을 미치지 않는다. 따라서 이런 경우는 당기순이익을 조정하지 아니한다.

> 지분법이익 = ㈜세무의 당기순이익(₩2,000,000) × 20%
> = ₩400,000

정리하면, 투자제거차액이 발생하면 그 원인을 추적하여 관계기업의 당기순이익에 어떠한 영향을 미치는지에 따라 상각자산이라면 내용연수에 걸친 상각비의 차이를 관계기업의 당기순이익에 조정하고, 비상각자산이라면 처분될 때 매출원가나 처분손익의 차이를 관계기업의 당기순이익에 조정한 후 조정된 관계기업의 당기순이익에 지분율을 적용하여 지분법이익으로 인식해야 한다.

예제 6-2 | 지분법 – 투자제거차액

(1) ㈜인덕은 20×1년초에 ㈜세무의 발행주식의 20%를 ₩2,300,000에 취득하였다. 취득당시 ㈜세무의 순자산 장부금액은 ₩10,000,000이었으며, 취득당시 장부금액과 공정가치가 다른 자산은 다음과 같다.

	장부금액	공정가치
재고자산	₩1,000,000	₩1,200,000
건물	2,000,000	2,500,000

(2) 재고자산은 20×1년에 전액 매출되었고, 정액법으로 감가상각하는 건물의 잔존내용연수는 5년이며 잔존가치는 없다.

(3) 지분법 회계처리를 위한 추가자료는 다음과 같다.

	20×1년	20×2년
당기순이익	₩2,000,000	₩1,000,000
배당금 지급액		500,000

1. 투자제거차액을 계산하고 원인을 구분하시오.
2. 20×1년과 20×2년의 지분법이익을 계산하시오.
3. 20×1년초부터 20×2년말까지 필요한 회계처리를 하시오.
4. 20×1년말과 20×2년말 관계기업투자 주식의 장부가액을 계산하시오.

| 해답 |

1. ① 투자제거차액 = 주식의 취득원가 − 관계기업 순자산 장부금액 × 지분율
   = ₩2,300,000 − ₩10,000,000 × 20%
   = ₩300,000

   ② 투자제거차액의 원인구분

	(공정가치 − 장부가액) × 지분율	
재고자산	₩200,000 × 20%	₩40,000
건물	500,000 × 20%	100,000
영업권		160,000
투자제거차액		₩300,000

투자제거차액의 원인은 다음과 같이 파악할 수도 있다,
㈜인덕은 20×1년초에 ㈜세무의 발행주식의 20%를 ₩2,300,000에 취득하였으므로 공정가치기준 ㈜세무의 순자산은 ₩11,500,000(₩2,300,000÷20%)이다. 따라서 순자산장부금액과 공정가치의 차이는 ₩1,500,000(₩11,500,000 − ₩10,000,000)이다.

			투자제거차액
재고자산	₩200,000	×20%	₩40,000
건물	500,000	×20%	100,000
영업권	800,000	×20%	160,000
	₩1,500,000		₩300,000

2. 지분법이익

	20×1년	20×2년
당기순이익	₩2,000,000	₩1,000,000
매출원가	(200,000)	−
감가상각비*	(100,000)	(100,000)
조정후 당기순이익	1,700,000	900,000
×지분율	×20%	×20%
지분법이익	₩340,000	₩180,000

* 감가상각비 차이＝공정가치기준 감가상각비－장부금액기준 감가상각비
＝(₩2,500,000÷5)－(₩2,000,000÷5)
＝₩100,000

3. 회계처리

〈20×1년초 취득시〉

(차) 관계기업투자 2,300,000 (대) 현금 2,300,000

〈20×1년말 순이익보고시〉

(차) 관계기업투자 340,000 (대) 지분법이익 340,000

〈20×2년 배당금수령시〉

(차) 현금 100,000 (대) 관계기업투자 100,000

〈20×2년 순이익보고시〉

(차) 관계기업투자 180,000 (대) 지분법이익 180,000

4. 관계기업투자 주식 장부가액

	20×1년	20×2년
기초 장부가액(취득원가)	₩2,300,000	₩2,640,000
지분법이익	340,000	180,000
배당금	−	(100,000)
기말 장부가액	₩2,640,000	₩2,720,000

* ㈜인덕은 관계회사주식을 공정가치에 기반하여 취득하였으므로 공정가치를 기준으로 관리한다고 설명했으므로 공정가치기준으로 다음과 같이 검증할 수도 있다.

	20×1년	20×2년
공정가치기준 관계기업 순자산	₩11,500,000	₩13,200,000
조정후 당기순이익	1,700,000	900,000
배당금	−	(500,000)
기말 장부가액	₩13,200,000	₩13,600,000
×지분율	×20%	×20%
기말 관계기업투자 주식 장부가액	₩2,640,000	₩2,720,000

2.3 내부거래 미실현손익

지분법 회계처리란 결국 투자회사와 관계기업을 지분율만큼은 하나의 경제적 실체로 보는 것이다. 따라서 투자회사와 관계기업 간의 거래가 있다면 지분율에 해당되는 부분은 내부거래이므로 투자회사와 관계기업 간의 거래에서 발생한 손익 중에서 지분율 해당부분은 제거해야 할 것이다(거래 자체는 인정). 투자회사는 관계기업의 재무정책과 영업정책에 관한 의사결정에 실질적으로 영향을 미칠 수 있으므로 내부거래를 통해 이익조정을 하고자 하는 유인이 있을 수도 있다. 그러나 지분법회계처리를 통해 내부거래미실현이익은 제거하도록 하고 있으므로 내부거래로 인한 이익조정가능성을 배제할 수 있는 것이다.

내부거래라고 하더라도 이미 외부로 실현되었다면 하나의 경제적 실체에서 외부로 실현된 이익이므로 제거할 필요가 없을 것이다. 예를 들어 투자회사가 20% 지분을 갖고 있어 지분법을 적용하는 관계기업에 건물을 처분하여 유형자산처분이익 ₩1,000,000이 발생했다면 이 중 20%는 하나의 경제실체를 이루고 있는 내부거래미실현손익이므로 제거해야 한다. 그러나 관계기업이 취득한 이 건물을 다시 외부로 처분해서 내부에 남아 있지 않다면 실현된 이익이므로 제거할 필요가 없다.

연습문제

| 주관식문제 |

01. ㈜인덕세무는 20×1년초에 ㈜IDS의 발행주식 중 30%를 ₩3,000,000에 취득하여 관계회사주식으로 분류하고 지분법을 적용하였다. 취득당시 ㈜IDS의 순자산 장부가치는 ₩9,000,000, 순자산 공정가치는 ₩10,000,000이었으며, 차이는 모두 재고자산에서 발생하였고 20×1년중 모두 판매되었다. 다음 자료에 따라 각 연도에 해야 할 회계처리를 하시오.

항목	20×1년	20×2년
당기순이익 현금배당(중간배당)	₩2,000,000 100,000	₩1,000,000 100,000

02. ㈜IDS는 ㈜선진무역의 주식(지분율 25%)을 ₩4,000,000에 취득하여 유의적인 영향력을 행사할 수 있게 되었다. 주식취득일 현재 ㈜선진무역의 재무상황은 다음과 같다.

- 순자산 장부금액 ₩9,000,000
- 순자산 공정가치 ₩12,000,000

㈜IDS가 보유하고 있는 ㈜선진무역의 주식에 대한 분석에 따라 투자제거차액 중 영업권에 해당하는 금액을 계산하시오.

| 객관식문제 |

01. 지분법에 대한 다음 설명으로 잘못된 것은?

① 투자자가 직·간접적으로 피투자회사의 의결권 있는 주식의 20% 이상을 소유하면 유의적 영향력이 있는 것으로 보아 무조건 지분법을 적용해야 한다.

② 유의적 영향력이란 피투자기업의 재무정책과 영업정책에 관한 의사결정에 실질적인 영향을 미칠 수 있는 능력을 말한다.

③ 투자자와 관계기업의 관계가 연속적으로 계속되는 경우 제1관계기업이 먼저 제2관계기업의 주자주식에 대하여 지분법을 우선적으로 적용한 후 투자자가 제1관계기업의 투자지분에 대하여 지분법을 적용하는 방식으로 순차적으로 지분법을 적용한다.

④ 투자주식의 취득원가와 취득당시의 관계기업의 순자산 장부금액 중 투자지분해당액의 차액을 투자제거차액이라고 한다.

02. 지분법은 투자자가 피투자자에 대해 유의적인 영향력을 행사할 수 있는 경우에 적용한다. 다음 중 유의적인 영향력을 행사할 수 있는 경우에 해당하는 것은? 단, A회사는 투자자, B회사는 피투자자이다. (2020년 재경관리사 기출문제)

① A회사는 B회사의 주식을 40% 보유하고 있으나 계약상 B회사에 관한 의결권을 행사할 수 없다.
② A회사는 12개월 이내에 매각할 목적으로 B회사의 의결권 있는 주식을 30% 취득하여 적극적으로 매수자를 찾고 있는 중이다.
③ A회사는 B회사의 주식을 20% 보유하고 있으나 모두 우선주이며 의결권은 없다.
④ A회사는 B회사의 의결권있는 주식의 15%를 보유하고 있으나 B회사의 이사회에 참여할 수 있다.

03. 지분법은 투자자가 피투자자에 대해 유의적인 영향력을 행사할 수 있는 경우에 적용한다. 다음 중 유의적인 영향력을 행사할 수 있는 경우에 해당하는 것으로 가장 올바르지 않은 것은? (2018년 재경관리사 기출문제)

① 피투자자의 이사회나 이에 준하는 의사결정기구에 참여하는 경우
② 투자자와 피투자자가 동일지배하에 있는 경우
③ 투자자와 피투자자 사이에 중요한 거래가 있는 경우
④ 필수적 기술정보를 제공하는 경우

04. 다음 중 지분법 회계처리에 관한 설명으로 가장 올바르지 않은 것은? (2017년 재경관리사 기출문제)

① 지분법은 취득시점에서 관계기업투자자산을 취득원가로 기록한다.
② 피투자회사의 당기순이익 중 투자회사의 지분에 해당하는 금액은 투자회사의 지분법이익으로 보고된다.
③ 피투자회사가 배당금지급을 결의한 시점에 투자회사가 수취하게 될 배당금 금액을 투자주식 계정에서 직접 차감한다.
④ 취득시점 이후 발생한 피투자회사의 순자산 변동액은 투자주식 계정에 전혀 반영하지 않는다.

05. 다음 중 관계기업투자주식의 회계처리에 관한 설명으로 가장 올바르지 않은 것은? (2021년 재경관리사 기출문제)

① 유의적인 영향력 판단에는 지분율 기준과 실질 영향력 기준이 있다.
② 유의적인 영향력을 판단함에 있어 피투자자에 대한 의결권은 투자자의 지분율과 지배기업이 보유하고 있는 지분율의 합계로 계산한다.
③ 실질영향력기준이 적용되지 않을 경우 투자자가 직접으로 또는 간접으로 피투자자에 대한 의결권의 20% 미만을 소유하고 있다면 유의적인 영향력이 없는 것으로 본다.
④ 경영진의 상호교류가 이루어지는 경우 유의적인 영향력이 있는 것으로 본다.

06. 20×1년 1월 1일 ㈜삼일은 ㈜용산의 보통주 30%를 ₩850,000에 취득하여 유의적인 영향력을 행사하게 되었으며, 취득당시 ㈜용산의 순자산 장부금액과 공정가치는 ₩2,000,000으로 동일하였다. 20×1년 ㈜용산의 자본은 아래와 같으며 당기순이익 이외에 자본의 변동은 없다고 가정한다. (2020년 재경관리사 기출문제)

	20×1년 1월 1일	20×1년 12월 31일
자본금	₩900,000	₩900,000
이익잉여금	₩1,100,000	₩1,300,000
합계	₩2,000,000	₩2,200,000

20×1년말 ㈜삼일의 관계기업투자주식의 장부금액은 얼마인가?

① ₩850,000 ② ₩880,000
③ ₩910,000 ④ ₩930,000

07. ㈜삼일은 20×1년 1월 1일 ㈜용산의 보통주 30%를 ₩3,000,000에 취득하였고 그 결과 ㈜용산의 의사결정에 유의적인 영향력을 행사하게 되었다. ㈜용산에 대한 재무정보 및 기타 관련정보가 다음과 같을 경우 ㈜삼일의 20×1년말(보유 1년차말) 현재 관계기업투자주식 장부금액은 얼마인가? (2018년 재경관리사 기출문제)

- 20×1년 1월 1일 현재 순자산 장부금액: ₩10,000,000(공정가치와 일치함)
- 20×1년 당기순이익: ₩1,000,000
- 양 회사 간 내부거래는 없었다.

① ₩3,000,000 ② ₩3,240,000
③ ₩3,300,000 ④ ₩4,000,000

08. ㈜삼일은 20×1년 1월 1일 ㈜용산의 보통주 40%를 ₩4,000,000에 취득하였고, 그 결과 ㈜용산에 유의적인 영향력을 행사할 수 있게 되었다. 주식취득일 현재 ㈜용산의 순자산 공정가치가 ₩10,000,000인 경우 영업권은 얼마인가?
(2016년 재경관리사 기출문제)

① ₩0　　② ₩320,000
③ ₩800,000　　④ ₩1,000,000

◉ 다음은 문제 09~11과 관련된 자료이다.

(1) ㈜인덕은 20×1년초에 ㈜세무의 발행주식 총수의 30%를 ₩3,000,000에 취득하여 유의적 영향력을 행사할 수 있게 되었다. 취득당시 ㈜세무의 순자산 장부금액은 ₩9,000,000이었으며 장부금액과 공정가치가 다른 자산의 내용은 다음과 같다.

	장부금액	공정가치
재고자산	₩500,000	₩600,000
기계장치	1,000,000	1,600,000

(2) 위의 재고자산은 20×1년중 전액 매출되었으며, 기계장치는 잔존내용연수는 3년, 잔존가치 없이 정액법으로 상각된다.

(3) 20×1년 및 20×2년중 ㈜세무의 순이익 및 중간배당금 지급액은 다음과 같다.

	20×1년	20×2년
당기순이익	₩2,000,000	₩1,000,000
중간배당금 지급액	100,000	200,000

09. 투자제거차액과 그 투자제거차액을 각 원인별로 안분한 것으로 옳은 것은?

	투자제거차액	재고자산	기계장치	투자차액(영업권)
①	5,000,000	600,000	1,500,000	2,900,000
②	5,000,000	100,000	500,000	4,400,000
③	300,000	30,000	180,000	90,000
④	300,000	30,000	150,000	180,000
⑤	600,000	100,000	500,000	600,000

10. 20×1년과 20×2년의 지분법과 관련된 회계처리 중 잘못된 것은?

		(차변)		(대변)	
①	20×1년초	관계기업투자	3,000,000	현금	3,000,000
②	20×1년말	관계기업투자	510,000	지분법이익	510,000
③	20×1년 배당	현금	30,000	배당금수익	30,000
④	20×2년말	관계기업투자	240,000	지분법이익	240,000
⑤	20×2년 배당	현금	60,000	관계기업투자	60,000

11. 20×1년말 20×2년말 관계회사주식의 장부가액은 얼마인가?

	20×1년말	20×2년말
①	3,000,000	3,000,000
②	3,480,000	3,660,000
③	3,520,000	3,520,000
④	3,220,000	3,470,000
⑤	3,220,000	3,410,000

정답 및 해설

| 주관식문제 |

01. (1) 20×1년초 취득시

(차) 관계기업투자	3,000,000	(대) 현금	3,000,000

(2) 20×1년배당

(차) 현금	30,000	(대) 관계기업투자	30,000

(3) 20×1년말

지분법이익＝(㈜IDS의 당기순이익－매출원가 과소계상액)×지분율
＝(2,000,000－1,000,000)×30%＝₩300,000

(차) 관계기업투자	300,000	(대) 지분법이익	300,000

(4) 20×2년배당

(차) 현금	30,000	(대) 관계기업투자	30,000

(5) 20×2년말

지분법이익＝㈜IDS의 당기순이익×지분율
＝1,000,000×30%

(차) 관계기업투자	300,000	(대) 지분법이익	300,000

02. ① 투자제거차액＝주식의 취득원가－관계기업 순자산 장부금액×지분율
＝₩4,000,000－₩12,000,000×25%
＝₩1,000,000

② 투자제거차액의 원인구분

	(공정가치－장부가액)×지분율	
순자산	₩3,000,000×25%	₩750,000
영업권		250,000
투자제거차액		₩1,000,000

| 객관식문제 |

01. ①

기업이 직접 또는 간접으로 피투자자에 대한 의결권의 20% 이상을 소유하고 있다면 유의적인 영향력을 보유하는 것으로 본다. 다만 유의적인 영향력이 없다는 사실을 명백하게 제시할 수 있는 경우는 그러하지 아니하다. 따라서 피투자회사의 의결권 있는 주식의 20% 이상을 소유하면 지분법을 무조건 적용한다는 것은 잘못된 설명이다.

02. ④

피투자자에 대한 의결권의 20% 미만을 소유하고 있더라도 다음과 같은 경우에는 유의적인 영향력을 행사할 수 있다고 본다.

① 피투자자의 이사회나 이에 준하는 의사결정기구에 참여

② 배당이나 다른 분배에 관한 의사결정에 참여하는 것을 포함하여 정책결정과정에 참여

③ 기업과 피투자자 사이의 중요한 거래

④ 경영진의 상호 교류

⑤ 필수적 기술정보의 제공

03. ②

이외에 배당이나 다른 분배에 관한 의사결정에 참여하는 등 정책결정과정에의 참여 또는 경영진의 상호 교류의 경우도 유의적인 영향력을 보유하는 경우로 볼 수 있다.

04. ④

지분법이란 유의적인 영향력이 있는 경우 투자자산을 최초에 원가로 인식하고, 취득시점 이후 발생한 피투자자의 순자산 변동액 중 투자자의 몫을 해당 투자자산에 가감하여 보고하는 회계처리방법이다.

05. ②

06. ③

20×1년말 지분법투자주식금액＝850,000＋200,000(㈜용산의 당기순이익)×30%
＝₩910,000

07. ③

지분법이익＝관계회사 당기순이익×지분율＝₩1,000,000×30%＝₩300,000

08. ①

투자제거차액은 주식의 취득원가(₩4,000,000)와 관계기업 순자산 장부금액 중 투자지분 해당액(₩10,000,000×40%)의 차이인데 이 경우 두 금액 간의 차이가 없으므로 관계기업 자산·부채의 장부금액과 공정가치 간에 차이가 없고 영업권도 존재하지 않는다.

09. ③

(1) 투자제거차액 = 주식의 취득원가 − 관계기업 순자산 장부금액 × 지분율
= ₩3,000,000 − ₩9,000,000 × 30%
= ₩300,000

(2) 투자제거차액의 원인구분

	(공정가치 − 장부가액) × 지분율	
재고자산	₩100,000 × 30%	₩30,000
기계장치	600,000 × 30%	180,000
영업권		90,000
투자제거차액		₩300,000

* 투자제거차액의 원인은 다음과 같이 구분할 수도 있다.
㈜인덕은 20×1년초에 ㈜세무의 발행주식의 30%를 ₩3,000,000에 취득하였으므로 공정가치 기준 ㈜세무의 순자산은 ₩10,000,000(₩3,000,000÷30%)이다. 따라서 순자산장부금액과 공정가치의 차이는 ₩1,000,000(₩10,000,000−₩9,000,000)이다.

			투자제거차액
재고자산	₩100,000	×30%	₩30,000
기계장치	600,000	×30%	180,000
영업권	300,000	×30%	90,000
	₩1,000,000		₩300,000

10. ③

	20×1년	20×2년
당기순이익	₩2,000,000	₩1,000,000
매출원가	(100,000)	−
감가상각비*	(200,000)	(200,000)
조정후 당기순이익	1,700,000	800,000
× 지분율	×30%	×30%
지분법이익	₩510,000	₩240,000

* 감가상각비 차이 = 공정가치기준 감가상각비 − 장부금액기준 감가상각비
= (₩1,600,000÷3) − (₩1,000,000÷3)
= ₩200,000

〈회계처리〉

〈20×1년초 취득시〉

(차) 관계기업투자	3,000,000	(대) 현금	3,000,000

〈20×1년 배당금 수령시〉

(차) 현금	30,000	(대) 관계기업투자	30,000

〈20×1년말 순이익 보고시〉

(차) 관계기업투자	510,000	(대) 지분법이익	510,000

〈20×2년 배당금 수령시〉

(차) 현금	60,000	(대) 관계기업투자	60,000

〈20×2년 순이익 보고시〉

(차) 관계기업투자	240,000	(대) 지분법이익	240,000

11. ② 관계기업투자주식 장부가액

	20×1년	20×2년
기초장부가액(취득원가)	₩3,000,000	₩3,480,000
지분법이익	510,000	240,000
배당금	(30,000)	(60,000)
기말장부가액	₩3,480,000	₩3,660,000

K-IFRS *Intermediate Financial Accounting*

Chapter 07

재고자산

단원정리 재고자산

- **재고자산:** 정상적인 영업과정에서 판매를 목적으로 보유 중인 자산, 생산 중인 재공품, 생산에 투입할 원재료나 소모품

- **취득원가:** 판매가능한 상태로 만드는 데 들어간 모든 원가(매입원가, 전환원가, 기타원가)

- **재고자산원가** = 재고자산수량×단가

- **재고자산의 수량관리**
  - 계속기록법: 기초재고수량 + 당기매입수량 − 판매수량 = 기말재고수량
  - 실지재고조사법: 기초재고수량 + 당기매입수량 − 기말재고수량 = 판매수량

  * 재고자산감모: 창고에서 재고자산의 파손, 훼손, 도난 및 증발 등으로 재고자산이 물리적으로 감소하는 것

- **재고자산의 단위원가(단가)**
  - 개별법
  - 표준원가법
  - 소매재고법
  - 평균법: 총평균법, 이동평균법
  - 선입선출법

  * 후입선출법

- **재고자산의 저가평가**
  - 물리적 손상
  - 진부화
  - 판매가격 하락
  - 추가원가의 상승

  * 재고자산평가손실 = 재고자산의 장부가액 − 순실현가능가치

- **매출총이익률법(재고자산가액의 추정)**

- **재고자산의 포함 여부:** 실질소유권 여부에 따라 결정
  - 미착상품
  - 적송품
  - 시송품
  - 저당상품
  - 할부판매상품
  - 재구매조건부판매

제1절 재고자산의 기초

1.1 재고자산의 의의

재고자산이란 다음의 자산을 말한다.

① 정상적인 영업과정에서 판매를 위하여 보유 중인 자산: 외부로부터 매입하여 재판매를 위해 보유하는 상품, 토지 및 기타자산 및 완제품

② 정상적인 영업과정에서 판매를 위하여 생산 중인 자산: 생산 중인 재공품

③ 생산이나 용역제공에 사용될 원재료나 소모품: 생산에 투입될 원재료와 소모품

용어정의

반제품	두 개 이상의 공정을 거쳐서 완성되는 제품에서 일부 공정의 완성 후 다음 공정으로 이전될 완성품 또는 부분품으로 현재로도 판매가능한 상태인 중간생산품

1.2 재고자산의 취득원가

재고자산의 취득원가는 매입원가, 전환원가 및 재고자산을 현재의 장소에 현재의 상태로 이르게 하는 데 발생한 기타원가 모두를 포함한다. 즉, 재고자산을 판매가능한 상태로 만드는 데 들어간 모든 원가가 취득원가에 포함된다.

(1) 매입원가

재고자산의 매입원가는 매입가격에 수입관세와 제세금(과세당국으로부터 추후 환급받을 수 있는 금액은 제외), 매입운임, 하역료 그리고 완제품, 원재료 및 용역의 취득과정에 직접 관련된 기타원가를 가산한 금액이다. 매입할인, 리베이트 및 기타 유사한 항목은 매입원가를 결정할 때 차감한다.

(2) 전환원가

재고자산의 전환원가는 직접노무원가 등 생산량과 직접 관련된 원가를 포함한

다. 또한 원재료를 완제품으로 전환하는 데 발생하는 고정 및 변동제조간접원가의 체계적인 배부액을 포함한다. 고정제조간접원가는 공장 건물이나 기계장치의 감가상각비와 수선유지비 및 공장관리비처럼 생산량과는 상관없이 비교적 일정한 수준을 유지하는 간접제조원가를 말한다. 변동제조간접원가는 간접재료원가나 간접노무원가처럼 생산량에 따라 직접적으로 또는 거의 직접적으로 변동하는 간접제조원가를 말한다. 즉, 전환원가란 원재료 등을 제품으로 전환시키는 데 들어간 원가를 의미한다.

(3) 기타원가

기타원가는 재고자산을 현재의 장소에 현재의 상태로 이르게 하는 데 발생한 범위 내에서만 취득원가에 포함된다. 예를 들어, 특정한 고객을 위한 비제조간접원가 또는 제품디자인원가를 재고자산의 원가에 포함하는 것이 적절할 수도 있다.

재고자산의 취득원가에 포함할 수 없으며 발생기간의 비용으로 인식하여야 하는 원가의 예는 다음과 같다.

① 재료원가, 노무원가 및 기타제조원가 중 비정상적으로 낭비된 부분
② 후속 생산단계에 투입하기 전에 보관이 필요한 경우 이외의 보관원가
③ 재고자산을 현재의 장소에 현재의 상태로 이르게 하는데 기여하지 않은 관리간접원가
④ 판매원가

재고자산의 장부금액은 일반적으로 재고자산의 수량에 단위가격(단가)을 곱해서 산출한다.

재고자산원가 = 재고자산수량 × 단가

따라서 재고자산의 장부가액을 구하기 위해서는 재고자산의 수량과 단가를 결정해야 하므로 이하에서 재고자산의 수량과 단가를 결정하는 방법을 각각 살펴보도록 한다.

먼저 재고자산에 대하여 학습할 때는 재고자산의 계정을 한눈에 이해할 수 있도

록 재고자산의 T계정을 사용하는 것이 도움이 된다. 물론, 재고자산의 T계정은 수량에 대해서도 사용될 수 있으며 금액을 기준으로 작성할 수도 있다. 여기서 차변의 합인 (기초재고자산+당기매입분)은 이 기업이 판매할 수 있는 최대이며 이를 당기판매가능재고라고 한다. 이 당기판매가능재고가 일부는 판매되어 매출액에 대한 매출원가로 대응되고, 판매되지 않은 일부는 기말재고로 남게 된다.

재고자산

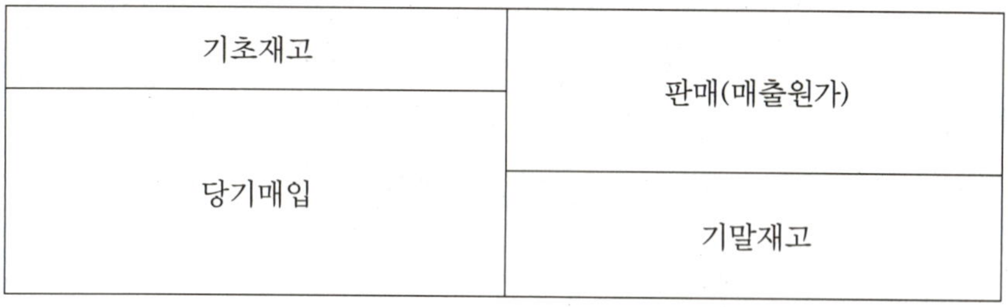

(수량) 기초재고수량+당기매입수량=판매수량+기말재고수량

(금액) 기초재고원가+당기매입원가=매출원가+기말재고원가

제2절 재고자산의 수량관리

재고자산의 수량관리 방법에는 계속기록법과 실지재고조사법이 있다. 어느 방법이든 재고자산 T계정의 차변에 대한 기록은 동일하다.

2.1 계속기록법

계속기록법은 재고자산을 매입할 때 매입수량과 금액을 모두 기록하고 판매할 때마다 판매된 수량과 금액을 관리하여 기록하는 방법이다. 따라서 재고자산을 관리하기 위한 장부인 상품재고장(Product Stores Ledger)을 작성한다. 또한 회계기간 말에 창고에 직접 방문하여 재고실사를 수행하지 않고 장부기록에 따라 기말재고를 산출한다.

기초재고수량 + 당기매입수량 − 판매수량 = 기말재고수량

재고자산을 판매할 때마다 기록하므로 회계기간말에 창고에 직접 방문하여 재고실사를 수행하는 비용을 절약할 수 있으며, 또한 기중에 언제든지 창고에 남아 있는 수량을 확인할 수 있는 장점이 있으나 판매할 때마다 기록해야 하는 기록유지비용에 대한 부담과 재고감모수량을 정확히 파악하지 못하고 재고자산감모수량이 기말재고수량에 포함되는 단점이 있다. 재고감모에 대하여는 다음 사례로 이해해보도록 한다.

재고자산(수량)

기초재고: 200개	판매수량: 700개
당기매입: 800개	기말재고: ?

이 상황이라면 계속기록법에서는 등식에 따라 기말재고수량이 300개임을 확인할 수 있다.

기초재고수량(200개) + 당기매입수량(800개) − 판매수량(700개) = 기말재고수량(300개)

그런데 창고에서는 상황에 따라 재고자산의 파손, 훼손, 도난 및 증발 등으로 재고자산이 물리적으로 감소하는 경우가 있다. 이를 재고자산감모라고 하는데 상기 사례에서 파손 등으로 인해 재고자산 50개가 물리적으로 감소되어 있는 상황이라면 기말재고는 파손된 50개를 제외하고 250개밖에 없을 것이다. 그러나 계속기록법에서는 재고실사를 수행하지 않기 때문에 기록에 따라 계산된 300개를 기말에 창고에 남아 있는 것으로 기록하게 되는 것이다.

2.2 실지재고조사법(실사법)

실지재고조사법은 재고자산을 매입할 때는 매입수량과 금액을 모두 기록하지만 기중에 판매시에는 판매된 재고에 대한 기록을 하지 않고 회계기간말에 창고를 직접 방문하여 실지재고조사로 기말재고의 수량을 확정하고 판매된 수량을 역으로 추적하는 방법이다. 따라서 매출할 때에는 대응되는 매출원가를 바로 알 수가 없고 회계기말에 창고에 남아 있는 수량을 확인한 후 판매된 수량을 역추적하여 판매된 수량을 확인한 후 매출원가를 한 번에 계산하게 된다.

기초재고수량 + 당기매입수량 − 기말재고수량 = 판매수량

판매할 때마다 기록하지 않으므로 기록유지비용을 절약할 수 있으나, 기중에는 보유하고 있는 재고수량을 알 수 없으므로 자산관리에 취약하며 회계기말에 직접 창고에 가서 재고실사를 수행해야 하므로 실사에 소요되는 비용이 크다. 또한 재고실사시 존재하지 않는 재고감모수량을 판매된 것으로 인식하게 되는 단점이 있다. 재고감모에 대하여는 다음 사례로 이해해보도록 한다.

재고자산(수량)

기초재고: 200개	판매수량: ?
당기매입: 800개	기말재고: 250개

이 상황이라면 실지재고조사법에서는 등식에 따라 판매수량이 750개임을 확인할 수 있다.

기초재고수량(200개) + 당기매입수량(800개) − 기말재고수량(250개) = 판매수량(750개)

상기 사례에서 파손 등으로 인해 재고자산이 50개가 물리적으로 감소되어 있는

상황이라면 판매된 수량은 이를 제외한 700개인 것이다. 그러나 실지재고조사법에서는 감모수량 50개를 포함한 750개를 판매된 수량으로 계산하게 되는 것이다.

그런데 재고자산은 기업이 주된 영업활동인 판매활동을 수행하기 위하여 보유하는 자산이므로 매우 중요한 자산이라고 볼 수 있다. 따라서 판매된 수량과 기말재고수량을 적절히 관리할 필요가 있으므로 기중에는 계속기록법에 따라 판매된 수량을 기록하다가 기말에는 직접 재고실사를 수행하여 판매수량과 기말재고 및 재고감모수량을 철저히 관리하는 병행법을 적용하는 기업이 대부분이라고 볼 수 있다. 또한 재고자산감모로 인한 손실은 발생한 기간에 비용으로 인식한다.

제3절 재고자산의 단위원가(단가)

재고자산의 단위원가 측정방법으로는 다음과 같은 방법이 있다.

① 개별법
② 표준원가법
③ 소매재고법
④ (가중)평균법
⑤ 선입선출법

3.1 개별법

통상적으로 상호 교환될 수 없는 재고자산항목의 원가와 특정 프로젝트별로 생산되고 분리되는 재화 또는 용역의 원가는 개별법을 사용하여 결정한다. 예를 들어, 특수선박을 제작한다거나 건물을 건설하여 판매하는 등의 경우에는 각 단위별 원가를 개별적으로 계산하여 직접 대응시켜야 한다.

3.2 표준원가법

표준원가법은 정상적인 재료원가, 소모품원가, 노무원가 및 효율성과 생산능력

활용도를 반영하여 표준원가를 설정하고 사전에 설정된 표준원가에 따라 원가를 산정하는 방법이다. 표준원가법은 그 방법으로 평가한 결과가 실제 원가와 유사한 경우에 편의상 사용할 수 있다. 표준원가는 정기적으로 검토하여야 하며 필요한 경우 현재 상황에 맞게 조정하여야 한다.

3.3 소매재고법

소매재고법은 이익률이 유사하고 품종변화가 심한 다품종 상품을 취급하는 유통업에서 실무적으로 다른 원가측정법을 사용할 수 없는 경우에 사용한다. 소매재고법에서 재고자산의 원가는 재고자산의 판매가격을 적절한 총이익률을 반영하여 환원하는 방법으로 결정한다.

표준원가법과 소매재고법은 특정한 경우에만 사용될 수 있는 방법이므로 이하에서는 일반적인 단위원가 측정방법에 대하여 자세히 알아보도록 한다.

일반적으로 재고자산의 단위원가측정을 위해 원가흐름에 대한 가정인 선입선출법이나 가중평균법에 따라 단위원가를 계산하도록 하고 있다. 성격과 용도 면에서 유사한 재고자산에는 동일한 단위원가 결정방법을 적용하여야 하며, 성격이나 용도 면에서 차이가 있는 재고자산에는 서로 다른 단위원가 결정방법을 적용할 수 있다.

3.4 선입선출법

선입선출법은 먼저 매입 또는 생산된 재고자산이 먼저 판매되고 결과적으로 기말에 재고로 남아 있는 항목은 가장 최근에 매입 또는 생산된 항목이라고 가정하는 방법이다.

3.5 가중평균법

가중평균법은 기초재고자산과 회계기간 중에 매입 또는 생산된 재고자산의 원가를 가중평균하여 재고항목의 단위원가를 결정하는 방법이다. 이 경우 평균은 기업의 상황에 따라 주기적으로 계산하거나 매입 또는 생산할 때마다 계산할 수 있다.

예제 7-1 | 재고자산의 단위원가 측정방법

다음은 ㈜인덕의 20×1년도 재고자산 매입과 매출에 대한 자료이다.

일자	구분	수량	매입단가
1월 1일	기초재고	100개	₩50
3월 15일	매입	200	65
6월 25일	매출	150	–
8월 15일	매입	250	76
11월 17일	매출	200	–

1. 계속기록법을 적용하는 ㈜인덕은 원가흐름에 대한 가정으로 선입선출법을 적용하고 있다. 상품재고장을 작성하여 매출원가와 기말재고자산의 원가를 계산하시오.
2. 실지재고조사법을 적용하는 ㈜인덕은 원가흐름에 대한 가정으로 선입선출법을 적용하고 있다. 매출원가와 기말재고자산의 원가를 계산하시오(창고에서 재고실사를 한 결과 기말재고수량은 200개이다).
3. 계속기록법을 적용하는 ㈜인덕은 원가흐름에 대한 가정으로 평균법(이동평균법)을 적용하고 있다. 상품재고장을 작성하여 매출원가와 기말재고자산의 원가를 계산하시오.
4. 실지재고조사법을 적용하는 ㈜인덕은 원가흐름에 대한 가정으로 평균법(총평균법)을 적용하고 있다. 매출원가와 기말재고자산의 원가를 계산하시오(창고에서 재고실사를 한 결과 기말재고수량은 200개이다. 소수점 셋째 자리에서 반올림하시오).

| 해답 |

1. 계속기록법+선입선출법

상품재고장

일자	적요	입고			출고			잔고		
		수량	단가	금액	수량	단가	금액	수량	단가	금액
1월 1일	기초							100	50	5,000
3월 15일	매입	200	65	13,000				100	50	5,000
								200	65	13,000
6월 25일	매출				100	50	5,000	150	65	9,750
					50	65	3,250			
8월 15일	매입	250	76	19,000				150	65	9,750
								250	76	19,000
11월 17일	매출				150	65	9,750	200	76	15,200
					50	76	3,800			
					매출원가		21,800	기말재고		15,200

2. 실지재고조사법+선입선출법

실지재고조사법은 재고실사를 통해 파악된 기말재고수량으로 기말재고원가를 산출한 후 등식을 통해 또는 재고자산 T계정으로 매출원가를 산정해야 한다.

(1) 등식이용

• 기말재고자산원가=200개×@₩76*=₩15,200

*선입선출법이므로 기말재고는 최근에 매입한 재고자산으로 구성

• 매출원가=기초재고원가(₩5,000)+당기매입원가(₩32,000)−기말재고원가(₩15,200)
=₩21,800

(2) 재고자산 T계정 이용

재고자산(금액)

차변	대변
기초재고: ₩5,000	매출원가: ₩21,800
당기매입: ₩32,000	기말재고: ₩15,200

3. 계속기록법+평균법: 이동평균법

상품재고장

일자	적요	입고			출고			잔고		
		수량	단가	금액	수량	단가	금액	수량	단가	금액
1월 1일	기초							100	50	5,000
3월 15일	매입	200	65	13,000				300	60	18,000
6월 25일	매출				150	60	9,000	150	60	9,000
8월 15일	매입	250	76	19,000				400	70	28,000
11월 17일	매출				200	70	14,000	200	70	14,000
						매출원가	23,000	기말재고		14,000

4. 실지재고조사법+평균법: 총평균법

총평균법은 재고자산 T계정의 차변의 자료를 가지고 총평균단가를 산정한다.

※ 총평균단가 $= \frac{\text{기초재고원가}+\text{당기매입원가}}{\text{기초재고수량}+\text{당기매입수량}} = \frac{₩5,000+₩32,000}{100\text{개}+450\text{개}} = ₩67.27$

• 기말재고자산원가=200개×@₩67.27=₩13,454

• 매출원가=기초재고원가(₩5,000)+당기매입원가(₩32,000)−기말재고원가(₩13,454)
=₩23,546

제4절 재고자산의 저가평가

다음의 경우에는 재고자산의 원가를 회수하기 어려울 수 있다. 즉, 판매로 장부가액만큼의 회수를 할 수 없는 경우를 말한다.

① 물리적으로 손상된 경우
② 완전히 또는 부분적으로 진부화된 경우
③ 판매가격이 하락한 경우
④ 완성하거나 판매하는 데 필요한 원가가 상승한 경우

위와 같은 상황의 경우 재고자산의 장부가액과 순실현가치와의 차이인 재고자산평가손실은 발생한 기간에 비용으로 인식하며 재고자산을 순실현가치로 감액한다. 재고자산을 취득원가 이하의 순실현가능가치로 감액하는 저가법은 자산의 장부금액이 판매나 사용으로부터 실현될 것으로 기대되는 금액을 초과하여서는 아니 된다는 견해와 일관성이 있다.

여기서 순실현가능가치란 정상적인 영업과정의 예상판매가격에서 예상되는 추가완성원가와 판매비용을 차감한 금액을 의미하며, 정상적인 영업과정에서 재고자산의 판매를 통해 실현할 것으로 기대하는 순매각금액을 말한다.

또한 재고자산을 순실현가능가치로 감액하는 저가법은 항목별로 적용한다. 그러나 경우에 따라서는 서로 유사하거나 관련있는 항목들을 통합하여 적용하는 것이 적절할 수 있다. 이러한 경우로는 재고자산 항목이 유사한 목적 또는 용도를 갖는 동일한 제품군과 관련되고, 동일한 지역에서 생산되어 판매되며, 실무적으로 동일한 제품군에 속하는 다른 항목과 구분하여 평가할 수 없는 경우를 들 수 있다. 그러나 예를 들어 완제품 또는 특정 영업부문에 속하는 모든 재고자산과 같은 분류에 기초하여 저가법을 적용하는 것은 적절하지 아니하다. 용역제공기업은 일반적으로 용역대가가 청구되는 용역별로 원가를 집계한다. 그러므로 그러한 각 용역은 별도의 항목으로 취급되어야 한다.

완성될 제품이 원가 이상으로 판매될 것으로 예상하는 경우에는 그 생산에 투입하기 위해 보유하는 원재료 및 기타 소모품을 감액하지 아니한다. 그러나 원재료 가격이 하락하여 제품의 원가가 순실현가능가치를 초과할 것으로 예상된다면 해당 원재료를 순실현가능가치로 감액한다. 이 경우 원재료의 현행대체원가는 순실현가능가치에 대한 최선의 이용가능한 측정치가 될 수 있다.

매 후속기간에 순실현가능가치를 재평가한다. 재고자산의 감액을 초래했던 상황이 해소되거나 경제상황의 변동으로 순실현가능가치가 상승한 명백한 증거가 있는 경우에는 최초의 장부금액을 초과하지 않는 범위 내에서 평가손실을 환입한다. 그 결과 새로운 장부금액은 취득원가와 수정된 순실현가능가치 중 작은 금액이 된다. 판매가격의 하락 때문에 순실현가능가치로 감액한 재고항목을 후속기간에 계속 보유하던 중 판매가격이 상승한 경우가 이에 해당한다.

예제 7-2 | 재고자산의 저가평가(재고자산평가손실)

12월 결산법인인 ㈜인덕의 12월말 현재 재고자산에 대한 자료는 다음과 같다.

품목	수량	단가	판매가액	판매비용
2G폰	100	₩100,000	₩20,000	₩10,000
스마트폰	200	500,000	700,000	50,000
패블릿(Phablet)*	200	700,000	900,000	50,000
태블릿(Tablet)	150	600,000	600,000	100,000

* 폰(Phone)과 태블릿(Tablet)의 합성어로 스마트폰의 기능을 갖추고 있으면서 태블릿처럼 화면이 큰 스마트폰

1. ㈜인덕이 항목별 기준에 따라 재고자산 저가평가를 적용하는 경우 재고자산평가손실액을 계산하고 회계처리하시오.
2. ㈜인덕이 조별 기준에 따라 재고자산 저가평가를 적용하는 경우 재고자산평가손실액을 계산하고 회계처리하시오. 단, ㈜인덕은 전화기능이 있는 2G폰, 스마트폰 및 패블릿을 하나의 제품군으로 관리하고 있음.

| 해답 |

1. 항목별 기준에 따라 재고자산의 장부가액과 순실현가치를 비교하면 다음과 같다.

품목	장부가액(수량×단가)	순실현가능가치 (판매가액 - 판매비용)
2G폰	₩10,000,000	₩1,000,000
스마트폰	100,000,000	130,000,000
패블릿(Phablet)	140,000,000	170,000,000
태블릿(Tablet)	90,000,000	75,000,000

따라서 재고자산의 장부가액보다 순실현가능가치가 적은 2G폰과 태블릿에 대해 재고자산평가손실을 인식해야 한다.

• 2G폰 재고자산평가손실: 장부가액 − 순실현가능가치 = ₩10,000,000 − ₩1,000,000
= ₩9,000,000

(차) 재고자산평가손실 9,000,000 (대) 재고자산(2G폰) 9,000,000

• 태블릿 재고자산평가손실: 장부가액 − 순실현가능가치 = ₩90,000,000 − ₩75,000,000
= ₩15,000,000

(차) 재고자산평가손실 15,000,000 (대) 재고자산(태블릿) 15,000,000

2. 조별 기준에 따라 재고자산의 장부가액과 순실현가치를 비교하면 다음과 같다.

품목	장부가액(수량×단가)	순실현가능가치 (판매가액 − 판매비용)
폰 (2G폰 + 스마트폰 + 패블릿)	10,000,000 + 100,000,000 + 140,000,000 = 250,000,000	1,000,000 + 130,000,000 + 170,000,000 = 301,000,000
태블릿(Tablet)	90,000,000	75,000,000

따라서 재고자산의 장부가액보다 순실현가능가치가 적은 태블릿에 대해서만 재고자산평가손실을 인식하면 된다.

• 태블릿 재고자산평가손실: 장부가액 − 순실현가능가치 = ₩90,000,000 − ₩75,000,000
= ₩15,000,000

(차) 재고자산평가손실 15,000,000 (대) 재고자산(태블릿) 15,000,000

제5절 재고자산가액 추정(매출총이익률법)

천재 · 지변 · 화재 · 도난 등이 발생하여 재고자산의 가액을 알 수 없는 경우에는 재고자산 가액을 추정해야 한다. 이때 사용할 수 있는 방법이 매출총이익률법이며, 이 방법은 재고자산의 가액을 추정하는 것이므로 실제원가계산을 원칙으로 하는 K-IFRS에서 인정하고 있는 원가측정방법이 아니다. 따라서 이 방법은 화재 등으로 재고자산이 소실된 경우나 회계감사시 적정한 재고가액을 추정하는 기법으로 사용되는 등 대체적인 방법으로 사용된다.

매출총이익률법이란 과거의 매출총이익률을 당기매출액에 적용하여 당기매출원가를 추정하고, 당기판매가능재고에서 판매된 부분인 매출원가를 차감한 잔액이 기말재고 가액이라고 추정하는 것이다.

재고자산(금액)

재고자산(금액)	
기초재고	매출원가 ← 매출액×(1－매출총이익률)
당기매입	(추정)기말재고

매출총이익률 vs 매출원가율

	매출액
(－)	매출원가
	매출총이익

• 매출총이익률 $= \frac{\text{매출총이익}}{\text{매출액}}$ • 매출원가율 $= \frac{\text{매출원가}}{\text{매출액}}$

* 매출원가율＝(1－매출총이익률)

예제 7-3 | 재고자산 가액의 추정

㈜인덕은 20×1년에 화재로 인해 공장의 재고자산이 소실되어 남은 재고자산의 처분가치가 ₩20,000으로 추정된다. 다음 자료로 소실된 재고자산의 가액을 추정하시오.

기초재고자산	₩500,000
당기매입액	1,500,000
매출액	2,500,000
20×0년 매출총이익률	35%

| 해답 |

재고자산(금액)

기초재고: 500,000	매출원가: 1,625,000
당기매입: 1,500,000	(추정)기말재고: 375,000

매출액×(1－매출총이익률)
2,500,000×(1－35%)
=₩1,625,000

매출총이익률법으로 기말재고자산을 추정한 결과 추정기말재고가 ₩375,000이다. 즉, 기말재고자산이 ₩375,000만큼 있어야 하는데 현재 처분가치가 ₩20,000이므로 화재로 인한 재해손실액은 ₩355,000(₩375,000－₩20,000)이다.

제6절 재고자산 포함 여부의 결정

기말시점에 실지재고조사법에 따라 창고에 있는 재고자산의 수량을 파악하게 된다. 이때 회사의 창고에 보관 중이지만 회사의 재고자산이 아닌 것이 있을 수도 있고, 회사의 창고에 없지만 회사의 재고자산에 포함하여야 하는 경우도 있다. 즉, 실질 소유권 여부에 따라 재고자산의 포함 여부를 결정하여야 한다.

6.1 미착품

미착품은 회사에 아직 도달하지 않은 운송 중인 재고자산을 말하는 것으로, 이때는 계약의 조건을 검토하여 실질 소유권 여부를 결정해야 한다.

① 선적지인도조건: 상품이 선적된 시점에 소유권이 매수자에게 이전되는 계약으로 미착품은 매수자의 재고자산에 포함시킨다.

② 도착지인도조건: 상품이 도착지에 도착하여 매수자가 인수한 시점에 소유권이 매수자에게 이전되는 계약으로 미착품은 매수자의 재고자산에 포함시키지 아니한다.

6.2 적송품

적송품은 위탁매출을 하기 위하여 수탁회사에게 발송한 재고자산이며 수탁회사가 판매하기 전까지는 위탁회사의 재고자산이다.

수탁회사가 고객에게 판매한 시점에 위탁회사는 매출수익을 인식하며 수탁회사는 판매대행에 대한 수수료수익을 인식한다.

6.3 시송품

고객에게 상품을 보내고 일정기간 동안 시험적으로 사용해본 후 매입 의사결정을 할 수 있도록 하는 매출형태를 시용매출이라고 하며, 이때 고객에게 보내는 상품을 시송품이라고 한다. 고객에게 시송품이 보내진 것으로 매출을 인식할 수 없으므로 회사의 창고에 없더라도 회사의 재고자산에 포함해야 하며, ① 고객이 매입의사를 표명한 때, 또는 ② 반품가능기간이 종료한 때에 매출수익을 인식한다.

6.4 저당상품

저당이란 부동산이나 동산 등을 담보로 제공하는 것으로 담보제공으로 소유권이 이전되는 것이 아니므로 회사의 재고자산에 포함시켜야 한다.

6.5 할부판매상품

할부판매는 대금을 일정기간에 걸쳐 분할하여 받는 것으로 대금은 분할하여 지급받더라도 상품의 인도라는 수행의무를 이행하였고 대금회수에 불확실성이 존재하지 않는다면 매출수익을 인식하고 회사의 재고자산으로 보지 아니한다. 또한 현금판매가격을 그 재화나 용역에 대한 수익으로 인식하고, 할부기간 동안 이자수익을 인식한다.

6.6 재매입약정 판매

재매입약정은 자산을 판매하고 그 자산을 다시 사기로 약속하거나 다시 살 수 있는 선택권을 갖는 계약이며, 회사가 판매한 자산을 원래 판매가격보다 낮은 금액으로 다시 사는 계약이라면 리스로 회계처리하고, 회사가 판매한 자산을 원래 판매가격 이상의 금액으로 다시 사는 계약이라면 금융약정(금전대차거래)으로 회계처리한다. 이러한 경우에는 판매로 보지 아니하므로 회사의 재고자산에 포함시켜야 한다. 보다 자세한 내용은 제14장 고객과의 계약에서 생기는 수익에서 설명하도록 한다.

연습문제

| 주관식문제 |

01. 재고자산의 기록방법 중 계속기록법의 장·단점과 실지재고조사법의 장·단점에 대하여 설명하시오.

02. 재고자산감모손실이 발생하는 원인과 회계처리방법을 설명하시오.

03. 소매재고법(매출가격환원법)은 K-IFRS에서 인정하지만 매출총이익률법은 인정하지 않는 이론적 근거는 무엇인가?

04. 재고자산거래에 대한 다음 자료를 이동평균법(계속기록법하의 가중평균법)에 따라 기록한 경우 당사의 매출원가와 기말재고액을 산출하시오.

일자	구분	수량	단가(원)
1월 1일	기초재고	100	1,000
5월 1일	매출	50	
10월 1일	매입	200	2,000
12월 1일	매출	100	

05. 재고자산거래에 대한 다음 자료를 총평균법(실사법하의 가중평균법)에 따라 기록한 경우 당사의 매출원가와 기말재고액을 산출하시오.

일자	구분	수량	단가(원)
1월 1일	기초재고	100	1,000
5월 1일	매출	50	
10월 1일	매입	200	2,000
12월 1일	매출	100	

06. 다음은 ㈜인덕의 4월 한 달간의 거래내용이다. 계속기록법하에서의 선입선출법을 이용하여 기말재고자산금액과 매출원가를 계산하시오.

	매입	매출
4월 1일(기초)	140개(@₩124)	
4일		100개(@₩200)
5일	350개(@₩120)	
10일	160개(@₩128)	
11일		280개(@₩200)
14일		120개(@₩220)
16일	240개(@₩130)	
22일	140개(@₩132)	
23일		240개(@₩220)
26일		180개(@₩240)
29일	100개(@₩135)	

07. 다음 자료를 기초로 ㈜인덕의 기말재고자산을 계산하시오.

기초재고자산	₩100,000	
당기매입액	500,000	
기말재고자산실사액	50,000	창고에서 직접 확인
미착상품	30,000	FOB 도착지인도조건으로 현재 운송 중
적송품	100,000	60% 판매완료
시송품	130,000	이 중에서 고객이 매입의사를 표시한 금액은 ₩50,000
저당상품	30,000	차입금의 담보이며 기말재고실사에 포함되어 있지 않음

| 객관식문제 |

01. 다음 재고자산의 기록방법 중 실지재고조사법의 장 · 단점에 대한 설명으로 잘못된 것은?

① 재고자산감모손실이 기말재고에 포함되는 오류가 존재한다.
② 실사에 소요되는 비용이 크다.
③ 기중에 보유재고수량을 파악하지 못하므로 자산관리목적으로 부적합하다.
④ 기중 결산이 어렵다.

02. 다음 중 재고자산의 취득원가에 관한 설명으로 가장 옳은 것은?
(2017년 재경관리사 기출문제)

① 매입시 발생한 매입운임은 당기비용으로 처리한다.
② 매입시 발생한 하역료는 매입가격에 가산한다.
③ 판매시 발생한 판매수수료는 매입가격에 가산한다.
④ 매입할인 및 리베이트는 매입원가를 결정할 때 가산한다.

03. 자동차부품제조업을 영위하고 있는 ㈜삼일은 당기 중 원자재를 선적지인도조건으로 수입하는 과정에서 다음과 같은 항목의 원가가 발생하였다. 동 매입거래에 의하여 재무상태표상에 증가하게 될 재고자산의 가액은 얼마인가? 단, 거래당시의 환율은 @₩1,100이다. (2020년 재경관리사 기출문제)

ㄱ. 재고자산의 매입원가	USD1,000
ㄴ. 매입할인	USD120
ㄷ. 운송료	₩80,000
ㄹ. 재고자산 매입관리부서 인원의 매입기간 인건비	₩20,000

① ₩968,000　　② ₩1,048,000
③ ₩1,118,000　　④ ₩1,140,000

04. 자동차부품제조업을 영위하고 있는 ㈜삼일은 당기 중 원자재를 후불 조건으로 수입하는 과정에서 다음과 같은 항목의 원가가 발생하였다. 동 매입거래에 의하여 재무상태표상에 증가하게 될 재고자산의 가액은 얼마인가? 단, 거래당시의 환율은 $1＝₩1,000이다. (2021년 재경관리사 기출문제)

ㄱ. 재고자산의 매입원가	USD1,000
ㄴ. 매입할인	USD100
ㄷ. 운송보험료	₩100,000
ㄹ. 환급 불가한 수입관세 및 제세금	₩20,000
ㅁ. 재고자산 매입관리부서 인원의 매입기간 인건비	₩50,000

① ₩900,000 ② ₩1,000,000
③ ₩1,020,000 ④ ₩1,070,000

05. 다음 중 재무상태표상 재고자산으로 분류되어야 할 항목으로 가장 올바르지 않은 것은? (2021년 재경관리사 기출문제)

① 부동산매매업을 영위하는 기업에서 보유하는 판매목적 토지
② 자동차제조회사의 공장에서 생산 중에 있는 미완성 엔진
③ 건설회사에서 분양사업을 위해 신축하는 건물
④ 의류회사에서 공장의 일부를 폐쇄하면서 처분하고자 하는 설비자산

06. 다음 자료를 기초로 선입선출법을 적용한 실사법에 따른 기말재고자산원가 및 매출원가를 구하시오.

구분	수량	구입단가
기초재고	100개	@₩10
당기매입	1,000개	@₩15
기말실사수량	300개	

	기말재고자산원가	매출원가
①	6,000	12,000
②	6,000	10,000
③	4,500	10,750
④	4,500	11,500

07. 다음 중 재고자산평가에 관한 설명으로 가장 옳은 것은?
(2015년 재경관리사 기출문제)

① 재고수량 결정방법을 계속기록법에서 실지재고조사법으로 변경하면 장부상의 재고수량은 수시로 파악가능하게 된다.
② 물가가 지속적으로 상승하고 기초수량보다 기말수량이 많은 경우 평균법보다 선입선출법을 사용할 때의 당기순이익이 더 크다.

③ 재고자산의 단위원가는 개별법, 선입선출법, 후입선출법 및 가중평균법을 사용하여 결정한다.
④ 선입선출법하에서 실지재고조사법과 계속기록법에 의한 기말재고자산 금액은 다르게 측정된다.

08. 다음 자료를 기초로 선입선출법을 적용한 병행법(재고자산감모손실의 정확한 파악)에 따른 기말재고자산원가 및 매출원가를 구하시오. 재고자산감모손실 중 50%는 원가성이 있다.

구분	수량	구입단가
기초재고	100개	@₩10
당기매입	1,000개	@₩15
당기매출	700개	
기말실사수량	300개	

	기말재고자산원가	매출원가
①	4,500	12,250
②	6,000	10,000
③	4,500	10,750
④	6,000	10,750

09. ㈜삼일은 재고자산을 선입선출법으로 평가하고 있다. 기말재고자산 실사결과 확인된 재고수량은 3,500개이며, 전기 이월분은 모두 전기 말에 일괄하여 매입한 것이다. 다음의 재고수불부에 따르면 기말재고자산금액은 얼마인가?
(2017년 재경관리사 기출문제)

	수량	단가	금액
전기이월	2,000개	₩2,000	₩4,000,000
5월 5일 구입	1,500개	₩2,500	₩3,750,000
7월 8일 판매	(1,000개)		
9월 3일 구입	1,000개	₩2,800	₩2,800,000
기말	3,500개		

① ₩7,750,000　② ₩8,250,000
③ ₩8,550,000　④ ₩9,250,000

10. 다음은 ㈜삼일의 20×1년 재고수불부이다. ㈜삼일이 재고자산을 선입선출법으로 평가하는 경우와 총평균법(회계기간 단위로 평균단가를 산출하는 방법)으로 평가하는 경우 각각의 기말재고자산금액은 얼인가? (2015년 재경관리사 기출문제)

	수량	단가	금액
전기이월	3,000개	₩2,000	₩6,000,000
1월 20일 구입	2,000	2,500	5,000,000
6월 15일 판매	(2,500)		
8월 14일 구입	2,000	2,800	5,600,000
10월 1일 판매	(3,500)		
12월 4일 구입	1,000	3,000	3,000,000

	선입선출법	총평균법
①	₩5,800,000	₩4,900,000
②	5,800,000	5,700,000
③	6,400,000	4,900,000
④	6,400,000	5,700,000

11. 다음은 ㈜삼일의 재고수불부이다. ㈜삼일이 기말재고자산을 총평균법과 선입선출법으로 각각 평가할 경우 두 평가금액의 차이는 얼마인가?
(2020년 재경관리사 기출문제)

구분	단위	단위원가(원)
기초재고 (1/1)	1,000개	@100
매입 (3/5)	500	@120
매입 (5/15)	1,500	@140
매입 (11/10)	200	@150
총판매가능수량	3,200	
매출 (4/22)	1,50	
매출 (9/29)	1,000	
총 판매수량	2,500	
기말재고 (12/31)	700	

① ₩2,500　　② ₩7,500
③ ₩10,000　　④ ₩12,500

12. 20×1년 12월 31일 ㈜인덕의 창고에 보관 중인 재고자산을 실사한 결과 원가가 ₩2,000,000으로 파악되었다. 다음의 추가자료를 고려하였을 때 재무상태표에 보고할 재고자산원가는 얼마인가?

〈추가자료〉

(1) 20×1년 12월중 ㈜IDU로부터 ₩300,000의 상품을 선적지인도기준으로 구입하였는데 실사일 현재 운송 중이다.

(2) ㈜인덕은 위탁판매를 위하여 ㈜세무에게 원가 ₩200,000의 상품을 발송하였는데, 실사일 현재 판매된 상품은 없다.

(3) ㈜인덕은 재고자산 ₩100,000을 담보로 자금을 차입하였고, 담보를 설정하였으므로 재고실사시 제외하였다.

① ₩1,900,000　　② ₩2,100,000
③ ₩2,300,000　　④ ₩2,600,000

13. 다음 자료를 이용하여 아래 질문에 답하시오. (2016년 재경관리사 기출문제)

㈜삼일은 코트를 수입하여 판매하는 회사이다. 다음은 당기말 현재 상품재고 현황이다.

	장부수량	장부금액	실사수량	실사수량에 따른 기말재고자산금액
코트	1,500개	₩4,500,000	1,300개	₩3,900,000

㈜삼일은 섬유신소재의 개발로 상품재고를 다음연도로 이월하여 정상가격으로 판매하기 곤란하다고 판단하였다. 코트의 순실현가치가 ₩3,000,000일 때 ㈜삼일이 코트에 대한 재고자산평가손실로 인식할 금액은 얼마인가?

① ₩0　　② ₩500,000
③ ₩900,000　　④ ₩1,500,000

14. 다음 중 재고자산의 평가에 관한 설명으로 가장 올바르지 않은 것은?
(2018년 재경관리사 기출문제)

① 재고자산은 취득원가와 순실현가능가치 중 낮은 금액으로 측정한다.
② 원재료의 현행대체원가가 장부금액보다 낮게 추정된다면 예외 없이 재고자산평가손실이 발생한다.
③ 상품 및 제품의 순실현가능가액은 예상판매가격에서 추가예상원가 및 기타 판매비용을 차감한 금액으로 추정한다.
④ 재고자산의 판매가 계약에 의해 확정되어 있는 경우 순실현가능가액은 그 계약가격이다.

15. 다음 자료를 토대로 재고자산과 관련하여 ㈜삼일의 20×2년 포괄손익계산서에 비용으로 보고되는 금액은 얼마인가? (2017년 재경관리사 기출문제)

20×1년 12월 31일 재고자산	₩200,000
20×2년 매입액	180,000
20×2년 재고자산평가손실	73,000
20×2년 12월 31일 재고자산(평가손실 차감후)	50,000

① ₩280,000 ② ₩312,000
③ ₩330,000 ④ ₩348,000

16. 다음 자료에서 재고자산평가손실은 ㈜삼일의 재고자산이 진부화되어 발생하였다. 다음 자료 중 ㈜삼일의 20×2년 포괄손익계산서상 매출원가 등 관련비용은 얼마인가? (2021년 재경관리사 기출문제)

20×1년 12월 31일 재고자산	₩500,000
20×2년 매입액	2,000,000
20×2년 재고자산평가손실	200,000
20×2년 재고자산감모손실(정상감모)	100,000
20×2년 12월 31일 재고자산(평가손실과 감모손실 차감후)	1,000,000

① ₩1,200,000 ② ₩1,300,000
③ ₩1,400,000 ④ ₩1,500,000

17. 다음 자료를 기초로 12월 31일의 재고자산 원가금액을 추정하시오.
전기까지의 매출총이익률은 30%이다.

기초재고	₩500,000
당기매입	2,000,000
당기매출	3,000,000

① ₩1,600,000 ② ₩200,000
③ ₩0 ④ ₩400,000

18. 소매재고법(매출가격환원법)은 K-IFRS에서 인정하지만 매출총이익률법은 인정하지 않는 이유는 무엇인가?

① 실사가 불가능하기 때문에 인정하지 않는다.
② 선입선출법을 적용할 경우 적용이 불가능하기 때문이다.
③ 과거의 매출총이익률을 이용하기 때문에 실제원가계산이 아니기 때문이다.
④ 백화점이나 유통업종 등 한정된 업종에만 사용할 수 있기 때문이다.

정답 및 해설

| 주관식문제 |

01. (1) 계속기록법

① 장점: 재고자산을 판매할 때마다 기록하므로 회계기간말에 창고에 직접 방문하여 재고실사를 수행하는 비용을 절약할 수 있으며, 또한 기중에 장부기록을 통해 언제든지 창고에 남아있는 수량을 확인할 수 있다.

② 단점: 판매할 때마다 기록해야 하는 기록유지비용에 대한 부담과 재고감모수량을 정확히 파악하지 못하고 재고자산감모수량이 기말재고수량에 포함되게 된다.

(2) 실지재고조사법

① 장점: 판매할 때마다 기록하지 않으므로 기록유지비용을 절약할 수 있다.

② 단점: 기중에 보유하고 있는 재고수량을 알 수 없으므로 자산관리에 취약하며 회계기말에 직접 창고에 가서 재고실사를 수행해야 하므로 실사에 소요되는 비용이 크다. 또한, 재고실사시 존재하지 않는 재고감모수량을 판매된 것으로 인식하게 된다.

02. 창고에서는 상황에 따라 재고자산의 파손, 훼손, 도난 및 증발 등으로 재고자산이 물리적으로 감소하는 경우가 있다. 이를 재고자산감모라고 하는데 발생원인에 따라 정상적인 관리과정에서 발생하는 것은 정상감모손실이라고 하며, 이는 정상적인 영업활동과정에서 발생하는 것이므로 매출원가에 포함시키고, 정상범위를 초과하여 발생하는 감모는 비정상감모손실이라고 하며, 이는 관리활동의 부족에 따른 것이므로 영업외비용으로 회계처리한다.

* K-IFRS에서는 비용으로 처리하는 것으로만 규정되어 있으나 실무적으로는 위와 같이 처리하는 것이 일반적임.

03. 실제원가계산을 원칙으로 하고 있는 K-IFRS에서 당기의 실제 원가율을 기준으로 한 소매재고법(매출가격환원법)은 인정하나, 매출총이익률법은 당기 실제원가율이 아닌 과거의 매출총이익률(또는 원가율)이 당기에도 유효하다고 가정하고 원가계산을 하므로 K-IFRS에서 인정하고 있지 않다.

04.

일자	적요	입고			출고			잔고		
		수량	단가	금액	수량	단가	금액	수량	단가	금액
1월 1일	기초							100	1,000	100,000
5월 1일	매출				50	1,000	50,000	50	1,000	50,000
10월 1일	매입	200	2,000	400,000				250	1,800	450,000
12월 1일	매출				100	1,800	180,000	150	1,800	270,000
					매출원가		₩230,000	기말재고		₩270,000

05.

$$\text{총평균단가} = \frac{\text{기초재고원가} + \text{당기매입원가}}{\text{기초재고수량} + \text{당기매입수량}} = \frac{₩100{,}000 + ₩400{,}000}{100\text{개} + 200\text{개}} = ₩1{,}666.67$$

- 기말재고자산원가＝150개×@₩1,666.67＝₩250,000
- 매출원가＝기초재고원가(₩100,000)＋당기매입원가(₩400,000)－기말재고원가(₩250,000)
  ＝₩250,000

06.

일자	적요	입고			출고			잔고		
		수량	단가	금액	수량	단가	금액	수량	단가	금액
4월 1일	기초							140	124	17,360
4일	매출				100	124	12,400	40	124	4,960
5일	매입	350	120	42,000				40	124	4,960
								350	120	42,000
10일	매입	160	128	20,480				40	124	4,960
								350	120	42,000
								160	128	20,480
11일	매출				40	124	4,960	110	120	13,200
					240	120	28,800	160	128	20,480
14일	매출				110	120	13,200	150	128	19,200
					10	128	1,280			
16일	매입	240	130	31,200				150	128	19,200
								240	130	31,200
22일	매입	140	132	18,480				150	128	19,200
								240	130	31,200
								140	132	18,480
23일	매출				150	128	19,200	150	130	19,500
					90	130	11,700	140	132	18,480
26일	매출				150	130	19,500	110	132	14,520
					30	132	3,960			
29일	매입	100	135	13,500				110	132	14,520
								100	135	13,500
					매출원가		₩115,000	기말재고		₩28,020

07. 기말재고자산 = 기말재고실사액 + 미판매 적송품 + 매입의사표시 없는 시송품 + 저당상품
= 50,000 + 100,000 × 40% + (130,000 − 50,000) + 30,000
= ₩200,000

| 객관식문제 |

01. ①

기말에 재고실사를 통해 기말재고액을 파악하고 창고에 없는 재고는 판매된 것으로 간주하므로 재고자산감모손실은 판매된 것으로 인식하게 된다.

02. ②

재고자산의 취득원가는 매입원가, 전환원가 및 재고자산을 현재의 장소에 현재의 상태로 이르게 하는 데 발생한 기타원가 모두를 포함한다.

03. ②

재고자산의 취득가액 = (USD1,000 − USD120) × ₩1,100 + ₩80,000 = ₩1,048,000

04. ③

재고자산의 취득가액 = (USD1,000 − USD100) × ₩1,000 + ₩100,000 + ₩20,000
= ₩1,020,000

05. ④

재고자산이란 다음과 같은 자산이다.

① 정상적인 영업과정에서 판매를 위하여 보유 중인 자산
② 정상적인 영업과정에서 판매를 위하여 생산 중인 자산
③ 생산이나 용역제공에 사용될 원재료나 소모품

06. ④

(1) 매출원가 = 기초재고(100개 × @₩10) + 당기매입분 중 매출(700개 × @₩15)
= ₩11,500

(2) 기말재고 = 최근 매입한 재고액(300개 × @₩15) = ₩4,500

07. ②

물가상승의 상황에서 기말재고수량이 증가한다면 선입선출법에서의 매출원가는 과거의 저렴한 재고자산으로 구성되므로 당기순이익이 평균법에 비해 더 크다.

08. ③

(1) 매출원가＝기초재고(100개×@₩10)＋당기매입분 중 매출(600개×@₩15)
　　＋원가성 있는 재고감모손실(100개×50%×@₩15)
　　＝₩10,750

(2) 기말재고＝최근 매입한 재고액(300개×@₩15)＝₩4,500

09. ③

선입선출법을 적용할 경우 기말재고자산은 가장 최근에 구입한 재고자산으로 구성됨.
기말재고자산금액＝1,000개(9/3구입분)×₩2,800＋1,500개(5/5구입분)×₩2,500＋1,000개(전기이월분)×₩2,000＝₩8,550,000

10. ①

(1) 선입선출법
기말재고자산은 가장 최근에 구입한 재고로 구성
기말재고＝1,000개×₩3,000＋1,000개×₩2,800＝₩5,800,000

(2) 총평균법

$$총평균단가 = \frac{(₩6,000,000 + ₩5,000,000 + ₩5,600,000 + ₩3,000,000)}{(3,000개 + 2,000개 + 2,000개 + 1,000개)} = ₩2,450$$

기말재고＝2,000개×₩2,450＝₩4,900,000

11. ④

(1) 선입선출법
기말재고자산은 가장 최근에 구입한 재고로 구성
기말재고＝200개×₩150＋500개×₩140＝₩100,000

(2) 총평균법

$$총평균단가 = \frac{(₩100,000 + ₩60,000 + ₩210,000 + ₩30,000)}{(1,000개 + 500개 + 1,500개 + 200개)} = ₩125$$

기말재고＝700개×₩125＝₩87,500

12. ④

기말재고자산＝기말재고실사액＋선적지인도기준조건 운송 중인 상품＋적송품
　　＋담보제공 재고
　　＝2,000,000＋300,000＋200,000＋100,000
　　＝₩2,600,000

13. ③

재고자산평가손실＝실사수량에 따른 기말재고자산장부가액－순실현가능가치
＝3,900,000－3,000,000
＝₩900,000

장부수량과 실사수량의 차이는 재고자산감모손실이다.

14. ②

완성될 제품이 원가 이상으로 판매될 것으로 예상하는 경우에는 그 생산에 투입하기 위해 보유하는 원재료 및 기타 소모품을 감액하지 아니한다.

15. ③

매출원가＝200,000＋180,000－73,000－50,000＝₩257,000
재고자산평가손실＝₩73,000

16. ④

매출원가 등 관련비용＝500,000＋2,000,000－1,000,000＝₩1,500,000

17. ④

매출원가추정액＝매출액×(1－매출총이익률)＝3,000,000×(1－30%)＝₩2,100,000
기초재고＋당기매입－매출원가＝기말재고
500,000＋2,000,000－2,100,000＝₩400,000

18. ③

K-IFRS *Intermediate Financial Accounting*

Chapter 08

유형자산

단원정리 유형자산

• 유형자산
- 정상적인 영업활동과정에 사용할 목적으로 보유
- 물리적 형태가 있는 자산
- 한 회계기간을 초과하여 사용할 것이 예상되는 자산

• 취득원가
- 구입가격
- 취득부대비용(사용가능한 상태로 만드는 데 들어간 원가)
- 복구추정원가

• 교환취득
- 원칙: 공정가치로 측정
- 예외: 제공한 자산의 장부금액으로 원가를 측정

• 일괄취득: 공정가치비율로 안분

• 복구원가: 복구원가의 현재가치를 취득원가에 가산

• 정부보조에 의한 취득
- 이연수익법
- 자산차감법

• 후속원가
- 당기비용: 일상적인 수선・유지
- 자산의 원가: 자산의 인식기준 충족

• 감가상각: 원가배분과정

• 감가상각의 4요소
- 취득원가
- 잔존가치
- 내용연수
- 감가상각방법: 정액법, 체감잔액법, 비례법

- **후속측정(재평가)**
  - 원가모형
  - 재평가모형: 비례수정법/총제거법

- **유형자산의 제거**
  - 처분하는 때
  - 미래경제적효익이 기대되지 않을 때(폐기)

- **차입원가:** 적격자산의 취득과 관련한 자금 차입과 관련하여 발생하는 이자 및 기타원가

  * 적격자산: 의도된 용도로 사용하거나 판매가능한 상태에 이르게 하는데 상당한 기간을 필요로 하는 자산

- **자본화할 차입원가**
  - 특정목적차입금 자본화 차입원가: 특정목적차입금 차입원가 − 일시운용수익
  - 일반목적차입금 자본화 차입원가: (적격자산평균지출액 − 특정목적차입금 평균차입액)×가중평균이자율

- **자산손상:** 자산의 장부금액 vs 회수가능액

  * 회수가능액 = Max[순공정가치, 사용가치]

제1절 유형자산의 의의

유형자산이란 재화나 용역의 생산이나 제공, 타인에 대한 임대 또는 관리활동에 사용할 목적으로 보유하는 물리적 형태가 있는 자산으로서 한 회계기간을 초과하여 사용할 것이 예상되는 자산을 말한다.

유형자산은 영업상 유사한 성격과 용도로 분류한다. 다음은 개별 분류의 예이다.

① 토지
② 토지와 건물
③ 기계장치
④ 선박
⑤ 항공기
⑥ 차량운반구
⑦ 집기
⑧ 사무용비품

유형자산이란 주된 영업활동과정에 사용할 목적으로 보유한다는 점에서 판매를 목적으로 보유하는 재고자산이나 투자수익 획득을 목적으로 하는 투자자산과 구분된다. 자산은 형태를 기준으로 계정 분류하는 것이 아니라 보유목적에 따라 계정 분류되어야 한다. 예를 들어, 건물을 주된 영업활동과정에 사용할 목적으로 보유한다면 유형자산으로 분류하며, 부동산매매업의 경우 판매를 목적으로 보유하는 건물은 재고자산으로 분류된다. 또한 건물을 임대수익획득이나 시세차익 등 투자수익의 획득을 목적으로 보유한다면 투자부동산으로 분류해야 한다.

유형자산으로 인식되기 위해서는 다음의 인식기준을 모두 충족하여야 한다.

① 자산으로부터 발생하는 미래경제적효익이 기업에 유입될 가능성이 높다.
② 자산의 원가를 신뢰성 있게 측정할 수 있다.

제2절 유형자산의 취득

2.1 취득원가의 일반

유형자산은 취득시점에 취득원가로 장부에 인식하는데 유형자산의 원가는 다음과 같이 구성된다.

① 관세 및 환급 불가능한 취득관련 세금을 가산하고 매입할인과 리베이트 등을 차감한 구입가격(즉, 그 유형자산의 취득을 위해 실제 구입의 대가로 지급한 구입가격)

② 경영진이 의도하는 방식으로 자산을 가동하는 데 필요한 장소와 상태에 이르게 하는데 직접 관련되는 원가(즉, 그 유형자산을 사용할 수 있는 상태로 만드는 데 들어간 비용)

③ 자산을 해체, 제거하거나 부지를 복구하는 데 소요될 것으로 최초에 추정되는 원가(즉, 복구추정원가)

이 중 ②의 경영진이 의도하는 방식으로 자산을 가동하는 데 필요한 장소와 상태에 이르게 하는데 직접 관련되는 원가의 예는 다음과 같다.

① 유형자산의 매입 또는 건설과 직접적으로 관련되어 발생한 종업원급여

② 설치장소 준비원가

③ 최초의 운송 및 취급관련 원가

④ 설치원가 및 조립원가

⑤ 유형자산이 정상적으로 작동되는지 여부를 시험하는 과정에서 발생하는 원가. 단, 시험과정에서 생산된 재화(예: 장비의 시험과정에서 생산된 시제품)의 순매각금액은 당해 원가에서 차감한다.

⑥ 전문가에게 지급하는 수수료

유형자산이 경영진이 의도하는 방식으로 가동될 수 있는 장소와 상태에 이른 후에는 원가를 더 이상 인식하지 않는다. 따라서 유형자산을 사용하거나 이전하는 과정에서 발생하는 원가는 당해 유형자산의 장부금액에 포함하여 인식하지 아니한다.

예를 들어, 다음과 같은 원가는 유형자산의 장부금액에 포함하지 아니한다.

① 유형자산이 경영진이 의도하는 방식으로 가동될 수 있으나 아직 실제로 사용되지는 않고 있는 경우 또는 가동수준이 완전조업도 수준에 미치지 못하는 경우에 발생하는 원가

② 유형자산과 관련된 산출물에 대한 수요가 형성되는 과정에서 발생하는 가동손실과 같은 초기 가동손실

③ 기업의 영업 전부 또는 일부를 재배치하거나 재편성하는 과정에서 발생하는 원가

또한 혼동하기 쉽지만 유형자산의 원가가 아닌 예는 다음과 같다.

① 새로운 시설을 개설하는 데 소요되는 원가

② 새로운 상품과 서비스를 소개하는 데 소요되는 원가(예: 광고 및 판촉활동과 관련된 원가)

③ 새로운 지역에서 또는 새로운 고객층을 대상으로 영업을 하는 데 소요되는 원가(예: 직원 교육훈련비)

④ 관리 및 기타 일반간접원가

예제 8-1 | 유형자산의 취득원가

㈜인덕은 기계장치를 취득하면서 다음과 같은 지출을 하였다.
다음의 기계장치 취득과 관련된 자료에 따른 기계장치의 취득가액을 계산하시오.

지출내역	지출액
기계장치 구입가격	₩1,000,000
기계장치의 운송비	100,000
기계장치의 설치원가	50,000
기계장치 시운전비	50,000
기계장치로 생산할 신제품에 대한 광고비	200,000
신제품에 대한 수요가 형성되지 않아 발생하는 초기 가동손실	100,000

| 해답 |

취득원가=1,000,000+100,000+50,000+50,000=₩1,200,000

2.2 교환취득

유형자산을 취득하는 여러 가지 방법 중에서 보유하고 있던 유형자산과의 교환으로 유형자산을 취득하는 경우가 있다. 교환으로 취득한 유형자산의 원가는 다음 중 하나에 해당하는 경우를 제외하고는 공정가치로 측정한다. 즉, 취득한 자산을 공정가치로 측정하지 않는 경우에 제공한 자산의 장부금액으로 원가를 측정하므로 교환의 대가로 제공한 자산에 대한 처분손익이 인식되지 않는다.

① 교환거래에 상업적 실질이 결여된 경우

② 취득한 자산과 제공한 자산 모두의 공정가치를 신뢰성 있게 측정할 수 없는 경우

교환거래의 결과 미래현금흐름이 얼마나 변동될 것인지를 고려하여 해당 교환거래에 상업적 실질이 있는지를 결정한다. 다음 ① 또는 ②에 해당하면서 ③을 충족하는 경우에 교환거래는 상업적 실질이 있다고 본다.

① 취득한 자산과 관련된 현금흐름의 구성(위험, 유출입시기, 금액)이 제공한 자산과 관련된 현금흐름의 구성과 다르다.

② 교환거래의 영향을 받는 영업부분의 기업특유가치가 교환거래의 결과로 변동한다.

③ 위 ①이나 ②의 차이가 교환된 자산의 공정가치에 비하여 유의적이다.

용어정의

기업특유가치	기업특유가치란 자산의 계속적 사용으로부터 그리고 내용연수 종료시점에 처분으로부터 또는 부채의 결제로부터 발생할 것으로 기대되는 현금흐름의 현재가치이다.

예를 들어, 운동화를 제조하고 있던 저가의 기계장치를 스마트폰을 제조하는 고가의 기계장치와 교환을 한다면 운동화를 제조 및 판매하여 창출하던 현금흐름의 형태와 스마트폰의 제조 및 판매로 인한 현금흐름의 형태는 매우 다를 것이며, 또한 운동화 제조에서 스마트폰의 제조로 기업특유가치의 근본적인 변화가 일어나고 또한 두 기계장치의 공정가치의 차이가 유의적이므로, 이런 교환은 기존에 보유하고 있던 운동화 제조 기계장치를 처분하고 스마트폰 제조 기계장치를 취득하는 형

식으로 해석하여 처분손익을 인식하는 상업적 실질이 있는 거래로 본다. 그러나 그렇지 않은 경우에는 기존의 영업이 계속 이어지고 있으며 교환자산의 공정가치차이도 유의적이지 않으므로 처분손익을 인식하지 아니한다.

예제 8-2 | 유형자산의 교환

㈜인덕은 보유하고 있던 기계장치(취득원가: ₩1,500,000, 감가상각누계액: ₩500,000)를 ㈜세무와 교환하기로 합의하였다. 다음 각 상황에 따라 회계처리하시오.

1. ㈜인덕은 기존의 영업을 계속 수행하기 위해 보유하고 있던 기계장치와 공정가치의 차이가 유의적이지 않은 ㈜세무의 기계장치를 교환하였다.
2. ㈜인덕은 새로운 사업영역으로의 진입을 위해 기존 기계장치를 새로운 제품 생산을 위한 ㈜세무의 기계장치와 현금 ₩500,000을 지급하며 교환하였는데, 두 자산은 공정가치의 차이가 유의적이며, 교환의 대상인 ㈜인덕의 기계장치 공정가치는 ₩2,000,000이다.

| 해답 |

1. 상업적 실질이 결여된 경우이므로 처분손익을 인식하지 아니하고 기존 자산의 취득원가에서 감가상각누계액을 차감한 장부가액을 취득한 자산의 취득가액으로 회계처리한다.

(차) 기계장치(신)	1,000,000	(대) 기계장치(구)	1,500,000
감가상각누계액	500,000		

2. 교환의 상업적 실질이 있는 거래이므로 기존의 자산을 처분하고 새로운 자산을 취득하는 처분손익 인식의 회계처리를 하여야 한다.

(차) 기계장치(신)	2,500,000	(대) 기계장치(구)	1,500,000
감가상각누계액	500,000	현금	500,000
		유형자산처분이익	1,000,000

취득한 자산이나 제공한 자산의 공정가치를 신뢰성 있게 측정할 수 있다면 취득한 자산의 공정가치가 더 명백한 경우를 제외하고는 취득한 자산의 원가를 제공한 자산의 공정가치로 측정한다. 교환거래를 기존 자산의 처분거래와 새로운 자산의 취득거래로 나누어 회계처리한다고 생각하면 명확할 것이다. 즉, 기존 자산을 처분한 처분대가로 새로운 자산을 취득하므로 새로운 자산의 취득원가는 기존 자산의 처분가액(공정가치)이 되는 것이다.

2.3 일괄취득

둘 이상의 유형자산을 일괄취득하는 경우 개별 자산의 취득원가는 일괄취득원가를 각 자산의 공정가치비율로 안분하여 계산한다. 단, 토지와 건물의 일괄취득의 경우에는 다음으로 구분하여 취득원가를 계산하여야 한다.

(1) 토지와 건물을 모두 사용할 목적으로 일괄취득하는 경우

일괄취득원가에 취득세, 중개수수료 등 취득부대원가를 가산한 금액을 토지와 건물의 공정가치비율로 안분하여 계산한다. 단, 토지와 건물 중 공정가치를 측정할 수 없는 자산이 있는 경우 공정가치의 측정이 가능한 자산의 공정가치를 해당 자산의 원가로 하고 일괄취득원가의 잔액을 공정가치를 측정할 수 없는 자산의 취득원가로 계산한다.

(2) 토지만 사용할 목적으로 일괄취득하는 경우: 취득 후 기존 건물 철거 계획

취득 후 건물을 철거하고 토지만 사용할 목적으로 취득한 경우 일괄취득원가 전액이 토지의 취득원가이다. 따라서 취득 후 발생하는 건물의 철거비용도 토지를 사용가능한 상태로 만드는 데 소요된 비용이므로 토지의 취득원가에 가산한다.

예제 8-3 | 일괄취득

20×1년초에 ㈜인덕은 건물을 사용할 목적으로 건물과 토지를 ₩10,000,000에 일괄취득하였다. 취득당시 건물의 공정가치는 ₩5,000,000, 토지의 공정가치는 ₩7,500,000이었다. 토지와 건물을 취득하는 데 추가적으로 소유권이전비용 ₩1,000,000과 취득세로 ₩1,000,000이 발생하였으며, 20×1년 토지보유에 따른 재산세가 ₩500,000 부과되었다. 토지와 건물의 취득원가는 얼마인가?

| 해답 |

- 일괄취득원가=10,000,000+1,000,000+1,000,000=₩12,000,000
- 재산세는 취득과 관련한 불가피한 지출이 아니므로 제외
- 일괄취득원가를 토지와 건물의 공정가치를 기준으로 배분

토지의 취득원가:	12,000,000×(7,500,000/12,500,000)=	₩7,200,000
건물의 취득원가:	12,000,000×(5,000,000/12,500,000)=	4,800,000
	합계	₩12,000,000

2.4 복구원가

환경오염 등을 유발할 수 있는 시설물의 취득의 경우에는 내용연수 종료시 환경의 원상회복의무가 전제될 수 있다. 이 경우 복구의무를 전제로 유형자산의 취득이 가능하므로 미래에 발생할 것으로 추정되는 복구원가도 경영진이 의도하는 방식으로 자산을 가동하는 데 필요한 장소와 상태에 이르게 하는 데 직접 관련되는 원가라는 유형자산의 취득원가의 요건에 부합한다. 단, 복구원가는 미래시점에 발생할 비용이므로 합리적으로 추정하여 현재가치로 취득원가에 가산한다.

예제 8-4 | 복구원가

㈜SJ정유는 해저유전을 설치하여 석유를 채굴하기로 계획하고 있다. 시설물 설치비용으로 ₩300,000,000을 지출하였으며, 내용연수가 종료하는 5년 후 환경오염에 대한 복구원가로 ₩200,000,000(현재가치 ₩150,000,000)이 지출될 것으로 추정하고 있다. 해저유전의 취득에 대한 회계처리를 하시오.

| 해답 |

(차) 구축물	450,000,000	(대) 현금	300,000,000
		복구충당부채	150,000,000

내용연수 종료시 부담할 복구원가의 현재가치를 복구충당부채로 취득원가에 가산하며, 명목금액과 현재가치와의 차이는 내용연수 동안 이자비용으로 인식하며 복구충당부채를 조정한다.

2.5 정부보조에 의한 취득

(1) 정부보조금의 의의

정부보조금이란 기업의 영업활동과 관련하여 과거나 미래에 일정한 조건을 충족하였거나 충족할 경우 기업에게 자원을 이전하는 형식의 정부지원을 말하며, 합리적으로 가치를 산정할 수 없는 정부지원과 기업의 정상적인 거래와 구분할 수 없는 정부와의 거래는 제외한다. 정부보조금은 보상금, 조성금 또는 장려금 등의 명칭으로도 불리기도 한다.

정부보조금은 자산관련보조금과 수익관련보조금으로 구분할 수 있는데, 자산관련보조금이란 정부지원의 요건을 충족하는 기업이 장기성 자산을 매입·건설하거나 다른 방법으로 취득하여야 하는 일차적 조건이 있는 정부보조금을 말하며, 이러한 경우 부수조건으로 해당 자산의 유형이나 위치 또는 자산의 취득기간이나 보유기간을 제한할 수 있다. 수익관련보조금이란 자산관련보조금 이외의 정부보조금을 의미한다.

(2) 정부보조금의 회계처리

1) 자산관련보조금

자산관련정부보조금은 재무상태표에 이연수익으로 표시하거나 자산의 장부금액을 결정할 때 차감하여 표시한다.

① 이연수익법: 이연수익법은 보조금을 이연수익으로 인식하여 자산의 내용연수에 걸쳐 체계적인 기준으로 당기손익에 인식하는 방법이다.

② 자산차감법: 자산차감법은 자산의 장부금액을 계산할 때 보조금을 차감하는 방법이다. 보조금은 감가상각자산의 내용연수에 걸쳐 감가상각비를 감소시키는 방식으로 당기손익으로 인식한다.

예제 8-5 | 정부보조금

12월말 결산법인인 ㈜인덕은 20×1년초에 ₩10,000,000의 환경관련 설비를 취득하기 위해 정부보조금을 ₩5,000,000 지원받았다. 이 환경설비의 내용연수는 4년이고 잔존가치 없이 정액법으로 감가상각한다.

1. 이연수익법에 따라 환경설비의 내용연수 동안의 회계처리를 하시오.
2. 자산차감법에 따라 환경설비의 내용연수 동안의 회계처리를 하시오.

| 해답 |

1. (1) 20×1년초

(차) 현금	5,000,000	(대) 이연보조금수익	5,000,000
(차) 유형자산(설비)	10,000,000	(대) 현금	10,000,000

재무상태표

〈자산〉		〈부채〉	
유형자산(설비)	10,000,000	이연보조금수익	5,000,000
		〈자본〉	

(2) 20×1년말, 20×2년말, 20×3년말, 20×4년말

(차) 감가상각비	2,500,000	(대) 감가상각누계액	2,500,000
(차) 이연보조금수익*	1,250,000	(대) 정부보조금수익	1,250,000

* 자산의 내용연수에 걸쳐 체계적인 기준으로 당기손익에 인식하기 위해 감가상각률을 적용하여 배분한다.

$$5,000,000 \times \frac{1}{4} = ₩1,250,000$$

2. (1) 20×1년초

(차) 현금	5,000,000	(대) 정부보조금	5,000,000
(차) 유형자산(설비)	10,000,000	(대) 현금	10,000,000

재무상태표

〈자산〉			〈부채〉
유형자산(설비)	10,000,000		
정부보조금	(5,000,000)	5,000,000	〈자본〉

(2) 20×1년말, 20×2년말, 20×3년말, 20×4년말

(차) 감가상각비	2,500,000	(대) 감가상각누계액	2,500,000
(차) 정부보조금	1,250,000	(대) 감가상각비	1,250,000

* 정부보조금만큼 자산의 취득가액을 차감하였으므로 정부보조금에 해당하는 부분은 감가상각으로 비용인식할 수 없다. 따라서 감가상각비 중 정부보조금에 해당하는 부분을 비용취소하는 회계처리를 한다.

$$2,500,000 \times \frac{5,000,000}{10,000,000} = ₩1,250,000$$

2) 수익관련보조금

수익관련보조금은 당기손익의 일부로 별도의 계정이나 '기타수익'과 같은 일반계정으로 표시하거나 관련비용에서 보조금을 차감하는 회계처리를 할 수도 있다.

(3) 정부보조금의 상환

상환의무가 발생하게 된 정부보조금은 회계추정의 변경으로 회계처리한다. 수익관련보조금을 상환하는 경우 보조금과 관련하여 인식된 미상각 이연계정에 먼저 적용한다. 이러한 이연계정을 초과하거나 이연계정이 없는 경우에는 초과금액 또는 상환금액을 즉시 당기손익으로 인식한다. 자산관련보조금을 상환하는 경우는 상환금액만큼 자산의 장부금액을 증가시키거나 이연수익에서 차감하여 기록한다. 보조금이 없었더라면 현재까지 당기손익으로 인식했어야 하는 추가 감가상각누계액은 즉시 당기손익으로 인식한다.

제3절 후속원가

유형자산을 취득한 이후에 계속적인 사용과 함께 추가적인 지출이 발생할 수도 있다. 이를 후속원가라고 하는데 이 중 일상적인 수선·유지와 관련하여 발생하는 원가는 해당 유형자산의 장부금액에 포함하여 인식하지 아니한다. 이러한 원가는 발생시점에 당기비용으로 인식한다. 일상적인 수선·유지과정에서 발생하는 원가는 주로 노무비와 소모품비로 구성되며 사소한 부품원가가 포함될 수도 있다. 이러한 지출의 목적은 보통 유형자산의 '수선과 유지'로 설명된다.

(차) 수선비	×××	(대) 현금	×××

그러나 일부 유형자산의 경우 주요 부품이나 구성요소의 정기적 교체가 필요할 수 있다. 예를 들면, 용광로의 경우 일정시간 사용 후에 내화벽돌의 교체가 필요할 수 있으며, 항공기의 경우에도 좌석과 취사실 등의 내부설비를 항공기 동체의 내용연수 동안 여러 번 교체할 필요가 있을 수 있다. 또한 유형자산이 취득된 후 반복적

이지만 비교적 낮은 빈도로 대체(예: 건물 인테리어 벽 대체)되거나 비반복적으로 대체되는 경우도 있다. 유형자산의 일부를 대체할 때 발생하는 원가가 인식기준(자산성 여부)을 충족하는 경우에는 이를 해당 유형자산의 장부금액에 포함하여 인식하며 대체되는 부분의 장부금액은 한국채택국제회계기준의 제거 규정에 따라 제거한다.

(차) 유형자산(신)	×××	(대) 현금	×××
(차) 감가상각누계액	×××	(대) 유형자산(구)	×××
유형자산폐기손실	×××		

정리하면, 유형자산을 사용하는 과정 중에 발생하는 후속적인 지출은 그 지출이 자산성이 있는지를 확인하여 자산성이 있으면 기존 자산의 장부금액에 가산하고 그렇지 않다면 지출시점의 비용으로 인식한다. 구체적으로 그 지출이 유형자산의 내용연수를 증가시키거나 또는 그 자산으로부터 생산되는 제품의 가치를 증가시킨다면 유형자산의 장부금액에 가산하며, 그 지출이 유형자산의 원상회복이나 능률유지를 위한 지출이라면 당기비용으로 인식한다.

예를 들면, 승강기가 없는 5층 건물에 승강기를 설치하면 건물의 사용가치가 증가할 것이므로 건물의 원가에 가산하고, 기존 건물의 내용연수와 새로 설치한 승강기의 내용연수 중 짧은 내용연수에 따라 감가상각해야 한다. 그러나 건물의 창문이 파손되어 교체한다든지 페인트를 새로 칠하는 정도의 지출은 건물의 원상회복이나 건물사용의 능률을 유지하기 위한 지출이므로 수선비 등의 계정과목으로 당기비용으로 처리한다.

제4절 감가상각

감가상각(depreciation)이란 자산의 감가상각대상금액을 그 자산의 내용연수 동안 체계적으로 배분하는 것, 즉 원가배분과정이라고 볼 수 있다. 만일 기업이 5년 동안 매년 ₩500,000의 매출을 창출할 수 있는 ₩1,000,000의 기계장치를 20×1년초에 취득하면서 지출시점에서 전액 비용으로 인식한다면 다음과 같은 결과가 발생할 것이다.

	20×1	20×2	20×3	20×4	20×5
매출액	₩500,000	₩500,000	₩500,000	₩500,000	₩500,000
기계장치비용	(1,000,000)				
손익	(500,000)	500,000	500,000	500,000	500,000

5년간 매년 ₩500,000의 매출을 창출하기 위해 지출한 기계장치 취득비용을 취득시점에 전액 비용처리함으로써 20×1년에 과도한 비용인식으로 인한 손익의 왜곡이 발생한다. 20×1년에 지출한 ₩1,000,000의 기계장치 취득비용은 향후 5년간의 수익창출을 위한 것이므로 이후의 수익에 적절히 배분시켜주어야 수익비용대응 관점에서 합리적일 것이다. 만일 20×1년의 경영자와 20×2년 이후의 경영자가 다르다면 20×1년의 경영자는 경영성과 평가에서 불이익을 보는 결과를 가져온다. 20×2년 이후의 경영자는 이전의 경영자가 지출을 해준 덕분에 경영성과평가에서 부당한 이익을 취하게 된다. 만일 기계장치 취득원가를 5년간 일정하게 배분해준다면 다음과 같은 수익비용대응이 인식될 것이다.

	20×1	20×2	20×3	20×4	20×5
매출액	₩500,000	₩500,000	₩500,000	₩500,000	₩500,000
기계장치비용	(200,000)	(200,000)	(200,000)	(200,000)	(200,000)
손익	300,000	300,000	300,000	300,000	300,000

따라서 체계적이고 합리적인 방법에 따라 기계장치의 취득원가를 기계장치의 사용기간(내용연수)에 적절히 배분해주어야 하는데 이를 감가상각이라고 한다.

감가상각을 하기 위해 필요한 요소를 감가상각의 4요소라고 한다. 감가상각은 원가의 배분인데, 총 얼마의 원가를 배분해주어야 하는지(감가상각대상금액: ① 취득원가－② 잔존가치), 어느 기간 동안 배분해주어야 하는지(③ 내용연수) 그리고 어떠한 체계적이고 합리적인 방법을 사용해서 배분해주어야 하는지(④ 감가상각방법)가 감가상각의 4요소라고 할 수 있다.

4.1 감가상각의 기본요소

(1) 취득원가

취득원가란 자산을 취득하기 위하여 자산의 취득시점이나 건설시점에서 지급한 현금 또는 현금성자산이나 제공한 기타 대가의 공정가치를 의미한다.

(2) 잔존가치

잔존가치란 자산이 이미 오래되어 내용연수 종료시점에 도달하였다는 가정하에 자산의 처분으로부터 현재 획득할 금액에서 추정 처분부대원가를 차감한 금액의 추정치를 말한다.

(3) 내용연수

기업에서 자산이 사용가능할 것으로 기대되는 기간 또는 자산에서 얻을 것으로 기대되는 생산량이나 이와 유사한 단위 수량을 말한다. 유형자산의 미래경제적효익은 주로 사용함으로써 소비하는 것이 일반적이다. 그러나 자산을 사용하지 않더라도 기술적 또는 상업적 진부화 및 마모나 손상 등의 요인으로 인하여 자산으로부터 기대하였던 경제적효익이 감소될 수 있다. 따라서 자산의 내용연수를 결정할 때에는 다음의 요소를 모두 고려한다.

① 자산의 예상 생산능력이나 물리적 생산량을 토대로 한 자산의 예상사용수준
② 자산을 교대로 사용하는 빈도, 수선·유지계획과 운휴 중 유지보수 등과 같은 가동요소를 고려한 자산의 예상 물리적 마모나 손상
③ 생산방법의 변화, 개선 또는 해당 자산에서 생산되는 제품 및 용역에 대한 시장수요의 변화로 인한 기술적 또는 상업적 진부화
④ 리스계약의 만료일 등 자산의 사용에 대한 법적 또는 이와 유사한 제한

(4) 감가상각방법

유형자산의 감가상각방법은 자산의 미래경제적효익이 소비되는 형태를 반영한다. 유형자산의 감가상각대상금액을 내용연수 동안 체계적으로 배부하기 위해 다양한 방법을 사용할 수 있다. 이러한 감가상각방법에는 정액법, 체감잔액법 및 생

산량비례법이 있다. 정액법은 잔존가치가 변동하지 않는다고 가정할 때 자산의 내용연수 동안 매 기간 일정액의 감가상각액을 계상하는 방법이다. 체감잔액법은 자산의 내용연수 동안 감가상각액이 매 기간 감소하는 방법이다. 생산량비례법은 자산의 예상조업도 또는 예상생산량에 근거하여 감가상각액을 계상하는 방법이다. 감가상각방법은 해당 자산에 내재되어 있는 미래경제적효익의 예상 소비형태를 가장 잘 반영하는 방법에 따라 선택하고, 예상 소비형태가 변하지 않는 한 매 회계기간에 일관성 있게 적용한다.

이러한 감가상각의 4요소 중에서 추정에 의하지 않는 것은 취득원가가 유일하다. 자산이 사용가능할 것으로 기대되는 내용연수나 내용연수가 종료하는 시점에서 처분을 통해 얼마를 회수할 수 있을지는 모두 추정에 의하여야 하며, 합리적으로 추정하였다면 이후의 기간에 추가적인 증거나 경험의 축적에 의하여 추정치를 변동하더라도 과거의 추정은 잘못한 것이 아니므로 과거의 추정을 수정해줄 필요가 없이 전진적으로 수정된 추정치를 반영한다. 감가상각방법이 추정에 의하는 이유는 감가상각방법을 결정할 때 자산의 미래경제적효익이 소비되는 형태를 반영하여야 하므로 자산의 미래경제적효익이 소비되는 형태를 추정해야 하는 것이다. 따라서 감가상각방법 역시 추정에 의존한다고 해야 할 것이다.

또한 유형자산의 감가상각은 자산이 사용가능한 때부터 시작한다. 즉, 경영진이 의도하는 방식으로 자산을 가동하는 데 필요한 장소와 상태에 이른 때부터 시작한다. 감가상각은 자산이 매각예정자산으로 분류되는(또는 매각예정으로 분류되는 처분자산집단에 포함되는) 날과 자산이 제거되는 날 중 이른 날에 중지한다. 따라서 유형자산이 운휴 중이거나 적극적인 사용상태가 아니어도, 감가상각이 완전히 이루어지기 전까지는 감가상각을 중단하지 않는다. 그러나 유형자산의 사용정도에 따라 감가상각을 하는 경우에는 생산활동이 이루어지지 않을 때 감가상각액을 인식하지 않을 수 있다.

감가상각은 다음 식에 따라 진행된다.

① 금액		② 상각률
• 감가상각대상금액: 취득원가 − 잔존가치 • 기초장부가액: 취득원가 − 기초감가상각누계액	×	• 감가상각방법에 따라 결정

이 식에서 ②상각률은 감가상각방법에 따라서 결정되는데, 감가상각비를 계산하는 데 있어서 사용되는 감가상각의 4요소를 모두 고려하기 위하여 ②상각률에 잔존가치가 반영되어 있지 않은 경우에는 ①금액에서 잔존가치를 반영해주어야 하는 것이다. 즉, ①금액이 (취득원가-잔존가치)로 계산되는 것이며, ②상각률에 잔존가치가 반영되어 있다면 ①금액은 장부가액(취득원가-기초감가상각누계액)이 되는 것이다.

4.2 감가상각방법

(1) 정액법

정액법은 잔존가치가 변동하지 않는다고 가정할 때 자산의 내용연수 동안 매 기간 일정액의 감가상각액을 계상하는 방법이다. 정액법은 매 기간 경제적효익의 소비가 일정하다고 가정하는 것으로 일반적으로 건물 등 사용가치가 일정하게 소비되는 형태이다. 따라서 매 기간 일정액을 감가상각비로 계상할 수 있도록 상각률을 다음과 같이 계산하고 그 상각률에 잔존가치 요소가 반영되어 있지 아니하므로 금액에서 잔존가치 요소를 반영한다.

① 금액		② 상각률
• 감가상각대상금액: 취득원가-잔존가치	×	$\frac{1}{\text{내용연수}}$

예제 8-6 | 감가상각(정액법)

12월 결산법인인 ㈜인덕은 20×1년초에 내용연수 4년, 잔존가치 ₩100,000인 건물을 ₩1,000,000에 취득하였다. 정액법에 따라 감가상각할 경우 20×1년과 20×2년의 감가상각비를 계산하고 회계처리하시오.

| 해답 |

〈20×1년〉

감가상각비: ₩225,000

① 금액		② 상각률
• 감가상각대상금액 = 1,000,000 − 100,000 = 900,000	×	$\frac{1}{4}$

(차) 감가상각비 225,000 (대) 감가상각누계액 225,000

〈20×2년〉

감가상각비: ₩225,000

① 금액		② 상각률
• 감가상각대상금액 = 1,000,000 − 100,000 = 900,000	×	$\frac{1}{4}$

(차) 감가상각비 225,000 (대) 감가상각누계액 225,000

| 참고 | 정액법은 매 기간 동일한 금액을 감가상각비로 배분하므로 내용연수 4년 동안 동일한 금액을 배분할 것이다. 다만, 기중에 취득한 경우에는 사용가능한 때부터 기간을 고려하여 감가상각비를 배분해야 한다. 만일, 20×1년 4월초에 취득했다면 20×1년의 감가상각비는 1년분 감가상각비 ₩225,000이 아닌 9개월분만 배분하여야 한다. 물론 20×2년에는 1년분 감가상각비를 모두 배분하여야 한다.

〈20×1년〉

감가상각비: ₩168,750

① 금액		② 상각률		③ 기간
• 감가상각대상금액 = 1,000,000 − 100,000 = 900,000	×	$\frac{1}{4}$	×	$\frac{9}{12}$

(차) 감가상각비 168,750 (대) 감가상각누계액 168,750

(2) 체감잔액법

체감잔액법은 자산의 내용연수 동안 감가상각액이 매 기간 감소하는 방법이다. 즉, 경제적효익이 내용연수 초기에 많이 소비된다고 추정하는 방법으로 정률법, 이중체감법 및 연수합계법이 있다.

1) 정률법

정률법은 상각률을 다음과 같이 계산한다. 상각률에 잔존가치 요소가 반영되어 있으므로 금액을 기초장부가액으로 계산한다. 다음과 같이 계산된 상각률을 적용하여 감가상각할 경우 내용연수가 종료될 때 장부가액은 잔존가치만큼 남게 된다(실무적으로는 약간의 오차가 발생하나 내용연수 종료시 조정해주어도 될 만큼 중요성이 적은 금액이다).

① 금액		② 상각률
• 기초장부가액: 취득원가 − 기초감가상각누계액	×	$(1-\sqrt[\text{내용연수}]{\frac{\text{잔존가치}}{\text{취득원가}}})$

2) 이중체감법

이중체감법은 정률법을 간편하게 적용하기 위해 개발한 것으로 정률법의 상각률을 간단하게 계산하는 방법이다. 다음과 같이 상각률을 산정하면 정률법 상각률과 유사한 상각률을 구할 수 있다. 따라서 상각률 자체에는 잔존가치 요소가 없는 것 같지만 정률법 상각률을 간편하게 계산한 방법이므로 상각률에 정률법처럼 잔존가치 요소가 반영되어 있다고 보아야 할 것이다. 따라서 금액을 기초장부가액으로 계산한다.

① 금액		② 상각률
• 기초장부가액: 취득원가 − 기초감가상각누계액	×	$\frac{2}{\text{내용연수}}$

3) 연수합계법

연수합계법은 상각률에 잔존가치 요소가 반영되어 있지 아니하므로 잔존가치 요소를 반영한 감가상각대상금액에 해당연도 초 잔존내용연수(즉, 내용연수의 역순)를 내용연수 총합계로 나누어 계산한 상각률을 적용하여 감가상각비를 계산한다.

① 금액		② 상각률
• 감가상각대상금액: 취득원가 − 잔존가치	×	$\frac{\text{잔존내용연수}}{\text{내용연수의 합}}$

예제 8-7 | 감가상각(체감잔액법)

12월 결산법인인 ㈜인덕은 20×1년초에 내용연수 4년, 잔존가치 ₩100,000인 기계장치를 ₩1,000,000에 취득하였다.

1. 정률법에 따라 감가상각할 경우 20×1년과 20×2년의 감가상각비를 계산하고 회계처리하시오.
2. 이중체감법에 따라 감가상각할 경우 20×1년과 20×2년의 감가상각비를 계산하고 회계처리하시오.
3. 연수합계법에 따라 감가상각할 경우 20×1년과 20×2년의 감가상각비를 계산하고 회계처리하시오.

| 해답 |

1. 〈20×1년〉

감가상각비: ₩438,000

① 금액		② 상각률(0.438)
• 기초장부가액 = 1,000,000 − 0 = 1,000,000	×	$(1-\sqrt[4]{\frac{100,000}{1,000,000}})$

(차) 감가상각비 438,000 (대) 감가상각누계액 438,000

〈20×2년〉

감가상각비: ₩246,156

① 금액		② 상각률(0.438)
• 기초장부가액 = 1,000,000 − 438,000 = 562,000	×	$(1-\sqrt[4]{\frac{100,000}{1,000,000}})$

(차) 감가상각비 246,156 (대) 감가상각누계액 246,156

2. 〈20×1년〉

감가상각비: ₩500,000

① 금액		② 상각률
• 기초장부가액 = 1,000,000 − 0 = 1,000,000	×	$\frac{2}{4}$

(차) 감가상각비 500,000 (대) 감가상각누계액 500,000

〈20×2년〉

감가상각비: ₩250,000

① 금액		② 상각률
• 기초장부가액 = 1,000,000 − 500,000 = 500,000	×	$\frac{2}{4}$

(차) 감가상각비 250,000 (대) 감가상각누계액 250,000

3. 〈20×1년〉

감가상각비: ₩360,000

① 금액		② 상각률
• 감가상각대상금액 = 1,000,000 − 100,000 = 900,000	×	$\frac{4}{10}$

(차) 감가상각비 360,000 (대) 감가상각누계액 360,000

〈20×2년〉

감가상각비: ₩270,000

① 금액		② 상각률
• 감가상각대상금액 = 1,000,000 − 100,000 = 900,000	×	$\frac{3}{10}$

(차) 감가상각비 270,000 (대) 감가상각누계액 270,000

|참고| 체감잔액법에서도 기중에 취득한 경우에는 정액법과 마찬가지로 사용가능한 때부터 기간을 고려하여 감가상각비를 배분해야 한다. 만일, 20×1년 4월 초에 취득했다면 다음과 같이 계산하여 회계처리한다(정률법의 사례).

〈20×1년〉

감가상각비: ₩328,500

① 금액		② 상각률(0.438)		③기간
• 기초장부가액 = 1,000,000 − 0 = 1,000,000	×	$(1-\sqrt[4]{\frac{100,000}{1,000,000}})$	×	$\frac{9}{12}$

(차) 감가상각비 328,500 (대) 감가상각누계액 328,500

〈20×2년〉

감가상각비: ₩294,117

① 금액		② 상각률(0.438)
• 기초장부가액 = 1,000,000 − 328,500 = 671,500	×	$(1-\sqrt[4]{\frac{100,000}{1,000,000}})$

(차) 감가상각비 294,117 (대) 감가상각누계액 294,117

(3) 생산량비례법

생산량비례법은 자산의 예상조업도 또는 예상생산량에 근거하여 감가상각액을 계상하는 방법이다. 즉, 경제적효익이 조업수준에 따라 또는 생산량에 따라 소비된다고 추정하는 방법이다. 따라서 생산량에 따른 감가상각비를 계상할 수 있도록 상각률을 다음과 같이 계산하고 그 상각률에 잔존가치 요소가 반영되어 있지 아니하므로 금액에서 잔존가치 요소를 반영한다.

① 금액		② 상각률
• 감가상각대상금액: 취득원가 − 잔존가치	×	$\frac{\text{당기생산량}}{\text{총예정생산량}}$

예제 8-8 | 감가상각(생산량비례법)

12월 결산법인인 ㈜인덕은 20×1년초에 내용연수 4년, 잔존가치 ₩100,000인 기계장치를 ₩1,000,000에 취득하였다. 이 기계장치로부터 총 생산할 수 있을 것으로 추정하는 생산량은 10,000단위이며, ㈜인덕은 20×1년과 20×2년에 각각 2,000단위, 3,000단위를 생산하였다. 생산량비례법에 따라 감가상각할 경우 20×1년과 20×2년의 감가상각비를 계산하고 회계처리하시오.

| 해답 |

〈20×1년〉

감가상각비: ₩180,000

① 금액		② 상각률
•감가상각대상금액＝1,000,000－100,000 ＝900,000	×	$\frac{2,000}{10,000}$

(차) 감가상각비	180,000	(대) 감가상각누계액	180,000

〈20×2년〉

감가상각비: ₩270,000

① 금액		② 상각률
•감가상각대상금액＝1,000,000－100,000 ＝900,000	×	$\frac{3,000}{10,000}$

(차) 감가상각비	270,000	(대) 감가상각누계액	270,000

| 참고 | 생산량비례법은 사용기간과 무관하게 생산능력의 사용에 따라 감가상각을 하므로 기중에 취득하더라도 기간에 따라 안분계산을 할 필요가 없다.

제5절 후속측정(재평가)

기업은 보유하고 있는 유형자산에 대하여 원가모형이나 재평가모형 중 하나를 회계정책으로 선택하여 유형자산 분류별로 동일하게 적용한다.

5.1 원가모형

최초인식 후에 유형자산은 원가에서 감가상각누계액과 손상차손누계액을 차감한 금액을 장부금액으로 한다.

5.2 재평가모형

최초인식 후에 공정가치를 신뢰성 있게 측정할 수 있는 유형자산은 재평가일의 공정가치에서 이후의 감가상각누계액과 손상차손누계액을 차감한 재평가금액을 장부금액으로 한다. 재평가는 보고기간말에 자산의 장부금액이 공정가치와 중요하게 차이가 나지 않도록 주기적으로 수행한다.

재평가의 빈도는 재평가되는 유형자산의 공정가치 변동에 따라 달라진다. 재평가된 자산의 공정가치가 장부금액과 중요하게 차이가 나는 경우에는 추가적인 재평가가 필요하다. 유의적이고 급격한 공정가치의 변동 때문에 매년 재평가가 필요한 유형자산이 있는 반면에 공정가치의 변동이 경미하여 빈번한 재평가가 필요하지 않은 유형자산도 있다. 즉, 매 3년이나 5년마다 재평가하는 것으로 충분한 유형자산도 있다.

유형자산을 재평가할 때 재평가시점의 감가상각누계액은 다음 중 하나의 방법으로 회계처리한다.

① 비례수정법: 재평가 후 자산의 장부금액이 재평가금액과 일치하도록 감가상각누계액과 총장부금액을 비례적으로 수정하는 방법

② 총제거법: 총장부금액에서 기존의 감가상각누계액을 제거하여 자산의 순장부금액이 재평가금액이 되도록 수정하는 방법(이 방법은 건물을 재평가할 때 흔히 사용된다)

또한 특정 유형자산을 재평가할 때 해당 자산이 포함되는 유형자산 분류 전체를 재평가한다.

자산의 장부금액이 재평가로 인하여 증가된 경우에 그 증가액은 미실현이익이므로 기타포괄손익으로 인식하고 재평가잉여금의 과목으로 자본에 가산한다. 그러나 동일한 자산에 대하여 이전에 당기손익(재평가손실)으로 인식한 재평가감소액이 있다면 그 금액을 한도로 재평가증가액만큼 당기손익으로 인식한다.

자산의 장부금액이 재평가로 인하여 감소된 경우에 그 감소액은 즉시 당기손익(재평가손실)으로 인식한다. 그러나 그 자산에 대한 재평가잉여금의 잔액이 있다면 그 금액을 한도로 재평가감소액을 기타포괄손익으로 인식한다. 재평가감소액을 기타포괄손익으로 인식하는 경우 재평가잉여금의 과목으로 자본에 누계한 금액을 감

소시킨다.

어떤 유형자산 항목과 관련하여 자본에 계상된 재평가잉여금은 그 자산이 제거될 때 이익잉여금으로 직접 대체할 수 있다. 자산이 폐기되거나 처분될 때에 재평가잉여금 전부를 이익잉여금으로 대체하는 것이 그러한 경우에 해당될 수 있다. 그러나 기업이 그 자산을 사용함에 따라 재평가잉여금의 일부를 대체할 수도 있다. 이러한 경우 재평가된 금액에 근거한 감가상각액과 최초원가에 근거한 감가상각액의 차이가 이익잉여금으로 대체되는 금액이 될 것이다.

예제 8-9 | 후속측정(재평가)

12월말 결산법인인 ㈜인덕은 건물에 대하여 재평가모형을 적용하고 있으며, 회계기간말 현재 다음과 같은 건물을 보유하고 있다.

취득가액	₩2,000,000
감가상각누계액	(500,000)
장부가액	1,500,000

1. 비례수정법에 따라 재평가에 대한 회계처리를 하시오.
   (1) 공정가치가 ₩3,000,000인 경우
   (2) 공정가치가 ₩900,000인 경우
2. 총제거법에 따라 재평가에 대한 회계처리를 하시오.
   (1) 공정가치가 ₩3,000,000인 경우
   (2) 공정가치가 ₩900,000인 경우

| 해답 |

1. 비례수정법이므로 장부가액을 공정가치로 수정해주기 위해 취득가액과 감가상각누계액을 비례적으로 수정한다.
   (1) 공정가치가 ₩3,000,000인 경우(즉, 장부가액 ₩1,500,000×2)

				수정금액
취득가액	₩2,000,000	×2	4,000,000	2,000,000
감가상각누계액	(500,000)	×2	(1,000,000)	(500,000)
장부가액	1,500,000	×2	3,000,000	

(차) 건물	2,000,000	(대) 감가상각누계액	500,000
		재평가잉여금 (기타포괄손익누계액)	1,500,000

(2) 공정가치가 ₩900,000인 경우(즉, 장부가액 ₩1,500,000×0.6)

				수정금액
취득가액	₩2,000,000	×0.6	1,200,000	(800,000)
감가상각누계액	(500,000)	×0.6	(300,000)	200,000
장부가액	1,500,000	×0.6	900,000	

(차) 감가상각누계액	200,000	(대) 건물	800,000
재평가손실(당기손익)	600,000		

2. 총제거법이란 장부가액을 모두 제거하고 다시 취득하는 것처럼 회계처리하는 것이다. 즉, 장부가액으로 처분하고 그 대금(장부가액)만 지급하고 공정가치로 취득하므로 공정가치와의 차이만큼이 손익이 발생하는 것이다. 다만, 실제로는 미실현손익이므로 기타포괄손익누계액으로 처리하는 것이다.

(1) 공정가치가 ₩3,000,000인 경우

〈제거〉

(차) 감가상각누계액	500,000	(대) 건물	2,000,000
미수금	1,500,000		

〈취득〉

(차) 건물	3,000,000	(대) 미수금	1,500,000
		재평가잉여금 (기타포괄손익누계액)	1,500,000

하나의 회계처리로 합친다면 다음과 같다.

(차) 감가상각누계액	500,000	(대) 재평가잉여금 (기타포괄손익누계액)	1,500,000
건물	1,000,000		

(2) 공정가치가 ₩900,000인 경우

〈제거〉

(차) 감가상각누계액	500,000	(대) 건물	2,000,000
미수금	1,500,000		

〈취득〉

(차) 건물	900,000	(대) 미수금	1,500,000
재평가손실(당기손익)	600,000		

하나의 회계처리로 합친다면 다음과 같다.

(차) 감가상각누계액	500,000	(대) 건물	1,100,000
재평가손실(당기손익)	600,000		

제6절 유형자산의 제거

제거란 장부에서 삭제한다는 의미인데 유형자산의 장부금액은 다음과 같은 때에 제거한다.

① 처분하는 때

② 사용이나 처분을 통하여 미래경제적효익이 기대되지 않을 때(폐기)

유형자산의 제거로 인하여 발생하는 손익(처분가액과 장부금액의 차이)은 자산을 제거할 때 당기손익으로 인식한다. 이때 재평가잉여금(기타포괄손익)이 있다면 이를 고려하지 않고 처분손익을 계산한다. 이때 재평가잉여금은 그 자산에 제거될 때 이익잉여금으로 직접 대체할 수 있다. 또한 제거하는 시점까지 감가상각을 수행한다.

예제 8-10 | 유형자산의 처분

12월말 결산법인인 ㈜인덕은 20×1년초에 ₩10,000,000의 건물을 취득하여 사용하여 오던 중 20×3년 7월 1일에 ₩9,000,000에 매각하였다.
이 건물의 내용연수는 10년, 잔존가치는 취득가액의 10%이며 감가상각방법은 정액법이다. 건물의 취득부터 처분까지의 회계처리를 하시오.

| 해답 |

〈20×1년초(취득)〉

(차) 건물	10,000,000	(대) 현금	10,000,000

〈20×1년말〉

감가상각비: $(10,000,000-1,000,000)\times\frac{1}{10}=₩900,000$

(차) 감가상각비	900,000	(대) 감가상각누계액	900,000

〈20×2년말〉

(차) 감가상각비	900,000	(대) 감가상각누계액	900,000

〈20×3년 7월 1일〉

감가상각비: $(10,000,000-1,000,000)\times\frac{1}{10}\times\frac{6}{12}=₩450,000$

(차) 감가상각비	450,000	(대) 감가상각누계액	450,000
(차) 감가상각누계액	2,250,000	(대) 건물	10,000,000
현금	9,000,000	유형자산처분이익	1,250,000

제7절 차입원가

적격자산의 취득, 건설 또는 생산과 직접 관련되는 차입원가는 당해 자산 원가의 일부를 구성한다. 기타 차입원가는 비용으로 인식한다.

7.1 차입원가

차입원가란 자금의 차입과 관련하여 발생하는 이자 및 기타원가를 의미하며, 다음과 같은 항목을 포함할 수 있다.

① 기업회계기준서 제1039호 '금융상품: 인식과 측정'에 기술된 유효이자율법을 사용하여 계산된 이자비용
② 기업회계기준서 제1017호 '리스'에 따라 인식하는 금융리스 관련 금융원가
③ 외화차입금과 관련되는 외환차이 중 이자원가의 조정으로 볼 수 있는 부분

7.2 적격자산

적격자산이란 의도된 용도로 사용하거나 판매가능한 상태에 이르게 하는 데 상당한 기간을 필요로 하는 자산을 의미하며, 다음 자산은 경우에 따라 적격자산이 될 수 있다.

① 재고자산
② 제조설비자산
③ 전력생산설비
④ 무형자산

⑤ 투자부동산

7.3 차입원가의 자본화

적격자산의 취득, 건설 또는 생산과 직접 관련된 차입원가는 미래경제적효익의 발생가능성이 높고 신뢰성 있게 측정가능할 경우에 당해 자산 원가의 일부로 자본화하여야 한다. 왜냐하면 적격자산의 취득, 건설 또는 생산과 직접 관련된 차입원가는 당해 적격자산과 관련된 지출이 발생하지 아니하였다면 부담하지 않았을 차입원가이다. 그러나 개별 차입금과 적격자산 간의 직접 관련성을 식별하고 적격자산과 관련된 지출이 발생하지 않았다면 부담하지 아니할 수 있었던 차입원가를 결정하기 어려울 수 있다. 예를 들어, 자금조달이 본부에서 이루어지는 기업의 경우를 들 수 있다. 기타 차입원가는 발생기간에 비용으로 인식하여야 한다.

(1) 특정목적차입금

특정 적격자산을 취득하기 위한 목적으로 특정하여 자금을 차입하는 경우 당해 적격자산과 직접 관련된 차입원가는 쉽게 식별할 수 있다. 이때 자본화하는 차입원가는 회계기간 동안 그 차입금으로부터 실제 발생한 차입원가에서 당해 차입금의 일시적 운용에서 생긴 투자수익을 차감한 금액을 자본화가능차입원가로 결정한다.

특정목적차입금 자본화 차입원가 = 특정목적차입금에서 발생한 차입원가
− 일시 운용수익

(2) 일반목적차입금

일반적인 목적으로 자금을 차입하고 이를 적격자산의 취득을 위해 사용하는 경우에 한하여 당해 자산 관련 지출액에 자본화이자율을 적용하는 방식으로 자본화가능차입원가를 결정한다. 자본화이자율은 회계기간 동안 차입한 자금(적격자산을 취득하기 위해 특정 목적으로 차입한 자금 제외)으로부터 발생된 차입원가를 가중평균하여 산정한다. 회계기간 동안 자본화한 차입원가는 당해 기간 동안 실제 발생한 차입원가를 초과할 수 없다.

일반목적차입금 자본화 차입원가＝(적격자산 평균지출액[*1]－특정목적차입금 평균차입액)×가중평균이자율[*2]

*1 가중평균이자율이 연이자율이므로 지출액도 연평균지출액으로 환산한다.
*2 당기 일반목적차입금 이자비용÷당기 일반목적차입금 연평균금액

내용을 정리하면 적격자산의 취득 등을 위해 자금을 지출할 때 기업은 보유하고 있는 자금보다 차입한 자금을 먼저 적격자산의 취득 등의 지출에 사용했다고 보는 것이다. 그런데 그 적격자산을 취득하기 위한 지출에 사용할 것으로 용도를 특정해서 차입한 것은 직접적으로 차입원가를 적격자산의 원가에 가산하면 되는데 용도가 특정되지 않은 일반목적의 차입금이 있는 경우에는 일반목적차입금 중에서 어느 차입금이 적격자산의 취득에 사용되었는지 확인할 방법이 없다. 따라서 일반목적차입금의 금액이 적격자산의 취득 등에 평균적으로 사용되었다고 보아 특정목적차입금으로 지출된 금액을 제외한 적격자산 취득에 대한 지출액에 일반목적차입금의 가중평균이자율을 적용하는 것이다. 물론 이렇게 계산된 차입원가는 실제 발생한 차입원가를 초과할 수는 없다.

7.4 자본화의 개시

차입원가는 자본화 개시일에 적격자산원가로 처리한다. 자본화 개시일은 최초로 다음 조건을 모두 충족시키는 날이다.

① 적격자산에 대하여 지출하고 있다.
② 차입원가를 발생시키고 있다.
③ 적격자산을 의도된 용도로 사용하거나 판매가능한 상태에 이르게 하는 데 필요한 활동을 수행하고 있다.

적격자산을 의도된 용도로 사용하거나 판매가능한 상태에 이르게 하는 데 필요한 활동은 당해 자산의 물리적인 제작뿐만 아니라 그 이전단계에서 이루어진 기술 및 관리상의 활동도 포함한다. 예를 들어, 물리적인 제작 전에 각종 인허가를 얻기 위한 활동 등을 들 수 있다.

그러나 자산의 상태에 변화를 가져오는 생산 또는 개발이 이루어지지 아니하는

상황에서 단지 당해 자산의 보유는 필요한 활동으로 보지 아니한다. 예를 들어, 토지가 개발되고 있는 경우 개발과 관련된 활동이 진행되고 있는 기간 동안 발생한 차입원가는 자본화 대상에 해당한다. 그러나 건설목적으로 취득한 토지를 별다른 개발활동 없이 보유하는 동안 발생한 차입원가는 자본화조건을 충족하지 못한다. 또한 적격자산에 대한 적극적인 개발활동을 중단한 기간에는 차입원가의 자본화를 중단한다.

7.5 자본화의 종료

적격자산을 의도된 용도로 사용하거나 판매가능한 상태에 이르게 하는 데 필요한 대부분의 활동이 완료된 시점에 차입원가의 자본화를 종료한다. 적격자산이 물리적으로 완성된 경우라면 일상적인 건설 관련 후속 관리업무 등이 진행되고 있더라도 당해 자산을 의도된 용도로 사용할 수 있거나 판매가능한 상태에 있는 것으로 본다. 구입자 또는 사용자의 요청에 따른 내장공사와 같은 중요하지 않은 작업만이 남아 있는 경우라면 대부분의 건설활동이 종료된 것으로 본다.

예제 **8-11** | 차입원가의 자본화

12월 결산법인인 ㈜인덕은 사옥건설을 착수하였다. 사옥건설은 20×1년초에 시작되었으며 20×3년말에 완공예정이다. 당기 중 공사비 지출액은 다음과 같다.

20×1년 1월 1일	₩1,000,000
20×1년 4월 1일	2,000,000
20×1년 7월 1일	3,000,000
20×1년 10월 1일	5,000,000
계	₩11,000,000

한편, ㈜인덕의 20×1년의 차입금 현황은 다음과 같다.

차입금	차입일	상환일	차입액(원)	이자율	비고
A	20×1년 1월 1일	20×3년 12월 31일	3,000,000	6%	매년말 지급
B	20×0년 1월 1일	20×3년 12월 31일	1,000,000	8%	매년말 지급
C	20×1년 1월 1일	20×4년 12월 31일	2,500,000	15%	매년말 지급
D	20×1년 1월 1일	20×3년 12월 31일	1,750,000	10%	매년말 지급

* 위의 차입금 중 A는 당해 건설을 위하여 직접 차입한 차입금이다.

상기 공사와 관련하여 20×1년에 자본화할 차입원가를 계산하시오.

| 해답 |

1. 특정목적차입금 자본화차입원가: ₩180,000
   - 특정목적차입금 자본화차입원가 = 특정목적차입금의 차입원가 − 일시운용수익
     = 3,000,000 × 6% = 180,000 − 0
2. 일반목적차입금 자본화차입원가: ₩270,000
   - 일반목적차입금 자본화 차입원가 = (적격자산 평균지출액[*1] − 특정목적차입금 평균차입액) × 가중평균이자율[*2]
     = (5,250,000 − 3,000,000) × 12% = ₩270,000

*1 적격자산 평균지출액:

공사비지출액	지출기간	연평균지출액
₩1,000,000	12/12	₩1,000,000
2,000,000	9/12	1,500,000
3,000,000	6/12	1,500,000
5,000,000	3/12	1,250,000
		5,250,000

*2 일반목적차입금의 가중평균이자율

$$\frac{\text{일반목적차입금이자비용}}{\text{일반목적차입금액}} = \frac{1,000,000 \times 8\% + 2,500,000 \times 15\% + 1,750,000 \times 10\%}{1,000,000 + 2,500,000 + 1,750,000} = 12\%$$

따라서 자본화할 차입원가는 특정목적차입금 자본화차입원가 ₩180,000과 일반목적차입금 자본화차입원가 ₩270,000을 합한 ₩450,000이며 실제발생한 차입원가 ₩810,000[*3]을 초과하지 아니하므로 전액 자본화하여 적격자산의 취득원가에 가산한다.

*3 실제 발생한 차입원가

차입금	차입액(₩)	이자율	차입원가
A	3,000,000	6%	180,000
B	1,000,000	8%	80,000
C	2,500,000	15%	375,000
D	1,750,000	10%	175,000
합계			810,000

제8절 자산손상

자산손상을 인식하려는 목적은 자산의 장부금액이 회수가능액보다 큰 금액으로 표시되지 않도록 하는 데 있다. 자산의 장부금액이 자산의 매각 또는 사용으로 회수될 금액을 초과한다면 자산은 그 자산의 회수가능액을 초과하는 금액을 장부금액으로 하게 된다. 이러한 경우에는 자산이 손상되었다고 하며 자산손상에 대한 규정은 자산손상이 개별적으로 규정되어 있는 재고자산, 건설계약에서 발생한 자산, 이연법인세자산, 종업원급여에서 발생한 자산, 금융자산 등을 제외한 모든 자산의 손상에 관한 회계처리에 적용한다.

8.1 자산손상 검토

매 보고기간말마다 자산손상을 시사하는 징후가 있는지를 검토한다. 만약 그러한 징후가 있다면 당해 자산의 회수가능액을 추정한다. 그러나 다음의 경우에는 자산손상을 시사하는 징후가 있는지에 관계없이 회수가능액을 추정하고 장부금액과 비교하여 매년 손상검사를 한다.

① 내용연수가 비한정인 무형자산 또는 아직 사용할 수 없는 무형자산
② 사업결합으로 취득한 영업권

자산손상을 시사하는 징후는 다음과 같은 예가 있다.

① 회계기간 중에 자산의 시장가치가 시간의 경과나 정상적인 사용에 따라 하락할 것으로 기대되는 수준보다 유의적으로 더 하락하였다는 관측가능한 징후가 있다.
② 기업 경영상의 기술·시장·경제·법률환경이나 해당 자산을 사용하여 재화나 용역을 공급하는 시장에서 기업에 불리한 영향을 미치는 유의적 변화가 회계기간 중에 발생하였거나 가까운 미래에 발생할 것으로 예상된다.
③ 시장이자율이 회계기간 중에 상승하여 자산의 사용가치를 계산하는 데 사용되는 할인율에 영향을 미쳐 자산의 회수가능액을 중요하게 감소시킬 가능성이 있다.

④ 기업의 순자산 장부금액이 당해 시가총액보다 크다.
⑤ 자산이 진부화되거나 물리적으로 손상된 증거가 있다.
⑥ 회계기간 중에 기업에 불리한 영향을 미치는 유의적 변화가 자산의 사용범위 및 사용방법에서 발생하였거나 가까운 미래에 발생할 것으로 예상된다. 이러한 변화에는 자산의 유휴화, 당해 자산을 사용하는 영업부문을 중단하거나 구조조정하는 계획, 예상시점보다 앞서 자산을 처분하는 계획 그리고 비한정 내용연수를 유한 내용연수로 재평가하는 것 등을 포함한다.
⑦ 자산의 경제적 성과가 기대수준에 미치지 못하거나 못할 것으로 예상되는 증거를 내부보고를 통해 얻을 수 있다.
⑧ 종속기업, 공동기업 또는 관계기업에 대한 투자의 경우 투자자는 그 투자로부터의 배당금을 인식하고 다음 중 하나의 증거가 이용가능하다.
㈎ 별도재무제표에 있는 투자의 장부금액이 연결재무제표에 있는 관련 영업권을 포함한 피투자자의 순자산의 장부금액을 초과한다.
㈏ 배당이 선언된 기간에 배당금이 종속기업, 공동기업 또는 관계기업의 총포괄이익을 초과한다.

8.2 회수가능액

회수가능액이란 자산 또는 현금창출단위의 처분부대원가를 차감한 공정가치와 사용가치 중 큰 금액으로 정의한다.

회수가능액 = Max[순공정가치*, 사용가치] * 순공정가치: 공정가치 − 처분부대원가

여기서, 사용가치란 간단히 생각하면 그 자산을 사용함으로써 얻을 수 있는 가치, 즉 미래현금흐름 창출액의 현재가치인데 다음을 반영한 것이다.
① 자산에서 창출될 것으로 기대되는 미래현금흐름의 추정치
② 미래현금흐름의 금액 및 시기의 변동가능성에 대한 기대치
③ 현행 무위험시장이자율로 표현되는 화폐의 시간가치

④ 자산의 본질적 불확실성에 대한 보상가격

⑤ 자산에서 창출될 것으로 기대되는 미래현금흐름의 가격을 결정할 때 시장참여자들이 반영하는 비유동성과 같은 그 밖의 요소들

8.3 손상차손의 인식과 측정

(1) 개별자산의 손상차손

개별자산의 회수가능액이 장부금액에 미달하는 경우 자산의 장부금액을 회수가능액으로 감소시킨다. 이때 당해 감소금액은 손상차손에 해당하며 손상차손은 즉시 당기손익으로 인식한다.

(2) 현금창출단위의 손상차손

현금창출단위란 다른 자산이나 자산집단에서의 현금유입과는 거의 독립적인 현금유입을 창출하는 식별가능한 최소자산집단을 말하며, 자산손상을 시사하는 징후가 있다면 개별 자산별로 회수가능액을 추정한다. 만약 개별 자산의 회수가능액을 추정할 수 없다면 그 자산이 속하는 현금창출단위(자산의 현금창출단위)의 회수가능액을 결정한다. 이렇게 인식한 현금창출단위는 동일 자산이나 동일 유형의 자산에 대해서는 변경할 정당한 사유가 없는 한 매 회계기간마다 일관되게 식별한다.

8.4 손상차손의 환입

매 보고일에 과거기간에 인식한 손상차손이 더 이상 존재하지 않거나 감소된 것을 시사하는 징후가 있는지를 검토한다. 징후가 있는 경우 당해 자산의 회수가능액을 추정한다.

과거기간에 인식한 손상차손이 더 이상 존재하지 않거나 감소된 것을 시사하는 징후가 있는지를 검토할 때에는 최소한 다음을 고려해야 한다.

① 자산의 시장가치가 회계기간 중에 유의적으로 증가하였다는 관측가능한 징후가 있다.

② 기업 경영상의 기술·시장·경제·법률환경이나 해당 자산을 사용하여 재화

나 용역을 공급하는 시장에서 당해 기업에 유리한 영향을 미치는 유의적 변화가 회계기간 중에 발생하였거나 가까운 미래에 발생할 것으로 예상된다.

③ 시장이자율이 회계기간 중에 하락하여 자산의 사용가치를 계산하는 데 사용되는 할인율에 영향을 미쳐 자산의 회수가능액을 중요하게 증가시킬 가능성이 있다.

④ 기업에 유리한 영향을 미치는 유의적 변화가 자산의 사용범위 및 사용방법에서 회계기간 중에 발생하였거나 가까운 미래에 발생할 것으로 예상된다. 이러한 변화에는 자산의 성능을 향상시키거나 자산이 속하는 영업을 구조조정하는 경우가 포함된다.

⑤ 자산의 경제적 성과가 기대수준을 초과하거나 초과할 것으로 예상되는 증거를 내부보고를 통해 얻을 수 있다.

자산의 손상차손환입은 즉시 당기손익으로 인식하는데 이때 자산의 손상차손환입으로 증가된 장부금액은 과거에 손상차손을 인식하기 전 장부금액의 감가상각 또는 상각 후 잔액을 초과할 수 없다. 과거에 손상차손을 인식하기 전 장부금액의 감가상각 또는 상각 후 잔액을 초과하여 자산의 장부금액이 증가한다면 그 초과증가액은 재평가에 해당할 것이다.

연습문제

| 주관식문제 |

01. ㈜인덕은 사용하던 복사기를 신형으로 교체하였다. 사용하던 복사기의 취득원가는 ₩6,000,000, 감가상각누계액은 ₩2,000,000이고, 공정가치는 ₩3,000,000이다. 또한 교환과 관련하여 ₩300,000의 현금을 수령하였다. 이러한 교환거래가 상업적 실질이 있는 경우(처분손익인식)와 없는 경우로 구분하여 취득시의 회계처리를 하시오.

02. 유형자산을 취득한 이후에 후속적으로 증설, 대체 또는 수선·유지와 관련하여 발생하는 원가를 회계처리하는 방법에 대해 설명하시오.

03. 취득원가 ₩3,000,000의 차량을 내용연수 5년, 잔존가액 10%, 정액법으로 감가상각을 하다가 제4차년도 초에 ₩1,000,000에 매각하여 현금을 수취했을 경우의 회계처리를 하시오.

04. 자산손상을 인식할 경우 회수가능액은 어떤 금액을 말하는가?

05. 다음 자료를 참고하여 기계장치의 취득원가를 계산하시오.

기계장치 구입가격	₩1,000,000
초기 가동손실	100,000
설치비	200,000
운송비	400,000
종업원 교육훈련비	50,000
홍보비	50,000

06. 다음 자료를 근거로 20×1년과 20×2년의 감가상각비 및 재무상태표에 표시될 기계장치의 내용을 표시하시오.

취득원가	₩100,000,000	
내용연수	5년	20×1년 7월 1일 취득
잔존가치	10,000,000	
감가상각방법	정액법	

07. 다음 자료를 근거로 20×1년과 20×2년의 감가상각비 및 재무상태표에 표시될 기계장치의 내용을 표시하시오.

취득원가	₩100,000,000	
내용연수	5년	20×1년 7월 1일 취득
잔존가치	₩10,000,000	
감가상각방법	생산량비례법	
총예정생산량	100,000개	
20×1년 생산량	20,000개	
20×2년 생산량	30,000개	

| 객관식문제 |

01. 다음 보기 중 유형자산의 취득원가에 포함되지 않는 것은?

① 유형자산으로 생산할 신제품에 대한 판촉활동비
② 자산을 해체·제거하거나 부지를 복구하는 데 소요될 것으로 최초에 추정되는 복구추정원가
③ 설치원가 및 조립원가
④ 최초의 운송 및 취급관련 원가

02. 20×1년 ㈜인덕은 건물과 토지를 ₩10,000,000에 일괄매입하였다. 취득당시 건물의 공정가치는 ₩5,000,000, 토지의 공정가치는 ₩10,000,000이었다. 토지와 건물을 취득하는데 추가로 소유권이전비용 ₩1,000,000과 취득세 ₩1,000,000이 지출되었고, 20×1년도의 재산세로 ₩500,000을 지출하였다. 토지와 건물의 취득원가는 각각 얼마인가?

	토지	건물
①	8,000,000	4,000,000
②	6,666,667	3,333,333
③	8,666,667	4,333,333
④	8,000,000	2,000,000

03. 유형자산의 후속원가에 대한 다음 보기 중 자산의 취득원가에 가산하는 것은?

① 제1공학관의 건물에 엘리베이터를 설치하였다.
② 제1공학관 307호의 유리창이 손상되어 교체하였다.
③ 제2공학관 도색이 오래되어 페인트를 다시 칠했다.
④ 도서관 계단이 노후되어 부분 수리하였다.

04. 다음 중 유형자산의 취득원가에 포함되는 요소만 바르게 짝지은 것은?
(2018년 재경관리사 기출문제)

ㄱ. 설치장소 준비를 위한 지출
ㄴ. 최초의 운송 및 취급관련 원가
ㄷ. 보유 중인 건물에 대하여 부과되는 재산세
ㄹ. 취득세
ㅁ. 매입할인

① ㄱ, ㄴ
② ㄱ, ㄴ, ㄷ
③ ㄱ, ㄴ, ㄹ
④ ㄱ, ㄴ, ㄷ, ㄹ, ㅁ

05. ㈜삼일의 재무상태표에 유형자산으로 표시되는 기계장치의 취득금액은 얼마인가?
(2016년 재경관리사 기출문제)

기계장치의 취득과 관련하여 발생한 비용	금액
ㄱ. 취득금액	₩700,000,000
ㄴ. 기계장치에서 생산된 새로운 상품을 소개하는데 소요되는 광고비	₩50,000,000
ㄷ. 기계장치와 관련된 산출물에 대한 수요가 형성되는 과정에서 발생하는 가동손실	₩30,000,000
ㄹ. 경영진이 의도하는 방식으로 가동할 수 있으나 가동수준이 완전조업도 수준에 미치지 못하여 발생하는 원가	₩15,000,000
합계	₩795,000,000

① ₩700,000,000
② ₩715,000,000
③ ₩750,000,000
④ ₩795,000,000

06. ㈜서울은 사용 중이던 차량운반구 A를 ㈜부산이 사용하던 차량운반구 B와 교환하였다. 이 교환과 관련하여 ㈜서울은 공정가치의 차액 ₩300,000을 현금으로 지급하였다. 이 경우 ㈜서울이 차량운반구 B의 취득원가로 인식해야 할 금액은 얼마인가? 단, 동 거래는 상업적 실질이 결여된 거래이다. (2021년 재경관리사 기출문제)

(단위: 원)

	차량운반구 A	차량운반구 B
취득원가	3,500,000	4,000,000
감가상각누계액	1,200,000	1,500,000
공정가치	1,700,000	2,000,000

① ₩2,600,000 ② ₩2,300,000
③ ₩2,000,000 ④ ₩1,700,000

07. 다음 중 감가상각비를 계산하기 위한 4요소에 해당하지 않는 것은?

① 취득원가 ② 잔존가치
③ 감가상각누계액 ④ 내용연수

08. 다음 중 20×2년도 ㈜용산의 기계장치 A의 감가상각에 관한 설명으로 가장 올바르지 않은 것은? (2018년 재경관리사 기출문제)

㈜용산은 20×1년에 회사를 설립하고 기계장치 A를 구입하였다. 구입시점에는 동 기계장치를 10년 사용할 것으로 예상하였고 매년 균등하게 소비될 것이라 판단되어 10년의 내용연수를 적용하여 정액법으로 감가상각하였다. 그러나 예상보다 회사의 성장추세가 빨라 20×2년의 생산량이 20×1년 대비 80% 이상 늘어났으며, 20×3년의 생산량도 20×2년 대비 100% 이상 늘어날 것으로 예상된다. 이에 따라 기계장치 A의 마모나 손상이 기존 예측치보다 빠르게 진행될 것으로 판단되어 내용연수를 8년으로 변경하고자 하다. 또한 회사는 소비형태를 보다 잘 반영하는 생산량비례법으로 감가상각방법을 변경하고자 한다.

① ㈜용산은 자산의 미래경제적효익이 소비되는 형태를 반영하여 감가상각방법을 결정해야 한다.
② ㈜용산은 기계장치 A의 감가상각방법 변경에 대하여 회계추정의 변경으로 처리해야 한다.
③ ㈜용산은 자산의 미래경제적효익이 소비되는 형태가 변하지 않는 한 감가상각방법을 매 회계기간에 일관성있게 적용한다.
④ 소비형태를 신뢰성있게 결정할 수 없는 경우에는 정률법을 사용해야 한다.

09. 다음 중 유형자산의 후속측정으로 원가모형을 적용하는 기업의 감가상각에 대한 설명으로 가장 옳은 것은? (2016년 재경관리사 기출문제)

① 토지와 건물을 일괄하여 취득하였다면 단일 자산으로서 회계처리하여야 한다.
② 보유하고 있는 건물이 위치한 토지의 시장가치 증가는 건물의 감가상각대상금액에 영향을 미친다.
③ 감가상각의 목적은 특정 자산의 감가상각대상금액을 자산의 이용에 따라 효익이 발생하는 기간에 체계적이고 합리적인 방법으로 배분하는 것이다.
④ 기업은 해당 자산에 내재되어 있는 미래경제적효익의 예상소비형태를 가장 잘 반영할 수 있는 상각방법을 선택하여 일관성 있게 적용하여야 하며 후속기간에 이를 변경할 수 없다.

10. 20×1년초에 취득한 기계장치에 대한 다음 자료를 근거로 감가상각을 하던 중 20×3년초에 ₩90,000,000에 매각하였을 경우 유형자산처분이익으로 맞는 것은?

취득원가	₩100,000,000
내용연수	5년
잔존가치	10,000,000
감가상각방법	정액법

① 0(처분손익 없음)
② 10,000,000
③ 26,000,000
④ 30,000,000

11. 20×1년초에 취득한 기계장치에 대한 다음 자료를 근거로 감가상각을 하던 중 20×3년초에 ₩90,000,000에 매각하였을 경우 유형자산처분이익으로 맞는 것은?

취득원가	₩100,000,000
내용연수	5년
잔존가치	10,000,000
감가상각방법	정률법(상각률: 0.4)

① 0(처분손익 없음)
② ₩10,000,000
③ ₩36,000,000
④ ₩54,000,000

12. 20×1년초에 취득한 기계장치에 대한 다음 자료를 근거로 감가상각을 하던 중 20×3년초에 ₩90,000,000에 매각하였을 경우 유형자산처분손익으로 맞는 것은?

취득원가	₩100,000,000
내용연수	5년
잔존가치	10,000,000
감가상각방법	생산량비례법 (총예정생산량: 100,000단위)
실제 생산량	20×1년: 20,000단위 20×2년: 10,000단위

① 0(처분손익 없음) ② ₩10,000,000
③ ₩17,000,000 ④ ₩30,000,000

13. ㈜삼일은 영업활동에 사용하던 건물(부속토지 포함)을 20×4년 12월 31일에 현금을 받고 처분하였다. 동 건물과 관련된 사항은 다음과 같다.

건물의 취득원가	₩5,000,000
취득일	20×1년 10월 1일
내용연수	20년
잔존가치	₩500,000
감가상각방법	정액법
부속토지 (취득원가)	₩3,000,000
처분금액(건물 및 부속토지)	₩7,000,000

20×4년도에 ㈜삼일의 토지·건물 처분에 대한 회계처리로 가장 옳은 것은? 단, ㈜삼일은 최초 인식시점 이후 유형자산을 원가모형으로 회계처리하고 있다.
(2020년 재경관리사 기출문제)

①	(차) 현금	7,000,000	(대)	토지	3,000,000
	감가상각누계액	731,250		건물	5,000,000
	유형자산처분손실	268,750			
②	(차) 현금	7,000,000	(대)	토지	3,000,000
	유형자산처분손실	200,000		건물	4,200,000
③	(차) 현금	7,000,000	(대)	토지	3,000,000
	감가상각누계액	812,500		건물	5,000,000
	유형자산처분손실	187,500			
④	(차) 현금	7,000,000	(대)	토지	3,000,000
	유형자산처분손실	100,000		건물	4,100,000

14. 자산손상에 관한 규정에서 회수가능액에 대한 설명으로 옳은 것은?

① 자산은 순공정가치보다 더 큰 금액으로 표시되어서는 아니된다.
② 회수가능액이란 순공정가치와 사용가치 중 작은 금액으로 정의한다.
③ 순공정가치란 합리적인 판단력과 거래의사가 있는 독립된 당사자 사이의 거래가격이다.
④ 사용가치란 자산이나 현금창출단위에서 창출될 것으로 기대되는 미래현금흐름의 현재가치이다.

15. 다음 중 유형자산의 손상에 관한 설명으로 가장 옳은 것은?
(2020년 재경관리사 기출문제)

① 유형자산에 대해 재평가모형을 적용하는 경우 손상차손을 인식하지 않는다.
② 자산의 회수가능액은 순공정가치와 사용가치 중 작은 금액이다.
③ 기업은 매 보고기간말마다 자산손상을 시사하는 징후가 있는지를 검토하여야 한다.
④ 자산손상을 시사하는 징후가 있는지를 검토할 때는 경제상황과 같은 외부정보는 고려하지 않는다.

16. 다음은 20×1년 말 ㈜삼일의 건물과 관련된 자료이다. ㈜삼일은 20×1년말 건물과 관련하여 손상차손을 인식하였다. 20×2년 결산시점에 ㈜삼일이 건물과 관련하여 인식해야 할 감가상각비는? (2020년 재경관리사 기출문제)

ㄱ. 20×1년말 건물 장부금액(손상 전)	₩50,000,000
ㄴ. 20×1년말 건물의 순공정가치	₩45,000,000
ㄷ. 20×1년말 건물의 사용가치	₩35,000,000
ㄹ. 20×1년말 건물의 잔존내용연수	20년
ㅁ. 건물의 잔존가치	0
ㅂ. ㈜삼일은 건물에 대하여 정액법으로 감가상각비를 인식함	

① ₩2,000,000　　② ₩2,250,000
③ ₩2,500,000　　④ ₩2,750,000

17. 다음은 ㈜삼일이 20×1년 7월 1일에 취득하여 현재 사용 중인 기계장치들에 대한 내용이다. 20×1년말 사용 중인 기계장치들에 대하여 자산손상을 시사하는 징후가 존재하였다. ㈜삼일이 20×1년말에 유형자산손상차손으로 인식해야 할 금액은 얼마인가? (2017년 재경관리사 기출문제)

구분	기계장치 A	기계장치 B
20×1년말 장부금액	₩225,000,000	₩80,000,000
20×1년말 처분시 예상 순공정가치	₩150,000,000	₩40,000,000
계속 사용할 경우의 사용가치	₩135,000,000	₩96,000,000

① ₩0
② ₩59,000,000
③ ₩75,000,000
④ ₩90,000,000

18. 다음 중 ㈜세무가 ㈜인덕이 보유하던 장부가액 ₩1,000,000, 공정가치 ₩2,000,000의 토지를 ㈜인덕으로부터 무상으로 증여받을 경우의 회계처리로 옳은 것은?

① (차) 토지 1,000,000 (대) 자산수증이익 1,000,000
② (차) 토지 1,000,000 (대) 자본금 1,000,000
③ (차) 토지 2,000,000 (대) 자본금 2,000,000
④ (차) 토지 2,000,000 (대) 자산수증이익 2,000,000

19. ㈜인덕은 20×1년초에 사용하던 기계장치를 ㈜세무와 교환하기로 하였다. 상업적 실질이 있는 거래인 경우 ㈜인덕이 인식할 유형자산처분손익은 얼마인가?

구분	㈜인덕	㈜세무
취득원가	₩500,000	₩500,000
감가상각누계액	300,000	200,000
공정가치	−	250,000
현금지급액	−	₩50,000
현금수취액	₩50,000	−

① 처분손익을 인식하지 아니함
② 유형자산처분손실 ₩100,000
③ 유형자산처분이익 ₩50,000
④ 유형자산처분이익 ₩100,000

20. ㈜삼일은 20×1년초 영업활동에 사용할 목적으로 취득원가 ₩30억의 토지를 매입하여 재평가모형을 적용하고 있다. 20×1년말 해당 토지의 공정가치는 ₩27억으로 추정되어 ₩3억의 당기손실을 인식하였다. 20×2년말 토지의 공정가치는 ₩36억으로 추정된다. 20×2년말 ㈜삼일의 토지에 관한 회계처리로 가장 옳은 것은? (2015년 재경관리사 기출문제)

① (차) 토지	9억	(대)	토지재평가이익(손익항목)	3억
			재평가잉여금(자본항목)	6억
② (차) 토지	6억	(대)	토지재평가이익(손익항목)	6억
③ (차) 토지	9억	(대)	재평가잉여금(자본항목)	9억
④ (차) 토지	9억	(대)	토지재평가이익(손익항목)	9억

21. 다음 중 유형자산의 재평가모형 회계처리에 관한 설명으로 가장 올바르지 않은 것은? (2017년 재경관리사 기출문제)

① 재평가의 빈도는 재평가되는 유형자산의 공정가치 변동에 따라 달라진다.
② 특정 유형자산을 재평가할 때 동일한 분류 내의 유형자산 분류 전체를 재평가한다.
③ 자산의 장부금액이 재평가로 인하여 증가된 경우 원칙적으로 그 증가액은 기타포괄손익(재평가잉여금)으로 인식한다.
④ 자산의 장부금액이 재평가로 인하여 감소한 경우 원칙적으로 그 감소액은 기타포괄손익(재평가잉여금)으로 인식한다.

22. 다음 중 유형자산의 후속원가에 대한 올바른 회계처리방법을 설명한 것은?

① 유형자산의 취득 이후의 후속적 지출은 취득 이후이므로 모두 비용으로 처리한다.
② 유형자산의 취득 이후의 후속적 지출은 자산에 대한 지출이므로 모두 자산의 원가에 가산한다.
③ 유형자산의 취득 이후의 후속적 지출은 발생하는 수익과 상계한다.
④ 유형자산의 취득 이후의 후속적 지출이 자산인식요건을 충족하면 자산의 원가에 포함한다.

23. ㈜삼일은 연구개발을 전담할 연구소를 신축하기로 하였다. 이와 관련하여 20×1년 1월 1일 ₩50,000,000을 지출하였고, 연구소는 20×3년 중에 완공될 예정이다. 회사의 차입금 현황이 다음과 같을 경우 20×1년도 일반차입금에 대한 자본화 이자율은 얼마인가? 단, 차입금은 모두 만기가 3년 후이고 적수 계산시 월할계산을 가정한다. (2017년 재경관리사 기출문제)

차입처	차입일	차입금	연이자율	용도
K은행	20×1년 1월 1일	₩10,000,000	6%	일반차입금
S은행	20×1년 7월 1일	₩20,000,000	9%	일반차입금

① 6% ② 7.5%
③ 8% ④ 9%

24. ㈜삼일은 공장을 신축하기로 하였으며, 이와 관련하여 20×1년 1월 1일 ₩24,000,000을 지출하였고, 공장은 20×3년 중에 완공될 예정이다. ㈜삼일은 공장 신축을 위해서 아래와 같이 특정목적으로 차입을 하였다. ㈜삼일이 유형자산 건설과 관련된 차입원가를 자본화할 때 20×1년 특정차입금과 관련하여 자본화할 차입원가는 얼마인가? 단, 편의상 월할계산 한다고 가정한다. (2021년 재경관리사 기출문제)

차입금액	차입기간	연이자율	비고
₩24,000,000	20×1년 5월 1일 ~ 20×2년 6월 30일	5%	공장신축을 위한 특정차입금

① ₩600,000　② ₩700,000
③ ₩800,000　④ ₩960,000

25. 20×1년초 ㈜인덕은 연구목적의 기계장치취득자금 중 ₩3,000,000을 정부에서 지원받고 ₩10,000,000의 기계장치를 취득하였다. 자산차감법을 적용한 취득시의 회계처리로 옳은 것은?

	차변	금액	대변	금액
①	(차) 기계장치	7,000,000	(대) 현금	7,000,000
②	(차) 기계장치	10,000,000	(대) 현금	10,000,000
③	(차) 기계장치	10,000,000	(대) 현금	7,000,000
			정부보조금	3,000,000
④	(차) 기계장치	7,000,000	(대) 현금	10,000,000
	정부보조금	3,000,000		

26. 회사가 지방자치단체 등으로부터 수령한 정부보조금과 관련된 설명으로 가장 올바르지 않은 것은? (2015년 재경관리사 기출문제)

① 정부보조금이란 기업의 영업활동과 관련하여 과거나 미래에 일정한 조건을 충족하였거나 충족할 경우 기업에게 자원을 이전하는 형식의 정부지원을 말한다.
② 정부지원의 요건을 충족하는 기업이 장기성 자산을 매입, 건설하거나 다른 방법으로 취득하여야 하는 일차적 조건이 있는 정부보조금을 자산관련보조금이라 한다.
③ 자산관련보조금은 이연수익(부채)으로 표시하고 자산의 내용연수에 걸쳐 체계적이고 합리적인 기준으로 당기손익에 인식할 수 있다.
④ 수익관련보조금은 자산의 장부금액에서 차감하여 표시하고 자산의 내용연수에 걸쳐 감가상각비를 감소시키는 방식으로 당기손익에 인식할 수 있다.

정답 및 해설

| 주관식문제 |

01. (1) 상업적 실질이 있는 경우

(차) 감가상각누계액	2,000,000	(대) 비품(구형복사기)	6,000,000
비품(신형복사기)	2,700,000		
현금	300,000		
유형자산처분손실	1,000,000		

(2) 상업적 실질이 없는 경우

(차) 감가상각누계액	2,000,000	(대) 비품(구형복사기)	6,000,000
비품(신형복사기)	3,700,000		
현금	300,000		

02. 유형자산을 사용하는 과정 중에 발생하는 후속적인 지출은 그 지출이 자산의 인식요건을 충족하면 기존 자산의 장부금액에 가산하고 그렇지 않다면 지출시점의 비용으로 인식하는 것이다. 즉, 그 지출이 유형자산의 내용연수를 증가시키거나 또는 그 자산으로부터 생산되는 제품의 가치를 증가시킨다면 유형자산의 장부금액에 가산하며, 그 지출이 유형자산의 원상회복이나 능률유지를 위한 지출이라면 수선유지비 등 당기비용으로 인식하는 것이다.

03. • 정액법 감가상각비 = (3,000,000 − 3,000,000 × 10%) ÷ 5년 = ₩540,000

• 제4차년도초 장부가액

차량운반구	3,000,000
감가상각누계액	(1,620,000)
장부가액	1,380,000

• 처분시 회계처리

(차) 감가상각누계액	1,620,000	(대) 차량운반구	3,000,000
현금	1,000,000		
유형자산처분손실	380,000		

04. 자산손상과 관련하여 회수가능액이란 자산 또는 현금창출단위의 처분부대원가를 차감한 공정가치와 사용가치 중 큰 금액을 말한다.

05. 기계장치 취득원가=구입가격+설치비+운송비=₩1,600,000

06. (1) 20×1년

• 감가상각비=(100,000,000−10,000,000)÷5년×(6/12)=₩9,000,000

기계장치	₩100,000,000
감가상각누계액	(9,000,000)
장부가액	₩91,000,000

(2) 20×2년

• 감가상각비=(100,000,000−10,000,000)÷5년=₩18,000,000

기계장치	₩100,000,000
감가상각누계액	(27,000,000)
장부가액	₩73,000,000

07. (1) 20×1년

• 감가상각비=(100,000,000−10,000,000)×(20,000/100,000)=₩18,000,000

기계장치	₩100,000,000
감가상각누계액	(18,000,000)
장부가액	₩82,000,000

(2) 20×2년

• 감가상각비=(100,000,000−10,000,000)×(30,000/100,000)=₩27,000,000

기계장치	₩100,000,000
감가상각누계액	(45,000,000)
장부가액	₩55,000,000

| 객관식문제 |

01. ①

유형자산의 취득원가에 포함하는 것은 다음과 같다.

• 관세 및 환급 불가능한 취득관련 세금을 가산하고 매입할인과 리베이트 등을 차감한 구입가격

• 경영진이 의도하는 방식으로 자산을 가동하는 데 필요한 장소와 상태에 이르게 하는 데 직접 관련되는 원가

• 자산을 해체·제거하거나 부지를 복구하는 데 소요될 것으로 최초에 추정되는 원가

02. ①

- 일괄취득원가=10,000,000+1,000,000+1000,000=₩12,000,000
- 재산세는 취득과 관련한 불가피한 지출이 아니므로 제외
- 일괄취득원가를 토지와 건물의 공정가치를 기준으로 배분

토지의 취득원가:	12,000,000×(10,000,000/15,000,000)=	₩8,000,000
건물의 취득원가:	12,000,000×(5,000,000/15,000,000)=	4,000,000
	합계	₩12,.000,000

03. ①

후속지출이 유형자산의 내용연수를 증가시키거나 또는 그 자산이나 그 자산으로부터 생산되는 제품의 가치를 증가시킨다면 유형자산의 장부금액에 가산한다.

04. ③

유형자산의 보유와 관련된 세금인 재산세와 취득원가에서 차감할 매입할인은 취득원가에 포함하지 않는다.

05. ①

유형자산이 경영진이 의도하는 방식으로 가동될 수 있는 장소와 상태에 이른 후에는 원가를 더 이상 인식하지 않는다.

06 ①

상업적 실질이 없는 거래이므로 처분손익이 인식되지 않도록 회계처리한다.

(차) 감가상각누계액	1,200,000	(대) 차량운반구 A	3,500,000
차량운반구 B	2,600,000	현금	300,000

07. ③

- 감가상각의 4요소: 취득원가, 잔존가치, 내용연수, 감가상각방법
- 감가상각의 3요소: 감가상각대상금액(=취득원가−잔존가치), 내용연수, 감가상각방법

08. ④

회사는 자산의 미래경제적효익이 소비되는 형태를 반영하여 감가상각방법을 결정하고, 자산의 미래경제적효익이 소비되는 형태가 변하지 않는 한 감가상각방법을 매 회계기간에 일관성있게 적용하며, 감가상각방법 변경에 대하여 회계추정의 변경으로 처리해야 한다.

09. ③

감가상각은 원가배분의 과정이며, 감가상각자산에 내재된 미래경제적효익의 기대소비행태의 변경은 감가상각방법의 변경을 초래하며 이를 회계추정의 변경으로 보아 전진법을 적용한다.

10. ③

〈정액법 감가상각비〉

(100,000,000－10,000,000)÷5년＝₩18,000,000

〈20×3년도초 장부가액〉

기계장치	₩100,000,000
감가상각누계액	(36,000,000)
장부가액	₩64,000,000

〈처분시 회계처리〉

(차) 감가상각누계액	36,000,000	(대) 기계장치	100,000,000
현금	90,000,000	유형자산처분이익	26,000,000

11. ④

〈정률법 감가상각비〉

20×1년 100,000,000×0.4＝₩40,000,000

20×2년 (100,000,000－40,000,000)×0.4＝₩24,000,000

〈20×3년도초 장부가액〉

기계장치	₩100,000,000
감가상각누계액	(64,000,000)
장부가액	₩36,000,000

〈처분시 회계처리〉

(차) 감가상각누계액	64,000,000	(대) 기계장치	100,000,000
현금	90,000,000	유형자산처분이익	54,000,000

12. ③

〈생산량비례법 감가상각비〉

20×1년 (100,000,000－10,000,000)×(20,000/100,000)＝₩18,000,000

20×2년 (100,000,000－10,000,000)×(10,000/100,000)＝₩9,000,000

〈20×3년도초 장부가액〉

기계장치	₩100,000,000
감가상각누계액	(27,000,000)
장부가액	₩73,000,000

〈처분시 회계처리〉

(차) 감가상각누계액	27,000,000	(대) 기계장치	100,000,000
현금	90,000,000	유형자산처분이익	17,000,000

13. ①

〈정액법 감가상각비〉

20×1년 [(5,000,000－500,000)÷20]×3/12＝₩56,250

20×2년~20×4년 [(5,000,000－500,000)÷20[×3년＝₩675,000

〈20×4년말 장부가액〉

건물	₩5,000,000
감가상각누계액	(731,250)
장부가액	₩4,268,750

〈처분시 회계처리〉

(차) 현금	7,000,000	(대) 토지	3,000,000
감가상각누계액	731,250	건물	5,000,000
유형자산처분손실	268,750		

14. ④

자산손상을 인식하려는 목적은 자산의 장부금액이 회수가능액보다 큰 금액으로 표시되지 않도록 하는 데 있다. 이때 회수가능액이란 자산 또는 현금창출단위의 처분부대원가를 차감한 공정가치와 사용가치 중 큰 금액을 말하며, 순공정가치란 공정가치에서 처분부대원가를 차감한 것이고, 사용가치란 그 자산을 사용함으로써 얻을 수 있는 가치, 즉 미래현흐름창출액의 현재가치이다.

15. ③

기업은 매 보고일에 과거기간에 인식한 손상차손이 더 이상 존재하지 않거나 감소된 것을 시사하는 징후가 있는지를 검토한다.

16. ②

회수가능액＝Max[순공정가치, 사용가치]＝₩45,000,000

감가상각비＝45,000,000÷20년＝₩2,250,000

17. ③

유형자산의 장부가액과 회수가능액을 비교하여 손상을 적용하는데, 회수가능액이란 자산의 순공정가치와 사용가치 중 큰 금액이다.

18. ④

19. ④

(차) 감가상각누계액	300,000	(대) 기계장치(구형)	500,000
기계장치(신형)	250,000	유형자산처분이익	100,000
현금	50,000		

20. ①

자산의 장부금액이 재평가로 인하여 증가된 경우에는 기타포괄손익으로 인식하고 재평가잉여금으로 자본에 가산한다. 그러나 동일한 자산에 대하여 이전에 당기손익(재평가손실)으로 인식한 금액이 있었다면 그 금액을 한도로 재평가증가액만큼을 당기손익으로 인식한다.

21. ④

자산의 장부금액이 재평가로 인하여 감소된 경우에 그 감소액은 즉시 당기손익(재평가손실)으로 인식한다.

22. ④

유형자산의 취득 이후의 후속적 지출이 자산인식요건을 충족하면 자산의 원가에 포함하고 충족하지 못하면 기간비용으로 처리한다.

23. ②

$$\text{일반차입금 자본화이자율} = \frac{(₩10{,}000{,}000 \times 6\% + ₩20{,}000{,}000 \times 9\% \times \frac{6}{12})}{(10{,}000{,}000 + 20{,}000{,}000 \times \frac{6}{12})} = 7.5\%$$

24. ③

특정차입금 자본화 차입원가 = (24,000,000 × 5%) × 8/12 = ₩800,000

25. ③

자산차감법은 자산의 장부금액을 계산할 때 보조금을 차감하는 방법이다.

기계장치	₩10,000,000
정부보조금	(3,000,000)
장부가액	₩7,000,000

26. ④

③은 자산관련보조금의 회계처리방법 중 이연수익법에 대한 설명이고, ④는 자산관련보조금의 회계처리방법 중 자산차감법에 대한 설명이다.

K-IFRS *Intermediate Financial Accounting*

Chapter 09

무형자산

단원정리 무형자산

- **무형자산:** 물리적 실체는 없지만 식별가능한 비화폐성자산
  - 식별가능성
  - 통제가능성

- **인식기준**
  - 미래경제적효익의 유입가능성
  - 원가의 신뢰성 있는 측정

- **취득원가**
  - 구입가격
  - 의도된 목적에 사용가능한 상태로 만드는 데 직접 관련된 원가

- **내부창출 무형자산**
  - 연구단계: 발생시 비용처리(연구비 등)
  - 개발단계: 무형자산

- **무형자산 인식요건(모두 충족)**
  - 사용・판매를 위해 완성할 수 있는 기술적 실현가능성
  - 사용하거나 판매하려는 기업의 의도
  - 사용하거나 판매할 수 있는 기업의 능력
  - 미래경제적효익의 창출방법
  - 개발하여 판매・사용할 기술적・재정적 자원 입수가능성
  - 지출의 신뢰성 있는 측정

- **무형자산의 상각**
  - 취득원가
  - 잔존가치: 일반적으로 '0'(객관적인 입증 가능시 인정)
  - 내용연수: 내용연수 비한정인 무형자산은 상각하지 않음
  - 상각방법: 경제적효익의 소비행태에 따라 선택(결정이 어려운 경우 정액법 적용)

- **인식 후의 측정**
  - 원가모형
  - 재평가모형: 비례수정법/총제거법

• 무형자산의 제거

- 처분하는 때
- 미래경제적효익이 기대되지 않을 때(폐기)

• 영업권

- 사업결합에서 획득한 자산 외의 미래경제적효익을 나타내는 자산
- 미래 초과수익력에 대한 대가
- 내부창출영업권은 자산으로 인식하지 아니함
- 측정: [사업결합의 이전대가 − 식별가능 자산 · 부채의 공정가치]

제1절 무형자산의 정의 및 인식기준

1.1 무형자산의 정의

무형자산이란 물리적 실체는 없지만 식별가능한 비화폐성 자산을 말한다.

기업은 경제적자원을 사용하거나 부채를 부담하여 과학적·기술적 지식, 새로운 공정이나 시스템의 설계와 실행, 라이선스, 지적재산권, 시장에 대한 지식과 상표(브랜드명 및 출판표제 포함) 등의 무형자원을 취득·개발·유지하거나 개선한다. 이러한 예에는 컴퓨터소프트웨어, 특허권, 저작권, 영화필름, 고객목록, 모기지관리용역권, 어업권, 수입할당량, 프랜차이즈, 고객이나 공급자와의 관계, 고객충성도, 시장점유율과 판매권 등이 있다.

1.1.1 식별가능성

무형자산이란 물리적 실체는 없지만 식별가능한 비화폐성자산이다. 다음 중 하나에 해당하는 경우에 식별가능하다고 할 수 있다.

① 자산이 분리가능하다. 즉, 기업의 의도와는 무관하게 기업에서 분리하거나 분할할 수 있고, 개별적으로 또는 관련된 계약, 식별가능한 자산이나 부채와 함께 매각, 이전, 라이선스, 임대, 교환할 수 있다.

② 자산이 계약상 권리 또는 기타 법적 권리로부터 발생한다. 이 경우 그러한 권리가 이전가능한지 여부 또는 기업이나 기타 권리와 의무에서 분리가능한지 여부는 고려하지 아니한다.

1.1.2 통제가능성

기업의 자산으로 인식하기 위해서는 통제가능성이 요구된다. 그 무형자산에서 유입되는 미래경제적효익을 확보할 수 있고 그 효익에 대한 제3자의 접근을 제한할 수 있다면 기업이 자산을 통제하고 있는 것이다. 무형자산의 미래경제적효익에 대한 통제능력은 일반적으로 법원에서 강제할 수 있는 법적 권리에서 나오며, 법적 권리가 없는 경우에는 통제를 제시하기 어렵다. 그러나 다른 방법으로도 미래경제적효익을 통제할 수 있기 때문에 권리의 법적 집행가능성이 통제의 필요조건은 아니다.

1.2 무형자산의 인식기준

다음의 조건을 모두 충족하는 경우에만 무형자산을 인식한다.

① 자산에서 발생하는 미래경제적효익이 기업에 유입될 가능성이 높다.

② 자산의 원가를 신뢰성 있게 측정할 수 있다.

미래경제적효익이 기업에 유입될 가능성은 무형자산의 내용연수 동안의 경제적 상황에 대한 경영자의 최선의 추정치를 반영하는 합리적이고 객관적인 가정에 근거하여 평가하여야 한다.

1.3 무형자산의 측정

1.3.1 개별 취득

유형자산에서와 같이 개별 취득하는 무형자산의 원가는 다음 항목으로 구성된다.

① 구입가격(매입할인과 리베이트를 차감하고 수입관세와 환급받을 수 없는 제세금을 포함한다)

② 자산을 의도한 목적에 사용할 수 있도록 준비하는 데 직접 관련되는 원가

자산을 의도한 목적에 사용할 수 있도록 준비하는 데 직접 관련되는 원가의 예는 다음과 같다.

① 그 자산을 사용가능한 상태로 만드는 데 직접적으로 발생하는 종업원급여

② 그 자산을 사용가능한 상태로 만드는 데 직접적으로 발생하는 전문가수수료

③ 그 자산이 적절하게 기능을 발휘하는지 검사하는 데 발생하는 원가

또한 무형자산의 원가에 포함하지 않는 지출의 예는 다음과 같다.

① 새로운 제품이나 용역의 홍보원가(광고와 판매촉진활동원가를 포함한다)

② 새로운 지역에서 또는 새로운 계층의 고객을 대상으로 사업을 수행하는 데서

발생하는 원가(교육훈련비를 포함한다)

③ 관리원가와 기타 일반경비원가

무형자산원가의 인식은 그 자산을 경영자가 의도하는 방식으로 운용될 수 있는 상태에 이르면 중지한다. 따라서 무형자산을 사용하거나 재배치하는 데 발생하는 원가는 자산의 장부금액에 포함하지 않는다. 예를 들면, 다음의 원가는 무형자산의 장부금액에 포함하지 아니한다.

① 경영자가 의도하는 방식으로 운용될 수 있으나 아직 사용하지 않고 있는 기간에 발생한 원가

② 자산의 산출물에 대한 수요가 확립되기 전까지 발생하는 손실과 같은 초기 영업손실

1.3.2 사업결합으로 인한 취득

사업결합으로 취득하는 무형자산은 인식기준을 항상 충족하는 것으로 본다. 사업결합 전에 그 자산을 피취득자가 인식하였는지 여부에 관계없이, 취득자는 취득일에 피취득자의 무형자산을 영업권과 분리하여 인식한다. 이것은 피취득자가 진행하고 있는 연구·개발 프로젝트가 무형자산의 정의를 충족한다면 취득자가 영업권과 분리하여 별도의 자산으로 인식하는 것을 의미한다. 피취득자가 진행하고 있는 연구·개발 프로젝트는 다음의 조건을 모두 충족할 경우 무형자산의 정의를 충족한다.

① 자산의 정의를 충족한다.

② 식별가능하다. 즉, 분리가능하거나 계약상 또는 기타 법적 권리에서 발생한다.

1.3.3 정부보조에 의한 취득

정부보조로 무형자산을 무상이나 낮은 대가로 취득할 수 있다. 예를 들면, 정부가 공항 착륙권, 라디오나 텔레비전 방송국 운영권, 수입면허 또는 수입할당이나 기타 제한된 자원을 이용할 수 있는 권리를 기업에게 이전하거나 할당하는 경우이다. 기업회계기준서 제1020호 '정부보조금의 회계처리와 정부지원의 공시'에 따라

무형자산과 정부보조금 모두를 최초에 공정가치로 인식할 수 있다. 그러나 최초에 자산을 공정가치로 인식하지 않기로 선택하는 경우에는 자산을 명목상 금액과 자산을 의도한 용도로 사용할 수 있도록 준비하는 데 직접 관련되는 지출을 합한 금액으로 인식한다.

이러한 무형자산은 기업의 영업활동에서 유사한 성격과 용도를 가진 자산끼리 묶어서 분류한다. 이러한 종류의 예는 다음과 같다.

① 브랜드명
② 제호와 출판표제
③ 컴퓨터소프트웨어
④ 라이선스와 프랜차이즈
⑤ 저작권, 특허권, 기타 산업재산권, 용역운영권
⑥ 기법, 방식, 모형, 설계 및 시제품
⑦ 개발 중인 무형자산

물론 재무제표 이용자에게 더 목적적합한 정보를 제공할 수 있다면 무형자산의 분류는 더 큰 단위로 통합하거나 더 작은 단위로 구분할 수 있다.

제2절 내부창출 무형자산

내부적으로 창출한 무형자산이 인식기준을 충족하는지를 평가하는 것은 다음과 같은 이유 때문에 용이하지 않다.

① 기대 미래경제적효익을 창출할 식별가능한 자산이 있는지와 시점을 파악하기 어렵다.
② 자산의 원가를 신뢰성 있게 결정하는 것이 어렵다. 어떤 경우에는 무형자산을 내부적으로 창출하기 위한 원가를 내부적으로 창출한 영업권을 유지 또는 향상시키는 원가나 일상적인 경영관리활동에서 발생하는 원가와 구별할 수 없다.

따라서 내부적으로 창출한 영업권은 자산으로 인식하지 아니한다. 내부 프로젝트에 대하여는 내부적으로 창출한 무형자산이 인식기준을 충족하는지를 평가하기 위하여 무형자산의 창출과정을 연구단계와 개발단계로 구분한다. 이때 무형자산을 창출하기 위한 내부 프로젝트를 연구단계와 개발단계로 구분할 수 없는 경우에는 그 프로젝트에서 발생한 지출은 모두 연구단계에서 발생한 것으로 보아 발생시점에 비용으로 인식한다.

2.1 연구단계

연구란 새로운 과학적·기술적 지식이나 이해를 얻기 위해 수행하는 독창적이고 계획적인 탐구활동으로써 연구(또는 내부 프로젝트의 연구단계)에서 발생하는 무형자산을 인식하지 않는다. 연구(또는 내부 프로젝트의 연구단계)에서는 미래경제적효익을 창출할 무형자산이 존재한다는 것을 제시할 수 없기 때문에, 즉 무형자산의 자산성을 주장할 수 없기 때문에 내부 프로젝트의 연구단계에서 발생한 지출은 연구비 등으로 발생시점에 비용으로 인식한다.

비용으로 인식되는 연구활동의 예는 다음과 같다.

① 새로운 지식을 얻고자 하는 활동
② 연구결과나 기타 지식을 탐색, 평가, 최종 선택, 응용하는 활동
③ 재료, 장치, 제품, 공정, 시스템이나 용역에 대한 여러 가지 대체안을 탐색하는 활동
④ 새롭거나 개선된 재료, 장치, 제품, 공정, 시스템이나 용역에 대한 여러 가지 대체안을 제안, 설계, 평가, 최종 선택하는 활동

2.2 개발단계

개발이란 상업적인 생산이나 사용 전에 연구결과나 관련 지식을 새롭거나 현저히 개량된 재료, 장치, 제품, 공정, 시스템이나 용역의 생산을 위한 계획이나 설계에 적용하는 활동으로써, 다음 사항을 모두 제시할 수 있는 경우에만 개발활동(또는 내부 프로젝트의 개발단계)에서 발생한 무형자산을 인식한다.

① 무형자산을 사용하거나 판매하기 위해 그 자산을 완성할 수 있는 기술적 실현

가능성
② 무형자산을 완성하여 사용하거나 판매하려는 기업의 의도
③ 무형자산을 사용하거나 판매할 수 있는 기업의 능력
④ 무형자산이 미래경제적효익을 창출하는 방법. 그 중에서도 특히 무형자산의 산출물이나 무형자산 자체를 거래하는 시장이 존재함을 제시할 수 있거나 또는 무형자산을 내부적으로 사용할 것이라면 그 유용성을 제시할 수 있다.
⑤ 무형자산의 개발을 완료하고 그것을 판매하거나 사용하는 데 필요한 기술적·재정적 자원 등의 입수가능성
⑥ 개발과정에서 발생한 무형자산 관련 지출을 신뢰성 있게 측정할 수 있는 기업의 능력

무형자산을 완성하고 사용하며 그로부터 효익을 획득하는 데 필요한 자원의 확보가능성은, 예를 들어 필요한 기술적 자원 및 재무적 자원 등과 그러한 자원들을 확보할 수 있는 기업의 능력이 설명된 사업계획에 의하여 제시될 수 있다. 경우에 따라 기업은 그 사업계획에 대한 대출자의 자금제공 의사표시를 통해 외부자금조달의 가능성을 제시할 수도 있다.

개발단계는 연구단계보다 훨씬 더 진전되어 있는 상태이기 때문에 어떤 경우에는 내부프로젝트의 개발단계에서 무형자산을 식별할 수 있으며, 그 무형자산이 미래경제적효익을 창출할 것임을 제시할 수 있는 것이다. 이러한 개발활동의 예는 다음과 같다.

① 생산이나 사용 전의 시제품과 모형을 설계, 제작, 시험하는 활동
② 새로운 기술과 관련된 공구, 지그, 주형, 금형 등을 설계하는 활동
③ 상업적 생산 목적으로 실현가능한 경제적 규모가 아닌 시험공장을 설계, 건설, 가동하는 활동
④ 신규 또는 개선된 재료, 장치, 제품, 공정, 시스템이나 용역에 대하여 최종적으로 선정된 안을 설계, 제작, 시험하는 활동

그러나 내부적으로 창출한 브랜드, 제호, 출판표제, 고객목록과 이와 실질이 유사한 항목은 무형자산으로 인식하지 아니한다. 내부적으로 창출한 브랜드, 제호, 출판표제, 고객목록과 이와 실질이 유사한 항목은 사업을 전체적으로 개발하는 데 발생

한 원가와 구별할 수 없으므로 무형자산으로 인식하지 아니한다.

내부적으로 창출한 무형자산의 원가는 그 자산의 창출, 제조 및 경영자가 의도하는 방식으로 운영될 수 있게 준비하는 데 필요한 직접 관련된 모든 원가를 포함한다.

예제 9-1 | 내부창출 무형자산의 인식

다음은 ㈜SJ플랜트가 20×1년 중 새로운 설비(#101, #102, #103) 개발을 위해 지출한 내역이다. 각각의 경우 어떻게 회계처리해야 하는지를 설명하시오.

설비 번호	금액	내용
#101	₩1,000,000	제품 개발을 위해 새로운 지식을 얻고자 하는 활동의 지출
#102	8,000,000	제품 개발에 성공하여 생산이나 사용 전의 시제품과 모형을 설계·제작·시험하는 활동에서의 지출
#103	2,000,000	개발단계에서 발생한 지출이나 개발된 설비를 판매하거나 사용하는 데 필요한 기술적·재정적 자원 등의 입수가능성이 낮은 경우

| 해답 |

1. #101은 연구단계에서 발생한 지출이므로 당기비용으로 회계처리한다.

   (차) 연구비 1,000,000 (대) 현금 1,000,000

2. #102는 개발단계에서 발생한 지출이고 무형자산 인식조건을 충족하고 있으므로 무형자산(개발비)으로 회계처리한다.

   (차) 개발비 8,000,000 (대) 현금 8,000,000

3. #103은 개발단계에서 발생한 지출이나 무형자산 인식조건을 충족하지 못하므로 당기비용(경상개발비)으로 회계처리한다.

   (차) 경상개발비 2,000,000 (대) 현금 2,000,000

제3절 무형자산의 상각

무형자산도 유형자산의 감가상각처럼 취득원가, 잔존가치, 내용연수 및 상각방법의 4요소에 따라 상각(Amortization)하여 원가를 회계기간에 배분한다. 취득원가에 대하여는 위에서 살펴보았으므로 나머지 요소에 대하여 알아보도록 한다.

3.1 잔존가치

내용연수가 유한한 무형자산의 잔존가치는 다음 중 하나에 해당하는 경우를 제외하고는 영(0)으로 본다. 즉, 확실하게 잔존가치를 예상할 수 있는 경우를 제외하고는 잔존가치가 없는 것으로 본다.

① 내용연수 종료시점에 제3자가 자산을 구입하기로 한 약정이 있다.

② 무형자산의 활성시장이 있고 다음을 모두 충족한다.

㈎ 잔존가치를 그 활성시장에 기초하여 결정할 수 있다.

㈏ 그러한 활성시장이 내용연수 종료시점에 존재할 가능성이 높다.

내용연수가 유한한 자산의 상각대상금액은 잔존가치를 차감하여 결정한다. 영(0)이 아닌 잔존가치는 경제적 내용연수 종료시점 이전에 그 자산을 처분할 것이라는 기대를 나타낸다.

3.2 내용연수

무형자산의 상각에 대한 회계처리는 내용연수에 따라 다르다. 내용연수가 유한한 무형자산은 상각하고, 내용연수가 비한정인 무형자산은 상각하지 아니한다. 따라서 영업권은 상각하지 아니한다. 다만, 내용연수가 비한정인 무형자산은 다음의 각 경우에 회수가능액과 장부금액을 비교하여 무형자산의 손상검사를 수행하여야 한다.

① 매년

② 무형자산의 손상을 시사하는 징후가 있을 때

용어정의

비한정	내용연수가 비한정이라는 것은 내용연수가 무한하다는 의미가 아니라 그 자산이 순현금유입을 창출할 것으로 기대되는 기간에 대하여 예측가능한 제한이 없을 경우, 즉 내용연수를 유한하다고 한정지을 수 없다는 의미

계약상 권리 또는 기타 법적 권리로부터 발생하는 무형자산의 내용연수는 그러한 계약상 권리 또는 기타 법적 권리의 기간을 초과할 수는 없지만, 자산의 예상사용기간에 따라 더 짧을 수는 있다. 만약 계약상 또는 기타 법적 권리가 갱신가능한 한정된 기간 동안 부여된다면 유의적인 원가 없이 기업에 의해 갱신될 것이 명백한 경우에만 그 갱신기간을 무형자산의 내용연수에 포함한다.

무형자산의 내용연수는 경제적 요인과 법적 요인의 영향을 받는다. 경제적 요인은 자산의 미래경제적효익이 획득되는 기간을 결정하고, 법적 요인은 기업이 그 효익에 대한 접근을 통제할 수 있는 기간을 제한한다. 내용연수는 이러한 요인에 의해 결정된 기간 중 짧은 기간으로 한다.

내용연수가 유한한 무형자산의 상각대상금액은 내용연수 동안 체계적인 방법으로 배분하여야 한다. 상각은 자산이 사용가능한 때부터 시작한다. 즉 자산이 경영자가 의도하는 방식으로 운영할 수 있는 위치와 상태에 이르렀을 때부터 시작한다.

3.3 상각방법

무형자산의 상각방법은 자산의 경제적효익이 소비되는 형태를 반영한 방법이어야 한다. 다만, 소비되는 형태를 신뢰성 있게 결정할 수 없는 경우에는 정액법을 사용한다. 무형자산의 상각대상금액을 내용연수 동안 체계적으로 배분하기 위해 다양한 방법을 사용할 수 있다. 이러한 상각방법에는 정액법, 체감잔액법과 생산량비례법이 있다. 상각방법은 자산이 갖는 기대 미래경제적효익의 예상되는 소비형태를 반영하여 선택하고, 미래경제적효익의 예상되는 소비형태가 변동하지 않는다면 매 회계기간에 일관성 있게 적용한다.

무형자산의 상각액은 일반적으로 당기손익으로 인식한다. 그러나 자산이 갖는 미래경제적효익이 다른 자산의 생산에 소모되는 경우 그 자산의 상각액은 다른 자산의 원가를 구성하여 장부금액에 포함한다. 예를 들면, 제조과정에서 사용된 무형자산의 상각은 재고자산의 장부금액에 포함한다. 또한 유형자산은 일반적으로 감가상각누계액계정을 사용하여 자산의 취득가액에서 차감하는 형식으로 표시하는 간접법을 사용하는데, 무형자산도 역시 간접법을 사용할 수도 있으나 일반적으로는 장부가액에서 직접 차감하는 방식을 사용한다.

〈간접법〉

(차) 무형자산상각비	×××	(대) 무형자산상각누계액	×××

〈직접법〉

(차) 무형자산상각비	×××	(대) 무형자산	×××

제4절 인식 후의 측정

무형자산의 회계정책으로 원가모형이나 재평가모형을 선택할 수 있다.

4.1 원가모형

최초인식 후에 무형자산은 원가에서 상각누계액과 손상차손누계액을 차감한 금액을 장부금액으로 한다.

4.2 재평가모형

최초인식 후에 무형자산은 재평가일의 공정가치에서 이후의 상각누계액과 손상차손누계액을 차감한 재평가금액을 장부금액으로 한다. 공정가치는 활성시장을 기초로 하여 측정한다. 보고기간말에 자산의 장부금액이 공정가치와 중요하게 차이가 나지 않도록 주기적으로 재평가를 실시한다.

재평가모형을 적용하여 무형자산을 회계처리하는 경우에는 같은 분류의 기타 모든 자산도 그에 대한 활성시장이 없는 경우를 제외하고는 동일한 방법을 적용하여 회계처리한다.

무형자산은 영업상 유사한 성격과 용도로 분류한다. 자산을 선택적으로 재평가하거나 재무제표에서 서로 다른 기준일의 원가와 가치가 혼재된 금액을 보고하는 것을 방지하기 위하여 같은 분류 내의 무형자산 항목들은 동시에 재평가한다.

무형자산에 대하여 활성시장이 존재하는 것이 흔하지는 않다. 예를 들면, 어떤 국가에서는 자유롭게 양도가 가능한 택시 라이선스, 어업권이나 생산할당량에 대하여 활성시장이 존재할 수 있다. 그러나 브랜드, 신문제호, 음악과 영화 출판권, 특허권이나 상표는 성격상 독특하기 때문에 활성시장이 존재할 수 없다. 또한 무형자산이 매매되더라도 계약은 개별 매수자와 매도자 간에 협상이 되고 상대적으로 거래는 자주 일어나지 않는다. 이러한 이유로 어떤 자산에 대하여 지급한 가격이 다른 자산의 공정가치에 대한 충분한 증거를 제공하지 않을 수도 있다. 게다가 가격에 대한 정보가 공개적으로 이용가능하지 않을 수 있다.

무형자산을 재평가하는 경우에 재평가일의 상각누계액은 다음 중 하나로 처리한다.

① 비례수정법: 재평가 후의 자산의 장부금액이 재평가금액과 일치하도록 자산의 총장부금액의 변동에 비례하여 상각누계액을 수정한다.

② 총제거법: 상각누계액을 자산의 총장부금액에서 제거한 순액을 자산의 재평가금액으로 수정한다.

무형자산의 장부금액이 재평가로 인하여 증가된 경우에 그 증가액은 미실현이익이므로 기타포괄손익으로 인식하고 재평가잉여금의 과목으로 자본에 가산한다. 그러나 그 증가액 중 그 자산에 대하여 이전에 당기손익으로 인식한 재평가감소에 해당하는 금액이 있다면 그 금액을 한도로 당기손익으로 인식한다.

무형자산의 장부금액이 재평가로 인하여 감소된 경우에 그 감소액은 당기손익으로 인식한다. 그러나 감소액 중 그 자산에 대한 재평가잉여금 잔액이 있다면 그 금액을 한도로 재평가잉여금의 과목으로 기타포괄손익에 인식된다. 기타포괄손익으로 인식된 감소액은 재평가잉여금의 과목으로 자본에 누적되어 있는 금액을 줄인다.

제5절 무형자산의 제거

제거란 장부에서 삭제한다는 의미인데 무형자산의 장부금액은 다음과 같은 때에 제거한다.

① 처분하는 때

② 사용이나 처분을 통하여 미래경제적효익이 기대되지 않을 때(폐기)

무형자산의 제거로 인하여 발생하는 이익이나 손실은 순매각가액과 장부금액의 차이로 결정한다. 그 이익이나 손실은 자산을 제거할 때 당기손익으로 인식한다.

제6절 영업권

영업권이란 개별적으로 식별하여 별도로 인식할 수 없으나 사업결합에서 획득한 그 밖의 자산에서 발생하는 미래경제적효익을 나타내는 자산을 말한다.

사례 9-1 영업권

대학교 앞 커피숍을 인수하고자 하는 경우, 먼저 그 커피숍의 자산항목들의 가치가 얼마인지를 확인해야 할 것이다. 그래서 파악한 결과 각종 테이블, 커피머신과 같은 집기, 시설 등의 공정가치가 1억원이라고 할 때 우리가 커피숍 사장님을 만나서 그 자산들의 가치인 1억원을 지급대가로 제시하고 인수하려고 하면 커피숍 사장님은 순순히 허락할 것인가? 아마도 커피숍 사장님은 대학교 앞 커피숍은 대학생 손님들이 많고 그동안 친절함 등 영업전략을 잘 수행하여 단골손님이 많아서 동일한 규모의 다른 곳에 있는 커피숍보다 많은 수익을 벌고 있음을 주장하여 파악된 자산가치에다가 추가적인 대가를 요구할 것이다. 즉, 다른 커피숍보다 더 벌어들일 수 있는 미래수익에 대한 대가를 요구할 것이다.

이러한 초과수익력에 대한 대가가 영업권인 것이다. 그래서 커피숍 사장님이 1억 5천만원의 인수대가를 요구하고 우리도 동의했다면 앞으로 벌어들일 수 있는 초과수익에 대한 현재가치를 5천만원으로 파악한 것이다.

> 그러나 이러한 객관적인 거래 없이 커피숍 사장님이 혼자 가만히 생각하다가 "우리 커피숍의 초과수익력은 7천만원 정도 될 것 같으니 이제부터 자산가액을 1억 7천만원이라고 기록해야겠다"라고 한다면 어떨 것인가? 이렇게 내부적으로 창출한 영업권은 원가를 신뢰성 있게 측정할 수 없고 기업이 통제하고 있는 식별가능한 자원이 아니기 때문에(즉, 분리가능하지 않고 계약상 또는 기타 법적 권리로부터 발생하지 않기 때문에) 자산으로 인식하지 아니한다.

사업결합이란 상대방의 영업부문 또는 상대방 전체를 포괄적으로 인수하는 것이므로 자산만 인수하는 것이 아니라 부채까지 모두 인수하는 것이다. 이때 영업권은 A사가 인식한 식별가능한 자산과 부채의 순금액에 대한 사실상 이전대가(A사에 대한 연결실체의 지분)의 공정가치의 초과분으로 인식하며 이는 다음과 같다.

(단위: 원)

사실상 이전대가		1,600
A사의 식별가능한 자산과 부채의 인식된 공정가치		
유동자산	500	
비유동자산	1,500	
유동부채	(300)	
비유동부채	(400)	1,300
영업권		300

사업결합을 하는 데 있어서 상대방이 자산과 부채를 얼마의 장부가액으로 관리하고 있는지는 인수하는 입장에서는 관련 없는 정보이다. 인수하는 입장에서는 인수대상의 공정가치가 얼마인지가 중요한 정보이며 그 대가를 지급하고 인수하는 것이다. 또한 이때 상대방의 장부에 계상되어 있지 않던 자산 또는 부채가 발견된다면 상대방이 장부에 계상하였는지에 관계없이 발견된 자산과 부채를 인수하며 장부에 계상하여야 한다. 위의 경우 사업결합에 대한 회계처리는 다음과 같다.

(차) 유동자산	500	(대) 현금	1,600
비유동자산	1,500	유동부채	300
영업권	300	비유동부채	400

예제 9-2 | 영업권

12월말 결산법인인 ㈜인덕은 사업영역의 확장을 위해 ㈜세무를 인수합병할 것을 계획하고 있다. ㈜세무의 재무상태표는 다음과 같다.

재무상태표

	장부가액	공정가액		장부가액	공정가액
재고자산	100,000	120,000	매입채무	200,000	200,000
기계장치	300,000	200,000	차입금	400,000	400,000
건물	900,000	950,000	자본금	700,000	–
합계	1,300,000		합계	1,300,000	

인수과정에서 ㈜세무의 장부에 계상되어 있지 않았던 특허권 ₩30,000을 발견하였다.

1. 협상가격법
㈜인덕이 ㈜세무와의 협상에 따라 인수대가로 ₩800,000을 지급하기로 한 경우 인수합병에 대한 회계처리를 하시오.

2. 초과이익환원법
㈜세무의 미래예상순이익은 ₩100,000, 동종업종의 순자산 공정가치 기준 정상이익률은 10%, 할인율은 12%이다. 영업권의 지속기간이 5년인 경우 인수합병에 대한 회계처리를 하시오(12%, 5년 연금의 현가계수는 3.60478).

| 해답 |

㈜인덕은 ㈜세무를 인수하는 데 있어서 ㈜세무가 장부를 얼마로 관리하고 있었는지는 중요하지 않으므로 공정가치를 기준으로 인수에 대한 회계처리를 하는 것이다. 다만, 인수과정에서 발견된 특허권도 함께 취득하므로 특허권의 인식도 누락하여서는 안 된다.

1. 영업권: 인수대가−㈜세무의 순자산 공정가치
=800,000−{(120,000+200,000+950,000+30,000)−(200,000+400,000)}
=₩100,000

(차) 재고자산	120,000	(대) 차입금	400,000
기계장치	200,000	매입채무	200,000
건물	950,000	현금	800,000
특허권	30,000		
영업권	100,000		

2. 영업권(초과이익의 현재가치): {㈜세무의 미래예상순이익 − 정상이익*}의 현재가치
$$=(100,000-70,000)\times 3.60478$$
$$=₩108,143$$

* 정상이익 = ㈜세무 순자산공정가치 × 동종업종의 정상이익률

(차)			(대)		
	재고자산	120,000		매입채무	200,000
	기계장치	200,000		차입금	400,000
	건물	950,000		현금	808,143
	특허권	30,000			
	영업권	108,143			

연습문제

| 주관식문제 |

01. ㈜서진은 순자산장부금액이 ₩5,000,000이고 순자산 공정가치가 ₩6,000,000인 ㈜인덕을 인수하려 한다. ㈜인덕과 관련된 추가자료는 다음과 같을 때 영업권 금액을 계산하고 인수 대가로 제시할 수 있는 최대금액을 계산하시오.

- ㈜인덕의 과거 순이익 자료를 검토한 결과 연평균 ₩1,200,000의 순이익을 보고하여 왔으며 당분간 유지될 것으로 예상하고 있다.
- ㈜인덕과 동종업종의 정상이익률은 연 12%이다.
- ㈜서진의 자본비용은 20%이다.
- 영업권의 지속기간은 5년이며, 연금 ₩1의 현가(20%, 5년)는 2.99061이다.

02. 20×1년초 ㈜인덕은 ㈜세무를 흡수합병하였는데 관련된 자료는 다음과 같다. 합병시 회계처리를 하시오.

(1) ㈜세무의 합병직전 자산·부채의 장부금액과 공정가치는 다음과 같다.

과목	장부금액	공정가치
재고자산	₩300,000	₩700,000
유형자산	1,000,000	1,700,000
특허권	100,000	200,000
장기차입금	1,000,000	1,000,000

(2) 한편 ㈜세무의 장부에는 자산으로 인식되어 있지 않지만 개발 중인 프로젝트와 관련하여 자산인식요건을 충족하는 금액이 ₩200,000이다.

(3) 합병으로 인한 이전대가는 현금 ₩2,000,000이다.

03. 연구개발활동과 관련하여 연구단계와 개발단계로 구분하여 각각 연구비와 개발비로 회계처리하고 있다. 이 구분기준과 각각의 회계처리방법에 대하여 설명하시오.

| 객관식문제 |

01. 다음 보기 중 무형자산의 특징으로 옳지 않은 것은?

① 물리적 실체가 존재하지 않는다.
② 기업의 경영활동과정에서 사용할 목적으로 보유하는 자산이다.
③ 미래경제적효익에 불확실성이 크므로 자산인식요건을 자세히 규정하고 있다.
④ 효익제공기간이 단기이다.

02. 개발비의 무형자산 인식요건으로 틀린 것은?

① 무형자산을 사용하거나 판매하기 위해 그 자산을 완성할 수 있는 기술적 실현가능성
② 개발과정에서 발생한 무형자산 관련 지출을 신뢰성 있게 측정할 수 있는 능력
③ 무형자산을 완성하여 사용하거나 판매하려는 기업의 의도
④ 무형자산과 관련한 새로운 지식을 얻고자 하는 활동

03. 다음 중 재무상태표에 무형자산으로 보고하기 가장 어려운 것은?
(2018년 재경관리사 기출문제)

① 산업재산권 ② 시추권
③ 내부적으로 창출한 영업권 ④ 웹사이트

04. 제조업을 영위하고 있는 ㈜삼일은 신제품 개발활동과 관련하여 ₩6,000,000을 개발비로 계상하였다(해당 개발비는 무형자산 인식기준을 충족함). 해당 무형자산은 20×1년 10월 1일부터 사용가능하며, 내용연수는 5년이고 잔존가치는 없다. 동 개발비의 경제적효익이 소비되는 형태를 신뢰성 있게 결정할 수 없다고 가정할 경우 개발비와 관련하여 20×1년에 인식할 무형자산상각비는 얼마인가?
(2021년 재경관리사 기출문제)

① ₩300,000 ② ₩600,000
③ ₩1,200,000 ④ ₩6,000,000

05. 20×1년중 ㈜삼일은 새로운 항공기 엔진 개발 프로젝트와 관련하여 R&D 비용으로 총 ₩120억을 지출하였다. 이 중 연구단계에서 지출된 금액이 ₩70억이며, 나머지 ₩50억은 개발단계에서 지출하였다. 상기 개발단계에서 지출된 비용 중 ₩20억은 자산인식요건을 충족시키지 못하였으나 나머지 ₩30억은 새로운 엔진을 개발하기 위한 것으로 자산인식요건을 충족시키며 20×2년부터 상용화될 것으로 예측되었다. ㈜삼일이 상기 R&D 비용과 관련하여 20×1년 중 당기비용으로 처리해야 하는 금

액은 얼마인가? (2016년 재경관리사 기출문제)

① ₩30억 ② ₩70억
③ ₩90억 ④ ₩120억

06. 20×1년중 ㈜삼일은 연구 및 개발활동과 관련하여 총 ₩500억을 지출하였다. 새로 개발한 무형자산이 20×2년부터 사용가능할 것으로 예측된 경우 연구 및 개발비와 관련하여 20×1년중 비용으로 계상할 금액은 얼마인가?
(2020년 재경관리사 기출문제)

구분	금액	비고
연구단계	₩300억	
개발단계	₩200억	자산인식요건 충족 ₩80억 자산인식요건 미충족 ₩120억
합계	₩500억	

① ₩120억 ② ₩300억
③ ₩420억 ④ ₩500억

07. 다음 중 내부적으로 창출한 무형자산과 관한 설명으로 가장 올바르지 않은 것은?
(2021년 재경관리사 기출문제)

① 내부적으로 창출한 영업권은 원가를 신뢰성있게 측정할 수 없고 기업이 통제하고 있는 식별가능한 자원이 아니기 때문에 자산으로 인식하지 아니한다.
② 내부 프로젝트의 연구단계에서는 미래경제적효익을 창출할 무형자산이 존재한다는 것을 제시할 수 없기 때문에 연구단계에서 발생한 지출은 발생시점에 비용으로 인식한다.
③ 무형자산을 창출하기 위한 내부 프로젝트를 연구단계와 개발단계로 구분할 수 없는 경우에는 그 프로젝트에서 발생한 지출은 모두 개발단계에서 발생한 것으로 본다.
④ 재료, 장치, 제품, 공정, 시스템이나 용역에 대한 여러 가지 대체안을 탐색하는 활동은 연구단계에 속하는 활동의 일반적인 예에 해당한다.

08. 다음 설명에 적합한 무형자산의 계정과목은 무엇인가?

특정 기업이 동종업종의 타기업보다 초과수익을 실현할 경우에 동 초과수익력을 화폐가치로 환산한 것

① 개발비 ② 영업권
③ 특허권 ④ 라이선스

09. ㈜인덕은 자산공정가치 ₩20,000, 부채공정가치 ₩8,000인 ㈜IDU를 인수할 것을 검토하고 있다. ㈜IDU의 미래예상순이익은 ₩3,000, 동종업종의 정상이익률은 10%, 할인율은 12%이다. 영업권의 지속기간이 3년인 경우 영업권평가액과 매수대가로 제시할 금액은 얼마인가? (12%, 3년 연금의 현가계수는 2.40183)

	영업권평가액	매수대가
①	4,323	4,323
②	4,323	16,323
③	7,205	7,205
④	7,205	19,205

10. ㈜인덕은 ㈜IDU를 인수할 것을 검토하고 있으며, ㈜IDU에 관련된 자료는 다음과 같다.

과목	장부금액	공정가치
재고자산	₩300,000	₩500,000
유형자산	1,000,000	1,500,000
산업재산권	100,000	200,000
매입채무	1,000,000	1,000,000

㈜인덕이 매수대가로 ₩2,500,000을 제시할 경우 영업권평가액은 얼마인가?

① ₩0 ② ₩300,000
③ ₩1,100,000 ④ ₩1,300,000

정답 및 해설

| 주관식문제 |

01. • 영업권 = 미래초과수익의 현재가치(초과수익 지속기간 5년)
= (인수대상기업의 미래예상이익 − 동종업종의 정상이익)의 현재가치
= (1,200,000 − 6,000,000 × 12%) × 2.99061
= ₩1,435,493

• 인수대가 = 순자산공정가치 + 영업권 = 6,000,000 + 1,435,493 = ₩7,435,493

02. 합병이란 피합병기업의 자산과 부채를 공정가치로 취득하는 것으로 회계처리한다. 또한 피합병기업이 장부에 계상하였는지 여부와 관계없이 추가로 존재하는 자산이나 부채가 있다면 추가로 인식하여야 한다.

(차) 재고자산	700,000	(대) 장기차입금	1,000,000
유형자산	1,700,000	현금	2,000,000
특허권	200,000		
개발비	200,000		
영업권	200,000		

03. (1) 연구단계

연구란 새로운 과학적·기술적 지식이나 이해를 얻기 위해 수행하는 독창적이고 계획적인 탐구활동으로 연구단계에서는 미래경제적효익을 창출할 무형자산이 존재한다는 것을 제시할 수 없기 때문에, 즉 무형자산의 자산성을 주장할 수 없기 때문에 내부 프로젝트의 연구단계에서 발생한 지출은 연구비 등으로 발생시점에 비용으로 인식한다.

(2) 개발단계

개발이란 상업적인 생산이나 사용 전에 연구결과나 관련 지식을 새롭거나 현저히 개량된 재료, 장치, 제품, 공정, 시스템이나 용역의 생산을 위한 계획이나 설계에 적용하는 활동으로써, 다음 사항을 모두 제시할 수 있는 경우에만 개발활동에서 발생한 무형자산을 인식한다.

① 무형자산을 사용하거나 판매하기 위해 그 자산을 완성할 수 있는 기술적 실현가능성

② 무형자산을 완성하여 사용하거나 판매하려는 기업의 의도

③ 무형자산을 사용하거나 판매할 수 있는 기업의 능력
④ 무형자산이 미래경제적효익을 창출하는 방법
⑤ 무형자산의 개발을 완료하고 그것을 판매하거나 사용하는 데 필요한 기술적·재정적 자원 등의 입수가능성
⑥ 개발과정에서 발생한 무형자산 관련 지출을 신뢰성 있게 측정할 수 있는 기업의 능력

| 객관식문제 |

01. ④

무형자산은 효익제공기간이 1년 이상 장기이므로 상각을 통한 원가배분이 필요하다.

02. ④

새로운 지식을 얻고자 하는 활동은 연구단계이다.

03. ③

내부적으로 창출한 영업권은 원가를 신뢰성 있게 측정할 수 없고 기업이 통제하고 있는 식별가능한 자원이 아니기 때문에(즉, 분리가능하지 않고 계약상 또는 기타 법적 권리로부터 발생하지 않기 때문에) 자산으로 인식하지 아니한다.

04. ①

무형자산의 상각방법은 자산의 경제적효익이 소비되는 형태를 반영한 방법이어야 한다. 단, 소비되는 형태를 신뢰성 있게 결정할 수 없는 경우에는 정액법을 사용한다.

무형자산상각비 $= (₩6{,}000{,}000 \div 5\text{년}) \times \frac{3}{12}$

05. ③

연구단계에서 지출한 비용과 개발단계에서 지출한 비용 중 자산인식요건을 충족시키지 못한 금액은 당기비용으로 처리한다.

06. ③

07. ③

무형자산을 창출하기 위한 내부 프로젝트를 연구단계와 개발단계로 구분할 수 없는 경우

에는 그 프로젝트에서 발생한 지출은 모두 연구단계에서 발생한 것으로 보아 발생시점에 비용으로 인식한다.

08. ②

09. ②

- 영업권평가액 = 미래초과수익의 현재가치(초과수익 지속기간 3년)
  = (인수대상기업의 미래예상이익 − 동종업종의 정상이익)의 현재가치
  = (3,000 − 12,000 × 10%) × 2.40183
  = ₩4,323
- 매수대가 = 순자산공정가치 + 영업권 = 12,000 + 4,323 = ₩16,423

10. ④

(차)		(대)	
재고자산	500,000	매입채무	1,000,000
유형자산	1,500,000	현금	2,500,000
산업재산권	200,000		
영업권	1,300,000		

K-IFRS *Intermediate Financial Accounting*

Chapter 10

투자부동산 및 기타 유동자산

단원정리 투자부동산 및 기타 유동자산

- **투자부동산:** 임대수익 · 시세차익 획득 목적

- **투자부동산 인식 후의 측정**
  - 원가모형
  - 공정가치모형

- **투자부동산의 제거**
  - 처분하는 때
  - 미래경제적효익이 기대되지 않을 때(폐기)

- **유동자산**
  - 정상영업주기 내에 실현 · 판매 · 소비
  - 단기매매목적으로 보유
  - 보고기간후 12개월 이내 실현
  - 사용이 제한된 기간이 이 보고기간후 12개월 이상이 아닌 현금및현금성자산

- **기타유동자산**
  - 선급금
  - 선급비용
  - 이연법인세자산

제1절 투자부동산

1.1 투자부동산의 정의 및 인식기준

1.1.1 투자부동산의 정의

투자부동산이란 임대수익이나 시세차익 또는 두 가지 모두를 얻기 위하여 소유자나 금융리스의 이용자가 보유하고 있는 부동산을 말한다.

용어정의	
금융리스	리스란 리스제공자가 자산의 사용권을 합의된 기간 동안 리스이용자에게 이전하고 리스이용자는 그 대가로 사용료를 리스제공자에게 지급하는 계약으로 위험과 보상의 이전 여부에 따라 운용리스와 금융리스로 분류되는데, 금융리스는 자금을 차입하여 그 자산을 취득하는 경제적 실질이므로 금융리스이용자가 보유하는 부동산은 리스이용자가 그 자산을 소유하고 있다고 보는 것

(1) 투자부동산의 예

① 장기 시세차익을 얻기 위하여 보유하고 있는 토지: 정상적인 영업과정에서 단기간에 판매하기 위하여 보유하는 토지는 제외한다.

② 장래 사용목적을 결정하지 못한 채로 보유하고 있는 토지(만약 토지를 자가사용할지 또는 정상적인 영업과정에서 단기간에 판매할지를 결정하지 못한 경우 당해 토지는 시세차익을 얻기 위하여 보유하고 있는 것으로 본다)

③ 직접 소유(또는 금융리스를 통해 보유)하고 운용리스로 제공하고 있는 건물

④ 운용리스로 제공하기 위하여 보유하고 있는 미사용 건물

⑤ 미래에 투자부동산으로 사용하기 위하여 건설 또는 개발 중인 부동산

(2) 투자부동산이 아닌 항목의 예

투자부동산이란 임대수익이나 시세차익을 위해 보유하는 자산이므로 같은 형태의 부동산이라 해도 부동산매매업에서 판매를 목적으로 보유하는 부동산은 재고자

산으로 분류되며, 자가사용부동산의 경우에는 유형자산으로 분류하여야 한다. 다음은 투자부동산이 아닌 항목의 예이다.

① 정상적인 영업과정에서 판매하기 위한 부동산이나 이를 위하여 건설 또는 개발 중인 부동산: 예를 들면 가까운 장래에 판매하거나 개발하여 판매하기 위한 목적으로만 취득한 부동산이 있다.
② 제3자를 위하여 건설 또는 개발 중인 부동산(건설계약)
③ 자가사용부동산: 미래에 자가사용하기 위한 부동산, 미래에 개발 후 자가사용할 부동산, 종업원이 사용하고 있는 부동산(종업원이 시장가격으로 임차료를 지급하고 있는지 여부는 관계없음), 처분예정인 자가사용부동산을 포함한다.
④ 금융리스로 제공한 부동산

1.1.2 투자부동산의 인식기준

투자부동산은 다음의 조건을 모두 충족할 때 구입금액과 구입에 직접 관련이 있는 지출의 합계금액으로 장부에 인식한다. 직접 관련이 있는 지출의 예를 들면 법률용역의 대가로 전문가에게 지급하는 수수료, 부동산 구입과 관련된 세금 및 그 밖의 거래원가 등이 있다.

① 투자부동산에서 발생하는 미래경제적효익의 유입가능성이 높다.
② 투자부동산의 원가를 신뢰성 있게 측정할 수 있다.

1.2 인식 후의 측정

투자부동산에 대하여 공정가치모형과 원가모형 중 하나를 선택하여 모든 투자부동산에 적용한다. 다만, 공정가치모형의 개념은 주로 공정가치가 투자부동산의 경영성과를 가장 목적적합하고 투명하게 보여준다는 관점에 기초하기 때문에 공정가치모형을 적용하였을 경우 투자부동산의 공정가치 변동으로 발생하는 손익은 발생한 기간의 당기손익에 반영하며, 감가상각은 적용하지 않는다.

1.3 계정대체

부동산의 사용목적 변경이 다음과 같은 사실로 입증되는 경우에만 투자부동산의 대체가 발생한다.

① 자가사용의 개시: 투자부동산을 자가사용부동산으로 대체
② 정상적인 영업과정에서 판매하기 위한 개발의 시작: 투자부동산을 재고자산으로 대체
③ 자가사용의 종료: 자가사용부동산을 투자부동산으로 대체
④ 제3자에게 운용리스 제공: 재고자산을 투자부동산으로 대체

투자부동산을 원가모형으로 평가하는 경우에는 투자부동산, 자가사용부동산, 재고자산 사이에 대체가 발생할 때에 대체 전 자산의 장부금액을 승계한다. 공정가치로 평가한 투자부동산을 자가사용부동산이나 재고자산으로 대체하는 경우 후속적인 회계를 위한 간주원가는 사용목적 변경시점의 공정가치가 된다. 즉 투자부동산 평가손익을 인식한다. 또한 자가사용부동산을 공정가치로 평가하는 투자부동산으로 대체하는 경우 유형자산의 재평가회계처리와 동일한 방법으로 회계처리한다. 즉, 재평가이익은 기타포괄손익으로 회계처리하고 재평가손실은 당기손실로 인식한다. 재고자산을 공정가치로 평가하는 투자부동산으로 대체하는 경우 재고자산의 장부금액과 대체시점의 공정가치의 차액은 당기손익으로 인식한다.

1.4 투자부동산의 제거

제거란 장부에서 삭제한다는 의미인데 투자부동산을 처분하거나 투자부동산의 사용을 영구히 중지하고 처분으로도 더 이상의 경제적효익을 기대할 수 없는 경우에는 제거한다. 이때 투자부동산의 폐기나 처분으로 발생하는 손익은 순처분금액과 장부금액의 차액이며 폐기나 처분이 발생한 기간에 당기손익으로 인식한다.

제2절 기타 유동자산

자산은 다음의 경우에 유동자산으로 분류한다.

① 기업의 정상영업주기 내에 실현될 것으로 예상하거나 정상영업주기 내에 판매하거나 소비할 의도가 있다.

② 주로 단기매매목적으로 보유하고 있다.

③ 보고기간후 12개월 이내에 실현될 것으로 예상한다.

④ 현금이나 현금성자산으로서 교환이나 부채상환 목적으로의 사용에 대한 제한기간이 보고기간후 12개월 이상이 아니다.

그 밖의 모든 자산은 비유동자산으로 분류한다.

여기서 영업주기란 영업활동을 위한 자산의 취득시점부터 그 자산이 현금이나 현금성자산으로 실현되는 시점까지 소요되는 기간이다.

앞에서 설명되지 않은 자산항목 몇 가지를 기타 유동자산으로 추가 설명하면 다음과 같다.

2.1 선급금

선급금이란 일반적 상거래에 속하는 상품·원재료 등 재고자산의 구입이나 외주가공 등을 위하여 거래처에 계약금이나 착수금의 명목으로 지급하는 금액을 처리하는 계정이다. 이 선급금은 실제로 재고자산이 입고되는 시점에 매입계정으로 대체된다.

2.2 선급비용

선급비용이란 현금으로 지출한 금액 중 차기 이후의 비용을 이연시키기 위하여 설정하는 자산계정이다. 선급보험료, 선급임차료, 선급이자 등이 있다.

2.3 이연법인세자산

이연법인세자산이란 당기말 현재 존재하는 차감할 일시적 차이 등이 경감시킬 수 있는 미래의 법인세부담액을 말한다.

연습문제

| 객관식문제 |

01. 다음 중 나머지 보기와는 다른 계정과목으로 분류되는 것은?

① 장기 시세차익을 얻기 위하여 보유하고 있는 토지
② 직접 소유하고 운용리스로 제공하고 있는 건물
③ 투자부동산으로 사용하기 위하여 건설 중인 부동산
④ 정상적인 영업과정에서 단기간에 판매하기 위하여 보유하는 토지

02. 다음 중 투자부동산으로 분류되는 것으로 가장 옳은 것은?
(2021년 재경관리사 기출문제)

① 자가사용부동산
② 정상적인 영업과정에서 판매하기 위한 부동산이나 이를 위하여 건설 또는 개발 중인 부동산
③ 금융리스로 제공한 부동산
④ 장래 사용목적을 결정하지 못한 채로 보유하고 있는 토지

03. 다음 중 투자부동산에 관한 설명으로 가장 올바르지 않은 것은?
(2018년 재경관리사 기출문제)

① 투자부동산이란 임대수익이나 시세차익을 얻기 위해 보유하고 있는 부동산이다.
② 정상적인 영업과정에서 단기간에 판매하기 위하여 보유하고 있는 토지만 투자부동산으로 분류한다.
③ 투자부동산은 원가모형과 공정가치모형 중 하나를 선택할 수 있다.
④ 투자부동산에 대하여 원가모형을 선택한 경우 감가상각대상자산에 대하여 유형자산과 마찬가지로 감가상각비를 인식한다.

04. 다음 중 투자부동산의 후속적 측정에 대한 설명으로 가장 옳은 것은?
(2016년 재경관리사 기출문제)

① 투자부동산은 원가모형만 적용가능하다.
② 매 회계기간마다 원가모형과 재평가모형을 다르게 선택하여 적용할 수 있다.
③ 투자부동산의 공정가치모형 적용시 공정가치 변동으로 발생하는 손익은 당기손익에

반영하지 않는다.

④ 감가상각대상인 투자부동산에 대하여 공정가치모형을 선택할 경우 감가상각은 하지 않는다.

05. ㈜삼일은 20×1년 1월 1일 다음과 같은 건물을 구입하였으나 장래 사용목적을 결정하지 못하여 투자부동산으로 분류하여 보유하고 있다. 투자부동산의 회계처리와 관련하여 ㈜삼일의 20×1년 당기순이익에 미치는 영향은 얼마인가? 단, 법인세비용은 고려하지 않으며, ㈜삼일은 원가모형으로 투자부동산을 평가하고 있다. (2015년 재경관리사 기출문제)

ㄱ. 취득원가: ₩600,000,000
ㄴ. 감가상각방법 및 내용연수: 정액법, 30년
ㄷ. 잔존가치: ₩60,000,000
ㄹ. 공정가치

구분	20×1년 1월 1일	20×1년 12월 31일
투자부동산	₩600,000,000	₩610,000,000

① ₩8,000,000 당기순이익 감소　② ₩10,000,000 당기순이익 증가
③ ₩18,000,000 당기순이익 감소　④ ₩28,000,000 당기순이익 증가

06. ㈜삼일은 20×1년 10월 1일 다음과 같은 건물을 구입하고 투자부동산으로 분류하였다. 투자부동산의 회계처리와 관련하여 ㈜삼일의 20×1년 당기순이익에 미치는 영향은 얼마인가? 단, 법인세비용은 고려하지 않으며, ㈜삼일은 원가모형으로 투자부동산을 측정하고 있다. (2017년 재경관리사 기출문제)

ㄱ. 취득원가: ₩600,000,000
ㄴ. 감가상각방법 및 내용연수: 정액법, 30년
ㄷ. 잔존가치: ₩60,000,000
ㄹ. 공정가치

구분	20×1년 10월 1일	20×1년 12월 31일
투자부동산	₩600,000,000	₩610,000,000

① ₩5,500,000 당기순이익 증가　② ₩10,000,000 당기순이익 증가
③ ₩4,500,000 당기순이익 감소　④ ₩20,000,000 당기순이익 감소

07. ㈜서울과 ㈜부산은 20×1년초에 임대수익 및 시세차익 등을 목적으로 각각 건물 1동씩을 ₩40억에 매입하였다. 두 건물의 취득당시 내용연수는 20년, 잔존가치는 없으며 20×1년말 건물의 공정가치는 ₩36억으로 동일하다. ㈜서울과 ㈜부산의 유형자산 및 투자부동산의 평가방법은 다음과 같다.

구분	㈜서울	㈜부산
유형자산 평가방법	원가모형	원가모형
투자부동산 평가방법	원가모형	공정가치모형
감가상각방법	정액법	정액법

다음 중 상기 건물의 취득과 보유가 20×1년말 ㈜서울과 ㈜부산의 당기손익에 미치는 영향에 대한 설명으로 가장 올바른 것은? 단, 손상사유는 발생하지 않은 것으로 가정한다. (2015년 재경관리사 기출문제)

① ㈜서울이 ㈜부산보다 당기이익이 ₩2억 더 많이 계상된다.
② ㈜서울이 ㈜부산보다 당기이익이 ₩2억 더 적게 계상된다.
③ ㈜서울이 ㈜부산보다 당기이익이 ₩4억 더 많이 계상된다.
④ ㈜서울과 ㈜부산의 당기손익에 미치는 영향은 동일하다.

08. ㈜삼일은 20×1년 3월 1일에 임대수익을 얻을 목적으로 건물을 ₩1,000,000에 취득하여 공정가치 모형을 적용하여 회계처리하기로 하였다. ㈜삼일은 동 건물을 20×2년 10월 1일에 본사사옥으로 사용 목적을 변경하고, 즉시 사용하기 시작하였다. 동 건물의 20×1년 12월 31일과 20×2년 10월 1일의 공정가치는 각각 ₩900,000과 ₩1,100,000이었으며, 유형자산으로 대체된 상기 건물에 대해서 ㈜삼일은 원가모형을 적용하기로 하였다. 20×2년 10월 1일 현재 동 건물의 내용연수는 10년이고, 잔존가치는 없는 것으로 추정하였다. 상기 건물에 대한 회계처리가 ㈜삼일의 20×2년 당기순손익에 미치는 영향은? 단, 감가상각비의 계산이 필요한 경우 정액법을 적용하여 월할 계산하기로 한다. (2020년 재경관리사 기출문제)

① 당기순이익 ₩90,000 감소
② 당기순이익 ₩27,500 감소
③ 당기순이익 ₩172,500 증가
④ 당기순이익 ₩200,000 증가

정답 및 해설

| 객관식문제 |

01. ④

정상적인 영업과정에서 단기간에 판매하기 위하여 보유하는 토지는 부동산매매업의 재고자산이다.

02. ④

K-IFRS 제1040호 투자부동산 기준서에서 투자부동산의 예로 다음을 제시하고 있다.

① 장기 시세차익을 얻기 위하여 보유하고 있는 토지: 정상적인 영업과정에서 단기간에 판매하기 위하여 보유하는 토지는 제외한다.

② 장래 사용목적을 결정하지 못한 채로 보유하고 있는 토지(만약 토지를 자가사용할지 또는 정상적인 영업과정에서 단기간에 판매할지를 결정하지 못한 경우 당해 토지는 시세차익을 얻기 위하여 보유하고 있는 것으로 본다)

③ 직접 소유(또는 금융리스를 통해 보유)하고 운용리스로 제공하고 있는 건물

④ 운용리스로 제공하기 위하여 보유하고 있는 미사용 건물

⑤ 미래에 투자부동산으로 사용하기 위하여 건설 또는 개발 중인 부동산

03. ②

정상적인 영업과정에서 단기간에 판매하기 위하여 보유하는 토지는 재고자산으로 분류한다.

04. ④

투자부동산에 공정가치모형을 적용하였을 경우 공정가치 변동으로 발생하는 손익은 발생한 기간의 당기손익에 반영하고, 감가상각대상자산인 경우에도 감가상각을 하지 않는다.

05. ③

원가모형을 적용하고 있으므로 재평가를 하지 않고 감가상각에 대한 회계처리만 수행한다.
투자부동산 감가상각비＝(₩600,000,000－₩60,000,000)÷30년＝₩18,000,000

06. ③

원가모형을 적용하고 있으므로 재평가를 하지 않고 감가상각에 대한 회계처리만 수행하며

취득한 시점부터 감가상각을 인식한다.

$$\text{투자부동산 감가상각비} = (₩600{,}000{,}000 - ₩60{,}000{,}000) \div 30\text{년} \times \frac{3}{12}$$
$$= ₩4{,}500{,}000$$

07. ①

정액법을 적용하여 감가상각에 대한 회계처리를 한 후 두 회사의 20×1년말의 투자부동산 장부가액은 다음과 같다.

투자부동산	40억	
감가상각누계액	(2억)	38억

㈜부산은 투자부동산에 공정가치모형을 적용하고 있으므로 20×1년말 공정가치 평가로 인한 평가손실 ₩2억이 당기손익에 추가로 계상되어야 한다.

08. ③

20×1년 12월 31일에 공정가치 평가를 통해 장부가액이 ₩900,000인 투자부동산을 ₩1,100,000인 유형자산으로 계정대체하면서 평가이익이 ₩200,000 발생하고, 유형자산의 감가상각비[(1,100,000÷10)×3/12]로 ₩27,500의 비용이 발생한다.

〈20×2년 10월 1일〉

(차) 건물	1,100,000	(대) 투자부동산	900,000
		투자부동산평가이익	200,000

〈20×2년 12월 31일〉

(차) 감가상각비	27,500	(대) 감가상각누계액	27,500

K-IFRS *Intermediate Financial Accounting*

Chapter 11

유동부채 및 금융부채

단원정리 유동부채 및 금융부채

• 유동부채
- 정상영업주기 내에 결제
- 단기매매목적으로 보유
- 보고기간후 12개월 이내 결제
- 보고기간후 12개월 이상 결제연기의 권리가 없는 것

• 유동부채의 종류
- 매입채무(외상매입금과 지급어음)
- 미지급금과 미지급비용
- 선수금
- 단기차입금
- 예수금
- 법인세와 관련된 부채
- 이연법인세부채

• 금융부채의 분류
- 상각후원가측정 금융부채
- 상각후원가로 측정하지 않는 금융부채

• 금융부채의 최초측정: 취득원가로 측정
(당기손익-공정가치측정 금융부채: 공정가치)

• 금융부채의 후속측정
- 상각후원가측정 금융부채: 상각후원가
- 당기손익-공정가치측정 금융부채: 공정가치
- 제거조건 미충족 또는 지속적 관여접근법이 적용되는 금융자산 양도로 인한 금융부채: 관련 금융자산에 따라 상각후원가 또는 공정가치
- 금융보증계약, 시장이자율보다 낮은 이자율의 대출: Max[손실충당금, (최초인식금액-'고객과의 계약에서 생기는 수익'에 따른 이익누계액)]
- 사업결합에서 취득자가 인식하는 조건부 대가: 공정가치

• 금융부채의 제거: 계약상 의무의 이행, 취소, 만료시

- **사채:** 주식회사가 일반대중으로부터 장기의 자금을 조달할 목적으로 집단적 · 대량적으로 부담하는 채무에 대한 채권
  - 사채발행: [발행가액]사채의 미래현금흐름(이자, 원금)의 현재가치
  - 이자비용 인식: 유효이자율법에 따라 이자비용 인식
  - 상환
    - 만기상환: 상환손익이 발생하지 아니함
    - 조기상환(중도상환): 상환에 따른 손익발생 가능(장부가액 vs 상환가액)

- **복합금융상품:** 지분상품(자본)의 요소와 부채의 요소를 모두 가지고 있는 금융상품 (전환사채, 신주인수권부사채, 전환우선주 및 교환사채 등)

제1절 유동부채

부채는 다음의 경우에 유동부채로 분류한다.

① 정상영업주기 내에 결제될 것으로 예상하고 있다.

② 주로 단기매매목적으로 보유하고 있다.

③ 보고기간후 12개월 이내에 결제하기로 되어 있다.

④ 보고기간후 12개월 이상 부채의 결제를 연기할 수 있는 무조건의 권리를 가지고 있지 않다.

그 밖의 모든 부채는 비유동부채로 분류한다.

매입채무 그리고 종업원 및 그 밖의 영업원가에 대한 미지급비용과 같은 유동부채는 기업의 정상영업주기 내에 사용되는 운전자본의 일부이다. 이러한 항목은 보고기간후 12개월 후에 결제일이 도래한다 하더라도 유동부채로 분류한다. 또한 동일한 정상영업주기가 기업의 자산과 부채의 분류에 적용된다.

1.1 유동부채의 종류

(1) 매입채무

매입채무란 주된 영업활동과정에서 발생한 지급채무로 외상매입금과 지급어음으로 구성된다. 즉, 외상거래에서 어음이라는 유가증권이 발행되어 금전의 지급을 약속하는 경우 지급어음으로 분류하고, 어음이 발행되지 않은 매입에 대한 미지급대금을 외상매입금이라고 한다.

(2) 미지급금과 미지급비용

미지급금이란 일반적 상거래 이외의 채무를 말한다. 즉, 주된 영업활동과 관련한 재고자산 이외의 자산인 투자부동산이나 유·무형자산의 구입과 관련하여 발생한 채무를 의미하는 것이다. 미지급비용은 비용 중 이미 발생되었으나 현금으로 지급되지 아니한 금액을 회계적으로 인식할 때 발생하는 부채를 말한다.

(3) 선수금

선수금이란 수주공사나 수주물품 및 기타 일반적 상거래에서 발생한 계약금이나 중도금을 미리 받았을 때 처리하는 계정이다. 선수금은 상환이 다른 금융상품이 아닌 재화나 용역으로 이루어지기 때문에 금융부채가 아니다.

(4) 단기차입금

만기가 회계기간말(결산일)로부터 1년 이내에 도래하는 차입금을 단기차입금이라고 한다. 장기차입금으로 분류되었던 차입금 중에서 기간의 경과에 따라 만기가 결산일로부터 1년 이내에 도래하게 되는 경우에는 유동성장기부채라는 계정과목으로 계정대체해주도록 한다.

(차) 장기차입금	×××	(대) 유동성장기부채	×××

(5) 예수금

거래처 또는 종업원 등으로부터 일시적으로 받은 것으로, 종업원 대신 납부하기 위하여 급여로부터 공제해놓은 예수금(원천세/건강보험료/국민연금 등)이나 부가가치세를 납부하기 위해 받아놓은 부가세예수금 등이 있다.

(6) 충당부채

충당부채란 지출의 시기 또는 금액이 불확실한 부채로 판매보증충당부채, 지급보증충당부채, 손해배상충당부채 및 경품권충당부채 등이 있으며, 다음의 요건을 모두 충족하는 경우에 인식한다.

① 과거 사건의 결과로 현재의무가 존재한다.
② 당해 의무를 이행하기 위하여 경제적효익이 내재된 자원이 유출될 가능성이 높다.
③ 당해 의무의 이행에 소요되는 금액을 신뢰성 있게 추정할 수 있다.

(7) 법인세와 관련된 부채

미지급법인세를 말하는 것으로 당해 기간의 과세소득에 대하여 납부해야 할 법인세 및 법인세에 부가되는 세액(주민세, 농어촌특별세)의 미지급액이다.

(8) 이연법인세부채

이연법인세부채란 당기말 현재 존재하는 가산할 일시적 차이가 증가시킬 미래의 법인세부담액을 말한다.

제2절 금융부채

금융상품이란 거래당사자 일방에게 금융자산을 발생시키고 동시에 다른 거래상대방에게 금융부채나 지분상품을 발생시키는 모든 계약을 말한다.

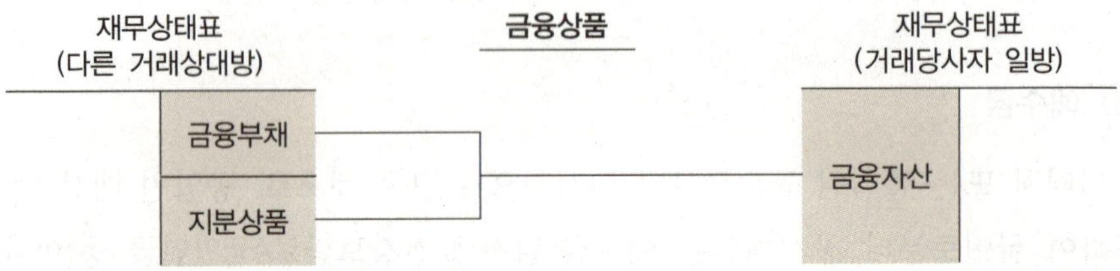

금융부채는 다음의 부채를 말한다.

(1) 다음 중 하나에 해당하는 계약상 의무

① 거래상대방에게 현금 등 금융자산을 인도하기로 한 계약상 의무

② 잠재적으로 불리한 조건으로 거래상대방과 금융자산이나 금융부채를 교환하기로 한 계약상 의무

(2) 자기지분상품(자기주식)으로 결제되거나 결제될 수 있는 다음 중 하나의 계약

① 인도할 자기지분상품의 수량이 변동가능한 비파생상품

② 확정 수량의 자기지분상품에 대하여 확정 금액의 현금 등 금융자산을 교환하여 결제하는 방법이 아닌 방법으로 결제되거나 결제될 수 있는 파생상품

■ 일반적인 금융부채의 분류
1. 상각후원가측정 금융부채
2. 상각후원가로 후속측정하지 않는 금융부채
   ① 당기손익-공정가치측정 금융부채
   ② 금융자산의 양도가 제거 조건을 충족하지 못하거나 지속적 관여 접근법이 적용되는 경우에 생기는 금융부채
   ③ 금융보증계약
   ④ 시장이자율보다 낮은 이자율로 대출하기로 한 약정
   ⑤ 사업결합에서 취득자가 인식하는 조건부 대가

2.1 금융부채의 최초측정

금융부채는 최초인식시 공정가치로 측정한다. 다만, 당기손익-공정가치측정 금융부채가 아닌 경우 당해 금융부채의 발행과 직접 관련되는 거래원가는 최초인식하는 공정가치에 차감하여 측정한다. 다만, 당기손익-공정가치측정 금융부채의 최초인식시 관련되는 거래원가는 당기손익으로 인식한다.

2.2 금융부채의 후속측정

최초인식후 다음을 제외한 모든 금융부채는 유효이자율법을 사용하여 상각후원가로 측정한다.

① 당기손익-공정가치측정 금융부채: 공정가치
② 금융자산의 양도가 제거 조건을 충족하지 못하거나 지속적 관여 접근법이 적용되는 경우에 생기는 금융부채: 양도자산의 후속측정 방법에 따라 상각후원가 또는 공정가치로 측정
③ 금융보증계약: Max[손실충당금, (최초인식금액-'고객과의 계약에서 생기는 수익'에 따른 이익누계액)]
④ 시장이자율보다 낮은 이자율로 대출하기로 한 약정: Max[손실충당금, (최초인식금액-'고객과의 계약에서 생기는 수익'에 따른 이익누계액)]
⑤ 사업결합에서 취득자가 인식하는 조건부 대가: 공정가치

유효이자율법이란 금융부채의 상각후원가를 계산하고 관련 기간에 걸쳐 이자비용을 배분하는 방법으로 금융부채는 상각후원가로 측정한다. 즉, 유효이자율법에 따라 이자비용을 인식하며 발행차금을 상각하여 후속측정된 장부가액을 계산한다. 자세한 내용은 2.4 사채에서 설명하도록 한다.

용어정의

상각후원가	금융부채의 최초인식시점의 측정금액에서 상환된 원금을 차감하고, 최초인식금액과 만기금액의 차액에 유효이자율법을 적용하여 계산된 상각누계액을 가감한 금액
유효이자율	금융상품의 미래현금유출과 유입의 현재가치를 금융부채의 순장부금액과 정확히 일치시키는 이자율

2.3 금융부채의 제거

금융부채의 제거란 이미 인식된 금융부채를 재무상태표에서 삭제하는 것으로 금융부채는 소멸한 경우, 즉 계약상 의무가 이행, 취소 또는 만료된 경우에만 재무상태표에서 제거한다. 기존 차입자와 대여자가 실질적으로 다른 조건으로 채무상품을 교환하거나 기존 금융부채의 조건이 실질적으로 변경된 경우에는 최초의 금융부채를 제거하고 새로운 금융부채를 인식한다. 소멸하거나 제3자에게 양도한 금융부채의 장부금액과 지급한 대가의 차액은 당기손익으로 인식한다.

2.4 금융부채의 회계처리: 사채

주식회사가 장기자금을 조달하는 방법으로 신주를 발행하는 것과 사채를 발행하는 것의 두 가지 방법이 있는데, 사채란 주식회사가 일반대중으로부터 비교적 장기의 자금을 조달할 목적으로 집단적·대량적으로 부담하는 채무에 대한 채권이며, 이에 대하여 사채라는 유가증권이 발행되는 것을 의미한다. 사채는 발행자가 약정기간 동안 표시이자를 지급하고 만기에는 원금을 상환하기로 하는 채무증권이다.

2.4.1 사채발행

사채는 공정가치로 발행되는데 이때 발행가액은 사채로 인한 미래현금흐름의 현재가치이다. 사채로 인해 발생되는 미래현금흐름은 이자와 원금이므로 이자와 원금의 유효이자율에 따른 현재가치가 발행가액이 되는 것이다.

사채의 발행가액(사채의 현재가치) = 이자의 현재가치 + 원금의 현재가치

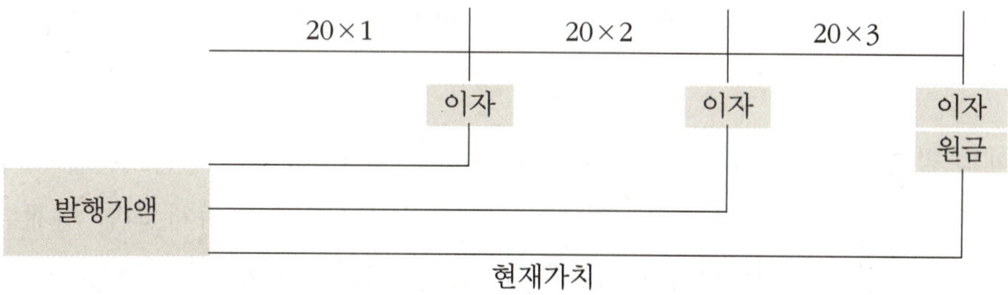

장기자금이 필요한 사채발행자는 사채를 발행하면서 적절할 것으로 생각되는 이자율(표시이자율, 액면이자율)을 기재하여 증권시장에서 발행하려고 할 것이다. 하지만 증권시장에서 사채의 수요자들이 적절하다고 생각하는 이자율과 차이가 발생하기도 한다. 다음 사례를 통해 이해하도록 한다.

사례 11-1 사채발행가액

사채발행자가 ₩100,000의 자금을 3년간 사용하기 위해 연 10%의 이자율을 부담하는 사채를 발행한다고 하자.

■ 액면발행

증권시장에서 사채의 수요자들도 역시 연 10%의 이자율을 적정하다고 받아들이면 기재된 대로 ₩100,000의 자금을 3년간 사용하는데 연 10%의 이자를 지급하게 될 것이다.

■ 할인발행

그런데 만일 증권시장에서 수요자들은 연 12%의 이자율이 적정하다고 판단한다면 어떻게 될까? 사채에 투자하고자 하는 투자자는 시장에서 형성된 연 12%의 이자를 반드

시 획득할 수 있어야 그 사채에 투자하게 되는 것이다. 따라서 연 10%의 이자를 지급하는 사채에 투자하고자 하는 수요가 없을 것이고, 따라서 수요공급의 법칙에 따라 감소되는 수요로 인해 사채의 가격인 발행가액이 액면가액 ₩100,000보다 감소하게 되는 것이다. 결국 수요자들이 요구하는 수익률 수준인 연 12%의 수익을 획득할 수 있는 수준까지 조정될 것이다.

■ 할증발행

반대로 증권시장에서 수요자들이 요구하는 이자율이 연 8%라면 이 사채는 수요자들이 투자를 하기 위해 수요가 몰리게 될 것이고 수요공급의 법칙에 따라 몰려드는 수요는 사채의 가격인 발행가액을 액면가액인 ₩100,000보다 증가시킬 것이다. 역시 수요자들이 요구하는 수익률수준인 연 8%의 수익을 획득하게 되는 수준까지 조정될 것이다.

사채의 발행가액은 미래현금흐름의 현재가치라고 했다. 즉, 미래현금흐름을 사채의 수요자들이 요구하는 이자율로 할인한 금액으로 사채를 발행하게 되면 사채수요자들이 요구하는 수익률만큼을 획득할 수 있게 되는 것이다.

예제 11-1 | 액면발행

㈜인덕은 20×1년초에 장기자금을 조달하기 위해 사채를 발행하려고 한다. ₩1,000,000의 자금을 3년간 사용하기 위해 연 10%의 이자율이 적정하다고 판단하여 사채를 증권시장에 발행하였다. 투자자들이 요구하는 시장이자율이 연 10%일 경우 적절한 발행가액은 얼마인가?

액면가액	₩1,000,000
표시이자율	연 10%(매년말 지급)
만기	20×3년말

| 해답 |

현재가치를 구하는 방법은 현재가치계수를 사용할 수도 있고, 직접 이자율을 반영하여 계산할 수도 있다.

- 사채발행가액 (사채의 현재가치)
  = 이자의 현재가치 + 원금의 현재가치
  = 100,000 × PVIFA(3년, 10%) + 1,000,000 × PVIF(3년, 10%)
  = 100,000 × 2.48685 + 1,000,000 × 0.75131
  = ₩1,000,000

또는,

- 사채발행가액 $=100,000\times\frac{1}{1.1}+100,000\times\frac{1}{1.1^2}+1,100,000\times\frac{1}{1.1^3}$
  =₩1,000,000

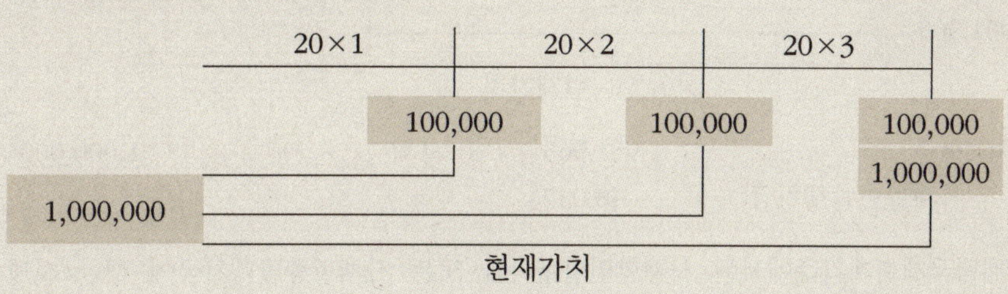

(차) 현금	1,000,000	(대) 사채	1,000,000

예제 11-2 | 할인발행

㈜인덕은 20×1년초에 장기자금을 조달하기 위해 사채를 발행하려고 한다. ₩1,000,000의 자금을 3년간 사용하기 위해 연 10%의 이자율이 적정하다고 판단하여 사채를 증권시장에 발행하였다. 투자자들이 요구하는 시장이자율이 연 12%일 경우 적절한 발행가액은 얼마인가?

액면가액	₩1,000,000
표시이자율	연 10%(매년말 지급)
만기	20×3년말

| 해답 |

현재가치를 구하는 방법은 현재가치계수를 사용할 수도 있고, 직접 이자율을 반영하여 계산할 수도 있다.

- 사채발행가액 = 이자의 현재가치 + 원금의 현재가치
  = 100,000 × PVIFA(3년, 12%) + 1,000,000 × PVIF(3년, 12%)
  = 100,000 × 2.40183 + 1,000,000 × 0.0.71178
  = ₩951,963

또는

- 사채발행가액 $=100,000\times\frac{1}{1.12}+100,000\times\frac{1}{1.12^2}+1,100,000\times\frac{1}{1.12^3}$
  =₩951,963

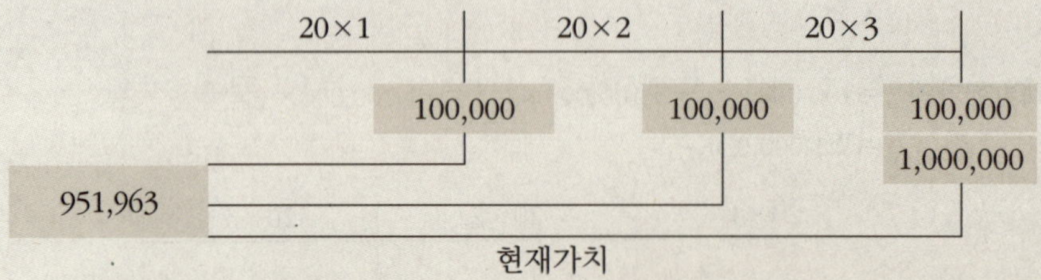

(차) 현금	951,963	(대) 사채	1,000,000
사채할인발행차금	48,037		

한국채택국제회계기준에서는 사채할인발행차금 또는 사채할증발행차금에 대한 설명을 하고 있지 않으므로 사채를 발행가액으로 기재하는 방법과 액면가액으로 기재하고 사채할인발행차금 또는 사채할증발행차금 계정을 사용하는 방법을 선택할 수는 있을 것이다. 그러나 실무적으로 후자의 방법을 주로 사용하고 있는데 위 사례에서 부채계정인 사채를 발행가액인 ₩951,963이 아닌 액면금액 ₩1,000,000으로 기록하는 이유는 최종적인 법적 채무가 액면가액 ₩1,000,000이기 때문이다. 즉, 재무상태표에는 다음과 같이 표시함으로써 법적 채무금액과 실제 발행가액을 함께 표시해줄 수 있기 때문이다.

사채	₩1,000,000	
사채할인발행차금	(48,037)	951,963

예제 11-3 | 할증발행

㈜인덕은 20×1년초에 장기자금을 조달하기 위해 사채를 발행하려고 한다. ₩1,000,000의 자금을 3년간 사용하기 위해 연 10%의 이자율이 적정하다고 판단하여 사채를 증권시장에 발행하였다. 투자자들이 요구하는 시장이자율이 연 8%일 경우 적절한 발행가액은 얼마인가?

액면가액	₩1,000,000
표시이자율	연 10%(매년말 지급)
만기	20×3년말

| 해답 |

현재가치를 구하는 방법은 현재가치계수를 사용할 수도 있고, 직접 이자율을 반영하여 계산할 수도 있다.

• 사채발행가액=이자의 현재가치+원금의 현재가치

=100,000×PVIFA(3년, 8%)+1,000,000×PVIF(3년, 8%)

=100,000×2.57710+1,000,000×0.79383

$$=₩1,051,540$$

또는

- 사채발행가액 $=100,000\times\frac{1}{1.08}+100,000\times\frac{1}{1.08^2}+1,100,000\times\frac{1}{1.08^3}$
  $=1,051,540$

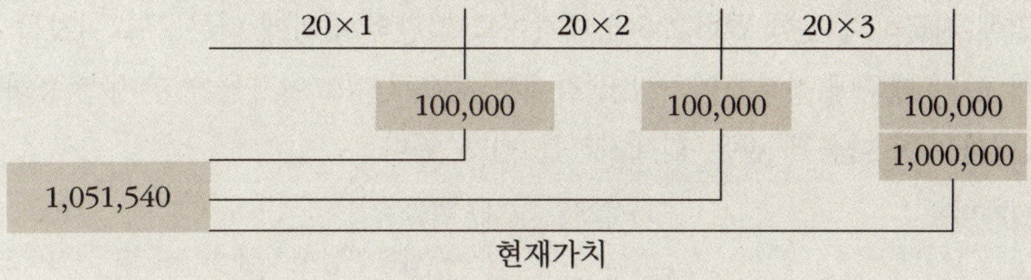

(차) 현금	1,051,540	(대) 사채	1,000,000
		사채할증발행차금	51,540

부채계정인 사채가 발행가액인 ₩1,051,540이 아닌 액면금액 ₩1,000,000으로 기록되는 이유는 최종적인 법적 채무가 액면가액 ₩1,000,000이기 때문이다. 재무상태표에는 다음과 같이 표시함으로써 법적 채무금액과 실제 발행가액을 함께 표시해줄 수 있다.

사채	₩1,000,000	
사채할증발행차금	51,540	1,051,540

위와 같은 발행가액으로 발행되면 사채 투자자는 시장이자율만큼 수익을 획득할 수 있는지에 대해서는 유효이자율법에 대한 설명에서 확인할 수 있다.

2.4.2 이자지급 및 만기상환

유효이자율법이란 이자수익이나 이자비용을 계산하는 데 있어서 액면에 기재된 표시이자율에 따라 수수되는 현금지급이자로 이자수익이나 이자비용을 인식하는 것이 아니라 실제 그 거래에 적용된 이자율인 유효이자율에 따라 이자수익이나 이자비용을 인식하는 방법을 말한다. 따라서 사채에 대한 이자수익이나 이자비용을 인식할 때 표시이자율에 의해 계산하는 것이 아니라 기초 장부가액에 대하여 유효이자율을 적용하여 계산된 이자수익이나 이자비용을 손익계산서에 인식한다.

앞의 할인발행 사례에서 20×1년의 손익계산서에 인식할 이자비용은 표시이자율에 따라 현금이 실제 지급된 ₩1,000,000×10%=₩100,000이 아니라 기초 장부가액에 유효이자율을 적용한 ₩951,963×12%=₩114,236인 것이다. 그런데 실제로 ₩100,000만 지급하였으므로 이자지급일에 지급하지 못한 ₩14,236은 장부가액에 포함시켰다가 만기에 지급하게 되는 것이다. 즉, 차감표시하였던 사채할인발행차금을 상각함으로써 장부가액을 증가시키게 된다. 장부가액에 포함시키는 이유는 이자지급일에 지급하지 못한 ₩14,236에 대하여도 기간의 경과에 따른 유효이자를 또 지급해야 하기 때문에 장부가액처럼 생각해서 앞으로 유효이자율을 함께 적용하겠다는 것이다. 즉, 다음과 같은 회계처리를 하게 된다.

(차) 이자비용	114,236	(대) 현금	100,000
		사채할인발행차금	14,236

사채	₩1,000,000	
사채할인발행차금	(33,801)	966,199

966,199 → 사채가액: 951,963 / 20×1년 미지급이자: 14,236

이러한 유효이자를 매번 계산하는 것보다는 하나의 표로 일목요연하게 작성하는 것이 오류를 줄일 수 있다. 따라서 사채기간에 따라 유효이자율에 따른 이자비용과 장부가액 변동에 대한 내용을 정리한 것이 유효이자율법에 따른 사채발행차금상각표이다. 작성방식이 정해진 것이 없지만 반드시 포함되어야 할 내용이 무엇인지는 알아둘 필요가 있다. 다음의 양식을 기본양식으로 이용할 수 있을 것이다.

유효이자율법 상각표

일자	①유효이자 (=④×유효이자율)	②표시이자 (=액면가액×표시이자율)	③사채발행차금상각액 (=①-②)	④장부가액

예제 11-4 | 할인발행

[예제 11－2]의 사례에 따라 유효이자율법 상각표를 작성하고 ㈜인덕이 매년 인식해야 할 이자비용을 회계처리하시오.

| 해답 |

유효이자율법 상각표

일자	① 유효이자 (＝④×12%)	② 표시이자 (＝1,000,000×10%)	③ 사채발행차금 상각액(＝①－②)	④ 장부가액
20×1년초				₩951,963
20×1년말	₩114,236	₩100,000	₩14,236	966,199
20×2년말	115,944	100,000	15,944	982,143
20×3년말	117,857	100,000	17,857	1,000,000

투자자가 실제로 시장이자율 12%만큼의 수익을 실현하였는지를 확인하면 다음과 같다. 기초장부가액이 얼마의 수익을 실현했는지가 수익률이므로 다음과 같이 계산한다.

〈20×1년〉

$$수익률 = \frac{이자수익(유효이자)}{기초장부가액} = \frac{114,236}{951,963} = 12\%$$

〈20×2년〉

$$수익률 = \frac{이자수익(유효이자)}{기초장부가액} = \frac{115,944}{966,199} = 12\%$$

〈20×3년〉

$$수익률 = \frac{이자수익(유효이자)}{기초장부가액} = \frac{117,857}{982,143} = 12\%$$

위와 같이 표시이자율이 투자자들이 요구하는 시장이자율과 다르더라도 발행가액을 조정해서 시장이자율만큼의 수익을 획득함을 알 수 있다.
회계처리는 다음과 같다.

〈20×1년〉

(차) 이자비용	114,236	(대) 현금	100,000
		사채할인발행차금	14,236

〈20×2년〉

(차) 이자비용	115,944	(대) 현금	100,000
		사채할인발행차금	15,944

〈20×3년〉

(차) 이자비용	117,857	(대) 현금	100,000
		사채할인발행차금	17,857

또한 만기에 사채의 장부가액이 액면가액으로 조정되었으므로 원금을 상환하는 회계처리를 한다.

(차) 사채 1,000,000 (대) 현금 1,000,000

예제 11-5 | 할증발행

상기 [예제 11－3]에 따라 유효이자율법 상각표를 작성하고 ㈜인덕이 매년 인식해야 할 이자비용을 회계처리하시오.

| 해답 |

유효이자율법 상각표

일자	①유효이자 (=④×8%)	②표시이자 (=1,000,000×10%)	③사채발행차금 상각액(=①－②)	④장부가액
20×1년초				₩1,051,540
20×1년말	₩84,123	₩100,000	₩15,877	1,035,663
20×2년말	82,853	100,000	17,147	1,018,516
20×3년말	81,484*	100,000	18,516	1,000,000

* 기초장부가액 ₩1,018,516에 유효이자율 8%를 적용하면 ₩81,481이지만 유효이자를 계산하는 과정에서 발생한 단수차이이므로 금액을 조정하였음.

투자자가 실제로 시장이자율 12%만큼의 수익을 실현하였는지를 확인하면 다음과 같다. 기초장부가액이 얼마의 수익을 실현했는지가 수익률이므로 다음과 같이 계산한다.

〈20×1년〉

$$\text{수익률}=\frac{\text{이자수익(유효이자)}}{\text{기초장부가액}}=\frac{84,123}{1,051,540}=8\%$$

〈20×2년〉

$$\text{수익률}=\frac{\text{이자수익(유효이자)}}{\text{기초장부가액}}=\frac{82,853}{1,035,663}=8\%$$

〈20×3년〉

$$\text{수익률}=\frac{\text{이자수익(유효이자)}}{\text{기초장부가액}}=\frac{81,484}{1,018,516}=8\%$$

위와 같이 표시이자율이 투자자들이 요구하는 시장이자율과 다르더라도 발행가액을 조정해서 시장이자율만큼의 수익을 획득함을 알 수 있다.

회계처리는 다음과 같다.

〈20×1년〉

(차) 이자비용	84,123	(대) 현금	100,000
사채할증발행차금	15,877		

〈20×2년〉

(차) 이자비용	82,853	(대) 현금	100,000
사채할증발행차금	17,147		

〈20×3년〉

(차) 이자비용	81,484	(대) 현금	100,000
사채할증발행차금	18,516		

또한 만기에 사채의 장부가액이 액면가액으로 조정되었으므로 원금을 상환하는 회계처리를 한다.

(차) 사채	1,000,000	(대) 현금	1,000,000

2.4.3 사채의 조기상환

사채를 만기에 상환할 경우 사채의 장부가액이 상환해야 할 액면가액과 일치하므로 위에서와 같이 간단히 회계처리하게 된다. 그러나 여유자금의 확보나 높은 이자율에 대한 부담 등 여러 가지 사유로 인해 만기일 이전에 상환하게 되는 경우에는 상환에 따른 손익이 발생할 수 있다. 즉, 상환시점에서의 사채의 장부가액과 상환가액(상환시점까지의 표시이자 포함 여부 확인)과의 차이가 상환손익으로 계산될 것이며 상환시점까지 발생한 이자비용도 고려해야 할 것이다.

상환시점에서의 사채의 장부가액 = 기초장부가액 ± 상환시점까지의 사채발행차금 상각액

= 사채의 액면금액 ± 미상각 사채발행차금

예제 11-6 | 사채의 조기상환

㈜인덕은 20×1년초에 장기자금조달을 위해 다음과 같은 사채를 발행하였다.

액면가액	₩1,000,000
표시이자율	연 10%(매년말 지급)
만기	20×3년말
발행시 시장이자율	12%

㈜인덕은 20×3년 7월초에 여유자금의 확보로 인해 상기 사채를 만기 이전에 상환하였다. 20×3년 7월초까지 발생한 이자를 포함하여 ₩1,080,000에 상환하였을 경우 사채상환손익을 계산하고 회계처리하시오.

| 해답 |

유효이자율법 상각표

일자	①유효이자 (=④×12%)	②표시이자 (=1,000,000×10%)	③사채발행차금 상각액(=①-②)	④장부가액
20×1년초				₩951,963
20×1년말	₩114,236	₩100,000	₩14,236	966,199
20×2년말	115,944	100,000	15,944	982,143
20×3년말	117,857	100,000	17,857	1,000,000

• 상환시점에서의 사채의 장부가액＝기초장부가액±상환시점까지의 사채발행차금상각액
＝982,143＋17,857×(6/12)
＝사채의 액면금액±미상각 사채발행차금
＝1,000,000－8,929
＝₩991,071

• 사채상환가액＝₩1,030,000*

* 이자를 포함하여 ₩1,080,000에 상환하므로 6개월분 표시이자 ₩50,000을 제외한 ₩1,030,000이 사채의 순수한 상환가액이다.

• 사채상환손익＝상환시점에서의 사채의 장부가액－사채상환가액
＝991,071－1,030,000
＝₩38,929

(차) 이자비용	58,928	(대) 미지급이자	50,000
		사채할인발행차금	8,928

(차) 사채	1,000,000	(대) 현금	1,080,000
미지급이자	50,000	사채할인발행차금	8,929
사채상환손실	38,929		

2.5 복합금융상품

복합금융상품이란 지분상품(자본)의 요소와 부채의 요소를 모두 가지고 있는 금융상품으로 전환사채, 신주인수권부사채, 전환우선주 및 교환사채 등이 있다. 복합

금융상품은 각 요소별로 금융부채, 금융자산 또는 지분상품으로 분류하여야 한다.

2.5.1 전환사채(Convertible Bond: CB)

전환사채란 일반사채에 전환권이 부여되어 있는 것으로, 전환가능기간이 도래했을 때 전환사채 보유자의 의사에 따라 전환사채를 전환사채 발행자의 보통주로 전환할 수 있는 사채이다.

(1) 전환사채 발행

전환사채가 발행될 때 일반사채로 발행될 경우를 가정하여 부채의 가치를 계산하고 그 부채의 가치를 초과하여 수령한 부분을 자본요소로 분류한다.

1) 액면상환조건

전환사채는 일반사채에 지분상품에 대한 권리인 전환권이 추가로 부여된 것이다. 따라서 일반사채로 발행하였을 경우의 발행가액과 전환사채로 발행하였을 경우의 발행가액과의 차이가 전환권대가이고 이를 자본항목 중 자본조정항목으로 분류하여 표시하게 된다. 동일한 금액을 전환권조정으로 전환사채의 액면금액에서 차감하고 사채할인발행차금과 마찬가지로 유효이자율법을 적용하여 상각하여 이자비용으로 인식한다.

① 부채발행에 대한 회계처리

(차) 현금	×××	(대) 전환사채	×××
전환권조정	×××		

② 자본요소 인식에 대한 회계처리

(차) 현금	×××	(대) 전환권대가	×××

위 두 회계처리가 동시에 일어나므로 일반적으로 다음 하나의 회계처리로 표시하게 된다.

(차) 현금	×××	(대) 전환사채	×××
전환권조정	×××	전환권대가	×××

재무상태표

〈자산〉	〈부채〉	
	전환사채	×××
	전환권조정	(×××)
		×××
	〈자본〉	
	전환권대가	×××

2) 상환할증금 지급조건

전환사채는 투자자가 발행자의 주식가격이 상승할 경우 전환사채를 주식으로 전환하여 주식을 취득함으로써 투자수익을 높일 수 있는 기회가 있으므로 일반적으로 일반사채보다 표시이자율이 낮다. 그러나 만일 주가가 상승하지 않아 만기까지 전환권이 행사되지 않는 경우 투자수익의 회수가 불확실해지므로 이에 대한 보전으로 만기까지 전환권이 행사되지 않을 경우 사채의 액면가액에 추가로 상환할증금을 지급하는 형태로 발행하기도 한다.

상환할증금 지급조건에서는 발행시에 상환할증금을 전환사채의 액면금액에 부가하여 표시한다. 따라서 전환권대가와 상환할증금을 합한 금액이 전환권조정의 금액이 된다.

(차) 현금	×××	(대) 전환사채	×××
전환권조정	×××	상환할증금	×××
		전환권대가	×××

재무상태표

〈자산〉	〈부채〉	
	전환사채	×××
	사채상환할증금	×××
	전환권조정	(×××)
		×××
	〈자본〉	
	전환권대가	×××

예제 11-7 | 전환사채의 발행

12월말 결산법인인 ㈜SJ컨설팅은 사업영역의 확장을 위해 필요한 자금을 확보하기 위해 다음과 같은 전환사채를 액면금액으로 발행하였다.

- 발행일 　20×1년 1월 1일
- 만기 　20×3년 12월 31일(3년)
- 액면금액 　₩2,000,000
- 표시이자율 　연 6%(매년말 지급)
- 시장이자율 　연 9%
- 전환조건 　사채 액면금액 ₩20,000에 대하여 주식 1주(액면금액 ₩5,000) 발행
- 전환청구기간 　20×3년 1월 1일~20×3년 12월 31일

1. 위 전환사채가 만기 액면상환조건인 경우 발행시의 회계처리를 하시오.
2. 위 전환사채가 만기 상환할증조건(액면금액의 105%)인 경우 발행시의 회계처리를 하시오.

| 해답 |

1. (1) 발행가액: ₩2,000,000
   (2) 일반사채의 가치: 2,000,000×0.77218(할인율 9%, 3년, 1원의 현가계수)
   +120,000×2.53129(할인율 9%, 3년, 연금의 현가계수)=₩1,848,115
   (3) 전환권 대가: (1)−(2)=151,885

(차) 현금	2,000,000	(대) 전환사채	2,000,000
전환권조정	151,885	전환권대가	151,885

2. (1) 발행가액: ₩2,000,000
   (2) 일반사채의 가치: 2,100,000×0.77218(할인율 9%, 3년, 1원의 현가계수)
   +120,000×2.53129(할인율 9%, 3년, 연금의 현가계수)=₩1,925,333
   (3) 전환권 대가: (1)−(2)=₩74,667

(차) 현금	2,000,000	(대) 전환사채	2,000,000
전환권조정	174,667	사채상환할증금	100,000
		전환권대가	74,667

(2) 후속측정

전환사채 기간 동안 부채요소에 대하여 유효이자율법을 적용하여 이자비용을 인식한다.

(차) 이자비용 ××× (대) 현금 ×××
전환권조정 ×××

예제 11-8 | 전환사채의 후속측정

[예제 11-7]의 사례에 따라 다음 요구사항에 답하시오.

1. 전환사채가 만기 액면상환조건인 경우 유효이자율법에 따른 전환권조정상각표를 작성하고 20×1년말 회계처리를 하시오.
2. 전환사채가 만기 상환할증조건인 경우 유효이자율법에 따른 전환권조정상각표를 작성하고 20×1년말 회계처리를 하시오.

| 해답 |

1. (1) 유효이자율법 상각표

일자	①유효이자 (=④×9%)	②표시이자 (=2,000,000×6%)	③사채발행차금 상각액(=①-②)	④장부가액
20×1년초				₩1,848,115
20×1년말	₩166,330	₩120,000	₩46,330	1,894,445
20×2년말	170,500	120,000	50,500	1,944,945
20×3년말	175,055	120,000	55,055	2,000,000

(2) 20×1년말 회계처리

(차) 이자비용 166,330 (대) 현금 120,000
전환권조정 46,330

2. (1) 유효이자율법 상각표

일자	①유효이자 (=④×9%)	②표시이자 (=2,000,000×6%)	③사채발행차금 상각액(=①-②)	④장부가액
20×1년초				₩1,925,333
20×1년말	₩173,280	₩120,000	₩53,280	1,978,613
20×2년말	178,075	120,000	58,075	2,036,688
20×3년말	183,312	120,000	63,312	2,100,000

(2) 20×1년말 회계처리

(차) 이자비용 173,280 (대) 현금 120,000
전환권조정 53,280

(3) 전환권의 행사

전환사채 보유자가 전환청구기간 내에 전환을 청구하게 되면 전환사채의 장부금액을 자본의 증가로 인식하게 되어 전환으로 인한 손익이 발생하지 않는다. 이때 전환사채의 장부가액이란 전환일 현재 사채의 액면금액에 사채발행차금, 전환권조정 및 사채상환할증금을 조정한 금액을 말한다. 전환으로 인해 감소하는 전환사채 장부금액과 교부하는 발행주식의 액면금액과의 차이는 주식발행초과금으로 회계처리하며, 전환사채 발행시 전환권조정으로 회계처리되었던 자본항목 중 전환된 부분도 주식발행초과금으로 대체할 수 있다.

전환권을 행사하면 사채가 전환사채 발행자의 보통주로 전환하게 되므로 더 이상 이자와 원금 회수에 대한 권리가 남아 있지 않게 된다.

예제 11-9 | 전환사채의 전환

[예제 11-7]의 사례에서 만기 상환할증조건인 전환사채가 20×3년초에 액면가액의 50%가 전환청구었을 경우 전환시점의 회계처리를 하시오.

| 해답 |

〈20×3년초 전환청구시 회계처리〉

(차) 전환사채	1,000,000*1	(대) 자본금	250,000*2
상환할증금	50,000*3	주식발행초과금	805,678
전환권대가	37,334*4	전환권조정	31,656*5

*1 전환사채 액면금액(2,000,000)×50%
*2 발행주식수[전환청구된 액면금액(1,000,000)/전환조건(20,000)]×주식의 액면금액(5,000)
*3 사채상환할증금(100,000)×50%
*4 전환권대가(74,667)×50%
*5 전환권조정 잔액(63,312)×50%

(4) 만기상환

전환사채가 만기에 상환되는 경우 장부금액은 전환사채가액과 상환할증금의 합계와 일치하게 되어 상환손익이 발생하지 않는다. 이때 자본에 계상되어 있는 전환권대가는 계속 자본항목으로 분류한다.

예제 11-10 | 전환사채의 만기상환

[예제 11-7]의 사례에서 만기 상환할증조건인 전환사채가 20×3년초에 액면가액의 50%가 전환되었을 경우 20×3년말 회계처리를 하시오.

| 해답 |

1. 이자비용 인식

(차) 이자비용	91,656	(대) 현금	60,000
		전환권조정	31,656

2. 만기상환

(차) 전환사채	1,000,000	(대) 현금	1,050,000
상환할증금	50,000		

2.5.2 신주인수권부사채(Bond With Warrant: BW)

신주인수권부사채란 일반사채에 신주인수권이 부여되어 있는 것으로, 행사가능기간 내에 정해진 행사가격으로 신주인수권부사채 발행자에게 신주발행을 청구할 수 있는 사채이며, 신주인수권과 사채를 분리하여 양도할 수 있는지 여부에 따라 분리형 신주인수권부사채와 비분리형 신주인수권부사채로 구분할 수 있다.

전환사채와 마찬가지로 신주인수권부사채도 일반사채에 지분상품에 대한 권리인 신주인수권이 추가로 부여된 것이다. 따라서 일반사채로 발행하였을 경우의 발행가액과 복합금융상품으로 발행하였을 경우의 발행가액과의 차이가 신주인수권에 대한 대가이고 이를 자본항목 중 자본조정항목으로 분류하여 표시하게 된다.

또한 신주인수권부사채도 투자자가 발행자의 주식가격이 상승할 경우 신주인수권을 행사하여 주식을 취득함으로써 투자수익을 높일 수 있는 기회가 있으므로 일반적으로 일반사채보다 표시이자율이 낮다. 그러나 만일 주가가 상승하지 않아 만기까지 신주인수권이 행사되지 않는 경우 투자수익의 회수가 불확실해지므로 이에 대한 보전으로 만기까지 신주인수권이 행사되지 않을 경우 사채의 액면가액에 추가로 상환할증금을 지급하는 형태로 발행하기도 한다.

신주인수권부사채는 신주인수권이 행사되더라도 부가되어 있는 신주인수권만 행사되는 것이므로 전환사채와는 달리 사채에 대한 이자와 원금 회수에 대한 권리에는 영향을 미치지 아니한다.

예제 11-11 | 신주인수권부사채

12월말 결산법인인 ㈜SJ컨설팅은 사업영역의 확장을 위해 필요한 자금을 확보하기 위해 다음과 같은 상환할증조건부 신주인수권부사채를 액면금액으로 발행하였다.

• 발행일	20×1년 1월 1일
• 만기	20×3년 12월 31일(3년)
• 액면금액	₩2,000,000
• 표시이자율	연 6%(매년말 지급)
• 시장이자율	연 9%
• 신주인수권행사기간	20×3년 1월 1일~20×3년 12월 31일
• 상환할증조건	신주인수권을 행사하지 않는 경우 상환기일에 액면금액의 105%를 일시 상환
• 신주인수조건	사채 액면금액 ₩20,000에 대하여 주식 1주(액면금액 ₩5,000)의 신주인수권 행사 가능. 신주인수권 행사시 주금납입액은 1주당 ₩20,000

1. ㈜SJ컨설팅이 신주인수권부사채 발행시 인식할 신주인수권대가의 금액은 얼마인가?
2. 신주인수권부사채 발행시 회계처리를 하시오.
3. 유효이자율법에 따른 신주인수권조정 상각표를 작성하고 20×1년말 회계처리를 하시오.
4. 20×3년 1월 1일에 50%의 신주인수권이 행사된 경우의 회계처리를 하시오.

| 해답 |

1. (1) 발행가액: ₩2,000,000
   (2) 일반사채의 가치: 2,100,000×0.77218(할인율 9%, 3년, 1원의 현가계수) +120,000×2.53129(할인율 9%, 3년, 연금의 현가계수)=₩1,925,333
   (3) 신주인수권대가: (1)−(2)=₩74,667
2. 20×1년 1월 1일 발행시 회계처리

(차) 현금	2,000,000	(대) 신주인수권부사채	2,000,000
신주인수권조정	174,667	사채상환할증금	100,000
		신주인수권대가	74,667

3. (1) 유효이자율법 상각표

일자	①유효이자 (=④×9%)	②표시이자 (=2,000,000×6%)	③사채발행차금 상각액(=①−②)	④장부가액
20×1년초				₩1,925,333
20×1년말	₩173,280	₩120,000	₩53,280	1,978,613
20×2년말	178,075	120,000	58,075	2,036,688
20×3년말	183,312	120,000	63,312	2,100,000

(2) 20×1년말 회계처리

(차) 이자비용	173,280	(대) 현금	120,000
		신주인수권조정	53,280

4. 20×3년초 신주인수권 행사시 회계처리

(차) 현금	1,000,000*1	(대) 자본금	250,000*2
상환할증금	50,000*3	주식발행초과금	833,206
신주인수권대가	37,334*4	신주인수권조정	4,128*5

*1 발행주식수[행사된 신주인수권부사채 액면금액(1,000,000)/신주인수조건(20,000)]×주금납입액(20,000)

*2 발행주식수(50)×주식의 액면금액(5,000)

*3 사채상환할증금(100,000)×50%

*4 신주인수권대가(74,667)×50%

*5 신주인수권조정 상각: 50,000－50,000/1.09＝₩4,128
신주인수권이 행사되면 미래에 부담하지 않는 사채상환할증금의 현재가치만큼 신주인수권조정이 감소한다.

연습문제

| 주관식문제 |

01. 미지급금과 미지급비용에 대하여 비교·설명하시오.

02. 20×1년초에 ㈜인덕은 다음의 조건으로 20×3년 만기인 사채를 발행하였다.

- 사채액면: ₩1,000,000
- 표시이자율: 연 10%(매년말 후급조건)
- 사채발행당시의 일반사채 시장이자율: 연 12%

	단순현금흐름의 현재가치계수		연금의 현재가치계수	
	10%	12%	10%	12%
1년	0.90909	0.89286	0.90909	0.89286
2년	0.82645	0.79719	1.73554	1.69005
3년	0.75131	0.71178	2.48685	2.40183

사채발행시점의 회계처리와 20×1년말, 20×2년말, 20×3년말의 이자비용 회계처리 및 만기상환의 회계처리를 하시오.

03. ㈜인덕은 다음과 같은 사채를 발행하였다(소수점 첫째 자리에서 반올림하시오).

- 발행일: 20×1년 1월 1일
- 시장이자율: 연 12%
- 만기일: 20×3년 12월 31일
- 액면가액: ₩5,000,000
- 표시이자율: 연 8%

[물음 1] 사채의 발행가액을 계산하시오.

(1) ₩1의 현재가치계수

	8%	12%
1년	0.92593	0.89286
2년	0.85734	0.79719
3년	0.79383	0.71178

(2) 연금의 현재가치계수

	8%	12%
1년	0.92593	0.89286
2년	1.78326	1.69005
3년	2.57710	2.40183

[물음 2] 사채할인발행차금상각표를 다음의 양식에 맞게 작성하시오.

연도	이자비용	표시이자	사채할인발행차금상각액	사채발행차금잔액	장부금액

[물음 3] 위 사채를 20×3년 1월 1일에 ₩4,950,000에 상환하였다, 20×1년초 사채 발행시부터 사채의 상환시점까지의 모든 회계처리를 하시오.

| 객관식문제 |

01. 다음 중 한국채택국제회계기준에 의한 금융상품의 발행자가 금융상품을 금융부채(financial liability)와 지분상품(equity instrument)으로 분류할 때 가장 올바르지 않은 것은? (2018년 재경관리사 기출문제)

① 잠재적으로 불리한 조건으로 거래상대방과 금융자산이나 금융부채를 교환하기로 한 계약상 의무는 금융자산으로 분류한다.

② 향후 현대자동차 에쿠스 5대의 가치에 해당하는 확정되지 않은 금액의 현금을 대가로 자기지분상품 380주를 인도하는 계약은 지분상품으로 분류하지 않는다.

③ 발행자가 보유자에게 미래의 시점에 확정된 금액을 의무적으로 상환해야 하는 의무가 있는 우선주는 금융부채로 분류한다.

④ 삼일회계법인과 동일한 공정가치에 해당하는 자기지분상품을 인도할 계약은 인도할 자기주분상품의 수량이 확정되지 않았으므로 금융부채로 분류한다.

02. 사채와 관련된 다음 보기 중 잘못된 것은?

① 사채란 회사가 직접금융시장인 증권시장으로부터 자금을 차입하기 위해 사채권이라는 유가증권을 발행하는 것이다.
② 사채를 발행할 수 있는 법인의 형태는 주식회사로 한정한다.
③ 발행시 표시이자율과 시장이자율과의 관계에 따라 액면발행, 할인발행 또는 할증발행된다.
④ 기말에 공정가치의 유무에 따라 원가법 또는 공정가치법으로 회계처리한다.

03. ㈜삼일은 20×1년 1월 1일에 만기 3년, 액면금액 ₩100,000,000, 표시이자율 10%인 사채를 발행하였다. 이자는 매년말에 지급되고 사채 발행시점의 유효이자율은 8%라고 할 때 사채의 발행가액은 얼마인가? (2017년 재경관리사 기출문제)

	8%
1년	0.92593
2년	0.85734
3년	0.79383
합계	2.57710

① ₩95,025,800 ② ₩100,000,000
③ ₩105,154,000 ④ ₩106,245,000

04. ㈜삼일은 20×1년 1월 1일에 다음과 같은 조건의 사채를 발행하였다. 사채발행으로 인하여 동 일자에 ㈜삼일이 현금으로 조달가능한 금액은 얼마인가?
(2016년 재경관리사 기출문제)

ㄱ. 액면금액: ₩30,000,000
ㄴ. 액면이자 지급조건: 매년말 지급조건
ㄷ. 발행일: 20×1년 1월 1일
ㄹ. 만기일: 20×3년 12월 31일(3년)
ㅁ. 액면이자율: 5%
ㅂ. 시장이자율: 20×1년 1월 1일 현재 3%
ㅅ. 현가계수

이자율	현가계수			
	1년	2년	3년	계
3%	0.9709	0.9426	0.9151	2.8286
5%	0.9524	0.9070	0.8638	2.7232

① ₩25,695,900 ② ₩30,000,000
③ ₩30,156,900 ④ ₩31,695,900

05. ㈜삼일은 20×1년 1월 1일에 다음과 같은 조건의 사채를 발행하였다. 20×1년 12월 31일 현재 사채할인발행차금 잔액은 얼마인가? (2015년 재경관리사 기출문제)

ㄱ. 액면금액: ₩50,000,000
ㄴ. 만기일: 20×3년 12월 31일(3년)
ㄷ. 액면이자율: 2%(매년말 이자지급조건)
ㄹ. 발행일의 시장이자율: 6%
ㅁ. 이자율 6%, 3년 연금현가계수: 2.6730
  이자율 6%, 3년 현가계수: 0.8396

① ₩1,779,931 ② ₩3,667,820
③ ₩4,667,820 ④ ₩5,347,000

06. ㈜삼일은 장기자금조달을 위하여 3년 만기 사채를 발행하고자 한다. 다음 중 사채의 발행유형에 따라 만기까지 ㈜삼일이 부담해야 할 연간 이자비용의 변화로 가장 옳게 짝지어진 것은? (2015년 재경관리사 기출문제)

	할인발행	액면발행	할증발행
①	감소	증가	증가
②	감소	감소	감소
③	증가	변동없음	감소
④	증가	변동없음	증가

◉ 다음은 문제 07~09와 관련된 자료이다.

20×1년초에 사채(액면 ₩100,000, 표시이자율 10%, 이자는 매년말 후급, 만기는 20×3년말)를 발행하였다. 현가요소는 다음과 같다. 당사는 20×3년초에 ₩120,000의 금액을 지급하고 중도에 상환하였다.

	8%	10%	12%
기간 1년, ₩1의 현가요소	0.92593	0.90909	0.89286
기간 2년, ₩1의 현가요소	0.85734	0.82645	0.79719
기간 3년, ₩1의 현가요소	0.79383	0.75131	0.71178

07. 시장이자율이 12%일 경우 발행금액은 얼마인가?

① ₩130,000 ② ₩105,154
③ ₩100,000 ④ ₩95,196

08. 20×1년말 이자비용 인식에 관련된 회계처리로 옳은 것은?

	(차변)		(대변)	
①	이자비용	11,594	현금	10,000
			사채할인발행차금	1,594
②	이자비용	8,285	현금	10,000
	사채할증발행차금	1,715		
③	이자비용	11,424	현금	10,000
			사채할인발행차금	1,424
④	이자비용	10,000	현금	10,000

09. 20×3년초에 ₩120,000의 금액을 지급하고 중도에 상환하였을 경우의 회계처리로 옳은 것은?

	(차변)		(대변)	
①	사채	98,214	현금	120,000
	사채상환손실	21,786		
②	사채	100,000	현금	120,000
	사채상환손실	21,786	사채할인발행차금	1,786
③	사채	100,000	현금	120,000
	사채할증발행차금	21,851	사채상환이익	1,851
④	사채	121,851	현금	120,000
			사채상환이익	1,851

◉ 다음은 문제 10～14와 관련된 자료이다.

20×1년초에 사채(액면 ₩100,000, 표시이자율 연10%, 이자는 매년말 후급, 만기는 20×3년말)를 발행하였다. 현가요소는 다음과 같다.

	8%	10%	12%
기간 1년, ₩1의 현가요소	0.92593	0.90909	0.89286
기간 2년, ₩1의 현가요소	0.85734	0.82645	0.79719
기간 3년, ₩1의 현가요소	0.79383	0.75131	0.71178

10. 시장이자율이 8%일 경우 발행금액은 얼마인가?

① ₩105,154　② ₩102,136
③ ₩100,000　④ ₩95,196

11. 시장이자율이 12%일 경우 발행금액은 얼마인가?

① ₩105,154　② ₩102,136
③ ₩100,000　④ ₩95,196

12. 시장이자율이 12%인 경우 다음 유효이자율법상각표에 들어갈 금액으로 틀린 것은?

시점	유효이자(12%)	현금이자(10%)	상각액	장부금액
20×1년초				?
20×1년말	₩①	₩10,000	₩②	?
20×2년말	③	10,000	1,594	98,214
20×3년말	④	10,000	?	100,000

① ₩11,424　② ₩1,786
③ ₩11,594　④ ₩11,786

13. 20×2년초에 ₩90,000의 금액을 지급하고 중도에 상환하였을 경우의 회계처리로 옳은 것은? 단, 발행시 시장이자율은 12%인 상황이다.

	(차변)		(대변)	
①	사채	96,620	현금	90,000
			사채상환손실	6,620
②	사채	100,000	현금	90,000
			사채할인발행차금	3,380
			사채상환이익	6,620
③	사채	100,000	현금	90,000
	사채할증발행차금	3.566	사채상환이익	13,566
④	사채	100,000	현금	90,000
			사채상환이익	10,000

14. 위의 사채에 대한 투자자입장에서 상각후원가측정 금융자산으로 분류한 경우 20×1년말 회계처리로 옳은 것은? 단, 20×1년말의 공정가치는 ₩101,000이고, 시장이자율은 12%인 상황이다.

	(차변)		(대변)	
①	현금	10,000	이자수익	10,000
②	현금	10,000	이자수익	11,786
	사채할인발행차금	1,786		
③	상각후원가측정 금융자산	4,380	상각후원가측정 금융자산평가이익	4,380
④	현금	10,000	이자수익	11,424
	상각후원가측정 금융자산	1,424		

15. 다음과 같은 조건의 사채를 발행한 경우 동 사채로 인하여 만기까지 인식해야 하는 총이자비용은 얼마인가? (2018년 재경관리사 기출문제)

ㄱ. 액면금액: ₩50,000,000
ㄴ. 발행일: 20×1년 1월 1일
ㄷ. 만기일: 20×1년 12월 31일
ㄹ. 액면이자율 및 이자지급조건: 연 4%, 매년말 지급
ㅁ. 발행일의 시장이자율: 6%
ㅂ. 이자율 6%, 3년 연금현가계수: 2.6730
ㅅ. 이자율 6%, 3년 현가계수: 0.8396

① ₩2,839,560　　② ₩5,037,600
③ ₩6,000,000　　④ ₩8,674,000

16. ㈜삼일은 20×1년 1월 1일에 만기 3년, 액면금액 ₩100,000,000, 표시이자율 10%인 사채를 발행하였다. 이자는 매년말에 지급되고 사채 발행시점의 유효이자율은 8%라고 할 때 ㈜삼일이 동 사채의 발행기간에 걸쳐 인식하게 될 총이자비용은 얼마인가? (2020년 재경관리사 기출문제)

구분	1년	2년	3년	합계
8%	0.92593	0.85734	0.79383	2.57710

① ₩20,974,200 ② ₩23,755,000
③ ₩24,846,000 ④ ₩30,000,000

17. ㈜삼일은 사채를 할인발행하고, 사채할인발행차금에 대하여 유효이자율법으로 상각하지 않고 정액법을 적용하여 상각하였다. 이러한 오류가 발행연도 재무제표에 미치는 영향을 바르게 지적한 것은? (2020년 재경관리사 기출문제)

	사채의 장부금액	당기순이익
①	과대계상	과대계상
②	과대계상	과소계상
③	과소계상	과대계상
④	과소계상	과소계상

18. 다음 중 사채 보유자의 희망에 따라 주식으로 전환할 수 있는 권리가 내재되어 있는 사채를 무엇이라 하는가? (2017년 재경관리사 기출문제)

① 전환사채 ② 영구채
③ 신주인수권부사채 ④ 회사채

19. 다음 중 전환사채에 관한 설명으로 가장 올바르지 않은 것은? (2021년 재경관리사 기출문제)

① 전환권대가에 해당하는 부분은 무조건 부채로 계상한다.
② 전환사채는 전환사채보유자의 요구에 따라 주식으로 전환할 수 있는 권리가 내재되어 있어 일반적으로 일반사채보다 표면금리가 낮게 책정되어 발행된다.
③ 상환할증금지급조건의 전환사채는 발행시점에 상환할증금을 인식한다.
④ 전환사채는 일반사채와 전환권의 두 가지 요소로 구성되는 복합적 성격을 지닌 금융상품이다.

20. 다음 중 복합금융상품의 회계처리로 가장 올바르지 않은 것은?
(2018년 재경관리사 기출문제)

① 최초 인식시점에 자본요소와 부채요소의 분리가 필요하다.
② 복합금융상품의 발행금액에서 지분상품의 공정가치를 차감한 잔액을 금융부채로 인식한다.
③ 일반적으로 전환사채에 포함되어 있는 전환권은 자본으로 분류한다.
④ 현금 등 금융자산을 인도하기로 하는 계약 부분은 금융부채요소에 해당한다.

21. ㈜삼일은 20×1년 1월 1일 액면금액 ₩1,000,000의 전환사채를 액면발행하였으며, 전환조건은 사채액면 ₩50,000원 액면가 ₩10,000인 보통주 1주로 전환할 수 있다. 전환청구일 현재 전환권대가는 ₩50,000, 사채상환할증금은 ₩120,000, 전환권조정은₩100,000이었다. 이 경우 전환으로 발행한 주식의 주식발행초과금으로 계상할 금액은 얼마인가? (2021년 재경관리사 기출문제)

① ₩870,000
② ₩900,000
③ ₩980,000
④ ₩1,000,000

22. ㈜삼일은 20×1년 1월 1일에 다음과 같은 조건으로 전환사채를 발행하였다. 다음 중 동 전환사채에 관한 설명으로 가장 올바르지 않은 것은?
(2020년 재경관리사 기출문제)

ㄱ. 액면금액: ₩10,000,000
ㄴ. 액면이자율: 5%(매년말 이자지급)
ㄷ. 발행금액: ₩10,000,000
ㄹ. 상환할증금: ₩1,000,000(만기까지 주식으로 전환하지 않을 경우 만기에 지급)
ㅁ. 동일한 조건의 일반사채인 경우의 발행가액: ₩8,200,000
ㅂ. 만기: 3년
ㅅ. 발행시 사채발행비는 발생하지 아니함
ㅇ. 전환권대가는 자본으로 분류됨

---

① 동 전환사채의 발행금액 ₩10,000,000에는 전환권대가 ₩1,800,000이 포함되어 있다.
② 상환할증금을 지급하는 조건이므로 보장수익률은 액면이자율 5%보다 높을 것이다.
③ 동 전환사채와 관련한 이자비용은 동일한 조건의 일반사채에 대한 유효이자율을 적용하여 산정한다.
④ 전환권 행사시 ㈜삼일의 총자산은 증가한다.

정답 및 해설

| 주관식문제 |

01. (1) 미지급금: 미지급금이란 일반적 상거래 이외의 채무를 말한다. 재고자산 이외의 자산인 투자부동산이나 유·무형자산의 구입과 관련하여 발생한 채무를 의미하는 것이다.

(2) 미지급비용: 미지급비용은 비용 중 이미 발생되었으나 현금으로 지급되지 아니한 금액을 회계적으로 인식할 때 발생하는 부채를 말한다.

02. (1) 20×1년초 사채발행시

- 사채의 발행가액은 사채로 인한 미래현금흐름(이자와 원금)의 현재가치이다.
- 사채발행가액＝1,000,000×0.71178＋100,000×2.40183＝₩951,963

(차) 현금	951,963	(대) 사채	1,000,000
사채할인발행차금	48,037		

(2) 20×1년말 이자인식

유효이자율법에 따른 상각표

연도	이자비용	표시이자	사채할인발행차금상각액	사채발행차금잔액	장부금액
20×1년초					₩951,963
20×1년말	₩114,236	₩100,000	₩14,236	₩33,801	966,199
20×2년말	115,944	100,000	15,944	17,857	982,143
20×3년말	117,857	100,000	17,857	−	1,000,000

(차) 이자비용	114,236	(대) 현금	100,000
		사채할인발행차금	14,236

(3) 20×2년말 이자인식

(차) 이자비용	115,944	(대) 현금	100,000
		사채할인발행차금	15,944

(4) 20×3년말 이자인식

(차) 이자비용	117,857	(대) 현금	100,000
		사채할인발행차금	17,857

(5) 20×3년말 만기 원금상환

(차) 사채	1,000,000	(대) 현금	1,000,000

03. [물음 1]

- 사채의 발행가액은 사채로 인한 미래현금흐름(이자와 원금)의 현재가치이다.
- 사채발행가액＝5,000,000×0.71178＋400,000×2.40183＝₩4,519,632

[물음 2] 사채할인발행차금 상각표

연도	이자비용	표시이자	사채할인발행차금상각액	사채발행차금잔액	장부금액
20×1년초				₩480,368	₩4,519,632
20×1년말	₩542,356	₩400,000	₩142,356	338,012	4,661,988
20×2년말	559,439	400,000	159,439	178,573	4,821,427
20×3년말	578,573	400,000	178,573	–	5,000,000

[물음 3]

(1) 20×1년초 사채발행시

(차)	현금	4,519,632	(대) 사채	5,000,000
	사채할인발행차금	480,368		

(2) 20×1년말 이자인식

(차)	이자비용	542,356	(대) 현금	400,000
			사채할인발행차금	142,356

(3) 20×2년말 이자인식

(차)	이자비용	559,439	(대) 현금	400,000
			사채할인발행차금	159,439

(4) 20×3년초 사채상환

(차)	사채	5,000,000	(대) 현금	4,950,000
	사채상환손실	128,573	사채할인발행차금	178,573

객관식문제

01. ①

잠재적으로 유리한 조건으로 거래상대방과 금융자산이나 금융부채를 교환하기로 한 계약상 권리가 금융자산에 포함된다.

02. ④

사채는 유효이자율법에 따른 상각후원가로 표시한다.

03. ③

사채발행가액＝100,000,000×0.79383＋100,000,000×10%×2.57710
＝₩105,154,000

04. ④

사채발행가액＝30,000,000×0.9151＋30,000,000×5%×2.8286＝₩31,695,900

05. ②

(1) 20×1년 1월 1일 사채의 발행가액
50,000,000×0.8396＋1,000,000×2.6730＝₩44,653,000
(사채할인발행차금: ₩5,347,000)

(2) 20×1년 12월 31일 이자비용 회계처리

(차) 이자비용	2,679,180	(대) 현금	1,000,000
		사채할인발행차금	1,679,180

(사채할인발행차금 상각액: ₩1,679,180)

06. ③

사채의 할인발행의 경우 사채할인발행차금의 상각에 따라 매년 장부가액이 증가하므로 이자비용이 매년 증가하게 된다. 또한, 사채의 할증발행의 경우 사채할증발행차금의 상각에 따라 매년 장부가액이 감소하므로 이자비용이 매년 감소하게 된다.

07. ④

20×1년초 사채발행시

- 사채의 발행가액은 사채로 인한 미래현금흐름(이자와 원금)의 현재가치이다.
- 사채발행가액＝100,000×0.71178＋10,000×2.40183＝₩95,196

(차) 현금 95,196 (대) 사채 100,000
사채할인발행차금 4,804

08. ③

유효이자율법에 따른 상각표

연도	이자비용	표시이자	사채할인발행차금 상각액	사채발행차금잔액	장부금액
20×1년초					₩95,196
20×1년말	₩11,424	₩10,000	₩1,424	₩3,380	96,620
20×2년말	11,594	10,000	1,594	1,786	98,214
20×3년말	11,786	10,000	1,786	–	100,000

〈20×1년말 이자인식〉

(차) 이자비용 11,424 (대) 현금 10,000
사채할인발행차금 1,424

09. ②

〈20×3년초 사채상환〉

(차) 사채 100,000 (대) 현금 120,000
사채상환손실 21,786 사채할인발행차금 1,786

10. ①

- 사채의 발행가액은 사채로 인한 미래현금흐름(이자와 원금)의 현재가치이다.
- 사채발행가액＝100,000×0.79383＋10,000×(0.92593＋0.85734＋0.79383)
  ＝₩105,154

11. ④

〈20×1년초 사채발행시〉

- 사채의 발행가액은 사채로 인한 미래현금흐름(이자와 원금)의 현재가치이다.
- 사채발행가액＝100,000×0.71178＋10,000×2.40183＝₩95,196

(차) 현금 95,196 (대) 사채 100,000
사채할인발행차금 4,804

12. ②

유효이자율법에 따른 상각표

연도	이자비용 (유효이자)	표시이자 (현금이자)	사채할인발행차금상각액	장부금액
20×1년초				₩95,196
20×1년말	₩11,424	₩10,000	₩1,424	96,620
20×2년말	11,594	10,000	1,594	98,214
20×3년말	11,786	10,000	1,786	100,000

13. ②

유효이자율법 상각표상 20×2년초(20×1년말) 사채의 장부가액과 상환가액을 비교하여 상환손익을 인식한다.

사채	100,000
사채할인발행차금	(3,380)
장부가액	96,620
상환가액	90,000
상환이익	6,620

14. ④

상각후원가측정 금융자산은 회계기간말에 유효이자율법을 적용하여 상각후원가로 평가한다.

15. ④

사채로 인하여 만기까지 인식할 종 이자비용은 표시이자와 현재가치 할인차금상각액의 합이다.

- 현재가치할인차금: ₩50,000,000−(50,000,000×0.8396+50,000,000×4%×2.6730)
  =₩2,674,000
- 표시이자: 50,000,000×4%×3년=₩6,000,000

16. ③

(1) 사채발행시 회계처리

(차) 현금	105,154,000	(대) 사채	100,000,000
		사채할증발행차금	5,154,000

(2) 사채의 발행기간 동안 인식할 총이자비용
=표시이자±사채발행차금상각액=100,000,000×10%×3년−5,154,000=₩24,846,000

17. ②

사채를 할인발행하면 각 연도의 사채장부금액이 계속 증가함에 따라 유효이자율을 적용한 이자비용은 증가하게 된다. 그러나 사채할인발행차금을 정액법으로 상각하게 되면 일정금액의 사채할인차금을 상각하며 이자비용을 인식하게 되므로 초기에는 유효이자율법보다 이자비용을 많이 인식하게 되고, 사채할인발행차금을 많이 상각하게 되어 유효이자율법에 비해 장부가액을 과대계상하게 된다.

18. ①

19. ①

전환권대가는 자본조정으로 분류하고 전환권의 행사로 주식이 발행될 때 주식발행초과금으로 대체한다.

20. ②

복합금융상품의 최초 장부금액을 부채요소와 자본요소에 배분하는 경우 자본요소에는 복합금융상품 전체의 공정가치에서 부채요소에 대하여 별도로 결정한 금액을 차감한 잔액을 배분한다.

21. ①

(차) 사채	1,000,000	(대) 자본금	200,000
전환권대가	50,000	전환권조정	100,000
상환할증금	120,000	주식발행초과금	870,000

22. ④

K-IFRS *Intermediate Financial Accounting*

Chapter 12

충당부채

단원정리 충당부채

• **우발부채**

- 미래사건에 따라 존재가 확인되는 잠재적 의무
- 경제적자원의 유출가능성이 높지 않은 경우 또는 금액을 신뢰성 있게 측정할 수 없는 경우

• **우발자산:** 미래사건에 따라 존재가 확인되는 잠재적 자산

• **충당부채:** 경제적효익을 갖는 자원이 유출될 가능성이 높고 금액을 신뢰성 있게 추정할 수 있는 현재의무

*공시

금액의 신뢰성 있는 추정 / 자원의 유출가능성	○	×
높음	충당부채	우발부채(주석)
아주 낮지 않음	우발부채(주석)	
희박	공시하지 않음	공시하지 않음

- 우발자산: 확정될 때까지 자산으로 인식할 수 없음
  경제적효익의 유입가능성이 높은 경우에만 주석 공시

• **충당부채의 측정:** 현재의무를 보고기간말에 이행하기 위하여 소요되는 지출에 대한 최선의 추정치

제1절 충당부채

1.1 우발부채, 우발자산 및 충당부채의 개념

(1) 우발부채

우발부채란 다음의 ① 또는 ②에 해당하는 의무를 말한다.

① 과거 사건에 의하여 발생하였으나 기업이 전적으로 통제할 수는 없는 하나 이상의 불확실한 미래사건의 발생 여부에 의하여서만 그 존재가 확인되는 잠재적 의무

② 과거 사건에 의하여 발생하였으나 다음 ㈎ 또는 ㈏의 경우에 해당하여 인식하지 아니하는 현재의무

㈎ 당해 의무를 이행하기 위하여 경제적효익을 갖는 자원이 유출될 가능성이 높지 아니한 경우

㈏ 당해 의무를 이행하여야 할 금액을 신뢰성 있게 측정할 수 없는 경우

(2) 우발자산

우발자산이란 과거 사건에 의하여 발생하였으나 기업이 전적으로 통제할 수는 없는 하나 이상의 불확실한 미래사건의 발생 여부에 의하여서만 그 존재가 확인되는 잠재적 자산을 말한다.

(3) 충당부채

충당부채란 지출의 시기 또는 금액이 불확실한 부채를 말하는 것으로, 일반적으로 모든 충당부채는 결제에 필요한 지출의 시기나 금액이 불확실하므로 우발적이라고 할 수 있다. 그러나 한국채택국제회계기준에서는 기업이 전적으로 통제할 수는 없는 하나 이상의 불확실한 미래사건의 발생 여부에 의해서만 부채나 자산의 존재가 확인되기 때문에 재무제표에 부채나 자산으로 인식할 수 없는 경우에 한정하여 '우발'이라는 용어를 사용한다. 또한 부채의 인식기준을 충족하지 못하기 때문에 부채로 인식하지 아니하는 경우에 '우발부채'라는 용어를 사용한다.

충당부채와 우발부채는 다음과 같이 구별된다.

① 충당부채는 현재의무이고 이를 이행하기 위하여 경제적효익을 갖는 자원이 유출될 가능성이 높고 당해 금액을 신뢰성 있게 추정할 수 있으므로 부채로 인식한다. 이때 충당부채로 인식하는 금액은 현재의무를 보고기간말에 이행하기 위하여 소요되는 지출에 대한 최선의 추정치이어야 한다.

② 우발부채는 다음 ㈎ 또는 ㈏의 이유 때문에 부채로 인식하지 아니한다.

㈎ 경제적효익을 갖는 자원의 유출을 초래할 현재의무가 있는지의 여부가 아직 확인되지 아니한 잠재적 의무이다.

㈏ 현재의무이지만 당해 의무를 이행하기 위하여 경제적효익을 갖는 자원이 유출될 가능성이 높지 아니하거나 당해 금액을 신뢰성 있게 추정할 수 없어서 이 기준서의 인식기준을 충족하지 못한다.

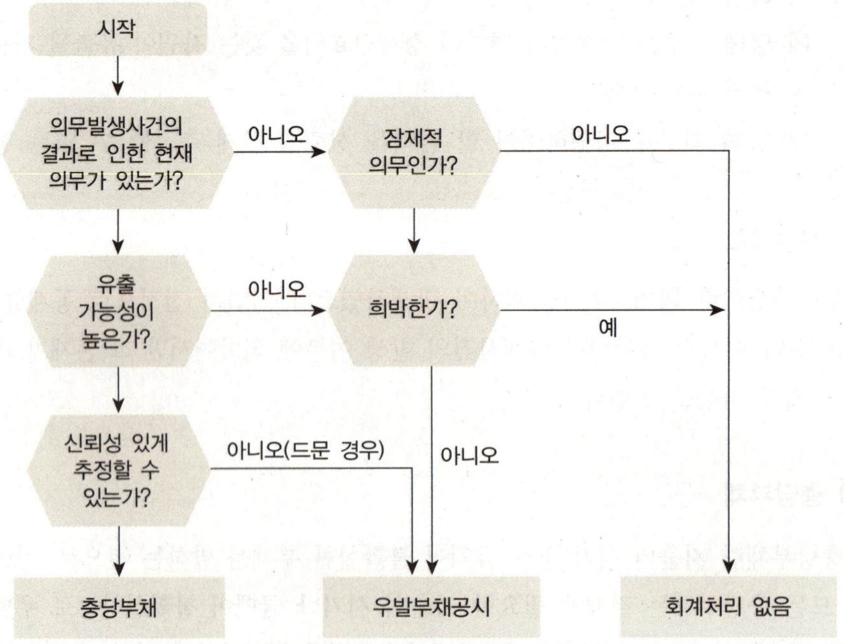

다만, 의무를 이행하기 위하여 경제적효익을 갖는 자원의 유출가능성이 아주 낮지 않다면 우발부채를 주석으로 공시한다.

자원의 유출가능성 \ 금액의 신뢰성 있는 추정	○	×
높음	충당부채	우발부채(주석)
아주 낮지 않음	우발부채(주석)	
희박	공시하지 않음	공시하지 않음

또한 우발자산의 경우에는 확정될 때까지 자산으로 인식할 수 없다. 왜냐하면 미래에 전혀 실현되지 않을 수도 있는 수익을 인식하는 결과를 초래할 수 있기 때문에 우발자산은 재무제표에 인식하지 아니한다. 다만, 경제적효익의 유입가능성이 높은 경우에만 주석으로 공시한다.

1.2 충당부채의 측정

충당부채로 인식하는 금액은 현재의무를 보고기간말에 이행하기 위하여 소요되는 지출에 대한 최선의 추정치이어야 한다. 현재의무를 이행하기 위하여 소요되는 지출에 대한 최선의 추정치는 보고기간말에 의무를 이행하거나 제3자에게 이전시키는 경우에 합리적으로 지급하여야 하는 금액이다.

충당부채로 인식하여야 하는 금액을 추정하는 경우 관련된 불확실성은 상황에 따라 판단한다. 측정하고자 하는 충당부채가 다수의 항목과 관련되는 경우에 당해 의무는 모든 가능한 결과와 그와 관련된 확률을 가중평균하여 추정한다. 이러한 통계적 추정방법을 '기대가치'라고 한다. 따라서 특정 금액의 손실이 발생할 확률에 따라 충당부채로 인식하는 금액은 다르게 된다. 가능한 결과가 연속적인 범위 내에 분포하고 각각의 발생확률이 동일할 경우에는 당해 범위의 중간값을 사용한다.

예제 12-1 | 충당부채

㈜IDU제화는 판매한 구두에 대하여 구입 후 3개월 이내에 제조상 결함으로 인한 수선의 경우 무상으로 수선을 제공하는 제품보증제도를 실시하고 있다. 판매한 모든 구두에서 중요한 결함이 발생할 경우 ₩1,000,000의 수선비용이 발생하고, 판매한 모든 구두에서 중요하지 않은 결함이 발생할 경우 ₩100,000의 수선비용이 발생한다. 과거 경험에 따르면 다음 회계기간 판매될 구두 중에서 10%는 중요하지 않은 결함이 발생할 것

으로 예상하고, 5%는 중요한 결함이 발생할 것으로 예상한다. 이 상황에서 ㈜IDU재화가 부담하게 될 수선비를 추정하여 인식하여야 할 충당부채 금액을 계산하시오.

| 해답 |

충당부채 금액 = 수선비용의 기대가치

= (₩1,000,000 × 5%) + (₩100,000 × 10%) = ₩60,000

1.3 충당부채의 공시

충당부채의 유형별로 다음의 내용을 공시한다.

① 기초와 기말장부금액

② 당기에 추가된 충당부채금액(기존 충당부채의 증가금액 포함)

③ 당기에 사용된 금액(즉, 발생하여 충당부채에서 차감한 금액)

④ 당기에 환입된 금액

⑤ 현재가치로 평가한 충당부채의 기간 경과에 따른 당기 증가금액 및 할인율 변동에 따른 효과

또한 충당부채의 유형별로 다음의 내용을 공시한다.

① 충당부채의 성격과 경제적효익의 유출이 예상되는 시기

② 유출될 경제적효익의 금액과 시기에 대한 불확실성 정도

③ 제3자에 의한 변제예상금액 및 그와 관련하여 인식한 자산금액

제2절 충당부채와 우발부채의 사례

2.1 제품보증

사례 12-1 제품보증

제조자는 제품을 판매하는 시점에 구매자에게 제품보증을 약속하고 있으며, 판매 후 3년 안에 제조상 결함이 명백한 경우 제조자는 판매 계약조건에 따라서 수선해주거나 대체해준다. 과거 경험에 비추어보면 제품보증에 따라 일부 청구가 있을 가능성이 높다. 즉, 청구될 가능성이 청구되지 않을 가능성보다 높다.

① 과거 의무발생사건의 결과로 인한 현재의무: 의무발생사건은 제품의 보증판매이며, 이는 법적의무를 발생시킨다.

② 당해 의무를 이행하기 위해 경제적효익을 갖는 자원의 유출: 제품보증을 전체적으로 볼 때 가능성이 높다.

③ 결론: 충당부채는 보고기간말 전에 판매된 제품의 보증을 이행하는 원가에 대한 최선의 추정치로 인식된다.

2.2 오염된 토지: 법률제정이 거의 확실한 경우

사례 12-2 오염된 토지(법률제정이 거의 확실한 경우)

기업은 석유사업을 영위하는 중이며 오염을 유발하고 있지만 사업이 운영되고 있는 특정 국가의 법률이 요구하는 경우에만 오염된 토지를 정화한다. 이러한 사업이 운영되고 있는 한 국가에서 오염된 토지를 정화하여야 한다는 법규가 제정되지 않았고, 기업은 몇 년에 걸쳐 그 국가의 토지를 오염시켜 왔었다. 이미 오염된 토지를 정화하는 것을 의무화하는 법률 초안이 연말 후에 곧 제정될 것이 20×0년 12월 31일 현재 거의 확실하다.

① 과거 의무발생사건의 결과로 인한 현재의무: 토지정화를 요구하는 법률 제정이 거의 확실하므로 의무발생사건은 토지의 오염이다.

② 당해 의무를 이행하기 위해 경제적효익을 갖는 자원의 유출: 가능성이 높다.

③ 결론: 토지정화 원가에 대한 최선의 추정치로 충당부채를 인식한다.

2.3 오염된 토지: 의제의무

사례 12-3　오염된 토지(의제의무)

환경관련 법규가 없는 국가에서 기업이 오염을 유발하는 석유사업을 운영하고 있다. 그러나 기업은 사업을 운영하면서 오염시킨 토지를 정화할 의무를 부담한다는 환경정책을 대외적으로 표방하고 있다. 당해 기업은 대외에 표방한 그 정책을 준수한 사실이 있다.

① 과거 의무발생사건의 결과로 인한 현재의무: 기업이 준수한 행위가 오염에 의해 영향을 받은 상대방에게 오염된 토지를 기업이 정화할 것이라는 정당한 기대를 가지도록 하기 때문에 토지오염은 의제의무를 발생시키며, 이는 의무발생사건이 된다.

② 당해 의무를 이행하기 위해 경제적효익을 갖는 자원의 유출: 가능성이 높다.

③ 결론: 토지정화원가에 대한 최선의 추정치로 충당부채를 인식한다.

2.4 해저유전: 복구의무

사례 12-4　해저유전(복구의무)

기업은 해저유전을 운영하고 있으며, 그에 관한 면허계약에 의하면 석유생산 종료시에는 유정굴착장치를 제거하고 해저를 원상복구하여야 한다. 최종적인 원상복구원가의 90%는 유정굴착장치를 제거하고, 그 장치의 건설로 인해 발생한 해저손상부분을 원상복구하는 데 관련된다. 나머지 10%의 원상복구원가는 석유의 채굴로 인해 발생한다. 보고기간말에 굴착장치는 건설되었으나 석유는 채굴되지 않은 상태이다.

① 과거 의무발생사건의 결과로 인한 현재의무: 유정굴착장치의 건설은 굴착장치 제거와 해저 원상복구조건의 면허에 의해 법적 의무를 발생시키므로 의무발생사건이다. 그러나 보고기간말에 석유의 채굴로 인한 해저손상부분을 정화할 의무는 없다.

② 당해 의무를 이행하기 위해 경제적효익을 갖는 자원의 유출: 가능성이 높다.

③ 결론: 유정굴착장치 제거 및 그 장치건설로 인한 해저손상부분의 원상복구에 관련된 원가(최종원가의 90%)에 대한 최선의 추정치로 충당부채를 인식한다. 이러한 원가는 유정굴착장치의 원가에 포함된다. 석유채굴로 인하여 발생하는 나머지 10%의 원가는 석유를 채굴하는 때에 부채로 인식한다.

2.5 소송사건

사례 12-5 소송사건

20×0년에 피로연 후에 10명이 사망하였는데 기업이 판매한 제품에서 식중독이 일어났을 가능성이 있다. 기업에게 손해배상을 청구하는 법적 절차가 시작되었으나 기업은 그러한 책임에 대해 이의를 제기하였다. 법률전문가는 20×0년 12월 31일로 종료하는 연차재무제표의 발행승인일까지는 기업의 책임이 밝혀지지 않을 가능성이 높다고 조언하였다. 그러나 20×1년 12월 31일로 종료하는 연차재무제표를 작성할 때에는 법률전문가는 상황의 진전에 따라 기업이 책임지게 될 가능성이 높다고 조언하였다.

〈20×0년 12월 31일〉

① 과거 의무발생사건의 결과로 인한 현재의무: 재무제표가 승인되는 시점에 이용가능한 증거에 근거하여 볼 때 과거 사건에 따른 의무는 없다.
② 결론: 충당부채를 인식하지 아니한다. 그러나 유출될 가능성이 희박하지 않다면 그러한 사항을 우발부채로 공시한다.

〈20×1년 12월 31일〉

① 과거 의무발생사건의 결과로 인한 현재의무: 이용가능한 증거에 근거하여 볼 때 현재의무가 존재한다.
② 당해 의무를 이행하기 위해 경제적효익을 갖는 자원의 유출: 가능성이 높다.
③ 결론: 의무를 이행하기 위한 금액에 대한 최선의 추정치로 충당부채를 인식한다.

연습문제

| 주관식문제 |

01. 다음 사례에 대하여 충당부채로 인식하여야 하는지 또는 충당부채로 인식하지 않는다면 어떠한 절차를 취해야 하는지를 설명하시오.

(1) 20×1년 12월 회사제품인 전기압력밥솥에 수차례 폭발사고가 발생하였다. 이사회는 이후의 폭발사고에 따른 회사이미지 손상 및 사고에 대한 손해배상을 우려하여 판매된 제품에 대하여 전량 리콜을 선언하고 고객들에게 반품할 것을 요청하였다.

(2) ㈜인덕은 화재, 폭발 또는 기타 재해에 의한 재산상의 손실이나 손상에 대비한 보험에 가입하고 있지 않다.

| 객관식문제 |

01. 우발자산에 대한 설명으로 옳은 것은?

① 우발자산은 미래에 확정되기까지는 자산으로 인식할 수 없다.
② 우발자산은 미래에 자원의 유입가능성이 높고 그 금액을 신뢰성있게 추정가능할 때에 재무제표 본문에 인식한다.
③ 우발자산을 재무제표에 인식한 후 실제로 확정될 때에 이익잉여금의 증가로 인식한다.
④ 우발자산은 미래에 확정되기까지는 자산으로 인식할 수 없다. 다만, 자원의 유입가능성이 높은 경우에는 재무제표에 자산으로 인식한다.

02. 다음 중 충당부채를 인식해야 할 상황으로 가장 올바르지 않은 것은?
(2015년 재경관리사 기출문제 수정)

① A사는 해양플랜트 사업을 영위하고 있으며 해양오염을 유발하고 있다. 해양오염에 대한 복구의무를 부과하는 법규는 없지만 기업은 사업을 운영하면서 해양오염을 정화하는 환경정책을 대외적으로 표방하고 있고 또한 과거에 그 정책을 준수하여 왔다.

② B사는 해양플랜트 사업을 영위하고 있으며 해양오염을 유발하고 있다. 결산일 현재 발생한 해양오염을 복구할 것을 요구하는 법안이 차기 2월 중 제정될 것이 거의 확실하다.
③ C사는 고객으로부터의 손해배상 소송사건에 계류 중이다. 법률전문가는 당기말 현재 기업이 배상책임을 이행할 가능성이 높다고 조언하고 있다.
④ D사는 주기적인 수선을 요하는 설비자산을 이용하여 제품을 생산하고 있다. 과거 경험에 따르면 동 설비자산의 노후로 인하여 1년 후 중요한 금액의 수선비가 발생할 가능성이 높은 것으로 예상된다.

03. 다음 중 충당부채로 인식될 수 있는 사례로 가장 올바르지 않은 것은? 단, 해당 의무를 이행하기 위하여 필요한 금액을 신뢰성있게 추정할 수 있다고 가정한다.
(2020년 재경관리사 기출문제)

① 회사의 소비자 소송사건에 대하여 패소가능성이 높다는 법률전문가의 의견이 있는 경우
② 토지 오염원을 배출하고 있는 회사에 대하여 토지의 정화에 관한 법률 제정이 확실시 되는 경우
③ 제품에 대해 만족하지 못하는 고객에게 법적의무가 없음에도 불구하고 환불해주는 정책을 펴고 있으며, 고객에게 이 사실이 널리 알려져 있는 경우
④ 회사의 특정 사업부문의 미래 영업손실이 예상되는 경우

04. 다음 중 충당부채에 관한 설명으로 가장 올바르지 않은 것은?
(2017년 재경관리사 기출문제 수정)

① 충당부채는 과거 사건이나 거래의 결과에 의한 현재의무로서 지출의 시기 또는 금액이 불확실하지만 그 의무를 이행하기 위하여 자원이 유출될 가능성이 높고 또한 금액을 신뢰성 있게 추정할 수 있는 의무를 말한다.
② 충당부채로 인식하는 금액은 현재의무의 이행에 소요되는 지출에 대한 보고기간종료일 현재의 최선의 추정치이어야 한다.
③ 충당부채를 설정하는 의무에는 명시적인 법규 또는 계약의무는 아니지만 과거의 실무 관행에 의해 기업이 이행해 온 의무도 포함된다.
④ 충당부채는 반드시 재무상태표에 부채로 인식할 필요는 없으며 주석으로만 공시한다.

05. 다음 중 충당부채의 회계처리에 관한 설명으로 가장 옳은 것은?
(2021년 재경관리사 기출문제)

① 미래의 예상 영업손실은 최선의 추정치를 금액으로 하여 충당부채로 인식한다.
② 충당부채로 인식하는 금액은 현재의무의 이행에 소요되는 지출에 대한 보고기간말 현재의 최선의 추정치이어야 하며 이 경우 관련된 사건과 상황에 대한 불확실성이 고려되어야 한다.
③ 충당부채란 과거사건이나 거래의 결과에 의한 현재의무로서, 그 의무를 이행하기 위하여 자원이 유출될 가능성이 높고 지출 금액이 불확실하지만, 지출 시기는 확정되어 있는 의무를 의미한다.
④ 충당부채의 명목금액과 현재가치의 차이가 중요하더라도 의무를 이행하기 위하여 예상되는 지출액의 명목금액으로 평가한다.

06. 다음 중 우발부채 및 우발자산에 관한 설명으로 가장 올바르지 않은 것은?
(2018년 재경관리사 기출문제 수정)

① 과거사건에 의해 발생하였으나 불확실한 미래사건의 발생 여부에 의하여서만 그 존재가 확인되는 잠재적 의무는 우발부채이다.
② 과거사건에 의해 발생하였으나 불확실한 미래사건의 발생 여부에 의하여서만 그 존재가 확인되는 잠재적 자산은 우발자산이다.
③ 우발부채는 당해 의무 이행을 위해 자원이 유출될 가능성이 아주 낮더라도 주석으로 기재해야 한다.
④ 우발자산은 재무상태표에 자산으로 기록하지 않는다.

정답 및 해설

| 주관식문제 |

01. ① 과거 의무발생사건의 결과로 인한 현재의무: 전기압력밥솥에 수차례 폭발사고가 발생하였고 이사회는 이후의 폭발사고에 따른 회사이미지 손상 및 사고에 대한 손해배상을 우려하여 판매된 제품에 대하여 전량 리콜을 선언하였다.

② 당해 의무를 이행하기 위해 경제적효익을 갖는 자원의 유출: 이사회는 이후의 폭발사고에 따른 회사이미지 손상 및 사고에 대한 손해배상을 우려하여 판매된 제품에 대하여 전량 리콜을 선언하고 고객들에게 반품할 것을 요청하였고 보험에 가입하고 있지 아니하므로 자원의 유출가능성이 높다.

③ 결론: 반품으로 인한 비용에 대해 최선의 추정치로 충당부채를 인식한다.

| 객관식문제 |

01. ①

우발자산의 경우에는 확정될 때까지 자산으로 인식할 수 없다. 다만, 경제적효익의 유입가능성이 높은 경우에만 주석으로 공시한다.

02. ④

미래 발생이 예상되는 수선비는 과거의 거래나 사건에 의하여 발생한 것이 아니므로 부채의 정의를 충족하지 못한다.

03. ④

미래의 예상 영업손실은 부채의 정의에 부합하지 아니할 뿐만 아니라 충당부채의 인식요건을 충족시키지 못하므로 충당부채로 인식하지 아니한다.

04. ④

충당부채는 과거 사건이나 거래의 결과에 의한 현재의무로서, 지출의 시기 또는 금액이 불확실하지만 그 의무를 이행하기 위하여 자원이 유출될 가능성이 높고 또한 금액을 신뢰성 있게 추정할 수 있는 의무이므로 재무상태표에 부채로 인식하여야 한다.

05. ②

충당부채로 인식하는 금액은 현재의무를 보고기간말에 이행하기 위하여 필요한 지출의 최선의 추정치이어야 한다. 이때 충당부채로 인식하여야 하는 금액에 대한 최선의 추정치는 관련된 사건과 상황에 대한 불확실성이 고려되어야 한다.

06. ③

의무를 이행하기 위하여 경제적효익을 갖는 자원의 유출가능성이 아주 낮지 않다면 우발부채를 주석으로 공시한다. 따라서 자원의 유출가능성이 아주 낮다면 주석으로 공시하지 않는다.

K-IFRS *Intermediate Financial Accounting*

Chapter 13

자본(주주지분)

단원정리 자본(주주지분)

- **자금조달방법**
  - 기업의 주식을 발행하는 자본조달
  - 자금을 빌려 이자와 원금을 부담하는 부채조달

- **부채:** 타인자본, 채권자지분

  자본: 자기자본, 소유주지분, 주주지분, 잔여지분

- **손익거래**
  - 기업과 제3자와의 자산·부채거래
    (수익·비용은 포괄손익계산서에 계상 ⇒ 이익잉여금)

  자본거래
  - 기업과 소유주주 간에 그 기업 주식을 매개로 한 거래(자본잉여금)

- **자본조정**
  - 자기주식
  - 이익잉여금과의 상계를 위한 부(−)의 자본잉여금
  - 자본의 구성항목에 해당하지만 확정 전인 임시항목

- **기타포괄손익누계액:** 포괄손익 개념에 따른 미실현손익

- **자본**
  - 자본금: 발행된 주식의 액면가액 합계
  - 자본잉여금: 자본거래이익
  - 자본조정: 임시항목
  - 기타포괄손익누계액: 미실현손익
  - 이익잉여금: 손익거래의 손익 중 배당하지 않고 사내유보된 것

- **자본의 구성항목**
  - 자본금: 액면가액×발행주식수
  - 자본잉여금: 주식발행초과금, 감자차익, 자기주식처분이익
  - 자본조정: 자기주식, 주식할인발행차금, 자기주식처분손실, 감자차손, 신주청약증거금, 출자전환채무, 주식매수선택권, 전환권대가, 신주인수권대가
  - 기타포괄손익누계액: 해외사업환산손익, 금융상품평가손익, 재평가잉여금, 지분법자본변동, 파생상품평가손익, 재측정손익
  - 이익잉여금: 법정적립금(이익준비금), 임의적립금(사업확장적립금 등), 미처분이익잉여금

- **주식배당**
  - 주주에게 이익에 대한 배당을 주식으로 하는 것
  - 모든 주주에게 동일한 배당률에 따라 지급하므로 지분율에 변화가 없어서 주주의 이익으로 보지 않고 보유주식수만 조정

- **증자:** 회사설립 이후 자본을 또다시 증가시키는 것
  - 유상증자: 실질적 순자산의 증가를 동반하는 주식발행(현금출자/현물출자)
  - 무상증자: 순자산의 증가없이 자본잉여금 · 이익준비금을 재원으로 주식발행

- **주식분할:** 주식의 액면가액을 감소시키면서 여러 개의 주식으로 분할하는 것

- **자본변동표:** 회계기간 동안 순자산의 변동원인을 항목별로 설명하는 재무제표

제1절 자본의 정의

1.1 자본

기업은 자본을 조달(재무활동)하여 영업에 필요한 설비 등을 구입(투자활동)하여 영업활동을 수행(영업활동)하고자 한다(재무활동 → 투자활동 → 영업활동). 자본을 조달하는 방법으로는 자금보유자에게 기업의 주식을 발행하여 그 기업의 소유주가 되는 자본조달방법과 자금을 차입하고 이자와 원금을 상환하는 부채조달방법이 있다.

재무상태표

<table>
<tr><td rowspan="2">자산</td><td>부채
(타인자본, 채권자지분)</td></tr>
<tr><td>자본
(자기자본, 소유주지분, 주주지분,
잔여지분)</td></tr>
</table>

위의 재무상태표를 보면 차변의 자산은 대변의 부채와 자본으로 구성되어 있다. 따라서 자산은 타인의 몫과 소유주의 몫으로 구성된다. 몫이라는 용어는 지분과 같은 의미인데 이런 점에서 부채를 타인자본 또는 채권자지분, 자본은 소유주지분 또는 주주지분이라고도 한다. 또한 자본을 자산에서 부채를 차감한 기업의 순자산 또는 잔여지분이라고도 표현한다. 자본은 독립적으로 측정되는 것이 아니라 잔여지분이라는 점에서 자산이나 부채와 차이가 있다.

1.2 주식의 종류

주식은 자본의 구성단위를 의미하며 상법에서는 주권이라고도 한다.

1.2.1 액면주식과 무액면주식

액면주식이란 1주의 금액이 정관과 주권에 표시되는 주식이고 무액면주식은 1주의 금액이 정관 및 주권에 표시되지 않고 자본에 대한 비율만 표시되는 주식이며, 우리나라 상법에서는 정관으로 정한 경우에는 주식의 전부를 무액면주식으로 발행할 수 있도록 규정하고 있다.

1.2.2 기명주식과 무기명주식

기명주식이란 주주의 성명이 주권과 주주명부에 공시되는 주식이고 무기명주식은 주주의 성명이 주권과 주주명부에 공시되지 않는 주식을 의미하는데 우리나라 상법에서는 인정하고 있지 않다.

1.2.3 유상주와 무상주

신주를 발행할 때 주금을 납입받고 발행하는 주식을 유상주라고 하고, 회사가 자본잉여금과 이익준비금을 재원으로 자본에 전입하고 주주에게 무상으로 교부하는 주식을 무상주라고 한다.

1.2.4 종류(種類)주식

우리나라 상법에서 회사는 이익의 배당, 잔여재산의 분배, 주주총회에서의 의결권의 행사, 상환 및 전환 등에 관하여 내용이 다른 종류의 주식(이하 "종류주식"이라 한다)을 발행할 수 있도록 규정하고 있다.

(1) 우선주

우선주란 보통주에 비해 우선하는 권리가 부여되어 있는 주식으로, 그 중 배당우선주는 이익의 배당 및 잔여재산의 분배에 대하여 우선권이 부여된 주식이다.

1) 누적적 우선주 · 비누적적 우선주

누적적 우선주는 특정회계연도에 배당을 받지 못하거나 사전에 정해진 배당률에 미달하는 배당을 지급받은 경우에 지급받지 못한 배당금을 이후 회계연도에 우선적으로 지급받을 수 있는 권리가 부여된 우선주이다.

2) 참가적 우선주 · 비참가적 우선주

참가적 우선주는 사전에 정해진 배당률에 따라 우선주 배당금을 배당받은 후 보통주에 우선주 배당률과 동일한 금액을 배당한 후에도 배당으로 처분할 잔액이 있는 경우 그 잔액에 대하여 보통주와 동일하게 배당을 지급받을 수 있는 우선주이다.

(2) 보통주

우선주 등에 대하여 기준이 되는 주식으로 다른 지분상품보다 후순위인 지분상품을 말한다.

제2절 자본거래와 손익거래

기업은 영업을 하기 위해 자본을 조달한다. 물론 여기서 자본이라는 용어는 자기자본으로 한정짓도록 한다. 따라서 최초에 자본은 조달된 자본, 즉 납입자본으로 구성될 것이다. 그리고 조달된 자본을 가지고 영업을 수행하면서 제3자와의 영업을 통해 또는 영업 이외의 활동을 통해 벌어들인 이익이 있을 것이다. 또한 어떤 경우에는 주주와 주식을 매개로 한 거래를 통해 손익이 발생하기도 한다.

2.1 손익거래

매출 등 영업활동을 하거나 자산처분거래를 하는 등 기업이 제3자와 하는 거래를 손익거래라고 한다. 손익거래에서 발생하는 이익이나 손실은 수익 · 비용으로 포괄손익계산서에 계상되게 된다. 포괄손익계산서에 계상된 이익(당기순이익)은 이익잉여금의 항목으로 자본을 구성한다.

2.2 자본거래

기업이 주주로부터 자기주식을 취득하고 처분하는 등 소유주주와 그 기업주식을 매개로 한 거래를 자본거래라고 한다. 주주와 그 기업주식을 매개로 한 거래에서도 손익이 발생할 수 있는데, 예를 들어 주주로부터 100만원에 그 기업주식을 취득했다가 150만원에 처분한다면 50만원의 처분이익을 획득하게 되는 것이다. 그러나 이러한 그 기업주식을 매개로 한 거래는 경영활동을 통한 이익이 아니므로 포괄손익계산서에 포함하여 표시한다면 정보이용자가 경영성과를 제대로 해석하기 어려울 수 있으며 기업주식을 매개로 한 거래에서의 이익을 다시 주주에게 배당을 하게 되는 경우도 발생할 것이다. 따라서 자본을 증가시킨 것은 확실하나 포괄손익계산서를 통해 자본으로 포함되는 것이 아니라 자본잉여금이라는 항목으로 직접 자본항목에 포함하게 된다.

즉, 자본은 납입자본, 자본잉여금 및 이익잉여금으로 구성되는데, 납입자본에서 주식의 액면가액을 초과하여 납입되는 주식발행초과금도 주주와의 거래에서의 잉여금으로 본다면 주식발행초과금도 자본잉여금에 포함시킬 수 있을 것이다. 이런 관점에서 자본의 기본구성을 다음과 같이 정리할 수 있다.

자본의 기본구성

자본금:	발행된 주식의 액면가액
자본잉여금:	자본거래손익
이익잉여금:	손익거래손익

그런데 자기주식처분손실 등 자본거래에서 만일 손실이 발생한다면 이러한 (－)의 자본잉여금은 자기주식처분이익 등 관련된 자본잉여금과 먼저 상계하고 모자란 부분은 이익잉여금과 상계하여야 한다. 관련된 자본잉여금과 먼저 상계하는 이유는 주주와의 거래이기 때문에 주주로부터 미리 받아 놓았던 자본잉여금을 되돌려주는 것(출자의 환급)으로 보는 것이다. 또한 모자란 부분을 이익잉여금과 상계하는 이유는 주주에게 받은 것을 초과하여 지급한다는 것은 배당을 의미하기 때문이다. 그런데 이익잉여금과 상계하기 위해서 이익잉여금의 처분을 승인받아야 한다. 우리나라에서 이익잉여금의 처분권한은 주주총회에 있고 주주총회는 회계기

간 종료 후에 이루어지므로 주주총회가 종료될 때까지는 이익잉여금과 상계할 수가 없다. 따라서 이러한 (−)의 자본잉여금을 자본항목 중에 임시로 구분해야 하는데 이것이 자본조정항목이다.

자본의 기본구성 - 1차확장

자본금:	발행된 주식의 액면가액
자본잉여금:	자본거래이익
자본조정:	임시항목
이익잉여금:	손익거래손익

또한 한국채택국제회계기준에서는 포괄손익개념에 따라 손익을 인식하는데, 포괄손익이란 일정기간 동안 주주와의 자본거래(즉, 추가출자나 배당 등)를 제외한 모든 거래나 사건에서 인식한 자본의 변동을 말한다. 따라서 실현된 손익뿐만 아니라 평가손익 등 자산·부채의 공정가치 변동과 같은 미실현손익도 손익의 구성요소로 인식한다. 한국채택국제회계기준에서는 미실현손익을 포괄손익계산서에 기타포괄손익으로 구분표시하여 정보이용자들의 오해를 줄이도록 하고 있다. 기타포괄손익누계액이란 이러한 기타포괄손익을 당기실현손익과 구분하여 자본항목에 분류한 것이다.

위 내용에 따라 자본의 구성은 다음과 같이 정리할 수 있다.

자본의 기본구성 - 2차확장

자본금:	발행된 주식의 액면가액
자본잉여금:	자본거래이익
자본조정:	임시항목
기타포괄손익누계액:	미실현손익
이익잉여금:	손익거래의 손익 중 배당하지 않고 사내유보된 것

제3절 자본의 구성항목

자본의 구성항목을 정리하면 다음과 같다.

3.1 자본금

자본금이란 발행된 주식의 액면가액의 합계액을 말하는 것으로 상법상 기업이 유지해야 할 최소자본금, 즉 법정자본금이다.

3.2 자본잉여금

기업이 주주로부터 자기주식을 취득하고 처분하는 등 소유주주와 그 기업주식을 매개로 한 자본거래에서 발생한 이익을 말한다.

(1) 주식발행초과금

기업이 자본조달을 위해 주식을 발행할 때 액면가액을 초과하는 금액으로 발행하는 경우 그 초과액을 말한다.

액면가액 ₩5,000인 주식 10주를 주당 ₩7,000에 발행한다면 다음과 같이 회계처리한다.

(차) 현금	70,000	(대) 자본금	50,000
		주식발행초과금	20,000

현물출자로 주식을 발행하는 경우 취득한 자산의 공정가치로 자본의 증가를 인식한다. 단 취득한 자산의 공정가치를 신뢰성 있게 측정할 수 없다면 교부된 주식의 공정가치로 자본의 증가를 인식한다.

(2) 감자차익

기업이 자본을 감소시킬 때 감소하는 주식의 액면가액보다 지급하는 대가가 더 적을 경우 발생하는 차익이다.

액면가액 ₩5,000인 주식 10주를 주당 ₩3,000에 소각한다면 다음과 같이 회계처리한다.

(차) 자본금	50,000	(대) 현금	30,000
		감자차익	20,000

(3) 자기주식처분이익

기업이 발행하였던 그 기업 자신의 주식을 취득하였다가 취득가액보다 높은 가액으로 처분하는 경우 그 차익을 말한다.

주당 ₩7,000에 취득하였던 기업 자신의 주식 10주를 주당 ₩8,000에 처분한다면 다음과 같이 회계처리한다.

(차) 현금	80,000	(대) 자기주식	70,000
		자기주식처분이익	10,000

3.3 자본조정

임시항목을 구분해놓은 자본조정은 크게 세 가지의 성격으로 구분할 수 있다. 첫 번째는 자기주식, 둘째로는 주식할인발행차금 · 자기주식처분손실 · 감자차손 등 자본거래에서 발생한 손실 중 관련된 자본잉여금과 상계하고 남는 금액으로 이익잉여금과 상계하기 위해 임시로 구분해 놓은 금액 그리고 세 번째는 신주청약증거금 · 출자전환채무 · 주식매수선택권 등 자본항목으로 대체될 것이나 아직은 미확정인 항목으로 구분할 수 있다.

(1) 자기주식

기업이 주식의 매입소각, 합병이나 영업양도에 의한 양수회사의 권리행사, 주식매수청구권의 행사에 따른 취득 등의 경우에 발행하였던 주식을 재취득하여 보유하는 것을 말한다. 법적인 자본감소의 절차를 취하지 아니하였으므로 아직 자본금을 감소시킬 수 없으며, 배당을 받을 권리가 없고 자기자신을 소유한다는 모순 때문에 자산으로 볼 수 없으므로 자본조정에 (−)로 포함하여 자본에서 차감하는 형식으로 표시하여 주는 것이다.

기업 자신의 주식 10주를 주당 ₩8,000에 취득하여 보유한다면 다음과 같이 회계처리한다.

(차) 자기주식	80,000	(대) 현금	80,000

(2) 주식할인발행차금

기업이 자본조달을 위해 주식을 발행할 때 액면가액에 미달하는 금액으로 발행하는 경우 액면가액 미달액을 말한다. 주식할인발행차금은 자본거래에서 발생한 손실이므로 관련된 자본잉여금, 즉 주식발행초과금과 먼저 상계(출자의 환급)하고 남은 잔액이 있다면 이익잉여금과 상계(배당)하여야 하는데 이익잉여금의 처분권한이 주주총회에 있으므로 주주총회 때까지 자본조정항목으로 분류해놓는 것이다.

위의 사례에서 주식발행초과금 ₩20,000이 있으므로 액면가액 ₩5,000인 주식 10주를 주당 ₩2,000에 발행한다면 다음과 같이 회계처리할 것이다.

(차) 현금	20,000	(대) 자본금	50,000
주식발행초과금	20,000		
주식할인발행차금	10,000		

(3) 자기주식처분손실

기업이 취득하여 보유하고 있던 그 기업 자신의 주식을 취득가액에 미달하는 금액으로 처분하는 경우 그 손실액을 말한다.

자기주식처분손실은 자본거래에서 발생한 손실이므로 관련된 자본잉여금, 즉 자기주식처분이익과 먼저 상계(출자의 환급)하고 남은 잔액이 있다면 이익잉여금과 상계(배당)하여야 하는데 이익잉여금의 처분권한이 주주총회에 있으므로 주주총회 때까지 자본조정항목으로 분류해놓는 것이다.

위의 사례에서 자기주식처분이익 ₩10,000이 있으므로 주당 ₩8,000에 취득하였던 기업 자신의 주식 10주를 주당 ₩5,000에 처분한다면 다음과 같이 회계처리한다.

(차) 현금	50,000	(대) 자기주식	80,000
자기주식처분이익	10,000		
자기주식처분손실	20,000		

(4) 감자차손

기업이 발행했던 주식을 소각(消却)하면서 지급하는 금액이 주식의 액면가액보다 많을 경우 발생하는 차손이다.

감자차손은 자본거래에서 발생한 손실이므로 관련된 자본잉여금, 즉 감자차익과 먼저 상계(출자의 환급)하고 남은 잔액이 있다면 이익잉여금과 상계(배당)하여야 하는데 이익잉여금의 처분권한이 주주총회에 있으므로 주주총회 때까지 자본조정 항목으로 분류해놓는 것이다.

위의 사례에서 감자차익 ₩20,000이 있으므로 액면가액 ₩5,000인 주식 10주를 주당 ₩8,000에 소각한다면 다음과 같이 회계처리한다.

(차)		(대)	
자본금	50,000	현금	80,000
감자차익	20,000		
감자차손	10,000		

(5) 신주청약증거금

기업이 설립 이후 자본금을 증자하는 경우 주식청약을 받으면서 계약금의 형식으로 받는 금액이 신주청약증거금이다. 증자의 목적이므로 자본항목이지만 아직 주식이 발행되지 아니하였으므로 주식발행시점까지 임시로 자본조정으로 분류하였다가 주식의 발행시에 자본금과 주식발행초과금 등으로 회계처리한다.

기업이 액면가액 ₩5,000인 주식 10주를 발행하기 위해 신주청약시점에 주당 ₩1,000을 받았다면 다음과 같이 회계처리한다.

(차)		(대)	
현금	10,000	신주청약증거금	10,000

주당 발행가액 ₩8,000 중 신주청약증거금을 제외한 잔액이 전액 납입되면서 주식이 발행되면 주식발행시점에 다음과 같이 회계처리한다.

(차)		(대)	
현금	70,000	자본금	50,000
신주청약증거금	10,000	주식발행초과금	30,000

(6) 출자전환채무

기업이 부담하고 있는 채무를 채무이행의 어려움 등 여러 가지 사유로 인해 채권자와 합의에 의하여 부채를 자본으로 전환하기로 하여 부채를 소멸시키고 주식을 발행하는 과정에서 주식발행시점이 합의시점보다 지연되는 경우 아직 주식이 발행되지 아니하였으므로 주식발행시점까지 임시로 자본조정으로 분류하였다가 주식의 발행시에 자본금과 주식발행초과금 등으로 회계처리한다.

법정관리 중인 기업이 보유하고 있는 차입금 ₩100,000을 주식으로 전환하기로 채권자와 합의하여 20×1년 12월 1일에 액면가액 ₩5,000인 10주의 주식으로 전환하도록 법원으로부터 출자전환 조정결정이 확정되었다. 그러나 실제 주식발행은 1월 10일에 이루어진 경우 다음과 같이 회계처리한다.

〈20×1년 12월 1일〉

(차) 차입금	100,000	(대) 출자전환채무	100,000

〈20×2년 1월 10일〉

(차) 출자전환채무	100,000	(대) 자본금	50,000
		주식발행초과금	50,000

(7) 주식매수선택권 · 전환권대가 · 신주인수권대가

주식매수선택권(stock option)이란 기업이 기업의 설립이나 경영 등에 기여하는 임직원에게 유리한 가격으로 기업의 신주를 매입할 수 있도록 부여한 권리를 말한다. 주식선택권 행사시점에 약정용역제공기간 동안 제공받은 용역 등에 대한 대가와 현금납입액(행사가격)이 자본으로 최종대체될 것이므로 용역제공기간 동안 제공받은 용역 등에 대한 대가를 자본항목으로 분류하되 아직 주식이 발행되지 아니하였으므로 주식발행시점까지 임시로 자본조정으로 분류하였다가 주식의 발행시에 현금납입액(행사가격)과 함께 자본금과 주식발행초과금 등으로 회계처리한다.

전환사채와 신주인수권부사채란 금융부채와 자본의 성격이 결합된 복합금융상품으로 차후에 전환권의 행사와 신주인수권의 행사에 따른 자본의 확정 이전에 사채에 포함된 전환권대가와 신주인수권대가라는 자본의 성격을 분리하여 자본으로 구분 표시하는 것이다. 다만, 아직 주식이 발행되지 아니하였으므로 주식발행시점까지 임시로 자본조정으로 분류하였다가 주식의 발행시에 전환사채의 전환 또는 현금납입액(신주인수권 행사가격)과 함께 자본금과 주식발행초과금 등으로 회계처리한다.

3.4 기타포괄손익누계액

한국채택국제회계기준에서는 포괄손익개념에 따라 손익을 인식하는데, 포괄손익이란 일정기간 동안 주주와의 자본거래(즉, 추가출자나 배당 등)를 제외한 모든 거래나 사건에서 인식한 자본의 변동을 말한다. 따라서 실현된 손익뿐만 아니라 평가손익 등 자산·부채의 공정가치 변동과 같은 미실현손익도 손익의 구성요소로 인식한다. 한국채택국제회계기준에서는 미실현손익을 포괄손익계산서에 기타포괄손익으로 구분표시하여 정보이용자들의 오해를 줄이도록 하고 있다. 기타포괄손익누계액이란 이러한 기타포괄손익을 당기실현손익과 구분하여 자본항목에 분류한 것이다.

기타포괄손익누계액에는 해외사업환산손익, 금융자산평가손익, 재평가잉여금, 지분법자본변동, 파생상품평가손익, 재측정손익 등이 있다

(1) 해외사업환산손익

기업이 국내뿐만 아니라 해외에 지점이나 사업장이 있는 경우 회계기간말에 재무제표를 작성할 때는 해외지점이나 해외사업장도 포함해서 작성해야 한다. 그런데 해외지점이나 해외사업장은 그 국가의 화폐로 재무제표를 작성관리하고 있기 때문에 하나의 재무제표로 공시하기 위해서는 원화로 환산해야 한다. 이러한 원화환산과정에서 환율차이로 인해 발생하는 손익이 해외사업환산손익이다. 해외사업환산손익은 실현된 손익이 아니라 단순히 외국화폐로 작성된 재무제표를 원화로 환산하는 과정에서 생긴 미실현손익이므로 기타포괄손익인 것이다.

(2) 금융자산평가손익

금융자산을 공정가치로 평가하여 발생하는 평가손익은 미실현손익이므로 기타포괄손익으로 처리한다.

(3) 재평가잉여금

유형자산이나 무형자산을 공정가치평가모형을 적용하여 평가하는 경우 장부가액과 공정가치와의 차이를 재평가잉여금으로 기타포괄손익 처리한다.

(4) 지분법자본변동

이익잉여금의 변동 이외에 관계기업의 자본이 직접 변동하는 경우 그에 대한 지분율만큼을 관계기업투자 주식가액에 반영하며 기타포괄손익으로 처리한다.

(5) 파생상품평가손익 · 재측정손익

현금흐름 위험회피목적으로 투자된 파생상품의 평가손익과 확정급여제도와 관련한 재측정손익은 기타포괄손익으로 처리된다.

3.5 이익잉여금

이익잉여금이란 당기순이익 중 배당하지 않고 사내에 유보되어 있는 것이다. 즉, 이익잉여금이 증가하는 대표적인 이유는 당기순이익이다.

(차) 집합손익(당기순이익)	×××	(대) 이익잉여금	×××

또한 이익잉여금이 감소하는 대표적인 이유는 배당이다.

(차) 이익잉여금	×××	(대) 현금(배당)	×××

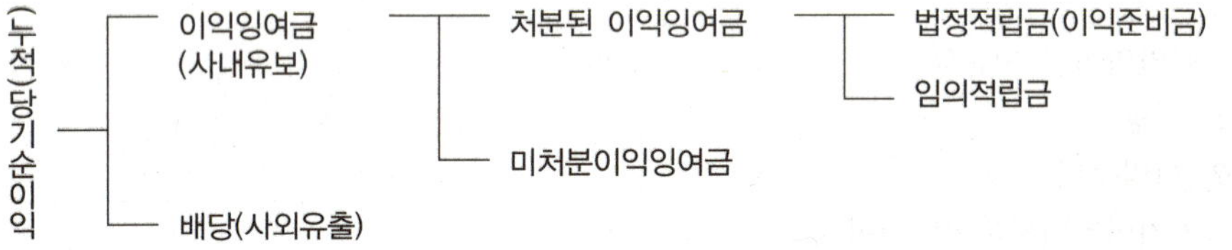

사내에 유보된 이익잉여금은 특정 목적에 따라 사용용도를 제한하여 적립해놓는 처분을 하기도 하고 때로는 특별한 처분 없이 남겨놓기도 한다. 이 중 처분이란 특정 용도로 사용을 제한하겠다는 것인데 적립에 대한 법적 의무가 있는지 여부에 따라 법정적립금과 임의적립금으로 구분할 수 있다.

(1) 법정적립금

상법 등 법률의 규정에 따라 적립이 의무인 적립금으로써 현재는 상법에 따른 법정적립금인 이익준비금이 유일하다. 이익준비금은 자본의 결손에 충당하기 위하여 또는 자본에 전입(무상증자)하기 위하여 적립해놓는 준비금으로 매 결산기의 금전에 따른 이익배당액의 10분의 1 이상의 금액을 자본금의 2분의 1에 해당될 때까지 이익준비금으로 적립하여야 한다.

(2) 임의적립금

임의적립금이란 이익잉여금을 특정한 용도로 사용할 수 있도록 이익잉여금의 사외유출을 제한하기 위하여 주주총회결의에 따라서 회사가 임의로 적립해놓는 적립금이다. 임의적립금의 목적은 사업의 확장·개선, 사채의 상환, 배당의 평준화 등 여러 가지가 있을 수 있으며 사업확장적립금, 감채기금적립금, 배당평균적립금 등을 예로 들 수 있다. 또한 이러한 이익잉여금의 변동내용을 주석에 기재하도록 되어 있는데 다음과 같이 공시하기도 한다.

이익잉여금의 변동

Ⅰ. 미처분이익잉여금		×××
1. 전기이월미처분이익잉여금	×××	
2. 당기순이익	×××	
Ⅱ. 임의적립금 이입액		×××
1. 사업확장적립금	×××	
2. 감채기금적립금	×××	
Ⅲ. 이익잉여금 처분액		(×××)
1. 배당	×××	
2. 이익준비금	×××	
Ⅳ. 차기이월미처분이익잉여금		×××

자본의 구성

자본금	액면가액×발행주식수
자본잉여금	주식발행초과금, 감자차익, 자기주식처분이익
자본조정	자기주식, 주식할인발행차금, 자기주식처분손실, 감자차손, 신주청약증거금, 출자전환채무, 주식매수선택권, 전환권대가, 신주인수권대가
기타포괄손익누계액	해외사업환산손익, 금융상품평가손익, 재평가잉여금, 지분법자본변동, 파생상품평가손익, 재측정손익
이익잉여금	법정적립금(이익준비금), 임의적립금(사업확장적립금 등), 미처분이익잉여금

제4절 주식배당, 무상증자, 주식분할

4.1 주식배당

기업은 주주에게 이익에 대한 배분으로 배당을 실시한다. 배당의 종류는 배당의 시기에 따라 중간배당과 결산기배당으로 구분할 수 있으며, 배당의 형태에 따라 금전배당 또는 주식배당으로 구분할 수 있다.

기업은 매년 1회 사업연도 종료 후에 주주총회결의에 따라 결산기배당을 하는 것이 일반적이지만 추가적으로 연 1회에 한하여 이사회 결의에 따라 중간배당(현금배당에 한함)으로 이익배분을 한 번 더 할 수 있도록 하고 있다. 또한 결산기배당이 금전으로 지급되면 현금배당, 주식으로 지급되면 주식배당이라고 한다. 배당이란 이익잉여금의 처분이고 따라서 주식배당의 재원도 이익잉여금이 되는 것이다.

〈주식배당결의일〉

(차) 이익잉여금*	×××	(대) 미교부주식배당금	×××

* 배당 주식의 액면금액

〈주식교부일〉

(차) 미교부주식배당금	×××	(대) 자본금	×××

주식배당은 모든 주주에게 동일한 배당률로 배당을 하므로 주주입장에서는 지분율에 변화가 없다. 따라서 주주입장에서 이익으로 보지 않고 보유주식수만 조정해준다.

4.2 무상증자

회사설립 이후 자본을 또다시 증가시키는 것을 증자(增資)라고 한다. 증자 중에서 현금출자 또는 현물출자 등 실질적인 순자산의 증가를 동반하는 주식발행을 유상증자라 하고, 순자산의 증가 없이 자본잉여금과 이익준비금을 재원으로 하는 자본항목 내에서의 변동으로 주식을 발행하는 것을 무상증자라 한다.

4.3 주식분할

주식분할이란 주식의 시장가치가 너무 높아 유통성이 낮을 경우, 즉 주가가 너무 높아 매매가 잘 되지 않는 등의 사유로 주식의 액면가액을 감소시켜 여러 개의 주식으로 분할하는 것이다. 예를 들어 액면가액 ₩5,000의 주식 1주를 액면가액 ₩500의 주식 10주로 분할하는 경우를 말한다.

제5절 자본변동표

자본변동표에는 다음의 정보를 포함한다.

① 지배기업의 소유주와 비지배지분에게 각각 귀속되는 금액으로 구분하여 표시한 해당 기간의 총포괄손익

② 자본의 각 구성요소별로 기업회계기준서 제1008호에 따라 인식된 소급적용이나 소급재작성의 영향

③ 자본의 각 구성요소별로 다음의 각 항목에 따른 변동액을 구분하여 표시한 기초시점과 기말시점의 장부금액 조정내역

㈎ 당기순손익

㈏ 기타포괄손익

㈐ 소유주로서의 자격을 행사하는 소유주와의 거래

즉, 회계기간 동안 순자산의 변동원인을 각 구성항목별로 설명해주는 재무제표이다. 따라서 자본의 구성항목을 기준으로 자본변동표의 기본양식을 정리하면 다음과 같다.

자본변동표

㈜×× 회계기간 (단위: 원)

구분	자본금	자본 잉여금	자본조정	기타포괄 손익누계액	이익 잉여금	비지배 지분	총계
기초	×××	×××	×××	×××	×××	×××	×××
변동사항							
기말	×××	×××	×××	×××		×××	×××

위 양식에서 비지배지분은 연결재무제표를 기본재무제표로 하는 한국채택국제회계기준에 따른 것으로 지배기업이 소유하고 있지 않는 피지배기업의 지분이다. 이 부분은 본서의 영역이 아닌 고급회계의 영역이므로 설명을 생략하기로 한다.

연습문제

| 주관식문제 |

01. 자본의 구성은 납입자본, 자본잉여금, 제적립금(이익잉여금), 자본유지조정(자본조정, 기타포괄손익누계액)으로 분류할 수 있다. 이 중에서 자본잉여금 항목의 구성요소와 내용에 대하여 설명하시오.

02. 기업실체와 관련된 경제적 사건 중에서 자본의 증가와 감소를 일으키는 거래는 크게 자본거래와 손익거래로 구분할 수 있다. 자본거래와 손익거래에 관하여 구분 설명하시오.

03. 부(−)의 자본잉여금의 예를 들고 K-IFRS에서 회계처리하는 방법을 설명하시오.

04. ㈜인덕의 20×1년 동안 자기주식 거래의 내용은 다음과 같다. 자기주식의 단가산정은 개별법을 적용하며 주당 액면금액은 ₩5,000인 상황에서 회계처리하시오.

(1) 1월: 자기주식 10주를 주당 ₩6,000에 취득
(2) 2월: 1월에 취득한 주식 중 3주를 주당 ₩7,000에 처분
(3) 5월: 1월에 취득한 주식 중 3주를 주당 ₩4,000에 처분
(4) 7월: 1월에 취득한 주식 중 2주를 소각(자본감소)

05. 주식배당, 주식분할 및 무상증자에 대하여 비교・설명하시오.

06. ㈜인덕의 자본과 관련된 다음 정보를 기초로 자본변동의 내용을 반영하는 20×1년의 자본변동표를 작성하시오.

---

(1) 20×1년초 자본내역

자본금(액면금액: ₩100)	₩10,000,000
주식발행초과금	2,000,000
기타포괄손익-공정가치측정 금융자산평가이익	120,000
자기주식	(300,000)
이익잉여금	12,000,000
자본총계	23,820,000

(2) 20×1년중 자본의 변동내역

① 유상증자: 20×1년 3월 11일에 주당 ₩500에 5,000주를 발행하였다.
② 자기주식 취득: 20×1년 8월 2일에 자기주식 ₩200,000을 취득하였다.
③ 기타포괄손익-공정가치측정 금융자산평가: 20×1년말 매도가능금융자산 평가로 ₩20,000의 평가이익을 인식하였다.
④ 중대한 오류 발견: 20×0년에 연구비로 인식할 ₩1,000,000을 개발비로 무형자산 처리하였다. 또한 무형자산상각비를 계상하지 않았다.
⑤ 당기순이익: ④의 오류의 영향을 조정한 20×1년의 당기순이익은 ₩2,400,000이다.

| 객관식문제 |

01. 다음 자본계정에 대한 설명으로 잘못된 것은?

① 주식발행초과금: 유상증자를 할 때 액면금액을 초과하여 주식을 발행한 경우 액면금액을 초과하는 금액
② 감자차익: 회사가 이월결손금 보전목적 또는 사업의 규모축소 등을 위하여 발행자본금을 감소시킬 때, 소각되는 주식의 액면금액보다 주주에게 환급하는 금액이 적을 경우 동 차액을 처리하는 계정
③ 이익준비금: 법정적립금이라고도 하며 상법의 규정에 의하여 적립하는 적립금을 말한다. 상법에서는 자본금의 50%에 달할 때까지 매년 현금배당액의 10% 이상을 의무적으로 적립
④ 미처분이익잉여금: 이익잉여금 중에서 회사가 임의로 적립한 적립금

02. 다음 중 자본에서 차감되는 항목으로 가장 올바르지 않은 것은?
(2017년 재경관리사 기출문제 수정)

① 해외사업환산손실
② 재평가잉여금
③ 자기주식
④ 기타포괄손익-공정가치측정 금융자산평가손실

03. ㈜삼일은 20×1년초 설립된 회사로 설립시에 보통주와 우선주를 모두 발행하였다. 설립일 이후 자본금의 변동은 없었으며, 20×3년 12월 31일 현재 보통주자본금과 우선주자본금은 다음과 같다.

구분	주당액면금액	발행주식수	자본금
보통주	1,000	1,000	1,000,000
우선주*	1,000	500	500,000

* 비누적 · 비참가적 우선주, 배당률 5%

㈜삼일은 설립된 이후 어떠한 배당도 하지 않았으나 20×3년 12월 31일로 종료되는 회계연도의 정기주주총회에서 배당금 총액을 ₩300,000으로 선언할 예정일 경우 우선주 주주에게 배분될 배당금은 얼마인가? (2021년 재경관리사 기출문제)

① ₩25,000 ② ₩50,000
③ ₩275,000 ④ ₩300,000

04. ㈜삼일의 자본은 납입자본과 이익잉여금 및 기타자본요소로 구성되어 있다. 다음 중 ㈜삼일의 자본변동표에 표시되지 않은 항목으로 가장 옳은 것은?
(2017년 재경관리사 기출문제)

① 당기순손실의 발생
② 유상증자에 따른 신주발행
③ 기계장치의 취득
④ 자기주식의 취득

05. 다음은 결산일이 12월 31일인 ㈜삼일의 20×1년말 재무상태표상 자본에 관한 정보이다. 20×1년말 ㈜삼일의 기타포괄손익누계액은 얼마인가?
(2020년 재경관리사 기출문제)

ㄱ. 보통주자본금	₩50,000,000
ㄴ. 주식발행초과금	8,000,000
ㄷ. 해외사업환산이익	3,000,000
ㄹ. 자기주식	2,500,000
ㅁ. 미처분이익잉여금	8,000,000
ㅂ. 유형자산재평가잉여금	4,000,000

① ₩4,000,000　　② ₩7,000,000
③ ₩15,000,000　　④ ₩17,500,000

06. 다음은 자본거래가 각 자본항목에 미치는 영향을 나타내고 있다. 가장 올바르지 않은 것은? (2015년 재경관리사 기출문제)

		자본금	이익잉여금	총자본
①	주식배당	증가	감소	증가
②	주식의 할인발행	증가	불변	증가
③	자기주식 취득	불변	불변	감소
④	현금배당	불변	감소	감소

07. 다음은 중 자본의 차감항목이 아닌 것은? (2015년 재경관리사 기출문제)

① 감자차손　　② 미교부주식배당금
③ 자기주식　　④ 주식할인발행차금

08. 다음 중 자기주식의 취득 및 처분에 관한 회계처리에 관한 설명으로 가장 올바르지 않은 것은? (2020년 재경관리사 기출문제)

① 자기주식을 취득하는 경우 취득원가를 자본에서 차감하는 형식으로 기재한다.
② 자기주식을 처분하는 경우 처분가액과 취득원가와의 차액을 자기주식처분손익으로 기타포괄손익에 반영한다.
③ 자기주식을 소각하는 경우 액면금액과 취득원가와의 차액을 감자차손익으로 반영한다.
④ 자기주식을 보유하고 있는 기간동안 자기주식에 대한 평가손익은 인식하지 않는다.

09. ㈜인덕의 기초 자본구조는 다음과 같았다.

보통주자본금	₩5,000,000
자본잉여금	1,200,000
주식발행초과금	1,000,000
자기주식처분이익	200,000
이익잉여금	2,000,000
자본총계	8,200,000

㈜인덕은 10월 1일에 자기주식을 ₩1,000,000에 취득했다가 10월 10일에 ₩900,000에 모두 처분했다. 처분시 회계처리로 옳은 것은?

	(차변)		(대변)	
①	현금	900,000	자기주식	900,000
②	현금	900,000	자기주식	1,000,000
	자기주식처분손실	100,000		
③	현금	900,000	자기주식	1,000,000
	자기주식처분이익	100,000		
④	현금	1,000,000	자기주식	1,000,000
			자기주식처분이익	100,000

10. 자기주식처분손실이 발생했을 경우의 회계처리로 옳은 것은?

① 자기주식의 처분에 따른 손실이므로 당기비용(손실)으로 인식한다.
② 미실현손익이므로 기타포괄손익누계액으로 처리한다.
③ 자본거래에서 발생한 손실이므로 당기손익으로 처리한다.
④ 자기주식처분이익이 있다면 우선 상계하고, 남은 잔액은 자본조정에 분류하였다가 주주총회의 승인으로 이익잉여금처분에 따라 상각한다.

11. 다음은 ㈜삼일의 재무상태표이며, ㈜삼일의 경영자는 누적된 결손금을 해소하고자 무상감자를 고려하고 있다. 다음 중 회사가 무상감자를 실시하는 경우에 관한 설명으로 가장 옳은 것은? (2021년 재경관리사 기출문제)

재무상태표

㈜삼일　　　　20×1년 12월 31일　　　　(단위: 원)

현금	10,000,000	부채	60,000,000
매출채권	20,000,000	자본금	40,000,000
재고자산	30,000,000	주식발행초과금	10,000,000
유형자산	30,000,000	결손금	(20,000,000)
자산총계	90,000,000	부채와자본총계	90,000,000

① 무상감자를 하면 부채비율(부채/자본)이 높아진다.
② 무상감자와 유상감자 모두 순자산에 미치는 영향은 동일하다.
③ 무상감자 후 주식발행초과금은 감소한다.
④ 무상감자 후의 자본총계는 ₩30,000,000으로 감자 전과 자본총계가 동일하다.

12. 12월말 결산법인인 ㈜삼일의 20×1년 자본항목과 관련된 주요 사항은 다음과 같다. 20×1년말 결산시 ㈜삼일의 자본에 대한 보고금액으로 맞는 것을 고르시오. 단, 아래 자료 이외에 자본에 영향을 미치는 사건의 발생은 없다고 가정한다.
(2016년 재경관리사 기출문제 수정)

ㄱ. 20×1년 2월 4일 회사는 시장성이 있는 ㈜용산 주식 5,000주를 주당 ₩50,000에 증권시장을 통하여 구입하였다(지분율 0.9%, 보고기간말 현재 공정가치 ₩53,000, 기타포괄손익-공정가치측정 금융자산으로 분류).
ㄴ. 20×1년 10월 10일 이사회결의를 통하여 ㈜삼일의 자기주식 3,000주를 한 주당 ₩10,000에 취득하였다.

자본변동표

㈜삼일 제10기 20×1년 1월 1일부터 20×1년 12월 31일까지 (단위: 백만원)

구분	자본금	주식발행 초과금	자기주식	기타포괄손익-공정가치측정 금융자산평가이익	이익 잉여금	총계
20×0년말 (보고금액)	500	750	(100)	650	×××	×××
자본의 변동						
20×1년말	ㄱ	ㄴ	ㄷ	ㄹ	×××	×××

	ㄱ	ㄴ	ㄷ	ㄹ
①	500	765	(130)	650
②	500	750	(130)	665
③	470	765	(100)	650
④	470	750	(100)	665

13. 다음은 ㈜삼일의 자본변동표이다. 다음 중 자본변동표 표시방법으로 가장 올바르지 않은 것은? (2017년 재경관리사 기출문제 수정)

자본변동표

㈜삼일 제12기 20×1년 1월 1일부터 20×1년 12월 31일까지 (단위: 백만원)

구분	자본금	주식발행 초과금	자기 주식	기타 자본요소	이익 잉여금	총계
기초	×××	×××	×××	×××	×××	×××
① 유상증자	100	–	–	–	–	100
② 기타포괄손익-공정가치측정 금융자산평가이익	–	–	–	–	30	30
③ 당기순이익	-	–	–	–	10	10
④ 배당금지급	–	–	–	–	(20)	(20)
기말	×××	×××	×××	×××	×××	×××

14. ㈜삼일의 20×1년 이익잉여금처분계산서 구성항목이 다음과 같을 때 ㈜삼일의 20×1년말 미처분이익잉여금은 얼마인가? (2018년 재경관리사 기출문제)

ㄱ. 전기이월미처분이익잉여금: ₩2,000,000
ㄴ. 중간배당: (−)₩200,000
ㄷ. 당기순이익: ₩1,000,000
ㄹ. 연차배당: (−)₩300,000

① ₩1,800,000　　② ₩2,000,000
③ ₩2,500,000　　④ ₩2,800,000

15. 12월말 결산법인인 ㈜삼일의 20×1년 주요 자본거래가 아래와 같은 경우 20×1년 말 결산시 ㈜삼일의 자본에 대한 보고금액으로 올바르게 짝지어진 것은? (2018년 재경관리사 기출문제)

ㄱ. 20×1년 2월 4일 회사는 액면가액 ₩5,000의 주식 100,000주를 주당 ₩7,000에 발행하였다.
ㄴ. 20×1년 10월 10일 이사회 결의를 통하여 ㈜삼일의 자기주식 3,000주를 주당 ₩10,000에 취득하였다.

자본변동표

㈜삼일 20×1년 1월 1일부터 20×1년 12월 31일까지 (단위: 백만원)

구분	자본금	주식발행초과금	자기주식	이익잉여금	총계
20×1년 1월 1일	500	750	(100)	×××	×××
자본의 변동					
20×1년 12월 31일	ㄱ	ㄴ	ㄷ	×××	×××

	ㄱ	ㄴ	ㄷ
①	500	950	(100)
②	500	750	(130)
③	1,000	950	(130)
④	1,000	750	(100)

정답 및 해설

| 주관식문제 |

01. 자본잉여금이란 납입된 자본 중에서 액면금액을 초과하는 금액 또는 주주와의 자본거래에서 발생하는 이익을 처리하는 계정이다.

- 주식발행초과금: 주식발행초과금이란 유상증자를 할 때 액면금액을 초과하여 주식을 발행한 경우 액면금액을 초과하는 금액
- 감자차익: 감자차익이란 회사가 이월결손금을 보전목적 또는 사업의 규모축소 등을 위하여 발행자본금을 감소시킬 때 소각되는 주식의 액면금액보다 주주에게 환급하는 금액이 적을 경우 동 차액을 처리하는 계정
- 자기주식처분이익: 자기주식처분이익은 자기주식을 취득원가를 초과하여 매각하는 경우 취득원가를 초과하는 금액

02.
- 자본거래: 기업이 주주로부터 자기주식을 취득하고 처분하는 등 소유주주와 그 기업주식을 매개로 한 거래를 자본거래라고 한다.
- 손익거래 기업이 매출 등 영업활동을 하거나 자산처분거래를 하는 등 기업이 제3자와 하는 거래를 손익거래라고 한다.

03. 부(-)의 자본잉여금에는 주식할인발행차금, 자기주식처분손실 및 감자차손 등이 있으며, 관련된 자본잉여금과 상계한 후 남는 잔액이 있으면 이익잉여금에서 차감한다. 단, 이익잉여금의 처분권한이 주주총회에 있으므로 회계기간 중에 이익잉여금의 처분을 할 수 없어서 자본조정으로 분류해놓았다가 주주총회의 승인을 통해 이익잉여금 처분항목으로 차감한다.

04. (1) 1월

(차) 자기주식	60,000	(대) 현금	60,000

(2) 2월

(차) 현금	21,000	(대) 자기주식	18,000
		자기주식처분이익	3,000

(3) 5월

(차) 현금	12,000	(대) 자기주식	18,000
자기주식처분이익*	3,000		
자기주식처분손실	3,000		

* 부(−)의 자본잉여금이 발생하였으므로 관련된 자본잉여금인 자기주식처분이익과 먼저 상계하고 나머지는 자기주식처분손실(자본조정)로 처리한다.

(4) 7월

(차) 자본금	10,000	(대) 자기주식	12,000
감자차손	2,000		

05. • 주식배당: 주식배당은 이익잉여금의 처분인 배당을 현금이 아닌 주식으로 하는 것이다.

• 주식분할: 주식분할은 단순히 하나의 주식을 여러 개의 주식으로 분할하면서 주식의 주당 액면가액을 감소시키는 것이다.

• 무상증자: 무상증자는 자본잉여금이나 이익준비금을 자본에 전입하면서 주식을 발행하는 것이다.

06.

자본변동표

㈜인덕 20×1년 1월 1일 ~ 20×1년 12월 31일 (단위: 원)

구분	자본금	주식발행초과금	기타포괄손익-공정가치측정금융자산	자기주식	이익잉여금	총계
기초	10,000,000	2,000,000	120,000	(300,000)	12,000,000	23,820,000
유상증자	500,000	2,000,000				2,500,000
자기주식취득				(200,000)		(200,000)
기타포괄손익-공정가치측정금융자산평가이익			20,000			20,000
전기오류수정					(1,000,000)	(1,000,000)
당기순이익					2,400,000	2,400,000
기말	10,500,000	4,000,000	140,000	(500,000)	13,400,000	27,540,000

| 객관식문제 |

01. ④

미처분이익잉여금이란 기업의 이익 중 배당금이나 기타의 이익잉여금으로 처분되지 않고 남아 있는 잉여금이다.

02. ②

재평가잉여금은 자본에 가산하는 항목이다.

03. ①

비누적적 · 비참가적 우선주이므로 정해진 배당률 5%만 적용한다.

04. ③

05. ②

기타포괄손익누계액＝해외사업환산이익＋유형자산재평가잉여금＝3,000,000＋4,000,000
＝₩7,000,000

06. ①

주식배당은 이익잉여금을 재원으로 자본을 증가시키므로 총자본은 불변이다.

07. ②

미교부주식배당금은 자본조정의 가산항목이다.

08. ②

자기주식처분이익은 주주와의 자기주식거래로 인한 이익이므로 자본잉여금 항목이다.

09. ③

(1) 취득시

(차) 자기주식	1,000,000	(대) 현금	1,000,000

(2) 처분시

(차) 현금	900,000	(대) 자기주식	1,000,000
자기주식처분이익	100,000		

10. ④

관련된 자본잉여금인 자기주식처분이익이 있다면 우선 상계하고, 남은 잔액은 자본조정에 분류하였다가 주주총회의 승인에 따라 이익잉여금처분으로 상계한다.

11. ④

무상감자는 미처리결손금이 있는 경우 주주인 경영자가 경영에 대하여 책임을 지는 목적으로 자신이 보유하는 주식을 미처리결손금과 상계하는 과정에서 발생한다. 만일 이 문제에서 미처리 결손금 ₩20,000,000을 보전하기 위해 무상감자를 한다면 다음과 같이 회계처리되므로 자본 전체에서의 변동은 없게 된다.

(차) 자본금	20,000,000	(대) 감자차익	20,000,000
(차) 감자차익	20,000,000	(대) 미처리결손금	20,000,000

12. ②

증자가 없으므로 자본금과 주식발행초과금의 금액에 변동은 없으며, 자기주식의 취득(3,000주×₩10,000)과 기타포괄손익-공정가치측정 금융자산의 평가(5,000주×₩3,000)로 인한 자본의 변동을 인식한다.

13. ②

기타포괄손익-공정가치측정 금융자산 평가손익은 기타자본요소(기타포괄손익누계액)이다.

14. ④

연차배당은 주주총회에서 결정된 이후에 이익잉여금에서 차감한다.

15. ③

- 유상증자: 자본금 500 증가, 주식발행초과금 200 증가
- 자기주식 취득: 자기주식 (30) 증가

K-IFRS *Intermediate Financial Accounting*

Chapter 14

고객과의 계약에서 생기는 수익

단원정리 고객과의 계약에서 생기는 수익

• 수익의 인식

- 수익: 자본참여자의 출자관련 증가분을 제외한 자본의 증가
  (정상적인 활동을 통한 경제적효익의 총유입)

〈수익인식의 5단계〉

- 1단계: 고객과의 계약 식별
- 2단계: 수행의무의 식별
- 3단계: 거래가격의 산정
- 4단계: 거래가격을 계약 내 수행의무에 배분
- 5단계: 수행의무를 이행할 때 수익인식

• 비용의 인식

- 비용: 수익을 획득하기 위하여 기업이 소비한 재화・용역의 소멸된 원가
- 계약원가: 계약체결 증분원가, 계약이행원가

• 다양한 수익인식 유형

- 반품권이 있는 판매
- 보증
  - 품질에 대한 확신 제공
  - 품질에 대한 확신 & 용역 제공
- 위탁약정
  - 본인과 대리인의 구분
  - 수탁자에게 인도시에는 수익을 인식하지 않음(통제권 기준)
- 추가 재화나 용역에 대한 고객의 선택권: 미래 재화・용역 이전시 수익인식(고객충성제도)
- 고객이 행사하지 아니한 권리: 상품권 회계처리
- 환불되지 않는 선수수수료: 일반적으로 미래에 재화용역 이전시 수익인식
- 라이선싱
  - 단일 수행의무인 라이선스와 재화나 용역의 이전
  - 별도 수행의무인 라이선스와 재화나 용역의 이전
    - 기간에 걸쳐 지적재산에 접근할 권리: 접근권
    - 라이선스를 부여하는 시점에 지적재산에 접근할 권리: 사용권
- 재매입약정
  - (기업의) 선도
  - (기업의) 콜옵션
  - (고객의) 풋옵션
- 미인도청구약정: 고객의 통제시점에 따라 수행의무 이행시점 판단

제1절 수익의 인식

1.1 수익

(1) 수익의 정의

수익이란 자산의 유입이나 증가 또는 부채의 감소에 따라 자본의 증가를 초래하는 특정 회계기간 동안에 발생한 경제적효익의 증가로서 지분참여자에 의한 출연과 관련된 것은 제외한다.

(2) 수익에 포함시키지 않는 항목

수익은 기업이 받았거나 받을 경제적효익의 총유입만을 포함하므로 판매세, 특정 재화나 용역과 관련된 세금, 부가가치세와 같이 제3자를 대신하여 받는 금액은 수익에서 제외한다. 또한 대리관계에서 본인을 대신하여 대리인인 기업이 받는 금액은 대리인인 기업의 자본을 증가시키지 않으므로 수익이 아니며 대리업무 수행에 대한 대가인 수수료 금액만 수익으로 인식한다.

(3) 수익의 측정

수익은 판매자에 의해 제공된 매매할인 및 수량리베이트를 고려하여 받았거나 받을 대가의 공정가치로 측정한다.

1.2 수익인식의 단계

1단계 고객과의 계약 식별
⇓
2단계 수행의무의 식별
⇓
3단계 거래가격의 산정
⇓
4단계 거래가격을 계약 내 수행의무에 배분
⇓
5단계 수행의무를 이행할 때 수익인식

1.2.1 1단계: 고객과의 계약 식별

계약은 둘 이상의 당사자 사이에 집행가능한 권리와 의무가 생기게 하는 합의이다. 다음 기준을 모두 충족하는 때에만 고객과의 계약에서 생기는 수익으로 인식할 고객과의 계약으로 회계처리한다.

① 계약당사자들이 계약을 승인하고 각자의 의무를 수행하기로 확약한다.
② 이전할 재화나 용역과 관련된 각 당사자의 권리를 식별할 수 있다.
③ 이전할 재화나 용역의 지급조건을 식별할 수 있다.
④ 계약에 상업적 실질*이 있다.
* 상업적 실질: 계약의 결과로 기업의 미래현금흐름의 위험, 시기, 금액이 변동될 것으로 예상되는 경우
⑤ 고객에게 이전할 재화나 용역에 대하여 받을 권리를 갖게 될 대가의 회수가능성이 높다.

1.2.2 2단계: 수행의무의 식별

수행의무란 계약에 따라 이행해야 하는 약속을 의미하며, 계약 개시시점에 고객과의 계약에서 약속한 재화나 용역을 검토하여 고객에게 다음 중 어느 하나를 이전하기로 한 각 약속을 하나의 수행의무로 식별한다.

① 구별되는 재화나 용역(또는 재화나 용역의 묶음)
② 실질적으로 서로 같고 고객에게 이전하는 방식도 같은 '일련의 구별되는 재화나 용역'

(1) 구별되는 재화나 용역

다음 기준을 모두 충족한다면 고객에게 약속한 재화나 용역은 구별되는 것이다.
① 효익획득가능성: 고객이 재화나 용역 그 자체에서 효익을 얻거나 고객이 쉽게 구할 수 있는 다른 자원과 함께하여 그 재화나 용역에서 효익을 얻을 수 있다.
② 식별가능성: 고객에게 재화나 용역을 이전하기로 하는 약속을 계약 내의 다른 약속과 별도로 식별해낼 수 있다.

구별되는 재화나 용역은 다음과 같은 예로 이해할 수 있다.
① 기업이 생산한 재화의 판매(예: 제조업자의 재고자산)
② 기업이 구매한 재화의 재판매(예: 소매업자의 상품)
③ 기업이 구매한 재화 또는 용역에 대한 권리의 재판매(예: 본인으로 활동하는 기업이 재판매하는 티켓)
④ 고객을 위해 계약상 합의한 업무의 수행
⑤ 재화나 용역을 언제라도 제공할 수 있는 상태에 있어야 하는 용역의 제공[예: 사용할 수 있을 때 고객이 사용하면 제공되는 소프트웨어의 특정되지 않은 갱신(update)]이나 고객이 결정하는 시점에 그 결정에 따라 재화나 용역을 사용할 수 있는 용역의 제공
⑥ 다른 당사자가 재화나 용역을 고객에게 이전하도록 주선하는 용역의 제공(예: 다른 당사자의 대리인 역할 수행)
⑦ 고객이 자신의 고객에게 재판매하거나 공급할 수 있도록 기업이 미래에 제공할 재화나 용역에 대한 권리를 고객에게 부여(예: 소매업자에게 제품을 판매한 기업이 그 소매업자에게서 그 제품을 구매하는 개인에게 추가 재화나 용역을 이전하기로 약속한다)
⑧ 고객을 대신하여 자산을 건설, 제조, 개발
⑨ 라이선스 부여
⑩ 추가 재화나 용역을 구매할 수 있는 선택권 부여(고객충성제도)

(2) 실질적으로 서로 같고 고객에게 이전하는 방식도 같은 '일련의 구별되는 재화나 용역'

일련의 구별되는 재화나 용역이 기간에 걸쳐 수행의무를 이행하고, 수행의무의 진행률을 같은 방법으로 측정하는 경우 일련의 구별되는 재화나 용역을 하나의 수행의무로 본다.

1.2.3 3단계: 거래가격의 산정

거래가격은 고객에게 약속한 재화나 용역을 이전하고 그 대가로 기업이 받을 권리를 갖게 될 것으로 예상하는 금액이며, 제3자를 대신해서 회수한 금액(예: 부가가치세)은 제외한다. 또한 거래가격을 산정하기 위해서는 계약조건과 기업의 사업관행을 참고한다.

거래가격을 산정할 때에는 다음 사항이 미치는 영향을 모두 고려한다.

① 변동대가
② 변동대가 추정치의 제약
③ 계약에 있는 유의적인 금융요소
④ 비현금 대가
⑤ 고객에게 지급할 대가

(1) 변동대가

대가(금액)는 할인(discount), 리베이트, 환불, 공제(credits), 가격할인(price concessions), 장려금(incentives), 성과보너스, 위약금이나 그 밖의 비슷한 항목 때문에 변동될 수 있다. 기업이 대가를 받을 권리가 미래사건의 발생 여부에 달려있는 경우에도 약속한 대가는 변동될 수 있다. 예를 들면 반품권을 부여하여 제품을 판매하거나 특정 단계에 도달해야 고정금액의 성과보너스를 주기로 약속한 경우에 대가(금액)는 변동될 것이다. 계약에서 약속한 대가에 변동금액이 포함된 경우에 고객에게 약속한 재화나 용역을 이전하고 그 대가로 받을 권리를 갖게 될 금액을 추정해야 하는데 다음 중에서 기업이 받을 권리를 갖게 될 대가(금액)를 더 잘 예측할 것으로 예상하는 방법을 사용하여 추정한다.

구분	추정방법
① 기댓값	가능한 대가의 범위에 있는 모든 금액에 각 확률을 곱한(probability-weighted) 금액의 합
② 가능성이 가장 높은 금액	가능한 대가의 범위에서 가능성이 가장 높은 단일 금액(계약에서 가능성이 가장 높은 단일 결과치)으로 추정

예제 14-1 | 기업회계기준서 제1115호 IE105~108 사례21참조: 변동대가 추정

㈜인덕건설은 ㈜IDS의 본사사옥을 건설하기로 기간에 걸쳐 이행하는 수행의무인 계약을 체결하였다. 계약에 따라 다음 두 가지 변동대가가 예상된다.

1. 약속된 대가는 ₩2,500,000이지만 자산의 완성시기에 따라 증감될 것이다. 특히 20×1년 3월 31일까지 자산이 완성되지 않는다면 약속된 대가는 그 다음 날부터 매일 ₩10,000씩 감소한다. 20×1년 3월 31일 전에 자산이 완성되면 약속된 대가는 그 전날부터 매일 ₩10,000씩 증가한다.
2. 자산이 완성되면 제3자가 그 자산을 검사하고 계약에 규정된 척도에 기초하여 평점을 매길 것이다. 자산이 특정 평점을 받으면 ㈜인덕건설은 장려금 ₩150,000을 받기로 계약하였다.

㈜인덕건설은 자산의 완성에 대한 약속된 대가와 장려금에 대한 변동대가를 각 조건 1, 2에서 어떻게 추정하는 것이 적절한가?

| 해답 |

1. 자산 완성일자에 따른 위약금 또는 장려금(₩2,500,000±₩10,000/일)은 ㈜인덕건설이 받을 권리를 갖게 될 대가(금액)를 더 잘 예측하는 방법인 기댓값 방법을 사용하는 것이 적절하다.
2. 완성 후 품질검사에 따른 장려금은 가능한 결과가 두 가지[₩150,000이나 ₩영(0)]뿐이므로 받을 권리를 갖게 될 대가를 더 잘 예측하는 방법은 가능성이 가장 높은 금액일 것이다.

(2) 변동대가 추정치의 제약

변동대가를 추정할 때 추정하는 금액에 대한 불확실성이 너무 커서 수행의무 이행에 대해 기대되는 대가를 충실히 나타내지 못하는 등 추정치를 결정하는데 제약이 있을 수 있다. 이런 경우 변동대가와 관련된 불확실성이 나중에 해소될 때 이미 인식한 누적수익 금액 중 유의적인 부분을 되돌리지(환원하지) 않을 가능성이 매우 높은 정도까지만 거래가격에 포함시키도록 하여 환원할 가능성이 있는 금액은 거래가격에 포함시키지 않도록 하고 있다. 이러한 수익 환원가능성을 높이거나 그 크기를 크게 할 수 있는 요인으로 다음을 들 수 있다.

① 대가(금액)가 기업의 영향력이 미치지 못하는 요인에 매우 민감하다(예: 시장의 변동성, 제3자의 판단이나 행동, 날씨 상황, 약속한 재화나 용역의 높은 진부화 위험).

② 대가(금액)에 대한 불확실성이 장기간 해소되지 않을 것으로 예상된다.

③ 비슷한 유형의 계약에 대한 기업의 경험(또는 그 밖의 증거)이 제한적이거나 그 경험(또는 그 밖의 증거)은 제한된 예측치만 제공한다.

④ 폭넓게 가격할인(price concessions)을 제공하거나 비슷한 상황에 있는 비슷한 계약의 지급조건을 변경하는 관행이 있다.

⑤ 계약에서 생길 수 있는 대가가 다수이고 그 범위도 넓다.

예제 14-2 | 기업회계기준서 제1115호 IE116~123 사례23참조: 가격할인

㈜인덕필름은 20×1년 12월 1일에 유통업자인 ㈜IDS유통과 개당 가격 ₩100인 스마트폰 액정필름 1,000개를 이전하는 계약을 체결하였다. ㈜IDS유통이 최종고객에게 스마트폰 액정필름을 판매할 때 ㈜인덕필름은 판매대금을 받을 권리가 생긴다. 이 제품에 대한 통제는 20×1년 12월 1일에 ㈜IDS유통에게 이전되며, ㈜IDS유통은 보통 제품을 획득한 후 90일 이내에 제품을 판매한다. 또한 ㈜인덕필름은 ㈜IDS가 판매증진을 위한 가격할인을 할 수 있도록 하였다. 따라서 계약의 대가는 변동될 수 있다. 각 상황에 따라 변동대가 추정치를 거래가격에 포함시킬 수 있는지를 판단하시오.

▪ 상황 1: 변동대가 추정치의 제약이 없는 경우

㈜인덕필름은 이 제품과 그 비슷한 제품을 판매한 경험이 상당히 있으며, 관측가능한 자료에 따르면 기업은 과거에 이러한 제품에 대해 판매가격의 약 20%의 가격할인(price concessions)을 부여하였다. 현행 시장정보에 따라 가격을 20% 낮춘다면 유통망을 통해 유통시키기에 충분할 것으로 판단하며, 여러 해 동안 20%보다 유의적으로 큰 가격할인(price concessions)을 부여한 적이 없다.
기업은 권리를 갖게 될 대가(금액)를 더 잘 예측할 것으로 예상하는 방법인 기댓값 방법을 사용하여 권리를 갖게 될 변동대가를 추정하기로 하였다. 즉, 거래가격이 ₩80,000(₩80×제품 1,000개)이 될 것이라고 추정한다.

| 해답 |

변동대가 추정치의 거래가격 포함 여부 결정에 있어서 수익 환원가능성을 판단하여야 하는데 ㈜인덕필름은 이 제품에 대해 상당한 과거 경험과 추정치를 뒷받침하는

현행 시장정보가 있다고 판단한다. 그리고 기업의 영향력이 미치지 못하는 요인에서 생기는 일부 불확실성이 있을지라도 현행 시장추정치에 기초하여 기업은 단기간에 해소될 가격이라고 예상한다. 그러므로 기업은 불확실성이 해소될 때(가격할인(price concessions) 총액이 산정될 때) 이미 인식한 누적수익금액(₩80,000) 중 유의적인 부분을 되돌리지 않을 가능성이 매우 높다고 결론짓는다. 따라서 기업은 20×1년 12월 1일에 제품이 이전될 때 ₩80,000을 수익으로 인식한다

■ **상황 2: 변동대가 추정치의 제약이 있는 경우**

㈜인덕필름은 비슷한 제품을 판매한 경험이 있으나 기업의 제품은 진부화 위험이 높고 그 제품가격 결정의 변동성이 매우 높았던 경험이 있다. 관측가능한 자료에 따르면 기업이 과거에 비슷한 제품에 부여한 가격할인(price concessions)은 판매가격의 20~60%로 그 범위가 넓었다. 현행 시장정보도 제품을 유통망에 유통시키려면 가격을 15~50% 낮추는 것이 필요할 수 있다고 판단된다.

기업은 권리를 갖게 될 대가(금액)를 더 잘 예측할 것으로 예상하는 방법인 기댓값 방법을 사용하여 권리를 갖게 될 변동대가를 추정하기로 하였다. 즉, 기업이 40% 할인을 제공할 것으로 추정하여 변동대가 추정치는 ₩60,000(₩60×제품 1,000개)이다.

| 해답 |

변동대가 추정치의 거래가격 포함 여부 결정에 있어서 수익 환원가능성을 판단하여야 하는데, 기업은 대가(금액)가 기업의 영향력이 미치지 못하는 요인(진부화 위험)에 매우 민감하며, 제품을 유통시키려면 넓은 범위의 가격할인(price concessions)을 제공하여야 할 것 같다고 보았다. 따라서 ㈜인덕필름은 추정치 ₩60,000(40% 할인)을 거래가격에 포함할 수 없다. 이미 인식한 누적수익금액 중 유의적인 부분을 되돌리지 않을 가능성이 매우 높다고 결론지을 수 없기 때문이다. 또한 현행시장정보에 따르면 15~50%의 가격할인이 필요하므로 유의적인 부분을 되돌리지 않을 가능성이 높은 금액인 ₩50,000(50% 할인)을 제품 이전 시점에 수익으로 인식한 후 불확실성이 해소될 때까지 보고일마다 거래가격 추정치를 다시 평가하여야 한다.

(3) 계약에 있는 유의적인 금융요소

거래가격을 산정할 때 계약당사자들 간에 합의한 지급시기 때문에 고객에게 재화나 용역을 이전하면서 유의적인 금융 효익이 고객이나 기업에 제공되는 경우에는 화폐의 시간가치가 미치는 영향을 반영하여 약속된 대가(금액)를 조정한다. 이는 재화나 용역을 고객에게 이전할 때 그 고객이 그 재화나 용역 대금을 현금으로 결제했다면 지급하였을 가격을 반영하는 금액(현금판매가격)으로 수익을 인식하기 위해서이다. 즉, 대금을 미래에 지급하기로 한 계약이라면 총지급대금에는 현금판

매가격에 이자요소가 포함되어 있으므로 재화나 용역의 이전에 대하여 현금판매가격만 수익으로 인식하고 이자의 성격에 해당하는 금액은 회수기간에 걸쳐 금융수익(이자수익)으로 인식한다.

예제 14-3 | 계약에 있는 유의적인 금융요소

자동차 판매대리점 ㈜미래자동차는 20×1년초에 T모델 자동차를 할부판매하기로 계약하였다. 할부계약 조건은 향후 3년간 매년말 ₩12,000,000을 지급하는 것이며, 20×1년초 T모델 자동차의 현금판매가격은 ₩30,000,000일 경우 ㈜미래자동차가 20×1년 매출수익으로 인식할 금액은 얼마인지 설명하시오.

| 해답 |

할부판매의 경우 재화나 용역을 고객에게 이전할 때 그 고객이 그 재화나 용역 대금을 현금으로 결제했다면 지급하였을 가격을 반영하는 금액(현금판매가격)으로 수익을 인식해야 하기 때문에 ㈜미래자동차가 20×1년 매출 수익으로 인식할 금액은 20×1년초 T모델 자동차의 현금판매가격인 ₩30,000,000이고, 이를 초과하여 지급하는 총 ₩6,000,000은 기간의 경과에 따라 이자수익으로 인식해야 한다.

(4) 비현금대가

고객이 현금 외의 형태(현물)로 대가를 약속한 계약의 경우에 거래가격을 산정하기 위하여 비현금대가(또는 비현금대가의 약속)를 공정가치로 측정한다.

(5) 고객에게 지급할 대가

고객에게 지급할 대가란 기업이 고객에게 지급하거나 지급할 것으로 예상하는 현금 금액 등을 의미하는데, 고객이 기업에 이전하는 또 다른 구별되는 재화나 용역의 대가로 지급하는 것이 아니라면 그 대가는 거래가격, 즉 수익에서 차감하여 회계처리한다.

사례 14-1 고객에게 지급할 대가

일정금액 이상의 매출이 이루어지면 고객에 대하여 기업이 일정금액을 지급해주기로 약속했다면 그 지급대가를 수익에서 차감하여야 한다. 예를 들어 고객이 1년간 ₩100,000,000의 제품을 구매하면 ₩1,000,000을 고객에게 지급해주기로 계약했을 경우 ₩100,000,000의 매출이 발생하면 고객에게 지급하는 ₩1,000,000을 차감하고 ₩99,000,000을 매출수익으로 인식한다.

1.2.4 4단계: 거래가격을 계약 내 수행의무에 배분

거래가격을 배분하는 목적은 기업이 고객에게 약속한 재화나 용역을 이전하고 그 대가로 받을 권리를 갖게 될 금액을 나타내는 금액으로 각 수행의무(또는 구별되는 재화나 용역)에 거래가격을 배분하는 것이다.

(1) 거래가격 배분 기준

거래가격 배분의 목적에 맞게 거래가격은 상대적 개별판매가격을 기준으로 계약에서 식별된 각 수행의무에 배분한다. 거래가격을 상대적 개별판매가격에 기초하여 각 수행의무에 배분하기 위하여 계약 개시시점에 계약상 각 수행의무의 대상인 구별되는 재화나 용역의 개별판매가격을 산정하고 이 개별판매가격에 비례하여 거래가격을 배분한다.

(2) 개별판매가격의 추정

개별판매가격을 직접 관측할 수 없다면 배분목적에 맞게 거래가격이 배분되도록 합리적인 범위에서 구할 수 있는 모든 정보(시장조건, 기업 특유요소, 고객이나 고객층에 대한 정보 포함)를 고려하여 다음과 같은 방법 등을 사용하여 개별판매가격을 추정한다.

구분	추정방법
시장평가조정접근법	기업이 재화나 용역을 판매하는 시장을 평가하여 그 시장에서 고객이 그 재화나 용역에 대해 지급하려는 가격을 추정(경쟁자 가격 참조 후 기업의 원가와 이윤 반영 조정 등)
예상원가이윤가산접근법	수행의무를 이행하기 위한 예상원가를 예측 후 그 재화나 용역에 대한 적절한 이윤을 가산
잔여접근법	총거래가격에서 다른 재화나 용역의 개별판매가격 차감

(3) 묶음 구매시 할인액의 배분

계약에서 약속한 재화나 용역의 개별판매가격 합계가 계약에서 약속한 대가를 초과하면 고객은 재화나 용역의 묶음을 구매하면서 할인을 받은 것이다. 이때 할인액 전체가 그 계약 내 일부 수행의무에만 관련된다는 관측가능한 증거가 있는 때 외에는 할인액을 계약상 모든 수행의무에 비례하여 배분한다. 이러한 상황에서 할인액을 비례적으로 배분하면 대상이 되는 구별되는 재화나 용역의 상대적 개별판매가격에 기초하여 거래가격을 각 수행의무에 배분한 결과가 된다.

예제 14-4 | 기업회계기준서 제1115호 IE164~177 사례33, 34참조: 거래가격, 할인액의 배분

㈜인덕은 제품 A, B, C를 총거래금액 ₩100,000에 판매하기로 고객과 계약을 체결하였다. ㈜인덕은 서로 다른 시점에 각 제품에 대한 수행의무를 이행할 것이다. 보통 제품 A는 별도로 판매하므로 개별판매가격을 직접 관측할 수 있으나 제품 B와 C의 개별판매가격은 직접 관측할 수 없다.

제품 B와 C의 개별판매가격을 직접 관측할 수 없기 때문에 기업은 그 가격을 추정해야 한다. 개별판매가격을 추정하기 위해 사례에서 기업은 제품 B에는 시장평가조정접근법을 사용하고 제품 C에는 예상원가이윤가산접근법을 사용하기로 하였다.

할인액과 거래가격은 제품 A, B, C에 각각 얼마씩 배분되어야 하는가?

(단위: 원)

제품	개별판매가격	개별판매가격 추정방법
제품 A	50,000	직접관측가능
제품 B	25,000	시장평가조정접근법
제품 C	75,000	예상원가이윤가산접근법
합계	150,000	

| 해답 |

개별판매가격의 합계(₩150,000)가 약속된 대가(₩100,000)를 초과하기 때문에 고객은 제품 묶음을 구매하면서 할인을 받는 것이다. ㈜인덕은 전체 할인이 귀속되는 수행의무에 대한 관측가능한 증거가 있는지(즉, 전체할인이 특정 개별제품에 대한 할인인지)를 고려하고 그렇지 않다고 결론짓는 경우 할인액을 제품 A, B, C에 비례적으로 배분한다. 따라서 할인액과 거래가격은 다음과 같이 배분된다.

(단위: 원)

제품	배분된 거래가격
제품 A	33,000(₩100,000×₩50,000/₩150,000)
제품 B	17,000(₩100,000×₩25,000/₩150,000)
제품 C	50,000(₩100,000×₩75,000/₩150,000)
합계	100,000

위 사례에서 만일 기업이 제품 A, B, C를 개별판매할 수 있고, 개별판매가격이 다음과 같이 정하여 있으며, 보통 제품 B와 제품 C를 함께 ₩60,000에 판매한다면 할인액을 어떻게 배분하여야 하는가?

(단위: 원)

제품	개별판매가격
제품 A	40,000
제품 B	55,000
제품 C	45,000
합계	140,000

| 해답 |

개별판매가격의 합계 ₩140,000보다 ₩40,000이 할인된 ₩100,000의 거래가격에 따라 전체 ₩40,000의 할인액을 포함하고 있고, 이는 상대적 개별판매가격을 사용하여 거래가격에 배분할 때 세 가지 수행의무 모두에 비례적으로 배분되어야 하는 것이 일반적인 상황이나 기업이 보통 제품 B와 C를 함께 ₩60,000에, 제품 A를 ₩40,000에 판매하고 있기 때문에 제품 B와 C의 묶음에 전체 할인액인 ₩40,000을 배분하여야 한다는 증거가 있다.

(1) 기업이 같은 시점에 제품 B와 C에 대한 통제를 이전한다면 기업은 실무적으로 그 제품의 이전을 단일 수행의무로 회계처리할 수 있다. 즉 제품 B와 C를 고객에게 동시에 이전할 때 기업이 단일 수행의무에 거래가격 ₩60,000을 배분하여 수익으로 인식하고, 제품 A는 ₩40,000의 수익을 인식한다.

(2) 계약에 기업이 서로 다른 시점에 제품 B와 C에 대한 통제를 이전하도록 되어 있다면 배분금액 ₩60,000은 다음과 같이 제품 B(개별판매가격 ₩55,000)와 제품 C(개별판매가격 ₩45,000)를 이전하기로 한 약속에 개별적으로 배분하고, 제

품 A는 ₩40,000의 수익을 인식한다.

(단위: 원)

제품	배분된 거래가격
제품 B	33,000(₩60,000 × ₩55,000/₩100,000*)
제품 C	27,000(₩60,000 × ₩45,000/₩100,000*)
합계	60,000

* 제품 B와 제품 C의 개별판매가격의 합

1.2.5 5단계: 수행의무를 이행할 때 수익을 인식

(1) 수익인식 시점

기업이 약속한 재화나 용역을 고객에게 이전하여 수행의무를 이행할 때, 즉 고객이 재화나 용역을 통제하게 되는 때에 수익을 인식하고, 기업의 수행 정도와 고객의 지급과의 관계에 따라 그 계약을 계약자산이나 계약부채로 재무상태표에 표시한다. 계약자산은 고객에게 재화나 용역을 제공하고 그에 대한 대가를 받을 권리를 말하는데 수취채권이 대가를 받을 무조건적인 권리인데 비해 계약자산은 수행위험과 같은 다른 위험에 노출되기도 하는 자산이다. 재무제표에 수취채권과 계약자산을 구별하여 표시하는 것이 재무제표이용자들에게 계약상 기업의 권리와 관련된 위험에 대한 목적적합한 정보를 제공하기 때문이다.

용어정의

용어	정의
계약자산	기업이 고객에게 이전한 재화나 용역에 대하여 그 대가를 받을 기업의 권리로 그 권리에 시간의 경과 외의 조건(예: 기업의 미래 수행)이 있는 자산
계약부채	기업이 고객에게서 이미 받은 대가(또는 지급기일이 된 대가)에 상응하여 고객에게 재화나 용역을 이전하여야 하는 기업의 의무
수행위험	'또 다른 수행의무'를 이행하여야 대가를 받을 권리가 생기는 경우에 그 '또 다른 수행의무'를 수행하지 못할 위험

(2) 통제

자산에 대한 통제란 자산을 사용하도록 지시하고 자산의 나머지 효익의 대부분을 획득할 수 있는 능력을 말한다. 통제에는 다른 기업이 자산의 사용을 지시하고 그 자산에서 효익을 획득하지 못하게 하는 능력이 포함된다. 자산의 효익은 다음과 같은 다양한 방법으로 직접적으로나 간접적으로 획득할 수 있는 잠재적인 현금흐름(유입이 있거나 유출이 감소)이다.

① 재화를 생산하거나 용역(공공용역 포함)을 제공하기 위한 자산의 사용
② 다른 자산의 가치를 높이기 위한 자산의 사용
③ 부채를 결제하거나 비용을 줄이기 위한 자산의 사용
④ 자산의 매각 또는 교환
⑤ 차입금을 보증하기 위한 자산의 담보 제공
⑥ 자산의 보유

(3) 수행의무 형태에 따른 수익인식

인식하는 수익 금액은 이행한 수행의무에 배분된 금액이다. 수행의무는 ① 고객에게 재화를 이전하는 약속의 경우 한 시점에 이행하거나, ② 고객에게 용역을 이전하는 약속의 경우 기간에 걸쳐 이행한다. 기간에 걸쳐 이행하는 수행의무의 수익은 그 수행의무의 진행률을 적절하게 측정하는 방법을 선택하여 기간에 걸쳐 인식한다.

1) 한 시점에 이행하는 수행의무: 통제를 한 시점에 이전

수행의무가 기간에 걸쳐 이행되지 않는다면 그 수행의무는 한 시점에 이행되는 것이다. 고객이 약속된 자산을 통제하고 기업이 수행의무를 이행하는 시점을 판단하기 위해 다음의 예와 같은 통제 이전의 지표를 참고하여 통제의 이전을 확인할 수 있다.

① 기업은 자산에 대해 현재 지급청구권이 있다.
② 고객에게 자산의 법적 소유권이 있다.
③ 기업이 자산의 물리적 점유를 이전하였다.
④ 자산의 소유에 따른 유의적인 위험과 보상이 고객에게 있다.
⑤ 고객이 자산을 인수하였다.

2) 기간에 걸쳐 이행하는 수행의무: 통제를 기간에 걸쳐 이전

다음 기준 중 어느 하나를 충족하면 기업은 재화나 용역에 대한 통제를 기간에 걸쳐 이전하므로 기간에 걸쳐 수행의무를 이행하는 것이고, 따라서 기간에 걸쳐 수익을 인식한다.

① 고객은 기업이 수행하는 대로 기업의 수행에서 제공하는 효익을 동시에 얻고 소비한다(예: 청소 용역과 같이 일상적이거나 반복적인 용역).

② 기업이 수행하여 만들어지거나 가치가 높아지는 대로 고객이 통제하는 자산(예: 재공품)을 기업이 만들거나 그 자산가치를 높인다.

③ 기업이 수행하여 만든 자산이 기업 자체에는 대체 용도가 없고, 지금까지 수행을 완료한 부분에 대해 집행가능한 지급청구권이 기업에 있다.

기간에 걸쳐 이행하는 수행의무에 대하여 그 수행의무 완료까지의 진행률을 측정하여 기간에 거쳐 수익을 인식한다. 진행률을 측정하는 목적은 고객에게 약속한 재화나 용역에 대한 통제를 이전(기업의 수행의무 이행)하는 과정에서 기업의 수행 정도를 나타내기 위한 것이다. 적절한 진행률의 측정방법의 예로 산출법과 투입법을 들 수 있다.

① 산출법

- 계약에서 약속한 재화나 용역의 나머지 부분의 가치와 비교하여 지금까지 이전한 재화나 용역이 고객에 주는 가치의 직접 측정에 기초하여 수익을 인식하는 방법
- 예: 지금까지 수행을 완료한 정도를 조사, 달성한 결과에 대한 평가, 도달한 단계, 경과한 시간, 생산한 단위나 인도한 단위
- 단점: 진행률을 측정하는 데에 사용하는 산출물을 직접 관측하지 못할 수 있고, 과도한 원가를 들이지 않고는 산출법을 적용하기 위해 필요한 정보를 구하지 못할 수도 있음

② 투입법

- 수행의무의 이행에 예상되는 총투입물 대비 수행의무를 이행하기 위한 기업의 노력이나 투입물에 기초하여 수익을 인식하는 방법
- 예: 소비한 자원, 사용한 노동시간, 발생원가, 경과한 시간, 사용한 기계시간
- 단점: 기업의 투입물과 고객에게 재화나 용역에 대한 통제를 이전하는 것

사이에 직접적인 관계가 없을 수 있음

만일 기업이 지금까지 수행을 완료한 정도가 고객에게 주는 가치에 직접 상응하는 금액을 고객에게서 받을 권리가 있다면(예: 기업이 제공한 용역시간당 고정금액을 청구할 수 있는 용역계약), 기업은 청구권이 있는 금액으로 수익을 인식하는 실무적 간편법을 쓸 수 있다.

시간이 흐르면서 상황이 바뀜에 따라 수행의무의 산출물 변동을 반영하기 위해 진행률을 새로 수정하고, 이러한 진행률의 변동은 회계추정의 변경으로 회계처리한다.

예제 14-5 | 기업회계기준서 제1115호 IE95~100 사례19참조: 진행률 측정

기업은 총대가 ₩5,000,000에 3층 건물을 개조하고 새 엘리베이터를 설치하기로 20×2년 11월에 고객과 계약하였다. 엘리베이터 설치를 포함하여 약속된 개조 용역은 기간에 걸쳐 이행하는 단일 수행의무이다. 총예상원가는 엘리베이터 조달원가 ₩1,500,000을 포함하여 ₩4,000,000이며, 기업은 진행률 측정방법으로 발생원가에 기초한 투입법을 사용한다.

기업은 엘리베이터를 설계하거나 제조하는 데 관여하지 않으므로 엘리베이터 이전에 따른 수익을 엘리베이터 조달원가와 동일한 금액으로 인식한다. 즉 엘리베이터 이전에 따른 이익은 영(0)이다. 20×2년 12월 31일 현재 기업은 엘리베이터 조달원가를 제외한 원가가 ₩500,000 발생하였다.

| 해답 |

투입법에 따라 진행률을 적용할 경우 고객에게 재화나 용역에 대한 통제를 이전하는 과정에서 기업의 수행 정도를 나타내지 못하는 투입물의 영향은 진행률을 왜곡시키게 되므로 진행률 산정에서 제외한다. 즉 엘리베이터 조달원가(₩1,500,000)는 수행의무를 완료하기 위한 총예상원가(₩4,000,000)와 비교하면 유의적이지만, 기업은 엘리베이터를 설계하거나 제조하는 데 관여하지 않으므로 기업이 진행률 측정에 엘리베이터 조달원가를 포함한다면 기업의 수행 정도를 과대평가할 것이라고 결론내릴 수 있다. 따라서 기업은 엘리베이터 조달원가를 발생원가 측정치와 거래원가에서 제외하여 진행률을 조정한다.

20×2년 12월 31일 현재 기업은

(1) 그 밖의 발생원가(엘리베이터 제외)가 ₩500,000이고

(2) 수행은 20%(₩500,000÷₩2,500,000*) 완료되었다고 본다.

*₩2,500,000=총예상원가 ₩4,000,000−엘리베이터 조달원가 ₩1,500,000

따라서 20×2년 12월 31일에 기업은 다음과 같이 인식한다.

(단위: 원)

수익	₩2,200,000*1
매출원가	2,000,000*2
이익	200,000

1 인식된 수익은 (20%×₩3,500,000)+₩1,500,000으로 계산된다.

* ₩3,500,000=거래가격 ₩5,000,000−엘리베이터원가 ₩1,500,000

*2 매출원가=발생원가 ₩500,000+엘리베이터원가 ₩1,500,000

제2절 비용의 인식

2.1 비용

비용이란 자산의 유출이나 소멸 또는 부채의 증가에 따라 자본의 감소를 초래하는 특정 회계기간 동안에 발생한 경제적효익의 감소로서 지분참여자에 대한 분배와 관련된 것은 제외한다.

2.2 계약체결증분원가

계약체결 증분원가란 판매수수료와 같이 고객과 계약을 체결하기 위해 발생한 원가로서 계약을 체결하지 않았다면 발생하지 않았을 원가이다. 고객과의 계약체결 증분원가가 회수될 것으로 예상된다면 이를 자산으로 인식하지만, 계약체결 여부와 무관하게 드는 계약체결원가는 계약체결 여부와 관계없이 고객에게 그 원가를 명백히 청구할 수 있는 경우가 아니라면 발생시점에 비용으로 인식한다.
다음과 같은 원가가 발생하면 발생시점에 비용으로 인식한다.

① 일반관리원가

② 계약을 이행하는 과정에서 낭비된 재료원가, 노무원가, 그 밖의 자원의 원가로서 계약가격에 반영되지 않은 원가

③ 이미 이행한 계약상 수행의무와 관련된 원가, 즉 과거의 수행 정도와 관련된 원가

④ 이행하지 않은 수행의무와 관련된 원가인지 이미 이행한 수행의무와 관련된 원가인지 구별할 수 없는 원가

만일 계약체결 증분원가를 자산으로 인식하더라도 상각기간이 1년 이하라면 그 계약체결 증분원가는 발생시점에 비용으로 인식하는 실무적 간편법을 쓸 수 있다.

제3절 다양한 수익인식 유형

3.1 반품권이 있는 판매

일부 계약에서는 기업이 고객에게 제품에 대한 통제를 이전하고 다양한 이유(예: 제품 불만족)로 제품을 반품할 권리와 함께 다음 사항을 조합하여 받을 권리를 고객에게 부여한다.

① 지급된 대가의 전부나 일부 환불

② 기업에 갚아야 할 의무가 있거나 의무가 있게 될 금액에 대한 공제(credit)

③ 다른 제품으로 교환

반품권이 있는 제품 등의 이전에 대한 회계처리는 다음과 같다.

① 매출에 대한 회계처리: 기업이 받을 권리를 갖게 될 것으로 예상하는 대가(금액)를 이전하는 제품판매에 대한 수익으로 인식하고 반품이 예상되는 제품에 대해서는 환불부채로 인식

(차) 현금	×××	(대) 매출	×××
		환불부채	×××

② 매출원가에 대한 회계처리: 고객에게서 제품을 회수할 기업의 권리를 매출원가에서 조정하여 인식

(차) 매출원가	×××	(대) 재고자산	×××
제품회수권	×××		

기업은 보고기간말마다 반품 예상량의 변동에 따라 환불부채의 측정치를 새로

수정하고, 이에 따라 생기는 조정액을 수익(또는 수익의 차감)으로 인식한다.

예제 14-6 | 기업회계기준서 제1115호 IE110~115 사례22참조: 반품권

㈜인덕의류는 겨울코트 1벌당 ₩200,000인 100건의 계약을 체결하였다(코트 100벌×₩200,000=총대가 ₩20,000,000). ㈜인덕의류는 착용하지 않은 제품을 10일 이내에 반품하면 전액 환불가능한 조건을 제시하였다. 이 겨울코트의 원가는 ₩120,000이다. 반품가능조건에 따라 고객에게서 받은 대가는 변동될 수 있으므로 ㈜인덕의류는 권리를 갖게 될 대가를 더 잘 예측할 것으로 예상하는 방법인 기댓값 방법을 사용하여 반품대가를 추정하기로 하였으며, 95벌의 제품이 반품되지 않을 것으로 추정하였다.

| 해답 |

㈜인덕의류는 변동대가의 추정금액 ₩19,000,000(₩200,000×반품되지 않을 것으로 예상하는 제품 95벌) 중 유의적인 부분을 되돌리지 않을 가능성이 매우 높다고 결론짓는다. 또한 기업은 제품 100벌에 대한 통제 이전 시점에 반품될 것으로 예상하는 제품 5벌에 대한 수익은 인식하지 않는다.

(1) 매출수익: ₩19,000,000(₩200,000×반품될 것으로 예상하지 않는 제품 95벌)
(2) 환불부채: ₩1,000,000(₩200,000×반품될 것으로 예상하는 제품 5벌)

(차) 계약자산	20,000,000	(대) 매출	19,000,000
		환불부채	1,000,000

또한 재고자산의 반출액 ₩12,000,000중에서 반품예상에 따라 매출수익에 대응시키지 못하는 재고자산은 매출원가에서 차감한다.

(3) 제품회수권 ₩600,000(₩120,000×환불부채를 정산할 때 고객에게서 회수할 권리가 있는 제품 5벌)

(차) 매출원가	11,400,000	(대) 재고자산	12,000,000
제품회수권	600,000		

3.2 보증

기업은 제품(재화/용역)의 판매와 관련하여 (계약, 법률, 기업의 사업관행에 따라) 보증을 제공하는 것이 일반적이다. 보증의 유형은 품질에 대한 확신을 제공하는 것과 품질에 대한 확신과 그에 더하여 용역을 제공하는 것이다.

① 품질에 대한 확신 제공: 충당부채로 회계처리

② 품질에 대한 확신 & 용역 제공*: 수행의무로 회계처리하고 거래가격을 배분

*보증기간이 일반적인 경우보다 긴 경우 별도의 추가 용역을 제공하는 것으로 볼 수 있다.

사례 14-2 보증(품질에 대한 확신 & 용역제공)

동종업종에서는 자동차를 ₩30,000,000에 판매하면서 사업 관행상 2년의 보증기간을 제공하고 있는데 어떤 기업이 3년의 보증기간을 제공하며 자동차를 ₩31,000,000에 판매하고 있다면 해당 기업은 별도의 수행의무인 추가적인 1년의 보증기간이라는 보증용역 대가로 ₩1,000,000을 받은 것으로 거래가격을 배분해야 한다.

3.3 위탁약정

3.3.1 본인과 대리인의 구분

고객에게 재화나 용역을 제공하는 데에 다른 당사자가 관여할 때 기업은 약속의 성격이 정해진 재화나 용역 자체를 제공하는 수행의무인지 아니면 다른 당사자가 재화나 용역을 제공하도록 주선하는 수행의무인지를 판단한다. 즉 기업은 고객에게 약속한 정해진 각 재화나 용역에 대하여 본인인지 아니면 대리인인지를 판단한다.

① 본인: 고객에게 재화나 용역이 이전되기 전에 기업이 그 정해진 재화나 용역을 통제한다면 이 기업은 본인이다. 기업이 본인인 경우에 수행의무를 이행할 때 기업은 이전되는 정해진 재화나 용역과 교환하여 받을 권리를 갖게 될 것으로 예상하는 대가의 총액을 수익으로 인식한다.

② 대리인: 기업의 수행의무가 다른 당사자가 정해진 재화나 용역을 제공하도록 주선하는 것이라면 이 기업은 대리인이다. 기업이 대리인인 경우에 다른 당사자가 공급하는 정해진 재화나 용역이 고객에게 이전되기 전에 기업이 그 정해진 재화나 용역을 통제하지 않는다. 기업이 대리인인 경우에는 수행의무(주선)를 이행할 때 이 기업은 다른 당사자가 그 정해진 재화나 용역을 제공하도록 주선하고 그 대가로 받을 권리를 갖게 될 것으로 예상하는 보수나 수수료 금액을 수익으로 인식한다.

고객에게 정해진 재화나 용역이 이전되기 전에 기업이 그 정해진 재화나 용역을 통제함을 나타내는 지표로 다음과 같은 예를 들 수 있다.

① 정해진 재화나 용역을 제공하기로 하는 약속을 이행할 주된 책임이 이 기업에 있다.

② 정해진 재화나 용역이 고객에게 이전되기 전이나 고객에게 통제가 이전된 후에 재고위험이 이 기업에 있다(예: 고객에게 반품권이 있는 경우).

③ 정해진 재화나 용역의 가격을 결정할 재량이 기업에 있다.

3.3.2 위탁약정

최종고객에게 판매하기 위해 기업(위탁자)이 제품을 다른 당사자(수탁자, 예: 중개인이나 유통업자)에게 인도하는 경우에 그 다른 당사자가 그 시점에 제품을 통제하게 되었는지를 평가한다. 다른 당사자가 그 제품을 통제하지 못하는 경우에는 다른 당사자에게 인도한 제품을 위탁약정에 따라 보유하는 것이다. 따라서 인도된 제품이 위탁물로 보유된다면 제품을 다른 당사자에게 인도할 때 수익을 인식하지 않고, 다른 당사자가 최종고객에게 판매할 때 기업은 매출수익을 인식한다.

위탁약정을 판단하는 지표로 다음과 같은 예를 들 수 있다.

① 정해진 사건이 일어날 때까지(예: 중개인의 고객에게 자산을 판매하거나 정해진 기간이 만료될 때까지) 기업이 자산을 통제한다.

② 기업은 제품의 반환을 요구하거나 제품을 제3자(예: 다른 중개인)에게 이전할 수 있다.

③ 중개인은(보증금을 지급해야 하는 경우도 있지만) 제품에 대해 지급해야 하는 무조건적인 의무는 없다.

3.4 추가 재화나 용역에 대한 고객의 선택권: 고객충성제도

사례 14-3 동아일보 2015년 12월 31일 기사

일반적으로 신규 고객의 유치는 기존 고객의 유지에 비해 5배의 비용이 든다고 알려져 있다. 따라서 치열한 경쟁 속에서 충성 고객을 확보하기 위한 고객 로열티 프로그램은 점점 더 진화하고 있다. 열 잔을 마시면 한 잔을 공짜로 주는 커피숍의 적립 쿠폰, 항공사의 마일리지 프로그램 등이 대표적이다.

그런데 성별에 따라, 나이에 따라, 또 국가와 문화에 따라 로열티 프로그램에 대한 선호도에 차이가 있을까. 최근 영국 킹스칼리지와 노팅엄대 연구팀에서 브라질, 러시아, 인도, 중국, 독일 등 5개국 소비자를 대상으로 조사했다. 치약을 구매할 때 여러 가지 혜택 중 하나를 고를 수 있도록 하는 실험이었다.

> 우선 남성은 항공사 마일리지처럼 적립금을 쌓아 같은 제품을 살 수 있게 하는 방식을 선호하는 경향이 있었다. 여성은 (적립률은 상대적으로 낮지만) 적립금을 다른 제품에도 쓸 수 있게 해주는 '캐시백' 프로그램을 좋아했다. 연령대가 높을수록 마일리지 형태를 선호했고, 젊은층은 커피숍 쿠폰 같은 방식을 좋아했다.
> 국가별로도 재미있는 현상이 나타났다. 남성성이 높거나 불확실성 회피 성향이 높은 문화권(중국, 인도 등)의 소비자들은 즉시 할인을 선호하는 반면, 여성성이 높고 불확실성 회피 성향이 낮은 문화권(브라질, 러시아 등)의 소비자들은 캐시백 프로그램의 선호도가 높았다. 이는 남성성이 강한 문화일수록 당장의 이익을 얻고 보자는 심리가 작용한 것으로 보인다.
> 또 집단주의 성향이 강한 문화권일수록 쿠폰 형태나 마일리지 프로그램 형태에 대한 선호도가 높게 나타났다. 이런 문화권의 사람들은 기존에 이용하던 제품을 바꿀 의향이 적기 때문이다.
> 이 연구는 고객 로열티 프로그램도 문화나 상황에 맞춰 적합하게 사용해야 한다는 교훈을 준다. 한국에서 인기 있는 쿠폰 적립이나 캐시백 카드가 다른 나라에서는 효과가 없을 수도 있다. 각국 소비자들의 문화에 적합한 프로그램을 연구할 필요가 있다.
> [홍진환 수원대 경영학과 교수]

고객충성제도는 재화나 용역을 구매하는 고객에게 인센티브를 제공함으로써 재구매를 유도하기 위한 제도이다. 무료나 할인된 가격으로 추가 재화나 용역을 취득할 수 있는 고객의 선택권은 판매 인센티브, 고객보상점수(points), 계약갱신선택권, 미래의 재화나 용역에 대한 그 밖의 할인 등 그 형태가 다양하다. 예를 들어, 고객보상점수를 부여하는 제도는 고객이 재화나 용역을 구매하면 기업은 고객보상점수(흔히 '포인트'라고 한다)를 부여한다. 고객은 보상점수를 사용하여 재화나 용역을 무상 또는 할인구매하는 방법으로 보상을 받을 수 있다. 고객충성제도(Customer Loyalty Programmes)는 널리 확산되어 소매점, 항공사, 통신사업자, 호텔, 신용카드 사업자 등 다양한 사업자들이 사용한다.

계약에서 추가 재화나 용역을 취득할 수 있는 선택권을 고객에게 부여하고 그 선택권이 그 계약을 체결하지 않으면 받을 수 없는 중요한 권리를 고객에게 제공하는 경우에만 그 선택권은 계약에서 수행의무가 생기게 한다. 선택권이 고객에게 중요한 권리를 제공한다면 고객은 사실상 미래 재화나 용역의 대가를 기업에 미리 지급한 것이므로 기업은 그 미래 재화나 용역이 이전되거나 선택권이 만료될 때 수익을 인식한다. 이때 재화나 용역과 선택권의 개별판매가격에 기초하여 거래가격을 수행의무에 배분한다.

예제 14-7 | 기업회계기준서 제1115호 IE267~270 사례52참조: 고객충성제도_고객보상점수

㈜인덕Coffee는 커피머신 구매금액 ₩10당 고객충성포인트 1점을 고객에게 보상하는 고객충성제도를 운영한다. 고객이 기업의 커피머신을 미래에 구매할 때 보유하고 있는 포인트당 ₩1의 할인을 받을 수 있다. 보고기간에 고객은 커피머신을 ₩100,000에 구매하고 미래 구매에 교환할 수 있는 10,000포인트를 얻었다. 대가는 고정금액이고 구매한 제품의 개별 판매가격은 ₩100,000이다. ㈜인덕Coffee는 부여한 10,000포인트 중 9,500포인트가 교환될 것으로 예상하고 있다.
첫 번째 보고기간말 현재 4,500포인트가 교환되었고 전체적으로 9,500포인트가 교환될 것으로 계속 예상한다. 두 번째 보고기간말 현재 8,500포인트가 누적적으로 교환되었고, 교환될 총 포인트 추정치를 9,700포인트로 수정하였다.
각 보고기간에 ㈜인덕Coffee가 인식할 수익과 계약부채는 얼마인가?

| 해답 |

포인트는 고객이 계약을 체결하지 않고는 받을 수 없는 중요한 권리를 고객에게 제공한다. 따라서 기업은 고객에게 포인트를 제공하는 약속을 수행의무라고 결론짓는다. 기업은 판매시에 받은 ₩100,000을 다음과 같이 상대적 개별판매가격에 따라 제품과 포인트에 배분하고 회계처리한다.

제품	91,324	[₩100,000×(개별판매가격 ₩100,000÷₩109,500)]
포인트	8,676	[₩100,000×(개별판매가격 ₩9,500÷₩109,500)]

(차) 현금	100,000	(대) 매출	91,324
		계약부채	8,676

첫 번째 보고기간에 기업은 충성포인트 ₩4,110[₩8,676×(4,500포인트÷9,500포인트)]을 수익으로 인식하고, 첫 번째 보고기간말 현재 교환되지 않은 ₩4,566(₩8,676−₩4,110)을 계약부채로 인식한다.

(차) 계약부채	4,110	(대) 매출	4,110

두 번째 보고기간에 기업은 충성포인트 ₩3,493{[최초 배분액 ₩8,676×(보고기간말까지의 총상환포인트 8,500÷교환될 총예상포인트 9,700)]−첫 번째 보고기간에 인식한 ₩4,110}을 수익으로 인식한다(누적정산방식). 계약부채 잔액은 ₩1,073(최초 배분액 ₩8,676−이미 인식한 누적 수익 ₩7,603)이다.

(차) 계약부채	3,493	(대) 매출	3,493

3.5 고객이 행사하지 아니한 권리: 상품권 미사용

3.5.1 선수금 수취: 상품권 발행

고객에게서 선수금을 받은 경우(예: 상품권 발행)에는 미래에 재화나 용역을 이전할 수행의무에 대한 선수금을 계약부채로 인식한다. 그 재화나 용역을 이전(수행의무의 이행)할 때 계약부채를 제거하고 그에 대한 수익을 인식한다.

3.5.2 고객이 행사하지 아니한 권리: 권리 미행사부분

고객이 환불받을 수 없는 선급금을 기업에 지급하면 고객은 미래에 재화나 용역을 받을 권리를 기업에서 얻게 되고, 기업은 언제라도 재화나 용역을 이전할 수 있는 상태에 있어야 하는 의무가 발생하게 된다. 그러나 고객은 자신의 계약상 권리를 모두 행사하지 않을 수 있다. 그 행사되지 않은 권리를 미행사부분(breakage)이라고 부른다.

기업이 계약부채 중 미행사금액을 받을 권리를 갖게 될 것으로 예상된다면 고객이 권리를 행사하는 방식에 따라 그 예상되는 미행사 금액을 수익으로 인식한다. 기업이 미행사 금액을 받을 권리를 갖게 될 것으로 예상되지 않는다면 고객이 그 남은 권리를 행사할 가능성이 희박해질 때 예상되는 미행사 금액을 수익으로 인식한다.

사례 14-4 상품권

백화점에서 고객이 상품권을 구입한다면 백화점 입장에서는 매출이 아니라 고객으로부터 받은 선수금에 대한 증빙으로 상품권을 발행하는 것이며, 이후 고객이 상품권을 제시하고 상품의 지급을 요구할 때 매출수익을 인식한다. 또한 그 상품권의 유효기간(일반적으로 상품권의 소멸시효 5년)이 경과하면 미행사금액은 수익(상품권기간경과이익)으로 인식한다.

3.5.3 상품권 회계처리

① 고객에게 상품권 발행시

(차) 현금	×××	(대) 계약부채 (상품권선수금)	×××

② 고객이 상품권을 사용하여 상품 구매시

(차) 계약부채 (상품권선수금)	×××	(대) 매출	×××

③ 상품권의 유효기간/소멸시효 경과시

(차) 계약부채 (상품권선수금)	×××	(대) 상품권기간경과이익	×××

3.6 환불되지 않는 선수수수료

어떤 계약에서는 기업은 환불되지 않는 선수수수료를 계약 개시시점이나 그와 가까운 시기에 고객에게 부과한다. 예를 들면, 헬스클럽 회원계약 가입수수료, 통신계약의 가입수수료, 일부 용역계약 준비수수료, 일부 공급계약의 개시수수료가 이에 해당한다.

이러한 계약에서 수행의무를 식별하기 위해 수수료가 약속한 재화나 용역의 이전에 관련되는지를 판단해야 한다. 많은 경우에 환불되지 않는 선수수수료가 계약 개시시점이나 그와 가까운 시기에 기업이 계약을 이행하기 위하여 착수해야 하는 활동에 관련되더라도 그 활동으로 고객에게 약속한 재화나 용역이 이전되지는 않는다. 오히려 선수수수료는 미래 재화나 용역에 대한 선수금이므로 그 미래 재화나 용역을 제공할 때 수익으로 인식한다.

예제 14-8 | 기업회계기준서 제1115호 IE272~274 사례53참조

기업은 1년 동안 거래처리 용역계약을 고객과 체결하였다. 계약은 모든 고객에게 같은 표준조건을 포함한다. 계약에서는 기업의 시스템과 프로세스에 고객을 설정하기 위한 선수수수료를 고객이 지급하도록 되어 있다. 그 수수료는 명목금액이고 환불되지 않는다. 고객은 추가수수료를 지급하지 않고 매년 계약을 갱신할 수 있다.

| 해답 |

기업의 설정활동만으로 고객에게 재화나 용역을 이전하지 않으므로 수행의무를 생기게 하지 않는다. 또한 기업은 갱신선택권이 계약을 체결하지 않고는 받을 수 없는 중요한 권리를 고객에게 제공하지 않는다고 결론짓는다. 선수수수료는 사실상 미래 거래처리 용역에 대한 선수금이다. 따라서 기업은 환급되지 않는 수수료를 포함하여 거래가격을 산정하고 그 용역이 제공되는 대로 거래처리 용역에 대한 수익을 인식한다.

3.7 라이선스(Licence)

라이선스는 기업의 지적재산에 대한 고객의 권리를 정한다. 지적재산에 대한 라이선스에는 다음 사항에 대한 라이선스를 예로 들 수 있다.

① 소프트웨어, 기술
② 영화, 음악, 그 밖의 형태의 미디어와 오락물
③ 프랜차이즈
④ 특허권, 상표권, 저작권

고객에게 라이선스를 부여하는 약속에 더하여 고객에게 다른 재화나 용역을 이전하기로 약속할 수 있다. 그 약속은 계약서에 분명히 기재하거나 기업의 사업관행, 공개된 경영방침, 특정 성명(서) 등에서 확인할 수 있다.

다음 중 무엇을 제공하는 것인지를 고려하여 라이선스가 고객에게 한 시점에 이전되는지 아니면 기간에 걸쳐 이전되는지를 판단한다.

① 라이선스 기간 전체에 걸쳐 기업의 지적재산에 접근할 권리(접근권): 기간에 걸쳐 이행하는 수행의무로 회계처리
② 라이선스를 부여하는 시점에 기업의 지적재산을 사용할 권리(사용권): 한 시점에 이행하는 수행의무로 회계처리

예제 14-9 | 라이선스(접근권과 사용권)

다음 각 상황별로 ㈜인덕애니가 수익을 인식하는 기준에 대하여 설명하시오.

■ 상황 1

캐릭터 소유자인 ㈜인덕애니는 20×1년 초 ㈜인덕광고에게 캐릭터를 3년 동안 광고활동에 사용할 수 있도록 라이선스 계약을 체결하고 그에 대한 대가로 매년 ₩30,000,000을 지급받기로 하였다. 이 계약에 따라 새롭게 창작될 ㈜인덕애니의 캐릭터 또는 발전될 캐릭터에 대한 사용권을 부여받았다.

| 해답 |

㈜인덕애니는 ㈜인덕광고에게 라이선스 기간인 3년 동안 ㈜인덕애니의 지적재산에 접근할 수 있도록 접근권을 제공한 것이다. 따라서 ㈜인덕애니는 기간에 걸쳐 이행하는 수행의무로 보아 3년간 시간기준에 따라 진행률을 측정하여 수익을 인식한다.

라이선스 기간인 3년간 매년 다음과 같이 회계처리한다.

(차) 현금	30,000,000	(대) 매출	30,000,000

■ 상황 2

20×1년초 ㈜ID클래식은 ㈜JW레코드가 한국에서 2년 동안 텔레비전 · 라디오 · 온라인 광고 등 모든 상업적 매체에서 오스트리아의 유명 오케스트라 SJ필하모닉의 2007년 앨범에 녹음된 곡을 사용할 수 있도록 라이선스 계약을 체결하면서 ₩300,000,000을 지급받았다.

| 해답 |

㈜ID클래식은 20×1년초에 존재하고 있는 SJ필하모닉의 2007년 앨범에 대한 지적재산권의 사용권을 제공하였으므로, 사용권을 제공한 20×1년초에 전액 수익으로 인식한다.

(차) 현금	100,000,000	(대) 매출	100,000,000

3.8 재매입약정

재매입약정은 자산을 판매하고 그 자산을 다시 사기로 약속하거나 다시 살 수 있는 선택권을 갖는 계약이며, 일반적으로 다음 세 가지 형태로 나타난다.

① 자산을 다시 사야 하는 기업의 의무(선도거래)

② 자산을 다시 살 수 있는 기업의 권리(콜옵션)

③ 고객이 요청하면 자산을 다시 사야 하는 기업의 의무(풋옵션)

용어정의	
선도거래	미래 일정시점에 합의된 가격으로 약정된 자산을 사거나 팔기로 한 계약
콜옵션	미래 일정한 기간 내에 또는 미래 일정한 시점에 약정된 가격으로 특정한 기초자산을 살 수 있는 권리
풋옵션	미래 일정한 기간 내에 또는 미래 일정한 시점에 약정된 가격으로 특정한 기초자산을 팔 수 있는 권리

3.8.1 선도 또는 콜옵션: ① 또는 ②의 형태

구분	회계처리
재매입가격 < 원래 판매가격	(1) 리스
재매입가격 > 원래 판매가격	(2) 금융약정

(1) 리스

기업이 자산을 판매하고 그 판매가격보다 낮은 가격으로 재매입하는 경우 고객은 그 가격 차이만큼 리스료를 지급하고 자산을 사용하는 리스거래이다.

(2) 금융약정

기업이 자산을 판매하고 그 판매가격보다 높은 가격으로 재매입하는 경우 기업이 그 자산을 담보로 제공하고 원금을 차입한 후 그 가격차이만큼 이자를 지급하는 금융약정거래이다.

3.8.2 풋옵션: ③의 형태

구분	회계처리
원래 판매가격 > 재매입가격 (경제적유인이 유의적임*)	(1) 리스
원래 판매가격 > 재매입가격 > 시장가치 (경제적 유인이 유의적이지 않음)	(2) 반품권이 부여된 판매

원래 판매가격 & 시장가치 < 재매입가격 (경제적 유인이 유의적임*)	(3) 금융약정
원래 판매가격 < 재매입가격 < 시장가치 (경제적 유인이 유의적이지 않음)	(4) 반품권이 부여된 판매

* 경제적 유인이 유의적이라는 것은 그 권리를 행사하지 않으면 손실이 발생할 수 있다는 것

(1) 리스

기업이 자산을 판매하고 그 판매가격보다 낮은 가격으로 재매입하는 경우 고객은 그 가격 차이만큼 리스료를 지급하고 자산을 사용하는 리스거래이며, 경제적 유인이 유의적이라는 것은 재매입가격이 시장가치보다 높으므로 고객이 그 권리(풋옵션)를 행사할 가능성이 높다는 것이다.

(2) 반품권이 부여된 판매

기업이 자산을 판매하고 그 판매가격보다 낮은 가격으로 재매입하는데 고객이 그 권리(풋옵션)를 행사할 경제적 유인이 유의적이지 않다는 것은 반품권을 부여했다는 것이다.

(3) 금융약정

기업이 자산을 판매하고 그 판매가격과 시장가치보다 높은 가격으로 재매입하는 경우 기업이 그 자산을 담보로 제공하고 원금을 차입한 후 그 가격차이만큼 이자를 지급하는 금융약정거래이며, 경제적 유인이 유의적이라는 것은 재매입가격이 시장가치보다 높으므로 고객이 그 권리(풋옵션)를 행사할 가능성이 높다는 것이다.

(4) 반품권이 부여된 판매

기업이 자산을 판매하고 그 판매가격보다 높은 가격으로 재매입하는데 시장가치가 재매입가격보다 높으므로 고객이 그 권리(풋옵션)를 행사할 경제적 유인이 유의적이지 않다는 것은 반품권을 부여했다는 것이다.

예제 14-10 | 기업회계기준서 제1115호 IE315~321 사례62 참조: 재매입약정

㈜인덕은 20×1년 1월 1일에 보유하던 차량을 ₩1,000,000에 판매하기로 고객과 계약을 체결하였다.

■ 상황 1
계약에는 20×1년 12월 31일 이전에 그 자산을 ₩1,100,000에 다시 살 권리를 ㈜인덕에 부여하는 콜옵션이 포함된다.

| 해답 |
㈜인덕이 자산을 다시 살 권리가 있고 따라서 고객은 그 자산의 사용을 통제하고 나머지 효익의 대부분을 얻을 수 있는 능력이 제한되기 때문에 자산에 대한 통제는 20×1년 1월 1일에 고객에게 이전되지 않는다. 따라서 행사가격이 원래 판매가격보다 높기 때문에 ㈜인덕은 그 거래를 금융약정으로 회계처리한다. 또한 ㈜인덕은 차량이라는 자산을 제거하지 않는 대신에 받은 현금 ₩1,000,000을 금융부채로 인식하고, 행사가격(₩1,100,000)과 받은 현금(₩1,000,000)의 차이를 이자비용으로 인식한다. 즉, 차량을 담보로 제공하고 ₩1,000,000을 차입한 후 차후에 원금 ₩1,000,000과 이자비용 ₩100,000을 지급하는 것이다.

■ 상황 2
계약에는 고객의 요구에 따라 20×1년 12월 31일 이전에 ㈜인덕이 자산을 ₩900,000에 다시 사야 하는 풋옵션이 포함된다. 20×1년 12월 31일에 시장가치는 ₩750,000이 될 것으로 예상된다.

| 해답 |
㈜인덕은 재매입일의 재매입가격이 자산의 기대시장가치를 유의적으로 초과하기 때문에 고객이 풋옵션을 행사할 경제적 유인이 유의적이라고 결론짓는다. 따라서 자산에 대한 통제가 고객에게 이전되지 않는다고 결론짓는다. 따라서 ㈜인덕은 그 거래를 리스로 회계처리한다.

3.9 미인도청구약정

미인도청구약정이란 기업이 고객에게 제품의 대가를 청구하지만 미래 한 시점에 고객에게 이전할 때까지 기업이 제품을 물리적으로 점유하는 계약이다. 예를 들면, 고객이 제품을 보관할 수 있는 공간이 부족하거나 생산일정이 지연되어 기업에 이러한 계약의 체결을 요청할 수 있다.

고객이 언제 제품을 통제하게 되는지를 파악하여 기업이 그 제품을 이전하는 수행의무를 언제 이행하였는지를 판단하여야 한다. 예를 들어, 일부 계약에서는 계약조건(인도조건과 선적조건을 포함)에 따라 제품이 고객의 사업장에 인도되거나 제품이 선적될 때에 통제가 이전된다. 그러나 일부 계약에서는 기업이 제품을 물리적으로 점유하고 있더라도 고객이 제품을 통제할 수 있다. 그 경우에 비록 고객이 그 제품을 물리적으로 점유하는 권리를 행사하지 않기로 결정하였더라도 고객은 제품의 사용을 지시하고 제품의 나머지 효익 대부분을 획득할 능력이 있다. 따라서 기업은 제품을 통제하지 않는다. 그 대신에 기업은 고객 자산을 보관하는 용역을 고객에게 제공한다. 고객이 미인도청구약정에서 제품을 통제하기 위해서는 다음 기준을 모두 충족하여야 한다.

① 미인도청구약정의 이유가 실질적이어야 한다(예: 고객이 그 약정을 요구).
② 제품은 고객의 소유물로 구분하여 식별되어야 한다.
③ 고객에게 제품을 물리적으로 이전할 준비가 현재 되어 있어야 한다.
④ 기업이 제품을 사용할 능력을 가질 수 없거나 다른 고객에게 이를 넘길 능력을 가질 수 없다.

연습문제

| 주관식문제 |

01. 수행의무에 대해서 수익을 인식하기 위해 고객에게 약속한 재화나 용역을 구별하여 별개의 수행의무로 식별해야 한다. 고객에게 약속한 재화나 용역의 구별기준 두 가지에 대하여 설명하시오.

02. 다음의 재화판매 형태에 따른 수익인식시점을 설명하시오.

(1) 위탁약정

(2) 반품권이 있는 판매

(3) 할부매출

03. 기간에 걸쳐 이행하는 수행의무에 대하여 그 수행의무 완료시까지의 진행률을 측정하여 기간에 걸쳐 수익을 인식해야 한다. 적절한 진행률의 측정방법을 예를 들어 설명하시오.

04. ㈜인덕코스메틱은 단위당 원가 ₩20,000인 피부영양앰플 100개를 개당 ₩50,000에 판매하면서 판매일로부터 10일 이내에 반품이 가능한 조건을 부여하였다. 과거 경험에 따라 반품기한 내에 10%의 제품이 반품될 것으로 추정하였고, 나머지 90%의 제품은 반품기한이 종료될 때 이미 인식한 누적수익 중 유의적인 부분을 되돌리지 않을 가능성이 매우 높다고 결론지었다. 또한 반품기간 동안 5개의 제품이 반품되었다. ㈜인덕코스메틱이 재고자산에 대하여 계속기록법을 적용하고 있을 때 다음 각 시점별로 회계처리를 하시오.

(1) 판매시

① 매출회계처리

② 매출원가 회계처리

(2) 반품시

(3) 반품가능기간 경과시

| 객관식문제 |

01. 다음 중 수익에 관한 설명으로 가장 올바르지 않은 것은?
(2021년 재경관리사 기출문제 수정)

① 수익은 정상적인 경영활동에서 발생하는 경제적효익의 총유입을 말하며, 자산의 증가 또는 부채의 감소 형태로 나타난다. 다만, 주주의 지분참여로 인한 자본증가는 수익에 포함되지 않는다.
② 수익은 고객에게 기업의 재화나 용역을 제공하고 대가를 받기로 한 계약에서 발생하는 것으로 부가가치세처럼 제3자를 대신해서 받는 것은 수익으로 보지 않는다.
③ 복수의 계약을 하나의 상업적 목적으로 일괄 협상하는 경우에도 복수의 계약에서 약속한 재화나 용역이 단일 수행의무에 해당하지 않는다면 둘 이상의 계약을 하나의 계약으로 회계처리할 수 없다.
④ 정유사가 특정지역 고객수요를 적시에 충족시키기 위해 서로 유류를 교환하기로 한 계약같이 고객에게 판매를 쉽게 하기 위해 같은 사업 영역에 있는 기업 간의 비화폐성 교환은 수익으로 보지 않는다.

02. 기업은 고객에게 약속한 재화나 용역을 이전하여 수행의무를 이행할 때 수익을 인식하여야 하는데, 만약 수행의무가 한 시점에 이행되는 경우라면 고객이 약속된 자산을 통제하고 기업이 의무를 이행하는 시점에서 수익을 인식한다. 여기서 고객이 자산을 통제하는 시점의 예로 가장 올바르지 않은 것은?
(2021년 재경관리사 기출문제 수정)

① 판매기업이 자산에 대해 현재 지급청구권이 있다.
② 판매기업이 자산의 물리적 점유를 이전하였다.
③ 판매기업에게 자산의 법적 소유권이 있다.
④ 자산의 소유에 따른 유의적인 위험과 보상이 고객에게 있다.

03. 수익을 인식하는 5단계를 제시하였다. 다음 빈칸에 들어갈 단계로 옳은 것은?

1단계	고객과의 계약 식별
2단계	수행의무의 식별
3단계	㉠
4단계	거래가격을 계약 내 수행의무에 배분
5단계	㉡

	㉠	㉡
①	거래가격의 산정	수익비용 대응
②	거래가격의 산정	수행의무를 이행할 때 수익인식
③	통제의 이전	수행의무를 이행할 때 수익인식
④	통제의 이전	수익비용 대응

04. 다음 보기 중 재화의 수익인식시점을 잘못 설명한 것은?

① 위탁약정의 경우 위탁자는 수탁자가 위탁자로부터 재화를 인도받은 때에 수익을 인식한다.
② 할부판매의 경우 이자에 해당하는 부분을 제외한 판매가격을 판매시점에 수익으로 인식한다.
③ 상품권을 발행하는 경우에는 고객이 상품권과 재화를 교환할 때 수익을 인식한다.
④ 미인도 청구약정의 경우 고객이 제품을 통제하게 되는 시점에 수익을 인식한다.

05. 다음 중 기간에 걸쳐 수익을 인식하는 경우로 볼 수 있는 것은?

① 기업이 고객에게 물리적 점유를 이전하였다.
② 기업이 수행하는 대로 제공되는 효익을 고객이 동시에 얻고 소비한다.
③ 자산의 소유에 따른 유의적인 위험과 보상이 고객에게 있다.
④ 고객에게 자산의 법적 소유권이 있으며 기업은 자산에 대해 현재 지급청구권이 있다.

06. ㈜세진자동차는 ㈜상도운수에 버스를 공급하기로 계약을 체결하였다. 이 계약에 따르면 대당 공급가액이 ₩100,000,000이지만 20×1년 한해 동안 버스의 공급수량이 50대를 초과하는 경우 대당 공급가액을 ₩80,000,000으로 소급하여 조정하도록 한다. 20×1년 6월 현재 누적 판매량은 20대이고, ㈜세진자동차는 20×1년말까지 추가로 10대의 버스를 공급할 것으로 예상하고 있다. 20×1년 6월 현재까지 ㈜세진자동차의 매출수익금액은 얼마로 계상되는가?

① ₩1,000,000,000　　② ₩1,600,000,000
③ ₩2,000,000,000　　④ ₩3,000,000,000

07. ㈜세진자동차는 ㈜상도운수에 버스를 공급하기로 계약을 체결하였다. 이 계약에 따르면 대당 공급가액이 ₩100,000,000이지만 20×1년 한해 동안 버스의 공급수량이 50대를 초과하는 경우 대당 공급가액을 ₩80,000,000으로 소급하여 조정하도록 한다. 20×1년 6월 현재 누적 판매량은 20대이고, ㈜세진자동차는 20×1년말까지 추가로 10대의 버스를 공급할 것으로 예상하고 매출수익을 인식하였다. 20×1년 7월

동안 버스의 공급수량이 예상보다 증가하여 추가로 20대를 공급하였고, 20×1년말까지 추가로 20대 이상의 버스를 공급하게 될 것으로 예상하고 있다. ㈜세진자동차는 20×1년 7월 매출수익으로 얼마의 금액을 인식해야 하는가?

① ₩1,000,000,000 ② ₩1,200,000,000
③ ₩1,600,000,000 ④ ₩2,000,000,000

08. ㈜서울은 20×1년 1월 1일 ㈜용산에 상품을 할부로 판매하였다. 상품의 원가는 ₩9,000,000이며, 할부대금은 매년말 ₩4,000,000씩 3년간 회수하기로 하였다. 또한 시장이자율은 10%이며, 연금 현가계수(10%, 3년)는 2.48685이다. 동 할부매출과 관련하여 ㈜서울이 20×1년에 인식할 매출총이익과 이자수익은 각각 얼마인가? 단, 소수점 이하는 반올림한다. (2017년 재경관리사 기출문제)

	매출총이익	이자수익
①	₩947,400	₩994,740
②	₩947,400	₩1,200,000
③	₩3,000,000	₩994,740
④	₩3,000,000	₩1,200,000

09. 20×1년초 사업을 개시한 ㈜삼일은 판매 후 3년 동안 제품에서 발생하는 결함을 무상으로 수리해주고 있으며, 보증비용은 매출액의 3%로 추정된다. 20×1년말 재무상태표에 제품보증충당부채로 계상되어야 할 금액은 얼마인가?
(2017년 재경관리사 기출문제 수정)

ㄱ. 20×1년 매출액은 ₩1,500억임
ㄴ. 20×1년중 당기 매출분에 대해 ₩20억의 제품보증비가 발생함

① ₩20억 ② ₩25억
③ ₩30억 ④ ₩45억

10. ㈜인덕은 A, B, C 세 가지 제품을 개별판매하고 있으며, 판매가격에 관한 자료는 다음과 같다.

	개별판매가격	묶음판매가격
A	₩800	₩1,500
B	₩1,200	
C	₩1,000	

㈜인덕이 ㈜IDS에게 제품 A, B, C를 총이전대가 ₩2,500에 판매하기로 계약을 체결한 후 서로 다른 시점에 제품 A, B, C의 통제를 이전한 경우 각 제품에 배분될 거래가격은 얼마인가? 단, ㈜인덕은 일반적으로 제품 A와 B를 묶어서 판매한다.

	A	B	C
①	₩800	₩1,200	₩1,000
②	₩600	₩900	₩1,000
③	₩800	₩1,200	₩500
④	₩1,500	−	₩500

11. ㈜삼일은 20×1년 12월 31일 ㈜반품에 ₩50,000,000(원가 ₩30,000,000)의 제품을 판매하고 1년 이내 반품할 수 있는 권리를 부여하였다. 인도일 현재 ₩10,000,000이 반품될 것으로 예상된다면 ㈜삼일이 20×1년에 인식할 매출원가는 얼마인가?
(2020년 재경관리사 기출문제 수정)

① ₩24,000,000　　② ₩34,000,000
③ ₩44,000,000　　④ ₩54,000,000

정답 및 해설

| 주관식문제 |

01. ① 효익획득가능성

고객이 재화나 용역 그 자체에서 효익을 얻거나 고객이 쉽게 구할 수 있는 다른 자원과 함께하여 그 재화나 용역에서 효익을 얻을 수 있다.

② 식별가능성

고객에게 재화나 용역을 이전하기로 하는 약속을 계약 내의 다른 약속과 별도로 식별해 낼 수 있다.

02. (1) 위탁약정

최종고객에게 판매하기 위해 기업이 제품을 다른 당사자(예: 중개인이나 유통업자)에게 인도하는 경우에 그 인도된 제품이 위탁물로 보유된다면 제품을 다른 당사자에게 인도할 때 수익을 인식하지 않고, 다른 당사자가 제3자에게 재화를 판매한 시점에 수익을 인식한다.

(2) 반품권이 있는 판매

기업이 받을 권리를 갖게 될 것으로 예상하는 대가(금액)를 이전하는 제품에 대한 수익으로 인식하고, 반품이 예상되는 제품에 대해서는 수익을 인식하지 않는다.

(3) 할부매출

계약당사자들 간에 합의한 지급시기 때문에 고객에게 재화나 용역을 이전하면서 유의적인 금융효익이 고객이나 기업에 제공되는 경우에는 재화나 용역을 고객에게 이전할 때 재화나 용역대금을 현금으로 결제했다면 지급하였을 가격을 반영하는 금액(현금판매가격)으로 수익을 인식하기 위해서 화폐의 시간가치가 미치는 영향을 반영하여 약속된 대가(금액)를 조정한다. 즉, 현금판매가격을 그 재화나 용역에 대한 수익으로 인식하고 할부기간 동안 이자수익을 인식한다.

03. ① 산출법

- 계약에서 약속한 재화나 용역의 나머지 부분의 가치와 비교하여 지금까지 이전한 재화나 용역이 고객에 주는 가치의 직접 측정에 기초하여 수익을 인식하는 방법
- 예: 지금까지 수행을 완료한 정도를 조사, 달성한 결과에 대한 평가, 도달한 단계, 경과한 시간, 생산한 단위나 인도한 단위

② 투입법

- 수행의무의 이행에 예상되는 총투입물 대비 수행의무를 이행하기 위한 기업의 노력이나 투입물에 기초하여 수익을 인식하는 방법
- 예: 소비한 자원, 사용한 노동시간, 발생원가, 경과한 시간, 사용한 기계시간

만일 기업이 지금까지 수행을 완료한 정도가 고객에게 주는 가치에 직접 상응하는 금액을 고객에게서 받을 권리가 있다면(예: 기업이 제공한 용역시간당 고정금액을 청구할 수 있는 용역계약), 기업은 청구권이 있는 금액으로 수익을 인식하는 실무적 간편법을 쓸 수 있다.

04.

(1) 판매시

① 매출회계처리

(차) 계약자산	5,000,000	(대) 매출	4,500,000
		환불부채	500,000

② 매출원가 회계처리

(차) 매출원가	1,800,000	(대) 재고자산	2,000,000
제품회수권	200,000		

(2) 반품시

(차) 환불부채	250,000	(대) 계약자산	250,000
(차) 재고자산	100,000	(대) 제품회수권	100,000

(3) 반품가능기간 경과시

(차) 환불부채	250,000	(대) 매출	250,000
(차) 매출원가	100,000	(대) 제품회수권	100,000

|객관식문제|

01. ③

다음 기준 중 하나 이상을 충족한다면 같은 고객과 동시에 또는 가까운 시기에 체결한 둘 이상의 계약을 결합하여 단일 계약으로 회계처리한다.

① 복수의 계약을 하나의 상업적 목적으로 일괄 협상한다.
② 한 계약에서 지급하는 대가(금액)는 다른 계약의 가격이나 수행에 따라 달라진다.
③ 복수의 계약에서 약속한 재화나 용역(또는 각 계약에서 약속한 재화나 용역의 일부)이 단일 수행의무에 해당한다.

02. ③

법적 소유권은 계약 당사자 중 누가 '자산의 사용을 지시하고 자산의 나머지 효익의 대부분을 획득할 능력이 있는지' 또는 '그 효익에 다른 기업이 접근하지 못하게 하는 능력이 있는지'를 나타낼 수 있는 통제의 지표이므로 기업이 통제하고 있는 상황이다.

03. ②

수익 인식의 5단계

1단계	고객과의 계약 식별
2단계	수행의무의 식별
3단계	거래가격의 산정
4단계	거래가격을 계약 내 수행의무에 배분
5단계	수행의무를 이행할 때 수익인식

04. ①

수탁자(구매자)가 위탁자(판매자)를 대신해 재화를 판매하는 위탁판매의 경우 위탁자는 수탁자가 제3자에게 재화를 판매한 시점에 수익을 인식한다.

05. ②

06. ③

50대 이하로 판매될 것으로 예상하였으므로 대당 공급가액은 ₩100,000,000으로 인식한다.

07. ②

20×1년말까지 공급수량이 50대를 초과할 것으로 예상하므로 7월까지의 누적 매출수익에서 이미 인식한 매출수익을 차감하여 7월에 인식할 매출수익을 계산한다(누적정산방식).

₩80,000,000×40대－₩100,000,000×20대＝₩1,200,000,000

08. ①

매출액	4,000,000×2.48685＝	₩9,947,400
매출원가		(₩9,000,000)
매출총이익		₩947,400
이자수익	9,947,400×10%＝	₩994,740

09. ②

확신유형의 보증인 제품보증비 예상액 ₩45억(₩1,500억×3%)은 20×1년도의 비용으로 인식하면서 아직 발생하지 않은 금액 ₩25억을 충당부채로 회계처리한다.

10. ②

계약에서는 거래 전체에 ₩500의 할인액을 포함하고 있고, 이는 상대적 개별판매가격을 사용하여 거래가격에 배분할 때 세 가지 수행의무 모두에 비례적으로 배분될 것이다. 그러나 기업이 보통 제품 A와 B를 묶어서 ₩1,500에, 제품 C를 ₩1,000에 판매하고 있기 때문에 제품 A와 B의 묶음판매에 대한 할인이라고 볼 수 있다. 또한 계약에 기업이 서로 다른 시점에 제품 A와 B에 대한 통제를 이전하도록 되어 있으므로 배분금액 ₩1,500은 다음과 같이 제품 A(개별판매가격 ₩800)와 제품 B(개별판매가격 ₩1,200)를 이전하기로 한 약속에 개별적으로 배분하여 제품 A는 ₩600, 제품 B는 ₩900 그리고 제품 C는 ₩1,000의 수익을 각각 인식한다.

(단위: 원)

제품	배분된 거래가격
제품 A	600(₩1,500×₩800/₩2,000*)
제품 B	900(₩1,500×₩1,200/₩2,000*)
합계	1,500

* 제품 A와 제품 B의 개별판매가격의 합

11. ①

원가율이 60%(매출액:매출원가＝₩50,000,000:₩30,000,000)이므로 반품예상액 ₩10,000,000을 차감한 매출수익 ₩40,000,000에 대해 원가율 60%를 적용하여 매출원가는 ₩24,000,000이다.

K-IFRS *Intermediate Financial Accounting*

Chapter 15

건설계약

단원정리 건설계약

• 건설계약의 의의

- 건설계약
  단일자산의 건설이나 설계, 기술 및 기능 또는 그 최종 목적이나 용도에 있어서 밀접하게 상호연관되거나 상호의존적인 복수자산의 건설을 위해 구체적으로 협의된 계약
- 건설계약조건
  - 정액계약
  - 원가보상계약

• 계약수익과 계약원가

- 계약수익
  - 최초 합의 계약금액
  - 공사변경 등으로 추가되는 금액
- 계약원가
  - 특정 계약에 직접 관련된 원가
  - 계약활동 전반에 귀속될 수 있는 공통원가로 특정 계약에 배분할 수 있는 원가
  - 계약조건에 따라 발주자에게 청구할 수 있는 기타원가

• 건설계약 수익과 비용의 인식

- 진행률 측정방법
  - 산출법
  - 투입법
- 진행기준
  - 수행한 공사에 대하여 발생한 누적계약원가를 추정총계약원가로 나눈 비율
  - 수행한 공사의 측량
  - 계약공사의 물리적 완성비율
  - 실무적 간편법
- 누적정산방식을 사용하여 계약수익과 계약원가 계산
- 진행기준의 회계처리
  - 계약원가 발생
  - 계약대금 청구와 회수
  - 결산
  - 공사완공
- 총건설계약기간에 대하여 손실이 예상되는 경우

제1절 건설계약의 의의

1.1 건설계약

건설계약이란 단일자산의 건설이나 설계, 기술 및 기능 또는 그 최종 목적이나 용도에 있어서 밀접하게 상호연관되거나 상호의존적인 복수자산의 건설을 위해 구체적으로 협의된 계약을 말한다.

① 단일자산: 교량, 건물, 댐, 파이프라인, 도로, 선박 또는 터널

② 복수자산: 정제시설과 기타 복합 생산설비나 기계장치의 건설

1.2 건설계약조건

건설계약은 정액계약과 원가보상계약으로 분류한다. 또한 일부 건설계약에는 정액계약과 원가보상계약의 성격이 모두 포함될 수 있다. 예를 들면, 사전에 가격의 최고한도를 합의한 원가보상계약이 있을 수 있다.

① 정액계약: 계약금액을 정액으로 하거나 산출물 단위당 가격을 정액으로 하는 건설계약

② 원가보상계약: 원가의 일정비율이나 정액의 수수료를 원가에 가산하여 보상받는 건설계약

제2절 계약수익과 계약원가

2.1 계약수익

2.1.1 계약수익: 총공사수익

계약수익은 건설계약에서 획득하게 되는 수익으로 계약수익은 다음 항목으로 구성되는 총공사수익이다.

① 최초에 합의한 계약금액
② 공사변경, 보상금 및 장려금에 따라 추가되는 금액으로서 다음을 모두 충족하는 것
㈎ 수익으로 귀결될 가능성이 높고,
㈏ 금액을 신뢰성 있게 측정할 수 있다.

2.1.2 계약수익의 측정과 변동

계약수익은 수령하였거나 수령할 대가의 공정가치로 측정한다. 이러한 계약수익의 측정은 미래사건의 결과와 관련된 다양한 불확실성에 의해 영향을 받는다. 계약수익의 추정치는 후속사건이 발생하거나 불확실성이 해소됨에 따라 수정될 필요가 있다. 따라서 계약수익은 기간별로 증가하거나 감소할 수 있다. 예를 들면 다음과 같다.

① 건설사업자와 발주자가 계약이 최초로 합의된 회계기간의 후속기간에 계약수익을 증가 또는 감소시키는 공사내용의 변경이나 보상금에 합의하는 경우
② 물가연동조항에 따라 정액계약의 수익금액이 증가되는 경우
③ 건설사업자가 자신의 귀책사유로 완공시기가 지연됨에 따라 위약금을 부담한 결과 계약수익금액이 감소되는 경우
④ 정액계약이 산출물 단위당 고정가격에 기초하여 정해진 경우 산출량이 증가함에 따라 계약수익이 증가하는 경우

(1) 공사변경

공사변경은 계약상 수행하는 공사의 범위를 발주자의 지시에 따라 변경하는 것을 말한다. 공사변경에 따라 계약수익은 증가하거나 감소할 수 있다. 공사변경의 예로 건설대상 자산의 사양이나 설계를 변경하거나 계약기간을 변경하는 것을 들 수 있다.

(2) 보상금

보상금은 건설사업자가 계약금액에 포함되어 있지 않은 원가를 발주자나 다른 당사자에게서 보상받으려는 금액이다. 예를 들어, 발주자에 의하여 공사가 지체되

거나, 제시한 사양이나 설계에 오류가 있거나, 공사변경과 관련하여 분쟁이 있는 경우 보상금이 발생할 수 있다. 보상금에 따른 수익금액은 측정하는 데 불확실성이 높으며 자주 협상의 결과에 따라 달라진다.

(3) 장려금

장려금은 특정 성과기준을 충족하거나 초과하는 경우 건설사업자에게 지급되는 추가금액이다. 예를 들어, 공사계약의 조기 완료에 대하여 건설사업자에게 계약상 정해진 장려금이 지급될 수 있다.

2.2 계약원가

계약원가는 다음의 항목으로 구성되는 총공사원가이다.

① 특정 계약에 직접 관련된 원가

- 현장감독을 포함한 현장인력의 노무원가
- 건설에 사용된 재료원가
- 계약에 사용된 생산설비와 건설장비의 감가상각비
- 생산설비, 건설장비 및 재료를 현장으로 운반하거나 현장에서 운반하는 데 소요되는 원가
- 생산설비와 건설장비의 임차원가
- 계약과 직접 관련된 설계와 기술지원원가
- 예상하자보수원가를 포함한 복구 및 보증공사의 추정원가
- 제3자의 보상금청구

② 계약활동 전반에 귀속될 수 있는 공통원가로서 특정 계약에 배분할 수 있는 원가

- 보험료
- 특정 계약에 직접 관련되지 않은 설계와 기술지원원가
- 건설간접원가

③ 계약조건에 따라 발주자에게 청구할 수 있는 기타 원가

- 제약조건에 보상받을 수 있도록 규정되어 있는 일부 일반관리원가와 개발원가

제3절 건설계약 수익과 비용의 인식

건설계약은 기간에 걸쳐 이행하는 수행의무이므로 그 수행의무 완료까지의 진행률을 측정하여 기간에 거쳐 수익을 인식한다. 진행률의 측정방법의 예로 산출법과 투입법을 들 수 있다.

① 산출법: 계약에서 약속한 재화나 용역의 나머지 부분의 가치와 비교하여 지금까지 이전한 재화나 용역이 고객에 주는 가치의 직접 측정에 기초하여 수익을 인식하는 방법

② 투입법: 수행의무의 이행에 예상되는 총투입물 대비 수행의무를 이행하기 위한 기업의 노력이나 투입물에 기초하여 수익을 인식하는 방법

3.1 진행기준

건설계약의 결과를 신뢰성 있게 추정할 수 있는 경우 건설계약과 관련한 계약수익과 계약원가는 보고기간말 현재 계약활동의 진행률을 기준으로 각각 수익과 비용으로 인식한다. 계약수익뿐만 아니라 계약원가도 발생원가를 비용으로 인식하는 것이 아니라 진행률을 기준으로 비용으로 인식한다는 것에 주의하여야 한다.

계약의 진행률을 기준으로 수익과 비용을 인식하는 방법을 진행기준이라고 한다. 이 방법에 따르면 계약수익은 특정 진행률에 도달하기까지 발생한 계약원가에 대응되며, 그 결과로 공사진행률에 비례하여 수익, 비용 및 이익이 보고된다. 따라서 공사진행률의 산정이 수익과 비용을 인식하는 데 매우 중요하다.

계약의 진행률은 다양한 방식으로 결정될 수 있다. 건설사업자는 수행한 공사를 신뢰성 있게 측정하는 방법을 사용한다. 계약의 성격에 따라 다음과 같은 방법 등으로 측정할 수 있다.

① 수행한 공사에 대하여 발생한 누적계약원가를 추정총계약원가로 나눈 비율(투입법)

② 수행한 공사의 측량(투입법)

③ 계약공사의 물리적 완성비율(산출법)

일반적으로 발주자에게서 수령한 기성금과 선수금은 수행한 공사의 정도를 반영하지 못하므로 진행률의 기준으로 적합하지 않지만, 기업이 지금까지 수행을 완료한 정도가 고객에게 주는 가치에 직접 상응하는 금액을 고객에게서 받을 권리가 있다면(예: 기업이 제공한 용역시간당 고정금액을 청구할 수 있는 용역계약), 기업은 청구권이 있는 금액으로 수익을 인식하는 실무적 간편법을 쓸 수 있다.

예제 15-1 | 진행률의 산정

1. ㈜인덕건설은 상가건물을 건설해주기로 ㈜IDS와 계약하여 20×1년초에 공사를 시작하였다. 공사기간은 3년이며 총공사원가에 대하여 2억원으로 합의하였다. ㈜인덕은 수행한 공사에 대하여 발생한 누적계약원가를 추정총계약원가로 나눈 비율로 공사진행률을 산정한다. 각 연도별 누적 공사진행률을 산정하시오.

	20×1년	20×2년	20×3년
실제발생원가	100,000,000	40,000,000	60,000,000
추정총계약원가	200,000,000	200,000,000	200,000,000

2. ㈜인덕건설은 댐을 건설해주기로 ㈜IDS와 계약하여 20×1년초에 공사를 시작하였다. ㈜인덕은 100,000시간의 작업시간을 투입하면 댐이 완성될 것으로 예측하고 수행한 공사의 측량에 따라 공사진행률을 산정하기로 하였다. 각 연도별 누적 공사진행률을 산정하시오.

	20×1년	20×2년	20×3년
실제작업시간	30,000	50,000	20,000
총예정작업시간	100,000	100,000	100,000

3. ㈜인덕건설은 총 300㎞의 도로를 개설해주기로 ㈜IDS와 계약하여 20×1년초에 공사를 시작하였다. 계약공사의 물리적 완성비율에 따라 진행률을 산정할 경우 각 연도별 누적 공사진행률을 산정하시오.

	20×1년	20×2년	20×3년
당기 완성된 도로의 길이(km)	60	120	120
총예정개설도로의 길이(km)	300	300	300

| 해답 |

1.

	20×1년	20×2년	20×3년
① 누적원가	100,000,000	140,000,000	200,000,000
② 추정총계약원가	200,000,000	200,000,000	200,000,000
누적공사진행률(①÷②)	50%	70%	100%

2.

	20×1년	20×2년	20×3년
① 누적작업시간	30,000	80,000	100,000
② 총예정작업시간	100,000	100,000	100,000
누적공사진행률(①÷②)	30%	80%	100%

3.

	20×1년	20×2년	20×3년
① 누적 완성된 도로의 길이	60	180	300
② 총예정개설도로의 길이	300	300	300
누적공사진행률(①÷②)	20%	60%	100%

3.2 진행기준의 회계처리

진행기준은 매회계기간마다 누적기준으로 계약수익과 계약원가의 현행 추정치에 적용한다(누적정산방식). 따라서 계약수익이나 계약원가의 추정치 변경의 효과나 계약결과의 추정치 변경의 효과는 회계추정의 변경으로 회계처리한다(전진법).

① 계약수익=총공사계약금액×누적공사진행률－전기까지 인식된 누적계약수익

② 계약원가=총공사계약원가×누적공사진행률－전기까지 인식된 누적계약원가

3.2.1 공사기간중 회계처리

(1) 계약원가 발생

공사가 시작되어 재료비, 노무비 및 경비가 공사에 투입되면 미성공사*계정으로 회계처리한다.

* 발생원가 개념

(차) 미성공사	×××	(대) 현금	×××

(2) 계약대금 청구와 회수

〈계약대금 청구시〉

(차) 공사미수금 ××× (대) 진행청구액 ×××

〈청구대금 회수시〉

(차) 현금 ××× (대) 공사미수금 ×××

(3) 결산

진행기준에 따라 계약수익과 계약원가 금액을 계산하고 그 차이금액을 다음과 같이 미성공사*로 회계처리한다.

* 계약이익 개념

(차) 계약원가 ××× (대) 계약수익 ×××
　　 미성공사 ×××

기말에는 미성공사 계정과 진행청구액 계정은 상계하여 미청구공사(미성공사 잔액<진행청구액) 또는 초과청구공사(미성공사 잔액<진행청구액)로 재무제표에 표시된다.

3.2.2 공사완공시 회계처리

완공시에는 진행청구액과 미성공사가 동일한 금액이므로 상계하는 회계처리를 한다.

(차) 진행청구액 ××× (대) 미성공사 ×××

예제 15-2 | 건설계약 – 기본

12월말 결산법인인 ㈜인덕건설은 공사계약금액(총계약수익) ₩500,000,000에 상가 건물을 건설해주기로 ㈜IDS와 계약하였다. 공사기간은 3년으로 예상하며 공사와 관련된 내용은 다음과 같다.

	20×1년	20×2년	20×3년
실제발생원가	100,000,000	40,000,000	60,000,000
추정총계약원가	200,000,000	200,000,000	200,000,000
공사대금청구액	250,000,000	150,000,000	100,000,000
공사대금회수액	200,000,000	200,000,000	100,000,000

상기 자료를 기준으로 공사진행률을 산정할 경우 각 회계기간에 인식할 계약수익과 계약원가를 계산하여 계약이익(공사이익)을 계산하고 회계처리하시오.

| 해답 |

1. 계약이익(공사이익)

	20×1년	20×2년	20×3년
① 공사계약금액	500,000,000	500,000,000	500,000,000
② 누적원가	100,000,000	140,000,000	200,000,000
③ 추정총계약원가	200,000,000	200,000,000	200,000,000
④ 누적공사진행률(=②÷③)	50%	70%	100%
⑤ 계약수익 (=당기①×당기④ – 전기①×전기④)	250,000,000	100,000,000	150,000,000
⑥ 계약원가 (=당기③×당기④ – 전기③×전기④)	(100,000,000)	(40,000,000)	(60,000,000)
⑦ 계약이익(=⑤–⑥)	150,000,000	60,000,000	90,000,000

2. 연도별 회계처리

(1) 20×1

① 계약원가 발생

(차) 미성공사 100,000,000 (대) 현금 100,000,000

② 계약대금 청구와 회수

〈계약대금 청구시〉

(차) 공사미수금 250,000,000 (대) 진행청구액 250,000,000

〈청구대금 회수시〉

(차) 현금 200,000,000 (대) 공사미수금 200,000,000

③ 결산

(차) 계약원가	100,000,000	(대) 계약수익	250,000,000
미성공사	150,000,000		

(2) 20×2

① 계약원가 발생

(차) 미성공사	40,000,000	(대) 현금	40,000,000

② 계약대금 청구와 회수

〈계약대금 청구시〉

(차) 공사미수금	150,000,000	(대) 진행청구액	150,000,000

〈청구대금 회수시〉

(차) 현금	200,000,000	(대) 공사미수금	200,000,000

③ 결산

(차) 계약원가	40,000,000	(대) 계약수익	100,000,000
미성공사	60,000,000		

(3) 20×3

① 계약원가 발생

(차) 미성공사	60,000,000	(대) 현금	60,000,000

② 계약대금 청구와 회수

〈계약대금 청구시〉

(차) 공사미수금	100,000,000	(대) 진행청구액	100,000,000

〈청구대금 회수시〉

(차) 현금	100,000,000	(대) 공사미수금	100,000,000

③ 결산

(차) 계약원가	60,000,000	(대) 계약수익	150,000,000
미성공사	90,000,000		

④ 공사완공

(차) 진행청구액	500,000,000	(대) 미성공사	500,000,000

예제 15-3 | 건설계약 - 확장

12월말 결산법인인 ㈜인덕건설은 공사계약금액(총계약수익) ₩500,000,000에 상가 건물을 건설해주기로 ㈜IDS와 계약하였다. 공사기간은 3년으로 예상하며 공사와 관련된 내용은 다음과 같다.

	20×1년	20×2년	20×3년
실제발생원가	100,000,000	50,000,000	150,000,000
추정총계약원가	200,000,000	250,000,000	300,000,000

상기 자료를 기준으로 공사진행률을 산정할 경우 각 회계기간에 인식할 계약수익과 계약원가를 계산하여 계약이익(공사이익)을 산정하시오.

| 해답 |

	20×1년	20×2년	20×3년
① 공사계약금액	500,000,000	500,000,000	500,000,000
② 누적원가	100,000,000	150,000,000	300,000,000
③ 총계약원가	200,000,000	250,000,000	300,000,000
④ 누적공사진행률(=②÷③)	50%	60%	100%
⑤ 계약수익 (=당기①×당기④ - 전기①×전기④)	250,000,000	50,000,000	200,000,000
⑥ 계약원가 (=당기③×당기④ - 전기③×전기④)	(100,000,000)	(50,000,000)	(150,000,000)
⑦ 계약이익(=⑤-⑥)	150,000,000	-	50,000,000

건설계약의 결과를 신뢰성 있게 추정할 수 없는 경우에는 다음과 같이 회수가능기준에 따라 회계처리한다.

① 수익은 회수가능성이 높은 발생한 계약원가의 범위 내에서만 인식한다.

② 계약원가는 발생한 기간의 비용으로 인식한다.

건설계약 전체적으로는 손실이 발생하지 않더라도 공사가 진행되는 회계기간 중 일시적으로 손실이 발생할 수도 있다. 이러한 경우 해당 회계기간에 손실을 인식하도록 진행률에 따른 계약수익과 계약원가를 인식하는 회계처리를 수행하면 된다. 그러나 총건설계약기간에 대하여 손실이 예상되는 경우, 즉 총계약원가가 총계약수익을 초과할 가능성이 높은 경우 그러한 사실을 알게된 회계기간에 예상되는 손실을 즉시 비용으로 인식한다.

(차) 공사손실충당금전입액	×××	(대) 공사손실충당금	×××

연습문제

| 주관식문제 |

01. 다음 건설공사의 계약수익, 계약원가, 계약이익 계산표를 각 연도별로 작성하시오.

(1) 20×1년초 ㈜인덕건설은 ㈜IDS와 콤플렉스센터 공사를 계약금액 ₩5,000,000에 수주하였다.

(2) 공사기간은 3년이며 각 연도별 발생원가 및 총계약예정원가는 다음과 같다.

	20×1년	20×2년	20×3년
누적발생원가	2,000,000	3,600,000	4,750,000
추가발생예상원가	2,000,000	900,000	–
총공사예정원가	4,000,000	4,500,000	4,750,000

02. ㈜인덕건설은 ㈜세무가 발주하는 건물공사계약을 ₩1,000,000에 수주하여 공사를 진행하였다(20×2년말 현재 공사 진행중). 각 연도별 발생원가 및 총계약예정원가, 대금청구액 및 회수액은 다음과 같다.

	20×1년	20×2년
누적발생원가	₩200,000	₩450,000
총계약예정원가	800,000	900,000
연도별 공사대금청구액	300,000	300,000
연도별 공사대금회수액	300,000	200,000

각 연도별 계약수익, 계약원가, 계약이익을 계산하고 회계처리하시오.

| 객관식문제 |

01. 건설계약의 경우 진행률을 기준으로 수익과 비용을 계상하도록 하고 있다. 다음 중 계약의 진행률을 결정하는 방법으로 적합하지 않은 것은?

① 수행한 공사에 대하여 발생한 누적계약원가를 추정총계약원가로 나눈 비율
② 수행한 공사의 측량
③ 계약공사의 물리적 완성비율
④ 총계약금액을 공사기간으로 나눈 금액

02. 12월말 결산법인인 ㈜인덕건설은 공사계약금액(총계약수익) ₩200,000,000에 본사사옥을 건설하기로 ㈜세무와 계약하였다. 공사기간은 3년으로 예상하며 공사와 관련된 내용은 다음과 같다.

	20×1년	20×2년	20×3년
실제발생원가	₩45,000,000	₩45,000,000	₩30,000,000
총추정계약원가	₩120,000,000	₩120,000,000	₩120,000,000

발생한 누적계약원가를 추정총계약원가로 나눈 비율에 따라 공사진행률을 산정할 경우 20×2년의 계약이익(공사이익)은 얼마인가?

① ₩150,000,000　　② ₩90,000,000
③ ₩75,000,000　　④ ₩30,000,000

03. ㈜삼일은 20×1년도에 계약금액 ₩400억의 사무실용 빌딩 건설공사를 수주하였다. 공사 관련 정보가 다음과 같을 경우 20×2년 계약이익은 얼마인가?
(2021년 재경관리사 기출문제)

	20×1년	20×2년	20×3년
추정총계약원가	₩250억	₩300억	₩300억
당기발생계약원가	₩100억	₩110억	₩90억

① ₩10억　　② ₩20억
③ ₩50억　　④ ₩60억

04. 다음은 ㈜삼일건설의 주석내용 중 일부이다. 다음 괄호 안에 들어갈 용어로 가장 옳은 것은? (2017년 재경관리사 기출문제)

건설계약과 관련하여 진행기준에 의하여 수익을 인식하고 있습니다. 계약활동의 진행률은 진행단계를 반영하지 못하는 계약원가를 제외하고 수행한 공사에 대하여 발생한 누적계약원가를 추정 총계약원가로 나눈 비율로 측정하고 있습니다. 누적발생원가에 인식한 이익을 가산한 금액(수익인식금액)이 진행청구액을 초과하는 금액은 ( )(으)로 표시하고 있습니다.

---

① 공사선수금 ② 미청구공사
③ 초과청구공사 ④ 공사수익

05. 다음은 ㈜삼일건설의 재무제표에 대한 주석이다. 다음 괄호 안에 들어갈 용어로 가장 옳은 것은? (2020년 재경관리사 기출문제)

건설계약과 관련하여 진행기준에 의하여 수익을 인식하고 있습니다. 계약활동의 진행률은 진행단계를 반영하지 못하는 계약원가를 제외하고 수행한 공사에 대하여 발생한 누적계약원가를 추정 총계약원가로 나눈 비율로 측정하고 있습니다. 총계약원가가 총계약수익을 초과할 가능성이 높은 경우에 예상되는 손실은 ( )당기비용으로 인식하고 있습니다.

---

① 즉시 ② 진행률에 따라
③ 이연하여 ④ 공사완료시점에

06. ㈜삼일은 20×1년 건설공사를 계약금액 ₩30,000,000에 수주하였다. 20×1년 ㈜삼일의 예상원가 발생액, 계약대금 청구액은 다음과 같다. ㈜삼일이 누적발생계약원가에 기초하여 계산된 진행률에 따라 수익을 인식한다면 20×1년말 재무상태표에 표시할 미청구공사(계약자산) 또는 초과청구공사(계약부채)는 얼마인가?
(2021년 재경관리사 기출문제)

	20×1년
누적발생계약원가	₩4,000,000
추정총계약원가	₩20,000,000
당기대금청구액	₩5,500,000

① 초과청구공사(계약부채) ₩300,000
② 초과청구공사(계약부채) ₩500,000
③ 미청구공사(계약자산) ₩300,000

④ 미청구공사(계약자산) ₩500,000

07. ㈜예담건설은 ㈜서진전자로부터 3년간의 건설기간이 예상되는 본사사옥 건설공사를 수주하였다. 공사가 진행되던 중 총건설계약기간을 통산하여 손실이 발생할 것으로 예상되는 경우 ㈜예담건설이 해야 할 회계처리로 옳은 것은?

① 건설계약에서 예상되는 손실액은 손실이 시작되는 회계연도부터 순차적으로 인식한다.

② 건설계약에서 예상되는 손실액은 당기에 즉시 비용으로 인식한다.

③ 건설계약에서 예상되는 손실액은 공사완공시에 비용으로 인식한다.

④ 이미 과거연도에 수익을 인식했으므로 건설계약에서 예상되는 손실액은 전기오류수정손실로 반영한다.

08. 다음 중 건설계약의 수익과 원가인식방법에 관한 설명으로 가장 올바르지 않은 것은? (2018년 재경관리사 기출문제)

① 건설계약의 결과를 신뢰성있게 추정할 수 있는 경우 건설계약과 관련한 계약수익과 계약원가는 보고기간말 현재 계약활동의 진행률을 기준으로 각각 수익과 비용으로 인식한다.

② 하도급계약에 따라 수행될 공사에 대해 하도급자에게 선급한 금액은 진행률 산정을 위한 누적발생원가에 포함시켜야 한다.

③ 총계약원가가 총계약수익을 초과할 가능성이 높은 경우 예상되는 손실을 즉시 비용으로 인식한다.

④ 건설계약의 결과를 신뢰성 있게 추정할 수 없는 경우 계약수익은 계약원가의 범위 내에서 회수가능성이 높은 금액만 인식하며, 발생한 계약원가는 모두 당해 기간의 비용으로 인식한다.

정답 및 해설

| 주관식문제 |

01.

	20×1년	20×2년	20×3년
① 공사계약금액	5,000,000	5,000,000	5,000,000
② 누적원가	2,000,000	3,600,000	4,750,000
③ 총추정계약원가	4,000,000	4,500,000	4,750,000
④ 누적공사진행률(=②÷③)	50%	80%	100%
⑤ 계약수익 (=당기①×당기④-전기①×전기④)	2,500,000	1,500,000	1,000,000
⑥ 계약원가 (=당기③×당기④-전기③×전기④)	(2,000,000)	(1,600,000)	(1,150,000)
⑦ 계약이익(=⑤-⑥)	500,000	(100,000)	(150,000)

02.

	20×1년	20×2년
① 공사계약금액	1,000,000	1,000,000
② 누적원가	200,000	450,000
③ 총추정계약원가	800,000	900,000
④ 누적공사진행률(=②÷③)	25%	50%
⑤ 계약수익 (=당기①×당기④-전기①×전기④)	250,000	250,000
⑥ 계약원가 (=당기③×당기④-전기③×전기④)	(200,000)	(250,000)
⑦ 계약이익(=⑤-⑥)	50,000	-

(1) 20×1년

① 계약원가 발생

(차) 미성공사	200,000	(대) 현금	200,000

② 계약대금 청구와 회수

〈계약대금 청구시〉

(차) 공사미수금	300,000	(대) 진행청구액	300,000

〈청구대금 회수시,〉

(차) 현 금	300,000	(대) 공사미수금	300,000

③ 결산

(차) 계약원가	200,000	(대) 계약수익	250,000
미성공사	50,000		

(2) 20×2년

① 계약원가 발생

(차) 미성공사	250,000	(대) 현 금	250,000

② 계약대금 청구와 회수

〈계약대금 청구시〉

(차) 공사미수금	300,000	(대) 진행청구액	300,000

〈청구대금 회수시〉

(차) 현 금	200,000	(대) 공사미수금	200,000

③ 결산

(차) 계약원가	250,000	(대) 계약수익	250,000

| 객관식문제 |

01. ④

02. ④

	20×1년	20×2년	20×3년
① 공사계약금액	200,000,000	200,000,000	200,000,000
② 누적원가	45,000,000	90,000,000	120,000,000
③ 총추정계약원가	120,000,000	120,000,000	120,000,000
④ 누적공사진행률(=②÷③)	37.5%	75%	100%
⑤ 계약수익 (=당기①×당기④ − 전기①×전기④)	75,000,000	75,000,000	50,000,000
⑥ 계약원가 (=당기③×당기④ − 전기③×전기④)	(45,000,000)	(45,000,000)	(30,000,000)
⑦ 계약이익(=⑤−⑥)	30,000,000	30,000,000	20,000,000

03. ①

(1) 계약수익: ₩400억×70%* − ₩400억×40% = ₩120억

* 누적원가율: (₩100억+₩110억)/300억=70%

(2) 계약원가: ₩300억×70% − ₩100억 = ₩110억

(3) 계약이익:₩120억 − ₩110억 = ₩10억

04. ②

누적원가에 이익을 가산한 수익인식금액이 진행청구금액을 초과하는 금액을 미청구공사라고 한다.

05. ①

총건설계약기간에 대하여 손실이 예상되는 경우, 즉 총계약원가가 총계약수익을 초과할 가능성이 높은 경우 예상되는 손실을 즉시 비용으로 인식한다.

06. ④

① 계약원가 발생

(차) 미성공사	4,000,000	(대) 현금	4,000,000

② 계약대금 청구와 회수

〈계약대금 청구시〉

(차) 공사미수금	5,500,000	(대) 진행청구액	5,500,000

③ 결산

(차) 계약원가	4,000,000	(대) 계약수익	6,000,000
미성공사	2,000,000		

* 미청구공사(계약자산) = 미성공사-진행청구액 = ₩6,000,000-₩5,500,000 = ₩500,000

07. ②

총건설계약기간에서 손실이 예상되는 경우 예상되는 손실을 즉시 비용으로 인식한다.

08. ②

K-IFRS *Intermediate Financial Accounting*

Chapter 16

종업원급여

단원정리 종업원급여

• **종업원급여:** 종업원이 제공한 근무용역과 교환하거나 해고하면서 기업이 제공하는 모든 종류의 대가

• **단기종업원급여:** 종업원이 관련 근무용역을 제공하는 연차보고기간말 이후 12개월 이전에 전부 결제될 것으로 예상되는 급여

• **퇴직급여:** 퇴직급여를 지급하기로 하는 협약인 퇴직급여제도에 따라 지급하는 급여
  - 확정기여제도
  - 확정급여제도
    - 퇴직급여 추정
    - 당기근무원가 인식
    - 사외적립자산의 적립
    - 퇴직금 지급

	기업의 의무	보험수리적 위험/투자위험 부담주체
확정기여제도	약정된 기금의 납부	종업원부담
확정급여제도	약정한 퇴직급여의 지급	기업부담

• **해고급여:** 종업원을 해고하는 기업의 결정이나 해고에 대한 대가로 기업이 제안하는 급여를 수락하는 종업원의 결정으로 인해 발생하는 급여

• **기타장기종업원급여:** 단기종업원급여, 퇴직급여 및 해고급여를 제외한 종업원급여

제1절 종업원급여의 의의

종업원급여란 종업원이 제공한 근무용역과 교환하거나 해고하면서 기업이 제공하는 모든 종류의 대가를 말하며 단기종업원급여, 퇴직급여, 기타장기종업원급여 및 해고급여로 구분할 수 있다.

단기종업원급여란 종업원이 관련 근무용역을 제공하는 연차보고기간 이후 12개월 이전에 전부 결제될 것으로 예상되는 종업원급여(해고급여 제외)를 말하고, 퇴직급여란 퇴직 이후에 지급하는 종업원급여(해고급여와 단기종업원급여 제외)이다.

또한 해고급여는 다음 중 하나의 결과로서 종업원을 해고하는 대가로 제공되는 종업원급여이다.

① 통상적인 퇴직시점 이전에 종업원을 해고하고자 하는 기업의 결정

② 해고의 대가로 기업이 제안하는 급여를 수락하는 종업원의 결정

기타장기종업원급여는 단기종업원급여, 퇴직급여 및 해고급여를 제외한 종업원급여이다.

제2절 단기종업원급여

단기종업원급여는 다음 급여를 포함한다. 다만, 종업원이 관련 근무용역을 제공하는 연차보고기간말 이후 12개월 이전에 전부 결제될 것으로 예상되는 종업원급여(해고급여 제외)를 말한다.

① 임금, 사회보장분담금

② 유급연차휴가와 유급병가

③ 이익분배금 · 상여금

④ 현직종업원을 위한 비화폐성급여(예: 의료, 주택, 자동차, 무상 또는 일부 보조로 제공되는 재화나 용역)

종업원이 회계기간에 근무용역을 제공한 때 근무용역과 교환하여 지급이 예상되는 단기종업원급여를 다음과 같이 인식한다.

① 이미 지급한 금액을 차감한 후 부채(미지급비용)로 인식한다. 이미 지급한 금액이 해당 급여보다 많은 경우에는 그 초과액을 자산(선급비용)으로 인식한다.

(차) 단기종업원급여	×××	(대) 현금	×××
		미지급비용	×××

또는

(차) 단기종업원급여	×××	(대) 현금	×××
선급비용	×××		

② 재고자산 또는 유형자산의 원가로 분류되는 급여를 제외하고는 비용으로 인식한다.

제3절 퇴직급여

퇴직급여란 퇴직 이후에 지급하는 종업원급여(해고급여와 단기종업원급여 제외)이다.

퇴직급여란 기업이 퇴직급여를 지급하기로 하는 협약인 퇴직급여제도에 따라 지급하며, 퇴직급여는 다음과 같은 급여를 포함한다.

① 퇴직금(예: 퇴직연금과 퇴직일시금 등)

② 퇴직후생명보험이나 퇴직후의료급여 등과 같은 그 밖의 퇴직급여

퇴직급여도 종업원급여의 일종이며, 근로제공에 대한 대가로 지급받는 것이다. 따라서 근로를 제공한 때에 비용의 인식에 대한 회계처리를 해야 하며, 퇴직급여의 지급시기는 퇴직 이후가 되는 것이다.

퇴직급여제도는 제도의 경제적 실질에 따라 확정기여제도 또는 확정급여제도로 분류된다.

3.1 확정기여제도: DC형(Defined Contribution Plan)

3.1.1 의의

확정기여제도는 종업원에게 지급할 퇴직급여금액이 기금에 출연하는 기여금과 그 투자수익에 의해 결정되는 퇴직급여제도로, 기업의 법적의무나 의제의무는 기업이 기금에 출연하기로 약정한 금액으로 한정된다. 따라서 종업원이 받을 퇴직급여액은 기업과 종업원이 퇴직급여제도나 보험회사에 출연하는 기여금과 그 기여금에서 발생하는 투자수익에 따라 결정된다. 그 결과 종업원이 보험수리적 위험(급여가 기대 이하일 위험)과 투자위험(투자한 자산이 기대급여액을 지급하는 데 충분하지 못하게 될 위험)을 실질적으로 부담한다.

3.1.2 회계처리

일정기간 종업원이 근무용역을 제공하였을 때 기업은 그 근무용역과 교환하여 확정기여제도에 납부해야 할 기여금을 다음과 같이 인식한다.

① 이미 납부한 기여금을 차감한 후 부채(미지급비용)로 인식한다. 이미 납부한 기여금이 보고기간말 이전에 제공된 근무용역에 대해 납부하여야 하는 기여금을 초과하는 경우에는 초과기여금 때문에 미래 지급액이 감소하거나 현금이 환급되는 만큼을 자산(선급비용)으로 인식한다.

즉, 퇴직급여로 기여금을 납부하면서 기업의 의무는 종료하는 것이므로 다음의 회계처리를 기본으로 하여 초과납부기여금이나 미달납부기여금을 선급비용이나 미지급비용으로 처리한다.

(차) 퇴직급여	×××	(대) 현금	×××

② 해당 기여금을 자산의 원가에 포함하는 경우를 제외하고는 비용으로 인식한다.

예제 16-1 | 확정기여제도

㈜인덕은 종업원에 대한 퇴직급여제도로 확정기여제도를 채택하고 있으며, 회사의 퇴직급여제도에 따라 20×1년 종업원의 근로제공에 대한 대가로 납부해야 할 기여금은 ₩5,000,000이며, ㈜인덕은 20×1년 9월 1일에 ₩4,000,000의 기여금을 불입하였다. 잔액 ₩1,000,000의 납부는 20×2년 3월 1일로 예정되어 있다.
㈜인덕이 20×1년도의 퇴직급여와 관련하여 해야 할 회계처리를 하시오.

| 해답 |

〈20×1년 9월 1일〉

(차) 퇴직급여	4,000,000	(대) 현금	4,000,000

〈20×1년 12월 31일〉

(차) 퇴직급여	1,000,000	(대) 미지급비용	1,000,000

3.2 확정급여제도: DB형(Defined Benefit Plan)

3.2.1 의의

확정급여제도는 종업원에게 지급할 퇴직급여금액이 일반적으로 종업원의 임금과 근무연수에 기초하는 산정식에 의해 결정되는 퇴직급여제도로, 다음의 특성을 갖는다.

① 기업의 의무는 약정한 급여를 전·현직종업원에게 지급하는 것이다.

② 기업이 보험수리적 위험(실제급여액이 기대급여액을 초과할 위험)과 투자위험을 실질적으로 부담한다. 보험수리적 실적이나 투자실적이 예상보다 저조하다면 기업의 의무는 증가할 수 있다.

확정급여제도에서는 기금이 별도로 적립되지 않는 경우도 있으나, 법률적으로 별개인 실체나 기금에 보고기업(경우에 따라서는 종업원도 기여금의 일부를 분담할 수 있음)이 기여금을 납부함으로써 전부 또는 부분적으로 기금이 적립(사외적립자산)되는 경우도 있다. 기금이 적립되는 확정급여제도의 경우에는 그 기금에서 종업원급여가 지급된다. 또한 지급기일이 도래한 급여의 지급가능성은 기금의 재무상태와 투자성과뿐만 아니라 기금자산의 부족분을 보전할 수 있는 기업의 능력과 의도에도 달려 있다. 따라서 기업이 실질적으로 제도와 관련된 보험수리적 위험과 투자위험을 부담한다.

3.2.2 회계처리

(1) 퇴직급여 추정

- [1단계] 종업원 퇴직시 지급할 퇴직급여의 추정
  종업원이 당기와 과거기간에 제공한 근무용역의 대가로 획득한 급여에 대한 기업의 궁극적인 원가를 보험수리적 기법(예측단위적립방식)을 사용하여 신뢰성 있게 추정한다. 미래 종업원 퇴직시 지급할 퇴직급여를 추정하는 것이므로 급여원가에 영향을 미치는 인구통계적 변수(예: 종업원의 이직률과 사망률)와 재무적 변수(예: 미래의 임금상승률 및 의료원가상승률)에 대해 추정(보험수리적 가정)을 한다.
- [2단계] 추정된 퇴직급여의 기간배분
  추정된 퇴직급여를 예측단위적립방식에 따라 근무기간에 배분한다. 예측단위적립방식이란 근무기간에 비례하는 발생급여방식이라고도 하며, [퇴직급여/근무연수]로 계산한다.

(2) 당기근무원가 인식

확정급여채무의 현재가치와 당기근무원가를 결정하기 위해 기간배분된 퇴직급여를 현재가치로 할인하고, 당기근무원가를 비용으로 인식한다.

(차) 퇴직급여	×××	(대) 확정급여채무	×××

또한 확정급여채무는 미래 퇴직급여 지급액의 현재가치이므로 확정급여채무를 할인할 때 사용했던 할인율을 적용하여 이자비용을 퇴직급여로 인식하고 확정급여채무의 장부가액을 조정한다.

(차) 퇴직급여	×××	(대) 확정급여채무	×××

(3) 사외적립자산의 적립

사외적립자산이란 퇴직급여의 지급에 대비하여 사외에 적립하는 기금으로 사외적립자산의 적립시 다음과 같이 회계처리한다.

(차) 사외적립자산	×××	(대) 현금	×××

또한 기초 사외적립자산에 확정급여채무를 할인할 때 사용했던 할인율을 적용하여 이자수익을 퇴직급여의 차감으로 인식한다.

(차) 사외적립자산	×××	(대) 퇴직급여	×××

재무상태표에는 확정급여채무와 사외적립자산을 순액으로 표시하도록 하고 있다. 즉, 사외적립자산이 확정급여채무보다 많은 경우 순확정급여자산으로 순액을 표시하고, 확정급여채무가 사외적립자산 보다 많은 경우 순확정급여부채로 순액을 재무상태표에 표시하도록 하고 있다.

(4) 퇴직금 지급

(차) 현금	×××	(대) 사외적립자산	×××
(차) 확정급여채무	×××	(대) 현금	×××

예제 16-2 | 확정급여제도

㈜IDS는 종업원 퇴직시 퇴직전 최종연간 임금의 2%에 근무연수를 곱하여 산정된 퇴직급여를 일시불로 지급한다. 종업원의 1차연도의 연간 임금은 ₩20,000,000이며 매년 3%(복리)씩 상승한다. ㈜IDS는 퇴직급여채무를 할인하기 위한 할인율로 현재 우량 회사채의 시장이자율을 참조하여 10%로 결정하였다. 5차연도말에 퇴직하는 종업원과 관련하여 다음 요구사항에 답하시오.

1. 5차연도말까지 매년 확정급여채무를 계산하시오.
2. 1차연도말과 2차연도말 확정급여채무와 관련한 회계처리를 하시오.
3. ㈜IDS는 퇴직급여지급에 대비하여 1차연도말과 2차연도말 각각 ₩300,000과 ₩320,000을 사외에 기금으로 예치하였다. 사외적립자산과 관련한 회계처리를 하시오.

4. 5차연도말 종업원이 퇴직함에 따라 퇴직급여로 추정한 금액을 지급하였다. 퇴직시 사외적립자산과 확정급여채무의 금액은 일치하였다. 퇴직급여지급과 관련한 회계처리를 하시오.

| 해답 |

1. 확정급여채무의 계산

5차연도 최종연간 임금예상액 ₩20,000,000 × 1.03^4 = ₩22,510,176

퇴직급여예상액 ₩22,510,176 × 2% × 5년 = ₩2,251,018

퇴직급여의 기간배분 ₩2,251,018 ÷ 5년 = ₩450,204

	1차연도	2차연도	3차연도	4차연도	5차연도
기초 확정급여채무	–	307,495	676,490	1,116,208	1,637,105
당기근무원가 =PV(450,204)	307,495*4	338,245*3	372,069*2	409,276*1	450,204
이자원가	–	30,750	67,649	111,621	163,709*
기말 확정급여채무	3,074,954	3,720,698	4,464,831	5,320,590	2,251,018

*1 5차연도말 450,204를 1년 현재가치로 환산: 450,204/1.1 = ₩409,276

*2 5차연도말 450,204를 2년 현재가치로 환산: 450,204/1.1^2 = ₩372.069

*3 5차연도말 450,204를 3년 현재가치로 환산: 450,204/1.1^3 = ₩338,245

*4 5차연도말 450,204를 4년 현재가치로 환산: 450,204/1.1^4 = ₩307,495

* 차이조정

2. 확정급여채무

(1) 1차연도말

(차) 퇴직급여	307,495	(대) 확정급여채무	307,495

(2) 2차연도말

(차) 퇴직급여	338,245	(대) 확정급여채무	338,245
(차) 퇴직급여	30,750	(대) 확정급여채무	30,750

3. 사외적립자산

(1) 1차연도말

(차) 사외적립자산	300,000	(대) 현금	300,000

(2) 2차연도말

(차) 사외적립자산	30,000	(대) 퇴직급여	30,000
(차) 사외적립자산	320,000	(대) 현금	320,000

4. 퇴직급여지급

(차) 확정급여채무	2,251,018	(대) 사외적립자산	2,251,018

3.2.3 추가 고려사항

(1) 과거근무원가 또는 정산으로 인한 손익

과거근무원가란 제도개정이나 축소로 인해 발생하는 확정급여채무 현재가치의 변동이고, 다음 중 이른 날에 비용으로 인식한다.

① 제도의 개정이나 축소가 발생할 때
② 관련되는 구조조정원가나 해고급여를 인식할 때

제도의 정산은 확정급여제도에 따라 발생한 급여의 전부나 일부에 대한 법적의무나 의제의무를 기업이 더 이상 부담하지 않기로 하는 때에 일어나며, 확정급여제도의 정산이 일어나는 때에 정산으로 인한 손익을 인식한다.

(2) 순확정급여부채(자산)의 재측정요소

① 확정급여채무의 재측정요소: 확정급여채무의 가액을 상정하기 위한 보험수리적 가정의 변동과 경험조정으로 인한 확정급여채무의 현재가치가 증감할 때 발생하며 기타포괄손익으로 인식한다.
② 사외적립자산의 재측정요소: 사외적립자산의 기말공정가치와 장부가액의 차이를 재조정할 때 발생한다. 즉, 위에서 사외적립자산에 대하여 할인율을 적용하여 인식한 이자수익과 실제 이자수익과의 차이라고 볼 수 있으며 기타포괄손익으로 인식한다.

(3) 자산인식상한 효과의 변동

확정급여채무와 사외적립자산을 비교하였을 때 사외적립자산의 공정가치가 확정급여채무보다 더 많은 상황에서는 순확정급여자산이 인식된다. 이때 확정급여채무를 초과하는 사외적립자산에 대한 환급권이 기업이 전적으로 통제할 수 없는 불확실한 미래사건에 따라 좌우된다면 자산으로 인식할 수 없다. 이때 순확정급여자산으로 인식할 수 있는 한도를 자산인식상한이라고 하며 자산인식상한의 변동은 기타포괄손익으로 인식한다.

3.2.4 확정기여제도와 확정급여제도의 비교

	기업의 의무	보험수리적 위험/투자위험 부담주체
확정기여제도	약정된 기금의 납부	종업원부담
확정급여제도	약정한 급여의 지급	기업부담

제4절 해고급여

해고급여는 다음 중 하나의 결과로서 종업원을 해고하는 대가로 제공되는 종업원급여이다.

① 통상적인 퇴직시점 이전에 종업원을 해고하고자 하는 기업의 결정

② 해고의 대가로 기업이 제안하는 급여를 수락하는 종업원의 결정

해고급여에 대해 다른 종업원급여와 구별되는 점은 다른 종업원급여의 경우 근무용역 제공에 대한 대가인데 반해 해고급여의 경우에는 채무를 발생시키는 사건이 종업원의 근무가 아니라 해고라는 것이다. 해고급여는 종업원을 해고하는 기업의 결정이나 해고에 대한 대가로 기업이 제안하는 급여를 수락하는 종업원의 결정으로 인해 발생한다. 기업의 제안이 아닌 종업원의 요청으로 인한 해고나 의무적인 퇴직규정으로 인하여 발생하는 종업원급여는 퇴직급여이기 때문에 해고급여에 포함하지 아니한다. 한편, 기업의 요청에 의한 해고의 경우 종업원의 요청에 의한 해고시 지급하는 급여(실질적으로 퇴직급여)보다 더 많은 급여를 제공할 수 있다. 종업원의 요청에 의한 해고로 인해 지급하는 급여와 기업의 요청에 의한 해고로 인해 지급된 더 많은 급여와의 차이가 해고급여이다.

종업원급여의 형태에 따라 종업원급여가 근무용역에 대한 대가인지 또는 퇴직에 대한 대가로 지급되는지가 결정되지 않는다. 해고급여는 통상 일시불현금으로 지급하지만 경우에 따라서는 다음과 같은 방식으로 지급할 수 있다.

① 직접 또는 종업원급여제도를 통하여 간접으로 퇴직급여를 증액한다.

② 해고대상 종업원이 기업에 경제적효익을 가져다주는 근무용역을 특정 예고기

간까지 더 이상 제공하지 않더라도 그 기간의 임금을 지급한다.

제5절 기타장기종업원급여

기타장기종업원급여는 단기종업원급여, 퇴직급여 및 해고급여를 제외한 종업원급여로써 기타장기종업원급여에는 다음과 같은 급여가 포함되며, 종업원이 관련 근무용역을 제공하는 연차보고기간말 이후 12개월 이전에 전부 결제될 것으로 예상되지 않는 경우에 한정된다.

① 장기근속휴가나 안식년휴가와 같은 장기유급휴가

② 그 밖의 장기근속급여

③ 장기장애급여

④ 이익분배금과 상여금

⑤ 이연된 보상

연습문제

| 주관식문제 |

01. 퇴직급여제도란 기업이 종업원에게 퇴직 이후에 지급하는 종업원급여에 대한 근거가 되는 공식 또는 비공식 협약으로 경제적 실질에 따라 확정기여제도 또는 확정급여제도로 분류된다. 두 가지 분류에 대하여 비교·설명하시오.

| 객관식문제 |

01. 퇴직급여제도와 관련한 다음 설명 중 잘못된 것은?

① 확정급여제도에서 기업의 의무는 약정한 급여를 전·현직종업원에게 지급하는 것이다.
② 퇴직급여란 기업이 퇴직급여를 지급하기로 하는 협약인 퇴직급여제도에 따라 지급하며 통상적인 퇴직시점 이전에 종업원을 해고하고자 하는 기업의 결정에 따른 지급액을 포함한다.
③ 확정기여제도에서 기업의 의무는 기업이 기금에 출연하기로 약정한 금액으로 한정된다.
④ 확정기여제도에서는 종업원이 보험수리적 위험과 투자위험을 실질적으로 부담한다.

02. 퇴직급여제도로 확정급여제도를 채택하고 있는 ㈜인덕은 직원 김모 씨에 대해 근무용역제공시 ₩2,000,000의 퇴직급여를 즉시 사외에 적립한 후 퇴직시 지급하였다. 퇴직급여와 관련된 회계처리로 적절한 것은?

		(차변)		(대변)	
①	근무용역제공시:	퇴직급여	2,000,000	확정급여채무	2,000,000
②	근무용역제공시:	퇴직급여	2,000,000	현금	2,000,000
③	사외적립시:	사외적립자산	2,000,000	퇴직급여	2,000,000
④	퇴직급여지급시:	퇴직급여	2,000,000	사외적립자산	2,000,000

03. 다음은 확정급여제도를 도입한 ㈜삼일의 당기말 관련 결산자료이다. ㈜삼일의 보고기간 종료일 현재 재무상태표에 표시될 확정급여채무의 잔액은 얼마인가?

ㄱ. 확정급여채무의 현재가치: ₩700,000
ㄴ. 사외적립자산의 공정가치: ₩80,000

(2016년 재경관리사 기출문제)

① ₩600,000 ② ₩620,000
③ ₩700,000 ④ ₩780,000

04. ㈜삼일은 확정급여형 퇴직급여제도를 시행하고 있다. 20×1년말 사외적립자산의 공정가치 금액은 얼마인가?

ㄱ. 20×1년초 사외적립자산의 공정가치: ₩2,000,000
ㄴ. 당기근무원가: ₩800,000
ㄷ. 사외적립자산의 기대수익: ₩200,000
ㄹ. 사외적립자산의 실제수익: ₩150,000

(2021년 재경관리사 기출문제 수정)

① ₩2,050,000 ② ₩2,150,000
③ ₩2,200,000 ④ ₩3,000,000

05. 다음 중 종업원급여(퇴직급여)의 회계처리에 관한 설명으로 가장 옳은?

김부장: 확정기여제도를 도입한 기업은 기여금의 운용결과에 따라 추가납부의무가 있다.
이차장: 확정급여제도는 기업이 기여금을 불입함으로써 퇴직급여와 관련된 모든 의무가 종료된다.
박과장: 확정급여채무의 현재가치를 계산할 때 종업원이직률, 조기퇴직률, 임금상승률, 할인율 등의 가정은 상황 변화에 관계없이 전기와 동일한 값을 적용하였다.
정사원: 확정급여제도를 도입하고 확정급여채무와 사외적립자산의 재측정요소는 기타포괄손익으로 인식하였다.

(2015년 재경관리사 기출문제)

① 김부장 ② 이차장
③ 박과장 ④ 정사원

06. 다음 중 종업원급여(퇴직급여)의 회계처리에 관한 설명으로 가장 옳은 것은?
(2018년 재경관리사 기출문제 수정)

① 확정기여제도(DC형)를 도입한 기업은 기여금의 운용결과에 따라 추가납부의무가 있다.
② 확정급여제도(DB형)는 기업이 기여금을 불입함으로써 퇴직급여와 관련된 모든 의무가 종료된다.
③ 확정급여채무의 현재가치를 계산할 때 종업원이직률, 조기퇴직률, 임금상승률, 할인율 등의 가정은 상황 변화에 관계없이 전기와 동일한 값을 적용한다.
④ 확정급여제도하에서 확정급여채무와 사외적립자산의 재측정요소는 기타포괄손익으로 인식한다.

07. 다음 중 확정급여형 퇴직급여제도와 관련하여 당기손익으로 인식되는 항목으로 가장 올바르지 않은 것은?

① 당기근무원가 ② 이자원가
③ 보험수리적손익 ④ 과거근무원가

08. 다음의 빈칸에 들어갈 말로 가장 적절한 것끼리 묶인 것은?

확정급여제도의 회계처리에서 당기근무원가, 과거근무원가와 정산으로 인한 손익, 순확정급여부채 및 사외적립자산의 순이자는 (㉠)으로 인식한다. 보험수리적손익, 순확정급여부채(자산)의 순이자에 포함된 금액을 제외한 사외적립자산의 수익, 순확정급여부채(자산)의 순이자에 포함된 금액을 제외한 자산인식상한 효과의 변동은 (㉡)으로 인식한다.

(2020년 재경관리사 기출문제 수정)

	㉠	㉡
①	당기손익	당기손익
②	당기손익	기타포괄손익
③	기타포괄손익	당기손익
④	기타포괄손익	기타포괄손익

정답 및 해설

| 주관식문제 |

01. (1) 확정기여제도
확정기여제도의 퇴직급여제도는 회사가 부담하는 기여금이 확정되어 있고 사외에 예치하며 예치된 기여금의 운용에 대한 위험은 종업원이 부담하게 되는 제도이다.
(2) 확정급여제도
확정급여제도의 퇴직급여제도는 종업원 퇴직시에 회사가 지급해야 할 퇴직급여액이 확정되어 있는 제도로서 회사는 외부에 예치 또는 회사내부에 유보를 선택할 수 있으며, 퇴직급여액이 확정되어 있으므로 자금운용에 대한 위험은 회사가 부담하게 된다.

|객관식문제|

01. ②
퇴직급여란 퇴직 이후에 지급하는 종업원급여(해고급여와 단기종업원급여 제외)이다.

02. ①
확정급여제도에서는 근무용역제공시 퇴직급여를 인식하고 확정급여채무로 부채계상한다.

03. ②
재무상태표에 표시될 확정급여채무 = ₩700,000 − ₩80,000(사외적립자산) = ₩620,000

04. ②
20×1년말 사외적립자산의 공정가치 금액 = 20×1년초 사외적립자산의 공정가치 금액 + 사외적립자산의 실제수익 = ₩2,000,000 + ₩150,000 = ₩2,150,000

05. ④
확정급여채무와 사외적립자산의 재측정요소는 기타포괄손익으로 인식하도록 하고 있다.

06. ④

07. ③

보험수리적손익은 순확정급여부채(자산)의 재측정요소 중의 하나로 기타포괄손익으로 인식한다.

08. ②

K-IFRS *Intermediate Financial Accounting*

Chapter 17

리스

단원정리 리스

- **리스:** 자산의 사용권을 이전하고 사용료(리스료)를 수수하는 계약

- **리스이용의 목적:** 자산취득금액의 부담과 자산취득시 부담할 진부화위험 회피

- **리스의 분류**
  - 리스이용자: 사용권자산과 리스부채 인식
  - 리스제공자: 리스자산 소유에 따른 위험과 보상의 이전 여부에 따라
    - 금융리스: 리스자산 소유에 따른 위험과 보상의 대부분을 이전하는 리스
    - 운용리스: 리스자산 소유에 따른 위험과 보상의 대부분을 이전하지 않는 리스

- **리스이용자의 회계처리**
  - 최초측정
    - 사용권자산: 원가로 측정
    - 리스부채: 리스료의 현재가치로 측정
  - 후속측정
    - 사용권자산: 원가모형, 공정가치모형, 재평가모형을 적용하여 감가상각 실시
    - 리스부채: 유효이자율법을 적용하여 이자비용을 인식하고 리스부채의 장부가액 조정

- **리스제공자의 회계처리**
  - 운용리스: 정액기준 또는 다른 체계적인 기준에 따라 운용리스료를 수익으로 인식하고 감가상각 실시
  - 금융리스
    - 최초인식: 리스순투자의 금액을 수취채권으로 표시(자산매각+대출)
    - 후속측정: 유효이자율법을 적용하여 채권의 원금회수액과 이자수익 인식

- **판매후리스:** 리스이용자의 자산을 리스제공자에게 판매하고 다시 리스하는 거래

	자산이전이 판매인 경우	자산이전이 판매가 아닌 경우
판매자 (리스이용자)	사용권자산 인식, 리스부채 인식, 자산처분손익 인식	금융부채 인식
구매자 (리스제공자)	자산매입, 리스 인식	금융자산 인식

제1절 리스의 의의

리스란 리스제공자가 자산의 사용권을 합의된 기간 동안 리스이용자에게 이전하고 리스이용자는 그 대가로 사용료를 리스제공자에게 지급하는 계약이다. 자산의 사용을 필요로 하는 상황에서 취득금액에 대한 부담이나 자산의 취득 후 진부화 위험에 대한 부담 때문에 자산을 취득하기보다는 사용권만 가지고 그 자산을 사용하려는 목적으로 실행하는 계약이다.

(1) 장점

① 리스이용자는 리스계약을 통해 자산소유에 따른 진부화 등 자산소유자가 가지는 위험을 회피할 수 있다.

② 거액의 취득대금을 지출하지 않고 사용료만 지불함으로써 자산을 소유하고 있는 것처럼 자산의 효익을 누릴 수 있다.

(2) 단점

① 지급리스료가 비교적 높다.

② 실제로 자산을 소유하면서 가질 수 있는 권리인 담보설정이나 처분에 따른 잔존가치 효익은 누리지 못한다.

제2절 리스분류기준

2.1 리스이용자

리스이용자는 리스개시일에 사용권자산과 리스부채를 인식한다.

용어정의

용어	정의
리스개시일(개시일)	리스제공자가 리스이용자에게 기초자산을 사용할 수 있게 하는 날
사용권자산	리스기간에 리스이용자가 기초자산을 사용할 권리(기초자산 사용권)를 나타내는 자산

2.2 리스제공자

리스제공자는 각 리스를 운용리스 또는 금융리스로 분류한다. 즉, 기초자산의 소유에 따른 ① 위험과 ② 보상의 대부분을 이전하는 리스는 금융리스로 분류하고 그렇지 않은 경우 운용리스로 분류한다.

용어정의

용어	정의
기초자산	리스제공자가 리스이용자에게 자산의 사용권을 제공하는, 리스의 대상이 되는 자산

① 위험: 자산의 운휴나 기술적 진부화로 인한 손실 및 경제여건의 변화에 따른 이익의 변동가능성을 포함

② 보상: 자산의 경제적 내용연수 동안 수익성 있는 운용에 대한 기대 및 가치증대나 잔존가치의 실현에서 발생하는 이익 등에 대한 기대

금융리스의 경우 리스자산의 소유에 따른 위험과 보상의 대부분이 이전되었으므로 리스이용자에게 소유권이 이전되었다고 보는 것이다.

운용리스의 경우 리스자산의 소유에 따른 위험과 보상의 대부분을 이전하지 않았으므로 리스제공자가 계속하여 소유하면서 사용료만 지급받는 것이다.

리스는 계약의 형식보다는 거래의 실질에 따라 금융리스나 운용리스로 분류한다.

(1) 금융리스 분류기준의 예시

① 소유권이전약정: 리스기간 종료시점 이전에 기초자산의 소유권이 리스이용자에게 이전되는 리스

② 염가매수선택권: 리스이용자가 선택권을 행사할 수 있는 날의 공정가치보다 충분히 낮을 것으로 예상되는 가격으로 기초자산을 매수할 수 있는 선택권을 가지고 있고, 그 선택권을 행사할 것이 리스약정일 현재 상당히 확실한 경우

③ 리스기간 vs 경제적 내용연수: 기초자산의 소유권이 이전되지는 않더라도 리스기간이 기초자산의 경제적 내용연수의 상당 부분(major part)을 차지하는 경우

④ 리스료의 현재가치 vs 기초자산의 공정가치: 리스약정일 현재 리스료의 현재가치가 적어도 기초자산 공정가치의 대부분에 해당하는 경우

⑤ 특수한 리스자산: 기초자산이 특수하여 해당 리스이용자만이 주요한 변경 없이 사용할 수 있는 경우

용어정의	
리스기간	리스이용자가 기초자산 사용권을 갖는 해지불능기간과 다음 기간을 포함하는 기간 (1) 리스이용자가 리스 연장선택권을 행사할 것이 상당히 확실한 경우에 그 선택권의 대상 기간 (2) 리스이용자가 리스 종료선택권을 행사하지 않을 것이 상당히 확실한 경우에 그 선택권의 대상 기간
리스약정일 (약정일)	리스계약일과 리스의 주요 조건에 대하여 계약당사자들이 합의한 날 중 이른 날

(2) 금융리스 분류 상황의 지표

① 리스이용자가 리스를 해지할 수 있는 경우에 리스이용자가 해지에 관련되는 리스제공자의 손실을 부담하는 경우

② 잔존자산의 공정가치 변동에서 생기는 손익이 리스이용자에게 귀속되는 경우 (예: 리스 종료시점에 매각대가의 대부분에 해당하는 금액이 리스료 환급의 형태로 리스이용자에게 귀속되는 경우)

③ 리스이용자가 시장리스료보다 현저하게 낮은 리스료로 다음 리스기간에 리스를 계속할 능력이 있는 경우

제3절 리스이용자의 회계처리

3.1 최초측정

리스이용자는 리스개시일에 사용권자산과 리스부채를 인식한다. 리스이용자의 경우 단기리스와 소액기초자산리스를 제외하고는 운용리스의 개념을 적용하지 아니한다.

(차) 사용권자산	×××	(대) 리스부채	×××
		선급리스료	×××
		리스개설직접원가	×××
		복구충당부채	×××

3.1.1 사용권자산

리스이용자는 리스개시일에 사용권자산을 원가로 측정하며, 사용권자산의 원가는 다음 항목으로 구성된다.

① 리스부채의 최초 측정금액

② 선급리스료: 리스개시일이나 그 전에 지급한 리스료(리스 인센티브를 받은 경우 동 금액 차감)

③ 리스이용자가 부담하는 리스개설직접원가

④ 복구충당부채: 리스 조건에서 요구하는 대로 기초자산을 해체하고 제거하거나, 기초자산이 위치한 부지를 복구하거나, 기초자산 자체를 복구할 때 리스이용자가 부담하는 원가의 추정치

> 사용권자산＝리스부채의 최초 측정금액＋리스개시일 전에 지급한 리스료(선급리스료)
> ＋리스이용자의 리스개설직접원가＋복구원가 추정치(복구충당부채)

용어정의

리스 인센티브	리스와 관련하여 리스제공자가 리스이용자에게 지급하는 금액이나 리스의 원가를 리스제공자가 보상하거나 부담하는 금액
리스개설직접원가	리스를 체결하지 않았더라면 부담하지 않았을 리스체결의 증분원가. 다만 금융리스와 관련하여 제조자 또는 판매자인 리스제공자가 부담하는 원가는 제외

3.1.2 리스부채

리스이용자는 리스개시일에 지급할 리스료의 현재가치로 리스부채를 측정한다. 현재가치를 산정하기 위한 리스의 내재이자율을 쉽게 산정할 수 없는 경우에는 리스이용자의 증분차입이자율을 사용한다.

리스개시일에 리스부채의 측정치에 포함되는 리스료는 리스기간에 걸쳐 기초자산을 사용하는 권리에 대한 지급액 중 그날 현재 지급되지 않은 다음 금액으로 구성된다. 즉, 리스계약의 대가로 지급하게 될 총대가이다.

① 고정리스료
② 지수나 요율(이율)에 따라 달라지는 변동리스료
③ 잔존가치보증에 따라 리스이용자가 지급할 것으로 예상되는 금액
④ 리스이용자가 매수선택권을 행사할 것이 상당히 확실한 경우에 그 매수선택권의 행사가격
⑤ 리스기간이 리스이용자의 종료선택권 행사를 반영하는 경우에 그 리스를 종료하기 위하여 부담하는 금액

> 리스부채 = 지급할 리스료(리스계약의 대가로 지급하게 될 총 대가)를 내재이자율로 할인한 현재가치

용어정의

용어	정의
리스의 내재이자율	리스료 및 무보증잔존가치의 현재가치 합계액을 다음 ㈎와 ㈏의 합계액과 동일하게 하는 할인율 ㈎ 기초자산의 공정가치 ㈏ 리스제공자의 리스개설직접원가
리스이용자의 증분차입이자율	리스이용자가 비슷한 경제적 환경에서 비슷한 기간에 걸쳐 비슷한 담보로 사용권자산과 가치가 비슷한 자산 획득에 필요한 자금을 차입한다면 지급해야 하는 이자율
고정리스료	리스기간의 기초자산 사용권에 대하여 리스이용자가 리스제공자에게 지급하는 금액에서 변동리스료를 뺀 금액
변동리스료	리스기간에 기초자산의 사용권에 대하여 리스이용자가 리스제공자에게 지급하는 리스료의 일부로서 시간의 경과가 아닌 리스개시일 후 사실이나 상황의 변화 때문에 달라지는 부분
잔존가치보증	리스제공자와 특수관계에 있지 않은 당사자가 리스제공자에게 제공한, 리스종료일의 기초자산 가치(또는 가치의 일부)가 적어도 특정 금액이 될 것이라는 보증

예제 17-1 | 리스이용자(리스개시일)

12월 결산법인인 ㈜인덕은 20×1년초에 ㈜기계리스로부터 기계장치 사용에 대한 리스계약을 체결하였다.

〈리스부채 측정을 위한 정보〉

- 리스기간: 20×1년초 ~ 20×3년말(3년)
- 리스료: 매년말 ₩300,000 지급
- 내재이자율(할인율): 연 5%

〈사용권자산 측정을 위한 추가정보〉

- ㈜기계리스에게 지급한 리스개설 직접원가: ₩5,000

1. 리스개시일에 ㈜인덕이 인식할 리스부채와 사용권자산의 금액을 측정하고 회계처리를 하시오.
2. 위 사례에서 ㈜인덕이 리스종료일에 기계장치를 ₩8,000에 매수할 수 있는 매수선택권을 보유하고 있으며, 이 매수선택권을 행사할 것이 상당히 확실한 경우 리스개시일에 ㈜인덕이 인식할 리스부채와 사용권자산의 금액을 측정하고 회계처리를 하시오.

| 해답 |

1. (1) 리스부채: ₩300,000×2.72325(3년, 5%, 연금현가계수)=₩816,975
   (2) 사용권자산: ₩816,975+₩5,000=₩821,975

〈20×1년초〉

(차) 사용권자산	821,975	(대) 리스부채	816,975
		현금	5,000

2. (1) 리스부채: ₩300,000×2.72325(3년, 5%, 연금현가계수)+8,000×0.86384(3년, 5%, ₩1의 현가계수)=₩823,886
   (2) 사용권자산: ₩823,886+₩5,000=₩828,886

〈20×1년초〉

(차) 사용권자산	828,886	(대) 리스부채	823,886
		현금	5,000

3.2 후속측정

3.2.1 사용권자산

리스이용자는 리스개시일 후에 원가모형을 적용하여 사용권자산을 측정한다. 단, 리스이용자가 투자부동산에 공정가치모형을 적용하는 경우에는 투자부동산 정의를 충족하는 사용권자산에도 공정가치모형을 적용하며, 사용권자산이 재평가모형을 적용하는 유형자산의 유형에 관련되는 경우에 리스이용자는 그 유형자산의 유형에 관련되는 모든 사용권자산에 재평가모형을 적용하기로 선택할 수 있다.

또한 리스이용자는 사용권자산에 대한 감가상각 회계처리를 적용한다. 이때 리스가 리스기간 종료시점 이전에 리스이용자에게 기초자산의 소유권을 이전하는 경우나 사용권자산의 원가에 리스이용자가 매수선택권을 행사할 것임이 반영되는 경우에 리스이용자는 리스개시일부터 기초자산의 내용연수 종료시점까지 사용권자산을 감가상각한다. 그 밖의 경우에는 리스이용자는 리스개시일부터 사용권자산의 내용연수 종료일과 리스기간 종료일 중 이른 날까지 사용권자산을 감가상각한다.

(차) 사용권자산상각비	×××	(대) 사용권자산	×××

3.2.2 리스부채

리스이용자는 리스개시일 후에 유효이자율법을 적용하여 이자비용을 인식하고 리스부채의 장부가액을 조정한다.

(차) 이자비용	×××	(대) 현금	×××
리스부채	×××		

예제 17-2 | 리스이용자(후속측정)

12월 결산법인인 ㈜인덕은 20×1년초에 ㈜세무리스로부터 기계장치(내용연수 5년, 잔존가치 없음) 사용에 대한 리스계약을 체결하였다.

- 리스기간: 20×1년초 ~ 20×3년말
- 리스료: 매년말 ₩300,000 지급
- 내재이자율(할인율): 연 5%
- ㈜인덕이 리스종료일에 기계장치를 ₩8,000에 매수할 수 있는 매수선택권을 보유하고 있으며, 이 매수선택권을 행사할 것이 상당히 확실함
- 두 회사 모두 감가상각방법으로 정액법을 선택함

1. 리스부채의 측정금액을 계산하고 유효이자율법 상각표를 작성하시오.
2. 리스기간 동안 ㈜인덕의 리스료 지급 및 사용권자산의 감가상각과 관련된 회계처리를 하시오.
3. 리스기간 종료시 ㈜인덕이 매수선택권을 행사할 경우의 회계처리를 하시오.

| 해답 |

1. 리스부채: ₩300,000×2.72325(3년, 5%, 연금현가계수)+8,000×0.86384(3년, 5%, ₩1의 현가계수)=₩823,886

리스와 관련된 유효이자율법 상각표

일자	①유효이자 (=④×내재이자율)	②리스료	③원금상환액 (=②-①)	④장부가액 (=직전④-③)
20×1년초	–	–	–	823,886
20×1년말	41,194	300,000	258,806	565,080
20×2년말	28,254	300,000	271,746	293,334
20×3년말	14,666	300,000	285,334	8,000

2. 사용권자산의 최초측정금액: ₩823,886
   사용권자산의 매년 상각비: 823,886÷5년=₩164,777
   〈20×1년말〉

(차) 이자비용	41,194	(대) 현금	300,000
리스부채	258,806		
(차) 사용권자산상각비	164,777	(대) 사용권자산	164,777

〈20×2년말〉

(차) 이자비용	28,254	(대) 현금	300,000
리스부채	271,746		
(차) 사용권자산상각비	164,777	(대) 사용권자산	164,777

〈20×3년말〉

(차) 이자비용	14,666	(대) 현금	300,000
리스부채	285,334		
(차) 사용권자산상각비	164,777	(대) 사용권자산	164,777

3. 20×3년말

(차) 리스부채	8,000	(대) 현금	8,000
(차) 기계장치	329,555	(대) 사용권자산	329,555

제4절 리스제공자의 회계처리

리스제공자의 경우 기초자산의 소유에 따른 위험과 보상의 이전 여부에 따라 각 리스를 운용리스 또는 금융리스로 분류한다. 즉, 기초자산의 소유에 따른 위험과 보상의 대부분을 이전하는 리스는 금융리스로 분류하고 그렇지 않은 경우 운용리스로 분류한다.

4.1 운용리스

운용리스는 기초자산의 소유에 따른 위험과 보상의 대부분을 이전하지 않는 리스이며, 운용리스의 경우 리스제공자는 정액 기준이나 다른 체계적인 기준으로 운용리스의 리스료를 수익으로 인식한다. 다른 체계적인 기준이 기초자산의 사용으로 생기는 효익이 감소되는 형태를 더 잘 나타낸다면 리스제공자는 그 기준을 적용한다. 즉, 운용리스는 임대차의 성격이므로 일반적으로 수익이 기간의 경과에 따라 발생한다고 보는 것이다. 따라서 리스료가 계약에 따라 실제로 어떻게 수수되든지 총리스료를 기간에 따라 일정하게 배분하여 수익과 비용으로 인식하는 것이다. 리스자산은 리스제공자 소유의 자산이므로 리스자산에 관련된 감가상각비는 리스제공자가 소유한 다른 유사 자산의 일반 감가상각정책과 일관되어야 한다.

예제 17-3 | 리스제공자(운용리스)

12월 결산법인인 ㈜인덕은 20×1년초에 ㈜세무리스로부터 기계장치 사용에 대한 운용리스계약을 체결하였다. ㈜세무리스는 이 기계장치를 20×1년초에 운용리스로 제공하기 위하여 ₩500,000(경제적 내용연수 5년, 잔존가치 없음)에 취득하였다. 리스기간은 20×1년초~20×3년말이며 운용리스료 지급약정은 다음과 같다. 리스제공자 입장에서 리스와 관련한 회계처리를 하시오(양사는 모든 감가상각대상 자산에 대해 정액법으로 감가상각하고 있다).

일시	리스료
20×1년 12월 31일	₩100,000
20×2년 12월 31일	200,000
20×3년 12월 31일	300,000

| 해답 |

〈20×1년초〉

(차) 운용리스자산	500,000	(대) 현금	500,000

〈20×1년말〉

(차) 현금	100,000	(대) 운용리스료수익	200,000
미수운용리스료	100,000		
(차) 감가상각비	100,000*	(대) 감가상각누계액	100,000

* 500,000÷5년=100,000

〈20×2년말〉

(차) 현금	200,000	(대) 운용리스료수익	200,000
(차) 감가상각비	100,000	(대) 감가상각누계액	100,000

〈20×3년말〉

(차) 현금	300,000	(대) 운용리스료수익	200,000
		미수운용리스료	100,000
(차) 감가상각비	100,000	(대) 감가상각누계액	100,000

4.2 금융리스

4.2.1 최초인식

리스제공자는 리스개시일에 금융리스에 따라 보유하는 자산을 재무상태표에 인식하고 그 자산을 리스순투자와 동일한 금액의 수취채권으로 표시한다. 즉, 보유하고 있는 리스자산을 처분하고 그 처분액을 리스이용자에게 대여하는 경제적 실질을 회계처리한다.

(차) 금융리스채권	×××	(대) 리스자산	×××

여기서 리스순투자란 리스제공자가 받게 될 리스료와 무보증잔존가치의 합계액을 리스의 내재이자율로 할인한 금액이다. 즉, 리스자산으로부터 획득하게 될 총대가를 할인한 금액이다.

> 금융리스채권 = 리스순투자 = (리스료 + 무보증잔존가치)를 내재이자율로 할인한 현재가치

또한 리스개시일에 리스순투자의 측정치에 포함되는 리스료는 리스기간에 걸쳐 기초자산을 사용하는 권리에 대한 지급액 중 리스개시일 현재 지급받지 않은 다음 금액으로 구성된다.

① 고정리스료

② 지수나 요율(이율)에 따라 달라지는 변동리스료

③ 잔존가치보증에 따라 리스이용자, 리스이용자의 특수관계자, 리스제공자와 특수관계에 있지 않고 보증의무를 이행할 재무적 능력이 있는 제3자가 리스제공자에게 제공하는 잔존가치보증

④ 리스이용자가 매수선택권을 행사할 것이 상당히 확실한 경우에 그 매수선택권의 행사가격

⑤ 리스기간이 리스이용자의 종료선택권 행사를 반영하는 경우에 그 리스를 종료하기 위하여 부담하는 금액

용어정의

무보증잔존가치	리스제공자가 실현할 수 있을지 확실하지 않거나 리스제공자의 특수관계자만이 보증한 기초자산의 잔존가치 부분

4.2.2 후속측정

금융리스에서는 리스자산의 법적 소유에 따른 위험과 보상의 대부분이 이전되므로 리스료는 리스제공자의 투자와 용역에 대한 회수와 보상으로서 채권의 원금회수액과 이자수익으로 구분하여 회계처리한다. 이자수익은 리스제공자의 금융리스 순투자 금액에 대하여 일정한 기간이자율이 산출되는 방식을 적용하여 인식한다. 즉, 유효이자율법에 따라 인식한다.

(차) 현금	×××	(대) 이자수익	×××
		금융리스채권	×××

예제 17-4 | 리스제공자(금융리스)

12월 결산법인인 ㈜인덕은 20×0년말에 ㈜세무리스로부터 기계장치 사용에 대한 금융리스계약을 체결하였다. ㈜세무리스는 이 기계장치를 20×0년말에 ₩248,685(경제적 내용연수 5년, 잔존가치 없음)에 취득하였다. 이 금융리스계약에 따라 리스기간 종료시에 소유권이 무상으로 ㈜인덕으로 이전된다.
리스제공자 입장에서 리스와 관련한 회계처리를 하시오(양사는 모든 감가상각대상 자산에 대해 정액법으로 감가상각하고 있다).

- 리스기간　　　　3년(20×1년 1월 1일 ~ 20×3년 12월 31일)
- 리스료　　　　　매년말 ₩100,000
- 리스의 내재이자율　10%

| 해답 |

1. 금융리스채권: 리스료의 현재가치
   100,000×2.48685* = ₩248,685
   * 연금의 현가계수(3년, 10%) = 2.48685

리스와 관련된 유효이자율법 상각표

일자	① 유효이자 (= ④×내재이자율)	② 리스료	③ 원금상환액 (= ② - ①)	④ 장부가액 (= 직전④ - ③)
20×1년초	–	–	–	248,685
20×1년말	24,869	100,000	75,131	173,554
20×2년말	17,355	100,000	82,645	90,909
20×3년말	9,091	100,000	90,909	–

2. 리스제공자

〈20×0년말〉

(차) 선급리스자산	248,685	(대) 현금	248,685

〈20×1년초〉

(차) 금융리스채권	248,685	(대) 선급리스자산	248,685

〈20×1년말〉

(차) 현금	100,000	(대) 이자수익	24,869
		금융리스채권	75,131

〈20×2년말〉

(차) 현금	100,000	(대) 이자수익	17,355
		금융리스채권	82,645

〈20×3년말〉

(차) 현금	100,000	(대) 이자수익	9,091
		금융리스채권	90,909

제5절 판매후리스거래

판매후리스거래란 리스이용자가 보유하고 있던 자산을 리스제공자에게 판매하고 다시 그 자산을 리스하는 거래를 말한다. 이 경우 자산 이전이 판매에 해당하는지에 대하여 수행의무의 이행시기 판단은 제14장 고객과의 계약에서 생기는 수익에 따른다.

(1) 자산이전이 판매인 경우

① 판매자(리스이용자): 판매하는 자산의 종전 장부금액에 비례하여 판매후리스에서 생기는 사용권자산을 측정하고 리스료의 현재가치로 리스부채를 측정하며, 판매에 따른 차손익 금액을 인식한다.

② 구매자(리스제공자): 자산의 매입과 리스에 대한 회계처리를 한다.

(2) 자산이전이 판매가 아닌 경우

① 판매자(리스이용자): 이전대가를 금융부채로 회계처리한다.

② 구매자(리스제공자): 이전대가를 금융자산으로 회계처리한다.

연습문제

| 주관식문제 |

01. 리스제공자의 경우 리스를 금융리스와 운용리스로 분류하는 분류기준을 설명하고, 금융리스로 분류될 수 있는 예를 설명하시오.

02. 리스이용자의 경우 사용권자산의 상각기간에 대하여 매수선택권 보유 여부를 구분하여 설명하시오.

03. 리스의 장 · 단점을 리스제공자(리스회사)와 리스이용자에 따라 설명하시오.

04. 인덕리스는 ㈜세무와 기계장치에 대하여 다음과 같은 조건으로 20×0년 12월 1일에 금융리스계약을 체결하였다. 기계장치에 대한 감가상각방법은 정액법이고, 인덕리스의 내재이자율은 10%이다.

- 리스기간: 20×1년초부터 20×3년말까지 3년간(리스기간개시일: 20×1년 1월 1일)
- 리스자산: 기계장치(취득원가 994,740, 잔존가치 없고 내용연수 5년)
- 리스료: 매년말 ₩400,000씩 후급하며, 리스기간 종료시점에 소유권을 무상으로 이전한다.

연금의 현재가치계수

	10%
1년	0.90909
2년	1.73554
3년	2.48685

1. ㈜세무의 각 시점별 회계처리를 하시오.
2. 인덕리스의 각 시점별 회계처리를 하시오.

05. 다음의 운용리스 거래에 대하여 인덕리스의 각 시점별 회계처리를 하시오.

(1) 20×0년 12월 1일 인덕리스는 ㈜세무와 다음의 운용리스계약을 체결하였다.

- 리스기간: 20×1년초 ~ 20×3년말(3년)
- 리스자산: 의료장비(취득원가: ₩300,000, 잔존가치 없고, 내용연수 5년, 정액법 상각)
- 리스료: 20×1년말 ₩70,000, 20×2년말 ₩120,000, 20×3년말 ₩110,000

(2) 인덕리스는 리스계약 직후 동 의료장비를 구입하고 대금을 전액 지급하였다.

| 객관식문제 |

01. 다음 중 리스에 관한 설명으로 가장 올바르지 않은 것은?
(2021년 재경관리사 기출문제 수정)

① 금융리스의 경우 리스이용자의 입장에서 보증잔존가치와 무보증잔존가치는 모두 리스료에 포함한다.
② 금융리스에서 리스제공자가 리스채권으로 인식할 금액은 리스료의 현재가치와 무보증잔존가치의 현재가치를 합한 금액이다.
③ 금융리스에서 리스이용자는 리스개시일에 사용권자산과 리스부채를 인식하는 것을 원칙으로 한다.
④ 리스제공자는 각 리스를 운용리스나 금융리스로 분류한다.

02. 다음 리스의 분류기준 중 금융리스로 분류해야 하는 상황이 아닌 것은?

① 리스기간 종료시점 이전에 기초자산의 소유권이 리스이용자에게 이전되는 경우
② 기초자산의 소유권이 이전되지 않더라도 리스기간이 기초자산의 경제적 내용연수의 상당부분을 차지하는 경우
③ 리스자산의 소유권이 이전되지 않더라도 리스기간 종료시 동일한 성격의 다른 리스자산으로 갱신할 수 있는 권리가 부여된 경우
④ 리스약정일 현재, 리스료의 현재가치가 적어도 기초자산 공정가치의 대부분에 해당하는 경우

03. 다음 중 일반적으로 금융리스로 분류하는 사례로 가장 올바르지 않은 것은?
(2018년 재경관리사 기출문제 수정)

① 리스약정일 현재 리스료의 현재가치가 적어도 기초자산 공정가치의 대부분에 해당하는 경우
② 리스이용자가 선택권을 행사할 수 있는 날의 공정가치보다 충분히 낮을 것으로 예상

되는 가격으로 기초자산을 매수할 수 있는 선택권을 가지고 있고, 그 선택권을 행사할 것이 리스약정일 현재 상당히 확실한 경우

③ 기초자산의 소유권이 이전되지는 않더라도 리스기간이 기초자산의 경제적 내용연수의 상당 부분을 차지하는 경우

④ 리스이용자가 기초자산의 소유에 따른 대부분의 위험과 보상을 가지고 있지 않은 경우

04. 다음 중 괄호 안에 들어갈 단어로 옳은 것은? (2016년 재경관리사 기출문제 수정)

( )은 리스료 및 무보증잔존가치의 현재가치 합계액을 기초자산의 공정가치 및 리스제공자의 리스개설직접원가의 합계액과 동일하게 하는 할인율을 말한다.

① 내재이자율 ② 증분차입이자율
③ 증분리스이자율 ④ 우량회사채이자율

05. 12월 결산법인인 ㈜인덕은 20×1년초에 세무리스로부터 차량운반구 사용에 대한 운용리스계약을 체결하였다. 세무리스는 이 차량운반구를 20×1년초에 운용리스로 제공하기 위하여 ₩10,000,000(경제적 내용연수 4년, 잔존가치 ₩1,000,000)에 취득하였다. 리스기간은 20×1년초~20×3년말이며 운용리스료 지급약정은 다음과 같다. 세무리스의 리스와 관련한 회계처리 중 옳은 것은? 단, 양사는 모든 감가상각대상자산에 대해 정액법으로 감가상각하고 있다.

일시	리스료
20×1년 12월 31일	₩2,000,000
20×2년 12월 31일	3,000,000
20×3년 12월 31일	1,000,000

① 20×1년 12월 31일
(차) 현금 2,000,000 (대) 운용리스료수익 2,000,000

② 20×1년 12월 31일
(차) 감가상각비 3,000,000 (대) 감가상각누계액 3,000,000

③ 20×2년 12월 31일
(차) 운용리스료 3,000,000 (대) 현금 3,000,000

④ 20×2년 12월 31일
(차) 현금 3,000,000 (대) 운용리스료수익 3,000,000

06. ㈜삼일리스는 20×2년 1월 1일 ㈜용산과 기계장치에 대한 금융리스계약을 다음과 같이 체결하였다. 20×2년말 ㈜삼일리스가 인식해야 할 리스채권을 계산한 것으로 가장 옳은 것은? 단, 소수점은 반올림한다. (2020년 재경관리사 기출문제)

ㄱ. 리스료: 매년말 ₩200,000씩 지급
ㄴ. 20×2년 1월 1일 현재 리스채권의 현가: ₩758,158
ㄷ. 내재이자율: 10%
ㄹ. 리스기간: 5년

① ₩124,184 ② ₩633,974 ③ ₩758,158 ④ ₩800,000

07. 12월 결산법인인 ㈜인덕은 20×1년초에 세무리스로부터 기계장치 사용에 대한 리스계약을 체결하였다. 세무리스는 이 기계장치를 20×0년말에 ₩2,401,830(경제적 내용연수 5년, 잔존가치 없음)에 취득하였다. 이 리스계약에 따라 리스기간 종료시에 소유권이 무상으로 ㈜인덕으로 이전된다.
20×1년말 ㈜인덕의 리스와 관련한 회계처리로 옳은 것은? 단, 양사는 모든 감가상각대상 자산에 대해 정액법으로 감가상각하고 있다.

• 리스기간 3년(20×1년 1월 1일~20×3년 12월 31일)
• 리스료 매년말 ₩1,000,000
• 리스의 내재이자율 12%

① (차) 이자비용	288,220	(대) 현금	1,000,000
리스부채	711,780		
② (차) 금융리스료	1,000,000	(대) 현금	1,000,000
③ (차) 감가상각비	800,610	(대) 감가상각누계액	800,610
④ (차) 감가상각비	1,000,000	(대) 감가상각누계액	1,000,000

08. ㈜서울은 20×1년 1월 1일에 ㈜부산과 리스기간 3년의 차량운용리스계약을 체결하였다. 리스계약서상 리스료의 지급기일은 다음과 같다. 리스이용자인 ㈜부산이 20×1년에 인식해야 할 리스료는 얼마인가? (2018년 재경관리사 기출문제 수정)

지급일시	리스료
20×1년 12월 31일	₩1,500,000
20×2년 12월 31일	2,000,000
20×3년 12월 31일	2,500,000

① ₩1,500,000 ② ₩2,000,000 ③ ₩2,500,000 ④ ₩6,000,000

정답 및 해설

| 주관식문제 |

01. 리스제공자의 경우 리스는 리스자산의 소유에 따른 위험과 보상이 리스제공자와 리스이용자에게 귀속되는 정도에 따라 결정된다. 이때 리스자산의 소유에 따른 위험과 보상의 대부분을 이전하는 리스는 금융리스로 분류하고, 리스자산의 소유에 따른 위험과 보상의 대부분을 이전하지 않는 리스는 운용리스로 분류한다.
다음 경우 중 하나 또는 그 이상에 해당하면 일반적으로 금융리스로 분류한다.
① 리스기간 종료시점 이전에 기초자산의 소유권이 리스이용자에게 이전되는 리스
② 리스이용자가 선택권을 행사할 수 있는 날의 공정가치보다 충분히 낮을 것으로 예상되는 가격으로 기초자산을 매수할 수 있는 선택권을 가지고 있고, 그 선택권을 행사할 것이 리스약정일 현재 상당히 확실한 경우
③ 기초자산의 소유권이 이전되지는 않더라도 리스기간이 기초자산의 경제적 내용연수의 상당 부분(major part)을 차지하는 경우
④ 리스약정일 현재 리스료의 현재가치가 적어도 기초자산 공정가치의 대부분에 해당하는 경우
⑤ 기초자산이 특수하여 해당 리스이용자만이 주요한 변경 없이 사용할 수 있는 경우

02. 리스이용자는 사용권자산에 대한 감가상각기간을 고려할 때 리스가 리스기간 종료시점 이전에 리스이용자에게 기초자산의 소유권을 이전하는 경우나 사용권자산의 원가에 리스이용자가 매수선택권을 행사할 것임이 반영되는 경우에 리스이용자는 리스개시일부터 기초자산의 내용연수 종료시점까지 사용권자산을 감가상각하며, 그 밖의 경우에는 리스개시일부터 사용권자산의 내용연수 종료일과 리스기간 종료일 중 이른 날까지 사용권자산을 감가상각한다.

03. (1) 리스제공자
리스제공자는 리스자산에 대한 법적인 소유권을 가지고 있으므로 담보가 확실하여 자금대여로 인한 위험을 감소시킬 수 있으며, 운용리스의 경우 리스자산 취득시 투자세액공제 등의 혜택을 받을 수 있다. 그러나 금융리스의 경우 리스자산에 대한 수요자의 한정으로 인해 담보된 리스자산의 처분가치가 낮을 수 있는 단점이 있다.
(2) 리스이용자
리스이용자는 리스계약을 통해 자산 소유에 따른 진부화 등 자산소유자가 가지는 위

험을 회피할 수 있으며 사용료만 지불하면서 자산을 소유하고 있는 것처럼 자산의 효익을 누릴 수 있는 장점이 있다. 그러나 리스료라고 하는 사용료가 높고 실제 자산을 소유하면서 가질 수 있는 잔존가치 등 처분에 대한 효익은 누리지 못하는 단점이 있다.

04. 1. ㈜세무

(1) 리스부채: 400,000 × 2.48685 = ₩994,740

사용권자산: ₩994,740

리스와 관련된 유효이자율법 상각표

일자	① 유효이자 (= ④ × 내재이자율)	② 리스료	③ 원금상환액 (= ② − ①)	④ 장부가액 (= 직전④ − ③)
20×1년초				994,740
20×1년말	99,474	400,000	300,526	694,214
20×2년말	69,421	400,000	330,579	363,636
20×3년말	36,364	400,000	363,636	−

(2) 회계처리

〈20×1년초〉

(차) 사용권자산	994,740	(대) 리스부채	994,740

〈20×1년말〉

(차) 이자비용	99,474	(대) 현금	400,000
리스부채	300,526		
(차) 사용권자산 감가상각비	198,948	(대) 사용권자산	198,948

〈20×2년말〉

(차) 이자비용	69,421	(대) 현금	400,000
리스부채	330,579		
(차) 사용권자산 감가상각비	198,948	(대) 사용권자산	198,948

〈20×3년말〉

(차) 이자비용	36,364	(대) 현금	400,000
리스부채	363,636		
(차) 사용권자산 감가상각비	198,948	(대) 사용권자산	198,948
(차) 기계장치	397,896	(대) 사용권자산	397,896

〈20×4년말, 20×5년말〉

(차) 사용권자산 감가상각비	198,948	(대) 사용권자산	198,948

2. 인덕리스

(1) 금융리스채권: 400,000 × 2.48685 = ₩994,740

(2) 회계처리(위 유효이자율법 상각표 적용)

〈20×1년초〉

(차) 금융리스채권	994,740	(대) 기계장치	994,740

〈20×1년말〉

(차) 현금	400,000	(대) 이자수익	99,474
		금융리스채권	300,526

〈20×2년말〉

(차) 현금	400,000	(대) 이자수익	69,421
		금융리스채권	330,579

〈20×3년말〉

(차) 현금	400,000	(대) 이자수익	36,364
		금융리스채권	363,636

05. 매년 인식할 운용리스료수익/비용 = (70,000 + 120,000 + 110,000) ÷ 3년 = ₩100,000

(1) 리스회사(인덕리스)

〈20×0년 12월 1일〉

(차) 선급리스자산	300,000	(대) 현금	300,000

〈20×1년초〉

(차) 운용리스자산	300,000	(대) 선급리스자산	300,000

〈20×1년말〉

(차) 현금	70,000	(대) 운용리스료수익	100,000
미수운용리스료	30,000		
(차) 감가상각비	60,000*	(대) 감가상각누계액	60,000

* 300,000 ÷ 5년 = ₩60,000

〈20×2년말〉

(차) 현금	120,000	(대) 운용리스료수익	100,000
		미수운용리스료	20,000
(차) 감가상각비	60,000	(대) 감가상각누계액	60,000

〈20×3년말〉

(차) 현금	110,000	(대) 운용리스료수익	100,000
		미수운용리스료	10,000

(차)	감가상각비	60,000	(대)	감가상각누계액	60,000

〈20×4년, 20×5년말〉

(차)	감가상각비	60,000	(대)	감가상각누계액	60,000

| 객관식문제 |

01. ①

리스이용자는 무보증잔존가치를 지급할 의무가 없으므로 리스료에 포함하지 않는다.

02. ③

03. ④

04. ①

05. ①

매년 인식할 운용리스료수익＝(2,000,000＋3,000,000＋1,000,000)÷3년＝₩2,000,000

〈20×1년말〉

(차)	현금	2,000,000	(대)	운용리스료수익	2,000,000
(차)	감가상각비	2,250,000	(대)	감가상각누계액	2,250,000

* (10,000,000－1,000,000)÷4년

〈20×2년말〉

(차)	현금	3,000,000	(대)	운용리스료수익	2,000,000
				선수수익	1,000,000
(차)	감가상각비	2,250,000	(대)	감가상각누계액	2,250,000

〈20×3년말〉

(차)	현금	1,000,000	(대)	운용리스료수익	2,000,000
	선수수익	1,000,000			
(차)	감가상각비	2,250,000	(대)	감가상각누계액	2,250,000

06. ②

(1) 리스채권 가액: 리스순투자=(리스료+무보증잔존가치)를 내재이자율로 할인한 현재 가치=200,000×3.79079=₩758,158

(2) 리스와 관련된 유효이자율법 상각표

일자	①유효이자 (=④×내재이자율)	②리스료	③원금상환액 (=②-①)	④장부가액 (=직전④-③)
20×2년초				758,158
20×2년말	75,815	200,000	124,184	633,974
20×3년말	63,397	200,000	136,603	497,371
20×4년말	49,737	200,000	150,263	347,108
20×5년말	34,711	200,000	165,289	181,819
20×6년말	18,18	200,000	181,819	–

07. ①

(1) 리스부채 가액: 1,000,000×2.40183=₩2,401,830

(2) 사용권자산: ₩2,401,830

리스와 관련된 유효이자율법 상각표

일자	①유효이자 (=④×내재이자율)	②리스료	③원금상환액 (=②-①)	④장부가액 (=직전④-③)
20×1년초				2,401,830
20×1년말	288,220	1,000,000	711,780	1,690,050
20×2년말	202,806	1,000,000	797,194	892,856
20×3년말	107,144	1,000,000	892,856	–

(3) 회계처리

〈20×1년초〉

(차) 사용권자산	2,401,830	(대) 리스부채	2,401,830

〈20×1년말〉

(차) 이자비용	288,220	(대) 현금	1,000,000
리스부채	711,780		
(차) 감가상각비	480,366	(대) 감가상각누계액	480,366

〈20×2년말〉

(차) 이자비용	202,806	(대) 현금	1,000,000
리스부채	797,194		

(차) 감가상각비	480,366	(대) 감가상각누계액	480,366

〈20×3년말〉

(차) 이자비용	107,144	(대) 현금	1,000,000
리스부채	892,856		
(차) 감가상각비	480,366	(대) 감가상각누계액	480,366

〈20×4년말, 20×5년말〉

(차) 감가상각비	480,366	(대) 감가상각누계액	480,366

08. ②

매년 인식할 운용리스료수익＝(1,500,000＋2,000,000＋2,500,000)÷3년＝₩2,000,000

K-IFRS *Intermediate Financial Accounting*

Chapter 18

회계변경과 오류수정

단원정리 회계변경과 오류수정

- **회계정책:** 재무제표를 작성·표시하기 위하여 적용하는 구체적인 원칙, 근거, 관습, 규칙 및 관행

- **적용가능한 한국채택국제회계기준이 없는 경우 다음 특성을 모두 보유하는 회계정책을 개발:** 목적적합성, 신뢰성, 충실성, 경제적 실질 반영, 중립성, 신중성, 중요한 사항의 빠짐없는 고려

- **회계정책의 변경이 가능한 경우(소급법 적용):**
  - 한국채택국제회계기준에서 회계정책의 변경을 요구하는 경우
  - 회계정책 변경이 기업의 신뢰성있고 더 목적적합한 정보를 제공하는 경우

- **회계추정의 변경(전진법 적용):** 상황의 변화, 새로운 정보의 획득, 추가적인 경험의 축적으로 추정의 수정이 가능(오류수정이 아님)

- **오류수정:** 재무제표 구성요소의 인식, 측정, 표시 또는 공시와 관련하여 발생
  - 재무상태표에만 영향을 미치는 오류
  - 손익계산서에만 영향을 미치는 오류
  - 재무상태표와 손익계산서 모두에 영향을 미치는 오류
    - 자동조정적 오류유형
    - 비자동조정적 오류유형

제1절 회계변경

회계변경은 회계정책의 변경과 회계추정의 변경으로 구분할 수 있다. 회계정책이란 기업이 재무제표를 작성 · 표시하기 위하여 적용하는 구체적인 원칙, 근거, 관습, 규칙 및 관행을 말하는데, 이러한 회계정책은 한국채택국제회계기준 또는 관련 법규의 개정이 있거나 새로운 회계정책을 적용함으로써 회계정보의 신뢰성과 목적적합성을 향상시킬 수 있는 경우에 변경한다. 또한 회계추정의 변경이란 자산과 부채의 현재상태를 평가하거나 자산과 부채와 관련된 예상되는 미래효익과 의무를 평가한 결과에 따라 자산이나 부채의 장부금액 또는 기간별 자산의 소비액을 조정하는 것을 말한다.

1.1 회계정책의 변경

회계정책이란 기업이 재무제표를 작성 · 표시하기 위하여 적용하는 구체적인 원칙, 근거, 관습, 규칙 및 관행이다. 회계정책의 변경이란 기존에 적용해오던 회계정책을 다른 회계정책으로 바꾸는 것을 말한다.

1.1.1 회계정책의 적용

한국채택국제회계기준에서 특정 범주별로 서로 다른 회계정책을 적용하도록 규정하거나 허용하는 경우를 제외하고는 재무제표이용자가 기업의 재무상태, 재무성과 및 현금흐름의 추이를 알기 위하여 기간별 재무제표를 비교할 수 있도록 하기 위해 유사한 거래, 기타 사건 및 상황에는 동일한 회계정책을 선택하여 일관성 있게 적용해야 한다.

1.1.2 회계정책변경 사유

기업은 다음 중 하나의 경우에 회계정책을 변경할 수 있다.

① 한국채택국제회계기준에서 회계정책의 변경을 요구하는 경우

② 회계정책의 변경을 반영한 재무제표가 거래, 기타 사건 또는 상황이 재무상태,

재무성과 또는 현금흐름에 미치는 영향에 대하여 신뢰성 있고 더 목적적합한 정보를 제공하는 경우

그러나 다음은 회계정책의 변경에 해당하지 아니한다.

① 과거에 발생한 거래와 실질이 다른 거래, 기타 사건 또는 상황에 대하여 다른 회계정책을 적용하는 경우

② 과거에 발생하지 않았거나 발생하였어도 중요하지 않았던 거래, 기타 사건 또는 상황에 대하여 새로운 회계정책을 적용하는 경우

1.1.3 회계정책 변경의 회계처리 방법: 소급법

회계정책의 변경은 특정 기간에 미치는 영향이나 누적효과를 실무적으로 결정할 수 없는 경우를 제외하고는 새로운 회계정책을 처음부터 적용한 것처럼 거래, 기타 사건 및 상황에 적용하는 소급법을 적용하여 회계처리한다.

1.1.4 적용가능한 회계정책이 없는 경우

만일 거래, 기타 사건 또는 상황에 대하여 구체적으로 적용할 수 있는 한국채택국제회계기준이 없는 경우 경영진은 판단에 따라 회계정책을 개발 및 적용하여 회계정보를 작성할 수 있으며, 이때 회계정보는 다음과 같은 특성을 모두 보유하여야 한다.

① 이용자의 경제적 의사결정 요구에 목적적합하다.

② 신뢰할 수 있다. 신뢰할 수 있는 재무제표는 다음의 속성을 포함한다.

㈎ 기업의 재무상태, 재무성과 및 현금흐름을 충실하게 표현한다.

㈏ 거래, 기타 사건 및 상황의 단순한 법적 형태가 아닌 경제적 실질을 반영한다.

㈐ 중립적이다. 즉, 편의가 없다.

㈑ 신중하게 고려한다.

㈒ 중요한 사항을 빠짐없이 고려한다.

예제 18-1 | 회계정책의 변경

20×1년초에 사업을 개시한 12월말 결산법인인 ㈜인덕은 축산농가로부터 산양유를 공급받아 사일로에 저장하였다가 가공하여 판매하고 있다. 재고자산에 대하여 실지재고조사법을 적용하고 있는 ㈜인덕은 사일로에 저장되어 있는 재고자산인 산양유를 일반적인 원가흐름에 대한 가정에 따라 선입선출법을 적용하고 있었으나 20×3년도에 ㈜서진컨설팅으로부터 받은 회계자문을 통해 실제원가흐름을 잘 반영할 수 있는 평균법을 적용할 것을 권고받고 20×3년에 회계정책을 변경하기로 결정하였다. 이러한 변경은 한국채택국제회계기준에서 요구하는 회계정책변경의 조건을 충족한다. 회계정책 변경에 대한 회계처리를 하시오.

구분	선입선출법	평균법
20×1년말 재고자산	1,000,000	800,000
20×2년말 재고자산	500,000	600,000
20×3년말 재고자산	1,200,000	1,000,000

| 해답 |

1. 회계정책변경에 따라 20×1년말 재고자산이 ₩200,000 감소하여야 하는 만큼 20×1년의 매출원가가 증가하여 그만큼 당기순이익이 감소하게 된다. 또한 20×1년의 기말재고는 20×2년의 기초재고를 구성하여 20×2년에 매출원가가 ₩200,000 만큼 감소하게 되고 당기순이익이 증가하게 된다. 그러나 20×3년의 상황에서는 두 회계연도가 지나면서 회계변경에 따른 효과는 상쇄되어 사라지게 된다.

2. 회계정책변경에 따라 20×2년말 재고자산이 ₩100,000 증가하여야 한다. 기말재고자산의 증가는 매출원가의 감소로 당기순이익이 증가하게 되므로 20×2년의 미처분이익잉여금이 ₩100,000 증가하여야 한다. 이 회계처리에 따라 20×3년의 기초재고자산은 ₩600,000으로 변경되어 매출원가가 증가한다.

(차) 매출원가	100,000	(대) 미처분이익잉여금	100,000
(20×3년 매출원가 증가)		(20×2년 매출원가 감소)	

3. 회계정책변경에 따라 20×3년말 재고자산이 ₩200,000 감소하여야 한다. 기말재고자산의 감소는 매출원가의 증가를 가져오므로 이에 대한 20×3년의 재무제표 작성과 관련한 회계처리는 다음과 같다.

(차) 매출원가	200,000	(대) 재고자산	200,000

* 회계처리는 20×3년을 기준으로 하였으나 20×3년 재무제표를 공시할 때 비교표시되는 20×2년의 재무제표도 소급법을 적용하여 수정된 금액으로 공시하여야 한다.

1.1.5 회계정책변경 공시사항

(1) 한국채택국제회계기준의 최초 적용으로 인한 회계정책의 변경시 공시할 사항

한국채택국제회계기준을 최초로 적용함으로써 발생하는 회계정책의 변경이 당기 또는 과거기간에 영향을 미치는 경우, 당기 또는 과거기간에 영향을 미칠 수 있는 경우(영향의 조정금액을 실무적으로 결정할 수 없는 경우를 제외), 또는 미래기간에 영향을 미칠 수 있는 경우에는 다음 사항을 공시한다.

① 관련 한국채택국제회계기준의 명칭

② 경과규정에 따라 회계정책을 변경한 경우 그 사실

③ 회계정책 변경의 성격

④ 경과규정이 있는 경우 그 내용

⑤ 미래기간에 영향을 미칠 수 있는 경과규정이 있는 경우 그 내용

⑥ 실무적으로 적용할 수 있는 범위까지 당기 및 비교표시된 각 과거기간의 다음 항목

㈎ 회계정책 변경의 영향을 받는 재무제표의 각 항목별 조정금액

㈏ 기업회계기준서 제1033호 '주당이익'이 적용되는 경우 기본주당이익과 희석주당이익의 조정금액

⑦ 실무적으로 적용할 수 있는 범위까지 비교표시된 회계기간보다 앞선 기간에 귀속되는 조정금액

⑧ 특정 과거기간이나 비교표시된 회계기간보다 앞선 기간에 대하여 실무적으로 소급적용할 수 없는 경우 그 사유 및 회계정책변경의 적용방법과 적용한 시기에 관한 내용

(2) 회계정책의 자발적 변경시 공시할 사항

회계정책의 자발적 변경이 당기 또는 과거기간에 영향을 미치는 경우, 당기 또는 과거기간에 영향을 미칠 수 있는 경우(영향의 조정금액을 실무적으로 결정할 수 없는 경우를 제외), 또는 미래기간에 영향을 미칠 수 있는 경우에는 다음 사항을 공시한다.

① 회계정책 변경의 성격

② 새로운 회계정책이 재무정보의 신뢰성과 목적적합성의 제고에 기여하는 근거
③ 실무적으로 적용할 수 있는 범위까지 비교표시된 각 과거기간의 다음 항목
  ㈎ 회계정책 변경의 영향을 받는 재무제표의 각 항목별 조정금액
  ㈏ 기업회계기준서 제1033호가 적용되는 경우 기본주당이익과 희석주당이익의 조정금액
④ 실무적으로 적용할 수 있는 범위까지 비교표시된 회계기간보다 앞선 기간에 귀속되는 조정금액
⑤ 특정 과거기간이나 비교표시된 회계기간보다 앞선 기간에 대하여 실무적으로 소급적용할 수 없는 경우 소급적용할 수 없는 사유 및 회계정책변경의 적용방법과 적용한 시기에 관한 내용

1.2 회계추정의 변경

1.2.1 회계추정

사업활동에 내재된 불확실성으로 인하여 재무제표의 많은 항목이 정확히 측정될 수 없고 추정될 수밖에 없다. 추정은 최근의 이용가능하고 신뢰성 있는 정보에 기초한 판단을 수반한다. 추정이 필요할 수 있는 항목의 예는 다음과 같다.

① 대손
② 재고자산 진부화
③ 금융자산이나 금융부채의 공정가치
④ 감가상각자산의 내용연수나 잔존가치 또는 감가상각자산에 내재된 미래경제적효익의 기대소비행태(감가상각방법)
⑤ 품질보증의무

1.2.2 회계추정 변경의 회계처리: 전진법

재무제표 작성에 있어서 합리적 추정을 사용하는 것은 재무제표 작성의 필수적인 과정이며 재무제표의 신뢰성을 손상시키지 않는다. 그러나 추정의 근거가 되었던 상황의 변화, 새로운 정보의 획득, 추가적인 경험의 축적이 있는 경우 추정의 수정이 필요할 수 있다. 이러한 과거 추정에 대한 수정은 과거기간과 연관되지 않으

며 오류수정으로 보지 아니한다. 즉, 과거 추정을 하는 시점에서 이용가능한 정보에 따라 합리적으로 추정을 하였다면 그 추정은 오류가 아니므로 추가적인 증거나 경험의 축적에 따른 수정은 오류수정이 아니라는 것이다.

회계정책의 변경과 회계추정의 변경을 구분하는 것이 어려운 경우에는 이를 회계추정의 변경으로 본다. 또한 회계추정의 변경효과는 전진적으로 인식한다(전진법). 회계추정의 변경효과를 전진적으로 인식하는 것은 추정의 변경을 그것이 발생한 시점 이후부터 거래, 기타 사건 및 상황에 적용하는 것을 말한다. 회계추정의 변경은 당기손익에만 영향을 미치는 경우와 당기손익과 미래기간의 손익에 모두 영향을 미치는 경우가 있다. 예를 들면, 대손에 대한 추정의 변경은 당기손익에만 영향을 미치므로 변경의 효과가 당기에 인식된다.

그러나 감가상각자산의 추정내용연수의 변경 또는 감가상각자산에 내재된 미래경제적효익의 기대소비형태의 변경은 당기의 감가상각비뿐만 아니라 그 자산의 잔존내용연수 동안 미래기간의 감가상각비에 영향을 미친다. 위의 두 경우 모두 당기에 미치는 변경의 효과는 당기손익으로 인식하며, 미래기간에 영향을 미치는 변경의 효과는 해당 미래기간의 손익으로 인식한다.

예제 18-2 | 회계추정의 변경

12월말 결산법인인 ㈜인덕은 20×1년초에 본사사옥으로 사용하기 위해 내용연수 10년, 잔존가치 없는 건물을 ₩1,000,000에 매입하였다. 당사는 본 건물에 대해 정액법을 적용하여 감가상각을 하던 중 20×4년에 이 건물에 대한 내용연수를 13년으로, 잔존가치를 ₩100,000으로 변경하였다. 20×4년말 감가상각에 대한 회계처리를 하시오.

| 해답 |

• 당사는 20×1년, 20×2년, 20×3년에 (1)과 같은 감가상각 회계처리를 통해 건물의 잔액은 (2)와 같을 것이다.

(1) 정액법 감가상각비＝(1,000,000－0)÷10년＝₩100,000

(차) 감가상각비	100,000	(대) 감가상각누계액	100,000

(2) 건물의 잔액

취득원가	1,000,000	
감가상각누계액	(300,000)	700,000

• 회계추정의 변경에 대해 전진법을 적용하므로 건물의 잔액 ₩700,000에 대해 잔여 내용연수와 변경된 잔존가치를 적용하여 감가상각비를 계산하면 다음과 같다.
감가상각비 = (700,000 − 100,000) ÷ 10년 = ₩60,000
(차) 감가상각비 60,000 (대) 감가상각누계액 60,000

1.2.3 회계추정변경 공시사항

당기에 영향을 미치거나 미래기간에 영향을 미칠 것으로 예상되는 회계추정의 변경에 대하여 변경내용과 변경효과의 금액을 공시한다. 다만 미래기간에 미치는 영향을 실무적으로 추정할 수 없는 경우에는 공시하지 아니할 수 있다.

제2절 오류수정

2.1 오류수정

오류는 재무제표 구성요소의 인식, 측정, 표시 또는 공시와 관련하여 발생할 수 있다. 기업의 재무상태, 재무성과 또는 현금흐름을 특정한 의도대로 표시하기 위하여 중요하거나 중요하지 않은 오류를 포함하여 작성된 재무제표는 한국채택국제회계기준에 따라 작성되었다고 할 수 없다. 당기 중에 발견한 당기의 잠재적 오류는 재무제표의 발행승인일 전에 수정한다. 그러나 중요한 오류를 후속기간에 발견하는 경우 이러한 전기오류는 해당 후속기간의 재무제표에 비교표시된 재무정보를 재작성하여 수정한다. 즉, 특정 기간에 미치는 오류의 영향이나 오류의 누적효과를 실무적으로 결정할 수 없는 경우를 제외하고는 중요한 전기오류가 발견된 이후 최초로 발행을 승인하는 재무제표에 다음의 방법으로 전기오류를 소급하여 수정한다.

① 오류가 발생한 과거기간의 재무제표가 비교표시되는 경우에는 그 재무정보를 재작성한다.

② 오류가 비교표시되는 가장 이른 과거기간 이전에 발생한 경우에는 비교표시되는 가장 이른 과거기간의 자산, 부채 및 자본의 기초금액을 재작성한다.

용어정의

중요한	어떠한 항목이 개별적으로나 집합적으로 재무제표에 기초한 경제적 의사결정에 영향을 미치는 경우 그 항목의 누락이나 왜곡표시는 중요하다. 중요성은 관련 상황을 고려하여 누락이나 왜곡표시의 크기와 성격에 따라 결정된다. 그 항목의 크기나 성격 또는 두 요소의 결합이 결정요소가 될 수 있다.

오류수정이란 재무제표 구성요소의 인식, 측정, 표시 또는 공시와 관련한 전기오류의 수정을 의미하는데 과거기간 동안에 재무제표를 작성할 때 신뢰할 만한 정보를 이용하지 못했거나 잘못 이용하여 발생한 재무제표에의 누락이나 왜곡표시의 수정을 말한다.

2.2 유형별 오류수정 회계처리

2.2.1 재무상태표에만 영향을 미치는 오류

재무상태표 계정, 즉 자산, 부채 및 자본계정의 분류상의 오류를 의미하며, 오류를 발견하면 적절한 계정으로 수정하는 회계처리를 한다. 예를 들어, 매출채권으로 분류하여야 할 수취채권을 미수금으로 잘못 분류하였다면 다음과 같은 회계처리로 오류수정을 한다.

(차) 매출채권	×××	(대) 미수금	×××

2.2.2 손익계산서에만 영향을 미치는 오류

손익계산서 계정, 즉 수익과 비용계정의 분류상의 오류를 의미하며, 장부마감 전에 오류를 발견하였다면 적절한 계정으로 수정하는 회계처리를 하고, 장부가 마감된 후에 오류를 발견하였다면 손익항목은 이익잉여금으로 대체되었으므로 오류수정의 회계처리를 할 필요가 없다. 예를 들어, 이자수익을 임대료수익으로 잘못 인식하는 회계처리를 장부 마감 전에 발견하였다면 다음과 같은 회계처리로 오류수정을 한다.

(차) 임대료수익	×××	(대) 이자수익	×××

2.2.3 재무상태표와 손익계산서 모두에 영향을 미치는 오류

재무상태표와 손익계산서 모두에 영향을 미치는 오류는 자동조정적 오류유형과 비자동조정적 오류유형으로 구분할 수 있다.

(1) 자동조정적 오류유형

자동조정적 오류유형이란 오류가 발생한 회계연도의 다음 회계연도 장부마감 시까지 오류가 발견되지 않을 경우 오류의 영향이 두 회계기간에 걸쳐 자동적으로 상쇄되는 오류유형이다. 예를 들어 재고자산, 선급비용, 미지급비용, 선수수익, 미수수익의 과대·과소계상 등이며 다음과 같이 오류를 발견한 시점에 따라 오류수정의 방법이 다르다.

① 오류발생 회계연도에 발견한 경우: 당해 오류를 올바르게 수정하는 회계처리를 수행한다.

② 오류발생 다음 회계연도 장부마감 전에 발견한 경우: 전기 이익잉여금과 당기손익에 대한 수정 회계처리를 수행한다.

③ 오류발생 다음 회계연도 장부마감 후에 발견한 경우: 당해 오류는 자동조정되었으므로 수정 회계처리가 불필요하다.

예제 18-3 | 재고자산

㈜IDS는 20×1년의 회계감사시 20×0년도의 기말재고가 ₩1,200,000만큼 과대계상된 것을 발견하였다. 이 오류가 반영되기 전 20×1년의 당기순이익은 ₩12,000,000으로 계산하였다. 오류수정분개를 하고 오류수정 후 20×1년의 당기순이익을 계산하시오.

| 해답 |

1. 오류수정분개

20×0년	기말재고 과대계상	⇨	매출원가 과소계상	⇨	당기순이익 과대계상	⇨	이익잉여금 과대계상
20×1년	기초재고 과대계상	⇨	매출원가 과대계상				

20×0년의 과대계상된 이익잉여금과 20×1년의 과대계상된 매출원가에 대한 오류수정분개를 한다.

(차) 이익잉여금	1,200,000	(대) 매출원가	1,200,000

2. 20×1년의 오류수정 후 당기순이익은 과대계상된 매출원가를 취소하여 ₩13,200,000 이다.

예제 18-4 | 미지급비용

㈜세진물류의 회계감사인은 20×1년의 회계감사시 20×0년 9월 1일부터 20×1년 8월 31일까지의 이자비용 ₩1,200,000을 20×1년 이자지급시 전액 이자비용으로 인식한 것을 발견하였다. 이 오류가 반영되기 전 20×1년의 당기순이익은 ₩12,000,000으로 계산하였다. 오류수정분개를 하고 오류수정 후 20×1년의 당기순이익을 계산하시오.

| 해답 |

1. 오류수정분개

20×0년 [미지급비용 과소계상] & [이자비용 과소계상] ⇨ [당기순이익 과대계상] ⇨ [이익잉여금 과대계상]

20×1년 [이자비용 과대계상]

20×0년의 과대계상된 이익잉여금과 20×1년의 과대계상된 이자비용에 대한 오류수정분개를 한다.

(차) 이익잉여금	400,000	(대) 이자비용	400,000

2. 20×1년의 오류수정 후 당기순이익은 과대계상된 이자비용을 취소하여 ₩12,400,000 이다.

예제 18-5 | 선수수익

㈜세진물류의 회계감사인은 20×1년의 회계감사시 20×0년 7월 1일부터 20×1년 6월 30일까지의 임대료수익 ₩1,000,000을 20×0년 임대료 입금시 전액 임대료수익으로 인식한 것을 발견하였다. 이 오류가 반영되기 전 20×1년의 당기순이익은 ₩12,000,000으로 계산하였다. 오류수정분개를 하고, 오류수정 후 20×1년의 당기순이익을 계산하시오.

| 해답 |

1. 오류수정분개

20×0년	선수수익 과소계상	&	임대료수익 과대계상	⇨	당기순이익 과대계상	⇨	이익잉여금 과대계상
20×1년	임대료수익 과소계상						

20×0년의 과대계상된 이익잉여금과 20×1년의 과소계상된 임대료수익에 대한 오류수정분개를 한다.

(차) 이익잉여금 500,000 (대) 임대료수익 500,000

2. 20×1년의 오류수정 후 당기순이익은 과소계상된 임대료수익을 계상하여 ₩12,500,000이다.

(2) 비자동조정적 오류유형

비자동조정적 오류유형은 오류가 두 회계기간을 지나도 상쇄되지 않아서 별도의 오류수정절차가 필요한 오류유형이다. 예를 들어, 유형자산의 인식기준을 충족하여 유형자산의 원가에 가산하여야 할 후속원가를 발생시점에 비용으로 처리하는 경우 당해연도의 비용은 과대계상되고, 감가상각비는 잔여내용연수 전체에 걸쳐 과소계상될 것이다.

예제 18-6 | 감가상각비

㈜서진웹툰은 20×1년초에 본사 건물을 구입하였다. 건물의 취득원가는 ₩10,000,000이며, 내용연수는 5년, 잔존가치는 없고 당사는 건물에 대한 감가상각방법으로 정액법을 적용한다. 20×2년도의 회계감사를 받던 중 건물 취득시 납부한 취득세 ₩500,000을 세금과공과로 당기비용처리한 것을 발견하였다. 이 오류가 반영되기 전 20×2년의 당기순이익은 ₩200,000,000으로 계산하였다. 오류수정분개를 하고, 오류수정 후 20×2년의 당기순이익을 계산하시오.

| 해답 |

1. (1) 회사의 건물관련 항목 분석

	20×1년	20×2년	20×3년	20×4년	20×5년
세금과공과(비용)	(500,000)	–	–	–	–
감가상각비	(2,000,000)	(2,000,000)	(2,000,000)	(2,000,000)	(2,000,000)
건물	10,000,000	10,000,000	10,000,000	10,000,000	10,000,000
감가상각누계액	(2,000,000)	(4,000,000)	(6,000,000)	(8,000,000)	(10,000,000)

(2) 올바른 건물관련 항목 분석

	20×1년	20×2년	20×3년	20×4년	20×5년
감가상각비	(2,100,000)	(2,100,000)	(2,100,000)	(2,100,000)	(2,100,000)
건물	10,500,000	10,500,000	10,500,000	10,500,000	10,500,000
감가상각누계액	(2,100,000)	(4,200,000)	(6,300,000)	(8,400,000)	(10,500,000)

2. 20×2년도 오류수정분개

위에서 20×2년도의 각 차이를 조정하는 오류수정분개를 한다.

(차) 건물	500,000	(대) 이익잉여금	400,000
감가상각비	100,000	감가상각누계액	200,000

3. 20×2년의 오류수정 후 당기순이익은 과소계상된 감가상각비를 수정하여 ₩199,900,000 이다.

2.2.4 오류수정 공시사항

전기오류에 대하여 다음 사항을 공시한다.

① 전기오류의 성격

② 실무적으로 적용할 수 있는 범위까지 비교표시된 각 과거기간의 다음 항목

㈎ 오류수정의 영향을 받는 재무제표의 각 항목별 수정금액

㈏ 기업회계기준서 제1033호가 적용되는 경우 기본주당이익과 희석주당이익의 수정금액

③ 비교표시되는 가장 이른 과거기간의 기초금액의 수정금액

④ 특정 과거기간에 대하여 실무적으로 소급재작성할 수 없는 경우 그 사유 및 오류수정의 적용방법과 적용한 시기에 관한 내용

연습문제

| 주관식문제 |

01. (1) K-IFRS에서 회계정책변경과 회계추정변경에 대한 회계처리방법은 소급법, 당기법, 전진법 중 각각 어떤 방법을 적용하는가?

(2) 회계정책변경의 정당한 변경사유는 무엇인가?

02. ㈜인덕의 20×1년 및 20×2년의 수정전 순이익은 각각 ₩1,000,000, ₩1,500,000이다. ㈜인덕은 20×2년 재무제표에 대한 회계감사에서 다음의 오류를 발견하였다. 이는 모두 중요한 오류이며 법인세효과는 무시한다. 오류가 없었을 경우 각 연도별 정확한 순이익을 계산하고, 20×2년 장부마감 전에 발견하였을 경우 필요한 수정분개를 하시오.

① 20×1년 7월 1일에 ₩1,000,000을 연이자율 10%에 차입하였고 20×2년 6월 30일 현금이자를 지급하는 시점에 전액 이자비용으로 인식하였다.

② 20×2년 7월 1일에 1년분 임대료 ₩500,000을 수령하면서 전액 임대료로 수익 인식하고 결산기말에 수정분개를 누락하였다.

03. (1) ㈜인덕의 20×1년 및 20×2년의 수정전 순이익은 각각 ₩500,000, ₩1,000,000이다.

(2) ㈜인덕은 20×2년도 회계감사를 수행하던 중 다음의 오류를 발견하였다.

① 20×1년 7월 1일 1년분 보험료 ₩100,000을 지출하면서 전액 비용처리하고 기말에 별도의 수정분개를 하지 않았다.

② 20×1년 12월분 급여 ₩200,000을 20×2년 1월에 지급하면서 20×2년의 비용으로 회계처리하였다.

(3) 상기의 오류는 중요하며, 법인세효과는 무시하고 회계처리한다.

상기 오류가 없었더라면 ㈜인덕의 각 회계연도별로 정확한 순이익을 계산하고, 오류를 20×2년 장부마감 전에 발견하였을 경우 필요한 수정분개를 하시오. 단, 관련 매출원가는 무시한다.

04. 12월말 결산법인인 ㈜인덕은 20×2년 중, 20×1년에 판매되었던 일부 제품이 20×1년 12월 31일 재고자산에 ₩6,500만큼 잘못 포함된 사실을 발견하였다. ㈜인덕의 20×2년의 회계기록상 매출은 ₩104,000, 매출원가는 ₩86,500(기초재고자산의 오류인 ₩6,500 포함)이며, 법인세비용은 ₩5,250이다.

- 20×1년에 ㈜인덕은 다음과 같이 보고하였다.

매출액	₩73,500
매출원가	(53,500)
법인세비용차감전이익	20,000
법인세비용	(6,000)
당기순이익	14,000

- 20×1년 기초이익잉여금은 ₩20,000이었고 기말이익잉여금은 ₩34,000이었다.
- ㈜인덕의 법인세율은 20×2년과 20×1년에 30%이었다. 기타 수익과 비용은 없었다.
- ㈜인덕의 자본금은 ₩5,000이며 이익잉여금을 제외한 다른 자본항목은 없었다.

20×1년 재고자산과 관련된 오류를 수정하여 20×1년과 20×2년의 포괄손익계산서를 재작성하시오.

| 객관식문제 |

01. 회계변경과 관련된 내용으로 잘못된 것은?

① 회계정책의 변경을 반영한 재무제표가 변경 전보다 신뢰성 있고 더 목적적합한 정보를 제공하는 경우 회계정책을 변경할 수 있다.
② 회계정책의 변경과 회계추정의 변경을 구분하는 것이 어려운 경우에는 이를 회계정책의 변경으로 본다.
③ 한국채택국제회계기준에서 회계정책의 변경을 요구하는 경우에는 회계정책을 변경할 수 있다.
④ 회계추정의 변경효과는 전진적으로 인식한다.

02. 다음 회계변경에 대한 설명 중 잘못된 것은?

① 감가상각방법을 정액법에서 정률법으로 변경한 것은 회계정책의 변경이다.
② 재고자산의 원가흐름에 대한 가정을 선입선출법에서 평균법으로 변경한 것은 회계정책의 변경이다.
③ 추가적인 증거의 확보와 경험의 누적에 따라 건물의 잔존가치를 ₩10,000,000에서 ₩20,000,000으로 변경한 것은 회계추정의 변경이다.

④ 과거에 발생한 거래와 실질이 다른 거래, 기타 사건 또는 상황에 대하여 다른 회계정책을 적용하는 것은 회계정책의 변경이 아니다.

03. 회계추정의 변경이란 기업환경의 변화, 새로운 정보의 획득 또는 경험의 축적에 따라 지금까지 사용해오던 회계적 추정치의 근거와 방법 등을 바꾸는 것을 말한다. 다음 중 유형자산과 관련된 회계추정의 변경에 해당하지 않는 것은?
(2018년 재경관리사 기출문제)

① 감가상각방법의 변경
② 내용연수의 변경
③ 잔존가치의 변경
④ 원가모형을 재평가모형으로 변경

04. 다음 중 회계추정의 변경에 해당하지 않는 것은?
(2020년 재경관리사 기출문제)

① 수취채권의 대손상각률 변경
② 재고자산 원가흐름의 가정을 선입선출법에서 평균법으로 변경
③ 유형자산 감가상각방법의 변경
④ 유형자산 내용연수의 변경

05. ㈜인덕은 제품품질보증정책을 표명하고 있으며, 제품판매 후 3년간 제품의 품질에 결함이 있을 경우 수리 또는 교환해주는 정책을 견지하고 있다. 따라서 제품 판매시 과거 경험률에 따라 매출액의 3%에 해당하는 금액을 제품보증충당금으로 설정하고 있다. ㈜인덕의 20×1년 매출액은 ₩20,000,000이므로 제품보증충당금으로 ₩600,000을 설정하였으나 20×2년부터 공장 품질통제를 강화하여 매출액의 1%에 해당하는 금액을 제품보증충당금으로 설정하기로 결정했다. 또한 20×1년에 판매된 제품에 대한 수리비용으로 ₩200,000이 지출되었다.
20×2년의 매출액이 ₩35,000,000일 경우 ㈜인덕이 해야 할 20×2년의 품질보증에 관한 회계처리로 옳은 것은?

①	(차) 품질보증비	350,000	(대) 제품보증충당금	350,000
②	(차) 품질보증비	550,000	(대) 제품보증충당금	550,000
③	(차) 품질보증비	1,050,000	(대) 제품보증충당금	1,050,000
④	(차) 제품보증충당금	400,000	(대) 품질보증비환입	400,000

06. ㈜인덕은 외부감사를 받는 과정에서 다음과 같은 오류를 발견하였다. 회계감사를 받기 전 제시된 법인세비용차감전순이익이 ₩1,000,000일 경우 발견된 오류의 수정 후 법인세비용차감전순이익은 얼마인가?

(1) 비품 ₩300,000이 무형자산에 포함되어 있음
(2) 소모품 ₩100,000이 사용되었으나 소모품비로 대체되지 않았음
(3) 매출액 중에서 ₩200,000은 시용매출로 고객으로부터 매입의사표시를 받지 아니하였음
(4) 이자수익 ₩50,000을 임대료수익으로 처리하였음

① ₩1,000,000 ② ₩900,000
③ ₩800,000 ④ ₩700,000

07. ㈜삼일은 20×2년에 처음으로 회계감사를 받았는데, 기말상품재고에 대하여 다음과 같은 오류가 발견되었다. 20×1년 및 20×2년에 ㈜삼일이 보고한 당기순이익이 다음과 같을 때, 20×2년의 오류수정 후 당기순이익은 얼마인가? 단, 법인세효과는 무시한다. (2021년 재경관리사 기출문제)

연도	당기순이익	기말상품재고오류
20×1년	₩30,000	₩3,000 과대평가
20×2년	₩35,000	₩2,000 과소평가

① ₩30,000 ② ₩36,000
③ ₩38,000 ④ ₩40,000

08. ㈜인덕유통은 재고자산의 평가방법으로 평균법을 적용하여 오던 중 20×1년도에 선입선출법으로 회계정책을 변경하였다. 따라서 20×1년도의 기초재고자산이 ₩200,000, 기말재고자산이 ₩600,000만큼 감소하였다. 이러한 회계변경의 효과가 20×1년도의 기초이익잉여금과 당기순이익에 미치는 영향은 각각 얼마인가? 단, 회계변경으로 인한 법인세효과는 고려하지 아니함.

	기초이익잉여금	당기순이익
①	₩200,000 증가	₩600,000 증가
②	200,000 감소	600,000 감소
③	200,000 증가	400,000 증가
④	200,000 감소	400,000 감소

09. 20×1년도 설립된 ㈜삼일은 재고자산의 원가흐름에 대한 가정을 20×1년까지 선입선출법을 적용하여 단가결정을 하였으나 20×2년부터 평균법으로 변경하였다. 원가흐름에 대한 가정에 따른 각 연도말 재고자산의 장부금액은 다음과 같다.

	20×1년	20×2년
선입선출법	₩45,000	₩50,000
평균법	₩35,000	₩45,000

㈜삼일이 평균법으로의 회계정책변경에 대한 소급효과를 모두 결정할 수 있다고 가정할 경우 상기 회계변경이 20×2년말 이익잉여금에 미치는 영향은 얼마인가?
(2017년 재경관리사 기출문제)

① ₩5,000 증가　　② ₩10,000 증가
③ ₩5,000 감소　　④ ₩10,000 감소

정답 및 해설

| 주관식문제 |

01. (1) ① 회계정책의 변경: 소급법

회계정책의 변경은 특정 기간에 미치는 영향이나 누적효과를 실무적으로 결정할 수 없는 경우를 제외하고는 새로운 회계정책을 처음부터 적용한 것처럼 거래, 기타 사건 및 상황에 적용하는 소급법을 적용하여 회계처리한다.

② 회계추정의 변경: 전진법

회계추정의 변경효과는 전진적으로 인식하므로 발생한 시점 이후부터 거래, 기타 사건 및 상황에 적용하도록 한다.

(2) ① 한국채택국제회계기준에서 회계정책의 변경을 요구하는 경우

② 회계정책의 변경을 반영한 재무제표가 거래, 기타 사건 또는 상황이 재무상태, 재무성과 또는 현금흐름에 미치는 영향에 대하여 신뢰성 있고 더 목적적합한 정보를 제공하는 경우

02. (1) 오류가 없었을 경우의 정확한 순이익

① 20×1년: 1,000,000－1,000,000×10%×6/12＝₩950,000

② 20×2년: 1,500,000＋1,000,000×10%×6/12－500,000×6/12＝₩1,300,000

(2) 수정분개

① 이자비용

(차) 전기오류수정손실(이익잉여금)	50,000	(대) 이자비용	50,000

② 임대료

(차) 임대료수익	250,000	(대) 선수임대료	250,000

03. (1) 오류가 없었을 경우의 정확한 순이익

① 20×1년: 500,000＋100,000×6/12－200,000＝₩350,000

② 20×2년: 1,000,000－100,000×6/12＋200,000＝₩1,150,000

(2) 수정분개

① 보험료

(차) 보험료	50,000	(대) 전기오류수정이익(이익잉여금)	50,000

② 급여

(차) 전기오류수정손실(이익잉여금) 200,000 (대) 급여 200,000

04. 20×1년에 판매되었던 재고자산이 20×1년 12월 31일 재고자산에 ₩6,500만큼 잘못 포함되어 20×1년의 매출원가가 과소표시되고, 20×2년의 기초재고가 과대계상되어 20×2년의 매출원가가 과대표시된다. 각각 조정하여 포괄손익계산서를 재작성하면 다음과 같다.

포괄손익계산서(재작성) (단위: 원)

	20×2	20×1
매출액	₩104,000	₩73,500
매출원가	(80,000)	(60,000)
법인세비용차감전순이익	24,000	13,500
법인세비용	(7,200)	(4,050)
당기순이익	₩16,800	₩9,450

참고로 20×2년의 자본변동표는 다음과 같다.

자본변동표 (단위: 원)

	자본금	이익잉여금	합계
20×0년 12월 31일 잔액	₩5,000	₩20,000	₩25,000
20×1년도 수정된 당기순이익		9,450	9,450
20×1년 12월 31일 잔액	5,000	29,450	34,450
20×2년도 당기순이익		16,800	16,800
20×2년 12월 31일 잔액	₩5,000	₩46,250	₩51,250

| 객관식문제 |

01. ②

회계정책의 변경과 회계추정의 변경을 구분하는 것이 어려운 경우에는 이를 회계추정의 변경으로 본다.

02. ①

감가상각의 4요소인 취득원가, 잔존가치, 내용연수, 감가상각방법 중 추정이 아닌 것은 취득원가뿐이다. 감가상각방법이 추정에 의하는 이유는 미래경제적효익이 소비되는 형태를 반영하여 감가상각방법을 결정하여야 하므로 자산의 미래경제적효익이 소비되는 형태를 추정해야 하는 것이다. 따라서 감가상각방법 역시 추정에 의존한다고 해야 할 것이다.

03. ④

유형자산의 측정기준의 변경은 회계정책의 변경이다.

04. ②

재고자산 원가흐름의 가정에 대한 변경은 회계정책의 변경이다.

05. ①

품질보증비의 추정률 변경은 회계추정의 변경이므로 전진법을 적용한다.

06. ④

법인세비용차감전순이익	1,000,000
소모품비	(100,000)
시용매출(구매의사 미통지)	(200,000)
	700,000

07. ④

(1)

20×1년	기말재고 과대계상	⇨	매출원가 과소계상	⇨	당기순이익 과대계상	⇨	이익잉여금 과대계상
20×2년	기초재고 과대계상	⇨	매출원가 과대계상				

(차) 이익잉여금	3,000	(대) 매출원가	3,000

(2)

20×2년	기말재고 과소계상	⇨	매출원가 과대계상

(차) 재고자산	2,000	(대) 매출원가	2,000

따라서 20×2년의 당기순이익은 ₩35,000 + ₩3,000 + ₩2,000 = ₩40,000이다.

08. ④

(1) 기초재고자산의 감소

(차) 이익잉여금	200,000	(대) 재고자산(매출원가)	200,000

(2) 기말재고자산의 감소

(차) 매출원가	600,000	(대) 재고자산	600,000

09. ③

20×1년말 재고자산은 20×2년 기초재고를 구성하므로 이익잉여금에 미치는 영향은 상쇄되고, 20×2년말의 재고자산에 대한 효과로 인해 이익잉여금은 ₩5,000 감소하게 된다.

K-IFRS *Intermediate Financial Accounting*

Chapter 19

주당이익

단원정리 주당이익

- **주당이익 정보의 목적:** 경영성과에 대한 보통주 1주당 측정치를 제공하는 것

$$\text{기본주당순손익} = \frac{\text{보통주 당기순손익}}{\text{가중평균유통보통주식수}}$$

- 보통주 당기순손익 = 당기순손익-우선주배당금 등
- 가중평균유통보통주식수: 경영성과를 얻기 위해 기여한 보통주 자본을 기간에 따라 가중평균

- **희석주당이익:** 경영성과에 대해 잠재적 보통주*의 영향을 반영한 보통주 1주당 측정치를 제공하는 것

* 잠재적 보통주: 보통주를 받을 수 있는 권리가 부여된 금융상품이나 계약 등(전환사채, 전환우선주, 주식선택권, 신주인수권부사채 등)

$$\text{희석주당순손익} = \frac{\text{보통주 당기순손익} + \text{세후 희석증권관련비용}}{\text{가중평균유통보통주식수} + \text{잠재적 보통주}}$$

제1절 의의 및 유용성

사례 19-1 주당순이익

어떤 기업에 투자하고자 하는 잠재적 투자자가 기업을 평가할 때는 기업의 재무상태나 경영성과를 분석하는 것이 일반적이다. 이때 경영성과를 기준으로 투자 여부를 결정하는 투자자가 있다고 하자. 일반적으로 과거의 경영성과를 기준으로 미래를 예측하는 것이 일반적일 것이다. 투자 여부를 분석하고 있는 두 기업 A와 B가 있을 때 직전회계기간의 당기순이익이 다음과 같다고 가정한다.

	A기업	B기업
당기순이익	₩1,000,000	₩500,000

투자자는 위의 두 기업 중 어느 기업에 투자할 것인가? 위의 자료만으로 투자 여부를 결정한다면 당연히 A기업에 투자하게 될 것이다. 그런데 만일 다음 정보가 추가로 제공된다면 상황이 달라질 것이다.

	A기업	B기업
자본금	₩1,000,000	₩100,000

여기서 자본금은 영업을 위한 자본으로 해석하여야 한다. 그렇다면 두 기업이 당기순이익이라는 경영성과를 얻기 위해 얼마의 자본이 투자되었는지에 대한 정보를 얻게 되어 투자된 자본의 효율적 운영 여부, 즉 단위자본에 대한 경영성과인 경영의 효율성을 측정할 수 있게 되는 것이다. A기업은 ₩1,000,000의 당기순이익을 얻기 위해 ₩1,000,000의 자본을 투자하였으므로 단위자본 ₩1이 ₩1의 당기순이익을 획득한 것이다(당기순이익/자본금). 그러나 B기업은 ₩500,000의 당기순이익을 얻기 위해 ₩100,000의 자본을 투자하였으므로 단위자본 ₩1이 ₩5의 당기순이익을 획득한 것이다. 즉, 단위자본의 경영효율성이 A기업에 비해 5배가 높다고 볼 수 있다.

포괄손익계산서에 표시되는 경영성과인 당기순이익은 경영성과를 측정하는 데 유용한 정보를 제공하나 경영의 효율성을 측정하는 데는 추가자료가 필요하다. 따라서 이러한 정보를 추가적으로 제공해줄 필요에 따라 단위자본당 경영효율성을 표시해주는 정보가 주당이익(Earnings Per Share: EPS)이다. 위의 사례에서 단위자본에 대해 경영효율성을 측정하였으나 기업은 자본에 대해 주식을 발행하고 있으므로 단위자본을 주식 1주로 대체할 수 있을 것이다. 따라서 기업의 당기순이익을 가중평균유통보통주식수로 나눔으로써 주식 1주가 얼마의 당기순이익(계속영업이익)을 벌어들이는지를 측정하는 것이 주당순이익(주당계속영업이익)이다.

이러한 주당이익은 정보이용자가 기업의 경영성과를 기간별로 비교하고, 동일기간의 경영성과를 다른 기업과 비교하는 데 유용한 정보를 제공한다.

제2절 기본주당이익

기본주당이익 정보의 목적은 회계기간의 경영성과에 대한 기업의 보통주 1주당 지분의 측정치를 제공하는 것이다. 기업은 보통주에 귀속되는 당기순이익에 대하여 기본주당이익을 계산하고, 기업의 보통주에 귀속되는 계속영업이익을 표시할 경우 이에 대하여 기본주당이익을 계산하도록 하고 있어 기본주당순이익과 기본주당계속영업이익 정보를 표시하도록 하고 있다.

$$\text{기본주당계속영업이익} = \frac{\text{보통주 계속영업이익}}{\text{가중평균유통보통주식수}}$$

$$\text{기본주당순이익} = \frac{\text{보통주 당기순이익}}{\text{가중평균유통보통주식수}}$$

2.1 보통주 당기순이익/보통주 계속영업이익

기본주당이익을 계산할 때 지배기업의 보통주에 귀속되는 금액은 당기순이익/계속영업이익에서 자본으로 분류된 우선주에 대한 세후 우선주배당금, 우선주상환시 발생한 차액 및 유사한 효과를 조정한 금액이다. 주당이익 계산에 있어서 우선주는 부채의 성격으로 분류하기 때문에 우선주배당금을 이자비용처럼 당기순이익에서 차감하는 것이다.

> 보통주 당기순이익＝당기순이익－우선주배당금 등
> 보통주 계속영업이익＝계속영업이익－우선주배당금 등

2.2 가중평균유통보통주식수

주당이익 계산시 주식으로 보는 것은 우선주가 아닌 보통주이다. 보통주란 다른 모든 종류의 지분상품보다 후순위인 지분상품을 말하며, 우선주는 배당이 사전에 정해져 있는 등 부채의 성격으로 보아 주당이익 계산시 주식수 계산에서 제외한다.

기본주당이익을 계산하기 위한 보통주식수는 그 기간에 유통된 보통주식수를 가중평균한 주식수로 한다. 산식에서 분자가 회계기간 동안의 보통주 당기순이익이기 때문에 분모의 보통주식수도 그 회계기간 동안 평균적으로 유통된 주식수를 사용해야 하는 것이다. 회계기간 동안 주식의 추가발행이나 자기주식의 취득 등으로 주식수가 변동되는 경우 경영성과를 얻기 위해 기여한 자본이 변동되는 것이다. 따라서 이러한 기간적 변동을 반영하여 기간에 따라 가중평균한 유통주식수를 계산해야 한다.

가중평균유통보통주식수는 기초의 유통보통주식수에 회계기간 중 취득된 자기주식수 또는 신규 발행된 보통주식수를 각각의 유통기간에 따른 가중치를 고려하여 조정한 보통주식수이다. 이 경우 유통기간에 따른 가중치는 그 회계기간의 총일수에 대한 특정 보통주의 유통일수의 비율로 산정한다.

가중평균유통보통주식수를 산정하기 위한 보통주유통일수 계산의 기산일은 통상 주식발행의 대가를 받을 권리가 발생하는 시점(일반적으로 주식발행일)이다. 왜냐하면 자본이 경영성과를 위해 투입되어야 하기 때문이다. 보통주유통일수를 계산하는 기산일의 예를 들면 다음과 같다.

① 현금납입의 경우 현금을 받을 권리가 발생하는 날
② 보통주나 우선주배당금을 자발적으로 재투자하여 보통주가 발행되는 경우 배당금의 재투자일
③ 채무상품의 전환으로 인하여 보통주를 발행하는 경우 최종이자발생일의 다음날
④ 그 밖의 금융상품에 대하여 이자를 지급하거나 원금을 상환하는 대신 보통주를 발행하는 경우 최종이자발생일의 다음날

⑤ 채무를 변제하기 위하여 보통주를 발행하는 경우 채무변제일
⑥ 현금 이외의 자산을 취득하기 위하여 보통주를 발행하는 경우 그 자산의 취득을 인식한 날
⑦ 용역의 대가로 보통주를 발행하는 경우 용역제공일

(1) 자기주식

자기주식을 취득할 경우 유통주식수가 감소한 것이므로 자기주식 보유기간 동안은 가중평균유통보통주식수에 포함하지 아니한다.

(2) 자본금전입, 무상증자, 주식분할 또는 주식병합

자본금전입, 무상증자, 주식분할 또는 주식병합의 경우에는 추가로 대가를 받지 않고 기존 주주에게 보통주를 발행하므로 자원은 실질적으로 증가하지 않고 유통보통주식수만 증가하거나 자원의 실질적인 유출 없이 유통보통주식수를 감소시킨다. 이 경우 당해 사건이 있기 전의 유통보통주식수를 비교표시되는 최초기간의 개시일에 그 사건이 일어난 것처럼 비례적으로 조정한다. 다만, 기중에 유상증자 등으로 발행된 신주에 대한 무상증자가 있는 경우에는 유상신주의 납입일에 무상증자가 일어난 것으로 조정한다.

(3) 유상증자

공정가치를 기준으로 유상증자가 일어난 경우 당해 주식의 납입일을 기준으로 주식수를 가중평균하여 계산한다. 다만 유상증자가 있더라도 공정가치 미만으로 유상증자를 실시한 경우에는 유상증자와 무상증자가 동시에 일어난 것으로 본다. 즉, 유상증자 납입액만큼 공정가치로 유상증자를 실시하고, 유상증자 주식수를 초과하는 발행주식수는 무상증자로 본다.

① 유상증자 주식수: 공정가치 미만 유상증자 납입액÷주식의 공정가치
② 무상증자 주식수: 공정가치 미만 유상증자 발행 주식수−유상증자 주식수

예제 19-1 | 기본주당순이익

12월말 결산법인인 ㈜인덕의 20×1년초의 보통주자본금은 ₩250,000(액면가액 ₩5,000, 50주), 우선주자본금은 ₩250,000(액면가액 ₩5,000, 50주, 10% 배당우선주)이며 20×1년 당기순이익은 ₩2,100,000이다.

20×1년 중 자본금의 변동이 다음과 같을 때 요구사항에 답하시오.

(1) 3월 11일 이익준비금의 자본전입으로 10주의 무상증자를 실시하였다.

(2) 7월 1일 유상증자로 50주를 주당 ₩5,000에 발행교부하였다(유상증자 전 주식의 공정가치: ₩6,250).

(3) 10월 1일 자기주식 20주를 매입하였다.

1. 보통주 당기순이익을 계산하시오.
2. 가중평균유통보통주식수를 계산하시오.
3. 기본주당순이익을 계산하시오.

| 해답 |

1. 보통주 당기순이익: ₩2,075,000
   당기순이익 − 우선주배당금 = ₩2,100,000 − ₩25,000
2. 가중평균유통보통주식수: 83주

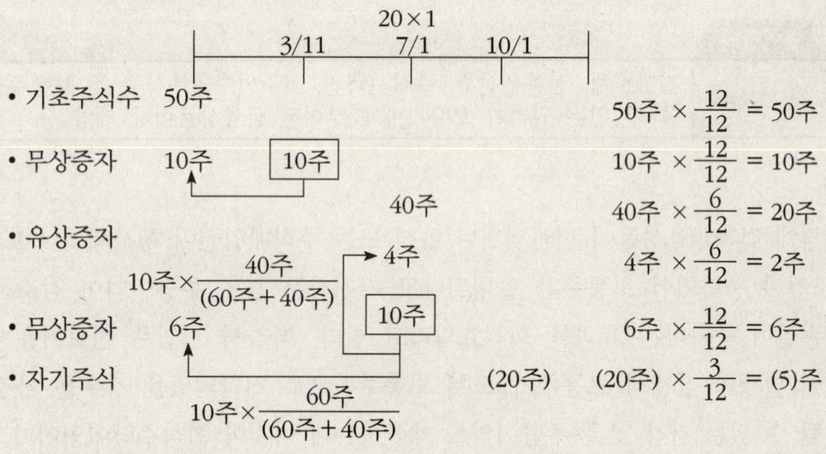

① 무상증자: 무상증자가 있기 전의 유통보통주식수를 비교표시되는 최초기간의 개시일, 즉 기초 또는 기존 발행 주식의 주식수를 비례적으로 조정한다.

② 유상증자: 현금납입의 경우 현금을 받을 권리가 발생하는 날로부터 일수를 계산한다.

㉠ 유상증자 주식수: ₩250,000 ÷ ₩6,250 = 40주

㉡ 무상증자 주식수: 50주 − 40주 = 10주

③ 자기주식을 취득하는 경우 주식대금이 회사 외부로 유출되므로 경영성과에 기여하지 못하므로 주식수 계산에서 제외한다.

3. 기본주당순이익:

$$\frac{₩2,075,000}{83주} = ₩25,000$$

제3절 희석주당이익

희석주당이익 정보의 목적도 회계기간의 경영성과에 대한 지배기업의 보통주 1주당 지분의 측정치를 제공하는 것이다. 만일 잠재적 보통주를 발행하고 있는 기업에 있어서 그 잠재적 보통주가 보통주로 전환되어 보통주식수가 증가된다면 앞에서 계산한 주당이익의 분모가 증가하여 주당이익이 낮아질 것이다.

용어정의

잠재적 보통주	전환사채, 전환우선주, 주식선택권, 신주인수권부사채 등 보통주를 받을 수 있는 권리가 보유자에게 부여된 금융상품이나 계약 등

이렇게 전환금융상품이 전환되거나 옵션 또는 주식매입권이 행사되거나 또는 특정 조건이 충족되어 보통주가 발행된다고 가정하는 경우 주당이익이 감소하거나 주당손실이 증가하는 효과를 희석효과라고 한다. 따라서 기업은 정보이용자에게 기업이 발행한 잠재적 보통주가 모두 보통주식으로 전환되었을 경우를 가정하여 희석될 수 있는 가장 낮은 주당이익을 계산하는데 이것이 희석주당이익이다. 희석주당이익을 계산하기 위해서는 모든 희석효과가 있는 희석성 잠재적 보통주의 영향을 고려하여 지배기업의 보통주에 귀속되는 당기순이익/계속영업이익 및 가중평균유통보통주식수를 조정한다.

$$\text{희석주당계속영업이익} = \frac{\text{보통주 계속영업이익} + \text{세후 희석증권관련비용}}{\text{가중평균유통보통주식수} + \text{잠재적 보통주식수}}$$

$$\text{희석주당순이익} = \frac{\text{보통주 당기순이익} + \text{세후 희석증권관련비용}}{\text{가중평균유통보통주식수} + \text{잠재적 보통주식수}}$$

3.1 보통주 당기순이익+세후 희석증권관련비용

지배기업의 보통주에 귀속되는 당기순손익에 희석성 잠재적 보통주와 관련하여 그 회계기간에 인식된 배당과 이자비용에서 법인세효과를 차감한 금액을 가산하고, 그 밖의 희석성 잠재적 보통주가 보통주로 전환되었다면 변동되었을 수익 또는 비용을 조정한다. 즉, 모든 희석성 잠재적 보통주가 보통주로 전환되었다면 그와 관련된 비용은 발생하지 않았을 것이므로 포괄손익계산서에 인식되었던 비용을 취소시켜주는 것이다. 예를 들어, 전환사채가 보통주로 전환되었다면 전환사채와 관련된 이자비용은 발생하지 않았을 것이므로 세후이자비용을 취소시킨다.

세후 희석증권 관련비용

잠재적 보통주	회피가능비용
전환우선주	전환우선주 배당금
전환사채	전환사채이자비용×(1−t)
주식선택권	주식보상비용×(1−t)
신주인수권부사채	상환할증금 당기 상각액×(1−t)
신주인수권, 옵션	−

3.2 가중평균유통보통주식수+잠재적 보통주식수

가중평균유통보통주식수에 모든 희석성 잠재적 보통주가 보통주로 전환되었다고 가정할 경우 추가적으로 유통되었을 가중평균유통보통주식수를 가산한다.

예제 19-2 | 희석주당순이익

12월말 결산법인인 ㈜인덕의 20×1년초의 보통주자본금은 ₩1,000,000(액면가액 ₩5,000, 200주), 우선주자본금은 ₩200,000(액면가액 ₩5,000, 40주, 10% 배당우선주)이며 20×1년 당기순이익은 ₩2,000,000이다.

20×0년초에 발행했던 전환사채 ₩500,000 중 1/2이 20×1년 7월 1일에 전환청구되어 보통주 50주가 발행되었으며, 20×1년의 전환사채 이자비용은 ₩10,000이었다(법인세율은 10%).

기본주당순이익과 희석주당순이익을 계산하시오(소수점 셋째 자리에서 반올림). 단, 가중평균유통보통주식수 계산시 전환간주일 제도를 적용하지 아니함.

| 해답 |

1. 기본주당순이익

① 보통주 당기순이익: ₩1,980,000

당기순이익 − 우선주배당금 = ₩2,000,000 − ₩20,000

② 가중평균 유통보통주식수: 225주

20×1
7/1

• 기초주식수 200주 $200주 \times \frac{12}{12} = 200주$

• 전환청구 50주 $50주 \times \frac{6}{12} = 25주$

225주

③ 기본주당순이익:

$$\frac{₩1,980,000}{225주} = ₩8,800$$

2. 희석주당순이익

① 보통주 당기순이익 + 세후 희석증권관련비용: ₩1,989,000

보통주 당기순이익 + 세후 전환사채이자비용 = ₩1,980,000 + ₩10,000(1 − 10%)

② 가중평균 유통보통주식수: 300주

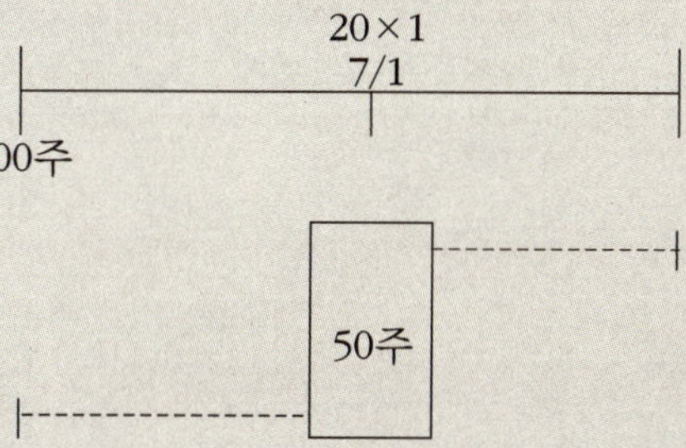

- 기초주식수 200주 $200주 \times \frac{12}{12} = 200주$
- 전환청구분 $50주 \times \frac{6}{12} = 25주$
- 전환청구분 권리행사일 전 $50주 \times \frac{6}{12} = 25주$
- 전환미청구 50주 $50주 \times \frac{12}{12} = 50주$

합계: 300주

③ 희석주당순이익:

$$\frac{₩1,989,000}{300주} = ₩6,630$$

제4절 재무제표 표시와 공시

4.1 재무제표 표시

기본주당이익과 희석주당이익은 포괄손익계산서에 다음과 같이 표시한다.

포괄손익계산서

계속영업이익	×××
중단영업이익	×××
당기순이익	×××
기타포괄이익	×××
총포괄이익	×××
주당계속영업이익	
기본주당이익	×××
희석주당이익	×××
주당순이익	
기본주당이익	×××
희석주당이익	×××

4.2 공시

주당이익과 관련하여 다음 사항을 공시한다.

① 기본 및 희석주당이익의 계산에서 분자로 사용된 금액과 그 금액으로부터 당기에 지배기업에 귀속되는 당기순손익으로의 조정내역

② 기본 및 희석주당이익의 계산에서 분모로 사용된 가중평균유통보통주식수와 이들 간의 조정내역

③ 표시되는 기간에는 반희석효과 때문에 희석주당이익을 계산할 때 고려하지 않았지만 잠재적으로 미래에 기본주당이익을 희석할 수 있는 금융상품(조건부발행보통주를 포함)의 내용

④ 보고기간 후에 발생한 거래로서, 보고기간말 이전에 발생했다면 기말에 유통되는 보통주식수나 잠재적 보통주식수를 유의적으로 변동시켰을 보통주나 잠재적보통주 거래에 대한 설명

연습문제

| 주관식문제 |

01. 다음 자료로 ㈜인덕의 주당순이익을 구하고, 주당이익의 유용성 및 한계에 대하여 설명하시오.

- 당기순이익: ₩35,000,000
- 보통주자본금: ₩100,000,000(@₩5,000, 20,000주)
- 우선주자본금: ₩50,000,000(@₩5,000, 10,000주, 10% 배당우선주)

02. ㈜인덕의 20×1년도 당기순이익과 자본금 변동상황은 다음과 같다. 이 자료를 기초로 주당순이익을 계산하시오.

- 당기순이익 ₩12,690,000
- 자본금 변동상황(액면 ₩1,000)

	보통주자본금		우선주자본금	
기초	5,000주	₩5,000,000	2,400주	₩2,400,000
4월 1일 유상증자	1,000주	1,000,000		
6월 1일 무상증자(10%)	600주	600,000		
11월 1일 자기주식취득	(600주)	(600,000)		
기말	6,000주	₩6,000,000	2,400주	₩2,400,000

- 20×1 회계연도 이익에 대한 우선주 배당은 현금배당 10%이며, 동 우선주는 비누적적 · 비참가적 우선주이다.
- 유통보통주식수는 월할로 계산한다.

03. 희석주당순이익의 의미를 설명하시오.

| 객관식문제 |

01. 주당이익에 관한 설명으로 잘못된 것은?

① 기업의 경영성과를 측정하는 방법으로 단위자본당 경영효율성을 표시해 주는 정보가 주당이익이다.
② 기업이 발행한 잠재적 보통주 중 전환사채와 전환우선주가 모두 보통주식으로 전환되었을 경우만을 가정하여 희석될 수 있는 가장 낮은 주당이익이 희석주당이익이다.
③ 주당이익 계산시 분모인 가중평균유통보통주식수를 산정하기 위한 보통주유통일수 계산의 기산일은 통상 주식발행의 대가를 받을 권리가 발생하는 시점이다.
④ 주당이익은 정보이용자가 기업의 경영성과를 기간별로 비교하고, 동일기간의 경영성과를 다른 기업과 비교하는 데 유용한 정보를 제공한다.

02. 다음은 ㈜삼일의 11기(20×1년 1월 1일 ~ 20×1년 12월 31일) 당기순이익과 자본금 변동상황에 대한 자료이다. 이를 이용하여 ㈜삼일의 20×1년도 유통보통주식수를 구하시오. (2015년 재경관리사 기출문제)

ㄱ. 당기순이익: ₩100,000,000
ㄴ. 자본금변동사항(액면금액 ₩500)

	보통주자본금		우선주자본금	
기초	5,000주	₩2,500,000	2,000주	₩1,000,000
5월 1일 무상증자(30%)	1,500주	₩750,000	600주	₩300,000

ㄷ. 20×1년 9월 1일에 자기주식(보통주) 1,200주를 ₩1,200,000에 취득
ㄹ. 무상신주의 배당기산일은 원구주에 따르며, 유통보통주식수는 월할로 계산

① 4,600주 ② 5,000주
③ 6,100주 ④ 6,500주

03. 다음은 ㈜삼일의 20×1 회계연도(20×1년 1월 1일~20×1년 12월 31일) 당기순이익과 자본금변동상황에 대한 자료이다. 이를 이용하여 ㈜삼일의 20×1년도 가중평균유통보통주식수를 구하면 얼마인가? (2021년 재경관리사 기출문제)

ㄱ. 당기순이익: ₩500,000,000

ㄴ. 자본금변동사항(주당 액면금액 ₩5,000)

	보통주자본금		우선주자본금	
기초	100,000주	₩500,000,000	20,000주	₩100,000,000
기중			기중 변동사항 없음	
4/1 유상증자(20%)	20,000주	₩100,000,000(공정가치 이상으로 발행됨)		
7/1 무상증자(10%)	12,000주	₩60,000,000		

*유통보통주식수 계산시 월할계산을 가정한다.

① 120,000주 ② 126,500주

③ 127,000주 ④ 132,000주

04. ㈜삼일의 20×1년 유통보통주식수 변동내역은 다음과 같다.
(2017년 재경관리사 기출문제)

구분	주식수
20×1년초	60,000주
5월 1일 유상증자 납입	27,000주
9월 1일 자기주식 구입	(12,000)주
20×1년말	75,000주

*5월 1일 유상증자시 시가로 유상증자하였다.

㈜삼일의 20×1년 가중평균유통보통주식수는 얼마인가? 단, 편의상 월할계산한다.

① 53,750주 ② 65,500주

③ 74,000주 ④ 75,000주

05. ㈜삼일의 20×1년 당기순이익은 ₩10,000,000이며, 우선주배당금은 ₩1,000,000이다. ㈜삼일의 20×1년 1월 1일 유통보통주식수는 18,000주이며, 10월 1일에는 유상증자를 통해 보통주 8,000주를 발행하였다. ㈜삼일의 20×1년도 기본주당순이익은 얼마인가? 단, 유상신주의 발행금액과 공정가치는 동일하며, 가중평균유통보통주식수는 월할로 계산한다. (2020년 재경관리사 기출문제)

① ₩300 ② ₩350

③ ₩400 ④ ₩450

06. ㈜인덕의 회계연도는 1월 1일부터 12월 31일까지이다. 20×1년 1월 1일 ㈜인덕의 발행주식은 보통주 9,000주(주당액면금액 ₩1,000)와 우선주 5,000주(배당률 10%, 비누적적 · 비참가적, 주당액면금액 ₩1,000)이다. 다음은 20×1년도 중 ㈜인덕의 보통주와 우선주의 변동사항이다.

			보통주	우선주
20×1년 1월 1일	유통주식수		9,000주	5,000주
4월 1일	유상증자	20%	1,800	
7월 1일	무상증자	10%	1,080	
10월 1일	자기주식 취득		(2,000)	
			9,880주	5,000주

보통주 유상신주는 공정가치로 발행하였다. 20×1년도의 당기순이익이 ₩1,588,500일 때 주당순이익과 관련한 내용으로 옳은 것은?

① 보통주순이익은 ₩1,672,000이다.
② 가중평균유통보통주식수 고려시 순자산의 변동이 없는 무상증자는 고려의 대상이 아니다.
③ 가중평균유통보통주식수는 10,885주이다.
④ 기본주당순이익은 ₩169이다.

07. ㈜삼일의 20×1년 가중평균유통보통주식수는 2,000주이며, 기본주당순이익은 ₩5,000이다. 희석당기순이익은 ₩11,250,000이며 잠재적 보통주식수는 500주일 경우 희석주당순이익으로 가장 옳은 것은? (2016년 재경관리사 기출문제)

① ₩4,500 ② ₩5,000 ③ ₩6,100 ④ ₩6,500

08. 다음 중 가중평균유통보통주식수 산정방법에 대하여 가장 올바른 설명을 하고 있는 사람은? (2018년 재경관리사 기출문제)

① 김부장: 자기주식은 취득시점 이후부터 매각시점까지의 기간동안 가중평균유통보통주식수에 포함하지 않습니다.
② 이차장: 당기 중 무상증자를 실시한 경우 무상증자를 실시한 날짜를 기준일로 하여 가중평균유통보통주식수를 계산합니다.
③ 박과장: 당기 중 유상증자로 보통주가 발행된 경우 기초에 실시된 것으로 간주하여 주식수를 조정합니다.
④ 정사원: 가중평균유통보통주식수에는 결산기말 현재 발행된 우선주식수를 포함해야 합니다.

정답 및 해설

| 주관식문제 |

01. (1) 주당순이익: ₩1,500

$$\text{주당이익} = \frac{\text{보통주 당기순손익}}{\text{가중평균유통보통주식수}} = \frac{35{,}000{,}000 - 50{,}000{,}000 \times 10\%}{20{,}000\text{주}}$$

$$= ₩1{,}500$$

(2) 주당이익의 유용성 및 한계

기업의 경영성과와 경영의 효율성을 측정하는 지표로 정보이용자가 기업의 경영성과를 기간별로 비교하고, 동일기간의 경영성과를 다른 기업과 비교하는 데 유용한 정보를 제공한다. 그러나 주당액면가액이 다른 기업 간의 비교가능성은 저하되는 한계점이 있다.

02. (1) 보통주 당기순이익 = 당기순이익 − 우선주배당금

= ₩12,690,000 − ₩2,400,000 × 10% = ₩12,450,000

(2) 가중평균유통보통주식수: 6,225주

20×1: 4/1, 6/1, 11/1

- 기초주식수 5,000주 — $5{,}000\text{주} \times \frac{12}{12} = 5{,}000\text{주}$
- 유상증자 1,000주 (4/1) — $1{,}000\text{주} \times \frac{9}{12} = 750\text{주}$
- 무상증자 600주 (6/1) → 100주, 500주
  - $100\text{주} \times \frac{9}{12} = 75\text{주}$
  - $500\text{주} \times \frac{12}{12} = 500\text{주}$
- 자기주식 (600주) (11/1) — $(600\text{주}) \times \frac{2}{12} = (100)\text{주}$

합계: 6,225주

① 유상증자: 현금납입의 경우 현금을 받을 권리가 발생하는 날로부터 일수를 계산한다. 이때 무상증자로 인해 증가된 주식수를 고려한다.

② 무상증자: 무상증자가 있기 전의 유통보통주식수, 즉 기초의 주식수와 4/1 유상증자분에 대해 비례적으로 조정한다.

③ 자기주식을 취득하는 경우 주식대금이 회사 외부로 유출되므로 경영성과에 기여하지 못하므로 주식수 계산에서 제외한다.

(3) 기본주당순이익: $\frac{₩12,450,000}{6,225주} = ₩2,000$

03. 희석주당순이익이란 기업이 정보이용자에게 기업이 발행한 잠재적 보통주가 모두 보통주식으로 전환되었을 경우를 가정하여 희석될 수 있는 가장 낮은 주당순이익을 계산하여 보고하는 것이다.

| 객관식문제 |

01. ②

잠재적 보통주를 발행하고 있는 기업에 있어서 그 잠재적 보통주가 보통주로 전환되어 보통주식수가 증가할 경우의 주당순이익을 계산하는 것이 희석주당순이익이다. 이때 잠재적 보통주란 전환사채, 전환우선주, 주식선택권, 신주인수권부사채 등 보통주를 받을 수 있는 권리가 보유자에게 부여된 금융상품이나 계약 등을 말한다.

02. ③

$$유통보통주식수 = 5,000주 \times \frac{12}{12} + 1,500주 \times \frac{12}{12} - 1,200주 \times \frac{4}{12} = 6,100주$$

03. ②

$$유통보통주식수 = 110,000주 \times \frac{12}{12} + 22,000주 \times \frac{9}{12} = 126,500주$$

04. ③

$$유통보통주식수 = 60,000주 \times \frac{12}{12} + 27,000주 \times \frac{8}{12} - 12,000주 \times \frac{4}{12} = 74,000주$$

05. ④

$$기본주당순이익 = \frac{₩10,000,000 - ₩1,000,000}{18,000주 \times \frac{12}{12} + 8,000주 \times \frac{3}{12}} = ₩450$$

06. ③

(1) 보통주 당기순이익 = 당기순이익 − 우선주배당금

= ₩1,588,500 − ₩5,000,000 × 10% = ₩1,088,500

(2) 가중평균유통보통주식수: 10,885주

20×1: 4/1, 6/1, 11/1

구분	4/1	6/1	11/1	계산
• 기초주식수 9,000주				$9{,}000주 \times \frac{12}{12} = 9{,}000주$
• 유상증자	1,800주			$1{,}800주 \times \frac{9}{12} = 1{,}350주$
• 무상증자		1,080주		
	180주 ←			$180주 \times \frac{9}{12} = 135주$
900주 ←				$900주 \times \frac{12}{12} = 900주$
• 자기주식			(2,000주)	$(2{,}000주) \times \frac{3}{12} = (500)주$
				10,885주

(3) 기본주당순이익:

$$\frac{₩1{,}088{,}500}{10{,}885주} = ₩100$$

07. ①

$$희석주당순이익 = \frac{₩11{,}250{,}000}{2{,}000주 + 500주} = ₩4{,}500$$

08. ①

② 당기 중 무상증자를 실시한 경우 기초에 실시된 것으로 간주하여 가중평균유통보통주식수를 조정한다.

③ 당기 중 유상증자로 보통주가 발행된 경우 주식의 납입일을 기준으로 가중평균유통보통주식수를 조정한다.

④ 가중평균유통보통주식수의 계산시 우선주는 제외한다.

K-IFRS *Intermediate Financial Accounting*

Chapter 20

현금흐름표

단원정리 현금흐름표

- **현금흐름정보**
  - 현금창출능력과 현금사용용도를 평가하기 위한 기초를 제공
  - [현금주의] 기업 간 회계처리방법 선택에 대한 영향을 제거

- **현금흐름표**
  - 영업활동: 영업을 통한 현금흐름창출능력에 대한 지표
    - 재화의 판매와 용역의 제공에 따른 현금유입
    - 로열티, 수수료, 중개료 및 기타수익에 따른 현금유입
    - 재화와 용역의 구입에 따른 현금유출
    - 종업원과 관련한 현금유출
    - [보험회사] 수입보험료, 보험금, 연금, 기타 급부금 유출입
    - 법인세 납부 또는 환급
    - 단기매매목적의 보유계약의 현금 유출입
  - 투자활동: 미래수익·미래현금흐름을 창출할 자원에 대한 현금 유출입
    - 유형자산, 무형자산, 기타 장기성 자산관련 현금 유출입
    - 타기업 지분상품, 채무상품, 조인트벤처투자 현금 유출입
    - 제3자에 대한 선급금, 대여금의 회수에 따른 현금유입
    - 선물, 선도, 옵션 및 스왑계약에 따른 현금 유출입
  - 재무활동: 자금조달 및 상환활동
    - 주식, 기타 지분상품의 발행에 따른 현금유입
    - 주식 취득, 상환에 따른 현금유출
    - 사채, 어음 및 기타 장·단기차입에 따른 현금유입
    - 차입금 상환에 따른 현금유출
    - 금융리스부채 상환에 따른 현금유출

- **현금흐름표 작성**
  - 영업활동
    - 직접법: 주요 항목별로 현금 유출입 내용 수집
    - 간접법: 당기순이익±조정사항*
  - * 조정사항
    - 재고자산·영업활동 관련 채권·채무변동
    - 당기순이익에 포함된 비현금항목 추출
    - 당기순이익 중 영업활동이 아닌 항목 추출
  - 투자활동: 투자활동 현금유출입을 주요 항목별로 총액표시
  - 재무활동: 재무활동 현금유출입을 주요 항목별로 총액표시
  - 외화현금흐름: 외화환산의 환율변동효과를 구분하여 표시

제1절 현금흐름표의 의의 및 유용성

기업의 현금이란 보유현금과 요구불예금을 말하며, 현금성자산이란 유동성이 매우 높은 단기투자자산으로서 확정된 금액의 현금으로 전환이 용이하고 가치변동의 위험이 경미한 자산을 의미한다. 현금및현금성자산의 유입과 유출을 의미하는 기업의 현금흐름정보는 재무제표이용자에게 현금및현금성자산의 창출능력과 현금흐름의 사용 용도를 평가하는 데 유용한 기초를 제공한다.

재무제표이용자는 경제적 의사결정을 하기 위하여 현금및현금성자산의 창출능력 및 현금흐름의 시기와 확실성을 평가해야 한다. 현금흐름표는 회계기간 동안 발생한 현금흐름을 영업활동, 투자활동 및 재무활동으로 분류하여 현금및현금성자산의 역사적 변동에 관한 정보를 제공함으로써 기업의 현금및현금성자산 창출능력과 기업의 현금흐름 사용 필요성에 대한 평가의 기초를 재무제표이용자에게 제공한다.

현금흐름표는 다른 재무제표와 같이 사용되는 경우 순자산의 변화, 재무구조(유동성과 지급능력 포함), 그리고 변화하는 상황과 기회에 적응하기 위하여 현금흐름의 금액과 시기를 조절하는 능력을 평가하는 데 유용한 정보를 제공한다. 현금흐름정보는 현금및현금성자산의 창출능력을 평가하는 데 유용할 뿐만 아니라 서로 다른 기업의 미래현금흐름의 현재가치를 비교·평가하는 모형을 개발할 수 있도록 한다. 또한 현금흐름정보는 동일한 거래와 사건에 대하여 서로 다른 회계처리를 적용함에 따라 발생하는 영향을 제거하기 때문에 영업성과에 대한 기업 간의 비교가능성을 제고한다.

제2절 현금흐름표의 양식

현금흐름표는 회계기간 동안 발생한 현금흐름을 영업활동, 투자활동 및 재무활동으로 분류하여 보고한다. 즉, 현금흐름을 각 활동별로 구분하여 이러한 활동이 기업의 재무상태와 현금및현금성자산의 금액에 미치는 영향을 재무제표이용자가 평가할 수 있도록 정보를 제공한다. 또한 이 정보는 각 활동 간의 관계를 평가하는 데 사용될 수 있다.

기초의 현금이 어떤 증감내용을 통해 기말의 현금으로 변동된 것인지를 표현해 주는 현금흐름은 다음과 같다.

〈현금흐름〉

기초현금
(±)변동
기말현금

위 현금흐름을 현금흐름표의 형식으로 조정한 것은 다음과 같은데, 여기서 변동을 활동유형인 영업활동, 투자활동 및 재무활동으로 구분하여 표시하는 것이 현금흐름표의 양식이다.

〈현금흐름〉

(±)변동 ─ 영업활동 / 투자활동 / 재무활동

기초현금

기말현금

2.1 영업활동

영업활동에서 발생하는 현금흐름의 금액은 기업이 외부의 재무자원에 의존하지 않고 영업을 통하여 차입금상환, 영업능력의 유지, 배당금지급 및 신규투자 등에 필요한 현금흐름을 창출하는 정도에 대한 중요한 지표가 된다. 역사적 영업현금흐름의 특정 구성요소에 대한 정보를 다른 정보와 함께 사용하면 미래 영업현금흐름을 예측하는 데 유용하다.

영업활동현금흐름은 주로 기업의 주요 수익창출활동에서 발생한다. 따라서 영업활동 현금흐름은 일반적으로 당기순손익의 결정에 영향을 미치는 거래나 그 밖의 사건의 결과로 발생한다. 영업활동현금흐름의 예는 다음과 같다.

① 재화의 판매와 용역제공에 따른 현금유입

② 로열티, 수수료, 중개료 및 기타수익에 따른 현금유입

③ 재화와 용역의 구입에 따른 현금유출
④ 종업원과 관련하여 직 · 간접으로 발생하는 현금유출
⑤ 보험회사의 경우 수입보험료, 보험금, 연금 및 기타 급부금과 관련된 현금유입과 현금유출
⑥ 법인세의 납부 또는 환급. 다만 재무활동과 투자활동에 명백히 관련되는 것은 제외
⑦ 단기매매목적으로 보유하는 계약에서 발생하는 현금유입과 현금유출

기업은 단기매매목적으로 유가증권이나 대출채권을 보유할 수 있으며, 이때 유가증권이나 대출채권은 판매를 목적으로 취득한 재고자산과 유사하다. 따라서 단기매매목적으로 보유하는 유가증권의 취득과 판매에 따른 현금흐름은 영업활동으로 분류한다. 마찬가지로 금융회사의 현금 선지급이나 대출채권은 주요 수익창출활동과 관련되어 있으므로 영업활동으로 분류한다.

또한 법인세로 인한 현금흐름은 재무활동과 투자활동에 명백히 관련되지 않는 한 영업활동현금흐름으로 분류하고, 이자와 배당금의 수취 및 지급에 따른 현금흐름은 각각 별도로 공시한다.

이자와 배당금과 관련된 현금흐름은 매 기간 일관성 있게 영업활동, 투자활동 또는 재무활동으로 분류한다. 금융회사의 경우 이자지급, 이자수입 및 배당금수입은 일반적으로 영업활동현금흐름으로 분류한다. 그러나 다른 업종의 경우 기업의 상황에 따라 적절히 분류하여야 한다. 이자와 배당금은 당기순손익의 결정에 영향을 미치므로 영업활동현금흐름으로 분류할 수도 있으며, 이자지급, 이자수입 및 배당금수입은 재무자원을 획득하는 원가나 투자자산에 대한 수익이므로 각각 재무활동현금흐름과 투자활동현금흐름으로 분류할 수도 있다. 배당금의 지급은 재무자원을 획득하는 원가이므로 재무활동현금흐름으로 분류할 수 있다. 그러나 재무제표이용자가 영업활동현금흐름에서 배당금을 지급할 수 있는 기업의 능력을 판단하는 데 도움을 주기 위하여 영업활동현금흐름의 구성요소로 분류할 수도 있다.

위 내용을 정리하면 다음 표와 같다.

구분	활동구분*2		활동구분 가능*2
이자수입*1	투자활동*2	⇒	영업활동
이자지급*1	재무활동		
배당금 수입*1	투자활동		
배당금 지급	재무활동		

*1 금융회사의 경우 영업활동현금흐름

*2 매기간 일관성 있게 분류

2.2 투자활동

투자활동현금흐름은 미래수익과 미래현금흐름을 창출할 자원의 확보를 위하여 지출된 정도를 나타내기 때문에 현금흐름을 별도로 구분 공시하는 것이 중요하다. 재무상태표에 자산으로 인식되는 지출만이 투자활동으로 분류하기에 적합하다. 투자활동 현금흐름의 예는 다음과 같다.

① 유형자산, 무형자산 및 기타 장기성자산의 취득에 따른 현금유출(자본화된 개발원가와 자가건설 유형자산에 관련된 지출 포함)과 처분에 따른 현금유입

② 다른 기업의 지분상품이나 채무상품 및 조인트벤처 투자지분의 취득에 따른 현금유출과 처분에 따른 현금유입
(현금성자산으로 간주되는 상품이나 단기매매목적으로 보유하는 상품의 취득에 따른 유출액과 처분에 따른 유입액은 제외)

③ 제3자에 대한 선급금 및 대여금에 의한 현금유출과 회수에 따른 현금유입
(금융회사의 현금 선지급과 대출채권은 제외)

④ 선물계약, 선도계약, 옵션계약 및 스왑계약에 따른 현금유출과 현금유입
(단기매매목적으로 계약을 보유하거나 현금유출입이 재무활동으로 분류되는 경우는 제외)

2.3 재무활동

재무활동현금흐름은 미래현금흐름에 대한 자본제공자의 청구권을 예측하는 데 유용하기 때문에 현금흐름을 별도로 구분공시하는 것이 중요하다. 재무활동현금흐

름의 예는 다음과 같다.

① 주식이나 기타 지분상품의 발행에 따른 현금유입
② 주식의 취득이나 상환에 따른 소유주에 대한 현금유출
③ 담보 · 무담보부사채 및 어음의 발행과 기타 장 · 단기차입에 따른 현금유입
④ 차입금의 상환에 따른 현금유출
⑤ 리스이용자의 금융리스부채 상환에 따른 현금유출

즉, 자금의 조달과 상환에 관련된 활동을 의미한다.

제3절 현금흐름표의 작성

3.1 영업활동현금흐름

영업활동현금흐름은 직접법 또는 간접법으로 보고한다.

3.1.1 직접법

〈직접법〉

영업활동 현금유입액	×××
영업활동 현금유출액	×××
영업활동 현금흐름	×××

총현금유입과 총현금유출을 주요 항목별로 구분하여 표시하는 방법으로 총현금유입과 총현금유출의 주요 항목별 정보는 다음 ① 또는 ②를 통하여 얻을 수 있다.

① 회계기록
② 매출, 매출원가(금융회사의 경우에는 이자수익과 기타 유사한 수익 및 이자비용과 기타 유사한 비용) 및 그 밖의 포괄손익계산서 항목에 다음 항목을 조정
㈎ 회계기간 동안 발생한 재고자산과 영업활동에 관련된 채권 · 채무의 변동
㈏ 기타 비현금항목

(다) 투자활동현금흐름이나 재무활동현금흐름으로 분류되는 기타 항목

직접법으로 영업활동현금흐름을 계산한다는 것은 주요 항목별로 현금의 유입내용과 현금의 유출내용을 직접 수집하는 것으로, 주요 항목이란 일반적으로 ① 고객으로부터의 현금유입액, ② 공급자에 대한 현금유출액, ③ 종업원에 대한 현금유출액, ④ 기타영업비용에 대한 현금유출액, ⑤ 이자와 배당금에 대한 현금유출입 및 ⑥ 법인세지급액 등으로 구분할 수 있다. 각 항목별로 직접 자료를 수집해야 하나 실무적으로는 손익계산서 항목을 주요 항목별로 재분류한 후 관련된 자산·부채의 변동을 조정하여 실제 현금의 유입액과 유출액을 계산하는 방식을 사용한다.

사례 20-1 현금유입액

고객으로부터의 현금유입액과 관련한 손익계산서 항목으로 매출액과 대손상각비 등을 하나의 항목으로 본다. 매출이 발생했을 때 동시에 발생하게 되는 매출채권이 매출관련 항목이므로 이 매출채권에 관련된 대손상각비 등도 매출활동이 되는 것이다. 만일 손익계산서의 매출액이 ₩10,000,000이고 매출채권이 기초에 없었는데 기말잔액이 ₩2,000,000이라면 매출액 ₩10,000,000 중에서 외상으로 아직 회수하지 못한 매출액이 ₩2,000,000이라는 것이다. 즉, 손익계산서상의 매출액 ₩10,000,000에 매출채권의 증가액 ₩2,000,000을 차감조정하면 매출활동으로 인한 현금유입액 ₩8,000,000을 계산할 수 있는 것이다.

* 매출활동으로 인한 현금유입액 = 매출액 − 매출채권 증가액(또는 (+)매출채권 감소액)
= 10,000,000 − 2,000,000 = ₩8,000,000

손익계산서 항목	조정	영업활동 현금흐름
매출액	매출채권 증가	
₩10,000,000	(−)₩2,000,000	₩8,000,000

포괄손익계산서의 항목 중 영업활동 항목을 주요 항목별로 재분류하여 영업활동 각 항목을 관련된 자산·부채의 변동을 조정하여 영업활동현금흐름을 계산한다.

손익계산서 영업활동과 관련된 주요 항목에 대한 자산·부채계정 조정의 예는 다음과 같다.

포괄손익계산서의 주요 항목	재무상태표의 관련 자산·부채계정의 조정으로 현금흐름 계산
고객으로부터의 현금유입액	매출액－매출채권의 증가(＋감소)＋선수금의 증가(－감소)
공급자에 대한 현금유출액	(－)매출원가－재고자산의 증가(＋감소)＋매입채무의 증가(－감소)－선급금 증가(＋감소)
종업원에 대한 현금유출액	(－)종업원급여＋미지급급여의 증가(－감소)－선급급여의 증가(＋감소)
기타영업비용에 대한 현금유출액	(－)기타영업비－선급영업비용의 증가(＋감소)＋미지급영업비용의 증가(－감소)＋충당부채의 증가(-감소)
이자수익에 대한 현금유입액	이자수익－미수이자의 증가(＋감소)＋선수이자의 증가(－감소)
이자비용에 대한 현금유출액	(－)이자비용＋미지급이자의 증가(－감소)－선급이자의 증가(＋감소)＋사채할인발행차금상각액
배당금에 대한 현금유입액	배당금수익－미수배당금의 증가(＋감소)
법인세지급액	(－)법인세비용－선급법인세의 증가(＋감소)＋미지급법인세의 증가(－감소)－이연법인세자산의 증가(＋감소)＋이연법인세부채의 증가(－감소)

예제 20-1 | 고객으로부터의 현금유입액

다음은 ㈜인덕의 매출활동과 관련된 재무상태표와 포괄손익계산서의 일부이다. 20×1년 ㈜인덕의 고객으로부터의 현금유입액을 계산하시오.

(1) 재무상태표 일부

	20×0년 12월 31일	20×1년 12월 31일
매출채권	₩20,000,000	₩25,000,000
선수금	5,000,000	－

(2) 포괄손익계산서 일부

	20×1년 12월 31일
매출	₩100,000,000

| 해답 |

고객으로부터의 현금유입액＝매출액－매출채권의 증가－선수금의 감소

＝100,000,000－5,000,000－5,000,000＝₩90,000,000

예제 20-2 | 공급자에 대한 현금유출액

다음은 ㈜인덕의 매입활동과 관련된 재무상태표와 포괄손익계산서의 일부이다. 20×1년 ㈜인덕의 공급자에 대한 현금유출액을 계산하시오.

(1) 재무상태표 일부

	20×0년 12월 31일	20×1년 12월 31일
재고자산	₩20,000,000	₩15,000,000
매입채무	12,000,000	15,000,000

(2) 포괄손익계산서 일부

	20×1년 12월 31일
매출원가	₩80,000,000

| 해답 |

공급자에 대한 현금유출액=매출원가+재고자산의 감소+매입채무의 증가
=(−)80,000,000+5,000,000+3,000,000=(−)₩72,000,000

예제 20-3 | 이자수익에 대한 현금유입액

다음은 ㈜인덕의 매출활동과 관련된 재무상태표와 포괄손익계산서의 일부이다. 20×1년 ㈜인덕의 이자수익에 대한 현금유입액을 계산하시오.

(1) 재무상태표 일부

	20×0년 12월 31일	20×1년 12월 31일
미수이자	₩1,200,000	₩800,000
선수이자	500,000	600,000

(2) 포괄손익계산서 일부

	20×1년 12월 31일
이자수익	₩30,000,000

| 해답 |

이자수익에 대한 현금유입액=이자수익+미수이자의 감소+선수이자의 증가
=30,000,000+400,000+100,000=₩30,500,000

다음의 공통 사례로 현금흐름표의 작성을 정리하도록 한다.

사례 20-2 현금흐름표

12월말 결산법인인 ㈜인덕의 20×1년 및 20×2년의 재무상태표와 포괄손익계산서 및 기타보충자료의 내용은 다음과 같다.

(1) 재무상태표

20×2년말 재무상태표 (단위: 원)

		20×2		20×1
자산				
현금및현금성자산		870,000		160,000
매출채권		1,800,000		1,200,000
미수이자		100,000		–
재고자산		1,000,000		1,950,000
포트폴리오투자자산		2,500,000		2,500,000
유형자산	3,080,000		1,910,000	
감가상각누계액	(1,450,000)	1,630,000	(1,060,000)	850,000
자산총계		7,900,000		6,660,000
부채				
매입채무		250,000		1,890,000
미지급이자		230,000		100,000
미지급법인세		400,000		1,000,000
장기차입금		1,290,000		1,040,000
부채총계		2,170,000		4,030,000
자본				
납입자본		1,500,000		1,250,000
이익잉여금		4,230,000		1,380,000
자본총계		5,730,000		2,630,000
부채및자본총계		7,900,000		6,660,000

(2) 포괄손익계산서

20×2년말로 종료하는 기간의 포괄손익계산서	(단위: 원)
매출액	30,650,000
매출원가	(26,000,000)
매출총이익	4,650,000
감가상각비	(450,000)
판매비와관리비	(910,000)
이자비용	(400,000)
이자수익	200,000
배당금수익	300,000
외화환산손실	(40,000)
법인세비용차감전순이익	3,350,000
법인세비용	(300,000)
당기순이익	3,050,000

(3) 기타 보충자료

① 유상증자로 ₩250,000, 장기차입금으로 ₩250,000을 조달하였다.

② 이자비용은 ₩400,000이었고 이 가운데 ₩170,000을 당기에 지급하였다. 또한 과거기간의 이자비용과 관련하여 ₩100,000을 당기에 지급하였다.
(이자비용은 영업활동으로 분류하고 이자수익은 투자활동으로 분류함)

③ 배당금으로 ₩200,000을 지급하였고, 배당금수익은 투자활동으로 분류한다.

④ ㈜인덕은 당기에 유형자산 ₩1,250,000을 현금으로 취득하였다.

⑤ 취득원가가 ₩80,000이고 감가상각누계액이 ₩60,000인 공장 설비를 ₩20,000에 매각하였다.

위 자료에 의해 아래와 같은 분석절차를 수행 후 직접법으로 현금흐름표의 영업활동현금흐름을 작성한다.

Ⅰ. 포괄손익계산서 중 영업활동 항목			Ⅱ. 조정사항	Ⅲ. 영업활동현금흐름
고객으로부터의 현금유입액	매출액	30,650,000	(−)매출채권의 증가 ₩600,000	30,050,000
공급자에 대한 현금유출액	매출원가	(26,000,000)	(+)재고자산의 감소 ₩950,000 (−)매입채무의 감소 ₩1,640,000	(26,690,000)
기타영업비용에 대한 현금유출액	판매비와 관리비	(910,000)	−	(910,000)
이자에 대한 현금유출액	이자비용	(400,000)	(+)미지급이자의 증가 ₩130,000	(270,000)
법인세지급액	법인세비용	(300,000)	(−)미지급법인세의 감소 ₩600,000	(900,000)
				1,280,000

직접법에 의한 현금흐름표(영업활동현금흐름) (단위: 원)

영업활동현금흐름		
고객으로부터의 현금유입액	30,050,000	
공급자에 대한 현금유출액	(26,690,000)	
기타영업비용에 대한 현금유출액	(910,000)	
이자에 대한 현금유출액	(270,000)	
법인세지급액	(900,000)	
영업활동순현금흐름		1,280,000

3.1.2 간접법

〈간접법〉

당기순이익(법인세비용차감전순이익)	×××
차이조정(①②③)	×××
영업활동현금흐름	×××

법인세비용차감전순이익에 현금을 수반하지 않는 거래, 과거 또는 미래의 영업활동현금유입이나 현금유출의 이연 또는 발생, 투자활동현금흐름이나 재무활동현

금흐름과 관련된 손익항목의 영향을 조정하여 표시하는 방법으로 법인세비용차감전순이익에 다음 항목들의 영향을 조정하여 결정한다.

① 영업활동 관련 채권·채무의 변동: 회계기간 동안 발생한 재고자산과 영업활동에 관련된 채권·채무의 변동(추가로 이자수익, 이자비용, 배당금수익, 법인세비용을 별도로 구분표시하기 위해 당기순손익에 포함되어 있는 각 항목을 제거해야 함)

② 비현금항목: 감가상각비, 충당부채, 이연법인세, 외화환산손익 등 비현금항목

③ 영업활동이 아닌 항목: 투자활동현금흐름이나 재무활동현금흐름으로 분류되는 기타 모든 항목

발생주의에 따라 계산된 기업의 법인세비용차감전순이익에 위의 ①~③의 적절한 조정과정을 통해 영업활동현금흐름을 계산하는 방식이다. 즉, ①은 법인세비용차감전순이익에 포함된 영업활동과 관련된 비현금 요소를 추출하는 과정이고, ②는 법인세비용차감전순이익에 포함된 기타 비현금 수익과 비용항목을 추출하는 것이며, ③은 법인세비용차감전순이익 중 영업활동과 관련되지 않은, 즉 투자활동과 재무활동에 관련된 수익과 비용항목을 추출하는 것이다.

간단히 정리하면, 간접법으로 영업활동현금흐름을 구하기 위해 매출액 중에서 현금으로 회수하지 못한 매출채권 등 법인세비용차감전순이익에서 영업활동과 관련되었지만 현금의 수수가 없었던 항목 등을 재무상태표에서 재고자산 및 영업활동과 관련된 자산·부채계정을 확인하여 조정하고, 포괄손익계산서의 계정 중에서 감가상각비, 대손상각비 등과 같이 현금의 수수가 없는 수익과 비용을 취소하며, 이자수익과 같이 법인세비용차감전순이익에 포함된 투자활동 및 재무활동과 관련된 수익과 비용을 취소하는 것이다. 그리고 마지막으로 이자, 배당금 및 법인세와 관련된 영업활동현금흐름을 정리하여 각각 별도로 공시한다.

간접법의 영업활동현금흐름 작성 절차에 따라 위 공통 사례의 영업활동 현금흐름을 작성하면 다음과 같다.

간접법에 의한 현금흐름표(영업활동현금흐름)

법인세비용차감전순이익	3,350,000
① 영업활동 관련 채권·채무의 변동 등	
• 매출채권 증가	(600,000)
• 재고자산 감소	950,000
• 매입채무 감소	(1,640,000)
• 이자비용*	400,000
② 비현금항목	
• 감가상각비	450,000
• 외화환산손실	40,000
③ 영업활동이 아닌 항목	
• 이자수익	(200,000)
• 배당금수익	(300,000)
④ 기타	
• 이자지급액	(270,000)
• 법인세지급액	(900,000)
영업활동현금흐름	1,280,000

* 이자지급액을 별도로 구분표시하기 위해 제거함.
(참고: 조정의 출발이 당기순이익이라면 법인세비용도 제거해야 함)

3.2 투자활동현금흐름, 재무활동현금흐름

투자활동과 재무활동에서 발생하는 총현금유입과 총현금유출은 주요 항목별로 구분하여 총액으로 표시한다.

위의 사례에 따라 투자활동과 재무활동으로 인한 현금흐름을 작성해보면 다음과 같다.

3.2.1 투자활동현금흐름

투자활동현금흐름을 계산할 때에는 재무상태표의 투자활동계정을 하나하나 분석하여야 한다. 위 사례에서 투자활동과 관련된 재무상태표계정은 포트폴리오투자자산과 유형자산(관련된 감가상각누계액 포함)이다.

(1) 투자활동으로 인한 현금유입액: ₩20,000＋₩100,000＋₩300,000＝₩420,000

① 유형자산의 처분

사례의 (3) 기타보충자료 ⑤ 취득원가가 ₩80,000이고 감가상각누계액이 ₩60,000인 공장 설비를 ₩20,000에 매각한 회계처리는 다음과 같다.

(차) **현금**	20,000	(대) 유형자산(설비)	80,000
감가상각누계액	60,000		

따라서 유형자산의 처분으로 인해 ₩20,000의 현금유입이 있었다.

② 이자수취

포괄손익계산서의 이자수익과 그에 관련된 재무상태표의 미수이자계정으로 다음의 회계처리를 유추할 수 있다. 즉, 현금유입액이 ₩100,000이다.

(차) **현금**	100,000	(대) 이자수익	200,000
미수이자	100,000		

③ 배당금수취

포괄손익계산서의 배당금수익계정에 따라 다음의 회계처리를 유추할 수 있다. 즉, 현금유입액이 ₩300,000이다.

(차) **현금**	300,000	(대) 배당금수익	300,000

(2) 투자활동으로 인한 현금유출액: (₩1,250,000)

① 유형자산의 취득

사례의 (3) 기타보충자료 ④ 당기에 유형자산 ₩1,250,000을 현금으로 취득한 회계처리는 다음과 같다. 즉, 현금유출액이 ₩1,250,000이다.

(차) 유형자산	1,250,000	(대) **현금**	1,250,000

현금흐름표		(단위: 원)
투자활동현금흐름		
투자활동현금유입액		
• 유형자산의 처분	20,000	
• 이자수취	100,000	
• 배당금수취	300,000	420,000
투자활동현금유출액		
• 유형자산의 취득	1,250,000	(1,250,000)
투자활동순현금흐름		(830,000)

3.2.2 재무활동현금흐름

(1) 재무활동으로 인한 현금유입액: ₩250,000+₩250,000=₩500,000

① 유상증자

사례의 (3) 기타보충자료 ① 유상증자로 ₩250,000의 조달에 따른 회계처리는 다음과 같다. 즉, 현금유입액이 ₩250,000이다.

(차) **현금** 250,000 (대) 자본금 250,000

② 차입금 조달

사례의 (3) 기타보충자료 ① 장기차입금으로 ₩250,000의 조달에 따른 회계처리는 다음과 같다. 즉, 현금유입액이 ₩250,000이다.

(차) **현금** 250,000 (대) 장기차입금 250,000

(2) 재무활동으로 인한 현금유출액: ₩200,000

① 배당금 지급

사례의 (3) 기타보충자료 ③ 배당금 ₩200,000의 지급에 따른 회계처리는 다음과 같다. 즉, 현금유출액이 ₩200,000이다.

(차) 이익잉여금 200,000 (대) **현금** 200,000

현금흐름표 (단위: 원)

재무활동현금흐름		
재무활동현금유입액		
• 유상증자	250,000	
• 차입금조달	250,000	500,000
재무활동현금유출액		
• 배당금지급	200,000	(200,000)
재무활동순현금흐름		300,000

3.3 외화현금흐름

외화거래에서 발생하는 현금흐름은 현금흐름 발생일의 기능통화와 외화 사이의 환율을 외화 금액에 적용하여 환산한 기능통화 금액으로 기록한다. 또한 해외종속기업의 현금흐름은 현금흐름 발생일의 기능통화와 외화 사이의 환율로 환산한다. 이러한 외화환산시 환율변동으로 인한 미실현손익은 현금흐름이 아니다. 그러나 외화로 표시된 현금및현금성자산의 환율변동효과는 기초와 기말의 현금및현금성자산을 조정하기 위해 현금흐름표에 보고한다. 이 금액은 영업활동, 투자활동 및 재무활동 현금흐름과 구분하여 별도로 표시하며, 그러한 현금흐름을 기말 환율로 보고하였다면 발생하게 될 차이를 포함한다.

위 사례에서 포괄손익계산서에 외화환산으로 인한 손실이 ₩40,000이 있다.

현금흐름표 (단위: 원)

외화현금의 변동		
• 외화환산손실	(40,000)	(40,000)

이상의 각 활동별 현금흐름의 자료로 현금흐름표를 완성하면 다음과 같다.

직접법에 의한 현금흐름표 (단위: 원)

Ⅰ. 영업활동현금흐름		
1. 고객으로부터의 현금유입액	30,050,000	
2. 공급자에 대한 현금유출액	(26,690,000)	
3. 기타영업비용에 대한 현금유출액	(910,000)	
영업으로부터 창출된 현금	2,450,000	
4. 이자에 대한 현금유출액	(270,000)	
5. 법인세지급액	(900,000)	
영업활동순현금흐름		1,280,000
Ⅱ. 투자활동현금흐름		
1. 투자활동현금유입액		420,000
(1) 유형자산의 처분	20,000	
(2) 이자수취	100,000	
(3) 배당금수취	300,000	
2. 투자활동현금유출액		(1,250,000)
(1) 유형자산의 취득	(1,250,000)	
투자활동순현금흐름		(830,000)
Ⅲ. 재무활동현금흐름		
1. 재무활동현금유입액		500,000
(1) 유상증자	250,000	
(2) 차입금 조달	250,000	
2. 재무활동현금유출액		(200,000)
(1) 배당금 지급	(200,000)	
재무활동순현금흐름		300,000
Ⅳ. 외화현금의 변동		(40,000)
1. 외화환산손실	(40,000)	
Ⅴ. 현금의 증감		710,000
Ⅵ. 기초의 현금		160,000
Ⅶ. 기말의 현금		870,000

간접법에 의한 현금흐름표 (단위: 원)

Ⅰ. 영업활동현금흐름		
법인세비용차감전순이익	3,350,000	
1. 영업활동과 관련된 자산·부채의 변동		
(1) 매출채권 증가	(600,000)	
(2) 재고자산 감소	950,000	
(3) 매입채무 감소	(1,640,000)	
(4) 이자비용	400,000	
2. 현금 유출입이 없는 수익·비용		
(1) 감가상각비	450,000	
(2) 외화환산손실	40,000	
3. 영업활동과 무관한 수익·비용		
(1) 이자수익	(200,000)	
(2) 배당금수익	(300,000)	
4. 기타		
(1) 이자지급액	(270,000)	
(2) 법인세지급액	(900,000)	
영업활동순현금흐름		1,280,000
Ⅱ. 투자활동현금흐름		
1. 투자활동현금유입액		420,000
(1) 유형자산의 처분	20,000	
(2) 이자수취	100,000	
(3) 배당금수취	300,000	
2. 투자활동현금유출액		(1,250,000)
(1) 유형자산의 취득	(1,250,000)	
투자활동순현금흐름		(830,000)
Ⅲ. 재무활동현금흐름		
1. 재무활동현금유입액		500,000
(1) 유상증자	250,000	
(2) 차입금 조달	250,000	
2. 재무활동현금유출액		(200,000)
(1) 배당금 지급	(200,000)	
재무활동순현금흐름		300,000
Ⅳ. 외화현금의 변동		(40,000)
(1) 외화환산손실	(40,000)	
Ⅴ. 현금의 증감		710,000
Ⅵ. 기초의 현금		160,000
Ⅶ. 기말의 현금		870,000

연습문제

| 객관식문제 |

01. 다음 중 현금흐름표에 대한 설명으로 가장 올바르지 않은 것은?
(2020년 재경관리사 기출문제)

① 현금흐름표는 기업의 현금흐름을 나타내는 표로서 현금의 변동내용을 명확하게 보고하기 위하여 당해 회계기간에 속하는 현금의 유입과 유출내용을 적정하게 표시하는 보고서이다.
② 법인세로 인한 현금흐름은 영업활동과 투자활동에 명백히 관련되지 않는 한 재무활동현금흐름으로 분류한다.
③ 현금흐름표에서는 기업의 경영활동에 따른 현금흐름을 영업활동 · 투자활동 · 재무활동으로 구분한다.
④ 현금흐름표를 작성하는 방법은 영업활동현금흐름을 어떻게 계산하느냐에 따라 간접법과 직접법으로 구분된다.

02. 현금흐름표는 회계기간 동안 발생한 현금흐름을 영업활동, 투자활동 및 재무활동으로 분류하여 보고한다. 다음 중 영업활동으로 분류되지 않는 것은?

① 재화의 판매와 용역제공에 따른 현금유입
② 단기매매목적으로 보유하는 계약에서 발생하는 현금유입과 현금유출
③ 리스이용자의 금융리스 상환에 따른 현금유출
④ 종업원과 관련하여 직 · 간접으로 발생하는 현금유출

03. 다음 중 영업활동으로 인한 현금흐름으로 분류되지 않는 것은?
(2015년 재경관리사 기출문제)

① 재화와 용역의 구입에 따른 현금유출
② 종업원급여와 관련하여 발생하는 현금유출
③ 단기매매목적으로 보유하는 자산에서 발생하는 현금흐름
④ 장기차입금에 따른 현금유입

04. 현금흐름표는 회계기간 동안 발생한 현금흐름을 영업활동, 투자활동 및 재무활동으로 분류하여 보고한다. 다음 중 투자활동으로 분류되지 않는 것은?

① 유형자산, 무형자산 및 기타 장기성자산의 취득에 따른 현금유출
② 제3자에 대한 선급금 및 대여금
③ 다른 기업의 지분상품이나 채무상품 및 조인트벤처 투자지분의 취득에 따른 현금유출
④ 보험회사의 경우 수입보험료

05. 현금흐름표는 회계기간 동안 발생한 현금흐름을 영업활동, 투자활동 및 재무활동으로 분류하여 보고한다. 다음 중 재무활동으로 분류되지 않는 것은?

① 주식이나 기타 지분상품의 발행에 따른 현금유입
② 담보 · 무담보부사채 및 어음의 발행과 기타 장 · 단기차입에 따른 현금유입
③ 제3자에 대한 선급금 및 대여금
④ 주식의 취득이나 상환에 따른 소유주에 대한 현금유출

06. 다음 중 이자와 배당금의 수취 및 지급에 따른 현금흐름에 관한 설명으로 가장 올바르지 않은 것은? (2020년 재경관리사 기출문제)

① 금융회사의 경우 이자수입은 일반적으로 영업활동현금흐름으로 분류한다.
② 이자지급은 재무자원을 획득하는 원가로 보아 재무활동현금흐름으로 분류할 수 있다.
③ 배당금지급은 기업이 배당금을 지급할 수 있는 능력이 있는지 여부를 판단하는데 도움을 주기 위해 투자활동현금흐름으로 분류할 수 있다.
④ 배당금수입은 투자자산에 대한 수익으로 보아 투자활동현금흐름으로 분류할 수 있다.

07. 현금흐름표의 작성방법에는 직접법과 간접법이 있다. 다음 중 현금흐름표의 작성방법에 관한 설명으로 가장 올바르지 않은 것은? (2016년 재경관리사 기출문제)

① 직접법은 현금흐름을 개별 항목별로 파악할 수 있기 때문에 거래유형별 현금흐름의 내용을 쉽게 파악할 수 있다.
② 간접법은 당기순이익과 영업활동으로 인한 현금흐름과의 차이를 명확하게 보여준다.
③ 간접법으로 영업활동현금흐름을 작성하더라도 이자 및 배당금수취, 이자지급 및 법인세 납부는 직접법을 적용한 것처럼 별도로 표시해야 한다.
④ 직접법과 간접법은 영업활동뿐만 아니라 투자활동 및 재무활동도 현금흐름표상의 표시방법이 다르다.

08. ㈜삼일은 제조업을 영위하고 있으며 모든 매출은 외상으로 이루어진다. 다음 자료를 이용하여 20×1년 매출로부터의 현금유입액을 계산하면 얼마인가? 단, 선수금에 의한 매출, 매출에누리와 환입, 매출할인 등은 없다고 가정한다.
(2020년 재경관리사 기출문제)

ㄱ. 재무상태표

구분	20×1년초	20×1년말
매출채권	₩10,000	₩20,000
대손충당금(매출채권)	300	470

ㄴ. 포괄손익계산서(20×1.1.1 ~ 20×1.12.31)
매출액 560,000 대손상각비(매출채권) 550

① ₩524,470 ② ₩532,170
③ ₩549,620 ④ ₩569,010

09. ㈜삼일의 20×1년도 매출액은 ₩100,000이고 대손상각비로 ₩5,000을 계상하였다. 다음의 자료를 이용하여 ㈜삼일의 매출로 인한 현금유입액을 계산하면 얼마인가?
(2020년 재경관리사 기출문제)

구분	20×1년 1월 1일	20×2년 12월 31일
매출채권	₩10,000	₩20,000
대손충당금	1,000	2,000

① ₩56,000 ② ₩66,000
③ ₩76,000 ④ ₩86,000

10. 다음의 자료를 이용하여 20×1년의 현금흐름표를 직접법에 의하여 작성할 경우 공급자에 대한 현금유출액은 얼마인가? (2021년 재경관리사 기출문제)

- 20×1년 매출원가는 ₩60,000이다.
- 20×1년 재고자산 및 매입채무 관련 자료

구분	20×1년 1월 1일	20×2년 12월 31일
재고자산	₩5,000	₩9,000
매입채무	2,000	4,000

① ₩58,000 ② ₩60,000
③ ₩62,000 ④ ₩64,000

11. ㈜인덕의 20×1년 당기순이익은 ₩20,000,000이었다. 재무상태표와 포괄손익계산서에 포함된 다음 정보에 따라 영업활동현금흐름을 계산하면 얼마인가? 단, 법인세는 고려하지 아니한다.

- 매출액: ₩100,000,000(매출채권감소액 ₩30,000,000)
- 매출원가: ₩64,500,000
  (재고자산증가액 ₩22,000,000, 매입채무감소액 ₩19,000,000)
- 이자비용: ₩5,800,000(선급이자증가액 ₩3,000,000)
  * 이자비용을 영업활동으로 분류함.
- 감가상각비: ₩10,000,000
- 이자수익: ₩300,000
  * 이자수익을 투자활동으로 분류함.

① ₩15,700,000　② ₩16,300,000
③ ₩29,700,000　④ ₩32,300,000

12. ㈜인덕의 20×1년 당기순이익은 ₩20,000,000이었다. 재무상태표와 포괄손익계산서에 포함된 다음 정보에 따라 영업활동현금흐름을 계산하면 얼마인가? 단, 법인세는 고려하지 아니한다.

- 감가상각비: ₩1,000,000
- 유형자산처분이익: ₩2,000,000
- 이자수익(투자활동): ₩200,000
- 매출채권의 증가: ₩350,000
- 재고자산의 감소: ₩270,000
- 매입채무의 감소: ₩120,000

① ₩18,060,000　② ₩18,760,000
③ ₩18,600,000　④ ₩18,800,000

13. ㈜삼일의 20×2년 법인세비용차감전순이익은 ₩5,000,000이다. 다음 자료를 이용하여 ㈜삼일의 20×2년 영업활동 현금흐름을 구하면 얼마인가? 단, 법인세납부액은 영업활동 현금흐름에 해당하지 않으며, 이자 · 배당과 관련된 손익항목 및 현금흐름의 유입 · 유출은 없다. (2015년 재경관리사 기출문제)

구분	20×1년 12월 31일	20×2년 12월 31일
매출채권	₩8,500,000	₩8,000,000
매입채무	₩7,000,000	₩7,300,000

① ₩5,200,000　② ₩5,500,000
③ ₩5,800,000　④ ₩6,000,000

14. 다음은 ㈜삼일의 영업활동으로 인한 현금흐름을 계산하기 위한 자료이다. ㈜삼일의 간접법에 의한 영업활동으로 인한 현금흐름이 (+)₩5,000,000이라고 할 때 당기순이익은 얼마인가? (2021년 재경관리사 기출문제)

(단위: 원)

유형자산처분손실	200,000	매출채권의 증가	900,000
감가상각비	300,000	재고자산의 감소	1,000,000
		매입채무의 감소	500,000

① ₩3,300,000 ② ₩4,300,000
③ ₩4,500,000 ④ ₩4,900,000

15. 다음 자료에 따라 ㈜인덕의 투자활동현금흐름을 계산하면 얼마인가?

- 건물취득: ₩10,000,000
- 차량운반구 처분: 처분가액 ₩1,200,000
  (취득가액 ₩2,000,000 감가상각누계액 ₩200,000)
- 기타포괄손익-공정가치측정 금융자산 매입: ₩200,000
- 재고자산 매입: ₩8,200,000
- 본사건물 수선유지비 지출: ₩180,000

① 유입 ₩9,000,000 ② 유입 ₩9,180,000
③ 유출 ₩9,000,000 ④ 유출 ₩9,180,000

16. 다음 자료에 따라 ㈜인덕의 재무활동현금흐름을 계산하면 얼마인가?

- 장기차입금 차입: ₩27,000,000
- 단기차입금 상환: ₩10,000,000
- 외화환산이익: ₩230,000
- 기타포괄손익-공정가치측정 금융자산 처분: ₩390,000(장부가액 ₩330,000)
- 유상증자: 액면가액 ₩5,000인 주식 1,000주를 ₩7,000에 발행

① 유입 ₩22,000,000 ② 유입 ₩24,000,000
③ 유출 ₩10,000,000 ④ 유출 ₩22,000,000

17. ㈜삼일은 20×1년에 설립되었으며 20×1년에 아래와 같은 이자비용 회계처리를 수행하였다. ㈜삼일이 20×1년 현금흐름표에 인식할 이자지급액으로 가장 옳은 것은? (2017년 재경관리사 기출문제)

(차) 이자비용	1,100,000	(대) 미지급비용	800,000
		현금	300,000

① ₩300,000 ② ₩500,000
③ ₩600,000 ④ ₩1,000,000

18. ㈜삼일은 영업활동현금흐름을 손익계산서상 법인세차감전손익에서 시작하는 간접법으로 작성하고 있다. 다음 손익계산서 항목 중 영업활동현금흐름 계산시 현금유출이 없는 비용 등으로 가산되는 항목으로 가장 올바르지 않은 것은? (2017년 재경관리사 기출문제)

① 대손상각비 ② 유형자산처분손실
③ 감가상각비 ④ 판매수수료

19. ㈜삼일의 20×1년 법인세비용차감전순이익은 ₩5,000,000이다. 다음 자료를 이용하여 ㈜삼일의 20×1년 영업활동현금흐름을 계산하면 얼마인가? 단, 법인세납부액은 없다고 가정한다. (2018년 재경관리사 기출문제)

- 재고자산의 감소 ₩350,000
- 매입채무의 증가 ₩450,000
- 감가상각비 ₩300,000

① ₩5,300,000 ② ₩5,400,000
③ ₩5,800,000 ④ ₩6,100,000

20. 다음 중 현금흐름표상 활동의 구분이 다른 하나를 고르면? (2018년 재경관리사 기출문제)

① 원재료 매입대금 지급에 따른 현금유출
② 재화의 판매와 용역의 제공에 따른 현금유입
③ 종업원과 관련하여 직·간접적으로 발생하는 현금유출
④ 유형자산의 취득에 따른 현금유출

정답 및 해설

| 객관식문제 |

01. ②

법인세로 인한 현금흐름은 재무활동과 투자활동에 명백히 관련되지 않는 한 영업활동현금흐름으로 분류한다.

02. ③

리스이용자의 금융리스 상환에 따른 현금유출은 재무활동으로 인한 현금흐름이다.

03. ④

장기차입금에 따른 현금유입은 재무활동으로 인한 현금흐름이다.

04. ④

보험회사의 경우 수입보험료는 영업활동으로 인한 현금흐름이다.

05. ③

제삼자에 대한 선급금 및 대여금은 투자활동으로 인한 현금흐름이다.

06. ③

배당금의 지급은 재무자원을 획득하는 원가이므로 재무활동현금흐름으로 분류할 수 있다. 그러나 재무제표이용자가 영업활동현금흐름에서 배당금을 지급할 수 있는 기업의 능력을 판단하는 데 도움을 주기 위하여 영업활동현금흐름의 구성요소로 분류할 수도 있다.

07. ④

현금흐름표에서 영업활동현금흐름의 작성방법은 직접법과 간접법에 따라 작성 할 수 있다.

08. ③

매출로부터의 현금유입액 = 순매출액 − 순매출채권의 증가

= (560,000 − 550) − [(20,000 − 470) − (10,000 − 300)] = ₩549,620

09. ④

매출로 인한 현금유입액 = 순매출액 − 순매출채권의 증가

=(100,000－5,000)－[(20,000－2,000)－(10,000－1,000)]
=₩86,000

10. ③

공급자에 대한 현금유출액=(－)매출원가－재고자산의 증가＋매출채무의 증가
=－60,000－4,000＋2,000=－₩6,000

11. ①

〈영업활동현금흐름 – 간접법〉

당기순이익	20,000,000
(1) 영업활동관련 채권 · 채무의 변동	
매출채권	30,000,000
재고자산	(22,000,000)
매입채무	(19,000,000)
선급이자	(3,000,000)
(2) 감가상각비 등 비현금항목	
감가상각비	10,000,000
(3) 투자활동 · 재무활동현금흐름	
이자수익	(300,000)
영업활동 현금흐름	15,700,000

12. ③

〈영업활동현금흐름 – 간접법〉

당기순이익	20,000,000
(1) 영업활동관련 채권 · 채무의 변동	
① 매출채권	(350,000)
② 재고자산	270,000
③ 매입채무	(120,000)
(2) 감가상각비 등 비현금항목	
① 감가상각비	1,000,000
(3) 투자활동 · 재무활동현금흐름	
① 유형자산처분이익	(2,000,000)
② 이자수익	(200,000)
영업활동현금흐름	18,600,000

13. ③

영업활동현금흐름=법인세비용차감전순이익＋매출채권의 감소＋매입채무의 증가
=₩5,000,000＋500,000＋300,000
=₩5,800,000

14. ④

당기순이익+200,000+300,000−900,000+1,000,000−500,000=₩5,000,000

15. ③

〈투자활동현금흐름〉

(1) 투자활동현금유입액	
① 차량운반구 처분	1,200,000
(2) 투자활동현금유출액	
① 건물취득	(10,000,000)
② 매도가능금융자산 매입	(200,000)
투자활동현금흐름	(9,000,000)

16. ②

〈재무활동현금흐름〉

(1) 재무활동현금유입액	
① 장기차입금 차입	27,000,000
② 유상증자	7,000,000
(2) 재무활동현금유출액	
① 단기차입금 상환	(10,000,000)
재무활동현금흐름	24,000,000

17. ①

현금흐름표에 이자지급액으로 인식되는 금액은 실제 현금지급액이다.

18. ④

19. ④

영업활동현금흐름: ₩5,000,000+₩350,000+₩450,000+₩300,000=₩6,100,000

20. ④

영업활동현금흐름에 대한 보기이며, 유형자산의 취득에 따른 현금유출은 투자활동현금흐름이다.

K-IFRS *Intermediate Financial Accounting*

Chapter 21

기타 회계

단원정리 기타 회계

• 주식기준보상

- 주식결제형 주식기준보상거래
- 현금결제형 주식기준보상거래
- 결제방식이 선택가능한 주식기준보상거래

• 법인세회계

- 세무조정: 회계이익과 과세소득의 차이 조정
  - 일시적 차이
    - 가산할 일시적 차이: 이연법인세부채
    - 차감할 일시적 차이: 차감할 일시적 차이
  - 일시적 차이 이외

• 환율변동효과

외화거래와 해외사업장의 운영을 재무제표에 반영하고 재무제표를 표시통화로 환산하는 과정에서 발생

- 최초인식
- 후속 보고기간말의 보고
- 외환차익 인식: 결제시점
  - 화폐성 항목
  - 비화폐성 항목

• 중간재무보고

- 목적: 회계보고의 적시성 보완

• 특수관계자 공시

- 특수관계자의 정의

• 파생상품

- 의의: 주식, 채권, 이자율, 환율 등 금융상품을 기초자산으로 하여 그 가격변동에 근거하여 가격이 형성되는 금융상품
- 종류: 선도거래, 선물거래, 스왑, 옵션 등
- 목적: 위험회피목적, 매매목적

제1절 주식기준보상

1.1 주식기준보상거래

주식기준보상거래란 기업이 재화나 용역을 제공받고 그 대가로 기업의 지분상품(주식 또는 주식선택권 등) 또는 기업의 지분상품(주식 또는 주식선택권 등)의 가격에 기초하여 결정되는 금액에 해당하는 기업의 현금이나 그 밖의 자산을 지급하기로 하는 거래이다. 기업이 임직원에게 근무용역 제공에 대한 대가로 주식선택권을 부여하는 것이 대표적인 주식기준보상거래이다.

1.2 주식기준보상거래의 종류

1.2.1 주식결제형 주식기준보상거래

주식결제형 주식기준보상거래란 기업이 재화나 용역을 제공받는 대가로 자신의 지분상품(주식 또는 주식선택권 등)을 부여하는 주식기준보상거래이다.

1.2.2 현금결제형 주식기준보상거래

현금결제형 주식기준보상거래란 기업이 재화나 용역을 제공받는 대가로 기업 또는 연결실체 내 다른 기업의 지분상품(주식 또는 주식선택권 등)의 가격(또는 가치)에 기초한 금액만큼 현금이나 그 밖의 자산을 지급해야 하는 부채를 재화나 용역의 공급자에게 부담하는 주식기준보상거래이다.

1.2.3 결제방식이 선택가능한 주식기준보상거래

결제방식이 선택가능한 주식기준보상거래란 기업이 제공받는 재화나 용역에 대한 대가의 결제방식으로, 기업 또는 재화나 용역의 공급자가 약정에 따라 현금(또는 그 밖의 자산) 지급이나 기업의 지분상품발행 중 하나를 선택할 수 있는 주식기준보상거래이다.

1.3 주식기준보상거래의 회계처리

1.3.1 주식결제형 주식기준보상거래

(1) 인식

주식결제형 주식기준보상거래로 재화나 용역을 제공받는 경우에는 그 재화나 용역을 제공받는 날에 그에 상응한 자본의 증가를 인식한다.

(2) 측정

주식결제형 주식기준보상거래의 경우에는 제공받는 재화나 용역과 그에 상응하는 자본의 증가를 제공받는 재화나 용역의 공정가치로 직접 측정한다. 그러나 제공받는 재화나 용역의 공정가치를 신뢰성 있게 추정할 수 없다면 제공받는 재화나 용역과 그에 상응하는 자본의 증가는 부여한 지분상품의 공정가치에 기초하여 간접 측정한다.

(3) 가득조건

가득조건이란 주식기준보상약정에 따라 거래상대방이 현금, 그 밖의 자산 또는 기업의 지분상품을 받을 자격을 획득하게 하는 용역을 기업이 제공받는지를 결정짓는 조건으로 용역제공조건과 성과조건이 있다.

① 용역제공조건: 특정 기간 계속 근무해야 주식이나 주식선택권을 부여하는 조건
② 성과조건: 특정 이익성장 또는 주가상승을 달성하는 등의 성과달성시 주식이나 주식선택권을 부여하는 조건

(4) 회계처리

① 재화나 용역을 제공받은 날

제공받은 재화나 용역의 공정가치 또는 지분상품의 공정가치를 측정하여 계산한 보상원가를 주식보상비용으로 하고 주식선택권을 자본조정으로 회계처리한다. 이때 주식보상비용은 당기말 인식할 누적보상원가에서 전기말까지 이미 인식한 누적보상원가를 차감하는 누적정산방식을 이용한다.

(차) 주식보상비용	×××	(대) 주식선택권	×××

② **주식선택권 행사시**

주식선택권의 행사로 신주가 발행될 경우 주식선택권과 행사가격을 합한 금액을 주식의 발행가격으로 회계처리한다.

(차) 현금	×××	(대) 자본금	×××
주식선택권	×××	주식발행초과금	×××

예제 21-1 | 주식결제형 주식기준보상거래

㈜세진물류는 20×1년 1월 1일에 창립시 고용한 종업원 200명에 대하여 주식결제형 주식선택권을 각각 100개씩 부여하였다. 이 주식선택권의 내용은 다음과 같다.

- 용역제공조건: 20×3년 12월 31일까지 3년 근무조건
- 행사가격: ₩500
- 주식선택권 부여시 주식가격: ₩500(액면가액 ₩400)
- 권리상실비율 추정치: 10%
- 주식선택권의 부여시 주식선택권의 공정가치: ₩80

추정권리상실비율에 따라 종업원이 중도에 퇴사하고, 용역제공조건을 충족한 모든 종업원이 20×4년 1월 1일에 권리를 행사하였을 경우 20×1년 12월 31일부터 20×4년 1월 1일까지의 회계처리를 하시오.

| 해답 |

(1) 20×1년 12월 31일

주식보상비용＝20,000개×90%×₩80×1/3＝₩480,000

(차) 주식보상비용	480,000	(대) 주식선택권	480,000

(2) 20×2년 12월 31일

주식보상비용＝20,000개×90%×₩80×2/3－480,000＝₩480,000

(차) 주식보상비용	480,000	(대) 주식선택권	480,000

(3) 20×3년 12월 31일

주식보상비용＝20,000개×90%×₩80×3/3－960,000＝₩480,000

(차) 주식보상비용	480,000	(대) 주식선택권	480,000

(4) 20×4년 1월 1일

(차) 현금	9,000,000	(대) 자본금	7,200,000
주식선택권	1,440,000	주식발행초과금	3,240,000

1.3.2 현금결제형 주식기준보상거래

(1) 인식

현금결제형 주식기준보상거래로 재화나 용역을 제공받는 경우에는 그 재화나 용역을 제공받는 날에 그에 상응한 부채의 증가를 인식한다.

(2) 측정

현금결제형 주식기준보상거래의 경우 제공받는 재화나 용역과 그 대가로 부담하는 부채를 부채의 공정가치로 측정한다. 또한 부채가 결제될 때까지 매 보고기간말과 결제일에 부채의 공정가치를 재측정하고, 공정가치의 변동액은 당기손익으로 인식한다.

(3) 회계처리

① 재화나 용역을 제공받은 날

재화나 용역을 제공받는 날에 그에 상응한 부채의 증가를 인식한다.

(차) 주식보상비용	×××	(대) 장기미지급비용	×××

② 매 보고기간 종료일

매 보고기간말에 부채의 공정가치를 재측정하고 공정가치의 변동액은 당기손익으로 인식한다.

(차) 주식보상비용	×××	(대) 장기미지급비용	×××

③ 최종 결제일

(차) 장기미지급비용	×××	(대) 현금	×××

예제 21-2 | 현금결제형 주식기준보상거래

㈜세진물류는 20×1년 1월 1일에 창립시 고용한 종업원 200명에 대하여 현금결제형 주식선택권을 각각 100개씩 부여하였다. 이 주식선택권의 내용은 다음과 같다.

- 용역제공조건: 20×3년 12월 31일까지 3년 근무조건
- 행사가격: ₩500
- 주식선택권 부여시 주식가격: ₩500(액면가액 ₩400)
- 권리상실비율 추정치: 10%
- 주식선택권의 공정가치: 20×1년 12월 31일 ₩80
  20×2년 12월 31일 ₩120
  20×3년 12월 31일 ₩130

추정권리상실비율에 따라 주식보상비용을 회계처리하던 중 20×2년 12월 31일부로 권리상실비율을 20%로 추정 변경하였다. 최종적으로 20×3년 12월 31일 현재 총 45명의 종업원이 퇴사하여 20×4년 1월 1일에 155명의 종업원이 권리를 행사하였을 경우 20×1년 12월 31일부터 20×4년 1월 1일까지의 회계처리를 하시오.

| 해답 |

(1) 20×1년 12월 31일

주식보상비용 = 20,000개 × 90% × ₩80 × 1/3 = ₩480,000

(차) 주식보상비용	480,000	(대) 장기미지급비용	480,000

(2) 20×2년 12월 31일

주식보상비용 = 20,000개 × 80% × ₩120 × 2/3 − 480,000 = ₩800,000

(차) 주식보상비용	800,000	(대) 장기미지급비용	800,000

(3) 20×3년 12월 31일

주식보상비용 = 20,000개 × 77.5% × ₩130 × 3/3 − 1,280,000 = ₩735,000

(차) 주식보상비용	735,000	(대) 장기미지급비용	735,000

(4) 20×4년 1월 1일

(차) 장기미지급비용	2,015,000	(대) 현금	2,015,000

1.3.3 결제방식이 선택가능한 주식기준보상거래

기업이나 거래상대방이 결제방식으로 현금(또는 그 밖의 자산) 지급이나 기업의 지분상품발행을 선택할 수 있는 주식기준보상거래의 경우에는 기업이 현금이나 그 밖의 자산으로 결제해야 하는 부채를 부담하는 부분만큼만 현금결제형 주식기준보

상거래로 회계처리하고, 그러한 부채를 부담하지 않는 부분은 주식결제형 주식기준보상거래로 회계처리한다.

(1) 거래상대방이 결제방식을 선택할 수 있는 주식기준보상거래

거래상대방이 결제방식을 선택할 수 있는 주식기준보상거래의 경우에는 부채요소(거래상대방의 현금결제요구권)와 자본요소(거래상대방의 지분상품결제요구권)가 포함된 복합금융상품을 부여한 것이다. 종업원이 아닌 자와의 주식기준보상거래에서 제공받는 재화나 용역의 공정가치를 직접 측정하는 경우 복합금융상품 중 자본요소는 재화나 용역이 제공되는 날 현재 재화나 용역의 공정가치와 부채요소의 공정가치의 차이로 측정한다.

종업원과의 주식기준보상거래를 포함하여 제공받는 재화나 용역의 공정가치를 직접 측정할 수 없는 거래에서는 현금이나 지분상품에 대해 부여된 권리의 조건을 고려하여 측정기준일 현재 복합금융상품의 공정가치를 측정한다.

(2) 기업이 결제방식을 선택할 수 있는 주식기준보상거래

기업이 현금이나 지분상품발행으로 결제할 수 있는 선택권을 갖는 조건이 있는 주식기준보상거래의 경우에는 현금을 지급해야 하는 현재의무가 있는지 여부를 결정하고 그에 따라 주식기준보상거래를 회계처리한다. 다음과 같은 경우에는 현금을 지급해야 하는 현재의무가 있는 것으로 본다.

① 지분상품을 발행하여 결제하는 방식에 상업적 실질이 결여된 경우(예: 법률에 의한 주식발행의 금지)

② 현금으로 결제한 과거의 실무관행이 있거나 현금결제정책이 명백히 규정되어 있는 경우

③ 거래상대방이 현금결제를 요구할 때마다 일반적으로 기업이 이를 수용하는 경우

현금을 지급해야 하는 현재의무가 있는 경우에는 현금결제형 주식기준보상거래로 보아 회계처리하고, 현금을 지급해야 하는 현재의무가 없는 경우에는 주식결제형 주식기준보상거래로 보아 회계처리하며, 결제시 다음과 같이 회계처리한다.

① 기업이 현금결제를 선택하는 경우: 자기지분상품의 재매입으로 보아 현금지급액을 자본에서 차감한다.
② 기업이 지분상품의 발행으로 결제하는 것을 선택하는 경우: 별도의 회계처리를 하지 아니한다.
③ 기업이 결제일에 더 높은 공정가치를 가진 결제방식을 선택하는 경우: 초과결제가치를 추가비용으로 인식한다.

제2절 법인세회계

2.1 회계이익과 과세소득

회계상 이익의 개념인 법인세비용차감전순이익(회계이익)과 세법상 이익의 개념인 과세소득을 비교하면 다음과 같다.

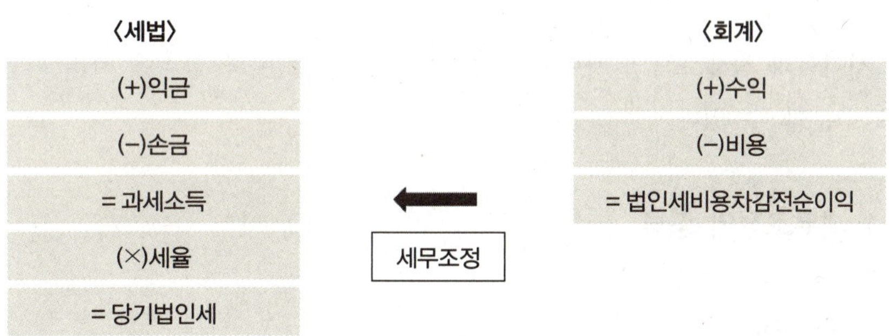

발생주의 및 공정가치 평가를 기초로 하는 회계와 권리의무 확정주의 및 역사적 원가를 기초로 하는 세법의 근본적인 차이와 세법상 익금 · 손금과 회계상 수익 · 비용의 범위에 대한 차이 등으로 인해 회계이익과 과세소득은 일반적으로 일치하지 않는다.

이때 직접 익금과 손금을 계산하여 과세소득을 산출할 수도 있겠지만 기업은 결산과정을 통해 이미 보고한 법인세비용차감전순이익 자료가 있기 때문에 법인세비용차감전순이익에 대하여 필요한 조정과정을 통해 과세소득을 산출하는 방법을 사용하는 것이 일반적이며, 이러한 조정과정을 세무조정이라 한다. 즉, 회계이익에 가산하는 세무조정 또는 차감하는 세무조정을 통해 과세소득을 산출하게 되고 기업이 부담할 당기법인세는 세무조정을 통해 계산된 과세소득에 산출세액을 적용하여 계산하게 된다. 따라서 회계이익과 관계없는 법인세가 비용으로 대응되게 된다. 기업회계에서는 세법상 실제 부담하는 법인세 부담세액이 아닌 기업회계상의 법인세 비용을 기업의 영업활동에 따른 손익에 대응시켜야 한다. 이연법인세자산(부채)의 인식을 통해 이러한 불일치를 조정하고자 하는 것이 법인세회계이다.

용어정의

용어	정의
과세소득	과세당국이 제정한 법규에 따라 납부할 법인세를 산출하는 대상이 되는 회계기간의 이익
회계이익	법인세비용 차감 전 회계기간의 손익
당기법인세	회계기간의 과세소득에 대하여 납부할 법인세액

2.2 세무조정

회계이익과 과세소득의 차이를 조정하는 세무조정은 그 성격에 따라 다음 두 가지로 구분할 수 있다.

2.2.1 세무조정의 종류

(1) 일시적 차이

당해 회계연도의 과세소득 산출시 가산(차감)하는 세무조정을 했으나, 미래 회계연도의 과세소득 산출시 차감(가산)하는 반대의 세무조정으로 소멸되는 차이(예: 금융자산 평가손익, 미수이자, 재고자산평가손실, 감가상각비 한도초과 등)로 미래 반대의 세무조정을 통해 과세소득이 변화됨으로써 법인세를 추가부담하거나 절감하게 된다.

① 가산할 일시적 차이: 미래에 가산할 일시적 차이는 미래과세소득을 증가시킴으로써 미래 세금부담을 증가시킨다. 따라서 미래예상세율을 곱한 금액을 이

연법인세부채로 인식한다.

② 차감할 일시적 차이: 미래에 차감할 일시적 차이는 미래 과세소득을 감소시킴으로써 미래 세금부담을 감소시킨다. 따라서 미래예상세율을 곱한 금액을 이연법인세자산으로 인식한다.

(2) 일시적 차이 이외

당해 회계연도의 과세소득 산출시 가산(차감)하는 세무조정을 했으나 미래의 회계연도에 반대의 세무조정이 이루어지지 않는 차이(예: 접대비 한도초과, 국세과오납 환급금이자, 벌금 및 과태료 등)이다.

2.2.2 이연법인세자산과 이연법인세부채

(1) 이연법인세자산

차감할 일시적 차이 등과 관련하여 미래 회계기간에 회수될 수 있는 법인세 금액으로 다음의 조건을 모두 만족하는 정도까지만 이연법인세자산을 인식한다.

① 일시적 차이가 예측가능한 미래에 소멸할 가능성이 높다.

② 일시적 차이가 사용될 수 있는 과세소득이 발생할 가능성이 높다.

과세소득의 발생가능성이 높은 경우는 다음과 같다.

㈎ 차감할 일시적 차이의 소멸이 예상되는 기간과 동일한 회계기간 또는 이연법인세자산으로 인하여 발생되는 세무상결손금이 소급공제되거나 이월공제될 수 있는 회계기간에 충분한 가산할 일시적 차이가 있는 경우

㈏ 차감할 일시적 차이가 소멸될 회계기간에 동일 과세당국과 동일 과세대상기업에 관련된 충분한 과세소득이 발생할 가능성이 높은 경우

㈐ 세무정책으로 적절한 기간에 과세소득을 창출할 수 있는 경우

용어정의

차감할 일시적 차이 등	(1) 차감할 일시적 차이 (2) 미사용 세무상결손금의 이월액 (3) 미사용 세액공제 등의 이월액

(2) 이연법인세부채

가산할 일시적 차이와 관련하여 미래 회계기간에 납부할 법인세 금액이다.

(3) 이연법인세자산(부채)의 측정

이연법인세자산과 부채는 보고기간말까지 제정되었거나 실질적으로 제정된 세율(및 세법)에 근거하여 당해 자산이 실현되거나 부채가 결제될 회계기간에 적용될 것으로 기대되는 세율을 사용하여 측정한다. 또한 과세대상수익의 수준에 따라 적용되는 세율이 다른 경우에는 일시적 차이가 소멸될 것으로 예상되는 기간의 과세소득(세무상결손금)에 적용될 것으로 기대되는 평균세율을 사용하여 이연법인세자산과 부채를 측정한다.

(4) 법인세비용의 계산

① 법인세비용차감전순이익에 적절한 세무조정을 수행하여 과세소득을 산출한 후 당기법인세율을 적용하여 법인세법상 납부할 법인세를 계산한다.

법인세법상 납부할 법인세 = 과세소득 × 당기법인세율

② 세무조정사항 중 가산할 일시적 차이와 차감할 일시적 차이를 확인하여 당기말 현재 이연법인세자산(부채)을 계산한다.

당기말 현재 이연법인세자산(부채) = 당기말 현재의 누적 일시적 차이 × 일시적 차이가 소멸될 것으로 기대되는 기간의 예상세율

③ 이연법인세자산(부채)의 당기변동액을 계산하여 포괄손익계산서에 계상할 법인세비용을 계산한다.

법인세비용 = 법인세법상 납부할 법인세 ± 이연법인세자산(부채)의 당기변동액

예제 21-3 | 이연법인세

㈜을지의 20×1년과 20×2년의 법인세비용차감전순이익은 각각 ₩2,000,000과 ₩2,500,000이었다. 20×1년의 과세소득 계산시 미수이자에 대해 ₩200,000의 세무조정(△유보)을 하였다. 즉, 20×2년에 가산할 일시적 차이에 대한 세무조정을 수행하였다. 세율이 30%로 일정할 경우 법인세비용과 관련한 회계처리를 하시오.

	20×1년	20×2년
법인세비용차감전순이익	₩2,000,000	₩2,500,000
세무조정	(200,000)	200,000
과세소득	1,800,000	2,700,000
세율	30%	30%
당기법인세	₩540,000	₩810,000

| 해답 |

(1) 20×1년

20×1년에 납부할 세법상의 법인세는 위에서 계산한 ₩540,000이지만, 미래에 가산할 일시적 차이 ₩200,000으로 인해 미래에 ₩60,000(₩200,000×30%)만큼 법인세를 더 납부해야 하므로 다음과 같은 회계처리를 통해 이연법인세부채를 인식한다.

(차) 법인세비용	600,000	(대) 미지급법인세	540,000
		이연법인세부채	60,000

(2) 20×2년

20×2년에 납부할 세법상의 법인세는 위에서 계산한 ₩810,000이지만, 20×1년의 세무조정에 대한 반대의 세무조정의 영향으로 과거에 인식했던 이연법인세부채를 감소시키는 회계처리가 필요하다.

(차) 법인세비용	750,000	(대) 미지급법인세	810,000
이연법인세부채	60,000		

2.3 기타사항

2.3.1 당기손익 이외로 인식되는 항목

동일 회계기간 또는 다른 회계기간에 당기손익 이외로 인식되는 항목과 관련된 당기법인세와 이연법인세는 당기손익 이외의 항목으로 인식된다.

① 자본에 직접 가감되는 항목과 관련된 당기법인세와 이연법인세는 자본에 직접 가감한다. 이러한 예는 다음과 같다.

(가) 소급 적용되는 회계정책의 변경이나 오류의 수정으로 인한 기초이익잉여금 잔액의 조정

(나) 복합금융상품의 자본요소에 대한 최초인식에서 발생하는 금액

② 특정 항목에 대해 기타포괄손익으로 인식하도록 요구하거나 허용하고 있는데 이러한 예는 다음과 같다.

(가) 유형자산의 재평가로 인하여 발생하는 장부금액의 변동

(나) 해외사업장 재무제표의 환산에서 발생하는 외환차이

2.3.2 재무제표의 표시와 공시

(1) 상계

다음의 조건을 모두 충족하는 경우에만 당기법인세자산과 당기법인세부채를 상계한다.

① 기업이 인식된 금액에 대한 법적으로 집행가능한 상계권리를 가지고 있다.

② 기업이 순액으로 결제하거나 자산을 실현하는 동시에 부채를 결제할 의도가 있다.

다음의 조건을 모두 충족하는 경우에만 이연법인세자산과 이연법인세부채를 상계한다.

① 기업이 당기법인세자산과 당기법인세부채를 상계할 수 있는 법적으로 집행가능한 권리를 가지고 있다.

② 이연법인세자산과 이연법인세부채가 다음의 각 경우에 동일한 과세당국에 의해서 부과되는 법인세와 관련되어 있다.

(가) 과세대상기업이 동일한 경우

(나) 과세대상기업은 다르지만 당기법인세부채와 자산을 순액으로 결제할 의도가 있거나 유의적인 금액의 이연법인세부채가 결제되거나 이연법인세자산이 회수될 미래의 각 회계기간마다 자산을 실현하는 동시에 부채를 결제할 의도가 있는 경우

(2) 법인세비용

정상활동 손익과 관련된 법인세비용(수익)을 포괄손익계산서에 당기손익의 일부로서 표시한다.

(3) 공시

법인세비용(수익)의 구성요소는 다음을 포함한다.

① 당기법인세비용(수익)
② 과거기간의 당기법인세에 대하여 당기에 인식한 조정사항
③ 일시적 차이의 발생과 소멸로 인한 이연법인세비용(수익)의 금액
④ 새로운 세금의 부과나 세율의 변동으로 인한 이연법인세비용(수익) 금액
⑤ 당기법인세비용을 감소시키는 데 사용된 이전에 인식하지 못한 세무상결손금, 세액공제 또는 전기이전의 일시적 차이로 발생한 효익의 금액
⑥ 이연법인세비용을 감소시키는 데 사용된 과거에 인식하지 못한 세무상결손금, 세액공제 또는 과거기간의 일시적 차이로 인한 효익의 금액
⑦ 이연법인세자산의 감액 또는 전기이전 감액의 환입에서 발생한 이연법인세비용
⑧ 한국채택국제회계기준에 따라 소급적으로 회계처리할 수 없으므로 당기손익에 포함된 회계정책의 변경 및 오류와 관련된 법인세비용(수익)의 금액

또한 다음의 사항도 별도로 공시되어야 한다.

① 자본에 직접 가감되는 항목과 관련된 당기법인세와 이연법인세 총액
② 법인세비용(수익)과 회계이익의 관계에 대한 설명
    ㈎ 회계이익에 적용세율을 곱하여 산출한 금액과 법인세비용(수익) 간의 수치조정 및 적용세율의 산출근거
    ㈏ 평균유효세율과 적용세율 간의 수치조정 및 적용세율의 산출근거
③ 직전 회계기간 대비 적용세율의 변동에 대한 설명
④ 재무상태표에 이연법인세자산으로 인식되지 않은 차감할 일시적 차이, 미사용 세무상결손금, 미사용 세액공제 등의 금액(만일 만료시기가 있는 경우 당해 만료시기)
⑤ 이연법인세부채로 인식되지 않은 종속기업, 지점 및 관계기업에 대한 투자자

산, 그리고 공동약정 투자지분과 관련된 일시적 차이 총액

⑥ 일시적 차이, 미사용 세무상결손금 및 미사용 세액공제의 각 유형별로 다음의 사항

(가) 표시되는 각 회계기간의 재무상태표에 인식된 이연법인세자산과 부채의 금액

(나) 이연법인세수익 또는 비용이 재무상태표에 인식된 금액의 변동으로부터 명확히 나타나지 않는 경우 당기손익으로 인식된 이연법인세수익 또는 비용의 금액

⑦ 중단영업이 있는 경우 다음 사항으로 인한 법인세비용

(가) 중단으로 인한 이익이나 손실

(나) 중단된 영업의 정상활동에서 당기 중 발생한 손익과 이에 상응하는 비교표시되는 각 과거기간의 금액

⑧ 재무제표의 공표가 승인되기 전에 주주에게 배당을 제안하거나 선언하였으나 재무제표에 부채로 인식되지 않은 배당금의 법인세효과

⑨ 기업이 취득자인 사업결합으로 인하여 취득자가 취득 전에 인식한 이연법인세자산 금액이 변동한 경우 그 변동금액

⑩ 사업결합으로 획득한 이연법인세효익을 취득일에 인식하지 않았지만 취득일 후에 인식한 경우 이연법인세효익을 인식하는 원인이 된 사건이나 상황의 변동에 대한 설명

제3절 환율변동효과

3.1 환율변동효과의 의의

기업은 외화거래나 해외사업장의 운영과 같은 방법으로 외화관련 활동을 수행할 수 있다. 또 기업은 재무제표를 외화로 표시하기도 한다. 외화거래와 해외사업장의 운영을 재무제표에 반영하고 재무제표를 표시통화로 환산하는 과정에서 환율변동효과가 발생하게 된다.

용어정의

표시통화	재무제표를 표시할 때 사용하는 통화

3.2 기능통화에 의한 외화거래의 보고

3.2.1 최초인식

외화거래는 외화로 표시되어 있거나 외화로 결제되어야 하는 거래로서 다음을 포함한다.

① 외화로 가격이 표시되어 있는 재화나 용역의 매매
② 지급하거나 수취할 금액이 외화로 표시된 자금의 차입이나 대여
③ 외화로 표시된 자산의 취득이나 처분, 외화로 표시된 부채의 발생이나 상환

기능통화로 외화거래를 최초로 인식하는 경우에 거래일의 외화와 기능통화 사이의 현물환율을 외화금액에 적용하여 기록한다.

용어정의

기능통화	영업활동이 이루어지는 주된 경제환경의 통화
현물환율	즉시 인도가 이루어지는 거래에서 사용하는 환율

3.2.2 후속 보고기간말의 보고

매 보고기간말의 외화환산방법은 다음과 같다.

① 화폐성 외화항목은 마감환율로 환산한다.
② 역사적원가로 측정하는 비화폐성 외화항목은 거래일의 환율로 환산한다.
③ 공정가치로 측정하는 비화폐성 외화항목은 공정가치가 측정된 날의 환율로 환산한다.

용어정의

화폐성 항목	보유하는 화폐단위들과 확정되었거나 결정가능한 화폐단위 수량으로 회수하거나 지급하는 자산·부채
마감환율	보고기간말의 현물환율

3.2.3 외환차이의 인식: 결제시점

용어정의	
외환차이	특정 통화로 표시된 금액을 변동된 환율을 사용하여 다른 통화로 환산할 때 생기는 차이

(1) 화폐성 항목

화폐성 항목의 결제시점에 생기는 외환차이 또는 화폐성항목의 환산에 사용한 환율이 회계기간 중 최초로 인식한 시점이나 전기의 재무제표 환산시점의 환율과 다르기 때문에 생기는 외환차이는 그 외환차이가 생기는 회계기간의 손익으로 인식한다. 화폐성항목에 속하는 항목으로는 현금으로 지급하는 연금과 그 밖의 종업원급여, 현금으로 상환하는 충당부채, 부채로 인식하는 현금배당 등이 있으며, 수량이 확정되지 않은 기업자신의 지분상품이나 금액이 확정되지 않은 자산을 받거나 주기로 한 계약의 공정가치가 화폐단위로 확정되었거나 결정가능할 수 있다면 이러한 계약도 화폐성항목에 속한다.

(2) 비화폐성 항목

비화폐성 항목에서 생긴 손익을 기타포괄손익으로 인식하는 경우에 그 손익에 포함된 환율변동효과도 기타포괄손익으로 인식한다. 그러나 비화폐성항목에서 생긴 손익을 당기손익으로 인식하는 경우에는 그 손익에 포함된 환율변동효과도 당기손익으로 인식한다. 비화폐성항목에 속하는 항목으로는 재화와 용역에 대한 선급금(예: 선급임차료), 영업권, 무형자산, 재고자산, 유형자산, 비화폐성 자산의 인도에 의해 상환되는 충당부채 등이 있다.

3.2.4 기능통화의 변경

기능통화가 변경되는 경우에는 새로운 기능통화에 의한 환산절차를 변경한 날부터 전진적용한다. 즉, 기능통화가 변경된 날의 환율을 사용하여 모든 항목을 새로운 기능통화로 환산한다.

3.3 기능통화가 아닌 표시통화의 사용

재무제표는 어떠한 통화로도 보고할 수 있다. 표시통화와 기능통화가 다른 경우에는 경영성과와 재무상태를 표시통화로 환산한다. 예를 들어, 서로 다른 기능통화를 사용하는 개별기업으로 구성되는 연결실체는 연결재무제표를 작성하기 위하여 각 기업의 경영성과와 재무상태를 같은 통화로 표시한다.

① 재무상태표(비교표시하는 재무상태표 포함)의 자산과 부채는 해당 보고기간 말의 마감환율로 환산한다.

② 포괄손익계산서(비교표시하는 포괄손익계산서 포함)의 수익과 비용은 해당 거래일의 환율로 환산한다.

③ 위 ①과 ②의 환산에서 생기는 외환차이는 기타포괄손익으로 인식한다.

제4절 중간재무보고

4.1 중간재무보고의 목적

연차재무보고는 정보이용자가 그 정보를 이용하여 의사결정을 하는 데 있어서 적시성이 낮으므로 이를 보완하기 위해 1년보다 짧은 기간을 대상으로 회계보고를 하는 것이 중간재무보고이다. 적시성과 신뢰성이 있는 중간재무보고는 투자자, 채권자 및 기타 정보이용자가 기업의 이익 및 현금흐름 창출능력과 재무상태 및 유동성을 판단하는 데 유용한 정보를 제공한다.

4.2 중간재무보고서의 구성요소

4.2.1 중간재무보고서의 최소한의 구성요소

중간재무보고서는 최소한 다음의 구성요소를 포함하여야 한다.

① 요약재무상태표

② 요약된 하나 또는 그 이상의 포괄손익계산서

③ 요약자본변동표
④ 요약현금흐름표
⑤ 선별적 주석

4.2.2 중간재무제표의 형식과 내용

전체 재무제표를 중간재무보고서에 포함하는 경우 이러한 재무제표는 기업회계기준서 제1001호 '재무제표 표시'에서 정한 전체 재무제표의 형식과 내용에 부합하여야 한다.

요약재무제표를 중간재무보고서에 포함하는 경우 이러한 재무제표는 최소한 직전 연차재무제표에 포함되었던 제목, 소계 및 이 기준서에서 정하는 선별적 주석을 포함하여야 한다. 단, 추가적인 항목이나 다른 주석들이 생략될 경우 요약중간재무제표가 재무제표이용자의 오해를 유발할 수 있다면 그러한 항목이나 주석은 추가되어야 한다.

기본주당이익과 희석주당이익은 기업이 기업회계기준서 제1033호 '주당이익'의 적용범위에 해당하는 경우에 중간기간의 당기순손익의 구성요소를 표시하는 재무제표에 표시한다.

기업회계기준서 제1001호 '재무제표 표시'에 따라 별개의 보고서에 당기순손익의 항목을 표시하는 경우에는 그 보고서에 기본주당이익과 희석주당이익을 표시한다.

4.2.3 중간재무제표가 제시되어야 하는 기간

중간재무보고서는 다음 기간에 대한 중간재무제표(요약 또는 전체)를 포함하여야 한다.

① 당해 중간보고기간말과 직전 연차보고기간말을 비교하는 형식으로 작성한 재무상태표
② 당해 중간기간과 당해 회계연도 누적기간을 직전 회계연도의 동일기간과 비교하는 형식으로 작성한 포괄손익계산서
③ 당해 회계연도 누적기간을 직전 회계연도의 동일기간과 비교하는 형식으로 작성한 자본변동표
④ 당해 회계연도 누적기간을 직전 회계연도의 동일기간과 비교하는 형식으로

작성한 현금흐름표

사례 21-1 중간재무보고

1월 1일~12월 31일을 연차보고기간으로 하는 기업이 20×2년 7월 1일~9월 30일을 중간기간으로 하는 3분기 재무보고시 작성해야 할 당기 재무제표와 비교 재무제표는 다음과 같다.

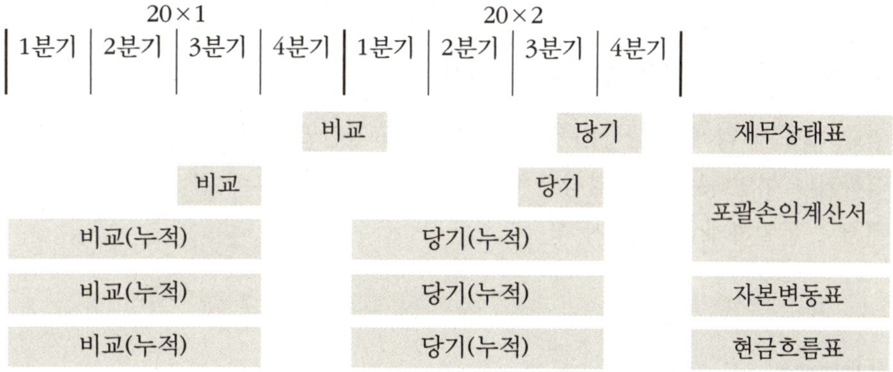

4.2.4 연차재무제표 공시

특정 중간기간에 보고된 추정금액이 최종 중간기간에 중요하게 변동하였지만 최종 중간기간에 대하여 별도의 재무보고를 하지 않는 경우 추정의 변동 내용과 금액을 해당 회계연도의 연차재무제표에 주석으로 공시하여야 한다.

4.3 인식과 측정

4.3.1 연차기준과 동일한 회계정책

중간재무제표는 연차재무제표에 적용하는 회계정책과 동일한 회계정책을 적용하여 작성한다. 다만 직전 연차보고기간말 후에 회계정책을 변경하여 그 후의 연차재무제표에 반영하는 경우에는 변경된 회계정책을 적용한다. 그러나 연차재무제표의 결과가 보고빈도(연차보고, 반기보고, 분기보고)에 따라 달라지지 않아야 한다. 이러한 목적을 달성하기 위하여 중간재무보고를 위한 측정은 당해 회계연도 누적기간을 기준으로 하여야 한다.

4.3.2 계절적, 주기적 또는 일시적인 수익

계절적, 주기적 또는 일시적으로 발생하는 수익은 연차보고기간말에 미리 예측하여 인식하거나 이연하는 것이 적절하지 않은 경우 중간보고기간말에도 미리 예측하여 인식하거나 이연하여서는 아니된다.

4.3.3 연중 고르지 않게 발생하는 원가

연중 고르지 않게 발생하는 원가는 연차보고기간말에 미리 비용으로 예측하여 인식하거나 이연하는 것이 타당한 방법으로 인정되는 경우에 한하여 중간재무보고서에서도 동일하게 처리한다.

제5절 특수관계자 공시

5.1 특수관계자 공시의 목적

특수관계자와의 거래는 다른 거래 상대방과의 거래에 비해 여러 가지 다른 특징을 가질 수 있으며, 따라서 그 거래 자체와 거래가 미치는 결과가 정상적이지 않을 가능성이 높다. 즉, 특수관계는 기업의 당기순손익과 재무상태에 영향을 미칠 수 있으며, 특수관계자는 특수관계가 아니라면 이루어지지 않을 거래를 성사시킬 수 있다. 예를 들어, 기업이 지배기업에 원가로 판매하는 재화를 다른 고객에게는 동일한 조건으로 판매하지 않을 수 있다. 또한 특수관계자거래의 거래금액은 특수관계에 있지 않은 자와의 거래의 거래금액과는 다르게 이루어질 수 있다.

또한 특수관계자거래가 없더라도 특수관계 자체가 기업의 당기순손익과 재무상태에 영향을 줄 수 있다. 특수관계가 존재한다는 사실만으로도 기업과 다른 당사자와의 거래에 충분히 영향을 줄 수 있다. 예를 들어, 지배기업이 종속기업의 거래처와 동일한 활동을 하는 기업을 인수하여 그 기업의 지배기업이 되는 경우에 종속기업은 이전 거래처와 거래를 중단할 수 있다. 또 다른 경우 기업은 특수관계자의 유의적인 영향력 때문에 활동에 제약을 받을 수 있다. 예를 들어, 지배기업은 종속기업이 연구개발 활동을 하지 않도록 지시할 수 있다.

특수관계자 공시의 목적은 특수관계자의 존재, 특수관계자와의 거래 및 약정을 포함한 채권·채무 잔액이 기업의 재무상태와 당기순손익에 영향을 미쳤을 가능성에 주의를 기울이도록 필요한 공시사항을 재무제표에 포함하게 하는 데 있다.

5.2 특수관계자의 정의

특수관계자란 재무제표를 작성하는 기업(보고기업)과 특수관계에 있는 개인이나 기업을 의미한다.

(1) 개인이 다음 중 어느 하나에 해당하는 경우 그 개인이나 그 개인의 가까운 가족은 보고기업과 특수관계에 있다

① 보고기업에 지배력 또는 공동지배력이 있는 경우

② 보고기업에 유의적인 영향력이 있는 경우

③ 보고기업 또는 그 지배기업의 주요 경영진의 일원인 경우

(2) 기업이 다음의 조건 중 어느 하나에 적용될 경우 보고기업과 특수관계에 있다

① 기업과 보고기업이 동일한 연결실체 내의 일원인 경우(지배기업과 종속기업 및 연결실체 내의 다른 종속기업은 서로 특수관계에 있음을 의미)

② 한 기업이 다른 기업의 관계기업이거나 조인트벤처인 경우(또는 그 다른 기업이 속한 연결실체 내의 일원의 관계기업이거나 조인트벤처인 경우)

③ 두 기업이 동일한 제3자의 조인트벤처인 경우

④ 제3의 기업에 대해 한 기업이 조인트벤처이고 다른 기업이 관계기업인 경우

⑤ 기업이 보고기업이나 그 보고기업과 특수관계에 있는 기업의 종업원급여를 위한 퇴직급여제도인 경우

⑥ 기업이 특수관계자인 개인에 의하여 지배 또는 공동지배되는 경우

⑦ 보고기업에 지배력 또는 공동지배력이 있는 개인이 기업에 유의적인 영향력이 있거나 그 기업(또는 그 기업의 지배기업)의 주요 경영진의 일원인 경우

5.3 공시

(1) 지배기업과 종속기업의 관계

지배기업과 그 종속기업 사이의 관계는 거래의 유무에 관계없이 공시한다.

(2) 주요 경영진에 대한 보상내용

주요 경영진에 대한 보상의 총액과 다음 분류별 금액을 공시한다.

① 단기종업원급여

② 퇴직급여

③ 기타 장기급여

④ 해고급여

⑤ 주식기준보상

(3) 특수관계자 거래

회계기간 내에 특수관계자거래가 있는 경우 기업은 이용자가 재무제표에 미치는 특수관계의 잠재적 영향을 파악하는 데 필요한 거래, 약정을 포함한 채권·채무 잔액에 대한 정보뿐만 아니라 특수관계의 성격도 특수관계 범주별로 공시한다. 최소한 공시하여야 할 내용은 다음과 같다.

① 거래금액

② 약정을 포함한 채권·채무잔액과 다음 사항

㉠ 그 채권·채무의 조건(담보제공 여부 포함)과 결제할 때 제공될 대가의 성격

㉡ 그 채권·채무에 대하여 제공하거나 제공받은 보증의 상세내역

③ 채권잔액에 대하여 설정된 대손충당금

④ 특수관계자 채권에 대하여 당해 기간 중 인식된 대손상각비

제6절 파생상품

6.1 파생상품의 의의

6.1.1 파생상품의 개념

파생상품이란 주식, 채권, 이자율, 환율 등 금융상품을 기초자산으로 하여 그 가격변동에 근거하여 가격이 형성되는 금융상품을 말하며, 다음의 세 가지 요건을 모두 충족하는 금융상품 또는 이와 유사한 계약이다.

① 기초변수의 변동에 따라 가치가 변동한다.
② 최초 계약시 순투자금액이 필요하지 않거나 시장요소의 변동에 유사한 영향을 받을 것으로 예상되는 다른 유형의 계약보다 적은 순투자금액이 필요하다.
③ 미래에 결정된다.

6.1.2 파생상품의 종류

(1) 선도거래(forward)

선도거래는 미래 일정 시점에 약정된 가격에 의하여 계약상의 특정 대상을 사거나 팔기로 계약 당사자간에 합의한 거래를 말한다.

(2) 선물거래(futures)

선물거래는 수량 · 규격 · 품질 등이 표준화되어 있는 특정 대상에 대하여 현재시점에서 결정된 가격으로 미래 일정 시점에 인도 · 인수할 것을 약정한 계약으로 조직화된 시장에서 정해진 방법으로 거래되는 것을 말한다. 선물계약은 선도계약의 다른 형태로서 계약이 정형화되어 있고 선물거래소라는 조직화된 시장에서 거래된다는 점에 주된 차이가 있다.

(3) 스왑(swap)

스왑은 특정 기간 동안에 발생하는 일정한 현금흐름을 다른 현금흐름과 교환하는 연속된 선도거래를 말한다.

(4) 옵션(option)

옵션이란 계약 당사자 간에 정하는 바에 따라 일정한 기간 내에 미리 정해진 가격으로 외화나 유가증권 등을 사거나 팔 수 있는 권리에 대한 계약을 말한다.

6.1.3 파생상품의 보유목적

(1) 위험회피

위험회피 대상항목의 공정가치 또는 미래현금흐름 변동을 부분적 또는 전체적으로 상쇄하기 위하여 하나 이상의 위험회피수단을 지정하는 것을 말한다. 위험회피 유형은 공정가치 위험회피, 현금흐름 위험회피 및 해외사업장순투자 위험회피로 구분할 수 있다.

① 공정가치 위험회피: 공정가치 위험회피는 자산, 부채 및 확정계약의 공정가치 변동을 상쇄하기 위하여 파생상품을 이용하는 것이다. 즉 위험회피수단에 대한 손익과 외험회피 대상항목에 대한 손익을 당해 회계연도에 각각 반대의 손익으로 인식하여 공정가치가 변동할 위험을 상계한다.

② 현금흐름 위험회피: 현금흐름 위험회피는 위험회피 대상항목에 대한 예상거래의 미래현금흐름변동을 상쇄하기 위하여 파생상품을 이용하는 것이다. 예를 들어 미래 재고자산의 매입거래에서 발생할 수 있는 취득가격 상승위험을 회피하기 위해 파생상품을 이용하는 것 등이 있다.
현금흐름 위험회피의 경우 위험회피수단에 대한 손익 중 위험회피에 효과적인 부분은 기타포괄손익으로 인식하고 위험회피에 효과적이지 않은 부분은 당기손익으로 인식한다. 자본의 기타포괄손익누계액으로 처리되어 있는 금액은 미래 예상거래가 실제로 손익에 영향을 미치는 회계연도에 당기손익으로 인식한다.

③ 해외사업장순투자 위험회피: 기업실체가 해외사업장으로부터 수취하거나 지

급할 화폐성항목 중에서 예측할 수 있는 미래에 결제할 계획이 없고 결제될 가능성이 낮은 항목은 해외사업장에 대한 순투자의 일부로 보아 현행환율법을 적용하여 환산한다. 이때 발생할 수 있는 환율변동위험을 회피하기 위하여 파생상품을 이용하는 것을 해외사업장순투자 위험회피라고 한다.

해외사업장순투자 위험회피의 경우 위험회피수단에 대한 손익 중 위험회피에 효과적인 부분은 기타포괄손익으로 인식하고 위험회피에 효과적이지 않은 부분은 당기손익으로 인식한다. 자본의 기타포괄손익누계액으로 처리되어 있는 금액은 미래 해외사업장의 처분시점에 재분류조정으로 당기손익으로 재분류한다.

(2) 매매목적

위험회피목적이 아닌 모든 파생상품의 거래목적을 매매목적으로 분류하고, 매매목적으로 보유하고 있는 파생상품의 평가손익은 당기손익으로 인식한다.

6.2 선도거래

선도거래는 미래 일정 시점에 약정된 가격에 의하여 계약상의 특정 대상을 사거나 팔기로 계약 당사자 간에 합의한 거래를 말한다.

6.2.1 매매목적의 선도거래

매매목적으로 선도계약을 실행한 경우 계약체결시점에 계약에 따라 발생한 권리와 의무를 자산과 부채로 인식하고 보고기간말에는 공정가치로 평가하여 당기손익으로 인식한다.

예제 21-4 | 매매목적의 선도거래

12월말 결산법인인 ㈜SJ물산은 원화의 평가절하를 예상함에 따라 20×1년 10월 1일에 5개월 후 $100를 ₩1,200/$에 매입하는 통화선도계약을 체결하였다.

〈환율자료〉

일자	현물환율	통화선도환율(₩/$)
20×1.10.01	₩1,150	1,200(만기 5개월)
20×1.12.31	1,190	1,210(만기 2개월)
20×2.01.31	1,250	−

선도거래와 관련한 회계처리를 하시오. 단, 현재가치 평가는 생략하기로 한다.

| 해답 |

1. 20×1년 10월 1일 계약체결시

계약체결일에 통화선도거래의 공정가치는 '0'이므로 회계처리를 하지 아니한다.

자산(미수액)	₩120,000(=$100×₩1,200)
부채(미지급액)	(120,000)
평가손익	0

2. 20×1년 12월 31일

(차) 통화선도	1,000	(대) 통화선도평가이익(당기손익)	1,000

자산(미수액)	₩121,000(=$100×₩1,210)
부채(미지급액)	(120,000)
평가손익	1,000

3. 20×2년 1월 31일

(차) 현금	125,000*	(대) 현금	120,000
		통화선도	1,000
		통화선도거래이익	4,000

* $100×₩1,250=₩125,000

6.2.2 공정가치 위험회피의 선도거래

공정가치 위험회피를 목적으로 선도계약을 실행한 경우 계약체결시점에 계약에 따라 발생한 권리와 의무를 자산과 부채로 인식하고 위험회피 대상항목과 위험회피수단의 평가손익을 당기손익으로 각각 인식하여 위험회피 대상항목의 공정가치 변동이 위험회피수단의 공정가치 변동과 상쇄되도록 대칭적으로 인식한다.

예제 21-5 | 공정가치 위험회피목적의 선도거래

12월말 결산법인인 ㈜SJ제조는 20×1년 10월 1일에 ㈜JH기계로부터 기계장치를 $10,000에 5개월 후 구입하기로 법적 강제력을 가지는 확정계약을 체결하였으나 원화의 평가절하를 예상하고 동 일자에 5개월 후 $10,000를 ₩1,200/$에 매입하는 통화선도계약을 체결하였다.

〈환율자료〉

일자	현물환율	통화선도환율(₩/$)
20×1.10.01	₩1,150	1,200(만기 5개월)
20×1.12.31	1,190	1,210(만기 2개월)
20×2.01.31	1,250	–

선도거래와 관련한 회계처리를 하시오. 단, 현재가치 평가는 생략하기로 한다.

| 해답 |

1. 20×1년 10월 1일

(1) 기계장치 구입의 확정계약

회계처리 없음

(2) 통화선도거래

계약체결일에 통화선도거래의 공정가치는 '0'이므로 회계처리를 하지 아니한다.

자산(미수액)	₩12,000,000(＝$100×₩1,200)
부채(미지급액)	(12,000,000)
평가손익	0

2. 20×1년 12월 31일

(1) 기계장치 구입의 확정계약

(차) 확정계약평가손실 (당기손익)	100,000*	(대) 확정계약	100,000

* $10,000×(₩1,210－₩1,200)＝₩100,000

(2) 통화선도거래

(차) 통화선도	100,000*	(대) 통화선도평가이익 (당기손익)	100,000

* $10,000×(₩1,210－₩1,200)＝₩100,000

3. 20×2년 1월 31일

(1) 기계장치 구입의 확정계약

(차) 확정계약평가손실 (당기손익)	400,000*	(대) 확정계약	400,000

* $10,000×(₩1,250－₩1,210)＝₩400,000

(2) 통화선도거래

(차) 현금	12,500,000*	(대) 현금	12,000,000
		통화선도	100,000
		통화선도거래이익	400,000

* $10,000 × ₩1,250 = ₩12,500,000

(3) 기계장치 구입

(차) 기계장치	12,000,000	(대) 현금	12,500,000
확정계약	500,000		

6.2.3 현금흐름 위험회피의 선도거래

현금흐름 위험회피를 목적으로 선도계약을 실행한 경우 선도거래의 공정가치 변동분 중 위험회피에 효과적인 부분은 기타포괄손익으로 인식하고, 위험회피에 효과적이지 못한 부분은 당기손익으로 처리한다. 기타포괄손익누계액에 적립되어 있는 위험회피에 효과적인 부분은 위험회피 대상항목으로 지정된 미래 예상거래가 당기손익에 영향을 미치는 회계연도에 당기손익으로 인식한다.

예제 21-6 | 현금흐름 위험회피목적의 선도거래

12월말 결산법인인 ㈜SJ유통은 20×1년 10월 1일에 ㈜JH제조에게 재고자산 100단위를 단위당 $100에 5개월 후 판매하기로 약정하였으나 원화의 평가절상을 예상하고 동일자에 5개월 후 $10,000를 ₩1,180/$에 매도할 수 있는 통화선도계약을 체결하였다.

〈환율자료〉

일자	현물환율	통화선도환율(₩/$)
20×1.10.01	₩1,200	1,180(만기 5개월)
20×1.12.31	1,050	1,020(만기 2개월)
20×2.01.31	1,000	−

선도거래와 관련한 회계처리를 하시오. 단, 현재가치 평가는 생략하기로 한다.

| 해답 |

1. 20×1년 10월 1일

계약체결일에 통화선도거래의 공정가치는 '0'이므로 회계처리를 하지 아니한다.

2. 20×1년 12월 31일

(차) 통화선도	1,600,000*	(대) 현금흐름위험회피적립금 (기타포괄손익)	1,600,000

* $10,000×(₩1,180－₩1,020)＝₩1,600,000

3. 20×2년 1월 31일

(1) 통화선도거래

(차) 현금	11,800,000*	(대) 현금	10,000,000
		통화선도	1,600,000
		현금흐름위험회피적립금 (기타포괄손익)	200,000

* $10,000×₩1,180＝₩11,800,000

(2) 매출거래

(차) 현금	10,000,000	(대) 매출	10,000,000
(차) 현금흐름위험회피적립금 (기타포괄손익누계액)	1,800,000	(대) 매출	1,800,000

6.3 선물거래

선물거래는 수량 · 규격 · 품질 등이 표준화되어 있는 특정 대상에 대하여 현재시점에서 결정된 가격으로 미래 일정 시점에 인도 · 인수할 것을 약정한 계약으로 조직화된 시장에서 정해진 방법으로 거래되는 것을 말한다. 선물계약은 선도계약의 다른 형태로서 계약이 정형화되어 있고 선물거래소라는 조직화된 시장에서 거래된다는 점에 주된 차이가 있다.

6.3.1 선물거래의 이해

(1) 선물거래소

선물거래소란 표준화된 선물계약을 체결하거나 결제를 이행하는 중앙거래소로 우리나라의 경우 한국거래소 내에 선물거래소가 있다.

(2) 청산소

청산소(Clearing House)란 선물거래자의 상대방이 되는 기관으로 선물거래의 이행을 보증하고 일일정산을 통해 선물거래의 차익을 정산하는 기관이다. 이때 매수했던 선물계약을 다시 처분하는 것을 전매라고 하고, 매도하였던 선물계약을 다시 매수하는 것은 환매라고 한다.

(3) 증거금제도

선물계약에 대한 불이행 위험을 줄이고 일일정산을 원활하게 하기 위해 계약당 반드시 예치해야 하는 금액을 증거금이라고 한다. 즉, 증거금제도를 통해 선물가격이 하락할 경우 매수자의 계약위반 가능성으로부터 매도자를 보호하고, 선물가격이 상승할 경우 매도자의 계약위반 가능성으로부터 매수자를 보호하여 채무불이행위험을 제거하여 선물계약의 안정성을 확보한다.

(4) 일일정산제도

선물가격의 변동에 따라 투자자의 손익이 매일 발생하게 되는데 이러한 선물거래 손익을 매일 정산하여 추가증거금의 납부를 요구하거나 여유있는 증거금 잔액은 인출할 수 있도록 하는 것을 일일정산제도라고 한다.

6.3.2 선물거래의 기능

(1) 가격변동 위험관리 수단

미래의 현물거래에 대한 가격변동 위험을 회피(hedging)하기 위하여 선물거래를 이용할 수 있다. 즉, 보유하고 있는 현물과 또는 보유하게 될 현물과 반대의 포지션을 선택함으로써 가격변동의 위험을 회피할 수 있다.

(2) 가격예시 기능

선물가격은 미래 현물시장의 수요와 공급에 관한 예측정보를 반영하고 있으므로 현물가격에 대한 예시기능을 수행할 수 있다. 즉, 현재의 선물가격은 현재시점에서 미래 현물가격에 대한 수요자와 공급자의 공통된 예측을 반영하기 때문에 선물가격을 통해 기초자산의 미래가격을 예측할 수 있다.

(3) 새로운 투자기회 제공

기초자산 이외에 새로운 투자수단으로 이익을 실현할 수 있는 기회가 되므로 선물계약 자체가 하나의 투자수단으로 이용될 수 있다.

(4) 현물시장 안정화

선물시장을 통해 현물시장에서의 가격변동위험을 회피할 수 있으므로 현물시장이 안정될 수 있고 현물시장의 유동성을 향상시키는 역할을 할 수 있다.

(5) 자본형성 기능

자금을 건전한 투자대상인 선물거래로 유입시킴으로써 산업자금을 형성할 수 있는 자본형성기능이 있다.

6.4 옵션

옵션이란 계약 당사자 간에 정하는 바에 따라 일정한 기간 내에 미리 정해진 가격으로 외화나 유가증권 등을 사거나 팔 수 있는 권리에 대한 계약을 말한다. 옵션은 일종의 권리로 옵션의 매수자는 본인에게 유리할 때 옵션에 의한 권리를 행사하게 되고 옵션의 매도자는 옵션의 매수자가 권리를 행사할 때 계약에 따른 의무를 이행해야 한다.

6.4.1 옵션의 종류

(1) 권리의 유형에 따른 분류

① 콜옵션(Call Option): 기초자산을 살 수 있는 권리가 부여된 옵션
② 풋옵션(Put Option): 기초자산을 팔 수 있는 권리가 부여된 옵션

(2) 행사시점에 따른 분류

① 미국형 옵션(American Option): 만기일 이전에는 언제라도 권리행사가 가능한 옵션

② 유럽형 옵션(European Option): 만기일에만 권리를 행사할 수 있는 옵션

(3) 기초변수의 종류에 따른 분류

① 주식 옵션: 개별 주식을 기초변수로 하는 옵션

② 주가지수 옵션: 특정 주식시장의 주가지수를 기초변수로 하는 옵션

③ 통화 옵션: 특정 통화를 기초변수로 하는 옵션

6.4.2 옵션의 회계처리

프리미엄을 수수하게 되므로 동 금액을 매입옵션(자산) 또는 매도옵션(부채)으로 인식하고 중도청산, 결산기말 및 만기정산시 손익을 인식하는 회계처리를 한다.

6.4.3 옵션의 기능

(1) 위험관리의 수단

옵션을 이용하여 불리한 가격변동의 위험을 회피할 수 있다. 기초자산의 가격하락이 예상될 경우 기초자산 보유자는 풋옵션을 매입하여 처분가격을 고정시킬 수 있으며, 기초자산의 매입을 계획하는 투자자는 기초자산의 가격상승이 예상될 때 콜옵션을 매입하여 취득가격을 고정시킬 수 있다.

(2) 레버리지 효과

기초자산의 가격보다 저렴한 옵션의 가격만 지불하고 투자함으로써 투자수익의 확대효과를 실현할 수 있다. 즉, 기초자산에 투자하려는 금액을 콜옵션에 투자했을 경우 기초자산에 투자하여 구입할 수 있는 기초자산보다 더 많은 콜옵션을 매입할 수 있게 되어 기초자산의 가격이 상승하면 높은 투자수익을 실현할 수 있으며, 만약 기초자산의 가격이 하락하더라도 기초자산 가격보다 적은 콜옵션 매입가격만큼

만으로 손실을 한정지을 수 있다.

(3) 새로운 투자수단

기초자산의 투자 여부와 관계없이 옵션 자체가 하나의 투자수단으로 이용될 수 있다.

연습문제

| 객관식문제 |

01. ㈜삼일은 20×1년 1월 1일에 기술이사인 나기술 씨에게 다음과 같은 조건의 현금결제형 주가차액보상권 30,000개를 부여하였다. 이 경우 20×1년 포괄손익계산서에 계상할 당기보상비용은 얼마인가? 단, 나기술 씨는 20×3년 12월 31일 이전에 퇴사하지 않을 것으로 예상된다. (2018년 재경관리사 기출문제)

ㄱ. 기본조건: 20×3년 12월 31일까지 의무적으로 근무할 것
ㄴ. 행사가능기간: 20×4년 1월 1일 ~ 20×5년 12월 31일
ㄷ. 20×1년말 추정한 주가차액보상권의 공정가치: ₩250,000/개

① ₩22.5억 ② ₩25억
③ ₩67.5억 ④ ₩75억

02. 다음 중 주식기준보상 회계처리에 관한 설명으로 가장 올바르지 않은 것은? (2020년 재경관리사 기출문제)

① 주식선택권 행사로 신주가 발행되는 경우 행사가격이 액면금액을 초과하는 부분은 주식발행초과금으로 처리한다.
② 가득기간 중 각 회계기간에 인식할 주식보상비용은 당기말 인식할 누적보상원가에서 전기말까지 인식한 누적보상원가를 차감하여 계산한다.
③ 종업원에게 제공받은 용역 보상원가는 부여일 이후 지분상품 공정가치 변동을 반영하여 측정한다.
④ 주식선택권의 권리를 행사하지 않아 소멸되는 경우에도 과거에 인식한 보상원가를 환입하지 않고 계속 자본항목으로 분류한다.

03. ㈜삼일은 임원 10명에게 3년의 용역제공조건으로 1인당 주식결제형 주식선택권 100개를 부여하였다. 20×4년 주식선택권의 권리행사로 아래와 같이 회계처리한 경우 ㈜삼일의 자본항목의 변화로 가장 옳은 것은? (2021년 재경관리사 기출문제)

(단위: 원)

(차)	현금	20,000,000	(대)	자기주식	22,000,000
	주식선택권	5,000,000		자기주식처분이익	3,000,000

① ₩3,000,000 증가　　③ ₩22,000,000 증가
② ₩20,000,000 증가　　④ ₩25,000,000 증가

04. 다음 중 법인세회계에 관한 설명으로 가장 올바르지 않은 것은?
(2020년 재경관리사 기출문제)

① 법인세회계의 이론적 근거는 수익·비용대응의 원칙이다.
② 차감할 일시적 차이는 이연법인세자산을 발생시킨다.
③ 이연법인세자산과 부채는 현재가치로 할인한다.
④ 일시적 차이로 인해 법인세비용과 당기법인세에 차이가 발생한다.

05. ㈜삼일은 20×1년 중 설립된 회사로 20×1년 중 미래과세소득을 증가시키는 가산할 일시적 차이 ₩1,000,000이 발생하였다. 해당 가산할 일시적 차이가 소멸되는 회계기간 및 각 회계기간에 적용될 법인세율은 다음과 같다.

	20×2년	20×3년	20×4년
가산할 일시적 차이	₩200,000	₩300,000	₩500,000
적용될 법인세율	20%	30%	30%

상기자료를 토대로 ㈜삼일이 20×1년말 인식할 이연법인세자산(부채)의 금액은 얼마인가? (2017년 재경관리사 기출문제)

① 이연법인세자산 ₩200,000　　② 이연법인세자산 ₩280,000
③ 이연법인세부채 ₩200,000　　④ 이연법인세부채 ₩280,000

06. 다음 중 이연법인세자산으로 인식할 수 있는 항목으로 가장 올바르지 않은 것은?
(2018년 재경관리사 기출문제)

① 가산할 일시적 차이　　② 차감할 일시적 차이
③ 미사용 세무상결손금　　④ 미사용 세액공제

07. ㈜삼일의 20×1년도 법인세와 관련한 세무조정사항은 다음과 같다. 20×0년 12월 31일 현재 이연법인세자산과 이연법인세부채의 잔액은 없었다. 법인세법상 당기손익-공정가치측정 금융자산평가이익은 익금불산입하고 기타 법인세법과의 차이는 손금불산입한다. 20×1년도의 포괄손익계산서의 법인세비용은 얼마인가? 단, 이연법인세자산의 실현가능성은 높으며, 법인세율은 20%이고 이후 변동이 없다고 가정한다.
(2020년 재경관리사 기출문제)

법인세비용차감전순이익	₩2,000,000
접대비한도초과액	100,000
감가상각비한도초과액	60,000
당기손익-공정가치측정 금융자산평가이익	20,000

① ₩420,000 ② ₩424,000
③ ₩436,000 ④ ₩440,000

08. 20×1년초 사업을 개시한 ㈜삼일의 과세소득과 관련된 다음 자료를 이용하여 20×1년말 재무상태표상의 이연법인세자산(부채) 금액을 구하면 얼마인가? (2021년 재경관리사 기출문제)

법인세비용차감전순이익	₩4,000,000
가산(차감)조정	
접대비한도초과액	600,000
감가상각비한도초과액	900,000
제품보증충당부채 설정액	500,000
과세표준	6,000,000
세율	25%

〈추가자료〉

ㄱ. 차감할 일시적 차이가 사용될 수 있는 미래과세소득의 발생가능성은 높다고 가정한다.

ㄴ. 감가상각비한도초과액에 대한 일시적 차이는 20×2년, 20×3년, 20×4년에 걸쳐 ₩300,000씩 소멸하며, 제품보증충당부채 설정액에 대한 일시적 차이는 20×3년 소멸할 것으로 예상된다. 일시적 차이가 소멸될 것으로 예상되는 기간의 과세소득에 적용될 것으로 기대되는 평균세율은 다음과 같다.

연도	20×2년	20×3년	20×4년
세율	25%	30%	30%

① 이연법인세부채 ₩225,000 ② 이연법인세자산 ₩255,000
③ 이연법인세부채 ₩325,000 ④ 이연법인세자산 ₩405,000

09. 다음은 ㈜삼일의 20×1년과 20×2년말의 법인세회계와 관련된 내역이다. 20×2년도에 ㈜삼일이 계상하여야 할 법인세비용은 얼마인가? (2021년 재경관리사 기출문제)

	20×1년말	20×2년말
이연법인세자산	₩10,000	₩50,000
이연법인세부채	30,000	10,000
20×2년말 미지급법인세	200,000	

① ₩110,000　　② ₩120,000
③ ₩140,000　　④ ₩190,000

10. ㈜삼일은 20×1년 3월 30일에 기계장치를 $2,500에 외상으로 구입하였으며 이에 대한 미지급금의 결제일은 20×2년 4월 1일이다. 이와 관련된 각 시점의 환율은 다음과 같다.

ㄱ. 20×1년 3월 30일의 환율	₩1,000/$
ㄴ. 20×1년 12월 31일의 환율	₩1,200/$
ㄷ. 20×2년 4월 1일의 환율	₩1,100/$

㈜삼일의 기능통화 및 표시통화가 원화일 경우 상기 거래와 관련하여 ㈜삼일이 결제일인 20×2년 4월 1일에 계상할 외환차손익은 얼마인가?
(2017년 재경관리사 기출문제)

① 외환차익 ₩150,000　　② 외환차손 ₩150,000
③ 외환차익 ₩250,000　　④ 외환차손 ₩250,000

11. 한국에서 영업을 하는 ㈜서울의 미국 현지법인인 ㈜엘에이는 20×1년초 설립되었으며, ㈜엘에이의 기능통화인 달러화로 작성한 20×1년말 재무상태표는 다음과 같다.

자산	$4,000	부채	$1,000
		자본금	$2,000
		이익잉여금 (당기순이익)	$1,000
합계	$4,000	합계	$4,000

㈜엘에이의 재무상태표를 표시통화인 원화로 환산시 환율이 유의적으로 변동할 경우 부채에 적용할 환율로 가장 옳은 것은? (2021년 재경관리사 기출문제)

① 해당 거래일의 환율　　② 해당 보고기간말의 마감환율
③ 평균환율　　④ 차입시 환율

12. 자동차제조업을 영위하는 ㈜삼일의 20×1회계연도(20×1년 1월 1일 ~ 20×1년 12월 31일) 중 발생한 수출실적이 다음과 같을 경우 20×1년 재무상태표상 매출채권과 (포괄)손익계산서상 외화환산손익을 바르게 짝지은 것은? 단, 기능통화는 원화이다. (2020년 재경관리사 기출문제)

(1) 수출액 및 대금회수

수출일	수출액	대금회수일
20×1년 6월 11일	$8,000	20×2년 3월 10일

(2) 일자별 환율

일자	20X1년 6월 11일	20X1년 12월 31일
환율	₩1,100/$	₩1,200/$

(3) 기타정보

상기 수출대금은 계약상 대금회수일에 이상 없이 모두 회수되었으며, 상기 수출과 관련된 매출채권 이외의 채권 · 채무는 없다.

	매출채권	외화환산손익
①	₩9,600,000	손실 ₩800,000
②	8,800,000	손실 100,000
③	9,600,000	이익 800,000
④	8,800,000	이익 100,000

13. 다음 중 외화자산 및 외화부채의 환산에 관한 설명으로 가장 올바르지 않은 것은? (2018년 재경관리사 기출문제)

① 화폐성 외화자산 · 부채는 보고기간말 현재의 환율로 환산한다.

② 비화폐성 외화자산 · 부채 중 역사적원가로 측정하는 항목은 당해 자산 또는 부채 거래일의 환율로 환산한다.

③ 화폐성 자산의 예로는 현금및현금성자산, 장 · 단기 매출채권 등이 있으며, 화폐성 부채의 예로는 매입채무, 장 · 단기차입금, 사채 등이 있다.

④ 비화폐성 자산 · 부채 중 공정가치로 측정하는 항목은 당해 자산 · 부채의 최초 거래일의 환율로 환산한다.

14. 원화를 기능통화로 사용하고 있는 ㈜삼일은 20×1년 10월 1일에 중국 현지공장에서 재고자산을 CNY 2,000에 매입하여 기말까지 보유하고 있다. 이 재고자산의 기말 순실현가능가치는 CNY 1,800이다. CNY 대비 원화의 환율이 다음과 같을 때 ㈜삼일이 20×1년 상기 재고자산에 대하여 인식할 평가손실 금액은 얼마인가? (2018년 재경관리사 기출문제)

- 20×1년 10월 1일: CNY 1 = ₩110
- 20×1년 12월 31일: CNY 1 = ₩115

① ₩13,000 ② ₩92,000
③ ₩132,000 ④ ₩142,000

15. 다음 중 기능통화와 표시통화에 관한 설명으로 가장 올바르지 않은 것은? (2021년 재경관리사 기출문제)

① 기능통화란 영업활동이 이루어지는 주된 경제환경의 통화를 의미한다.
② 표시통화란 재무제표를 표시할 때 사용하는 통화로서 기업은 어떤 통화든지 표시통화로 사용할 수 있다.
③ 기업의 표시통화와 기능통화가 다른 경우에는 경영성과와 재무상태를 기능통화로 환산하여 재무제표에 보고한다.
④ 기능통화로 외화거래를 최초로 인식하는 경우에 거래일의 외화와 기능통화상의 현물환율을 외화금액에 적용하여 기록한다.

16. 다음 중 중간재무보고에 관한 설명으로 가장 올바르지 않은 것은? (2018년 재경관리사 기출문제)

① 중간재무보고서는 최소한 요약재무상태표, 요약포괄손익계산서, 요약자본변동표, 요약현금흐름표 및 선별적 주석을 포함하여야 한다.
② 특정 중간기간에 보고된 추정금액이 최종 중간기간에 중요하게 변동하였지만 최종 중간기간에 대하여 별도의 재무보고를 하지 않는 경우 추정의 변동내용과 금액을 해당 회계연도의 연차재무제표에 주석으로 공시하지 않는다.
③ 현금흐름표는 당해 회계연도 누적기간을 직전 회계연도의 동일기간과 비교하는 형식으로 작성한다.
④ 중간재무보고는 회계정보의 적시성을 확보하여 줌으로써 회계정보의 유용성을 높일 수 있다.

17. 다음 중 12월말 결산법인인 ㈜삼일의 3분기 중간재무보고서에 대한 설명으로 가장 올바르지 않은 것은? (2021년 재경관리사 기출문제)

① 자본변동표는 당 회계연도 7월 1일부터 9월 30일까지의 중간기간과 1월 1일부터 9월 30일까지의 누적기간을 대상으로 작성하고 직전 회계연도의 동일 기간을 대상으로 작성한 자본변동표와 비교표시한다.
② 포괄손익계산서는 당 회계연도 7월 1일부터 9월 30일까지의 중간기간과 1월 1일부터 9월 30일까지의 누적기간을 대상으로 작성하고 직전 회계연도의 동일 기간을 대상으로 작성한 포괄손익계산서와 비교표시한다.
③ 현금흐름표는 당 회계연도 1월 1일부터 9월 30일까지의 누적기간을 대상으로 작성하고 직전 회계연도의 동일 기간을 대상으로 작성한 현금흐름표와 비교표시한다.

④ 재무상태표는 당 회계연도 9월 30일 현재를 기준으로 작성하고 직전 회계연도 12월 31일 재무상태표와 비교표시한다.

18. 다음 중 기업이 특수관계자로 인식하여야 할 대상으로 가장 올바르지 않은 것은? (2017년 재경관리사 기출문제)

① 당해 기업의 거래처
② 당해 기업의 관계기업
③ 당해 기업의 주요 경영진
④ 당해 기업의 지배기업 및 종속기업

19. 다음 중 특수관계자 공시에 대한 설명으로 가장 올바르지 않은 것은? (2020년 재경관리사 기출문제)

① 최상위 지배자와 지배기업이 다른 경우에는 최상위 지배자의 명칭도 공시한다.
② 주요 경영진의 보상에는 단기종업원급여, 퇴직급여, 기타 장기종업원급여, 해고급여 및 주식기준보상을 포함한다.
③ 지배기업과 그 종속기업 사이의 관계는 거래의 유무에 관계없이 공시한다.
④ 보고기업에 유의적인 영향력을 행사할 수 있는 개인은 보고기업과 특수관계자가 아니다.

20. ㈜삼일은 상품 $2,000를 외상으로 매출하고, 대금을 9개월 후에 달러($)로 지급받기로 하였다. 이 경우 ㈜삼일의 외화매출채권 $2,000는 환율변동위험에 노출되게 되었다. 해당 거래와 관련하여 환율변동위험을 회피할 수 있는 방법으로 가장 옳은 것은? (2020년 재경관리사 기출문제)

① 약정된 환율로 9개월 후 $2,000를 매도하는 통화선도계약을 체결한다.
② 약정된 환율로 9개월 후 $2,000를 매입하는 통화선도계약을 체결한다.
③ 약정된 환율로 9개월 후 $2,000를 거래할 수 있는 콜옵션을 매입한다.
④ 약정된 환율로 9개월 후 $2,000를 거래할 수 있는 풋옵션을 매도한다.

21. 다음 거래목적 중 파생상품평가손익을 당기손익으로 처리하지 않는 것은? (2021년 재경관리사 기출문제)

① 매매목적으로 체결한 파생상품의 평가손익
② 공정가치 위험회피목적으로 체결한 파생상품의 평가손익
③ 현금흐름 위험회피목적으로 체결한 파생상품의 평가손익 중 위험회피에 효과적인 부분
④ 현금흐름 위험회피목적으로 체결한 파생상품의 평가손익 중 위험회피에 효과적이지 못한 부분

정답 및 해설

| 객관식문제 |

01. ②

주식보상비용＝30,000개×₩250,000×1/3＝₩25억

02. ③

종업원 및 유사용역제공자로부터 제공받는 용역의 공정가치는 일반적으로 신뢰성 있게 추정할 수 없을 것이기 때문에 부여한 지분상품의 공정가치에 기초하여 측정한다. 부여한 지분상품의 공정가치는 부여일 기준으로 측정한다.

03. ②

자본항목 내에서의 변동을 계산하면 다음과 같다.

자본항목＝22,000,000－5,000,000＋3,000,000＝₩20,000,000 증가

04. ③

이연법인세 자산과 부채를 신뢰성 있게 현재가치로 할인하기 위해서는 각 일시적 차이의 소멸시점을 상세히 추정하여야 한다. 많은 경우 소멸시점을 실무적으로 추정할 수 없거나 추정이 매우 복잡하다. 따라서 이연법인세자산과 부채를 할인하도록 하는 것은 적절하지 않다.

05. ④

가산할 일시적 차이는 미래과세소득을 증가시키므로 이연법인세부채를 인식한다.

이연법인세부채＝200,000×20%＋300,000×30%＋500,000×30%＝₩280,000

06. ①

가산할 일시적 차이는 미래과세소득을 증가시키므로 이연법인세부채를 인식한다.

07. ①

(1) 납부할 법인세부담액＝(2,000,000＋100,000＋60,000－20,000)×20%＝₩428,000

(2) 이연법인세자산＝60,000×20%－20,000×20%＝₩8,000

(3) 법인세비용＝428,000－8,000＝₩420,000

08. ④

이연법인세자산 = 300,000 × 25% + 300,000 × 30% + 300,000 × 30% + 500,000 × 30%
= ₩405,000

09. ③

법인세비용 = 미지급법인세 ± 이연법인세자산(부채) 변동

(차) 법인세비용	140,000	(대) 미지급법인세	200,000
이연법인세자산	40,000		
이연법인세부채	20,000		

10. ③

결제일인 20×2년 4월 1일 현재 미지급금의 장부가액은 직전 회계연도말 평가액인 ₩3,000,000($2,500 × ₩1,200)이므로 상환시 회계처리는 다음과 같다.

(차) 외화미지급금	3,000,000	(대) 현금	2,750,000
		외환차익	250,000

11. ②

재무상태표의 자산과 부채는 해당 보고기간말의 마감환율로 환산한다.

12. ③

(1) 수출시

(차) 매출채권	8,800,000	(대) 매출	8,800,000

(2) 20×1년 12월 31일 외화환산시

(차) 매출채권	800,000	(대) 외화환산이익	800,000*

* 외화환산손익 = (1,200 − 1,100) × $8,000 = ₩800,000

13. ④

공정가치로 측정하는 비화폐성 외화항목은 공정가치가 측정된 날의 환율로 환산한다.

14. ①

재고자산의 장부가액: CNY 2,000(환율 CNY 1 = ₩110) = ₩220,000

재고자산의 순실현가능가치: CNY 1,800(환율 CNY 1 = ₩115) = ₩207,000

15. ③

표시통화란 재무제표를 표시할 때 사용하는 통화로 기업의 표시통화와 기능통화가 다른 경우에는 경영성과와 재무상태를 표시통화로 환산하여 재무제표에 보고한다.

16. ②

특정 중간기간에 보고된 추정금액이 최종 중간기간에 중요하게 변동하였지만 최종 중간기간에 대하여 별도의 재무보고를 하지 않는 경우 추정의 변동내용과 금액을 해당 회계연도의 연차재무제표에 주석으로 공시하여야 한다.

17. ①

자본변동표는 당해 회계연도 누적기간을 직전 회계연도의 동일기간과 비교하는 형식으로 작성한다. 즉, 1월 1일부터 9월 30일까지의 누적기간을 직전 회계연도의 동일기간과 비교하는 형식으로 작성한다.

18. ①

일반적인 상대 거래처는 특수관계자로 보지 아니한다.

19. ④

개인이 다음 중 어느 하나에 해당하는 경우 그 개인이나 그 개인의 가까운 가족은 보고기업과 특수관계에 있다.

① 보고기업에 지배력 또는 공동지배력이 있는 경우

② 보고기업에 유의적인 영향력이 있는 경우

③ 보고기업 또는 그 지배기업의 주요 경영진의 일원인 경우

20. ①

회수될 외화매출채권의 매도가격을 고정시키는 통화선도계약을 통해 환율변동위험을 회피(hedging)해야 한다.

21. ③

현금흐름 위험회피목적으로 체결한 파생상품의 평가손익 중 위험회피에 효과적인 부분은 기타포괄손익으로 인식한다.

Chapter 22

회계감사

단원정리 회계감사

• 감사(Audit)

"감사란 경제활동 및 사상에 관한 어떠한 주장에 대해 미리 설정된 평가기준과의 일치 정도를 확인하기 위하여 이들 주장에 관한 증거를 객관적으로 수집하고 평가하며 그 결과를 이해관계자인 이용자에게 전달하는 체계적인 과정이다."(미국회계학회)

• 정보위험: 오류정보에 근거한 의사결정으로 정보이용자가 손해를 볼 가능성
⇒ 감사가 필요한 이유

• 정보위험의 증가원인
- 정보의 원격성
- 제공자의 편의나 동기
- 자료의 대량화
- 거래유형의 복잡성

• 감사의 종류
- 목적에 따른 분류
  - 재무제표감사
  - 업무감사
  - 이행감사
  - 포괄감사
- 주체에 따른 분류
  - 외부감사
  - 내부감사
  - 상법상 감사에 의한 감사
- 강제성 여부에 따른 분류
  - 법정감사
  - 임의감사
- 계속성에 따른 분류
  - 초도감사
  - 계속감사
- 실시시기에 따른 분류
  - 중간감사
  - 기말감사

• 내부감사

조직 내의 부서나 기관에 의해 실시되는 경영활동의 자체감사
(정기감사, 특별감사, 일상감사)

- **내부감사의 절차**
  - 감사방침의 결정
  - 감사계획의 수립
  - 감사의 실시
  - 감사결과의 보고
  - 후속조치

- **회계감사의 목적**

"감사는 감사대상 재무제표가 회사의 재무상태와 경영성과 및 기타 재무정보를 일반적으로 인정된 회계처리기준에 따라 중요성의 관점에서 적정하게 표시하고 있는지에 대하여 감사인이 독립적으로 의견을 표명함으로써 재무제표의 신뢰성을 제고하고 재무제표의 이용자가 회사에 관하여 올바른 판단을 할 수 있도록 함을 목적으로 한다."(회계감사기준)

- **회계감사의 한계**
  - 감사의견은 회사의 재무상태·경영성과의 양호 여부나 장래전망을 보장하는 것이 아님
  - 감사의견은 합리적 확신이므로 중요한 왜곡표시가 적발될 것을 보장하지 않음
    - 감사수행방법의 한계
    - 회계제도와 내부통제제도의 불확실성
    - 감사증거능력의 한계
    - 감사인 판단능력의 한계

- **감사인의 책임**
  - 법률적 책임
    - 감사의뢰인에 대한 책임
    - 감사보고서 이용자에 대한 책임
    - 제도위반에 대한 형사책임
  - 자율적 책임: 공인회계사 윤리기준

경영진의 책임: 재무제표를 적정하게 작성할 책임

- **재무제표를 통한 경영진의 주장**
  - 실재성
  - 권리와 의무
  - 평가와 배분
  - 기간귀속
  - 발생사실
  - 완전성
  - 정확성
  - 분류와 이해가능성

- **감사증거**
  - 감사인이 회사의 재무상태와 경영성과의 적정성을 평가하고 의견을 형성하는 근거
  - 합리적인 감사결론을 도출할 수 있도록 충분하고 적합한 감사증거 확보

- **감사증거의 유형**
  - 형태별 분류
    - 물리적 증거
    - 문서적 증거
    - 구두적 증거
    - 상황적 증거
  - 원천별 분류
    - 내부증거
    - 외부증거

- **감사증거의 충분성(양)** – 감사위험에 따라
  – 감사대상항목의 중요성에 따라

- **감사증거의 적합성(질)** – 감사증거의 수집원천에 따라
  – 내부증거의 경우 회계제도와 내부통제제도의 유효성에 따라
  – 직접 수집한 감사인의 감사증거인지에 따라

- **감사증거 입수를 위한 감사절차**
  - 조사 – 관찰 – 외부확인(외부조회)
  - 재계산 – 재수행 – 분석적 절차 – 질문

- **감사조서** – 감사의견의 토대
  – 감사가 회계감사기준에 따라 수행되었음을 입증하는 증거
  – 중요한 사항에 대한 문서화

- **중요성:** 왜곡표시가 재무제표 이용자의 의사결정에 영향을 미치는 경우
  - 감사인의 감사계획 및 감사수행시
  - 식별된 왜곡표시가 감사에 미치는 영향을 평가할 때
  - 미수정된 왜곡표시가 재무제표에 미치는 영향을 평가할 때
  - 감사보고서에 표명할 의견을 형성할 때

- **감사위험:** 재무제표가 중요하게 왜곡표시된 재무제표에 대해 감사인이 부적합한 감사의견을 표명할 위험

  감사위험 = 중요한 왜곡표시위험 × 적발위험
  = 고유위험 × 통제위험 × 적발위험

  - 고유위험: 특정 거래유형과 계정잔액의 고유한 왜곡표시 가능성
  - 통제위험: 경영진이 설계, 실행, 유지하는 내부통제 효과성과 관련된 위험
  - 적발위험: 감사인의 감사절차가 중요한 왜곡표시를 발견하지 못할 위험

* 감사위험을 일정하게 유지하기 위해 감사인이 수용가능한 적발위험은 중요한 왜곡표시위험과 역의 관계

- **감사절차** – 감사계약의 체결
  – 감사절차의 적용
  – 감사절차의 종료

- **감사계약의 체결** – 감사대상회사에 대한 평가 후 감사수임 여부 결정

- **감사대상회사** – 매사업연도 개시일로부터 45일 이내에 감사인 선임
  – 감사계약체결일로부터 2주 이내에 증권선물위원회에 보고
- **감사인:** 법정선임기한 종료 후 14일 이내에 공인회계사회에 보고

- **감사계약서에 포함될 내용**
  – 재무제표감사의 목적
  – 재무제표에 대한 회사 경영자의 책임
  – 감사범위
  – 감사보고서의 형식
  – 감사위험의 존재와 감사인의 책임한계 문제
  – 감사의 수행에 필요한 관련기록, 문서 및 정보 등에 대한 제한 없는 접근과 열람
  – 기타 필요한 사항

- **감사절차의 적용** – 감사계획의 수립
    - 전반감사계획
    - 세부감사계획
  – 내부통제제도의 평가
  – 계정잔액의 입증절차
    - 조사(검사)
    - 관찰
    - 외부조회
    - 재계산
    - 재수행
    - 분석적 절차
    - 질문

- **감사절차의 종료** – 보고기간말 이후 발생한 후속사건의 검토
  – 감사조서의 검토
  – 감사결과의 종합 및 감사의견 보고

- **감사의견**
  - 적정의견: 재무제표가 중요성의 관점에서 재무보고체계에 따라 작성되었다는 결론
  - 한정의견 ┌ 왜곡표시가 중요하나 전반적이지는 않다는 결론
    └ 충분하고 적합한 감사증거를 수집하지 못했으나 발견되지 않은 왜곡표시가 중요할 수 있지만 전반적이지는 않을 것이라는 결론
  - 부적정의견: 왜곡표시가 중요하며 전반적이라는 결론
  - 의견거절 ┌ 충분하고 적합한 감사증거를 수집하지 못했으며, 발견되지 않은 왜곡표시가 중요하고 전반적일 수 있다는 결론
    └ 불확실성으로 인해 의견형성이 불가능

- **사업보고서 제출:** 사업보고서 제출대상법인은 그 사업보고서를 각 사업연도 경과 후 90일 이내에 금융위원회와 거래소에 제출

- **전자공시:** www.dart.fss.or.kr

제1절 감사의 의의 및 종류

1.1 감사의 의의

미국회계학회(American Accounting Association)의 감사에 대한 정의에 따르면 "감사란 경제활동 및 사상에 관한 어떠한 주장에 대해 미리 설정된 평가기준과의 일치 정도를 확인하기 위하여 이들 주장에 관한 증거를 객관적으로 수집하고 평가하며 그 결과를 이해관계자인 이용자에게 전달하는 체계적인 과정이다."

즉, 어떤 주장에 대한 증거를 평가하여 주장과 평가기준과의 일치 정도를 이용자에게 보고하는 것이다. 이러한 감사가 필요한 이유는 정보위험이 존재하기 때문이다. 정보위험이란 오류정보에 근거한 의사결정으로 정보이용자가 손해를 볼 가능성을 의미하며, 그 증가원인은 다음과 같다.

(1) 정보의 원격성

정보이용자가 정보발생의 원천적 장소인 기업으로부터 직접 정보를 수집한다는 것은 물리적·시간적 또는 제도적인 원인으로 거의 불가능하다.

(2) 제공자의 편의나 동기

정보제공자의 이해관계가 정보이용자와 일치하지 않을 경우에 그 정보는 정보제공자의 이해관계에 맞게 작성될 가능성이 높다.

(3) 자료의 대량화

조직의 거대화에 따라 관련되는 정보의 양이 급격히 증가한다. 따라서 방대한 양의 정보에서 정보이용자가 원하는 정보를 직접 선별하기가 어려우며 오류를 포함한 정보가 있을 가능성이 높아진다.

(4) 거래유형의 복잡성

경제활동 유형의 복잡성 증가로 인해 적절한 기록 및 해석에 전문지식이 필요하다.

1.2 감사의 종류

감사는 다음과 같이 여러 가지로 분류할 수 있다.

(1) 감사의 목적에 따른 분류

① 재무제표감사: 경영자에 의해 작성된 재무제표가 사전에 설정된 평가기준에 따라 적정하게 작성되었는지에 대한 의견을 표명할 목적으로 수행되는 감사를 말한다.

② 업무감사: 어떤 조직의 영업활동 및 업무절차에 대한 능률과 효과를 평가할 목적으로 실시하는 감사를 말한다.

③ 이행감사: 어떤 조직이 준수해야 할 특정 법률·절차·의무규정 등을 준수(이행)하였는지를 확인할 목적으로 실시되는 감사를 말한다.

④ 포괄감사

(2) 감사의 주체에 따른 분류

① 외부감사

② 내부감사

③ 상법상 감사에 의한 감사

상법상 감사는 업무감사 중심의 내부감사와는 다르게 주주 및 채권자의 이익을 보호하기 위하여 선임되어 경영자(이사진 및 이사회) 감시뿐만 아니라 배당가능이익의 산정에 대한 정당성, 재산의 보전상태 등까지도 감사한다.

(3) 감사의 강제성 여부에 따른 분류

① 법정감사

② 임의감사

(4) 감사의 계속성에 따른 분류

① 초도감사
② 계속감사

(5) 감사의 실시시기에 따른 분류

① 중간감사
② 기말감사

1.3 내부감사[1)]

내부감사는 조직 내의 부서나 기관에 의해 실시되는 경영활동의 자체감사이고, 외부감사는 조직 외부의 독립된 감사인에 의해 실시되는 감사이다. 외부감사인 회계감사의 내용은 다음 절 이후에서 살펴보고 본 절에서는 내부감사에 대해 학습하도록 한다.

1.3.1 내부감사의 범위

① 업무 활동을 통제하기 위하여 사용하는 제반 방침과 절차 및 수단이 경영조직의 목표에 따라 이용되고 있는가를 검사하고 평가한다.
② 제반 업무관리에 대하여 그들에게 부과된 책임이 어느 정도로 수행되고 있는가를 검토하고 평가한다.
③ 회계 제 기록과 보고 및 기타 여러 가지 자료에 대하여 신뢰성을 확인한다.

1.3.2 내부감사의 종류

① 정기감사: 감사계획에 의하여 각 부서 또는 특정 분야에 대하여 정기적으로 실시하는 감사로 일반적으로 연 1회 정기적으로 실시한다.

1) 출처: 교육부(2021), 회계감사(0203020107_17v3), 한국직업능력개발원

② 특별감사: 경영진의 의뢰가 있거나 내부감사인이 필요하다고 인정하는 경우 실시한다.

③ 일상감사: 회계 및 업무 수행 과정에서 제 규정 준수여부 등에 대하여 최종결재권자의 결재에 앞서 내용을 검토하고 의견을 첨부하는 방법에 의하여 실시한다.

1.3.3 내부감사의 절차

(1) 감사방침의 결정

감사 중점 사항 및 준거하여야 할 절차, 기준 등을 감사 방침에 확실하게 명시해야 한다.

(2) 감사계획의 수립

감사계획을 수립함으로써 감사절차의 표준화와 통일화를 촉진하고, 감사 진행과정 중에 각종 세부지시에 필요한 감독자의 시간을 절약할 수 있다. 감사계획서에는 다음의 내용이 포함되어야 한다.

① 감사목적

② 감사대상 범위

③ 감사실시 일정

④ 감사반 구성 감사인

(3) 감사의 실시

감사인은 감사실시에 앞서 감사시기, 감사범위 및 피감사 부서의 준비사항 등을 피감사 부서에 사전 통지한다. 그러나 특별감사의 경우와 내부감사인이 필요하다고 인정되는 경우에는 피감사 부서에 사전 통보 없이 실시할 수 있다. 또한 내부감사인은 수집된 감사증거와 문제점, 예상되는 징후 등을 자세하게 기록하여 감사조서를 작성한다. 이때 발견된 문제점에 대한 피감사자의 동의가 필요한 경우에는 담당자의 서명을 받도록 한다.

감사 종결시점에 감사인과 감사결과에 대해 상호 논의하고, 피감사인의 의견을 수렴한다. 그리고 감사결과 지적사항에 대해서는 경위서, 확인서, 질의 · 답변서, 문답서 및 문서 및 장표의 사본 등 입증자료를 받아야 한다.

(4) 감사결과의 보고

감사인은 감사 종료 후 일정 기한 내에 감사결과보고서를 작성하여 감사업무 처리계통에 따라 보고하여야 한다. 이때 감사인의 감사조서 및 관련 당사자의 소명자료가 첨부되어야 하며, 감사보고서에는 ① 피감사 부서의 명칭 및 감사대상 업무, ② 감사실시 기간, ③ 감사인 인적사항, ④ 감사 실시 세부내용 및 그 결과, ⑤ 감사인의 감사의견, ⑥ 시정 및 건의사항 등이 간결하고 분명하게 명시되어야 한다.

(5) 후속조치

감사인은 감사결과 위법이거나, 부당하거나 제도 및 업무절차 등이 개선이 필요하다고 인정되는 경우에는 최고 경영자의 승인 하에 피감사 부서 등 관계부서에 조치요구서를 통보한다.

조치요구서를 받은 피감사 부서는 지체 없이 이에 대한 필요한 조치를 취하고, 그 결과를 서면으로 감사부서에 보고하여야 한다. 감사인은 피감사 부서의 조치 결과를 확인하여야 하며, 그 사후처리에 대한 경과를 기록하여 감사보고서에 첨부 보관한다. 피감사 부서는 시정요구 사항에 이의가 있는 경우 조치요구서를 받은 즉시 사유를 명백히 하여 이의신청서를 감사부서에 제출할 수 있다. 감사부서는 이의신청서를 받았을 때에는 지체 없이 이를 심사하여 필요한 조치를 취해야 한다.

제2절 회계감사[2]: 외부감사

2.1 회계감사의 목적

사례 22-1 회계감사의 목적

아들 종우의 대학등록금을 내준 부모님의 입장에서 한 학기가 지나면 종우가 한 학기 동안 공부를 얼마나 열심히 하였는지를 알고 싶을 것이다. 따라서 종우에게 한 학기 동안 얼마나 공부를 열심히 하였는지 성적을 산출하여 성적표를 가져오라고 한다고 하자. 종우는 자신이 수강했던 과목에 대한 성적표를 작성하여 부모님께 보여드렸을 때 부모님은 어떻게 생각할 것인가? 종우가 직접 작성해온 성적표가 과연 평가기준에 맞게 작성된 것인지 의문을 가질 것이다. 따라서 담당과목의 교수님께 이 성적표가 평가기준에 맞게 작성된 것인지를 확인받은 후 가져오라고 할 것이다.
즉, 등록금을 내준 부모님이 투자자라면 한 회계기간이 지난 후의 성과를 알고 싶어 할 것이다. 따라서 한 학기가 지난 후 성과보고서인 성적표를 보고자 할 것이고, 종우가 직접 작성한 성적표에 대한 객관적인 작성기준 준수 여부 확인을 위해 교수님의 확인을 필요로 하게 되는 것이다.

회계감사기준에 따르면 "감사는 감사대상 재무제표가 회사의 재무상태와 경영성과 및 기타 재무정보를 일반적으로 인정된 회계처리기준에 따라 중요성의 관점에서 적정하게 표시하고 있는지에 대하여 감사인이 독립적으로 의견을 표명함으로써 재무제표의 신뢰성을 제고하고 재무제표의 이용자가 회사에 관하여 올바른 판단을 할 수 있도록 함을 목적으로 한다"고 정의되어 있다.

기업은 영업을 수행하기 위해 채권자나 투자자로부터 자금을 조달해야 한다. 투자자나 채권자는 그 기업에 투자할지 또는 자금을 대여할지에 대한 의사결정을 하기 위해 그 기업의 재무상태와 경영성과 등을 알아야 한다. 따라서 기업의 재무상태와 경영성과 등을 보고하는 재무제표정보를 이용해야 하는데 기업의 재무제표는 기업의 경영진이 작성·보고한다. 경우에 따라서 기업의 경영진은 재무제표에 기업

2) 외부감사 중 회계감사는 일반적으로 중급회계의 학습범위가 아니지만 ① 재무제표의 작성, ② 작성된 재무제표의 작성기준에 대한 일치 정도의 평가 후 공시, 그리고 ③ 재무제표의 해석이라는 재무제표분석까지를 일련의 과정으로 보아 본서에서는 작성된 재무제표의 작성기준에 대한 일치 정도의 평가인 회계감사를 중급회계에 포함시켰다.

을 양호하게 평가할 수 있는 정보는 포함하고 기업을 좋지 않게 평가할 수 있는 정보는 제외하고 싶은 유인이 있다.

따라서 작성된 재무제표가 그러한 주관적인 기준이 아닌 객관적인 작성기준에 따라 작성되었는지를 확인하여야 하는데 앞에서 설명한 정보위험의 증가원인에 따라 쉽지 않을 것이다. 그러므로 그 기업에 대해 독립적인 감사인이 작성된 재무제표가 객관적인 작성기준에 따라 적정하게 표시되어 있다는 것을 확인하여 재무제표이용자가 기업에 대하여 올바른 판단을 할 수 있도록 해주는 것이 회계감사이다. 물론 투자나 자금대여를 한 후에도 그 기업의 재무상태와 경영성과를 확인하여야 하므로 재무제표를 계속적으로 이용하여야 할 것이다.

주식회사 등의 외부감사에 관한 법률(이하 '외감법'이라 함) 제4조(외부감사의 대상)에 따르면 직전 사업연도말의 자산총액이 120억원 이상인 주식회사 등 직전 사업연도말의 자산총액, 부채규모, 종업원수 또는 매출액 등 대통령령으로 정하는 기준에 해당하는 주식회사 및 유한회사는 재무제표를 작성하여 회사로부터 독립된 외부의 감사인에 의한 회계감사를 받아야 한다.

「외감법」에 의한 재무제표 감사 대상(「외감법」 제4조 제1항)

1. 주권상장법인
2. 해당 사업연도 또는 다음 사업연도 중에 주권상장법인이 되려는 회사
3. 그 밖에 직전 사업연도 말의 자산, 부채, 종업원수 또는 매출액 등 대통령령으로 정하는 기준에 해당하는 회사. 다만, 해당 회사가 유한회사인 경우에는 본문의 요건 외에 사원 수, 유한회사로 조직변경 후 기간 등을 고려하여 대통령령으로 정하는 기준에 해당하는 유한회사에 한정한다.

「외감법」에 의한 재무제표 감사 대상(「외감법 시행령」 제5조 제1항)

위 표의 3에서 "직전 사업연도 말의 자산, 부채, 종업원 수 또는 매출액 등 대통령령으로 정하는 기준에 해당하는 회사"란 다음 중 하나에 해당하는 회사를 말한다.

1. 직전 사업연도 말의 자산총액이 500억원 이상인 회사
2. 직전 사업연도의 매출액이 500억원 이상인 회사
3. 다음 각 목의 사항 중 2개 이상에 해당하는 회사
   가. 직전 사업연도 말의 자산총액이 120억원 이상
   나. 직전 사업연도 말의 부채총액이 70억원 이상
   다. 직전 사업연도의 매출액이 100억원 이상
   라. 직전 사업연도 말의 종업원이 100명 이상

2.2 회계감사의 한계

회계감사를 받은 기업의 재무제표에는 부정과 오류가 전혀 없으며 장래전망이 양호한 기업이라고 평가해도 될 것인가?

① 재무제표에 대한 감사인의 의견은 회사의 재무상태 또는 경영성과의 양호 여부를 평가하거나 장래전망을 보장하는 것이 아니다.

② 재무제표에 대한 감사인의 의견은 합리적인 확신 개념에 기초하고 있으므로 감사인은 부정이나 오류에 의한 중요한 왜곡표시가 감사과정에서 적발될 것임을 보장하지는 않는다. 감사인의 의견이 절대적인 확신이 아니라 합리적인 확신 개념일 수밖에 없는 원인은 다음과 같다.

㈎ 감사수행방법의 한계

㈏ 회계제도와 내부통제제도의 불확실성

㈐ 감사증거능력의 한계

㈑ 감사인 판단능력의 한계

제3절 감사인의 책임과 경영진의 책임

3.1 감사인의 책임

감사인의 책임은 감사대상 재무제표가 작성기준인 일반적으로 인정된 회계원칙(GAAP: Generally Accepted Accounting Principles)에 따라 작성되었는지를 회계감사기준에 따라 감사를 수행하고 감사의견을 표명하는 것이다. 이러한 감사인의 책임은 공인회계사회에서 자율적으로 규정한 자율적 책임과 관련 법규 및 감독기관의 강제하는 법률적 책임으로 구분해볼 수 있다.

3.1.1 법률적 책임

감사인의 책임을 법률에 규정한 이유는 감사인의 책임과 그 책임의 범위를 명확히 하기 위한 것이다.

(1) 감사의뢰인에 대한 책임

- 외감법 제31조(손해배상책임) ① 감사인이 그 임무를 게을리 하여 회사에 손해를 발생하게 한 경우에는 그 감사인은 회사에 대하여 손해를 배상할 책임이 있다.
- 민법 제390조(채무불이행과 손해배상) 채무자가 채무의 내용에 좇은 이행을 하지 아니한 때에는 채권자는 손해배상을 청구할 수 있다. 그러나 채무자의 고의나 과실없이 이행할 수 없게 된 때에는 그러하지 아니하다.

(2) 감사보고서 이용자에 대한 책임

- 민법 제750조(불법행위의 내용) 고의 또는 과실로 인한 위법행위로 타인에게 손해를 가한 자는 그 손해를 배상할 책임이 있다.
- 외감법 제31조(손해배상책임) ② 감사인이 중요한 사항에 관하여 감사보고서에 기재하지 아니하거나 거짓으로 기재를 함으로써 이를 믿고 이용한 제3자에게 손해를 발생하게 한 경우에는 그 감사인은 제3자에게 손해를 배상할 책임이 있다.
- 자본시장과 금융투자업에 관한 법률 제115조(회계감사인의 손해배상책임) ① 회계감사인은 제114조 제3항(신탁재산에 대한 회계감사[저자(주)])에 따른 회계감사의 결과 회계감사보고서 중 중요사항에 관하여 거짓의 기재 또는 표시가 있거나 중요사항이 기재 또는 표시되지 아니함으로써 이를 이용한 수익자에게 손해를 끼친 경우에는 그 수익자에 대하여 손해를 배상할 책임을 진다.
- 자본시장과 금융투자업에 관한 법률 제241조(회계감사인의 손해배상책임) ① 회계감사인은 제240조 제3항(투자신탁재산에 대한 회계감사[저자(주)])에 따른 회계감사의 결과 회계감사보고서 중 중요사항에 관하여 거짓의 기재 또는 표시가 있거나 중요사항이 기재 또는 표시되지 아니함으로써 이를 이용한 투자자에게 손해를 끼친 경우에는 그 투자자에 대하여 손해를 배상할 책임을 진다.

(3) 제도위반에 대한 형사적 책임

중요한 사항을 감사보고서에 미기재 또는 허위기재 등의 사유, 고의적 진실은폐 및 허위보고의 경우 징역 또는 벌금에 처하게 되어 있다.

3.1.2 자율적 책임

감사인은 공인회계사회에서 자율적으로 제정한 공인회계사 윤리기준에 따라 성실・객관성・전문가적 적격성과 정당한 주의・비밀유지・전문가적 품위라는 윤리강령을 준수하며, 이러한 윤리강령을 준수하는 것을 방해하는 이기적 위협・자기검토위협・변호위협・유착위협・압력위협을 파악하고 이를 수용가능한 수준 이하로 감소시키기 위한 제도적 안전장치를 강구하고 적절한 조치를 취하여야 한다.

3.2 경영진의 책임

경영진의 책임은 재무제표 작성책임으로써 경영진은 재무제표를 적정하게 작성할 책임을 진다. 경영진은 재무제표를 통하여 명시적 또는 묵시적인 기타 형태의 진술을 통해 다음 내용의 경영진 주장을 한다.

① 실재성: 자산이나 부채는 보고기간말 등 주어진 특정 일자 현재 존재한다.

② 권리와 의무: 자산이나 부채는 보고기간말 등 주어진 특정 일자 현재 회사에 귀속된다.

④ 발생사실: 거래나 사건은 회계기간 중 회사에서 실제로 발생하였다.

④ 완전성: 재무제표에 기록되지 않은 자산, 부채, 거래나 사건 혹은 공시되지 않은 항목은 존재하지 않는다.

⑤ 평가와 배분: 자산이나 부채는 적합한 금액으로 재무제표에 계상되어 있으며, 평가나 배분의 결과는 적합하게 기록되어 있다.

⑥ 기간귀속: 거래와 사건은 해당 보고기간에 기록되어 있다.

⑦ 정확성: 거래와 사건은 공정하고 적합하게 기록되어 있다.

⑧ 분류와 이해가능성: 재무정보는 적절하게 표시되고 기술되어 있으며, 공시는 명확하게 표현되어 있다.

제4절 감사증거

감사인은 감사대상 재무제표가 회사의 재무상태와 경영성과 및 기타 재무정보를 일반적으로 인정된 회계처리기준에 따라 중요성의 관점에서 적정하게 표시하고 있는지에 대한 감사증거를 수집하여야 한다.

감사증거란 감사인이 회사의 재무상태와 경영성과의 적정성 여부를 평가하고 의견을 형성하는 근거가 된다. 또한 감사인은 감사의견 형성의 기초가 될 합리적인 감사결론을 도출할 수 있도록 충분하고 적합한 감사증거를 확보하여야 한다.

4.1 감사증거의 유형

(1) 형태별 분류

① 물리적 증거: 감사인은 수량 및 물리적 상태를 검사함으로써 자산의 실재성에 관한 증거를 수집한다.

② 문서적 증거: 감사인이 거래에 대한 검증을 하기 위해 수표, 송장, 계약서 등 당해 거래와 관련된 문서를 수집하는 것을 말한다.

③ 구두적 증거: 회사의 경영자 또는 담당직원에 의한 확인으로 신뢰성을 보완하기 위해 반드시 감사조서에 기록하여 문서화하고 경영자에게 그 내용에 대한 확인절차를 거치도록 한다.

④ 상황적 증거: 감사인이 수집한 감사자료들 간의 관계를 비교·검토하거나 상관관계의 분석을 통해 어떤 사실을 추론하는 것이다.

(2) 원천별 분류

① 내부증거: 감사대상회사 내부의 회계기록에서 구할 수 있는 증거자료이므로 수집이 용이하지만 신뢰성이 외부증거보다 약하다.

② 외부증거: 조회서나 타전문가의 증명서 등 감사대상회사 외부에서 구하는 증거자료이다.

4.2 감사증거의 질과 양

감사인은 내부통제의 시사와 입증절차로부터 수집된 감사증거가 각각 통제위험 평가와 재무제표의 경영자주장의 근거로서 충분하고 적합한지 고려하여야 한다.

(1) 감사증거의 충분성

감사증거의 충분성은 감사증거의 양에 대한 척도이며 감사증거량의 결정요인으로 감사위험(회계제도와 내부통제제도의 성격 및 통제위험의 평가수준, 재무제표전반 혹은 계정잔액이나 거래의 수준에서의 고유위험)과 감사대상항목의 중요성을 들 수 있다.

(2) 감사증거의 적합성

감사증거의 적합성은 감사증거의 질, 특정 경영자 주장에 대한 관련성 및 신뢰성에 대한 척도이다. 감사증거의 신뢰성이 영향을 받는 상황은 다음과 같다.

① 감사증거의 수집원천(내부, 외부)
② 내부 생성 감사증거의 경우 회계제도와 내부통제제도의 유효성
③ 직접 수집한 감사인의 감사증거

감사인은 충분하고 적합한 감사증거를 수집하기 위하여 다음과 같은 감사증거 입수를 위한 감사절차를 수행한다.

① 조사(검사): 내·외부의 소재를 떠나 종이나 전자 또는 기타 매체 형태의 기록이나 문서에 대한 조사, 그리고 자산에 대한 실물조사로 이루어진다.
② 관찰: 타인이 수행하는 과정이나 절차를 육안으로 보는 것이다.
④ 외부확인(외부조회): 문서나 전자형태 또는 기타 형태의 매체에 의해 제3자(확인당사자)가 감사인에게 직접 회신함으로써 감사인에게 입수되는 감사증거를 말한다.
⑤ 재계산: 문서나 기록의 산술적 정확성을 점검하는 것이다.
⑥ 재수행: 원래 내부통제의 일부로서 수행되었던 절차와 통제를 감사인이 독립적으로 실행하는 것을 말한다.
⑦ 분석적 절차: 재무데이터와 비재무데이터 간의 개연적인 관계 등을 연구함으

로써 재무정보를 평가하는 것을 말한다.

⑧ 질문: 기업의 내부 또는 외부의 재무나 비재무 분야의 관련지식이 있는 자로부터 정보를 구하는 것을 말한다.

감사인은 감사의견의 토대가 되며 감사가 회계감사기준에 의거하여 수행되었음을 입증하는 증거로서 중요한 사항에 대하여는 이를 문서화하여야 하는데 이를 감사조서라고 한다.

제5절 중요성과 감사위험

5.1 중요성

누락 등 왜곡표시가 개별적으로 또는 집합적으로 재무제표에 기초한 이용자의 경제적 의사결정에 영향을 미칠 것으로 합리적으로 예상될 수 있는 경우 중요하다고 간주한다. 이러한 중요성의 개념은 감사인이 감사를 계획하고 수행할 때, 식별된 왜곡표시가 감사에 미치는 영향과 미수정된 왜곡표시가 있는 경우 재무제표에 미치는 영향을 평가할 때, 그리고 감사보고서에 표명할 의견을 형성할 때 적용된다.

5.2 감사위험

감사위험이란 재무제표가 중요하게 왜곡표시되어 있을 경우에 감사인이 부적합한 감사의견을 표명할 위험으로 중요한 왜곡표시위험과 적발위험의 함수이다.

감사위험＝중요한 왜곡표시위험×적발위험

위 식에서 중요한 왜곡표시위험은 다음의 두 가지 수준에서 존재할 수 있다.

① 전체 재무제표 수준
② 거래유형과 계정잔액 및 공시에 대한 경영진주장 수준

이러한 경영진주장 수준의 중요한 왜곡표시위험은 고유위험과 통제위험 두 가지로 구성된다. 이러한 고유위험과 통제위험은 기업측의 위험으로서 재무제표감사와 독립적으로 존재한다. 고유위험이란 특정 거래유형과 계정잔액의 고유한 왜곡표시 가능성이고 통제위험은 재무제표 작성과 관련된 기업의 목적달성에 위협이 되는 것으로, 식별된 위험에 대처하기 위해 경영진이 설계·실행·유지하는 내부통제 효과성과 관련된 위험이다.

감사위험 = 중요한 왜곡표시위험 × 적발위험
= (고유위험 × 통제위험) × 적발위험

적발위험은 감사위험을 수용가능한 낮은 수준으로 감소시키기 위하여 감사인이 수행하는 절차가 개별적으로 또는 다른 왜곡표시와 합칠 경우 중요한 왜곡표시를 발견하지 못할 위험이다. 따라서 적발위험은 감사절차와 그 적용에 대한 효과성의 함수이다. 주어진 수준의 감사위험에서 감사인이 수용가능한 적발위험의 수준은 경영진의 주장 수준의 중요한 왜곡표시의 평가된 위험과 역의 관계에 있다. 예를 들어, 중요한 왜곡표시가 존재할 위험이 보다 크다고 감사인이 믿을수록 수용가능한 적발위험은 더 작아야 하며 감사인은 보다 설득력 있는 감사증거를 필요로 한다.

제6절 감사절차

6.1 감사계약의 체결

① 감사대상회사에 대한 평가에 따른 감사수임 여부의 결정
② 감사계약의 체결: 공인회계사 윤리규정 등의 고려

6.1.1 감사계약 체결 및 보고

외감법 제4조에 따라 감사대상회사는 매 사업연도 개시일로부터 45일 이내(자산 2조원 이상인 상장법인과 금융회사는 사업연도 개시전)에 감사인을 선임하고, 감사계약체결일로부터 2주 이내에 증권선물위원회에 보고하여야 한다. 또한 감사인은 법정선임기한 종료 후 14일 이내에 공인회계사회에 감사계약의 체결을 보고한다.

6.1.2 감사계약서에 포함될 내용

감사계약서의 형식과 내용은 상황에 따라 다를 수 있으나 일반적으로 감사계약서에 포함될 내용은 다음과 같다.

① 재무제표감사의 목적
② 재무제표에 대한 회사 경영자의 책임
③ 감사범위(감사인이 준거해야 할 관련법규, 기준 및 관련규정)
④ 감사보고서의 형식
⑤ 감사위험의 존재와 감사인의 책임한계 문제. 즉 회사의 회계제도와 내부통제제도의 고유한계, 감사인이 수행하는 시사의 성격 등에 따라 회사의 재무제표상 중요한 왜곡표시가 발견되지 않을 수 있는 불가피한 위험이 존재한다는 사실
⑥ 감사의 수행에 필요한 관련기록, 문서 및 정보 등에 대한 제한 없는 접근과 열람

상기 사항 이외에 감사계획을 위한 준비, 경영자확인서의 징구사실 및 추가적인 합의사항을 감사계약서에 포함할 수 있다.

6.2 감사절차의 적용

6.2.1 감사계획의 수립

감사인은 사업에 대한 이해를 통해 전반감사계획을 수립하고, 이러한 전반감사계획을 구체적으로 수행하기 위하여 감사절차의 성격, 시기 및 범위 등 세부감사계획을 수립하고 이를 문서화하여야 한다.

6.2.2 내부통제제도의 평가

내부통제제도란 경영자가 사업의 목적을 달성하기 위해 채택한 모든 정책과 절차(내부통제)를 말하며 재무보고의 신뢰성, 경영의 효과성 및 효율성, 그리고 관련 법규의 준수에 관련된 기업의 목적달성에 관한 합리적 확신을 제공할 목적으로 지배기구, 경영진 및 기타의 인원에 의해 설계 · 실행 · 유지되고 있는 절차를 말한다.

감사인은 기업의 내부통제제도의 효과성을 평가하여 감사대상회사의 통제위험을 평가하고 감사위험을 수용가능한 수준 이하로 낮추기 위한 입증절차의 성격, 시기 및 범위를 결정할 때 고유위험과 통제위험의 평가수준을 고려하여야 한다.

또한 감사인은 감사에 소요되는 시간과 비용을 절약할 수 있도록 기업이 설계 · 운용하고 있는 내부통제의 효과성을 평가하여 왜곡표시위험을 예측한 후 왜곡표시위험이 큰 계정잔액과 거래유형에는 실증절차에 많은 시간과 비용을 집중하고 왜곡표시위험이 적은 계정잔액과 거래유형에는 시간과 비용을 적게 투입함으로써 감사의 효율성을 높이고자 한다.

6.2.3 계정잔액의 입증절차

감사인은 중요한 거래와 계정잔액에 대하여 내부통제상의 고유위험과 통제위험의 평가수준과 무관하게 일정수준의 입증절차를 수행하여야 한다. 재무제표감사에 있어 고유위험과 통제위험에 대한 평가는 감사인의 판단에 의한 것이며, 내부통제의 시사가 비효율적으로 수행될 경우 감사인은 중요한 왜곡표시위험을 모두 파악하지 못할 수 있다. 또한 회사의 내부통제는 경영자에 의한 무시 등 내재적 한계가 존재한다. 따라서 감사인은 중요한 거래와 계정잔액에 대한 내부통제 시사의 수행만으로 중요한 왜곡표시위험을 수용가능한 수준 이하로 감소시킬 수 있다 하더라도 중요한 거래와 계정잔액에 대하여는 항상 입증절차를 수행하여야 한다.

중요한 거래와 계정잔액에 대한 일정수준의 입증절차는 동 거래와 계정잔액의 중요한 경영자주장에 대하여 일반적으로 예상되는 감사절차를 수행하는 것을 말한다. 감사인은 이러한 유의적 경영자주장에 대하여 실물자산이나 문서의 검사, 관찰, 질문과 조회, 계산 및 분석적 절차 등 적합하다고 판단되는 하나 이상의 절차를 적용하여 감사증거를 입수한다. 계정잔액 입증절차의 예를 들면 다음과 같다.[3]

(1) 실증적 분석 절차

감사인은 재무자료와 비재무 자료를 이용하여 비율 분석과 추세 분석, 상관관계 분석 등의 실증적 분석을 수행한다. 이 과정에서 경영자는 다음의 자료를 준비한다.

과거 2~3개년의 재무제표, 예산 자료

(2) 금융자산과 재고자산 실사(입회)

금융자산과 재고자산의 실재성을 확인하기 위하여 감사인은 실사 입회하거나 실물을 확인한다. 경영자는 감사인의 금융자산 실사를 준비하기 위해 다음과 같은 자료를 준비한다.

현금실사표, 은행계정조정표(어음, 수표) 발행대장, 수탁통장, 미사용 어음, 수표용지, 폐기어음 사본

3) 출처: 교육부(2021), 회계감사(0203020107_17v3), 한국직업능력개발원

또 재고자산 실사를 위해서는 다음과 같은 자료를 준비한다.

재고자산 실사지침(실사계획), 재고자산명세서, 재고조사표

(3) 외부조회 및 기타 세부 테스트(채권채무조회서, 채권채무명세서)

외부조회란 감사인이 제3자(확인당사자 또는 조회처)로부터 종이, 전자문서 및 기타 매체를 통해 직접적인 서면 회신으로 입수한 감사 증거를 말한다. 외부조회를 이용할 수 있는 감사 대상은 금융기관의 예금잔액, 어음, 수표, 차입금 정보, 매출채권과 매입채무 잔액 및 조건 정보, 진행 중인 소송사건, 제3자가 보관 중인 재고자산, 보관유가증권에 대한 정보 등이다. 감사인은 조회처 선정과 발송, 회수 및 결과 평가를 모두 직접 수행함으로써 외부조회 절차 전 과정을 적절히 통제한다. 조회서 작성 역시 감사인이 직접 하는 것이 원칙이나 감사의 효율성을 위해 일반적으로 감사대상 회사가 작성하여 감사인에게 전달하면 감사인이 그 내용을 확인하고 직접 발송한다. 따라서 경영자는 외부조회 과정에 대비하여 다음과 같은 자료를 준비하여야 한다.

각 외부조회 대상 명세서, 작성된 외부 조회서

또 감사인은 평가된 중요한 왜곡표시위험에 기초하여 거래 유형별로 세부 테스트를 수행한다. 주요 거래 유형별 세부 테스트에 필요한 자료의 예는 다음과 같다.

사례 22-2 주요 거래유형별 관련자료

(1) 매출과 대금회수 활동

활동내용	담당부서	관련서류
① 주문접수, 판매지시	영업부서	고객주문서, 판매지시서
② 신용조사, 거래승인	신용조사부서	신용조사철
③ 제품출고	창고부서	재고수불부

④ 제품운송	선적부서	출고지시서, 고객인수증
⑤ 판매대금청구	대금청구부서	세금계산서, 거래명세표
⑥ 매출회계 기록	회계부서	매출분개장, 매출처원장
⑦ 판매대금 회수, 예금	자금부서	입금표, 수입일계표, 은행예금표,
⑧ 대금회수 회계기록	회계부서	매출처원장
⑨ 채권관리	채권관리부서	월별거래명세서

(2) 매입과 대금지급 활동

활동내용	담당부서	관련서류
① 구매요청	생산부서	구매요청서
② 구매주문	구매부서	구매주문서
③ 검수	검수부서	검수보고서
④ 입고	창고부서	재고수불부
⑤ 지급결의	지급결의부서	지급결의서, 세금계산서
⑥ 매입회계기록	회계부서	매입분개장, 매입처원장
⑦ 어음·수표 작성·교부	자금부서	어음, 수표, 발행대장, 지급결의서
⑧ 대금지급 회계기록	회계부서	매입처원장
⑨ 채권관리	채권관리부서	월별거래명세서

(3) 급여와 인사 활동

활동내용	담당부서	관련서류
① 종업원의 채용	인사부서	승인된 직무기술서, 근로계약서
② 급여(공제)액, 퇴직의 승인	인사부서	인사기록카드, 급여 및 제반 공제액 신청서
③ 작업시간 기록	근무기록부서	작업시간카드, 근무기록표
④ 급여계산과 승인	급여계산부서	작업시간카드, 급여대장, 급여집계표
⑤ 급여지급	급여지급부서	급여대장, 급여명세서, 급여이체지시서, 원천징수보고서
⑥ 급여의 회계기록	회계부서	급여집계표, 관련원장

※ 출처: 교육부(2021), 회계감사(0203020107_17v3), 한국직업능력개발원

6.3 감사절차의 종료

6.3.1 보고기간말 이후 발생한 후속사건의 검토

후속사건이란 재무제표일과 감사보고서일 사이에 발생한 사건 및 감사보고서일 후 감사인이 알게 된 사실을 의미한다. 재무제표는 재무제표일 후 발생한 사건에 의하여 영향을 받을 수 있다. 감사인의 입장에서 후속사건은 다음의 세 가지 유형으로 분류할 수 있다.

① 재무제표일과 감사보고서일 사이에 발생한 사건: 감사인은 감사보고서일까지 감사절차의 수행책임이 있다. 따라서 이 기간의 후속사건에 대하여 필요한 감사절차를 수행함으로써 재무제표의 수정이나 공시가 필요한 사건을 식별한 경우에는, 그러한 사건이 해당 재무보고체계에 따라 재무제표에 적합하게 반영되었는지 여부를 결정하여야 한다.

② 감사보고서일 후 재무제표발행일 전에 알게 된 사실: 감사인은 감사보고서일 후에는 재무제표와 관련하여 어떠한 감사절차도 수행할 의무가 없다. 그러나 감사인이 감사보고서일에 알았더라면 보고서를 수정할 원인이 될 수도 있었던 사실을 감사보고서일 후에 알게 된 경우 감사인은 경영진과 이 사실을 토의하고 재무제표의 수정이 필요한지 여부를 결정하여 수정이 필요한 경우 경영진이 어떻게 반영할 것인지를 확인하여 적절한 절차를 수행한다.

③ 재무제표가 발행된 후 감사인이 알게 된 사실: 재무제표가 발행된 후에는 감사인은 재무제표와 관련하여 어떠한 감사절차도 수행할 의무가 없다. 그러나 감사보고서일에 감사인에게 알려졌을 경우 동 감사보고서를 수정할 원인이 될 수도 있었던 사실을 재무제표의 발행일 후에 알게 된 경우 감사인은 경영진과 이 사실을 토의하고 재무제표의 수정이 필요한지 여부를 결정하여 수정이 필요한 경우 경영진이 어떻게 반영할 것인지를 확인하여 적절한 절차를 수행한다.

6.3.2 감사조서의 검토

감사인의 주관적인 편의(偏倚 bias)를 제거하고 감사품질 수준의 유지 등을 위해 감사조서를 감사수행자가 아닌 제3자가 검토하여 최종결론의 타당성, 감사위험과 중요성의 달성수준 및 수집한 감사증거의 충분성을 확인한다.

6.3.3 감사결과의 종합 및 감사의견보고: 분석적 절차 수행

감사인은 입수한 감사증거로부터 도출된 결론의 평가에 기초하여 재무제표에 대한 의견을 형성하며, 의견의 근거에 대한 기술을 포함하는 서면보고서(감사보고서)를 통하여 의견을 명확하게 표명하여야 한다.

감사의견의 종류는 적정의견, 한정의견, 부적정의견 및 의견거절이 있다.

① 적정의견: 적정의견이란 감사인이 재무제표가 중요성의 관점에서 해당 재무보고체계에 따라 작성되었다고 결론을 내릴 경우에 표명되는 의견이다.

② 한정의견: 한정의견이란 다음 ㈎ 또는 ㈏의 경우에 표명한다.

㈎ 감사인이 충분하고 적합한 감사증거를 입수한 결과, 왜곡표시가 재무제표에 개별적으로 또는 집합적으로 중요하나 전반적이지는 않다고 결론을 내리는 경우

㈏ 감사인이 감사의견의 근거가 되는 충분하고 적합한 감사증거를 입수할 수 없었지만 발견되지 아니한 왜곡표시가 재무제표에 미칠 수 있는 영향이 중요할 수는 있으나 전반적이지는 않을 것으로 결론내리는 경우

③ 부적정의견: 부적정의견이란 감사인이 충분하고 적합한 감사증거를 입수한 결과 왜곡표시가 재무제표에 개별적으로 또는 집합적으로 중요하며 동시에 전반적이라고 결론을 내리는 경우에 표명한다.

④ 의견거절: 의견거절은 다음 ㈎ 또는 ㈏의 경우에 표명한다.

㈎ 감사인이 감사의견의 근거가 되는 충분하고 적합한 감사증거를 입수할 수 없으며, 발견되지 아니한 왜곡표시가 있을 경우 이것이 재무제표에 미칠 수 있는 영향이 중요하고 동시에 전반적일 수 있다고 결론내리는 경우

㈏ 다수의 불확실성이 관련되어 불확실성 사이의 잠재적 상호작용과 각각의 불확실성이 재무제표에 미칠 수 있는 영향으로 인하여 재무제표에 대한 의견을 형성하는 것이 가능하지 않다고 결론내리는 경우

사례 22-3 적정의견 감사보고서

독립된 감사인의 감사보고서

ABC주식회사
주주 및 이사회 귀중

감사의견
우리는 ABC주식회사의 재무제표를 감사하였습니다. 해당 재무제표는 20×1년 12월 31일 현재의 재무상태표, 동일로 종료되는 보고기간의 손익계산서(또는 포괄손익계산서), 자본변동표 및 현금흐름표 그리고 유의적 회계정책에 대한 요약을 포함한 재무제표의 주석으로 구성되어 있습니다.

우리의 의견으로는 별첨된 회사의 재무제표는 회사의 20×1년 12월 31일 현재의 재무상태와 동일로 종료되는 보고기간의 재무성과 및 현금흐름을 한국채택국제회계기준에 따라, 중요성의 관점에서 공정하게 표시하고 있습니다.

감사의견근거
우리는 대한민국의 회계감사기준에 따라 감사를 수행하였습니다. 이 기준에 따른 우리의 책임은 이 감사보고서의 재무제표감사에 대한 감사인의 책임 단락에 기술되어 있습니다. 우리는 재무제표감사와 관련된 대한민국의 윤리적 요구사항에 따라 회사로부터 독립적이며, 그러한 요구사항에 따른 기타의 윤리적 책임들을 이행하였습니다. 우리가 입수한 감사증거가 감사의견을 위한 근거로서 충분하고 적합하다고 우리는 믿습니다.

핵심감사사항
핵심감사사항은 우리의 전문가적 판단에 따라 당기 재무제표감사에서 가장 유의적인 사항들입니다. 해당 사항들은 재무제표 전체에 대한 감사의 관점에서 우리의 의견형성 시 다루어졌으며, 우리는 이런 사항에 대하여 별도의 의견을 제공하지는 않습니다.

[감사기준서 701에 따른 핵심감사사항 각각에 대한 기술]

(핵심감사사항 1)
[재무제표의 관련 공시에 대한 언급, 해당 사항이 핵심감사사항으로 결정된 이유, 해당 사항이 감사에서 다루어진 방법]

(핵심감사사항 2)
[재무제표의 관련 공시에 대한 언급, 해당 사항이 핵심감사사항으로 결정된 이유, 해당 사항이 감사에서 다루어진 방법]

재무제표에 대한 경영진과 지배기구의 책임

경영진은 한국채택국제회계기준에 따라 이 재무제표를 작성하고 공정하게 표시할 책임이 있으며, 부정이나 오류로 인한 중요한 왜곡표시가 없는 재무제표를 작성하는 데 필요하다고 결정한 내부통제에 대해서도 책임이 있습니다.

경영진은 재무제표를 작성할 때 회사의 계속기업으로서의 존속능력을 평가하고 해당되는 경우 계속기업 관련 사항을 공시할 책임이 있습니다. 그리고 경영진이 기업을 청산하거나 영업을 중단할 의도가 없는 한 회계의 계속기업전제의 사용에 대해서도 책임이 있습니다.

지배기구는 회사의 재무보고절차의 감시에 대한 책임이 있습니다.

재무제표감사에 대한 감사인의 책임

우리의 목적은 회사의 재무제표에 전체적으로 부정이나 오류로 인한 중요한 왜곡표시가 없는지에 대하여 합리적인 확신을 얻어 우리의 의견이 포함된 감사보고서를 발행하는 데 있습니다. 합리적인 확신은 높은 수준의 확신을 의미하나, 감사기준에 따라 수행된 감사가 항상 중요한 왜곡표시를 발견한다는 것을 보장하지는 않습니다. 왜곡표시는 부정이나 오류로부터 발생할 수 있으며, 왜곡표시가 재무제표를 근거로 하는 이용자의 경제적 의사결정에 개별적으로 또는 집합적으로 영향을 미칠 것이 합리적으로 예상되면 그 왜곡표시는 중요하다고 간주됩니다.

[보론]

감사기준에 따른 감사의 일부로서 우리는 감사의 전 과정에 걸쳐 전문가적 판단을 수행하고 전문가적 의구심을 유지하고 있습니다. 우리는 또한:

- 부정이나 오류로 인한 재무제표의 중요왜곡표시위험을 식별하고 평가하며 그러한 위험에 대응하는 감사절차를 설계하고 수행합니다. 그리고 감사의견의 근거로서 충분하고 적합한 감사증거를 입수합니다. 부정은 공모, 위조, 의도적인 누락, 허위진술 또는 내부통제 무력화가 개입될 수 있기 때문에 부정으로 인한 중요한 왜곡표시를 발견하지 못할 위험은 오류로 인한 위험보다 큽니다.
- 상황에 적합한 감사절차를 설계하기 위하여 감사와 관련된 내부통제를 이해합니다. 그러나 이는 내부통제의 효과성에 대한 의견을 표명하기 위한 것이 아닙니다.
- 재무제표를 작성하기 위하여 경영진이 적용한 회계정책의 적합성과 경영진이 도출한 회계추정치와 관련 공시의 합리성에 대하여 평가합니다.
- 경영진이 사용한 회계의 계속기업전제의 적절성과 입수한 감사증거를 근거로 계속기업으로서의 존속능력에 대하여 유의적 의문을 초래할 수 있는 사건이나 상황과 관련된 중요한 불확실성이 존재하는지 여부에 대하여 결론을 내립니다. 중요한 불확실성이 존재한다고 결론을 내리는 경우, 우리는 재무제표의 관련 공시에 대하여 감사보고

서에 주의를 환기시키고, 이들 공시가 부적절한 경우 의견을 변형시킬 것을 요구받고 있습니다. 우리의 결론은 감사보고서일까지 입수된 감사증거에 기초하나 미래의 사건이나 상황이 회사의 계속기업으로서 존속을 중단시킬 수 있습니다.

- 공시를 포함한 재무제표의 전반적인 표시와 구조 및 내용을 평가하고 재무제표의 기초가 되는 거래와 사건을 재무제표가 공정한 방식으로 표시하고 있는지 여부를 평가합니다.

우리는 여러 가지 사항들 중에서 계획된 감사범위와 시기 그리고 감사 중 식별된 유의적 내부통제 미비점 등 유의적인 감사의 발견사항에 대하여 지배기구와 커뮤니케이션합니다.

또한, 우리는 독립성 관련 윤리적 요구사항들을 준수하고, 우리의 독립성 문제와 관련된다고 판단되는 모든 관계와 기타사항들 및 해당되는 경우 관련 제도적 안전장치를 지배기구와 커뮤니케이션한다는 진술을 지배기구에게 제공합니다.

우리는 지배기구와 커뮤니케이션한 사항들 중에서 당기 재무제표감사에서 가장 유의적인 사항들을 핵심감사사항으로 결정합니다. 법규에서 해당 사항에 대하여 공개적인 공시를 배제하거나, 극히 드문 상황으로 우리가 감사보고서에 해당 사항을 기술함으로 인한 부정적 결과가 해당 커뮤니케이션에 따른 공익적 효익을 초과할 것으로 합리적으로 예상되어 해당 사항을 감사보고서에 커뮤니케이션해서는 안 된다고 결론을 내리는 경우가 아닌 한, 우리는 감사보고서에 이러한 사항들을 기술합니다.

기타 법규의 요구사항에 대한 보고

[감사보고서에서 이 문단의 형태와 내용은 감사인의 기타의 보고책임에 대한 성격에 따라 달라짐]

이 감사보고서의 근거가 된 감사를 실시한 업무수행이사는 OOO 입니다.

서울특별시 ××구 ××로 ×××
× × 회 계 법 인
대표이사 × × × (인)
20×2년 ×월 ×일

이 감사보고서는 감사보고서일 현재로 유효한 것입니다. 따라서 감사보고서일 후 이 보고서를 열람하는 시점 사이에 첨부된 회사의 재무제표에 중요한 영향을 미칠 수 있는 사건이나 상황이 발생할 수도 있으며 이로 인하여 이 감사보고서가 수정될 수도 있습니다.

사례 22-4 한정의견 감사보고서

1. 재무제표의 왜곡표시가 중요하지만 전반적이지 않은 경우

독립된 감사인의 감사보고서

ABC주식회사
주주 및 이사회 귀중

한정의견

우리는 ABC주식회사(이하 '회사')의 재무제표를 감사하였습니다. 해당 재무제표는 20×1년 12월 31일 현재의 재무상태표, 동일로 종료되는 보고기간의 손익계산서(또는 포괄손익계산서), 자본변동표, 현금흐름표 그리고 유의적인 회계정책의 요약을 포함한 재무제표의 주석으로 구성되어 있습니다.

우리의 의견으로는 별첨된 회사의 재무제표는 이 감사보고서의 한정의견근거 단락에 기술된 사항이 미치는 영향을 제외하고는 회사의 20×1년 12월 31일 현재의 재무상태와 동일로 종료되는 보고기간의 재무성과 및 현금흐름을 한국채택국제회계기준에 따라 중요성의 관점에서 공정하게 표시하고 있습니다.

한정의견근거

ABC주식회사의 재무상태표에는 재고자산이 ×××원으로 계상되어 있습니다. 경영진은 재고자산을 취득원가와 순실현가능가치 중 낮은 금액으로 표시하지 아니하고 취득원가로만 계상하였습니다. 이러한 회계처리는 한국채택국제회계기준에 위배된 것입니다. 회사의 기록에 따르면 만약 경영진이 취득원가와 순실현가능가치 중 낮은 금액으로 재고자산을 계상하였을 경우 재고자산은 ×××원만큼 감액되어 순실현가능가치로 계상되었어야 합니다. 따라서 매출원가는 ×××원만큼 증가되고 법인세비용과 당기순이익 그리고 자본은 각각 ×××원, ×××원 및 ×××원만큼씩 감소되었을 것입니다.

우리는 감사기준에 따라 감사를 수행하였습니다. 이 기준에 따른 우리의 책임은 이 감사보고서의 재무제표감사에 대한 감사인의 책임 단락에 기술되어 있습니다. 우리는 재무제표 감사와 관련된 대한민국의 윤리적 요구사항에 따라 회사로부터 독립적이며 그러한 요구사항에 따른 기타의 윤리적 책임들을 이행하였습니다. 우리가 입수한 감사증거가 한정의견을 위한 근거로서 충분하고 적합하다고 우리는 믿습니다.

핵심감사사항

핵심감사사항은 우리의 전문가적 판단에 따라 당기 재무제표감사에서 가장 유의적인 사항들입니다. 해당 사항들은 재무제표 전체에 대한 감사의 관점에서 우리의 의견형성

시 다루어졌으며, 우리는 이런 사항에 대하여 별도의 의견을 제공하지는 않습니다. 우리는 한정의견근거 단락에 기술된 사항에 추가하여, 아래에 기술된 사항을 이 감사보고서에서 커뮤니케이션할 핵심감사사항으로 결정하였습니다.
[감사기준서 701에 따른 핵심감사사항 각각에 대한 기술]

(핵심감사사항 1)
[재무제표의 관련 공시에 대한 언급, 해당 사항이 핵심감사사항으로 결정된 이유, 해당 사항이 감사에서 다루어진 방법]

(핵심감사사항 2)
[재무제표의 관련 공시에 대한 언급, 해당 사항이 핵심감사사항으로 결정된 이유, 해당 사항이 감사에서 다루어진 방법]

재무제표에 대한 경영진과 지배기구의 책임
[사례 22-3 참고]

재무제표감사에 대한 감사인의 책임
[사례 22-3 참고]

기타 법규의 요구사항에 대한 보고
[사례 22-3 참고]

이 감사보고서의 근거가 된 감사를 실시한 업무수행이사는 OOO입니다.

서울특별시 ××구 ××로 ×××
× × 회 계 법 인
대표이사 × × × (인)
20×2년 ×월 ×일

이 감사보고서는 감사보고서일 현재로 유효한 것입니다. 따라서 감사보고서일 후 이 보고서를 열람하는 시점 사이에 첨부된 회사의 재무제표에 중요한 영향을 미칠 수 있는 사건이나 상황이 발생할 수도 있으며 이로 인하여 이 감사보고서가 수정될 수도 있습니다.

2. 충분하고 적합한 감사증거를 입수하지 못한 경우

독립된 감사인의 감사보고서

ABC주식회사
주주 및 이사회 귀중

한정의견

우리는 ABC주식회사(이하 '회사')의 재무제표를 감사하였습니다. 해당 재무제표는 20×1년 12월 31일 현재의 재무상태표, 동일로 종료되는 보고기간의 손익계산서(또는 포괄손익계산서), 자본변동표, 현금흐름표 그리고 유의적인 회계정책의 요약을 포함한 재무제표의 주석으로 구성되어 있습니다.

우리의 의견으로는 별첨된 회사의 재무제표는 이 감사보고서의 한정의견근거 단락에 기술된 사항이 미치는 영향을 제외하고는 회사의 20×1년 12월 31일 현재의 재무상태와 동일로 종료되는 보고기간의 재무성과 및 현금흐름을 한국채택국제회계기준에 따라 중요성의 관점에서 공정하게 표시하고 있습니다.

한정의견근거

회사는 기중에 취득한 해외관계기업 XYZ에 대한 투자에 대하여 지분법으로 회계처리하고 20×1년 12월 31일 현재 재무상태표에 ×××원을 계상하고 있습니다. XYZ의 당기순이익 중 ABC주식회사의 지분에 해당되는 금액은 ABC주식회사의 동일로 종료되는 보고기간의 당기순이익에 포함되어 있습니다. 우리는 해외관계기업 XYZ의 재무정보, 경영진 및 감사인에 대한 접근이 거절되어 20×1년 12월 31일 현재 ABC주식회사가 XYZ에 대한 투자에 대하여 재무상태표에 계상한 금액, 그리고 XYZ의 당기순이익 중 ABC주식회사의 지분에 해당되는 금액에 대하여 충분하고 적합한 감사증거를 입수할 수 없었습니다. 따라서 우리는 회사가 계상한 금액에 대하여 수정이 필요한지 여부를 결정할 수 없었습니다.

우리는 감사기준에 따라 감사를 수행하였습니다. 이 기준에 따른 우리의 책임은 이 감사보고서의 재무제표감사에 대한 감사인의 책임 단락에 기술되어 있습니다. 우리는 재무제표 감사와 관련된 대한민국의 윤리적 요구사항에 따라 회사로부터 독립적이며 그러한 요구사항에 따른 기타의 책임들을 이행하였습니다. 우리가 입수한 감사증거가 한정의견을 위한 근거로서 충분하고 적합하다고 우리는 믿습니다.

핵심감사사항

핵심감사사항은 우리의 전문가적 판단에 따라 당기 재무제표감사에서 가장 유의적인 사항들입니다. 해당 사항들은 재무제표 전체에 대한 감사의 관점에서 우리의 의견형성 시 다루어졌으며, 우리는 이런 사항에 대하여 별도의 의견을 제공하지는 않습니다. 우리는 한정의견근거 단락에 기술된 사항에 추가하여, 아래에 기술된 사항을 이 감사보고서에서 커뮤니케이션할 핵심감사사항으로 결정하였습니다.

[감사기준서 701에 따른 핵심감사사항 각각에 대한 기술]

(핵심감사사항 1)
[재무제표의 관련 공시에 대한 언급, 해당 사항이 핵심감사사항으로 결정된 이유, 해당 사항이 감사에서 다루어진 방법]

(핵심감사사항 2)
[재무제표의 관련 공시에 대한 언급, 해당 사항이 핵심감사사항으로 결정된 이유, 해당 사항이 감사에서 다루어진 방법]

재무제표에 대한 경영진과 지배기구의 책임
[사례 22-3 참고]

재무제표감사에 대한 감사인의 책임
[사례 22-3 참고]

기타 법규의 요구사항에 대한 보고
[사례 22-3 참고]

이 감사보고서의 근거가 된 감사를 실시한 업무수행이사는 OOO입니다.

서울특별시 ××구 ××로 ×××
× × 회 계 법 인
대표이사 × × × (인)
20×2년 ×월 ×일

이 감사보고서는 감사보고서일 현재로 유효한 것입니다. 따라서 감사보고서일 후 이 보고서를 열람하는 시점 사이에 첨부된 회사의 재무제표에 중요한 영향을 미칠 수 있는 사건이나 상황이 발생할 수도 있으며 이로 인하여 이 감사보고서가 수정될 수도 있습니다.

사례 22-5 부적정의견 감사보고서

독립된 감사인의 감사보고서

ABC주식회사
주주 및 이사회 귀중

부적정의견

우리는 ABC주식회사의 재무제표를 감사하였습니다. 해당 재무제표는 20×1년 12월 31일 현재의 재무상태표, 동일로 종료되는 보고기간의 손익계산서(또는 포괄손익계산서), 자본변동표, 현금흐름표 그리고 유의적인 회계정책의 요약을 포함한 재무제표의 주석으로 구성되어 있습니다.

우리의 의견으로는 별첨된 회사의 재무제표는 이 감사보고서의 부적정의견근거 단락에 기술된 사항의 유의성 때문에 회사의 20×1년 12월 31일 현재의 재무상태와 동일로 종료되는 보고기간의 재무성과 및 현금흐름을 한국채택국제회계기준에 따라 중요성의 관점에서 공정하게 표시하고 있지 않습니다.

부적정의견 근거

주석 X에서 설명된 바와 같이, 회사는 20×1년 중에 취득한 종속기업 XYZ의 중요한 자산과 부채에 대하여 취득일 현재의 공정가치를 아직 결정하지 못하여 종속기업 XYZ의 재무제표를 연결하지 않았습니다. 따라서 회사는 이 종속기업에 대한 투자를 취득원가 기준으로 회계처리하였습니다. 한국채택국제회계기준에 따르면 회사는 종속기업 XYZ를 연결하고 잠정금액에 근거하여 회계처리하여야 합니다. XYZ종속기업이 연결대상에 포함되었다면 별첨된 재무제표의 많은 요소들이 중요하게 영향을 받을 것입니다. 종속기업 XYZ의 재무제표가 연결대상에 포함되지 않았으므로 별첨 재무제표에 미치는 영향은 결정되지 아니하였습니다.

우리는 감사기준에 따라 감사를 수행하였습니다. 이 기준에 따른 우리의 책임은 이 감사보고서의 재무제표감사에 대한 감사인의 책임 단락에 기술되어 있습니다. 우리는 재무제표 감사와 관련된 대한민국의 윤리적 요구사항에 따라 회사로부터 독립적이며 그러한 요구사항에 따른 기타의 윤리적 책임들을 이행하였습니다. 우리가 입수한 감사증거가 부적정의견을 위한 근거로서 충분하고 적합하다고 우리는 믿습니다.

핵심감사사항

핵심감사사항은 우리의 전문가적 판단에 따라 당기 재무제표감사에서 가장 유의적인 사항들입니다. 해당 사항들은 재무제표 전체에 대한 감사의 관점에서 우리의 의견형성 시 다루어졌으며, 우리는 이런 사항에 대하여 별도의 의견을 제공하지는 않습니다. 우리는 부적정의견근거 단락에 기술된 사항에 추가하여, 아래에 기술된 사항을 이 감사보고서에서 커뮤니케이션할 핵심감사사항으로 결정하였습니다.

[감사기준서 701에 따른 핵심감사사항 각각에 대한 기술]

(핵심감사사항 1)
[재무제표의 관련 공시에 대한 언급, 해당 사항이 핵심감사사항으로 결정된 이유, 해당 사항이 감사에서 다루어진 방법]

(핵심감사사항 2)
[재무제표의 관련 공시에 대한 언급, 해당 사항이 핵심감사사항으로 결정된 이유, 해당 사항이 감사에서 다루어진 방법]

재무제표에 대한 경영진과 지배기구의 책임
[사례 22-3 참고]

재무제표감사에 대한 감사인의 책임
[사례 22-3 참고]

기타 법규의 요구사항에 대한 보고
[사례 22-3 참고]

이 감사보고서의 근거가 된 감사를 실시한 업무수행이사는 OOO입니다.

서울특별시 ××구 ××로 ×××
× × 회 계 법 인
대표이사 × × × (인)
20×2년 ×월 ×일

> 이 감사보고서는 감사보고서일 현재로 유효한 것입니다. 따라서 감사보고서일 후 이 보고서를 열람하는 시점 사이에 첨부된 회사의 재무제표에 중요한 영향을 미칠 수 있는 사건이나 상황이 발생할 수도 있으며 이로 인하여 이 감사보고서가 수정될 수도 있습니다.

사례 22-6 의견거절 감사보고서

1. 재무제표의 한 구성요소에 대해 충분하고 적합한 감사증거를 입수하지 못한 경우

독립된 감사인의 감사보고서

ABC주식회사
주주 및 이사회 귀중

의견거절

우리는 ABC주식회사의 재무제표에 대한 감사계약을 체결하였습니다. 해당 재무제표는 20×1년 12월 31일 현재의 재무상태표, 동일로 종료되는 보고기간의 손익계산서(또는 포괄손익계산서), 자본변동표, 현금흐름표 그리고 유의적인 회계정책의 요약을 포함한 재무제표의 주석으로 구성되어 있습니다.

우리는 별첨된 회사의 재무제표에 대하여 의견을 표명하지 않습니다. 우리는 이 감사보고서의 의견거절근거 단락에서 기술된 사항의 유의성 때문에 재무제표에 대한 감사의견의 근거를 제공하는 충분하고 적합한 감사증거를 입수할 수 없었습니다.

의견거절근거

회사는 조인트벤처 XYZ에 대한 투자에 대하여 재무상태표에 ×××원을 계상하고 있습니다. 이는 20×1년 12월 31일 현재 회사 순자산의 90%를 초과하고 있습니다. 우리는 조인트벤처 XYZ의 감사인의 감사문서를 비롯하여 XYZ의 경영진과 감사인에 대한 접근이 허용되지 않았습니다. 이에 따라 우리는 회사가 공동으로 지배하는 XYZ의 자산에 대한 비례지분, 회사가 공동으로 책임을 지는 XYZ의 부채에 대한 비례지분 및 XYZ의 당기순이익과 비용에 대한 비례지분 그리고 자본변동표와 현금흐름표의 구성요소들에 수정이 필요한지 여부를 결정할 수 없었습니다.

재무제표에 대한 경영진과 지배기구의 책임

[사례 22-3 참고]

재무제표감사에 대한 감사인의 책임

우리의 책임은 회계감사기준에 따라 회사의 재무제표를 감사하고 감사보고서를 발행하는 데 있습니다. 그러나 우리는 이 감사보고서의 의견거절근거 단락에서 기술된 사항의 유의성 때문에 해당 재무제표에 대한 감사의견의 근거를 제공하는 충분하고 적합한 감사증거를 입수할 수 없었습니다.

우리는 재무제표 감사와 관련된 대한민국의 윤리적 요구사항에 따라 회사로부터 독립

적이며 그러한 요구사항에 따른 기타의 윤리적 책임들을 이행하였습니다.

기타 법규의 요구사항에 대한 보고
[사례 22-3 참고]

서울특별시 ××구 ××로 ×××
× × 회 계 법 인
대표이사 × × × (인)
20×2년 ×월 ×일

이 감사보고서는 감사보고서일 현재로 유효한 것입니다. 따라서 감사보고서일 후 이 보고서를 열람하는 시점 사이에 첨부된 회사의 재무제표에 중요한 영향을 미칠 수 있는 사건이나 상황이 발생할 수도 있으며 이로 인하여 이 감사보고서가 수정될 수도 있습니다.

2. 재무제표의 다수 구성요소에 대하여 충분하고 적합한 감사증거를 입수하지 못한 데 따른 의견거절

독립된 감사인의 감사보고서

ABC주식회사
주주 및 이사회 귀중

의견거절
우리는 ABC주식회사(이하 '회사')의 재무제표에 대한 감사계약을 체결하였습니다. 해당 재무제표는 20×1년 12월 31일 현재의 재무상태표, 동일로 종료되는 보고기간의 손익계산서(또는 포괄손익계산서), 자본변동표, 현금흐름표 그리고 유의적인 회계정책의 요약을 포함한 재무제표의 주석으로 구성되어 있습니다.

우리는 별첨된 회사의 재무제표에 대하여 의견을 표명하지 않습니다. 우리는 이 감사보고서의 의견거절근거 단락에서 기술된 사항의 유의성 때문에 재무제표에 대한 감사의견의 근거를 제공하는 충분하고 적합한 감사증거를 입수할 수 없었습니다.

의견거절근거
우리는 20×1년 12월 31일 이후까지 회사의 감사인으로 선임되지 않았으며, 이에 우리

는 당 보고기간의 기초와 기말의 재고자산 실사에 입회하지 못하였습니다. 우리는 회사의 재무상태표에 계상된 20×0년과 20×1년 12월 31일 현재의 재고자산 ×××원과 ×××원에 대하여 대체적인 방법으로도 그 수량에 대하여 만족할 수 없었습니다. 뿐만 아니라 회사가 20×1년 9월에 새로 도입한 매출채권전산시스템에 다수의 오류가 발생하였습니다. 경영진은 보고서일 현재 상기 시스템의 미비점을 교정하고 오류를 수정하는 과정에 있습니다. 우리는 회사의 재무상태표에 계상된 20×1년 12월 31일 현재의 매출채권잔액 ×××에 대하여 대체적인 방법으로도 이를 확인하거나 검증할 수 없었습니다. 이와 같은 사항들의 결과 우리는 기록되었거나 기록되지 아니한 재고자산과 매출채권, 그리고 손익계산서, 자본변동표, 현금흐름표의 구성요소에 관하여 수정이 필요한 사항이 발견되었을 것인지 여부를 결정할 수 없었습니다.

재무제표에 대한 경영진과 지배기구의 책임

[사례 22-3 참고]

재무제표감사에 대한 감사인의 책임

우리의 책임은 회계감사기준에 따라 회사의 재무제표를 감사하고 감사보고서를 발행하는 데 있습니다. 그러나 우리는 이 감사보고서의 의견거절근거 단락에서 기술된 사항의 유의성 때문에 해당 재무제표에 대한 감사의견의 근거를 제공하는 충분하고 적합한 감사증거를 입수할 수 없었습니다.

우리는 재무제표 감사와 관련된 대한민국의 윤리적 요구사항에 따라 회사로부터 독립적이며 그러한 요구사항에 따른 기타의 윤리적 책임들을 이행하였습니다.

기타 법규의 요구사항에 대한 보고

[사례 22-3 참고]

서울특별시 ××구 ××로 ×××
× × 회 계 법 인
대표이사 × × × (인)
20×2년 ×월 ×일

이 감사보고서는 감사보고서일 현재로 유효한 것입니다. 따라서 감사보고서일 후 이 보고서를 열람하는 시점 사이에 첨부된 회사의 재무제표에 중요한 영향을 미칠 수 있는 사건이나 상황이 발생할 수도 있으며 이로 인하여 이 감사보고서가 수정될 수도 있습니다.

3. 다수의 불확실성이 관련된 극히 드문 상황에서 재무제표에 대한 의견을 형성하는 것이 가능하지 않다고 결론을 내리는 경우

독립된 감사인의 감사보고서

ABC주식회사
주주 및 이사회 귀중

재무제표감사에 대한 보고

의견거절
우리는 ABC주식회사(이하 '회사')의 재무제표에 대한 감사계약을 체결하였습니다. 해당 재무제표는 20×1년 12월 31일 현재의 재무상태표, 동일로 종료되는 보고기간의 손익계산서(또는 포괄손익계산서), 자본변동표, 현금흐름표 그리고 유의적인 회계정책의 요약을 포함한 재무제표의 주석으로 구성되어 있습니다.

우리는 별첨된 회사의 재무제표에 대하여 의견을 표명하지 않습니다. 우리는 이 감사보고서의 의견거절근거 단락에서 기술된 사항의 유의성 때문에 재무제표에 대한 감사의견의 근거를 제공하는 충분하고 적합한 감사증거를 입수할 수 없었습니다.

의견거절근거
우리는 다음 사항과 관련하여 재무제표에 공시된 유의적 불확실성의 영향을 고려하였습니다.

[불확실성 사례1 기술]

[불확실성 사례2 기술]

우리는 상기 불확실성 사이의 잠재적 상호작용으로 인해 이들 불확실성의 누적적 영향에 관해 충분하고 적합한 감사증거를 입수할 수 없었습니다.

재무제표에 대한 경영진과 지배기구의 책임
[사례 22-3 참고]

재무제표감사에 대한 감사인의 책임
우리의 책임은 대한민국의 회계감사기준에 따라 회사의 재무제표를 감사하고 감사보고서를 발행하는데 있습니다. 그러나 우리는 이 감사보고서의 의견거절근거 단락에서 기술된 사항의 유의성 때문에 해당 재무제표에 대한 감사의견의 근거를 제공하는 충분하

고 적합한 감사증거를 입수할 수 없었습니다.

우리는 재무제표 감사와 관련된 대한민국의 윤리적 요구사항에 따라 회사로부터 독립적이며, 그러한 요구사항에 따른 기타의 윤리적 책임들을 이행하였습니다.

기타 법규의 요구사항에 대한 보고
[사례 22-3 참고]

이 감사보고서의 근거가 된 감사를 실시한 업무수행이사는 OOO입니다.

서울특별시 ××구 ××로 ×××
× × 회 계 법 인
대표이사 × × × (인)
20×2년 ×월 ×일

이 감사보고서는 감사보고서일 현재로 유효한 것입니다. 따라서 감사보고서일 후 이 보고서를 열람하는 시점 사이에 첨부된 회사의 재무제표에 중요한 영향을 미칠 수 있는 사건이나 상황이 발생할 수도 있으며 이로 인하여 이 감사보고서가 수정될 수도 있습니다.

제7절 재무정보 공시[4)]

7.1 사업보고서 제출

7.1.1 요약재무정보 작성

정기공시를 하는 기업은 사업연도 경과 후 90일 이내에 사업보고서를 제출하여야 한다. 제출되는 사업보고서에는 '재무에 관한 사항'에 '요약재무정보'가 포함된다. '기업공시서식 작성기준(금융감독원 기업공시제도실, 2018)'에 따르면 다음의

4) 출처: 교육부(2021). 회계감사(0203020107_17v3). 한국직업능력개발원.

사항을 포함하여 3개 사업연도의 요약재무정보를 기간 비교식으로 기재하여야 한다. 다만, 제출대상법인이 소규모기업에 해당하는 경우에는 요약재무정보를 기재하지 아니할 수 있다.

(1) 자산항목

유동자산(당좌자산, 재고자산), 비유동자산(투자자산, 유형자산, 무형자산, 기타비유동자산), 자산총계

(2) 부채항목

유동부채, 비유동부채, 부채총계

(3) 자본항목

자본금, 자본잉여금, 자본조정, 기타포괄손익누계액, 이익잉여금, 자본총계

(4) 손익항목

매출액, 영업이익, 계속사업손익(중단사업손익이 없을 경우 기재 생략), 당기순손익, 주당순손익

7.1.2 사업보고서 제출

사업보고서 제출대상법인은 그 사업보고서를 각 사업연도 경과 후 90일 이내에 금융위원회와 거래소에 제출하여야 한다. 다만, 파산, 그 밖의 사유로 인하여 사업보고서의 제출이 사실상 불가능하거나 실효성이 없는 경우에는 사업보고서를 제출하지 아니할 수 있다. 사업보고서 제출대상 법인은 다음과 같다.

① 주권상장법인 또는 기타 증권을 증권시장에 상장한 발행인

② 주권 등을 모집 또는 매출한 발행인

③ 외감대상법인 중 증권*별로 증권의 소유자 수가 500인 이상인 발행인

* 주권, 주권 외의 지분증권, 무보증사채권, 전환사채권, 신주인수권부사채권, 이익참가부사채권, 교환사채권, 신주인수권증서, 증권예탁증권, 파생결합증권

사업보고서에 기재하여야 할 사항은 다음과 같다.

① 회사의 목적, 상호, 사업내용
② 임원보수(「상법」, 그 밖의 법률에 따른 주식매수선택권을 포함하되, 대통령령으로 정하는 것에 한한다. 이하 이 항에서 같다)
③ 임원 개인별 보수와 그 구체적인 산정기준 및 방법(임원 개인에게 지급된 보수가 5억원 이내의 범위에서 대통령령으로 정하는 금액 이상인 경우에 한한다)
④ 보수총액 기준 상위 5명의 개인별 보수와 그 구체적인 산정기준 및 방법(개인에게 지급된 보수가 5억원 이내의 범위에서 대통령령으로 정하는 금액 이상인 경우에 한정한다)
⑤ 재무에 관한 사항
⑥ 그 밖에 대통령령으로 정하는 사항

사업보고서를 제출할 때 첨부해야 할 서류는 다음과 같다.

① 회계감사인의(연결) 감사보고서
② 감사의 감사보고서
③ 법인의 내부감시장치의 가동현황에 대한 감사의 평가의견서
④ 그 밖에 금융위원회가 정하여 고시하는 서류

7.2 전자공시

전자공시시스템(DART: Data Analysis, Retrieval and Transfer System)이란 상장법인 등이 공시서류를 인터넷으로 제출하고, 투자자 등 이용자는 제출 즉시 인터넷을 통해 조회할 수 있도록 하는 종합적 기업공시 시스템으로 '자본시장과 금융투자업에 관한 법률'에 따라 1999년에 1단계 전자공시시스템 인터넷서비스를 시작하였다.

상장법인 공시의무자는 한국거래소, 한국공인회계사회 등에 각각 제출하던 서류를 금융감독원에 인터넷을 통한 제출로 업무가 경감되었으며, 정보이용자도 시간과 장소에 관계없이 제출된 모든 공시자료의 접근이 용이하게 되었다.

www.dart.fss.or.kr을 통해 전자공시시스템의 이용이 가능하다.

연습문제

| 객관식문제 |

01. 감사가 필요한 이유는 오류정보에 근거한 의사결정으로 정보이용자가 손해를 볼 가능성인 정보위험이 존재하기 때문이다. 이러한 정보위험이 증가하는 원인으로 적합하지 않은 것은?

① 정보의 원격성
② 정보제공자의 편의나 동기
③ 자료의 대량화
④ 정보이용자의 전문성 증가

02. 회계감사에 대한 설명으로 적합하지 않은 것은?

① 재무제표가 일반적으로 인정된 회계처리기준에 따라 중요성의 관점에서 적정하게 작성되었는지를 감사인이 독립적으로 의견을 표명하는 것이다.
② 감사의견 표명에 따라 재무제표의 신뢰성을 제고하고 재무제표의 이용자가 회사에 대하여 올바른 판단을 할 수 있도록 하는 것을 목적으로 한다.
③ 영업활동 및 업무절차에 대한 능률과 효과를 평가할 목적으로 실시하는 감사이다.
④ 재무제표에 대한 감사인의 의견은 회사의 재무상태 또는 경영성과의 양호 여부를 평가하거나 장래전망을 보장하는 것이 아니다.

03. 감사인의 책임과 경영진의 책임에 대한 설명으로 옳은 것은?

① 감사인의 책임은 감사대상 재무제표가 작성기준인 일반적으로 인정된 회계원칙에 따라 작성되었는지를 회계감사기준에 따라 감사를 수행하고 감사의견을 표명하는 것이다.
② 외감법 제31조에 따라 감사인이 적절한 절차에 따라 감사를 실시한 후 회사에 손해를 발생하게 한 경우에는 그 감사인은 회사에 대하여 손해를 무조건 배상할 책임이 있다.
③ 감사인은 법적 강제사항인 공인회계사 윤리기준에 따라 성실 · 객관성 · 전문가적 적격성과 정당한 주의 · 비밀유지 · 전문가적 품위라는 윤리강령을 준수하여야 한다.
④ 경영진의 책임은 재무제표 작성책임으로서 경영진은 재무제표를 적정하게 작성할 책임을 지며, 회계감사로 인해 이러한 재무제표의 작성책임은 감사인에게 이전된다.

04. 다음 감사위험에 대한 설명으로 잘못된 것은?

① 감사위험이란 재무제표가 중요하게 왜곡표시되어 있을 경우에 감사인이 부적합한 감사의견을 표명할 위험으로 중요한 왜곡표시위험과 적발위험의 함수이다.
② 경영진주장 수준의 중요한 왜곡표시위험은 고유위험과 통제위험 두 가지로 구성된다.
③ 고유위험이란 특정 거래유형과 계정잔액의 고유한 왜곡표시가능성이다.
④ 통제위험은 재무제표 작성과 관련된 기업의 목적달성에 위협이 되는 것으로 식별된 위험에 대처하기 위해 감사인이 설계·실행·유지하는 내부통제 효과성과 관련된 위험이다.

05. 감사계약체결 절차와 관련된 내용으로 옳은 것은?

① 감사인은 감사기간 종료 후 14일 이내에 공인회계사회에 감사계약의 체결을 보고한다.
② 감사대상회사는 외감법 제4조에 따라 매 사업연도 개시일로부터 45일 이내에 감사인을 선임하고, 감사계약체결일로부터 2주 이내에 증권선물위원회에 보고하여야 한다.
③ 감사인은 감사계약체결기한 종료 후 14일 이내에 공인회계사회에 감사계약의 체결을 보고하고 금융감독위원회의 승인을 요청한다.
④ 감사대상회사는 감사기간 종료 후 14일 이내에 공인회계사회에 감사계약의 체결을 보고한다.

06. 다음 감사의견의 종류에 대한 설명으로 옳지 않은 것은?

① 의견거절은 감사인이 감사의견의 근거가 되는 충분하고 적합한 감사증거를 입수하였으나 발견되지 아니한 왜곡표시가 추가로 존재한다고 판단하는 경우 표명한다.
② 감사인이 충분하고 적합한 감사증거를 입수한 결과, 왜곡표시가 재무제표에 개별적으로 또는 집합적으로 중요하나 전반적이지는 않다고 결론을 내리는 경우에 한정의견을 표명한다.
③ 감사인이 감사의견의 근거가 되는 충분하고 적합한 감사증거를 입수할 수 없었지만 발견되지 아니한 왜곡표시가 재무제표에 미칠 수 있는 영향이 중요할 수는 있으나 전반적이지는 않을 것으로 결론내리는 경우에 한정의견을 표명한다.
④ 부적정의견이란 감사인이 충분하고 적합한 감사증거를 입수한 결과 왜곡표시가 재무제표에 개별적으로 또는 집합적으로 중요하며 동시에 전반적이라고 결론을 내리는 경우에 표명한다.

07. ㈜인덕은 20×1년도 회계감사 종료 후 서진회계법인으로부터 다음과 같은 적정의견 감사보고서를 확인하였다. 표준감사보고서와 비교하여 잘못 기재된 문구는 어느 것인가?

독립된 감사인의 감사보고서

주식회사 인덕
주주 및 이사회 귀중

독립된 감사인의 감사보고서

ABC주식회사
주주 및 이사회 귀중

감사의견

우리는 별첨된 ABC주식회사의 재무제표를 감사하였습니다. ① 해당 재무제표는 20×1년 12월 31일 현재의 재무상태표, 동일로 종료되는 보고기간의 손익계산서(또는 포괄손익계산서), 자본변동표 및 현금흐름표 그리고 유의적 회계정책에 대한 요약을 포함한 재무제표의 주석으로 구성되어 있습니다.

우리의 의견으로는 별첨된 회사의 재무제표는 회사의 20×1년 12월 31일 현재의 재무상태와 동일로 종료되는 보고기간의 재무성과 및 현금흐름을 한국채택국제회계기준에 따라 중요성의 관점에서 공정하게 표시하고 있습니다.

감사의견근거

우리는 대한민국의 회계감사기준에 따라 감사를 수행하였습니다. 이 기준에 따른 우리의 책임은 이 감사보고서의 재무제표감사에 대한 감사인의 책임 단락에 기술되어 있습니다. 우리는 재무제표감사와 관련된 대한민국의 윤리적 요구사항에 따라 회사로부터 독립적이며, 그러한 요구사항에 따른 기타의 윤리적 책임들을 이행하였습니다. 우리가 입수한 감사증거가 감사의견을 위한 근거로서 충분하고 적합하다고 우리는 믿습니다.

재무제표에 대한 경영진과 지배기구의 책임

② 경영진은 한국채택국제회계기준에 따라 이 재무제표를 작성하고 공정하게 표시할 책임이 있으며, 부정이나 오류로 인한 중요한 왜곡표시가 없는 재무제표를 작성하는 데 필요하다고 결정한 내부통제에 대해서도 책임이 있습니다.

경영진은 재무제표를 작성할 때 회사의 계속기업으로서의 존속능력을 평가하고 해당되는 경우 계속기업 관련 사항을 공시할 책임이 있습니다. 그리고 경영진이 기업을 청산하거나 영업을 중단할 의도가 없는 한 회계의 계속기업전제의 사용에 대해서도 책임이 있습니다.
지배기구는 회사의 재무보고절차의 감시에 대한 책임이 있습니다.

재무제표감사에 대한 감사인의 책임

③ 우리의 목적은 회사의 재무제표가 전체적으로 부정이나 오류로 인한 중요한 왜곡표시가 없도록 작성하고, 우리의 의견이 포함된 감사보고서를 발행하는데 있습니다. ④ 합리적인 확신은 높은 수준의 확신을 의미하나, 감사기준에 따라수행된 감사가 항상 중요한 왜곡표시를 발견한다는 것을 보장하지는 않습니다. 왜곡표시는 부정이나 오류로부터 발생할 수 있으며, 왜곡표시가 재무제표를 근거로 하는 이용자의 경제적 의사결정에 개별적으로 또는 집합적으로 영향을 미칠 것이 합리적으로 예상되면, 그 왜곡표시는 중요하다고 간주됩니다.

서울특별시 노원구 월계로 1905
서 진 회 계 법 인
대표이사 조 정 운 (인)
20×2년 2월 20일

이 감사보고서는 감사보고서일 현재로 유효한 것입니다. 따라서 감사보고서일 후 이 보고서를 열람하는 시점 사이에 첨부된 회사의 재무제표에 중요한 영향을 미칠 수 있는 사건이나 상황이 발생할 수도 있으며 이로 인하여 이 감사보고서가 수정될 수도 있습니다.

정답 및 해설

| 객관식문제 |

01. ④

정보위험이 증가하는 원인은 정보의 원격성, 제공자의 편의나 동기, 자료의 대량화, 거래 유형의 복잡성 등이 있다.

02. ③

어떤 조직의 영업활동 및 업무절차에 대한 능률과 효과를 평가할 목적으로 실시하는 감사는 업무감사이다.

03. ①

(1) 외감법 제31조(손해배상책임) ① 감사인이 그 임무를 게을리 하여 회사에 손해를 발생하게 한 경우에는 그 감사인은 회사에 대하여 손해를 배상할 책임이 있다.

(2) 감사인은 공인회계사회에서 자율적으로 제정한 공인회계사 윤리기준에 따라 성실·객관성·전문가적 적격성과 정당한 주의·비밀유지·전문가적 품위라는 윤리강령을 준수하여야 한다.

(3) 경영진의 책임은 재무제표 작성책임으로써 경영진은 재무제표를 적정하게 작성할 책임을 진다.

04. ④

통제위험은 재무제표 작성과 관련된 기업의 목적달성에 위협이 되는 것으로, 식별된 위험에 대처하기 위해 경영진이 설계·실행·유지하는 내부통제 효과성과 관련된 위험이다.

05. ②

외감법 제4조에 따라 감사대상회사는 매 사업연도 개시일로부터 45일 이내에 감사인을 선임하고, 감사계약체결일로부터 2주 이내에 증권선물위원회에 보고하여야 한다. 또한 감사인은 법정선임기한 종료 후 14일 이내에 공인회계사회에 감사계약의 체결을 보고한다.

06. ①

의견거절

- 감사인이 감사의견의 근거가 되는 충분하고 적합한 감사증거를 입수할 수 없으며, 발견되지 아니한 왜곡표시가 있을 경우 이것이 재무제표에 미칠 수 있는 영향이 중요하고 동시에 전반적일 수 있다고 결론내리는 경우
- 다수의 불확실성이 관련되어 불확실성 사이의 잠재적 상호작용과 각각의 불확실성이 재무제표에 미칠 수 있는 영향으로 인하여 재무제표에 대한 의견을 형성하는 것이 가능하지 않다고 결론내리는 경우

07. ③

재무제표의 작성책임은 경영진의 책임이다.

K-IFRS *Intermediate Financial Accounting*

Chapter 23

재무제표분석

단원정리 재무제표분석

- **재무제표분석:** 기업의 재무제표를 이용하여 기업의 과거와 현재의 재무상태와 경영성과를 파악하여 피드백하며 미래를 예측하여 의사결정 등에 사용하기 위한 분석

- **재무분석의 종류**
  - 질적분석
  - 양적분석
    - 비율분석
    - 수평적 분석
    - 수직적 분석

- **수익성분석**
  - 총자산순이익률 $= \frac{\text{당기순이익}}{\text{총자산}} \times 100$
  - 자기자본순이익률(ROE) $= \frac{\text{당기순이익}}{\text{자기자본}} \times 100$
  - 매출총이익률 $= \frac{\text{매출총이익}}{\text{매출액}} \times 100$
  - 매출액영업이익률 $= \frac{\text{영업이익}}{\text{매출액}} \times 100$
  - 매출액순이익률 $= \frac{\text{당기순이익}}{\text{매출액}} \times 100$
  - 투하자본수익률(ROIC) $= \frac{\text{세후영업이익}}{\text{영업투하자본}} \times 100$
  - 매출액 EBITDA $= \frac{\text{EBITDA}}{\text{매출액}} \times 100$

- **유동성분석**
  - 유동비율 $= \frac{\text{유동자산}}{\text{유동부채}} \times 100$
  - 당좌비율 $= \frac{\text{당좌자산}}{\text{유동부채}} \times 100$
  - 현금비율 $= \frac{\text{현금및현금성자산} + \text{단기금융자산}}{\text{유동부채}} \times 100$

- **레버리지분석**
  - 부채비율 $= \frac{\text{부채(타인자본)}}{\text{자기자본}} \times 100$

– 이자보상비율 = $\frac{\text{영업이익}}{\text{이자비용}} \times 100$

– 고정장기적합률 = $\frac{\text{고정자산}}{\text{자기자본} + \text{비유동부채}} \times 100$

- **활동성분석**

– 총자산회전율 = $\frac{\text{매출액}}{\text{총자산}}$

– 매출채권회전율 = $\frac{\text{매출액}}{\text{매출채권}}$

– 재고자산회전율 = $\frac{\text{매출원가}}{\text{재고자산}}$

– 매입채무회전율 = $\frac{\text{매입액}}{\text{매입채무}}$

- **성장성분석**

– 총자산증가율 = $\frac{\text{기말총자산} - \text{기초총자산}}{\text{기초총자산}} \times 100$

– 매출액증가율 = $\frac{\text{당기매출액} - \text{전기매출액}}{\text{전기매출액}} \times 100$

– 순이익증가율 = $\frac{\text{당기순이익} - \text{전기순이익}}{\text{전기순이익}} \times 100$

- **기타분석**

– 경제적부가가치(EVA) = 세후영업이익 – 총자본비용

– 주당순이익(EPS) = $\frac{\text{당기순이익}}{\text{발행주식수}}$

– 주가수익률(PER) = $\frac{\text{주가}}{\text{주당순이익}}$

- **수평적 분석:** 추세분석, 시계열분석

- **수직적 분석:** 요소구성비율분석

제1절 재무제표분석의 의의

기업의 회계자료 및 기타 재무자료를 이용하여 기업의 과거와 현재의 재무상태와 경영성과를 파악하여 피드백하며 미래를 예측하여 의사결정 등에 사용하기 위한 분석을 재무분석(Financial Analysis)이라고 하는데, 이러한 재무분석은 기업의 회계자료인 재무제표를 이용하는 것이 주를 이루므로 일반적으로 재무제표분석(Analysis of Financial Statements)을 의미한다. 제22장까지는 재무제표의 작성과 검토에 관련된 내용이었다면 제23장은 작성된 재무제표로 그 기업의 재무상태와 경영성과를 분석하여 정보이용자의 의사결정에 이용하는 내용이다.

제2절 재무분석의 종류

기업의 재무분석 기법은 질적분석과 양적분석으로 나누어 볼 수 있다. 질적분석이란 기업의 계량화되지 않은 정보를 가지고 분석하는 것으로 경영자의 특성, 기술력, 기업문화 및 사회적 기여도 등 한 기업의 질적인 특성을 분석하는 것이다.

질적분석의 사례(한국능률협회 컨설팅 우량기업평가모델)

경영자의 자질	• 기업가가 미래지향적이고 새로운 경영환경변화를 신사업기회의 창출로 연결시킬 힘이 있는가? • 성장분야를 향해 사업을 전환시키는 힘이 있는가? • 위험에 대처할 위기관리능력이 뛰어난가? • 경영자의 자질 및 신용도에 대한 평판은 어떠한가?
인력개발력	• 전사적으로 사람을 존경하는 인재육성 풍토가 조성되어 있는가? • 우수한 인재가 모여들고 있으며, 이를 잘 활용하고 있는가? • 인재육성을 위한 체계적인 프로그램이 잘 운영되고 있는가? • 기업 내 벤처 등 위험에 대처할 창조적 인력을 키우고 있는가?
마케팅 혁신력	• 토탈 마케팅전략이 체계화되어 있는가? • 정보를 수집 · 축적 · 활용할 시스템이 확립되어 있는가? • 다양화되고 있는 고객의 욕구변화에 유연하게 대응하고 있는가? • 고객과의 유통채널은 잘 확립되어 있는가?

기술혁신과 연구개발력	• 기술의 선진화와 하이테크화가 전개되고 있는가? • 고도첨단기술에 기반을 둔 경쟁력 있는 제품을 많이 보유하고 있는가? • 지금까지 기술혁신, 신제품개발 실적과 그 성과는 어떠한가? • 첨단기술의 연구개발에 어느 정도 중점을 두고 있는가?
국제경쟁력	• 국제적 기업으로서의 이미지, 브랜드가 확립되어 있는가? • 독자적인 국제화전략이 실시되고 있는가? • 해외시장에서 높은 수익과 성장을 지속하고 있는가? • 국제화에 대해 편협한 사고방식이 배제되어 있는가?
경영자원의 활용력	• 인력, 설비, 자금 등의 경영자원이 전략적 차원에서 사업부문별로 유효적절하게 배분되며 잘 활용되고 있는가? • 생산시스템은 고도화되어 있으며 생산성은 높은가? • 성장을 추구하기 위한 재투자가 이루어지고 있으며 투자능력은 있는가? • 미래경영자원을 꾸준히 개발하고 있는가?
사풍과 기업문화	• 독자적인 미래지향형 기업문화가 명확히 확립되어 있는가? • 기업문화가 종업원에게 밀착되어 있는가? • 기업문화를 기초로 하는 사업전개와 수익성과 연계되어 있는가? • 기업이미지의 사회적 평판은 좋은가?
노사관계 유지력	• 신뢰받는 노사관계를 유지하고 있으며, 종업원에 대한 직장의 안정성이 보장되고 있는가? • 종업원들의 회사에 대한 소속감, 근로의욕, 성취동기는 높은가? • 근무환경은 쾌적하며 근무시간 등 근무조건은 적절한가? • 임금 등 종업원에 대한 보상은 적절하며 복지수준은 높은가?
사회적 기여도	• 기업의 사회적 책임(경제성장에의 기여, 국민복지의 향상)을 잘 수행하고 있는가? • 장학사업, 사회복지사업, 문화사업 등에의 기여도가 높은가? • 소비자보호 측면에서 제품 및 서비스의 수준은 높은가? • 사회윤리적 측면에서 기업관이 건전하며 공정한 상거래활동을 하는가?

출처: 남명수 · 김대호, 신경영분석(제3판), 삼영사, pp.257~258에서 재인용

양적분석이란 재무제표 등 계량화된 기업의 정보를 분석하는 것으로 일반적으로 재무제표분석이라고도 하며 비율분석, 수평적 분석 및 수직적 분석으로 구분할 수 있다. 비율분석이란 재무제표의 구성항목의 비율을 이용하여 기업을 평가하는 것이고, 수평적 분석이란 한 회계기간 이상의 재무자료의 추세나 시계열적 분석을 의미한다. 또한 수직적 분석이란 한 시점에서 기업 간 비교나 기업 내 비교를 말한다.

제3절 재무비율분석

재무제표분석 중 비율분석은 기업 재무제표의 각 계정과목들의 상호 간의 연관성을 분석하는 것으로 기업의 수익성, 유동성, 자본구조, 자본의 활용 정도, 성장성 및 생산성 등을 비율분석을 통해 파악할 수 있다.

3.1 수익성분석

기업의 이익창출능력을 평가하기 위해 수익성비율을 분석한다. 기본적으로 수익성은 투자된 자원 대비 창출한 수익의 개념으로 접근하거나 획득한 총수익에서 실제로 실현된 이익의 개념으로 접근한다.

(1) 총자산순이익률

총자산이란 부채와 자본의 합이므로 총자산은 총자본(타인자본+자기자본)과 같은 의미이다. 총자산순이익률이란 당기순이익을 총자산으로 나눈 값으로 총자산이 얼마나 효율적으로 이용되어 순이익을 창출했는가를 측정하는 단위 총자산당 순이익을 계산하는 것이다. 그런데 분자는 당기순이익 또는 영업이익 등 포괄손익계산서의 자료, 즉 기간의 개념에서 도출된 유량개념(flow)의 지표이고 분모의 총자산은 재무상태표, 즉 시점의 개념에서 도출된 저량개념(stock)의 지표이다.

유량개념(flow)의 지표와 저량개념(stock)의 지표는 서로 혼합되어 사용될 수 없으므로 어느 한쪽을 다른 한쪽의 개념으로 변형시켜주어야 하는데, 한 기간 동안의 이익을 저량개념인 시점으로 바꾸기보다는 저량지표를 유량개념의 기간지표로 바꾸어주는 방법이 용이하다. 저량지표를 유량지표로 바꾸어주는 방법으로 쉬운 방법이 시점의 지표를 평균화하는 것이다. 즉, 한 기간 동안의 총자산을 평균하면 유량지표로 바뀌게 되는 것인데 매 시점마다의 평균을 구한다는 것은 곤란하므로 약식으로 기초와 기말 총자산의 평균치를 사용한다.

- $\text{총자산순이익률} = \dfrac{\text{당기순이익}}{\text{평균총자산}^{*}} \times 100$

* $\text{평균총자산} = \dfrac{\text{기초총자산} + \text{기말총자산}}{2}$

(2) 자기자본순이익률(ROE: Return On Equity)

자기자본순이익률이란 당기순이익을 자기자본으로 나눈 것으로 총자산순이익률과 같이 순이익을 창출하기 위해 자기자본이 얼마나 효율적으로 잘 이용하였는지를 측정하는 단위 자기자본당 순이익을 계산하는 것이다.

- $\text{자기자본순이익률(ROE)} = \dfrac{\text{당기순이익}}{\text{평균자기자본}^{*}} \times 100$

  $^{*}\ \text{평균자기자본} = \dfrac{\text{기초자기자본} + \text{기말자기자본}}{2}$

(3) 매출총이익률, 매출액영업이익률, 매출액순이익률

매출총이익률은 매출수익이 직접 대응되는 매출원가를 보상하는 정도를 나타내는 지표로 다음과 같이 계산한다.

- $\text{매출총이익률} = \dfrac{\text{매출액} - \text{매출원가}}{\text{매출액}} \times 100 = \dfrac{\text{매출총이익}}{\text{매출액}} \times 100$

매출액영업이익률은 매출액에 대한 영업의 효율성을 측정하기 위한 지표로 포괄손익계산서의 영업이익을 매출액으로 나누어 계산한다. 즉 매출총이익에서 판매관리비를 차감한 영업이익을 매출액으로 나누어 계산한다.

- $\text{매출액영업이익률} = \dfrac{\text{매출총이익} - \text{판매관리비}}{\text{매출액}} \times 100 = \dfrac{\text{영업이익}}{\text{매출액}} \times 100$

매출액순이익률은 포괄손익계산서의 당기순이익을 매출액으로 나누어 계산한 지표로 단위 매출액이 최종적으로 얼마의 순이익을 창출하는지를 측정하는 지표이다.

- $\text{매출액순이익률} = \dfrac{\text{당기순이익}}{\text{매출액}} \times 100$

(4) 투하자본수익률(ROIC: Return ON Investment Capital)

투하자본수익률은 기업이 영업투하자본으로 얼마의 영업이익을 창출했는가를 측정하는 지표이다. 영업투하자본이란 영업활동에 투하된 자본을 의미하며, 분모가 영업과 관련된 투하자본이므로 분자도 영업투하자본이 영업활동에서 획득한 이익인 세후영업이익으로 측정한다.

- 투하자본수익률 $= \dfrac{\text{세후영업이익}}{\text{평균영업투하자본}^{*}} \times 100 = \dfrac{\text{세후영업이익}}{\text{매출액}} \times \dfrac{\text{매출액}}{\text{영업투하자본}}$

$$= \text{매출액세후영업이익률} \times \text{투하자본회전율}$$

* 평균영업투하자본 $= \dfrac{\text{기초영업투하자본} + \text{기말영업투하자본}}{2}$

(5) 매출액 EBITDA(Earning Before Interest, Taxes, Depreciation and Amortization)율

EBITDA는 이자, 법인세비용, 감가상각비 및 무형자산상각비 차감전이익으로 영업활동으로 인한 현금흐름의 개념을 도출한 것이다. 즉, 영업외 요인이 배제된 경영성과와 매출액의 비율이다.

- 매출액 EBITDA율 $= \dfrac{\text{EBITDA}}{\text{매출액}} \times 100$

예제 23-1 | 수익성비율

다음은 ㈜HB물류의 재무상태표와 포괄손익계산서이다.

재무상태표

20×1년 12월 31일 현재

20×0년 12월 31일 현재

㈜HB물류 (단위: 원)

과목	20X1년	20X0년
자산	**1,000,000**	**1,200,000**
유동자산	400,000	500,000
현금	100,000	200,000
매출채권	120,000	100,000
재고자산	180,000	100,000
비유동자산	600,000	700,000
부채	500,000	500,000
유동부채	400,000	400,000
단기차입금	100,000	200,000
매입채무	300,000	200,000
비유동부채	100,000	100,000

자본	500,000	700,000
보통주자본금	200,000	200,000
우선주자본금	100,000	100,000
이익잉여금	200,000	400,000

포괄손익계산서

20×1년 1월 1일부터 20×1년 12월 31일까지

㈜HB물류 (단위: 천원)

과목	20X1년	20X0년
매출액	1,000,000	800,000
매출원가	700,000	600,000
매출총이익	300,000	200,000
판매비와관리비	100,000	80,000
급여	30,000	20,000
감가상각비	70,000	50,000
영업이익	200,000	120,000
이자비용	100,000	80,000
법인세비용차감전순이익	100,000	40,000
법인세비용(20%)	20,000	8,000
당기순이익	80,000	32,000

제시된 ㈜HB물류의 재무제표를 이용하여 20×1회계연도의 수익성비율을 산출하시오.

1. 총자산순이익률
2. 자기자본순이익률(ROE)
3. 매출총이익률, 매출액영업이익률, 매출액순이익률
4. 투하자본수익률(ROIC). 단 평균영업투하자본은 ₩500,000이다.
5. 매출액 EBITDA

| 해답 |

1. 총자산순이익률 $= \dfrac{\text{당기순이익}}{\text{평균총자산}} \times 100 = \dfrac{80,000}{(1,200,000+1,000,000)/2} \times 100 = 7.27\%$

2. 자기자본순이익률(ROE) $= \dfrac{\text{당기순이익}}{\text{평균자기자본}} \times 100 = \dfrac{80,000}{(700,000+500,000)/2} \times 100 = 13.33\%$

3. 매출총이익률 $= \dfrac{\text{매출액}-\text{매출원가}}{\text{매출액}} \times 100 = \dfrac{300,000}{1,000,000} \times 100 = 30.00\%$

$$매출액영업이익률 = \frac{매출총이익-판매관리비}{매출액} \times 100 = \frac{200,000}{1,000,000} \times 100 = 20.00\%$$

$$매출액순이익률 = \frac{당기순이익}{매출액} \times 100 = \frac{80,000}{1,000,000} \times 100 = 8.00\%$$

4. $$투하자본수익률 = \frac{세후영업이익}{평균영업투하자본} \times 100 = \frac{200,000(1-20\%)}{100,000} \times 100 = 32.00\%$$

5. $$매출액\ EBITDA율 = \frac{EBITDA}{매출액} \times 100 = \frac{(100,000+100,000+70,000)^{*}}{1,000,000} \times 100 = 27.00\%$$

* 법인세비용차감전순이익 + 감가상각비 + 이자비용

3.2 유동성분석

유동성이란 현금화 정도를 말하는 것으로 단기채무에 대한 지급능력을 의미한다.

(1) 유동비율

유동비율은 유동자산을 유동부채로 나누어 계산하며, 단기채무인 유동부채를 지급할 수 있는 유동자산이 얼마나 확보되어 있는지를 평가하는 지표이다. 단기채무 지급능력을 평가하는 대표적인 지표로 일반적으로 200% 이상이면 건전한 수준으로 판단한다.

- $유동비율 = \frac{유동자산}{유동부채} \times 100$

(2) 당좌비율

당좌비율이란 유동자산 중에서 현금화속도가 비교적 늦은 재고자산을 제외시킨 것이다. 재고자산은 판매와 매출채권의 회수과정을 거쳐서 현금화가 되므로 판매와 회수라는 불확실성과 회수까지 걸리는 기간 등으로 인하여 현금화속도가 늦을 수 있으므로 이를 제외한 것이 당좌비율이다.

- $당좌비율 = \frac{유동자산-재고자산}{유동부채} \times 100 = \frac{당좌자산}{유동부채} \times 100$

(3) 현금비율

현금비율이란 당좌비율 계산시의 분자에서 수취채권을 제외하여 계산한 것이다. 수취채권은 대손 등의 가능성도 있고 회수에 시간과 노력이 추가되어야 하는 경우가 있으므로 이를 제외하여 단기채무에 대한 지급능력을 측정한 것이다.

- $\text{현금비율} = \dfrac{\text{당좌자산} - \text{수취채권}}{\text{유동부채}} \times 100$

$$= \frac{\text{현금및현금성자산} + \text{단기금융자산}}{\text{유동부채}} \times 100$$

예제 23-2 | 유동성분석

[예제 23-1]에 제시된 ㈜HB물류의 재무상태표를 이용하여 20×1회계연도의 유동성비율을 산출하시오.

1. 유동비율
2. 당좌비율
3. 현금비율

| 해답 |

1. $\text{유동비율} = \dfrac{\text{유동자산}}{\text{유동부채}} \times 100 = \dfrac{400{,}000}{400{,}000} \times 100 = 100.00\%$
2. $\text{당좌비율} = \dfrac{\text{유동자산} - \text{재고자산}}{\text{유동부채}} \times 100 = \dfrac{400{,}000 - 180{,}000}{400{,}000} \times 100 = 55.00\%$
3. $\text{현금비율} = \dfrac{\text{당좌자산} - \text{수취채권}}{\text{유동부채}} \times 100 = \dfrac{400{,}000 - 180{,}000 - 120{,}000}{400{,}000} \times 100 = 25.00\%$

3.3 레버리지분석

레버리지(Leverage)란 지렛대를 말하는데, 기업이 차입금이나 사채 등으로 인해 고정적인 금융비용이 지출되고 있거나 감가상각비 등 고정 영업비용이 계상되고 있을 때 이익의 폭이 확대되는 영향을 의미하기도 하고, 자본구조에서 자기자본에 대한 타인자본의 비율을 의미하기도 한다. 여기서의 레버리지분석은 자본구조를 평가하는 지표로 기업이 타인자본에 의존하는 정도 또는 채무에 대한 이자와 원금의 지급능력을 평가한다.

(1) 부채비율

부채비율은 타인자본과 자기자본의 관계를 나타내는 비율로 부채를 자기자본으로 나누어 계산한다. 일반적으로 100% 이하를 표준비율로 평가한다.

- $\text{부채비율} = \dfrac{\text{부채(타인자본)}}{\text{자기자본}} \times 100$

그런데 타인자본과 자기자본의 관계는 총자본의 구성내용을 의미하므로 다음과 같이 자기자본비율로 측정하기도 한다.

- $\text{자기자본비율} = \dfrac{\text{자기자본}}{\text{부채} + \text{자기자본}} \times 100$

(2) 이자보상비율

기업은 타인자본의 사용에 대한 대가로 이자를 지급해야 하는데 기업이 영업활동으로 벌어들인 이익과 지급해야 하는 이자와의 관계를 측정한 것이 이자보상비율이다. 즉, 영업이익으로 지급해야 하는 이자를 보상하는 능력을 말한다.

- $\text{이자보상비율} = \dfrac{\text{영업이익}}{\text{이자비용}} \times 100$

(3) 고정(비유동자산)장기적합률

기업은 자기자본과 타인자본(부채)으로 자금을 조달하여 영업을 위한 자산에 투자하게 된다. 그런데 비유동자산에 투자한 경우에는 자금을 회수하는데 일반적으로 장기간이 소요되게 된다. 따라서 비유동자산에 투자하기 위한 자금은 장기자금을 조달하는 것이 필요하다. 따라서 비유동자산과 장기자금조달액을 비교하여 자금운용에 있어서의 안정성을 평가하는 지표가 고정장기적합률이다.

- $\text{고정(비유동자산)장기적합률} = \dfrac{\text{고정자산(비유동자산)}}{\text{자기자본} + \text{비유동부채}} \times 100$

예제 23-3 | 레버리지분석

[예제 23-1]에 제시된 ㈜HB물류의 재무제표를 이용하여 20×1회계연도의 레버리지비율을 산출하시오.

1. 부채비율
2. 이자보상비율
3. 고정(비유동자산)장기적합률

| 해답 |

1. $\text{부채비율} = \dfrac{\text{부채(타인자본)}}{\text{자기자본}} \times 100 = \dfrac{500{,}000}{500{,}000} \times 100 = 100.00\%$

2. $\text{이자보상비율} = \dfrac{\text{영업이익}}{\text{이자비용}} \times 100 = \dfrac{200{,}000}{100{,}000} \times 100 = 200.00\%$

3. $\text{고정(비유동자산)장기적합률} = \dfrac{\text{고정자산(비유동자산)}}{\text{자기자본} + \text{비유동부채}} \times 100$

$$= \dfrac{600{,}000}{500{,}000 + 100{,}000} \times 100 = 100.00\%$$

3.4 활동성분석

활동성분석이란 자본의 활용 정도, 즉 자산의 효율적 사용 정도를 측정하는 지표로 수익성 측정지표의 일종이다. 일반적으로 매출액을 창출하기 위한 자산의 활용을 측정한다. 회전율로 표현하는데 회전율이라는 것은 회계기간 동안 매출액을 창출하기 위하여 그 자산에 몇 번 사용되었는가(회전되었는가)를 측정하기 때문이다. 여기에서도 분자는 매출액이라는 기간(유량)개념이고 분모는 자산으로 시점(저량)개념이므로 분모를 평균값으로 계산하여 지표의 개념을 통일시켜야 한다.

(1) 총자산회전율

총자산회전율은 영업활동에 투하된 자본이 매출액을 창출하기 위해 1년 동안 몇 번 회전하였는지를 측정하여 총자산의 효율적 활용 여부를 측정하는 것이다. 효율적으로 사용되었다면 적은 자본이 여러 번 사용(회전)되어 매출액을 창출했을 것이다.

- $\text{총자산회전율} = \dfrac{\text{매출액}}{\text{평균총자산}^{*}}$

* 평균총자산 = $\frac{\text{기초총자산} + \text{기말총자산}}{2}$

또한 영업활동에 투하된 자본을 총자산이 아닌 자기자본으로 측정할 수도 있다.

- 자기자본회전율 = $\frac{\text{매출액}}{\text{평균자기자본*}}$

* 평균자기자본 = $\frac{\text{기초자기자본} + \text{기말자기자본}}{2}$

(2) 매출채권회전율

매출채권회전율은 매출액을 매출채권으로 나눈 비율로 매출채권의 현금화속도를 의미한다. 동일한 매출액을 창출하기 위해 적은 매출채권만 보유해도 된다는 것은 매출채권이 신속히 현금화가 된다는 의미이기 때문이다.

- 매출채권회전율 = $\frac{\text{매출액}}{\text{평균매출채권*}}$

* 평균매출채권 = $\frac{\text{기초매출채권} + \text{기말매출채권}}{2}$

매출채권의 평균회수기간으로 매출채권의 현금화속도를 측정할 수도 있다.

- 매출채권 평균회수기간 = $\frac{\text{평균매출채권*}}{\text{1일 평균매출액}} = \frac{\text{매출채권*}}{\text{매출액} \div 365} = \frac{365}{\text{매출채권회전율}}$

* 평균매출채권 = $\frac{\text{기초매출채권} + \text{기말매출채권}}{2}$

(3) 재고자산회전율

재고자산회전율은 매출원가를 재고자산으로 나눈 비율로 재고자산이 1년 동안 몇 회나 현금 또는 매출채권으로 전환되었는지를 나타내는 지표이다. 즉, 재고자산의 효율적 관리 여부를 나타낸다. 경우에 따라 분자에 매출원가 대신 매출액으로 계산하기도 한다.

- 재고자산회전율 = $\frac{\text{매출원가}}{\text{평균재고자산*}}$

* 평균재고자산 = $\frac{\text{기초재고자산} + \text{기말재고자산}}{2}$

재고자산의 평균보유기간으로 재고자산의 효율적 활용 정도를 측정하기도 한다.

- $\text{재고자산 평균보유기간} = \dfrac{\text{평균재고자산}^*}{\text{1일 평균매출원가}} = \dfrac{\text{평균재고자산}^*}{\text{매출원가} \div 365} = \dfrac{365}{\text{재고자산회전율}}$

$* \text{ 평균재고자산} = \dfrac{\text{기초재고자산} + \text{기말재고자산}}{2}$

(4) 매입채무회전율

매입채무회전율은 재고자산매입액을 매입채무로 나누어 매입채무가 원활히 결제되고 있는지 여부를 측정하여 지급능력의 상태를 표시하는 지표이다.

- $\text{매입채무회전율} = \dfrac{\text{매입액}}{\text{평균매입채무}^*}$

$* \text{ 평균매입채무} = \dfrac{\text{기초매입채무} + \text{기말매입채무}}{2}$

매입채무의 평균결제기간으로 외상대금이 결제될 때까지 소요되는 기간을 측정하여 지급능력을 측정할 수도 있다.

- $\text{매입채무 평균결제기간} = \dfrac{\text{평균매입채무}^*}{\text{1일 평균매입액}} = \dfrac{\text{평균매입채무}^*}{\text{매입액} \div 365} = \dfrac{365}{\text{매입채무회전율}}$

$* \text{ 평균매입채무} = \dfrac{\text{기초매입채무} + \text{기말매입채무}}{2}$

예제 23-4 | 활동성분석

[예제 23-1]에 제시된 ㈜HB물류의 재무제표를 이용하여 20×1회계연도의 활동성비율을 산출하시오.

1. 총자산회전율
2. 매출채권회전율
3. 재고자산회전율
4. 매입채무회전율(20×1년 매입액은 ₩750,000이다)

| 해답 |

1. $\text{총자산회전율} = \dfrac{\text{매출액}}{\text{평균총자산}} = \dfrac{1{,}000{,}000}{(1{,}200{,}000 + 1{,}000{,}000)/2} = 0.91\text{회}$

2. $\text{매출채권회전율} = \dfrac{\text{매출액}}{\text{평균매출채권}} = \dfrac{1{,}000{,}000}{(100{,}000 + 120{,}000)/2} = 9.09\text{회}$

3. 재고자산회전율 $= \dfrac{\text{매출원가}}{\text{평균재고자산}} = \dfrac{700{,}000}{(100{,}000+180{,}000)/2} = 5$회

4. 매입채무회전율 $= \dfrac{\text{매입액}}{\text{평균매입채무}} = \dfrac{750{,}000}{(200{,}000+300{,}000)/2} = 3$회

3.5 성장성분석

성장성분석은 일정기간 동안 기업이 얼마나 성장하였는지를 측정하는 지표이다.

(1) 총자산증가율

총자산증가율이란 기업의 총자산이 기초보다 얼마나 증가하였는지를 측정하는 지표이다. 즉 기업규모의 증가를 측정하는 지표이다.

- 총자산증가율 $= \dfrac{\text{기말총자산} - \text{기초총자산}}{\text{기초총자산}} \times 100$

위 식에서 총자산 대신에 유동자산, 매출채권, 재고자산, 유형자산, 자기자본 등으로 측정하여 유동자산증가율, 매출채권증가율, 재고자산증가율, 유형자산증가율 및 자기자본증가율을 산출할 수 있다.

(2) 매출액증가율

매출액증가율은 전기매출액에 대한 당기매출액의 증가율로 수익과 관련한 기업의 외형적 성장을 측정하는 지표이다.

- 매출액증가율 $= \dfrac{\text{당기매출액} - \text{전기매출액}}{\text{전기매출액}} \times 100$

(3) 순이익증가율

순이익증가율은 전기의 순이익에 대한 당기순이익의 증가율을 측정하는 지표이며, 순이익 대신 매출총이익, 영업이익, 주당순이익 등으로 측정할 수도 있다.

- 순이익증가율 $= \dfrac{\text{당기순이익} - \text{전기 순이익}}{\text{전기 순이익}} \times 100$

재무상태표

제17기 기말: 2014년 12월 31일 현재

제16기 기말: 2013년 12월 31일 현재

삼성전자서비스주식회사 (단위: 천원)

과목	제17(당)기말	제16(전)기말	증감	
			금액	비율
자산				
유동자산	**237,045,318**	**232,734,694**	4,310,624	1.85%
현금및현금성자산	78,503,550	70,563,689	7,939,861	11.25%
단기투자자산	42,600,000	20,100,000	22,500,000	111.94%
매출채권	78,142,564	104,490,201	(26,347,638)	(25.22%)
기타금융자산	6,798,760	8,886,295	(2,087,536)	(23.49%)
기타유동자산	1,714,720	4,205,794	(2,491,074)	(59.23%)
선급법인세	878,058	320,318	557,739	174.12%
재고자산	28,407,665	24,168,394	4,239,272	17.54%
비유동자산	**93,139,228**	**102,853,569**	(9,714,341)	(9.44%)
유형자산	34,124,755	39,829,625	(5,704,870)	(14.32%)
무형자산	14,768,312	18,522,651	(3,754,339)	(20.27%)
장기선급비용	16,875	19,875	(3,000)	(15.09%)
이연법인세자산	699,384	568,547	130,838	23.01%
임차보증금	43,529,900	43,912,869	(382,970)	(0.87%)
자산총계	**330,184,547**	**335,588,264**	(5,403,717)	(1.61%)
부채				
유동부채	**269,301,245**	**281,844,406**	(12,543,160)	(4.45%)
매입채무	184,632,274	191,469,505	(6,837,230)	(3.57%)
기타금융부채	82,535,259	86,678,327	(4,143,068)	(4.78%)
기타유동부채	2,133,711	3,696,573	(1,562,862)	(42.28%)
비유동부채	**4,606,841**	**4,258,077**	348,763	8.19%
순확정급여부채	4,588,149	4,229,470	358,679	8.48%
장기선수수익	18,691	28,607	(9,916)	(34.66%)
부채총계	**273,908,087**	**286,102,484**	(12,194,397)	(4.26%)
자본				
자본금	**30,202,995**	**30,202,995**	–	–
보통주자본금	30,202,995	30,202,995	–	–
기타포괄손익누계액	**(16,947,271)**	**(11,213,804)**	(5,733,467)	51.13%
이익잉여금	43,020,736	30,496,589	12,524,147	41.07%
자본총계	**56,276,459**	**49,485,780**	6,790,680	13.72%
부채와자본총계	330,184,547	335,588,264	(5,403,717)	(1.61%)

재무상태표를 수평적 분석으로 검토한 결과 자본의 이익잉여금이 125억원(41.07%) 정도로 많이 증가하였으나, 부채가 122억원(4.26%) 정도 감소하고 기타포괄손익누계액의 (−)로 인해 총자산은 54억원(1.61%) 정도의 감소가 있었다. 또한 단기투자자산이 100% 이상 증가하고 유형자산은 감소한 것으로 보아 여유자금을 시설투자보다는 단기투자로 운용하고 있음을 알 수 있다. 또한 재고자산이 42억원(17.54%) 증가하여 재고자산의 진부화 여부의 검토가 필요하다.

제5절 수직적 분석

수직적 분석이란 한 시점에서 재무제표의 구성항목의 상대적 크기, 즉 요소구성비율을 분석하는 것이다.

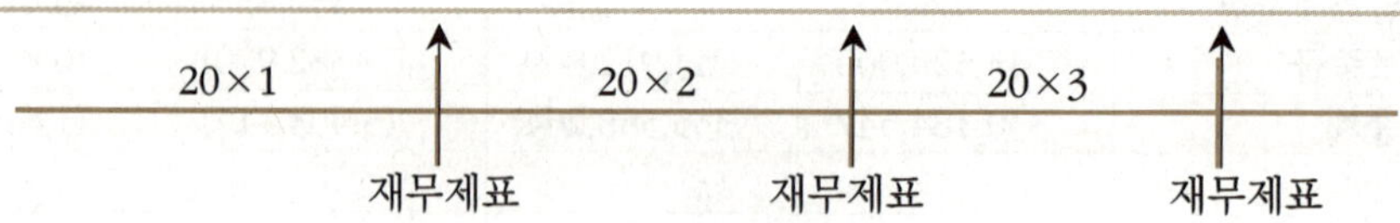

〈수직적 분석〉

재무상태표

제17기 기말: 2014년 12월 31일 현재
제16기 기말: 2013년 12월 31일 현재

삼성전자서비스주식회사 (단위: 천원)

과목	제17(당)기말		제16(전)기말	
	금액	비율	금액	비율
자산				
유동자산	**237,045,318**	69.35%	**232,734,694**	69.35%
현금및현금성자산	78,503,550	21.37%	70,563,689	21.03%
단기투자자산	42,600,000	6.09%	20,100,000	5.99%
매출채권	78,142,564	31.65%	104,490,201	31.14%
기타금융자산	6,798,760	2.69%	8,886,295	2.65%
기타유동자산	1,714,720	1.27%	4,205,794	1.25%
선급법인세	878,058	0.10%	320,318	0.10%
재고자산	28,407,665	7.32%	24,168,394	7.20%
비유동자산	**93,139,228**	30.65%	**102,853,569**	30.65%
유형자산	34,124,755	12.06%	39,829,625	11.87%
무형자산	14,768,312	5.61%	18,522,651	5.52%
장기선급비용	16,875	0.01%	19,875	0.01%
이연법인세자산	699,384	0.17%	568,547	0.17%
임차보증금	43,529,900	13.30%	43,912,869	13.09%
자산총계	**330,184,547**	**100%**	**335,588,264**	**100%**
부채				
유동부채	**269,301,245**	81.56%	**281,844,406**	83.99%
매입채무	184,632,274	55.92%	191,469,505	57.05%
기타금융부채	82,535,259	25.00%	86,678,327	25.83%
기타유동부채	2,133,711	0.65%	3,696,573	1.10%
비유동부채	**4,606,841**	1.40%	**4,258,077**	1.27%
순확정급여부채	4,588,149	1.39%	4,229,470	1.26%
장기선수수익	18,691	0.01%	28,607	0.01%
부채총계	**273,908,087**	82.96%	**286,102,484**	85.25%
자본				
자본금	**30,202,995**	9.15%	**30,202,995**	9.00%
보통주자본금	30,202,995	9.15%	30,202,995	9.00%
기타포괄손익누계액	(16,947,271)	(5.13%)	(11,213,804)	(3.34%)
이익잉여금	43,020,736	13.03%	30,496,589	9.09%
자본총계	**56,276,459**	17.04%	**49,485,780**	14.75%
부채와 자본총계	**330,184,547**	**100%**	**335,588,264**	**100%**

재무상태표를 수직적 분석으로 검토한 결과 전반적으로 큰 비율의 변화가 없어 안정적인 재무상태로 판단되며 총자산에서 부채가 차지하는 비율이 감소하였음을 알 수 있다. 유형자산이 차지하는 비율도 큰 차이가 없으므로 대규모 시설투자도 없었음을 유추해볼 수 있다. 그러나 이익잉여금이 차지하고 있는 비율이 3.94%P 증가하여 유보된 이익의 배당이나 재투자를 고려할 필요가 있다고 판단된다.

연습문제

| 주관식문제 |

01. 다음 자료를 이용하여 각 물음에 답하시오.

재무상태표

제17기 기말: 2014년 12월 31일 현재

삼성전자서비스주식회사 제16기 기말: 2013년 12월 31일 현재 (단위: 천원)

과 목	제17(당)기말		제16(전)기말	
자산				
유동자산		237,045,318		232,734,694
현금및현금성자산	78,503,550		70,563,689	
단기투자자산	42,600,000		20,100,000	
매출채권	78,142,564		104,490,201	
기타금융자산	6,798,760		8,886,295	
기타유동자산	1,714,720		4,205,794	
선급법인세	878,058		320,318	
재고자산	28,407,665		24,168,394	
비유동자산		93,139,228		102,853,569
유형자산	34,124,755		39,829,625	
무형자산	14,768,312		18,522,651	
장기선급비용	16,875		19,875	
이연법인세자산	699,384		568,547	
임차보증금	43,529,900		43,912,869	
자산총계		330,184,547		335,588,264
부채				
유동부채		269,301,245		281,844,406
매입채무	184,632,274		191,469,505	
기타금융부채	82,535,259		86,678,327	
기타유동부채	2,133,711		3,696,573	
비유동부채		4,606,841		4,258,077
순확정급여부채	4,588,149		4,229,470	
장기선수수익	18,691		28,607	
부채총계		273,908,087		286,102,484
자본				
자본금		30,202,995		30,202,995
보통주자본금	30,202,995		30,202,995	
기타포괄손익누계액		(16,947,271)		(11,213,804)
이익잉여금		43,020,736		30,496,589
자본총계		56,276,459		49,485,780
부채와 자본총계		330,184,547		335,588,264

포괄손익계산서(기능별)

제17기: 2014년 1월 1일부터 2014년 12월 31일까지
제16기: 2013년 1월 1일부터 2013년 12월 31일까지

삼성전자서비스주식회사 (단위: 천원)

과목	제17(당)기	제16(전)기
매출액	1,358,125,817	1,278,913,476
매출원가	(1,217,009,561)	(1,151,868,732)
매출총이익	**141,116,255**	**127,044,743**
판매비와관리비	(126,995,167)	(121,988,003)
영업이익	**14,121,088**	**5,056,740**
기타수익	549,129	202,059
기타비용	(308,292)	(904,779)
금융수익	1,944,954	1,371,852
금융비용	–	–
법인세비용차감전순이익	**16,306,879**	**5,725,872**
법인세비용	(3,782,732)	(1,363,239)
당기순이익	**12,524,146**	**4,362,633**
기타포괄손익	(5,733,467)	(594,190)
당기손익으로 재분류되지 않는 항목		
순확정급여부채의 재측정요소	(5,733,467)	(594,190)
당기총포괄손익	**6,790,679**	**3,768,443**

(1) 총자산이익률: 총자산순이익률, 총자산(포괄)이익률

(2) 자기자본이익률(ROE): 자기자본순이익률, 자기자본(포괄)이익률

(3) 매출액이익률: 매출총이익률, 매출액영업이익률, 매출액순이익률, 매출액(포괄)이익률

(4) 유동비율, 당좌비율

(5) 부채비율

(6) 고정(비유동자산)장기적합률

(7) 총자산회전율, 자기자본회전율

(8) 매출채권회전율

(9) 재고자산회전율

(10) 총자산증가율

(11) 매출액증가율

(12) 이익증가율: 순이익증가율, 포괄이익증가율

정답 및 해설

(1) 총자산이익률: 총자산순이익률, 총자산(포괄)이익률

• $총자산순이익률 = \frac{당기순이익}{평균총자산} \times 100$

$$= \frac{12,524,146}{(335,588,264 + 330,184,547)/2} \times 100 = 3.76\%$$

• $총자산(포괄)이익률 = \frac{당기총포괄이익}{평균총자산} \times 100$

$$= \frac{6,790,679}{(335,588,264 + 330,184,547)/2} \times 100 = 2.04\%$$

(2) 자기자본이익률(ROE): 자기자본순이익률, 자기자본(포괄)이익률

• $자기자본순이익률(ROE) = \frac{당기순이익}{평균자기자본} \times 100$

$$= \frac{12,524,146}{(49,485,780 + 56,276,459)/2} \times 100 = 23.68\%$$

• $자기자본(포괄)이익률(ROE) = \frac{당기총포괄이익}{평균자기자본} \times 100$

$$= \frac{6,790,679}{(49,485,780 + 56,276,459)/2} \times 100 = 12.84\%$$

(3) 매출액이익률: 매출총이익률, 매출액영업이익률, 매출액순이익률, 매출액포괄이익률

• $매출총이익률 = \frac{매출총이익}{매출액} \times 100 = \frac{141,116,255}{1,358,125,817} \times 100 = 10.39\%$

• $매출액영업이익률 = \frac{영업이익}{매출액} \times 100 = \frac{14,121,088}{1,358,125,817} \times 100 = 1.04\%$

• $매출액순이익률 = \frac{당기순이익}{매출액} \times 100 = \frac{12,524,146}{1,358,125,817} \times 100 = 0.92\%$

• $매출액포괄이익률 = \frac{당기총포괄이익}{매출액} \times 100 = \frac{6,790,679}{1,358,125,817} \times 100 = 0.50\%$

(4) 유동비율, 당좌비율

• $유동비율 = \frac{유동자산}{유동부채} \times 100 = \frac{237,045,318}{269,301,245} \times 100 = 88.02\%$

• 당좌비율 $= \dfrac{\text{유동자산} - \text{재고자산}}{\text{유동부채}} \times 100 = \dfrac{(237{,}045{,}318 - 28{,}407{,}665)}{269{,}301{,}245} \times 100 = 77.47\%$

(5) 부채비율

• 부채비율 $= \dfrac{\text{부채(타인자본)}}{\text{자기자본}} \times 100 = \dfrac{273{,}908{,}087}{56{,}276{,}459} \times 100 = 486.72\%$

(6) 고정(비유동자산)장기적합률

• 고정(비유동자산)장기적합률 $= \dfrac{\text{고정자산(비유동자산)}}{\text{자기자본} + \text{비유동부채}} \times 10$

$$= \frac{93{,}139{,}228}{56{,}276{,}459 + 4{,}606{,}841} \times 100 = 152.98\%$$

(7) 총자산회전율, 자기자본회전율

• 총자산회전율 $= \dfrac{\text{매출액}}{\text{평균총자산}} = \dfrac{1{,}358{,}125{,}817}{(335{,}588{,}264 + 330{,}184{,}547)/2} = 4.08\text{회}$

• 자기자본회전율 $= \dfrac{\text{매출액}}{\text{평균자기자본}} = \dfrac{1{,}358{,}125{,}817}{(49{,}485{,}780 + 56{,}276{,}459)/2} = 25.68\text{회}$

(8) 매출채권회전율

• 매출채권회전율 $= \dfrac{\text{매출액}}{\text{평균매출채권}} = \dfrac{1{,}358{,}125{,}817}{(104{,}490{,}201 + 78{,}142{,}564)/2} = 14.87\text{회}$

(9) 재고자산회전율

• 재고자산회전율 $= \dfrac{\text{매출원가}}{\text{평균재고자산}} = \dfrac{1{,}217{,}009{,}561}{(24{,}168{,}394 + 28{,}407{,}665)/2} = 46.30\text{회}$

(10) 총자산증가율

• 총자산증가율 $= \dfrac{\text{기말총자산} - \text{기초총자산}}{\text{기초 총자산}} \times 100$

$$= \frac{(330{,}184{,}547 - 335{,}588{,}264)}{335{,}588{,}264} \times 100 = -1.61\%$$

(11) 매출액증가율

• 매출액증가율 $= \dfrac{\text{당기매출액} - \text{전기매출액}}{\text{전기 매출액}} \times 100$

$$= \frac{(1{,}358{,}125{,}817 - 1{,}278{,}913{,}476)}{1{,}278{,}913{,}476} \times 100 = 6.19\%$$

(12) 이익증가율: 순이익증가율, 포괄이익증가율

• 순이익증가율 $= \frac{\text{당기순이익} - \text{전기순이익}}{\text{전기순이익}} \times 100$

$$= \frac{12{,}524{,}146 - 4{,}362{,}633}{4{,}362{,}633} \times 100 = 187.08\%$$

• 포괄이익증가율 $= \frac{\text{당기총포괄이익} - \text{전기총포괄이익}}{\text{전기총포괄이익}} \times 100$

$$= \frac{6{,}790{,}679 - 3{,}768{,}443}{3{,}768{,}443} \times 100 = 80.20\%$$

부록

[표 1] 1원의 현재가치

기간수 n	이자율														
	1	2	3	4	5	6	7	8	9	10	11	12	13	14	15
1	0.99010	0.98039	0.97087	0.96154	0.95238	0.94340	0.93458	0.92593	0.91743	0.90909	0.90090	0.89286	0.88496	0.87719	0.86957
2	0.98030	0.96117	0.94260	0.92456	0.90703	0.89000	0.87344	0.85734	0.84168	0.82645	0.81162	0.79719	0.78315	0.76947	0.75614
3	0.97059	0.94232	0.91514	0.88900	0.86384	0.83962	0.81630	0.79383	0.77218	0.75131	0.73119	0.71178	0.69305	0.67497	0.65752
4	0.96098	0.92385	0.88849	0.85480	0.82270	0.79209	0.76290	0.73503	0.70843	0.68301	0.65873	0.63552	0.61332	0.59208	0.57175
5	0.95147	0.90573	0.86261	0.82193	0.78353	0.74726	0.71299	0.68058	0.64993	0.62092	0.59345	0.56743	0.54276	0.51937	0.49718
6	0.94205	0.88797	0.83748	0.79031	0.74622	0.70496	0.66634	0.63017	0.59627	0.56447	0.53464	0.50663	0.48032	0.45559	0.43233
7	0.93272	0.87056	0.81309	0.75992	0.71068	0.66506	0.62275	0.58349	0.54703	0.51316	0.48166	0.45235	0.42506	0.39964	0.37594
8	0.92348	0.85349	0.78941	0.73069	0.67684	0.62741	0.58201	0.54027	0.50187	0.46651	0.43393	0.40388	0.37616	0.35056	0.32690
9	0.91434	0.83676	0.76642	0.70259	0.64461	0.59190	0.54393	0.50025	0.46043	0.42410	0.39092	0.36061	0.33288	0.30751	0.28426
10	0.90529	0.82035	0.74409	0.67556	0.61391	0.55839	0.50835	0.46319	0.42241	0.38554	0.35218	0.32197	0.29459	0.26974	0.24718
11	0.89632	0.80426	0.72242	0.64958	0.58468	0.52679	0.47509	0.42888	0.38753	0.35049	0.31728	0.28748	0.26070	0.23662	0.21494
12	0.88745	0.78849	0.70138	0.62460	0.55684	0.49697	0.44401	0.39711	0.35553	0.31863	0.28584	0.25668	0.23071	0.20756	0.18691
13	0.87866	0.77303	0.68095	0.60057	0.53032	0.46884	0.41496	0.36770	0.32618	0.28966	0.25751	0.22917	0.20416	0.18207	0.16253
14	0.86996	0.75788	0.66112	0.57748	0.50507	0.44230	0.38782	0.34046	0.29925	0.26333	0.23199	0.20462	0.18068	0.15971	0.14133
15	0.86135	0.74301	0.64186	0.55526	0.48102	0.41727	0.36245	0.31524	0.27454	0.23939	0.20900	0.18270	0.15989	0.14010	0.12289
16	0.85282	0.72845	0.62317	0.53391	0.45811	0.39365	0.33873	0.29189	0.25187	0.21763	0.18829	0.16312	0.14150	0.12289	0.10686
17	0.84438	0.71416	0.60502	0.51337	0.43630	0.37136	0.31657	0.27027	0.23107	0.19784	0.16963	0.14564	0.12522	0.10780	0.09293
18	0.83602	0.70016	0.58739	0.49363	0.41552	0.35034	0.29586	0.25025	0.21199	0.17986	0.15282	0.13004	0.11081	0.09456	0.08081
19	0.82774	0.68643	0.57029	0.47464	0.39573	0.33051	0.27651	0.23171	0.19449	0.16351	0.13768	0.11611	0.09806	0.08295	0.07027
20	0.81954	0.67297	0.55368	0.45639	0.37689	0.31180	0.25842	0.21455	0.17843	0.14864	0.12403	0.10367	0.08678	0.07276	0.06110
21	0.81143	0.65978	0.53755	0.43883	0.35894	0.29416	0.24151	0.19866	0.16370	0.13513	0.11174	0.09256	0.07680	0.06383	0.05313
22	0.80340	0.64684	0.52189	0.42196	0.34185	0.27751	0.22571	0.18394	0.15018	0.12285	0.10067	0.08264	0.06796	0.05599	0.04620
23	0.79544	0.63416	0.50669	0.40573	0.32557	0.26180	0.21095	0.17032	0.13778	0.11168	0.09069	0.07379	0.06014	0.04911	0.04017
24	0.78757	0.62172	0.49193	0.39012	0.31007	0.24698	0.19715	0.15770	0.12640	0.10153	0.08170	0.06588	0.05323	0.04308	0.03493
25	0.77977	0.60953	0.47761	0.37512	0.29530	0.23300	0.18425	0.14602	0.11597	0.09230	0.07361	0.05882	0.04710	0.03779	0.03038
26	0.77205	0.59758	0.46369	0.36069	0.28124	0.21981	0.17220	0.13520	0.10639	0.08391	0.06631	0.05252	0.04168	0.03315	0.02642
27	0.76440	0.58586	0.45019	0.34682	0.26785	0.20737	0.16093	0.12519	0.09761	0.07628	0.05974	0.04689	0.03689	0.02908	0.02297
28	0.75684	0.57437	0.43708	0.33348	0.25509	0.19563	0.15040	0.11591	0.08955	0.06934	0.05382	0.04187	0.03264	0.02551	0.01997
29	0.74934	0.56311	0.42435	0.32065	0.24295	0.18456	0.14056	0.10733	0.08215	0.06304	0.04849	0.03738	0.02889	0.02237	0.01737
30	0.74192	0.55207	0.41199	0.30832	0.23138	0.17411	0.13137	0.09938	0.07537	0.05731	0.04368	0.03338	0.02557	0.01963	0.01510

[표 1] **계속**

기간수 n	이자율														
	16	17	18	19	20	21	22	23	24	25	26	27	28	29	30
1	0.86207	0.85470	0.84746	0.84034	0.83333	0.82645	0.81967	0.81301	0.80645	0.80000	0.79365	0.78740	0.78125	0.77519	0.76923
2	0.74316	0.73051	0.71818	0.70616	0.69444	0.68301	0.67186	0.66098	0.65036	0.64000	0.62988	0.62000	0.61035	0.60093	0.59172
3	0.64066	0.62437	0.60863	0.59342	0.57870	0.56447	0.55071	0.53738	0.52449	0.51200	0.49991	0.48819	0.47684	0.46583	0.45517
4	0.55229	0.53365	0.51579	0.49867	0.48225	0.46651	0.45140	0.43690	0.42297	0.40960	0.39675	0.38440	0.37253	0.36111	0.35013
5	0.47611	0.45611	0.43711	0.41905	0.40188	0.38554	0.37000	0.35520	0.34111	0.32768	0.31488	0.30268	0.29104	0.27993	0.26933
6	0.41044	0.38984	0.37043	0.35214	0.33490	0.31863	0.30328	0.28878	0.27509	0.26214	0.24991	0.23833	0.22737	0.21700	0.20718
7	0.35383	0.33320	0.31393	0.29592	0.27908	0.26333	0.24859	0.23478	0.22184	0.20972	0.19834	0.18766	0.17764	0.16822	0.15937
8	0.30503	0.28478	0.26604	0.24867	0.23257	0.21763	0.20376	0.19088	0.17891	0.16777	0.15741	0.14776	0.13878	0.13040	0.12259
9	0.26295	0.24340	0.22546	0.20897	0.19381	0.17986	0.16702	0.15519	0.14428	0.13422	0.12493	0.11635	0.10842	0.10109	0.09430
10	0.22668	0.20804	0.19106	0.17560	0.16151	0.14864	0.13690	0.12617	0.11635	0.10737	0.09915	0.09161	0.08470	0.07836	0.07254
11	0.19542	0.17781	0.16192	0.14757	0.13459	0.12285	0.11221	0.10258	0.09383	0.08590	0.07869	0.07214	0.06617	0.06075	0.05580
12	0.16846	0.15197	0.13722	0.12400	0.11216	0.10153	0.09198	0.08339	0.07567	0.06872	0.06245	0.05680	0.05170	0.04709	0.04292
13	0.14523	0.12989	0.11629	0.10421	0.09346	0.08391	0.07539	0.06780	0.06103	0.05498	0.04957	0.04473	0.04039	0.03650	0.03302
14	0.12520	0.11102	0.09855	0.08757	0.07789	0.06934	0.06180	0.05512	0.04921	0.04398	0.03934	0.03522	0.03155	0.02830	0.02540
15	0.10793	0.09489	0.08352	0.07359	0.06491	0.05731	0.05065	0.04481	0.03969	0.03518	0.03122	0.02773	0.02465	0.02194	0.01954
16	0.09304	0.08110	0.07078	0.06184	0.05409	0.04736	0.04152	0.03643	0.03201	0.02815	0.02478	0.02183	0.01926	0.01700	0.01503
17	0.08021	0.06932	0.05998	0.05196	0.04507	0.03914	0.03403	0.02962	0.02581	0.02252	0.01967	0.01719	0.01505	0.01318	0.01156
18	0.06914	0.05925	0.05083	0.04367	0.03756	0.03235	0.02789	0.02408	0.02082	0.01801	0.01561	0.01354	0.01175	0.01022	0.00889
19	0.05961	0.05064	0.04308	0.03670	0.03130	0.02673	0.02286	0.01958	0.01679	0.01441	0.01239	0.01066	0.00918	0.00792	0.00684
20	0.05139	0.04328	0.03651	0.03084	0.02608	0.02209	0.01874	0.01592	0.01354	0.01153	0.00983	0.00839	0.00717	0.00614	0.00526
21	0.04430	0.03699	0.03094	0.02591	0.02174	0.01826	0.01536	0.01294	0.01092	0.00922	0.00780	0.00661	0.00561	0.00476	0.00405
22	0.03819	0.03162	0.02622	0.02178	0.01811	0.01509	0.01259	0.01052	0.00880	0.00738	0.00619	0.00520	0.00438	0.00369	0.00311
23	0.03292	0.02702	0.02222	0.01830	0.01509	0.01247	0.01032	0.00855	0.00710	0.00590	0.00491	0.00410	0.00342	0.00286	0.00239
24	0.02838	0.02310	0.01883	0.01538	0.01258	0.01031	0.00846	0.00695	0.00573	0.00472	0.00390	0.00323	0.00267	0.00222	0.00184
25	0.02447	0.01974	0.01596	0.01292	0.01048	0.00852	0.00693	0.00565	0.00462	0.00378	0.00310	0.00254	0.00209	0.00172	0.00142
26	0.02109	0.01687	0.01352	0.01086	0.00874	0.00704	0.00568	0.00460	0.00372	0.00302	0.00246	0.00200	0.00163	0.00133	0.00109
27	0.01818	0.01442	0.01146	0.00912	0.00728	0.00582	0.00466	0.00374	0.00300	0.00242	0.00195	0.00158	0.00127	0.00103	0.00084
28	0.01567	0.01233	0.00971	0.00767	0.00607	0.00481	0.00382	0.00304	0.00242	0.00193	0.00155	0.00124	0.00100	0.00080	0.00065
29	0.01351	0.01053	0.00823	0.00644	0.00506	0.00397	0.00313	0.00247	0.00195	0.00155	0.00123	0.00098	0.00078	0.00062	0.00050
30	0.01165	0.00900	0.00697	0.00541	0.00421	0.00328	0.00257	0.00201	0.00158	0.00124	0.00097	0.00077	0.00061	0.00048	0.00038

[표 2] **연금 1원의 현재가치**

기간수	이자율														
n	1	2	3	4	5	6	7	8	9	10	11	12	13	14	15
1	0.99010	0.98039	0.97087	0.96154	0.95238	0.94340	0.93458	0.92593	0.91743	0.90909	0.90090	0.89286	0.88496	0.87719	0.86957
2	1.97040	1.94156	1.91347	1.88609	1.85941	1.83339	1.80802	1.78326	1.75911	1.73554	1.71252	1.69005	1.66810	1.64666	1.62571
3	2.94099	2.88388	2.82861	2.77509	2.72325	2.67301	2.62432	2.57710	2.53129	2.48685	2.44371	2.40183	2.36115	2.32163	2.28323
4	3.90197	3.80773	3.71710	3.62990	3.54595	3.46511	3.38721	3.31213	3.23972	3.16987	3.10245	3.03735	2.97447	2.91371	2.85498
5	4.85343	4.71346	4.57971	4.45182	4.32948	4.21236	4.10020	3.99271	3.88965	3.79079	3.69590	3.60478	3.51723	3.43308	3.35216
6	5.79548	5.60143	5.41719	5.24214	5.07569	4.91732	4.76654	4.62288	4.48592	4.35526	4.23054	4.11141	3.99755	3.88867	3.78448
7	6.72819	6.47199	6.23028	6.00205	5.78637	5.58238	5.38929	5.20637	5.03295	4.86842	4.71220	4.56376	4.42261	4.28830	4.16042
8	7.65168	7.32548	7.01969	6.73274	6.46321	6.20979	5.97130	5.74664	5.53482	5.33493	5.14612	4.96764	4.79877	4.63886	4.48732
9	8.56602	8.16224	7.78611	7.43533	7.10782	6.80169	6.51523	6.24689	5.99525	5.75902	5.53705	5.32825	5.13166	4.94637	4.77158
10	9.47130	8.98259	8.53020	8.11090	7.72173	7.36009	7.02358	6.71008	6.41766	6.14457	5.88923	5.65022	5.42624	5.21612	5.01877
11	10.36763	9.78685	9.25262	8.76048	8.30641	7.88687	7.49867	7.13896	6.80519	6.49506	6.20652	5.93770	5.68694	5.45273	5.23371
12	11.25508	10.57534	9.95400	9.38507	8.86325	8.38384	7.94269	7.53608	7.16073	6.81369	6.49236	6.19437	5.91765	5.66029	5.42062
13	12.13374	11.34837	10.63496	9.98565	9.39357	8.85268	8.35765	7.90378	7.48690	7.10336	6.74987	6.42355	6.12181	5.84236	5.58315
14	13.00370	12.10625	11.29607	10.56312	9.89864	9.29498	8.74547	8.24424	7.78615	7.36669	6.98187	6.62817	6.30249	6.00207	5.72448
15	13.86505	12.84926	11.93794	11.11839	10.37966	9.71225	9.10791	8.55948	8.06069	7.60608	7.19087	6.81086	6.46238	6.14217	5.84737
16	14.71787	13.57771	12.56110	11.65230	10.83777	10.10590	9.44665	8.85137	8.31256	7.82371	7.37916	6.97399	6.60388	6.26506	5.95423
17	15.56225	14.29187	13.16612	12.16567	11.27407	10.47726	9.76322	9.12164	8.54363	8.02155	7.54879	7.11963	6.72909	6.37286	6.04716
18	16.39827	14.99203	13.75351	12.65930	11.68959	10.82760	10.05909	9.37189	8.75563	8.20141	7.70162	7.24967	6.83991	6.46742	6.12797
19	17.22601	15.67846	14.32380	13.13394	12.08532	11.15812	10.33560	9.60360	8.95011	8.36492	7.83929	7.36578	6.93797	6.55037	6.19823
20	18.04555	16.35143	14.87747	13.59033	12.46221	11.46992	10.59401	9.81815	9.12855	8.51356	7.96333	7.46944	7.02475	6.62313	6.25933
21	18.85698	17.01121	15.41502	14.02916	12.82115	11.76408	10.83553	10.01680	9.29224	8.64869	8.07507	7.56200	7.10155	6.68696	6.31246
22	19.66038	17.65805	15.93692	14.45112	13.16300	12.04158	11.06124	10.20074	9.44243	8.77154	8.17574	7.64465	7.16951	6.74294	6.35866
23	20.45582	18.29220	16.44361	14.85684	13.48857	12.30338	11.27219	10.37106	9.58021	8.88322	8.26643	7.71843	7.22966	6.79206	6.39884
24	21.24339	18.91393	16.93554	15.24696	13.79864	12.55036	11.46933	10.52876	9.70661	8.98474	8.34814	7.78432	7.28288	6.83514	6.43377
25	22.02316	19.52346	17.41315	15.62208	14.09394	12.78336	11.65358	10.67478	9.82258	9.07704	8.42174	7.84314	7.32998	6.87293	6.46415
26	22.79520	20.12104	17.87684	15.98277	14.37519	13.00317	11.82578	10.80998	9.92897	9.16095	8.48806	7.89566	7.37167	6.90608	6.49056
27	23.55961	20.70690	18.32703	16.32959	14.64303	13.21053	11.98671	10.93516	10.02658	9.23722	8.54780	7.94255	7.40856	6.93515	6.51353
28	24.31644	21.28127	18.76411	16.66306	14.89813	13.40616	12.13711	11.05108	10.11613	9.30657	8.60162	7.98442	7.44120	6.96066	6.53351
29	25.06579	21.84438	19.18845	16.98371	15.14107	13.59072	12.27767	11.15841	10.19828	9.36961	8.65011	8.02181	7.47009	6.98304	6.55088
30	25.80771	22.39646	19.60044	17.29203	15.37245	13.76483	12.40904	11.25778	10.27365	9.42691	8.69379	8.05518	7.49565	7.00266	6.56598

[표 2] 계속

기간수	이자율														
n	16	17	18	19	20	21	22	23	24	25	26	27	28	29	30
1	0.86207	0.85470	0.84746	0.84034	0.83333	0.82645	0.81967	0.81301	0.80645	0.80000	0.79365	0.78740	0.78125	0.77519	0.76923
2	1.60523	1.58521	1.56564	1.54650	1.52778	1.50946	1.49153	1.47399	1.45682	1.44000	1.42353	1.40740	1.39160	1.37612	1.36095
3	2.24589	2.20958	2.17427	2.13992	2.10648	2.07393	2.04224	2.01137	1.98130	1.95200	1.92344	1.89559	1.86844	1.84195	1.81611
4	2.79818	2.74324	2.69006	2.63859	2.58873	2.54044	2.49364	2.44827	2.40428	2.36160	2.32019	2.27999	2.24097	2.20306	2.16624
5	3.27429	3.19935	3.12717	3.05763	2.99061	2.92598	2.86364	2.80347	2.74538	2.68928	2.63507	2.58267	2.53201	2.48300	2.43557
6	3.68474	3.58918	3.49760	3.40978	3.32551	3.24462	3.16692	3.09225	3.02047	2.95142	2.88498	2.82100	2.75938	2.70000	2.64275
7	4.03857	3.92238	3.81153	3.70570	3.60459	3.50795	3.41551	3.32704	3.24232	3.16114	3.08331	3.00866	2.93702	2.86821	2.80211
8	4.34359	4.20716	4.07757	3.95437	3.83716	3.72558	3.61927	3.51792	3.42122	3.32891	3.24073	3.15643	3.07579	2.99862	2.92470
9	4.60654	4.45057	4.30302	4.16333	4.03097	3.90543	3.78628	3.67310	3.56550	3.46313	3.36566	3.27278	3.18421	3.09970	3.01900
10	4.83323	4.65860	4.49409	4.33893	4.19247	4.05408	3.92318	3.79927	3.68186	3.57050	3.46481	3.36439	3.26892	3.17806	3.09154
11	5.02864	4.83641	4.65601	4.48650	4.32706	4.17692	4.03540	3.90185	3.77569	3.65640	3.54350	3.43653	3.33509	3.23881	3.14734
12	5.19711	4.98839	4.79322	4.61050	4.43922	4.27845	4.12737	3.98524	3.85136	3.72512	3.60595	3.49333	3.38679	3.28590	3.19026
13	5.34233	5.11828	4.90951	4.71471	4.53268	4.36235	4.20277	4.05304	3.91239	3.78010	3.65552	3.53806	3.42718	3.32240	3.22328
14	5.46753	5.22930	5.00806	4.80228	4.61057	4.43170	4.26456	4.10816	3.96160	3.82408	3.69485	3.57327	3.45873	3.35070	3.24867
15	5.57546	5.32419	5.09158	4.87586	4.67547	4.48901	4.31522	4.15298	4.00129	3.85926	3.72607	3.60100	3.48339	3.37264	3.26821
16	5.66850	5.40529	5.16235	4.93770	4.72956	4.53637	4.35673	4.18941	4.03330	3.88741	3.75085	3.62284	3.50265	3.38964	3.28324
17	5.74870	5.47461	5.22233	4.98966	4.77463	4.57551	4.39077	4.21904	4.05911	3.90993	3.77052	3.64003	3.51769	3.40282	3.29480
18	5.81785	5.53385	5.27316	5.03333	4.81219	4.60786	4.41866	4.24312	4.07993	3.92794	3.78613	3.65357	3.52945	3.41304	3.30369
19	5.87746	5.58449	5.31624	5.07003	4.84350	4.63460	4.44152	4.26270	4.09672	3.94235	3.79851	3.66422	3.53863	3.42096	3.31053
20	5.92884	5.62777	5.35275	5.10086	4.86958	4.65669	4.46027	4.27862	4.11026	3.95388	3.80834	3.67262	3.54580	3.42710	3.31579
21	5.97314	5.66476	5.38368	5.12677	4.89132	4.67495	4.47563	4.29156	4.12117	3.96311	3.81615	3.67923	3.55141	3.43186	3.31984
22	6.01133	5.69637	5.40990	5.14855	4.90943	4.69004	4.48822	4.30208	4.12998	3.97049	3.82234	3.68443	3.55579	3.43555	3.32296
23	6.04425	5.72340	5.43212	5.16685	4.92453	4.70251	4.49854	4.31063	4.13708	3.97639	3.82725	3.68853	3.55921	3.43841	3.32535
24	6.07263	5.74649	5.45095	5.18223	4.93710	4.71282	4.50700	4.31759	4.14281	3.98111	3.83115	3.69175	3.56188	3.44063	3.32719
25	6.09709	5.76623	5.46691	5.19515	4.94759	4.72134	4.51393	4.32324	4.14742	3.98489	3.83425	3.69429	3.56397	3.44235	3.32861
26	6.11818	5.78311	5.48043	5.20601	4.95632	4.72838	4.51962	4.32784	4.15115	3.98791	3.83670	3.69630	3.56560	3.44368	3.32970
27	6.13636	5.79753	5.49189	5.21513	4.96360	4.73420	4.52428	4.33158	4.15415	3.99033	3.83865	3.69787	3.56688	3.44471	3.33054
28	6.15204	5.80985	5.50160	5.22280	4.96967	4.73901	4.52810	4.33462	4.15657	3.99226	3.84020	3.69911	3.56787	3.44551	3.33118
29	6.16555	5.82039	5.50983	5.22924	4.97472	4.74298	4.53123	4.33709	4.15853	3.99381	3.84143	3.70009	3.56865	3.44614	3.33168
30	6.17720	5.82939	5.51681	5.23466	4.97894	4.74627	4.53379	4.33909	4.16010	3.99505	3.84240	3.70086	3.56926	3.44662	3.33206

[표 3] **1원의 미래가치**

기간수	이자율														
n	1	2	3	4	5	6	7	8	9	10	11	12	13	14	15
1	1.01000	1.02000	1.03000	1.04000	1.05000	1.06000	1.07000	1.08000	1.09000	1.10000	1.11000	1.12000	1.13000	1.14000	1.15000
2	1.02010	1.04040	1.06090	1.08160	1.10250	1.12360	1.14490	1.16640	1.18810	1.21000	1.23210	1.25440	1.27690	1.29960	1.32250
3	1.03030	1.06121	1.09273	1.12486	1.15763	1.19102	1.22504	1.25971	1.29503	1.33100	1.36763	1.40493	1.44290	1.48154	1.52088
4	1.04060	1.08243	1.12551	1.16986	1.21551	1.26248	1.31080	1.36049	1.41158	1.46410	1.51807	1.57352	1.63047	1.68896	1.74901
5	1.05101	1.10408	1.15927	1.21665	1.27628	1.33823	1.40255	1.46933	1.53862	1.61051	1.68506	1.76234	1.84244	1.92541	2.01136
6	1.06152	1.12616	1.19405	1.26532	1.34010	1.41852	1.50073	1.58687	1.67710	1.77156	1.87041	1.97382	2.08195	2.19497	2.31306
7	1.07214	1.14869	1.22987	1.31593	1.40710	1.50363	1.60578	1.71382	1.82804	1.94872	2.07616	2.21068	2.35261	2.50227	2.66002
8	1.08286	1.17166	1.26677	1.36857	1.47746	1.59385	1.71819	1.85093	1.99256	2.14359	2.30454	2.47596	2.65844	2.85259	3.05902
9	1.09369	1.19509	1.30477	1.42331	1.55133	1.68948	1.83846	1.99900	2.17189	2.35795	2.55804	2.77308	3.00404	3.25195	3.51788
10	1.10462	1.21899	1.34392	1.48024	1.62889	1.79085	1.96715	2.15892	2.36736	2.59374	2.83942	3.10585	3.39457	3.70722	4.04556
11	1.11567	1.24337	1.38423	1.53945	1.71034	1.89830	2.10485	2.33164	2.58043	2.85312	3.15176	3.47855	3.83586	4.22623	4.65239
12	1.12683	1.26824	1.42576	1.60103	1.79586	2.01220	2.25219	2.51817	2.81266	3.13843	3.49845	3.89598	4.33452	4.81790	5.35025
13	1.13809	1.29361	1.46853	1.66507	1.88565	2.13293	2.40985	2.71962	3.06580	3.45227	3.88328	4.36349	4.89801	5.49241	6.15279
14	1.14947	1.31948	1.51259	1.73168	1.97993	2.26090	2.57853	2.93719	3.34173	3.79750	4.31044	4.88711	5.53475	6.26135	7.07571
15	1.16097	1.34587	1.55797	1.80094	2.07893	2.39656	2.75903	3.17217	3.64248	4.17725	4.78459	5.47357	6.25427	7.13794	8.13706
16	1.17258	1.37279	1.60471	1.87298	2.18287	2.54035	2.95216	3.42594	3.97031	4.59497	5.31089	6.13039	7.06733	8.13725	9.35762
17	1.18430	1.40024	1.65285	1.94790	2.29202	2.69277	3.15882	3.70002	4.32763	5.05447	5.89509	6.86604	7.98608	9.27646	10.76126
18	1.19615	1.42825	1.70243	2.02582	2.40662	2.85434	3.37993	3.99602	4.71712	5.55992	6.54355	7.68997	9.02427	10.57517	12.37545
19	1.20811	1.45681	1.75351	2.10685	2.52695	3.02560	3.61653	4.31570	5.14166	6.11591	7.26334	8.61276	10.19742	12.05569	14.23177
20	1.22019	1.48595	1.80611	2.19112	2.65330	3.20714	3.86968	4.66096	5.60441	6.72750	8.06231	9.64629	11.52309	13.74349	16.36654
21	1.23239	1.51567	1.86029	2.27877	2.78596	3.39956	4.14056	5.03383	6.10881	7.40025	8.94917	10.80385	13.02109	15.66758	18.82152
22	1.24472	1.54598	1.91610	2.36992	2.92526	3.60354	4.43040	5.43654	6.65860	8.14027	9.93357	12.10031	14.71383	17.86104	21.64475
23	1.25716	1.57690	1.97359	2.46472	3.07152	3.81975	4.74053	5.87146	7.25787	8.95430	11.02627	13.55235	16.62663	20.36158	24.89146
24	1.26973	1.60844	2.03279	2.56330	3.22510	4.04893	5.07237	6.34118	7.91108	9.84973	12.23916	15.17863	18.78809	23.21221	28.62518
25	1.28243	1.64061	2.09378	2.66584	3.38635	4.29187	5.42743	6.84848	8.62308	10.83471	13.58546	17.00006	21.23054	26.46192	32.91895
26	1.29526	1.67342	2.15659	2.77247	3.55567	4.54938	5.80735	7.39635	9.39916	11.91818	15.07986	19.04007	23.99051	30.16658	37.85680
27	1.30821	1.70689	2.22129	2.88337	3.73346	4.82235	6.21387	7.98806	10.24508	13.10999	16.73865	21.32488	27.10928	34.38991	43.53531
28	1.32129	1.74102	2.28793	2.99870	3.92013	5.11169	6.64884	8.62711	11.16714	14.42099	18.57990	23.88387	30.63349	39.20449	50.06561
29	1.33450	1.77584	2.35657	3.11865	4.11614	5.41839	7.11426	9.31727	12.17218	15.86309	20.62369	26.74993	34.61584	44.69312	57.57545
30	1.34785	1.81136	2.42726	3.24340	4.32194	5.74349	7.61226	10.06266	13.26768	17.44940	22.89230	29.95992	39.11590	50.95016	66.21177

[표 3] 계속

기간수 n	이자율 16	17	18	19	20	21	22	23	24	25	26	27	28	29	30
1	1,16000	1,17000	1,18000	1,19000	1,20000	1,21000	1,22000	1,23000	1,24000	1,25000	1,26000	1,27000	1,28000	1,29000	1,30000
2	1,34560	1,36890	1,39240	1,41610	1,44000	1,46410	1,48840	1,51290	1,53760	1,56250	1,58760	1,61290	1,63840	1,66410	1,69000
3	1,56090	1,60161	1,64303	1,68516	1,72800	1,77156	1,81585	1,86087	1,90662	1,95313	2,00038	2,04838	2,09715	2,14669	2,19700
4	1,81064	1,87389	1,93878	2,00534	2,07360	2,14359	2,21533	2,28887	2,36421	2,44141	2,52047	2,60145	2,68435	2,76923	2,85610
5	2,10034	2,19245	2,28776	2,38635	2,48832	2,59374	2,70271	2,81531	2,93163	3,05176	3,17580	3,30384	3,43597	3,57231	3,71293
6	2,43640	2,56516	2,69955	2,83976	2,98598	3,13843	3,29730	3,46283	3,63522	3,81470	4,00150	4,19587	4,39805	4,60827	4,82681
7	2,82622	3,00124	3,18547	3,37932	3,58318	3,79750	4,02271	4,25928	4,50767	4,76837	5,04190	5,32876	5,62950	5,94467	6,27485
8	3,27841	3,51145	3,75886	4,02139	4,29982	4,59497	4,90771	5,23891	5,58951	5,96046	6,35279	6,76752	7,20576	7,66863	8,15731
9	3,80296	4,10840	4,43545	4,78545	5,15978	5,55992	5,98740	6,44386	6,93099	7,45058	8,00451	8,59475	9,22337	9,89253	10,60450
10	4,41144	4,80683	5,23384	5,69468	6,19174	6,72750	7,30463	7,92595	8,59443	9,31323	10,08569	10,91534	11,80592	12,76136	13,78585
11	5,11726	5,62399	6,17593	6,77667	7,43008	8,14027	8,91165	9,74891	10,65709	11,64153	12,70796	13,86248	15,11157	16,46216	17,92160
12	5,93603	6,58007	7,28759	8,06424	8,91610	9,84973	10,87221	11,99116	13,21479	14,55192	16,01204	17,60535	19,34281	21,23619	23,29809
13	6,88579	7,69868	8,59936	9,59645	10,69932	11,91818	13,26410	14,74913	16,38634	18,18989	20,17516	22,35879	24,75880	27,39468	30,28751
14	7,98752	9,00745	10,14724	11,41977	12,83918	14,42099	16,18220	18,14143	20,31906	22,73737	25,42071	28,39567	31,69127	35,33914	39,37376
15	9,26552	10,53872	11,97375	13,58953	15,40702	17,44940	19,74229	22,31396	25,19563	28,42171	32,03009	36,06250	40,56482	45,58749	51,18589
16	10,74800	12,33030	14,12902	16,17154	18,48843	21,11378	24,08559	27,44617	31,24259	35,52714	40,35792	45,79937	51,92297	58,80786	66,54166
17	12,46768	14,42646	16,67225	19,24413	22,18611	25,54767	29,38442	33,75879	38,74081	44,40892	50,85097	58,16520	66,46140	75,86214	86,50416
18	14,46251	16,87895	19,67325	22,90052	26,62333	30,91268	35,84899	41,52331	48,03860	55,51115	64,07223	73,86981	85,07059	97,86216	112,45541
19	16,77652	19,74838	23,21444	27,25162	31,94800	37,40434	43,73577	51,07368	59,56786	69,38894	80,73100	93,81466	108,89036	126,24218	146,19203
20	19,46076	23,10560	27,39303	32,42942	38,33760	45,25926	53,35764	62,82062	73,86415	86,73617	101,72107	119,14462	139,37966	162,85242	190,04964
21	22,57448	27,03355	32,32378	38,59101	46,00512	54,76370	65,09632	77,26936	91,59155	108,42022	128,16854	151,31366	178,40596	210,07962	247,06453
22	26,18640	31,62925	38,14206	45,92331	55,20614	66,26408	79,41751	95,04132	113,57352	135,52527	161,49236	192,16835	228,35963	271,00271	321,18389
23	30,37622	37,00623	45,00763	54,64873	66,24737	80,17953	96,88936	116,90082	140,83116	169,40659	203,48038	244,05380	292,30033	349,59349	417,53905
24	35,23642	43,29729	53,10901	65,03199	79,49685	97,01723	118,20502	143,78801	174,63064	211,75824	256,38528	309,94833	374,14442	450,97560	542,80077
25	40,87424	50,65783	62,66863	77,38807	95,39622	117,39085	144,21013	176,85925	216,54199	264,69780	323,04545	393,63438	478,90486	581,75853	705,64100
26	47,41412	59,26966	73,94898	92,09181	114,47546	142,04293	175,93636	217,53688	268,51207	330,87225	407,03727	499,91566	612,99822	750,46850	917,33330
27	55,00038	69,34550	87,25980	109,58925	137,37055	171,87195	214,64236	267,57036	332,95497	413,59031	512,86696	634,89289	784,63772	968,10436	1192,53329
28	63,80044	81,13423	102,96656	130,41121	164,84466	207,96506	261,86368	329,11155	412,86416	516,98788	646,21236	806,31397	1004,33628	1248,85463	1550,29328
29	74,00851	94,92705	121,50054	155,18934	197,81359	251,63772	319,47368	404,80720	511,95156	646,23485	814,22758	1024,01875	1285,55044	1611,02247	2015,38126
30	85,84988	111,06465	143,37064	184,67531	237,37631	304,48164	389,75789	497,91286	634,81993	807,79357	1025,92675	1300,50381	1645,50456	2078,21899	2619,99564

[표 4] **연금 1원의 미래가치**

기간수 *n*	이자율														
	1	2	3	4	5	6	7	8	9	10	11	12	13	14	15
1	1.00000	1.00000	1.00000	1.00000	1.00000	1.00000	1.00000	1.00000	1.00000	1.00000	1.00000	1.00000	1.00000	1.00000	1.00000
2	2.01000	2.02000	2.03000	2.04000	2.05000	2.06000	2.07000	2.08000	2.09000	2.10000	2.11000	2.12000	2.13000	2.14000	2.15000
3	3.03010	3.06040	3.09090	3.12160	3.15250	3.18360	3.21490	3.24640	3.27810	3.31000	3.34210	3.37440	3.40690	3.43960	3.47250
4	4.06040	4.12161	4.18363	4.24646	4.31013	4.37462	4.43994	4.50611	4.57313	4.64100	4.70973	4.77933	4.84980	4.92114	4.99338
5	5.10101	5.20404	5.30914	5.41632	5.52563	5.63709	5.75074	5.86660	5.98471	6.10510	6.22780	6.35285	6.48027	6.61010	6.74238
6	6.15202	6.30812	6.46841	6.63298	6.80191	6.97532	7.15329	7.33593	7.52333	7.71561	7.91286	8.11519	8.32271	8.53552	8.75374
7	7.21354	7.43428	7.66246	7.89829	8.14201	8.39384	8.65402	8.92280	9.20043	9.48717	9.78327	10.08901	10.40466	10.73049	11.06680
8	8.28567	8.58297	8.89234	9.21423	9.54911	9.89747	10.25980	10.63663	11.02847	11.43589	11.85943	12.29969	12.75726	13.23276	13.72682
9	9.36853	9.75463	10.15911	10.58280	11.02656	11.49132	11.97799	12.48756	13.02104	13.57948	14.16397	14.77566	15.41571	16.08535	16.78584
10	10.46221	10.94972	11.46388	12.00611	12.57789	13.18079	13.81645	14.48656	15.19293	15.93742	16.72201	17.54874	18.41975	19.33730	20.30372
11	11.56683	12.16872	12.80780	13.48635	14.20679	14.97164	15.78360	16.64549	17.56029	18.53117	19.56143	20.65458	21.81432	23.04452	24.34928
12	12.68250	13.41209	14.19203	15.02581	15.91713	16.86994	17.88845	18.97713	20.14072	21.38428	22.71319	24.13313	25.65018	27.27075	29.00167
13	13.80933	14.68033	15.61779	16.62684	17.71298	18.88214	20.14064	21.49530	22.95338	24.52271	26.21164	28.02911	29.98470	32.08865	34.35192
14	14.94742	15.97394	17.08632	18.29191	19.59863	21.01507	22.55049	24.21492	26.01919	27.97498	30.09492	32.39260	34.88271	37.58107	40.50471
15	16.09690	17.29342	18.59891	20.02359	21.57856	23.27597	25.12902	27.15211	29.36092	31.77248	34.40536	37.27971	40.41746	43.84241	47.58041
16	17.25786	18.63929	20.15688	21.82453	23.65749	25.67253	27.88805	30.32428	33.00340	35.94973	39.18995	42.75328	46.67173	50.98035	55.71747
17	18.43044	20.01207	21.76159	23.69751	25.84037	28.21288	30.84022	33.75023	36.97370	40.54470	44.50084	48.88367	53.73906	59.11760	65.07509
18	19.61475	21.41231	23.41444	25.64541	28.13238	30.90565	33.99903	37.45024	41.30134	45.59917	50.39594	55.74971	61.72514	68.39407	75.83636
19	20.81090	22.84056	25.11687	27.67123	30.53900	33.75999	37.37896	41.44626	46.01846	51.15909	56.93949	63.43968	70.74941	78.96923	88.21181
20	22.01900	24.29737	26.87037	29.77808	33.06595	36.78559	40.99549	45.76196	51.16012	57.27500	64.20283	72.05244	80.94683	91.02493	102.44358
21	23.23919	25.78332	28.67649	31.96920	35.71925	39.99273	44.86518	50.42292	56.76453	64.00250	72.26514	81.69874	92.46992	104.76842	118.81012
22	24.47159	27.29898	30.53678	34.24797	38.50521	43.39229	49.00574	55.45676	62.87334	71.40275	81.21431	92.50258	105.49101	120.43600	137.63164
23	25.71630	28.84496	32.45288	36.61789	41.43048	46.99583	53.43614	60.89330	69.53194	79.54302	91.14788	104.60289	120.20484	138.29704	159.27638
24	26.97346	30.42186	34.42647	39.08260	44.50200	50.81558	58.17667	66.76476	76.78981	88.49733	102.17415	118.15524	136.83147	158.65862	184.16784
25	28.24320	32.03030	36.45926	41.64591	47.72710	54.86451	63.24904	73.10594	84.70090	98.34706	114.41331	133.33387	155.61956	181.87083	212.79302
26	29.52563	33.67091	38.55304	44.31174	51.11345	59.15638	68.67647	79.95442	93.32398	109.18177	127.99877	150.33393	176.85010	208.33274	245.71197
27	30.82089	35.34432	40.70963	47.08421	54.66913	63.70577	74.48382	87.35077	102.72313	121.09994	143.07864	169.37401	200.84061	238.49933	283.56877
28	32.12910	37.05121	42.93092	49.96758	58.40258	68.52811	80.69769	95.33883	112.96822	134.20994	159.81729	190.69889	227.94989	272.88923	327.10408
29	33.45039	38.79223	45.21885	52.96629	62.32271	73.63980	87.34653	103.96594	124.13536	148.63093	178.39719	214.58275	258.58338	312.09373	377.16969
30	34.78489	40.56808	47.57542	56.08494	66.43885	79.05819	94.46079	113.28321	136.30754	164.49402	199.02088	241.33268	293.19922	356.78685	434.74515

[표 4] 계속

기간수	이자율														
n	16	17	18	19	20	21	22	23	24	25	26	27	28	29	30
1	1.00000	1.00000	1.00000	1.00000	1.00000	1.00000	1.00000	1.00000	1.00000	1.00000	1.00000	1.00000	1.00000	1.00000	1.00000
2	2.16000	2.17000	2.18000	2.19000	2.20000	2.21000	2.22000	2.23000	2.24000	2.25000	2.26000	2.27000	2.28000	2.29000	2.30000
3	3.50560	3.53890	3.57240	3.60610	3.64000	3.67410	3.70840	3.74290	3.77760	3.81250	3.84760	3.88290	3.91840	3.95410	3.99000
4	5.06650	5.14051	5.21543	5.29126	5.36800	5.44566	5.52425	5.60377	5.68422	5.76563	5.84798	5.93128	6.01555	6.10079	6.18700
5	6.87714	7.01440	7.15421	7.29660	7.44160	7.58925	7.73958	7.89263	8.04844	8.20703	8.36845	8.53273	8.69991	8.87002	9.04310
6	8.97748	9.20685	9.44197	9.68295	9.92992	10.18299	10.44229	10.70794	10.98006	11.25879	11.54425	11.83657	12.13588	12.44232	12.75603
7	11.41387	11.77201	12.14152	12.52271	12.91590	13.32142	13.73959	14.17077	14.61528	15.07349	15.54575	16.03244	16.53393	17.05060	17.58284
8	14.24009	14.77325	15.32700	15.90203	16.49908	17.11892	17.76231	18.43004	19.12294	19.84186	20.58765	21.36120	22.16343	22.99527	23.85769
9	17.51851	18.28471	19.08585	19.92341	20.79890	21.71389	22.67001	23.66895	24.71245	25.80232	26.94043	28.12872	29.36919	30.66390	32.01500
10	21.32147	22.39311	23.52131	24.70886	25.95868	27.27381	28.65742	30.11281	31.64344	33.25290	34.94495	36.72348	38.59256	40.55643	42.61950
11	25.73290	27.19994	28.75514	30.40355	32.15042	34.00131	35.96205	38.03876	40.23787	42.56613	45.03063	47.63881	50.39847	53.31779	56.40535
12	30.85017	32.82393	34.93107	37.18022	39.58050	42.14158	44.87370	47.78767	50.89495	54.20766	57.73860	61.50129	65.51005	69.77995	74.32695
13	36.78620	39.40399	42.21866	45.24446	48.49660	51.99132	55.74591	59.77883	64.10974	68.75958	73.75063	79.10664	84.85286	91.01614	97.62504
14	43.67199	47.10267	50.81802	54.84091	59.19592	63.90949	69.01001	74.52796	80.49608	86.94947	93.92580	101.46544	109.61166	118.41082	127.91255
15	51.65951	56.11013	60.96527	66.26068	72.03511	78.33049	85.19221	92.66940	100.81514	109.68684	119.34651	129.86111	141.30293	153.74996	167.28631
16	60.92503	66.64885	72.93901	79.85021	87.44213	95.77989	104.93450	114.98336	126.01077	138.10855	151.37660	165.92360	181.86774	199.33744	218.47220
17	71.67303	78.97915	87.06804	96.02175	105.93056	116.89367	129.02009	142.42953	157.25336	173.63568	191.73451	211.72298	233.79071	258.14530	285.01386
18	84.14072	93.40561	103.74028	115.26588	128.11667	142.44134	158.40451	176.18832	195.99416	218.04460	242.58548	269.88818	300.25211	334.00744	371.51802
19	98.60323	110.28456	123.41353	138.16640	154.74000	173.35402	194.25350	217.71163	244.03276	273.55576	306.65771	343.75799	385.32271	431.86960	483.97343
20	115.37975	130.03294	146.62797	165.41802	186.68800	210.75836	237.98927	268.78531	303.60062	342.94470	387.38872	437.57265	494.21306	558.11178	630.16546
21	134.84051	153.13854	174.02100	197.84744	225.02560	256.01762	291.34691	331.60593	377.46477	429.68087	489.10978	556.71726	633.59272	720.96420	820.21510
22	157.41499	180.17209	206.34479	236.43846	271.03072	310.78131	356.44323	408.87530	469.05632	538.10109	617.27832	708.03093	811.99868	931.04381	1067.27963
23	183.60138	211.80134	244.48685	282.36176	326.23686	377.04539	435.86075	503.91662	582.62984	673.62636	778.77069	900.19928	1040.35831	1202.04652	1388.46351
24	213.97761	248.80757	289.49448	337.01050	392.48424	457.22492	532.75011	620.81744	723.46100	843.03295	982.25107	1144.25308	1332.65864	1551.64001	1806.00257
25	249.21402	292.10486	342.60349	402.04249	471.98108	554.24216	650.95513	764.60545	898.09164	1054.79118	1238.63634	1454.20141	1706.80306	2002.61561	2348.80334
26	290.08827	342.76268	405.27211	479.43056	567.37730	671.63301	795.16526	941.46470	1114.63363	1319.48898	1561.68179	1847.83579	2185.70792	2584.37414	3054.44434
27	337.50239	402.03234	479.22109	571.52237	681.85276	813.67594	971.10162	1159.00158	1383.14570	1650.36123	1968.71906	2347.75146	2798.70613	3334.84264	3971.77764
28	392.50277	471.37783	566.48089	681.11162	819.22331	985.54789	1185.74398	1426.57194	1716.10067	2063.95153	2481.58602	2982.64435	3583.34385	4302.94700	5164.31093
29	456.30322	552.51207	669.44745	811.52283	984.06797	1193.51295	1447.60765	1755.68349	2128.96483	2580.93941	3127.79838	3788.95832	4587.68013	5551.80163	6714.60421
30	530.31173	647.43912	790.94799	966.71217	1181.88157	1445.15066	1767.08134	2160.49070	2640.91639	3227.17427	3942.02596	4812.97707	5873.23056	7162.82410	8729.98548

찾아보기

ㅎ

| 저자약력 |

황준성

단국대학교 회계학과 및 대학원(경영학 박사)
공인회계사
신한회계법인 근무
서진세무회계사무소 대표
(현) 인덕대학교 세무회계학과 교수

[주요 저서 및 논문]

K-IFRS NEW 중급회계(도서출판 청람, 2020)
"기업지배구조가 회계이익-과세소득 차이와 이익 지속성의 관계에 미치는 영향"
"회계지식과 정보이용도가 회계정보에 대한 지불의사에 미치는 영향"
"4차 산업혁명에 따른 생산구조의 변화와 조세정책: 로봇세의 도입"
"NCS 학습모듈_회계·감사분야(2019)" 등

K-IFRS 중급재무회계

2023년 2월 20일 1판 1쇄 인쇄
2023년 2월 25일 1판 1쇄 발행

저　자 | 황준성
발행인 | 이수영
발행처 | 도서출판 청람
서울시 마포구 독막로 288(대흥동, 세양상가 109호)
전　화 | 02)3272-2601~2
팩　스 | 02)3272-2603
이메일 | crbooks@daum.net
홈페이지 | http://www.crbooks.co.kr
등　록 | 2000.8.26 제6-0509호

ISBN 978-89-5972-934-0 93320 [정가 35,000원]